VOLKER PERTHES
Geheime Gärten

Buch

Von außen betrachtet, erscheint die arabische Welt einerseits bedrohlich, andererseits eigentümlich statisch. Doch die Staaten des Nahen und Mittleren Ostens wie Nordafrikas befinden sich in einer historischen Umbruchphase, auch wenn der arabisch-israelische Friedensprozess zu stagnieren scheint. Der Krieg um Kuwait wie der Friedensprozess im Nahen Osten haben die Beziehungen der Länder zueinander in Bewegung gebracht; es gibt neue weltwirtschaftliche Herausforderungen und Integrationsversuche, die die Region vor völlig neue Fragen stellen. Der Autor untersucht die Faktoren des Wandels in den wichtigsten arabischen Staaten. Er fragt dabei nach den Chancen der wirtschaftlichen wie der politischen Erneuerung. Fraglich bleibt, ob die neue Führungsgeneration in der Lage sein wird, innergesellschaftliche und zwischenstaatliche Konflikte erfolgreicher zu bewältigen als vorangegangene Generationen. Die Frage von Krieg und Frieden bleibt nicht nur nach außen hin virulent.

Autor

Volker Perthes, geboren 1958 in Homburg, Niederrhein, ist der Nahost-Experte der Stiftung Wissenschaft und Politik, Berlin. Der promovierte und habilitierte Politologe lehrte in Duisburg, Beirut, München und Berlin und ist ein viel gefragter Kommentator der Entwicklungen im Nahen Osten und in der arabischen Welt. Nach zahlreichen Veröffentlichungen zu Themen der Region erschien unter seiner Herausgeberschaft zuletzt das Buch »Deutsche Nahostpolitik: Interessen und Optionen« (2001).

Volker Perthes
Geheime Gärten

Die neue
arabische Welt

GOLDMANN

Umwelthinweis:
Alle bedruckten Materialien dieses Taschenbuches
sind chlorfrei und umweltschonend.

Der Goldmann Verlag ist ein Unternehmen
der Verlagsgruppe Random House GmbH.

2. Auflage
Vollständige, mit einem neuen Vorwort ergänzte
Taschenbuchausgabe Juli 2004
Wilhelm Goldmann Verlag, München,
in der Verlagsgruppe Random House GmbH
© 2002 der Originalausgabe Siedler Verlag,
München, in der Verlagsgruppe Random House GmbH
Redaktion: Sibylle Wenzel
Karten: Peter Palm, Berlin
Umschlaggestaltung: Design Team München
Umschlagfoto: Mauritius/Torino (01.656.099)
Satz: DTP im Verlag
Druck: GGP Media GmbH, Pößneck
Verlagsnummer: 15274
KF · Herstellung: Sebastian Strohmaier
Made in Germany
ISBN 3-442-15274-7
www.goldmann-verlag.de

Inhalt

Vorwort zur Taschenbuchausgabe ... 7

Erster Teil
Der Nahe und Mittlere Osten erfindet sich neu ... 31

Elemente des Wandels
Einleitung und Übersicht ... 33

Die arabische Welt und der Nahe Osten
Neue Spielregeln, alte Politik? ... 39

Verlorene Jahrzehnte
Ein kursorischer Rückblick ... 54

Entwicklungsdefizite und Chancen
Die sozio-ökonomischen Grundlagen der Erneuerung ... 123

Führungswechsel
Die neuen Eliten der arabischen Welt in den Startlöchern ... 140

Zweiter Teil
Die einzelnen Länder ... 169

Ägypten
Ein uncharismatischer Trendsetter ... 171

Israel und Palästina
Von den Schwierigkeiten, das Realistische zu tun ... 197

Syrien
Die Tücken des Erbes ... 235

Libanon
Konfliktarena oder Finanzplatz?
Ein Land versucht, seine Rolle zu finden ... 268

Jordanien
Zwischen geopolitischen Zwängen und
den Visionen der Generation Abdallah ... 296

Irak
Die Macht, nicht dazuzulernen ... 322

Die Golfmonarchien
Licht aus dem Osten? ... 348

Maghrebinische Umbrüche
Vom verordneten Wechsel
zum post-islamistischen Konflikt ... 380

Schluss
Eher pluralistisch als demokratisch?
Die politischen Entwicklungsperspektiven
arabischer Staaten ... 417

Anhang ... 441

Anmerkungen ... 443

Sozio-ökonomische Indikatoren
arabischer Staaten und Israels ... 483

Literaturverzeichnis ... 487

Zu diesem Buch ... 501

Namenverzeichnis ... 503

Vorwort zur Taschenbuchausgabe

Erzwungene Erneuerung?

Der Untertitel dieses Buches – »die neue arabische Welt« – ist seit dem Irakkrieg von 2003 viel aktueller geworden, als er es ein Jahr zuvor zu sein schien, als die »Geheimen Gärten« in ihrer ersten Auflage auf den Markt kamen. Mehr denn je wird heute von Erneuerung, Reform oder Neuordnung der arabischen Staaten und Gesellschaften gesprochen, nicht zuletzt von amerikanischer Seite. Zu Beginn des Jahres 2004 war in Washington amtlich geworden, dass die offizielle Begründung des Irakkriegs durch die US-Administration – die angebliche Existenz einsatzfähiger irakischer Massenvernichtungswaffen – unkorrekt gewesen war. Selbst Außenminister Colin Powell gab in einem Interview zu, dass er nicht wisse, ob er zur Invasion in den Irak geraten hätte, wenn die Geheimdienste ihm damals, vor dem Krieg, gesagt hätten, was der oberste amerikanische Waffeninspekteur, David Kay, zum Abschluss seiner Tätigkeit feststellte: dass es die vermuteten Waffenbestände eben nicht gebe.[1] Der Irakkrieg, so Powell und andere führende amerikanische Politiker, sei deshalb aber nicht falsch gewesen, schließlich sei der irakische Diktator gestürzt. Man redet zwar nicht mehr, wie vor dem Krieg, von Dominoeffekten – davon dass, wenn nur das Regime in Bagdad zu Fall gebracht wird, auch alle anderen Steine im Nahen und Mittleren Osten in eine bessere Ordnung fallen. Aber man hat ganz offenbar erkannt, dass es im Kampf gegen Terrorismus und die Verbreitung von Massenvernichtungswaffen nicht reicht, unfreundliche Regime militärisch zu bedrohen oder zu entfernen, dass vielmehr strukturelle Probleme

---

1 Vgl. Powells Interview im *Wall Street Journal*, 4.2.2004.

angegangen werden müssen. US-Präsident George W. Bush hat dazu eine »Greater Middle East Initiative« angekündigt, mit der politische, wirtschaftliche und soziale Veränderungen in der arabischen Welt und anderen Staaten des weiteren Mittleren Ostens unterstützt werden sollen. Gleichzeitig neigen amerikanische Entscheidungsträger dazu, eine Reihe von bemerkenswerten Entwicklungen in der Region allein als Ergebnis ihres erfolgreichen Feldzugs zu betrachten – und dabei sowohl die nicht so erfolgreichen Resultate ihrer Besatzungspolitik im Irak, wie auch jene strukturellen, langfristig wirkenden Grundlagen der Erneuerung in der arabischen Welt zu übersehen, von denen dieses Buch in weiten Teilen handelt. Was also hat der Krieg tatsächlich ausgelöst? Und welche weiteren Entwicklungen regionaler Bedeutung sind darüber hinaus in den Staaten der arabischen Welt und des Nahen Ostens zu vermerken?

Eine geopolitische Revolution

Es steht außer Frage, dass der Irakkrieg und der Zusammenbruch des Regimes von Saddam Husein ein geopolitisches, möglicherweise auch ein politisches und sozio-kulturelles Erdbeben in der Region ausgelöst haben. Welthistorisch mag dieses Beben auf der gleichen Ebene einzuordnen sein wie der Fall der Berliner Mauer. Ein wichtiger Unterschied besteht jedoch: Der Sturz der ehemaligen kommunistischen Systeme wurde von den Völkern dieser Länder selbst herbeigeführt; das Regime in Bagdad wurde mit Hilfe amerikanischer Panzer von außen gestürzt. Man kann heute noch nicht beantworten, was dies für die politisch-kulturelle oder politisch-psychologische Entwicklung des Irak und der Region bedeutet. Man kann aber sicher sagen, dass es ein enorm wichtiger Faktor ist: Das Gefühl, sich nicht selbst befreit und nicht selbst grundlegende politische Veränderungen herbeigeführt zu haben, sondern diese Veränderungen von außen oktroyiert bekommen zu haben, wird zweifellos Auswirkungen auf die Haltung breiter Teile dieser Gesellschaften zum Staat, zur Politik, vielleicht auch zur Religion, und sicher auch zu den Beziehungen mit dem westlichen Ausland haben.

Mit Blick auf die geopolitischen Verhältnisse ist schon leichter zu sagen, was der Irakkrieg für die Region bedeutet, sind die unmittelbaren Ergebnisse doch relativ klar: Waren die USA bisher eine Macht, die im Nahen und Mittleren Osten Präsenz zeigte, so sind sie jetzt der stärkste Akteur vor Ort. Viele Gedankenspiele, die Politikwissenschaftler und Strategen vor allem in Form von Kräftevergleichen angestellt haben, in Statistiken etwa, über die Zahl irakischer und iranischer Raketen oder über die Balance von Panzern und Flugzeugen in den Arsenalen Syriens, Israels, Jordaniens und Ägyptens, sind weniger wichtig geworden, weil jetzt eine Militärmacht vorhanden ist, die alle anderen an militärischer und wirtschaftlicher Kraft weit übertrifft. »Unser Verhältnis zum Irak«, so wurde ein syrischer Funktionär zitiert, »ist heute nur noch ein Teil unserer bilateralen Beziehungen zu den USA.« Und in diesen Beziehungen sind die Kräfteverhältnisse eindeutig. Während die USA zum stärksten regionalen Spieler geworden sind, ist für die einzelnen regionalen Akteure die Situation eine grundsätzlich andere als vor dem Irakkrieg. Iran und auch Syrien fühlen sich von amerikanischen Basen oder amerikanischen Verbündeten eingekreist. Dies hat innenpolitische Auswirkungen, zumindest aber führt es zu neuen Debatten – etwa die auch von iranischen Konservativen mitgeführte Diskussion über die bilateralen Beziehungen zu den USA – und Unsicherheiten. Saudi-Arabien steht vor der Perspektive, seine regional-strategische Rolle einzubüßen. Schließlich haben die Amerikaner den größten Teil ihrer Truppen aus Saudi-Arabien abgezogen und einige Berater der Bush-Regierung haben zudem deutlich gemacht, dass sie in Saudi-Arabien weniger einen Partner als ein Problem, wenn nicht gar einen Feind sehen. Auch wenn das saudische Öl seine Bedeutung noch lange behalten wird, wird Riad an strategischer Bedeutung für die USA verlieren, wenn der Irak im amerikanischen Orbit verbleibt, sich stabilisiert und seine Ölproduktion mittelfristig und mit Hilfe amerikanischer Investitionen auf das zwei- bis dreifache der Vorkriegskapazitäten erhöht. Saudi-Arabien wäre dann nicht mehr der einzige wichtige prowestliche und verlässliche Ölproduzent, der im Zweifelsfall Produktionsausfälle anderer Staaten ausgleichen kann.

Auch Ägypten sieht, dass seine Führungsrolle in der Region ernsthaft beeinträchtigt ist. Bis vor kurzem reichte sein Einfluss noch bis an den Golf. Heute nimmt das Land eine nützliche Rolle ein, die sich auf die engere regionale Umgebung konzentriert, vor allem auf den Friedensprozess zwischen Israelis und Palästinensern. Am Golf oder im Irak hat der Einfluss hingegen nachgelassen. Auch die Arabische Liga, die ja im Wesentlichen ein ägyptisches Politikinstrument ist, hat weiter an Bedeutung verloren. Neue Konstellationen sind entstanden, und es wird deutlich, dass plötzlich so genannte »arabische Gipfel« zusammen mit dem amerikanischen Präsidenten nur noch selektiv die Führer bestimmter arabischer Länder zusammenbringen, oder Außenministerkonferenzen nach anderen Kriterien als dem der Zugehörigkeit der Arabischen Liga einberufen werden – etwa Außenministerkonferenzen zwischen den Nachbarstaaten des Irak, zu denen dann auch die Türkei und Iran gehören, aber weder Ägypten noch die Maghrebstaaten. Ein von Kairo angestoßenes gemeinsames Arbeitspapier über die »Wiederbelebung der arabischen Zusammenarbeit und der Arabischen Liga«, das die Außenminister Ägyptens, Saudi-Arabiens und Syriens nach einem Treffen im August vorlegten,[2] zeigt die Sorge dieser drei Staaten, die die Politik der Arabischen Liga in den neunziger Jahren dominierten, um die Zukunft der gesamtarabischen Institutionen.

Tatsächlich ist der Veränderungsdruck, unter dem die arabische Welt spätestens seit Beginn der 90er Jahre steht, mit dem Fall des Regimes in Bagdad spürbar gewachsen. In fast allen arabischen Ländern wurde plötzlich diskutiert, ob man nicht innenpolitisch nachziehen müsse, nachdem man den schnellen Zusammenbruch dieses Regimes erlebt hat, von dem die arabischen Führer und zum Teil auch die arabische Öffentlichkeit dachten, dass es Widerstand leisten und nicht wie ein Kartenhaus zusammenbrechen würde. Dies hat in manchen Ländern Fragen nach der eigenen innenpolitischen Konstitution aufgeworfen, die bisher noch unbeantwortet geblieben sind, aber alle auf die Notwendigkeit von politisch-institutionellen Reformen verweisen.

Was aber kann dazu beitragen diesen Veränderungsdruck tatsächlich in politisch-strukturelle Veränderungen umzusetzen? Der wissenschaftlich–analytische Blick muss sich auf zwei Ebenen richten.

2 Vgl. *al-Hayat* vom 12.08.2003.

Zum einen gilt es, die sozio-politischen und sozio-ökonomischen Entwicklungen in den einzelnen Ländern zu beachten. Dazu gehört das Heranwachsen einer neuen Generation in allen Ländern, die, wenn sich an den wirtschaftlichen und politischen Verhältnissen nicht rasch Wesentliches ändert, relativ chancenlos aus den Schulen und Universitäten hervorgeht. Dies wird im ersten Teil dieses Buchs ausführlich analysiert. Über viele der Phänomene, die dort behandelt werden – den ineffektiven Umgang mit dem Ölreichtum, die Probleme des Bildungssystems oder die autoritären Herrschaftsverhältnisse – sprechen mittlerweile auch zwei viel diskutierte Reports zur »menschlichen Entwicklung« in der arabischen Welt, die von kritischen arabischen Autoren unter der Ägide des Entwicklungsprogramms der Vereinten Nationen verfasst wurden.[3] Die zweite Ebene ist die der regionalen Politik. Hier wird die Frage, ob der gegenwärtige Reformdruck zu echten Reformen führt, vor allem davon beeinflusst werden, ob die amerikanische Besatzungsmacht, vielleicht auch die internationale Gemeinschaft, das »Experiment Irak« erfolgreich zu Ende bringen. Mindestens genauso wichtig bleibt jedoch, und dies übersieht amerikanische Politik allzu häufig, der Konflikt und der Friedensprozess zwischen Arabern und Israelis. Wenn es hier keine Fortschritte gibt, ist mit einer regionalen Erneuerung, die sich auf Demokratie und Reform gründet, auf kurze Zeit nicht zu rechnen.

Der Irak nach Saddam Husein

Der rasche Zusammenbruch des irakischen Regimes hätte eigentlich niemanden erstaunen sollen. Das Irak-Kapitel dieses Buches ist ein historisches geworden, das die politischen Verhältnisse unter Saddam Husein beschreibt. Es zeigt dabei, wie sehr das gestürzte Regime sich auf zwei Elemente stützte: auf enorme Repression oder

---

3 United Nations Development Programme, *The Arab Human Development Report 2002: Creating Opportunities for Future Generations,* New York, 2002; United Nations Development Programme, *The Arab Human Development Report 2003: Building a Knowledge Society,* New York, 2003.

Angst, wie Kanaan Makiya es genannt hat,[4] und auf Patronage, also auf Parallelstrukturen, die sich durch Staat und Gesellschaft zogen und wichtige Elemente der Gesellschaft direkt mit der Schaltzentrale im Präsidentenpalast verbanden.[5] Die eigentlichen Institutionen – auch in Huseins Irak gab es ein Parlament, eine Regierung und Ministerien – haben ohne ihre Parallelisierung durch Patronage und die Repressionsdrohung gegen diejenigen, die sich dem Willen der Macht widersetzten, nicht wirklich selbstständig funktioniert. Insofern sind diese Strukturen sehr schnell zusammengebrochen, als das Zentrum – Saddam Husein und seine Entourage – und die Befehlsstränge vom Zentrum in die Gesellschaft beschädigt waren. Das erleichterte den Sieg der amerikanisch-britischen Koalitionstruppen, stellte sie aber gleichzeitig vor ein Problem, mit dem die Kriegsplaner nicht gerechnet hatten. Anstatt nämlich eine geordnetes System zu übernehmen, erlebten sie den Zusammenbruch der öffentlichen Ordnung und begünstigten dies auch noch durch eigene grobe Fehler.

Die amerikanisch geführte Zivilverwaltung des Irak (CPA) unter Paul Bremer hat viele der Fehler, die sie in den Monaten der Besatzung gemacht hat, als solche erkannt – darunter ganz vorn die Auflösung der gesamten Armee, die einige hunderttausend kampferprobte Soldaten in die Arbeitslosigkeit und sicherlich einige hundert in den bewaffneten Widerstand getrieben hat. Intern begann man ab Herbst 2003 in Kreisen des US-Militärs mittlerweile von »descending consent«, von abnehmender Zustimmung zur Besatzungsherrschaft, zu sprechen. Nicht, dass die meisten Iraker und Irakerinnen einen raschen Abzug der amerikanischen und alliierten Truppen wollten. Nur eine Minderheit war bereit, mit Guerillaaktionen gegen die amerikanischen, britischen oder andere alliierte Truppen zu kämpfen oder das Land zu terrorisieren, um die amerikanisch geführte Besatzungsmacht zu zermürben. Viele Iraker befürchteten auch, vermutlich zu Recht, dass ein Abzug der Amerikaner zu bür-

---

4 Samir al-Khalil (d.i. Kanan Makiya), *The Republic of Fear: The Politics of Modern Iraq,* Berkeley, 1989.
5 Zu den Strukturen des Systems siehe u.a. Charles Tripp, »After Saddam«, *Survival,* 44 (Winter 2002-03), 4, S.22-37.

gerkriegsähnlichen Auseinandersetzungen führen würde. Die Verbitterung so vieler Iraker bezog sich eher auf die Praktiken der Besatzungsmacht als auf ihre Anwesenheit. Man verstand nicht, dass eine Industriemacht wie die USA über Monate nicht in der Lage war, die Elektrizitätsversorgung zu sichern und sah darin nicht selten eine bewusste Missachtung irakischer Bedürfnisse. »Ist dir aufgefallen,« fragte mich Anfang 2004 der ehemalige irakische UN-Botschafter, Muhammad al-Duri, »dass es in den Vierteln Bagdads, in denen die Stromversorgung funktioniert, auch fast keinen Widerstand gegen die Amerikaner gibt?«

Vor allem aber nahmen selbstbewusste Iraker den USA die »Zerschlagung staatlicher Strukturen und Symbole« übel, nicht zuletzt der Armee, die von der Mehrheit als Repräsentant nationaler Einheit, nicht als Agentur des alten Regimes gesehen wurde. Man kritisierte zudem, dass die amerikanische Armee zwar für ihre eigene Sicherheit Sorge trug, aber nicht ausreichend für die der irakischen Bevölkerung: Die Mordrate in Bagdad, um eine gruselige Statistik zu zitieren, lag im Jahr nach dem amerikanischen Einmarsch um das zwei- bis dreifache höher als in Washington.[6]

Zwar wuchs allem Anschein nach das Vertrauen der Bürger in die neue, von der Besatzungsmacht geschaffene und trainierte irakische Polizei. Was lokale Beobachter dem US-Militär jedoch vorwarfen, war, dass die neuen Polizisten als Kanonenfutter in die Auseinandersetzung mit terroristischen Gruppen geschickt würden. Das Fehlen von öffentlicher Sicherheit, schrieb Abd al-Latif Ali al-Miyah, ein Geschichtsprofessor an der Mustansariyya-Universität in Bagdad in einer Einschätzung der Lage im besetzten Irak, stelle die größte Sorge der irakischen Bevölkerung dar; es gebe zu viele Waffen, zu viele Milizen, zu viele Liquidationen, und die Besatzungsbehörden kümmerten sich nicht genug um die Wiederherstellung staatlicher Institutionen. Nicht wenige seiner Landsleute betrachteten deshalb Bemühungen zur Demokratisierung des Landes als »Luxus«.[7] Miyah,

---

6 Gezählt wird die aufs Jahr umgerechnete monatliche Zahl von Morden auf je 100 000 Einwohner. Diese wurde im Dezember 2003 für Bagdad auf 70 bis 120, für Washington auf 43 geschätzt. Quelle ist der wöchentliche »Iraq Index« der Brookings Institution in Washington.

ein Menschenrechtsaktivist, der die Husein-Diktatur überlebt hatte, sah das anders. Er warb auf zahlreichen Veranstaltungen und mit einer neu gegründeten Menschenrechtsorganisation für einen neuen, demokratischen Irak und legte sich dabei sowohl mit der Besatzungsmacht wie mit Anhängern des alten Regimes an. An einem Morgen im Januar 2004, auf dem Weg zur Arbeit, stoppten ihn acht vermummte Männer, zogen ihn aus dem Auto und exekutierten ihn.

Unabhängig von aller Kritik am Krieg und an den fadenscheinigen Begründungen, mit denen die Invasion gerechtfertigt wurde, stellt der Sturz des Husein-Regimes eine Befreiung dar. Am deutlichsten zeigte sich das im raschen Entstehen einer lebhaften Zivilgesellschaft – hunderter kleinerer und größerer Bürgergruppen, Zeitungen und Initiativen, die Gruppen eine Stimme gaben, die unter Saddam Husein keine hatten. Menschenrechte, die Aufarbeitung der Vergangenheit, und die gleichberechtigte Beteiligung von Frauen am »neuen« Irak standen dabei im Vordergrund. Die für Sommer 2004 in Aussicht gestellte Übergabe der Souveränität an eine wie auch immer bestimmte irakische Regierung löste eine Art Rückkehr der Politik aus: Nicht alles, was in diesem Zusammenhang stattfand, war erfreulich. Man konnte aber erleben, wie diverse politische und soziale Akteure im Irak begannen, sich im Schatten von Gewalt und Terror für das politische Spiel in einem in die Unabhängigkeit zurück entlassenen Irak zu positionieren – und im Streit miteinander wie mit der Besatzungsmacht das Gesicht eines neuen Irak zu prägen.

Dazu gehört, dass das Fehlen glaubwürdiger politischer Führungsgestalten religiöse Autoritäten zu einer Art Ersatzführern gemacht hatte. Dies gilt für alle Teile der Gesellschaft mit Ausnahme des kurdischen, wo die beiden großen Parteien, die KDP Masoud Barzanis und die PUK Jalal Talabanis, sich seit langem etabliert haben – erst im Kampf gegen das Husein-Regime, dann als Regierungsparteien der unter internationalem Schutz faktisch autonomen

---

7 Abd al-Latif Ali al-Miyah, »al-masar al-dimuqrati fi al-iraq. al-afaq wa-l-l-mustaqbal« [Der demokratische Weg im Irak: Horizonte und Zukunft], undatierte 16-seitige Flugschrift (Bagdad, Dezember 2003).

kurdischen Region. Im Rest des Landes wurde unter der Diktatur Saddam Huseins jegliche unabhängige politische Regung unterdrückt; Opposition organisierte sich entweder in kleinen klandestinen und immer wieder blutig dezimierten Gruppen oder im Exil. Nach dem Sturz des Regimes kamen deshalb neben tribalen Führern, deren Legitimation oft sehr zweifelhaft ist, vor allem schiitische und sunnitische Geistliche in die Rolle autoritativer Vertreter gesellschaftlicher Gruppeninteressen. In der schiitischen Bevölkerungsgruppe wurde Ayatollah Ali Sistani zur mit Abstand glaubwürdigsten und einflussreichsten Referenzperson. Bei den Sunniten ordneten sich die Dinge nicht so schnell; einzelne Imame bekannter Moscheen in Bagdad versuchten aber, sich als Sprecher für sunnitische Belange zu etablieren.

Diese Entwicklung begünstigte einen Trend zur Konfessionalisierung der Politik. Sistani galt dabei eben als Vertreter »der Schiiten«, obwohl schiitische Iraker und Irakerinnen sich ja keinesfalls sämtlich und in erster Linie über ihre konfessionelle Zugehörigkeit definieren. Die meisten Iraker verstehen sich, so man Umfragen trauen darf, tatsächlich als Iraker und zusätzlich auch als Araber oder Kurde, Sunnit, Schiit oder Christ. Unter sunnitischen Politikern begannen einige öffentlich in Frage zu stellen, dass die Schiiten tatsächlich eine Mehrheit in der Bevölkerung bildeten. Manche verwiesen sogar darauf, dass die Sunniten schon immer regiert hätten, der Irak also eigentlich ein sunnitisches Land sei.

In engem Zusammenhang mit dieser Neuformierung der innenpolitischen Landschaft standen zwei politische Konfliktthemen, deren Signifikanz auch über die irakischen Grenzen hinausreichte: die Frage, wie ein Übergangsparlament zu bestimmen sein würde, und die, wie föderal der neue Irak verfasst sein sollte. So akzeptieren die wichtigsten irakischen Gruppen zwar den Begriff »Föderalismus«, ließen dessen Inhalt aber ungeklärt, weil eine Klärung zu viel Konfliktstoff enthalten hätte. Die größte schiitische Partei erklärt etwa, sie sei sehr wohl für föderale Strukturen; Details aber könnten erst von einer gewählten verfassungsgebenden Versammlung bestimmt werden – in der man entscheidenden Einfluss, wenn nicht eine Mehrheit zu haben hoffe. Die großen kurdischen Parteien forderten und fordern einen föderal strukturierten Irak, denken dabei aber in erster Linie an ein weitgehend autonomes »Bundesland« Kurdistan, das zumindest die drei Provinzen Arbil, Sulaymania und Dohuk umfassen würde. Sunnitisch-arabische Politiker dachten entweder an eine Regelung, bei der alle 18 irakischen Provinzen gleichberechtigt zu Einheiten eines föderativen Staates erklären würden, oder lehnten föderale Lösungen ganz ab. In jedem Fall wollen sie keine kurdische Großprovinz, die, so ein Sprecher der sunnitischen »Shura«, einen ersten Schritt zur Teilung des Irak darstellen würde.

Tatsächlich wird die territoriale Einheit des Irak sich langfristig wohl nur mit einer föderalen Struktur bewahren lassen: Der Irak in seiner heutigen Form wird, so scheint es, föderal sein, oder wird nicht sein. Eine Rückkehr zum Zentralismus würde früher oder später zur Abspaltung der kurdischen Gebiete oder zu neuer Unterdrückung und Bürgerkrieg führen. Sinnvollerweise sollte dies ein Föderalismus werden, der gewachsene Zusammenhänge wie die der mehrheitlich kurdischen Provinzen im Norden des Landes berücksichtigt, sich aber gleichwohl auf gegebene administrative Strukturen, nicht auf ethnische Grenzen – und Abgrenzungen – gründet. Eine ethnische Grenzziehung zwischen irakischen Provinzen ist faktisch auch gar nicht möglich; die Hauptstadt Bagdad etwa ist zwar in ihrer großen Mehrheit arabisch, gleichzeitig aber auch die größte »kurdische« Stadt des Irak. Wichtig, um einen solchen Föderalismus mit Leben zu füllen, ist zudem, dass gerade kurdische Politiker sich nicht in erster Linie um ihre Provinz sorgen, sondern in Bagdad mitbestimmen: Dass der Irak, der eines der wichtigsten arabischen Länder bleiben wird, in der ersten Regierung nach Saddam Husein international wie auch in der Arabischen Liga von einem kurdischen Außenminister vertreten wurde, war ein gutes Zeichen für die Entwicklungsmöglichkeiten politischer Kultur im Irak und, vielleicht, in der arabischen Welt.

Die Auseinandersetzung um das Verfahren zur Wahl oder Auswahl eines Übergangsparlaments war ebenfalls von weiter reichender Bedeutung für die politische Kultur des Irak. Dabei trat die Besatzungsbehörde ursprünglich für ein einigermaßen kompliziertes, indirektes Auswahlverfahren ein, das ihr einen gewissen Einfluss auf die Zusammensetzung der Volksvertretung ermöglicht hätte. Zu ihrem Gegenspieler wurde Ayatollah Ali Sistani, dem es gelang, große

Menschenmengen für seine Forderung nach allgemeinen und direkten Wahlen zu mobilisieren. Natürlich ging es bei dem Streit nicht nur um Verfahren oder Prinzipien, sondern wesentlich darum, wer und welche politischen Kräfte letztlich das Sagen in einer solchen Versammlung haben würden.

Der amerikanische Zivilverwalter im Irak, Paul Bremer, hatte durchaus einige gute Gründe für seine Skepsis gegen allzu rasche Wahlen, namentlich die instabile Lage und den Mangel an demokratischen Erfahrungen im Irak. Die Ironie der Situation lag jedoch darin, dass viele Iraker gerade die Amerikaner für die Instabilität verantwortlich machten, und dass sie, vielleicht auf Grund der mangelnden Demokratieerfahrung, Demokratie auch ganz simpel verstehen wollten – als das Recht, ihre Regierung selbst zu wählen. Angespornt, diese Recht auch einzufordern, wurden sie ausgerechnet von einem schiitischen Religionsgelehrten und von anderen Akteuren, die die USA herausforderten, indem sie deren politischen Diskurs übernahmen: Halte man, so fragen diese, die Iraker etwa für unfähig, selbst über ihr Schicksal zu bestimmen? Er, so ließ Ayatollah Sistani verlauten, habe die Forderung nach Wahlen übrigens nicht im Koran gefunden – sondern in einem Lehrbuch für Demokratie. Der Geistliche, dies galt es auch in Nachbarländern zu verstehen, hatte ganz offensichtlich verstanden, dass sich mit Theologie allein kein Staat machen lässt.

Nichts Neues im Nahen Osten?

Natürlich weiß auch die US-Regierung, dass die Eroberung Bagdads für eine Befriedung und Neuordnung des gesamten Nahen und Mittleren Ostens nicht ausreicht. Der zentrale Konflikt der Region bleibt der arabisch-israelische und insbesondere der zwischen Israelis und Palästinensern. Die Auseinandersetzungen in Israel und den besetzten Gebieten verschärften sich seit der Wahl Ariel Sharons zum israelischen Ministerpräsidenten und erreichten 2002, mit wiederholten und zunehmend zerstörerischen israelischen Militäroperationen in palästinensischen Städten und einer wachsenden Zahl blutiger Selbstmordanschläge in Israel, ein zuvor nicht erreichtes

Maß an Gewalt. Erst 2003 trat eine gewisse Beruhigung ein. Die palästinensische Führung und auch die ägyptische Regierung versuchten wiederholt, die radikalen Kräfte zu einem Waffenstillstand, mindestens jedoch zu einem Verzicht auf Anschläge auf israelische Zivilisten zu bewegen. Das gelang nie vollständig; aber auch bei diesen Gruppen – vor allem die islamistische Hamas und der kleine »Islamische Jihad« – begann man über Alternativen zum bewaffneten Kampf nachzudenken. Dazu kam die Hoffnung, dass mit dem Irakkrieg auch ein »Fenster der Gelegenheit« für den Nahen Osten geöffnet worden sei – und sei es nur, weil die Vereinigten Staaten ihre Macht in einer Weise demonstriert hatten, dass weder die Palästinenser und andere arabische Staaten noch Israel ernsthaften amerikanischen Druck, an den Verhandlungstisch zurückzukehren und friedensgefährdende Aktivitäten zu unterlassen, ignorieren dürften.

Wer erwartet hatte, dass die US-Regierung diese Chance nutzen und sich nun vordringlich um eine Regelung des israelisch-palästinensischen Konflikts kümmern würde, sah sich getrogen. Die internationale Gemeinschaft in Form des so genannten »Quartetts« – USA, EU, Russland und Vereinte Nationen – legte einen Fahrplan zum Frieden im Nahen Osten vor, die so genannte *road map,* die deutlich erklärte, dass bis zum Jahr 2005 ein lebensfähiger palästinensischer Staat entstehen solle. Dies war zweifellos ein Fortschritt, und der internationale Druck reichte weit genug, um die palästinensische Autorität und die israelische Regierung zur Annahme des Plans zu bewegen, der beiden Seiten recht klare Verpflichtungen auferlegte: Israel, dessen Regierung dem Plan nur mit Einschränkungen zustimmte, sollte sich in einer ersten Phase etwa neu gebaute Siedlungen und Siedlungsaußenposten in den besetzten Gebieten räumen und seine Truppen dorthin zurückziehen, wo sie im Herbst 2000, vor dem Beginn der zweiten *Intifada,* standen; die Palästinenser sollten neben inneren Reformen vor allem die radikalen Organisationen entwaffnen. Doch Letzteres fand genauso wenig statt wie die verlangten israelischen Rückzüge. Vertreter des amerikanischen Außenministeriums kritisierten von Zeit zu Zeit die mangelnde Bereitschaft von Palästinensern und Israelis, der *road map* zu folgen. Sie ließen aber gleichzeitig durchblicken, dass ein intensives Engagement

Washingtons, insbesondere Druck auf den Verbündeten Israel, zumindest im Vorfeld der amerikanischen Präsidentschaftswahlen im November 2004 nicht zu erwarten sei.

Wenn die Bedingungen für ein Zurück zum Friedensprozess sich dennoch graduell verbesserten, so liegt das an Entwicklungen in Israel und den palästinensischen Gebieten selbst. Beide Gesellschaften, die israelische wie die palästinensische, sind erschöpft, beide sehnen sich nach Normalität und Ruhe. Trotz Hass und gegenseitigem Misstrauen hat es auf beiden Seiten politische Entwicklungen gegeben, die zumindest auf mittlere Frist bedeutend sind. So wurden auf palästinensischer Seite nicht zuletzt unter europäischem Druck wesentliche Reformen durchgeführt, die eine »bessere Regierungsführung« garantieren sollen – vor allem das staatliche Finanzwesen wurde in Ordnung gebracht. Natürlich können solche Reformen ihren Sinn erst entfalten, wenn es auch einen Staat gibt, der zu regieren ist. Dies steht noch aus. Die Reformen sind gleichwohl wichtig: Sie verbessern die Chancen, einen lebensfähigen und legitimen Staat zu errichten, und sie haben der Palästinensischen Autorität eine neue internationale Akzeptanz verschafft, die sich auch in der Bereitschaft der US-Regierung zeigt, erstmals direkte finanzielle Zuschüsse an die palästinensische Regierung zu zahlen. Selbst Israel nahm die Überweisungen von Zolleinnahmen an die palästinensischen Behörden wieder auf.

Immer noch herrscht die paradoxe Situation, dass die Mehrheit beider Gesellschaften eine recht genaue Vorstellung von den Ergebnissen einer friedlichen Regelung hat, dass beide Seiten aber bezweifeln, dass die jeweils andere Seite überhaupt friedensfähig oder friedensbereit ist. Die von beiden Seiten erwartete Regelung beinhaltet zwei nebeneinander existierende Staaten, eine politische Teilung Jerusalems, eine Auflösung oder Übergabe der meisten jüdischen Siedlungen, einen begrenzten Gebietsaustausch und eine Regelung der Flüchtlingsfrage, die faktisch kaum eine Rückkehr palästinensischer Flüchtlinge nach Israel beinhalten wird – die meisten palästinensischen Flüchtlinge sind sich dessen durchaus bewusst.

Auf dieser Grundlage bewegten sich auch die Initiatoren der so genannten »Genfer Intitiative« – eine Gruppe israelischer Politiker und Akademiker unter der Führung von Yossi Beilin und Yasser

Abed Rabbo, zweier ehemaliger Minister und erfahrener Teilnehmer offizieller und inoffizieller israelisch-palästinensischer Verhandlungen. Die Gruppe erarbeitete in den Monaten nach dem Irakkrieg ein Abkommen oder richtiger, die Blaupause eines israelisch-palästinensischen Endstatusabkommens, das detaillierte Regelungen und Karten für die wichtigsten Streitpunkte enthielt: Jerusalem, die Zukunft der Siedlungen, Gebietsaustausch und Grenzziehung sowie die Flüchtlingsfrage.[8] Selbstverständlich konnte ein solcher Text ein völkerrechtliches Abkommen nicht ersetzen; die Teilnehmer der Gespräche hatten schließlich kein offizielles Mandat. Insbesondere in Israel wurden die Mitglieder der Initiative deshalb auch heftig kritisiert; die Vorwürfe gegen Beilin reichten von der Anmaßung einer Rolle, die ihm nicht zustehe, bis hin zum Landesverrat. Die palästinensische Führung ließ eine sehr verhaltene Unterstützung erkennen, aber auch Yasir Arafat ließ sich nicht gern die Fäden aus der Hand nehmen. Tatsächlich hatten die Mitglieder der Initiative auch nicht behauptet, anstelle ihrer Regierungen verhandelt oder ein offizielles Abkommen geschlossen zu haben: Sie sahen sich, richtigerweise, als Vertreter der Zivilgesellschaften; sie wollten angesichts der Unfähigkeit oder Unwilligkeit der Führungsmannschaften, die Blockade des Friedensprozesses zu durchbrechen, ein Signal setzen und vor allem der Öffentlichkeit – der internationalen und der ihrer beiden Gesellschaften – deutlich machen, dass es auf beiden Seiten ernsthafte Partner gibt und dass nach wie vor realistische Möglichkeiten zur Konfliktlösung existieren. Dass die sehr konkreten Aussagen des »Genfer Abkommens« sich weitgehend an Präsident Clintons Vermittlungsvorschlag vom Dezember 2000 und

8 Eine deutsche Übersetzung des Abkommenstextes wurde in Kurzfassung veröffentlicht in: Die Genfer Übereinkunft. Entwurf eines Abkommens über den endgültigen Status der israelisch-palästinensischen Beziehungen (Auszüge), in: *Blätter für deutsche und internationale Politik*, Bd. 48 (2003) Nr. 12, S. 1511-1519 und findet sich in vollständiger Version z. B. in: http://www.uni-kassel.de/fb10/frieden/regionen/Nahost/genf-deutsch.html. Der englische Text ist in vollem Umfang z. B. zugänglich in: http://www.uni-kassel.de/fb10/frieden/regionen/Nahost/genf.html oder als pdf-Datei zum Download in: http://www.meretzusa.org/doc_genevainitiative.pdf.

den Ergebnissen der Taba-Verhandlungen vom Januar 2001 orientierten, die im Israel-Palästina Kapitel dieses Buches beschrieben werden, war nur natürlich. Wer eine beidseitig akzeptable Regelung erreichen will, wird an dem *acquis* dieser Vorschläge nicht vorbeikommen: dem Nebeneinander der Staaten Israel und Palästina, der Aufteilung Jerusalems, dem Abzug der Siedler und dem weitgehenden Verzicht auf die Rückkehr palästinensischer Flüchtlinge in das Staatsgebiet Israels.

Die israelische Regierung unter Ariel Sharon reagierte ablehnend und unverhältnismäßig scharf auf das »Genfer Abkommen«. So ließ der israelische Außenminister etwa den Schweizer Botschafter einbestellen, um dagegen zu protestieren, dass die Schweiz sich mit ihrer Unterstützung für die Initiative in »Israels innere Angelegenheiten eingemischt« habe. Die Schärfe des Protests mag als Ausdruck von Nervosität verstanden werden. Auch bei vielen der Israelis, die Sharon Anfang 2003 wiedergewählt hatten, wuchs die Erkenntnis, dass anhaltender militärischer Druck, die fortgesetzte Verarmung und Demütigung der palästinensischen Bevölkerung, die Zerstörung von Infrastruktur und von jenen quasi-staatlichen Strukturen, die von der Palästinensischen Autorität noch übrig waren, Israel weder Frieden noch Sicherheit brachten. Sharon selbst konnte kein Interesse daran haben, dass in dieser Situation der Eindruck entstehen würde, nicht er und seine Regierung, sondern nur eine Gruppe von Oppositionspolitikern und deren palästinensische Partner könnten Israel einen politischen Weg aus der Krise weisen.

Tatsächlich hatten auch bei Sharon und seinen Leuten im Likud erstaunliche, ja für israelische Politik fast revolutionäre politische Entwicklungen begonnen. Im Frühjahr 2003 nämlich bezeichnete mit Ariel Sharon erstmals ein Likud-Regierungschef die Herrschaft Israels über die Westbank und den Gazastreifen als »Okkupation«. Sharon sagte gleichzeitig, dass diese Besetzung »nicht gut für Israel« sei und dass das Land geteilt werden müsse.[9] Dies war vor allem deshalb bemerkenswert, weil hier ein Likud-Ministerpräsident anerkannte, dass die Basis des Konflikts eine territoriale ist. In den folgenden Monaten verwiesen zudem einige von Sharons Freunden

9 Vgl. *The Jerusalem Post*, 27. Mai 2003.

immer mal wieder auf den demographischen Faktor, darauf also, dass Israels Regierung in wenigen Jahren über eine nicht-jüdische Mehrheit herrschen werde, wenn Israel nicht in der Lage sei, sich von den Palästinensern zu trennen.

Sharon begann also, wie früher vor allem Politiker der Arbeitspartei, die »Trennung« von den Palästinensern auf seine Agenda zu setzen. Nur suchte er nicht die einvernehmliche Trennung durch eine Friedensvertrag – wie die Initiatoren des »Genfer Abkommens« sie vorzeichneten –, sondern eine territoriale Teilung zu Israels bzw. zu Sharons eigenen Bedingungen. In diesem Kontext steht der Bau der befestigten Trenn- oder Sperranlage, den die israelische Regierung seit Sommer 2003 vorantrieb – der Mauer, wie Palästinenser und andere Gegner der Anlage sagen, weil diese über Kilometer tatsächlich aus bis zu acht Meter hohen Mauerelementen besteht und auch sonst – mit einer Breite von 60 bis 100 Metern, der Kombination aus Stacheldraht, Wachtürmen, Gräben und Fahrstreifen für Militärfahrzeuge in vieler Hinsicht den Sperranlagen an der ehemaligen deutsch-deutschen Grenze ähnelt. In Ost-Jerusalem verläuft die Mauer quer durch arabische Wohngebiete. Die palästinensische Stadt Qalqiliya wurde im Wortsinn eingemauert; nur ein israelisch kontrollierter Ausgang für Personen und Warenverkehr und zwei Übergänge für Bauern, die zu ihren Feldern wollen, bieten Wege nach außen. Insgesamt fanden Tausende von Palästinensern ihre Häuser, Dörfer oder Felder plötzlich auf der »israelischen« Seite des Zauns – in einem Sperrgebiet, das nur mit Sondergenehmigungen des israelischen Militärs zu betreten war.

Israelis reden nicht von einer Mauer, sondern lieber vom Sicherheitszaun, und verweisen darauf, dass es sich um eine Schutzanlage gegen das Eindringen von Terroristen handele. Tatsächlich lässt jeder neue terroristische Anschlag in Israel die Zustimmung der israelischen Bevölkerung zu einer wie auch immer gearteten Sperranlage ansteigen – und die Frage in den Hintergrund rücken, ob hier nicht Sicherheitsargumente genutzt wurden, um Landraub und Annexion zu legitimieren: Die Anlage, soweit sie bis jetzt gebaut ist, verläuft schließlich nicht auf israelischem Territorium und nicht entlang der »grünen Linie« zwischen Israel und den 1967 besetzten Gebieten, sondern reicht teilweise mehrere Kilometer in palästinensisches Gebiet hinein.[10] Deshalb richtete sich europäische und internationale Kritik auch nicht auf den Bau der Mauer als solcher – sondern ausschließlich auf deren Verlauf.

Tatsächlich nahm die Sperranlage die Ziehung einer Grenzlinie unilateral vorweg: Sie bestätigte das Prinzip der territorialen Trennung – was Israels Siedlerbewegung und die Ultrarechten verstörte, die sahen, dass eine solchen Abgrenzung zumindest einen Teil der Siedlungen jenseits der Grenze lassen würde –, und sie entsprach dem Handlungsprinzip Sharons, keine verhandelte, sondern eine einseitig bestimmte Lösung zu suchen. Demselben Prinzip entsprach auch eine Ankündigung, mit der Sharon die israelische und die internationale Öffentlichkeit Anfang 2004 überraschte. Er werde nämlich, erklärte der Ministerpräsident, die meisten oder alle Siedlungen im Gazastreifen räumen lassen; die Siedlungen würden vom Gazastreifen »in israelisches Territorium verlegt«. Er gehe davon aus, dass keine Juden im Gazastreifen verbleiben würden.[11]

Während die palästinensische Autonomieregierung überrascht war und wohl auch ihre eigene Schwäche verspürte – sah es doch so aus, als müsse Israels Ministerpräsident nach dreieinhalb Jahren Intifada Verhandlungen über den Fortgang des israelisch-palästinensischen Verhältnisses allenfalls noch mit seiner eigenen Partei und mit den israelischen Siedlern führen – bemühten ihre Vertreter sich gleichwohl, ähnlich wie UN-Generalsekretär Annan und andere internationalen Beobachter, Sharons Ankündigung als Schritt in die richtige Richtung zu werten. Wenn Israel sich aus dem Gazastreifen zurückziehe, so der palästinensische Ministerpräsident Ahmad Qurei, würden die Palästinenser dies nicht behindern; zum Frieden gehöre allerdings, dass Israel auch die Siedlungen in der Westbank räume. Viele Kommentatoren auf palästinensischer und arabischer, einige auf israelischer Seite, waren kritischer. Sie merkten an, dass es Sharon wohl nur um eine Art Frontbegradigung ginge, um die Aufgabe einiger Siedlungen mit einigen Tausend Siedlern im Gazastrei-

---

10 Vgl. etwa »A safety measure or a land gab?«, in: *The Economist*, 11. Oktober 2003.
11 Yoel Marcus, »Sharon's plan: 20 settlements to go within a year or two«, *Ha'aretz Internet Edition*, 3. Februar 2004.

fen, um desto mehr an großen Teilen der Westbank und den dort errichteten Siedlungen festzuhalten. Das mag tatsächlich so sein. Nur sollte man eben nicht übersehen, wie sehr die Bereitschaft zur Aufgabe einiger Siedlungen, die er selbst noch Monate früher für unantastbar erklärt hatte, für Sharon und seine Partei eine historische Korrektur darstellte: den Einriss einer ideologischen Mauer gewissermaßen, die Sharon, der sich gern als Vater der Siedlerbewegung bezeichnen lässt, in früheren Jahren selbst errichtet hatte. Die Bedeutung von Sharons Ankündigung liegt aber vor allem darin, dass sie es fast unabhängig davon, wieweit er selbst sie durchführen wird, späteren israelischen Regierungen erleichtern dürfte, ein beidseitig akzeptables Friedensabkommen auszuhandeln und die Besatzung tatsächlich zu beenden. Die Grundlagen einer friedlichen Regelung des Nahostkonflikts sind so offensichtlich auch durch mehrjährige gewaltsame Auseinandersetzungen nicht verändert worden.

Bewegung in der arabischen Welt

Wie im Nahen Osten, so sollte man auch mit Blick auf die arabische Welt im Ganzen vorsichtig sein, bestimmte politische oder gesellschaftliche Veränderungen in einen direkten, kausalen Zusammenhang mit dem Irakkrieg zu stellen. Für manch amerikanischen Beobachter etwa war klar, dass die offensichtlichen Bemühungen des syrischen Präsidenten Bashar al-Asad, den Friedensprozess mit Israel wiederaufzunehmen, oder die Ankündigung des libyschen Revolutionsführers Muammar al-Qadhafi, auf alle Massenvernichtungswaffen verzichten zu wollen, nur mit der militärischen Entfernung des Husein-Regimes zu erklären sei.

Tatsächlich hat die amerikanische Machtdemonstration am Golf die politischen und intellektuellen Eliten der arabischen Welt gezwungen, ihr Verhältnis zu den USA und manche ihrer politischen Handlungsstrategien neu zu durchdenken. Bestimmte Entwicklungen sind dadurch beschleunigt worden. Der syrischen Führung etwa war sehr daran gelegen, Washington und der Welt zu zeigen, dass nicht Damaskus für die Blockade des israelisch-syrischen Teils des Friedensprozesses verantwortlich sei. Man bemühte sich auch, das direkte Verhältnis zu den USA in Ordnung zu bringen, das aufgrund der recht deutlichen politischen Unterstützung, die Syrien dem Irak vor und während des Krieges geleistet hatte, schweren Schaden genommen hatte.[12] Wer Asads Friedensfühler allein der neuen geopolitischen Lage zuschreibt übersieht, dass die syrische Führung unter dem jungen Präsidenten auch in den Jahren zuvor immer wieder betont hat, dass Syrien den Frieden braucht, um sein eigenes wirtschaftliches Modernisierungsprogramm durchzuführen. Auch das libysche Abrüstungsangebot kam nicht ganz plötzlich, sondern war das Ergebnis mehrjähriger Bemühungen Libyens, sein Verhältnis zu den USA und dem Westen in Ordnung zu bringen, und dreijähriger stiller Verhandlungen über das Rüstungsthema zwischen Vertretern der libyschen Führung und britischen Diplomaten.

Immer noch gilt, dass innere Reformen in den arabischen Staaten langsam, oder richtiger: zu langsam, vonstatten gehen, um den wirtschaftlichen, kulturellen und politischen Ansprüchen zu genügen, die ihre überwiegend junge Bevölkerung zu stellen begonnen hat. Bestimmte Ansätze politischer und gesellschaftlicher Erneuerung, die dieses Buch beschreibt, sind mittlerweile bereits deutlicher hervorgetreten. So stimmte das marokkanische Parlament nach längerem Widerstand konservativer Kräfte letztendlich einem vom König eingebrachten Gesetz zur Reform des Familienrechts zu, mit dem Männer und Frauen gleichgestellt wurden: Mütter und Väter erhalten damit erstmals die gemeinsame Verantwortung für die Familie, Eheverträge über Gütertrennung werden möglich, Frauen können die Scheidung verlangen, ohne das Erziehungsrecht über ihre Kinder zu verlieren. Auch in einem anderen Bereich setzte Marokko Zeichen: So wurde eine »Kommission für Gerechtigkeit und Versöhnung« eingesetzt, die zur Aufgabe erhielt, die Opfer von Menschenrechtsverletzungen zu rehabilitieren und gegebenenfalls zu entschädigen – ein wichtiger Schritt, zweifellos, um die Tradition der »geheimen Gärten« dieses Landes zu überwinden.

Am anderen Ende der arabischen Welt, in den Golfmonarchien,

---

12 Vgl. ausführlich: Volker Perthes, *Syria under Bashar al-Asad. Modernisation and the Limits of Change*, London (International Institute for Strategic Studies) 2004.

gab es vorsichtige Schritte in Richtung größerer politischer Beteiligung und innerer Reform. So nahm man in Saudi-Arabien die wachsende amerikanische Kritik am saudischen Erziehungswesen und seiner Kontrolle durch die Religiös-Konservativen zunehmend ernst; die saudische Regierung akzeptierte sogar die Unterstützung amerikanischer Experten, um eine Überarbeitung der Curricula auf den Weg zu bringen. Das wäre aber wohl kaum der Fall gewesen, wenn nicht auch lokale Kräfte, insbesondere die saudische Unternehmerschaft, immer häufiger ein effizienteres und moderneres Erziehungssystem verlangt hätten. Allgemein versuchten die Königreiche und Emirate am Golf, eine neue Formel wirtschaftlicher und politischer Beteiligung zu finden. So fanden in Bahrain im Herbst 2002, erstmals seit den siebziger Jahren, wieder Parlamentswahlen statt; in Oman wurden ein Jahr darauf die ersten allgemeinen Parlamentswahlen abgehalten – an frühere Wahlen hatten sich nur ausgewählte Bürger beteiligen dürfen. In beiden Fällen gaben die Monarchen ihre Macht nicht ab – sie betrachteten es aber offensichtlich als notwendig, eine breitere Repräsentation unterschiedlicher gesellschaftlicher Gruppen und Interessen zu ermöglichen. In Saudi-Arabien kündigte die Regierung aus demselben Grund an, erstmals Kommunalwahlen durchführen zu lassen. In der Abschlusserklärung einer »Nationalen Dialogveranstaltung« unter der Schirmherrschaft des Kronprinzen, an der Religionsgelehrte sowie männliche und weibliche Intellektuelle teilnahmen, wurde unter anderem auch dazu aufgerufen, die Mitglieder der beratenden Versammlung (*Shura*) zukünftig zu wählen.

Bei diesem internen Dialog waren die weiblichen Teilnehmer per Videoübertragung zugeschaltet. Dass gleichzeitig bei einer Wirtschaftskonferenz in Djidda, einer traditionell sehr viel stärker auf die Außenwelt gerichteten Hafen- und Handelsstadt, Männer und Frauen im selben Saal saßen – eine überschaubare Barriere sorgte allerdings für die physische Trennung der Geschlechter –, dass zudem auch noch eine saudische Unternehmerin die Eröffnungsansprache hielt, führte dann jedoch zu einer harschen Reaktion der Konservativen: Der Bruch etablierter sozialer Regeln – eben der im Königreich sonst praktizierten strikten öffentlichen Geschlechtertrennung –, erklärte der oberste Rechtsgelehrte des Landes, Sheikh Abdel Aziz Al

Sheikh, sei die Wurzel allen Übels und Verbrechens. Politische Veränderung ist gerade im saudischen Königreich ein mühsamer Prozess. Wenn der saudische »Supertanker« sich zu bewegen beginnt, ist solche Bewegung auch in anderen Staaten der Region aber nicht mehr leicht aufzuhalten.

Erster Teil

Der Nahe und Mittlere Osten erfindet sich neu

Elemente des Wandels
Einleitung und Übersicht

»*Mon rhythme est celui du Maroc*«, sein politischer Rhythmus sei der seines Landes, erklärte Marokkos junger König einem französischen Reporter ein gutes Jahr nach seiner Inthronisierung. Und dies sei nicht der Rhythmus, den bestimmte ausländische Beobachter ihm und Marokko »mit Arroganz und Ignoranz« aufdrücken wollten.[1]

Die arabische Welt wandelt sich, befindet sich in einer Phase historischen Umbruchs. Aber sie wandelt sich nicht unbedingt so rasch, so tiefgehend und so umfassend, wie große Teile der jungen Generation, die quer durch die Region, von Marokko im Westen bis zum Irak im Osten, die Mehrheit der Bevölkerung stellt, sich das wünscht, wie ausländische Experten oder Partner es für nötig halten und wie manche Repräsentanten eingesessener Eliten es befürchten. Die Botschaft des Königs ist eindeutig, und sie steht nicht nur für Marokko, sondern für fast alle arabischen Staaten – für die, in denen ein Machtwechsel gerade stattgefunden hat, wie für die, in denen seit fünfzehn, zwanzig oder dreißig Jahren dieselbe Gruppe oder ein und derselbe Mann regiert.

Muhammad VI., Marokkos junger König, mag den »geheimen Garten« Hassans II., seines 1999 gestorbenen Vaters und Vorgängers, geöffnet haben. »Le jardin secret«, der geheime Garten des Königs: mit diesem Euphemismus sprach Hassan II. von den Gefangenenlagern, in die er Regimegegner einsperren ließ; der Ausdruck kann somit auch als Metapher für den Despotismus autoritärer arabischer Herrscher stehen. Muhammad VI. und die anderen jungen Herrscher, die in den letzten Jahren die Führung einzelner arabischer Staaten übernommen haben – Abdallah II. in Jordanien, Hamad bin Isa in Bahrein, Bashar al-Asad in Syrien –, machten deutlich, dass sie als Vertreter einer neuen Generation auch zu politischer Reform oder »Öffnung« bereit waren, und sie setzten entsprechende Zeichen. Sie ließen politische Gefangene frei, machten versöhnliche Gesten gegenüber Regimegegnern, schlossen einzelne berüchtigte Gefängnisse oder ließen politisch Verfolgte aus dem Exil zurückkehren und erlaubten in der Regel ein größeres Maß an Diskussion und Widerspruch. Gleichzeitig ließen sie keinen Zweifel daran, dass sie die politischen Systeme, die sie geerbt oder übernommen hatten, nicht umkrempeln oder abschaffen wollten. Sie strebten nach einer Erneuerung und Modernisierung von Wirtschaft und Politik in ihren Ländern, jedoch nicht nach Systemveränderungen solch tief greifender Art, wie es die Länder des ehemaligen Ostblocks nach der Zeitenwende von 1989 erlebt hatten.

Die wirtschaftlichen und politischen Strukturen der arabischen Staaten unterscheiden sich stark von denen der kommunistischen Regime. Aber wenn es eine Lehre gab, die die Führungseliten der arabischen Welt, die alten genauso wie die jungen Herrscher, aus dem Zusammenbruch der Sowjetunion gezogen haben, dann die, dass sie der Stabilität ihrer Systeme im Zweifelsfall immer Vorrang vor potenziell destabilisierenden Reformen geben würden. Vor allem würden sie sich Tempo und Ausmaß innerer Reformen, insbesondere politischer Liberalisierungs- oder Demokratisierungsmaßnahmen, von niemandem, schon gar nicht vom westlichen Ausland, vorschreiben lassen. Wenn arabische Politiker sich in diesem Zusammenhang gegen arrogante und ignorante Einmischungsversuche verwahren, können sie auf einige Zustimmung hoffen. Die Gesellschaften der arabischen Staaten mögen ihren eigenen Führern misstrauen, aber sie haben, soweit lässt sich verallgemeinern, sicherlich noch weniger Vertrauen in die Politik des Westens. Dafür war und ist vor allem die amerikanische, aber auch die europäische Nahostpolitik und in geringerem Maße die amerikanische Politik am Golf verantwortlich sowie die vermeintlich oder tatsächlich negative Haltung des Westens gegenüber dem Islam oder den Muslimen. So wie in der westlichen Öffentlichkeit häufig ungenügend differenziert wird, wenn es um arabische oder muslimische Staaten geht, so erscheint auch arabischen Betrachtern der Westen oft als einheitlicher Block mit überwiegend unfreundlichen Ambitionen.

Der Generationswechsel an der Spitze, der in einigen arabischen

Staaten in den letzten Jahren stattgefunden hat und in mehreren anderen Staaten ansteht, ist nur ein Element des Umbruchs, den die Region gegenwärtig erlebt. Diese Umbruchsphase wird auch durch wirtschaftliche und soziale Entwicklungen charakterisiert, die gern unter dem Stichwort »Globalisierung« zusammengefasst werden. Die Staaten der arabischen Welt und des Nahen Ostens, bemühen sich wie – und in Konkurrenz zu – Staaten anderer Regionen, insbesondere Osteuropas oder Südasiens, sich als attraktive Investitionsstandorte zu präsentieren, öffnen dafür ihre Finanzsysteme und Märkte, verhandeln untereinander und mit internationalen Akteuren, insbesondere mit der Europäischen Union (EU), über Freihandel und Zollabbau. Im Ergebnis werden die Grenzen auch der arabischen Staaten durchlässiger, vorerst eher für Waren und Kapital als für die Menschen. Elemente einer tendenziell globalen Kultur des alltäglichen Konsums verbreiten sich, mehr oder weniger schnell, auch in den meisten Staaten des Nahen und Mittleren Ostens sowie Nordafrikas. Das gilt für die rätselhafte Attraktivität von Fast-Food-Produkten amerikanischen Ursprungs, für verkehrt herum aufgesetzte Baseballkappen oder für die Verbreitung marktgängiger Produkte der Popmusik über internationale Satellitenkanäle. Konservative arabische Stimmen sprechen in diesem Zusammenhang oft von einer westlichen »kulturellen Invasion«. Tatsächlich wird die Dynamik dieses Einbruchs amerikanischer Konsumkultur weniger durch politische Widerstände – gegen die Auflösung kultureller Authentizität – begrenzt als vielmehr dadurch, dass die Mehrheit der Bevölkerung in den meisten arabischen Staaten sich einen »westlichen« Lebensstil gar nicht leisten kann. Die Teilhabe an der Globalisierung ist nicht zuletzt eine Frage der materiellen Möglichkeiten. Das gilt auch, wenngleich in geringerem Maße, für das politisch und gesellschaftlich vielleicht wichtigste Element der Globalisierung: die Entgrenzung der Informationsverbreitung und der Kommunikation. Die aktive Nutzung bestimmter Medien wie des Internets oder des Mobiltelefons ist nach wie vor nur einer Minderheit möglich. Sehr viel allgemeiner verbreitet ist der Zugang zu Fernsehen und Satellitenprogrammen; Zehntausende von Satellitenschüsseln haben die Dachlandschaften auch der ärmeren Viertel von Kairo, Gaza und Sanaa genauso verändert wie die von Damaskus, Riad oder Rabat.

Nur in Bagdad, wo das Regime sich bemüht, die eigenen Bürger von ausländischen Nachrichten abzuschotten, finden sich Satellitenschüsseln eher an versteckten Plätzen. Aber Palästinenser und Israelis, Syrer oder Tunesier erfahren Nachrichten über wichtige Ereignisse in ihren Ländern oft eher durch *CNN* oder durch dessen arabisches Pendant, den Sender *al-Jazeera* aus Qatar, als aus den lokalen Medien. Fast alle arabischen Zeitungen sind im Internet abrufbar; unzählige Websites bieten unzensierte politische Informationen. Anders als noch zu Beginn der neunziger Jahre steht den Menschen in der Region damit ein umfassendes und zunehmend einheitliches Informationsangebot zur Verfügung, dessen Wahrnehmung eher von Sprachkenntnissen sowie vom Zugang zu Computer und Internet abhängt – und somit nicht zuletzt auch von der finanziellen Möglichkeit, sich einen eigenen Computer anzuschaffen – als von der Nationalität oder von der physischen Anwesenheit innerhalb bestimmter Staatsgrenzen.

Von einem Umbruch kann man schließlich mit Blick auf die Beziehungen und die Konflikte auch innerhalb des regionalen Staatensystems sprechen. Wenn in diesem Buch vereinfachend von der Region gesprochen wird, dann meine ich damit die arabische Welt, also die arabischen Staaten des Mittleren Ostens (Arabische Halbinsel und Persischer Golf), des Nahen Ostens und Nordafrikas, sowie Israel. Israel ist zwar kein arabischer Staat, es liegt aber geographisch in der arabischen Welt, ist – egal, ob es selbst das will und ob die arabischen Staaten und Gesellschaften dies wünschen – ein Teil des regionalen Staatensystems, ein zentraler Teilnehmer regionaler Konflikte und tatsächlich auch, obwohl viele Israelis und viele Araber dies bestreiten, kulturell ein Teil seiner regionalen Umgebung. Das wichtigste Element der Veränderung regionaler Politik im Nahen und Mittleren Osten stellt zweifellos, trotz aller Schwierigkeiten und Rückschläge, der nahöstliche Friedensprozess dar, oder präziser: die Phase des Friedensprozesses, die 1991 mit der Nahostkonferenz von Madrid begann. Dieser Prozess hat zusammen mit anderen Entwicklungen und Ereignissen dazu beigetragen, dass sowohl die Strukturen wie auch die Spielregeln nahöstlicher Politik sich über die neunziger Jahre bis zu einem gewissen Grad geändert haben. Vom Frieden mag die Region noch einige Jahre entfernt sein; die Konturen zukünftiger

Friedensabkommen, insbesondere zwischen Israel und dem palästinensischen Gemeinwesen, sind allerdings den meisten Beteiligten klar.

Ich beginne dieses Buch mit einer kurzen Darstellung der veränderten Realitäten der regionalen Politik. Die Bedeutung heutiger Ereignisse lässt sich allerdings kaum ohne eine historische Darstellung begreifen, die die diplomatischen und politischen Entwicklungen im Nahen und Mittleren Ostens seit Mitte der vierziger Jahre schildert, als das regionale Staatensystem in seiner heutigen Form entstand. Das folgende Kapitel gibt deshalb einen Überblick über die regionale Politik in diesen fünfeinhalb Jahrzehnten – eine gelegentlich verwirrende Abfolge politischer und militärischer Konflikte, wechselnder Allianzen, eingebildeter und tatsächlicher Verschwörungen von regionalen und internationalen Akteuren. Dabei wird klar, wie sehr der arabisch-israelische Konflikt die Entwicklung in der gesamten arabischen Welt beeinflusst hat. Die historische Darstellung zeigt auch, dass es keinem der regionalen Staaten und keiner außerregionalen Großmacht je gelungen ist, die Verhältnisse in der Region ihren Vorstellungen oder Interessen gemäß zu ordnen.

Es folgt eine kurze Analyse der wirtschaftlichen und sozialen Faktoren, die heute für die Entwicklungschancen der arabischen Welt besondere Bedeutung haben. Daran anschließend richte ich den Blick auf die neue Führungsgeneration der arabischen Staaten und frage auch nach der Bedeutung des politischen Islam.

Der zweite Teil des Buches bringt einen Wechsel der Perspektive. Ich betrachte hier die arabische Welt nicht mehr im Querschnitt, sondern richte den Blick auf die einzelnen Länder: auf wichtige Akteure in diesen Ländern und auf aktuelle politische und wirtschaftliche Entwicklungen und Probleme, mit denen die einzelnen Staaten sich zu befassen haben. Dabei gehe ich bewusst selektiv vor und lege den Schwerpunkt auf die Staaten im klassischen Nahen Osten: Ägypten, Israel und Palästina, Syrien, den Libanon, Jordanien, den Irak, die arabischen Golfstaaten und die Staaten des Maghreb. Für viele Staaten spielt der Nahostkonflikt eine zentrale Rolle. In anderen stehen wirtschaftliche und soziale Probleme, innenpolitische Auseinandersetzungen bis hin zum Bürgerkrieg oder der Umgang mit den Folgen von Bürgerkriegen im Vordergrund. In allen Ländern steht neben der Generationenfrage auch die Frage der Herrschaftsverhältnisse auf der Tagesordnung.

Letzteres wird zum Schluss noch einmal aus einer Querschnittsperspektive aufgegriffen. Wird es in den arabischen Staaten zu einer Überwindung der autoritären, ja despotischen Elemente kommen, werden die »geheimen Gärten« der Herrscher sich öffnen, wird es in absehbarer Zeit mehr Demokratie geben? Diese Fragen stellen sich tatsächlich nicht nur für die beteiligten Akteure in der arabischen Welt, sie haben letztlich auch etwas mit den Beziehungen der Region zu ihren internationalen Partnern – vor allem in Europa und Nordamerika – zu tun.

Die arabische Welt und der Nahe Osten
Neue Spielregeln, alte Politik?

Seit Beginn der neunziger Jahre haben sich in der regionalen, arabischen und nahöstlichen Politik einige wesentliche Entwicklungen vollzogen, die einem allein auf tagespolitische Ereignisse fixierten Beobachter entgehen können. Nur wenn wir uns erinnern, wo etwa die arabisch-israelischen Beziehungen 1991 standen, wird deutlich, dass sich hier tatsächlich etwas getan hat. Ansatzweise zumindest sind neue Spielregeln regionaler Politik entstanden, und auch die Strukturen des regionalen Spielfelds haben sich ein Stück weit verändert. Befördert worden sind diese Veränderungen vor allem durch die Auswirkungen der irakischen Invasion Kuwaits und des zweiten Golfkriegs (1990/91) sowie durch die arabisch-israelischen Friedensbemühungen der vergangenen Dekade. Noch nicht vollständig abschätzbar, aber zweifellos von erheblicher Bedeutung werden zudem die Auswirkungen der Terroranschläge vom 11. September 2001 sein.

Pragmatische Nationalstaaten

Die irakische Niederlage im Krieg um Kuwait hat nicht nur die Kräfteverhältnisse in der arabischen Welt verschoben und eine, wie es scheint, dauerhafte Stationierung amerikanischer Truppen am Golf bewirkt. Sie bedeutete auch, dass die allgemein akzeptierten Spielregeln – die Prinzipien und Normen – innerarabischer Beziehungen so überdacht und revidiert wurden, wie es den Interessen der arabischen Sieger des Krieges entsprach. Dazu gehörte vor allem, dass das souveräne Recht der einzelnen arabischen Nationalstaaten, ihre außen- und sicherheitspolitischen oder wirtschaftlichen Interessen selbst zu bestimmen, einen sehr viel höheren Stellenwert erhielt als zuvor. Das hieß, dass bestimmte, ihrem Ursprung nach panarabische (also an der Einheit aller arabischen Länder orientierte) Konzepte und Forderungen, mit denen der Irak und dessen Unterstützer bis zum Golfkrieg Politik gemacht hatten, zumindest auf der Ebene der zwischenstaatlichen Beziehungen nicht mehr akzeptiert wurden. Dem Slogan etwa, dass das »arabische Öl« allen Arabern gehören müsse, wurde eine klare Absage erteilt. Auch die in den innerarabischen Debatten oft wiederholte ideologische Behauptung, dass es keine separaten Sicherheitsinteressen einzelner Staaten, sondern nur »gesamtarabische Sicherheit« gebe, überzeugte nicht mehr. Natürlich hatten Saudi-Arabien, Kuwait, der Irak oder Algerien ihre Ölpreis- und -förderpolitik auch früher schon den eigenen Interessen gemäß gestaltet, hatten bei ihren Finanzhilfen für andere arabische Staaten eher politische als entwicklungspolitische Kriterien berücksichtigt und bei ihrer Rüstungspolitik vor allem die eigene Sicherheit und die eigenen regionalpolitischen Interessen im Blick gehabt. Nur hatten die meisten Staaten sich eben genötigt gefühlt, ihre Politik in irgendeiner Form gesamtarabisch zu legitimieren. Dies änderte sich nun. Wenn Saudi-Arabien, Kuwait oder andere Staaten bilaterale Bündnisse mit den USA eingingen oder eher Syrien und Ägypten, die im Golfkrieg an der Seite Kuwaits gestanden hatten, als Jordanien und den Jemen, die eine formal neutrale, insgesamt aber eher pro-irakische Haltung eingenommen hatten, finanziell unterstützten, dann taten sie das offen mit Verweis auf ihre Souveränität. Mit Unterstützung anderer Staaten setzten sie durch, dass dies im gesamtarabischen Rahmen auch akzeptiert und legitimiert wurde. So wurde das souveräne Recht jedes einzelnen arabischen Staates, nach eigenem Ermessen über seine Ressourcen zu verfügen, in mehreren Dokumenten der Arabischen Liga ausdrücklich bestätigt.[2]

Letztlich wurde hier auf der normativen und ideologischen Ebene nur nachvollzogen, was lange schon Realität geworden war: dass nämlich die arabische Welt aus leidlich gefestigten einzelnen Nationalstaaten bestand. Die Völker der arabischen Welt haben auf Grund ihrer gemeinsamen Sprache, Kultur und Geschichte sehr enge Bindungen zueinander. Man kann deshalb davon sprechen, dass die Araber vom Golf bis Nordafrika auch *eine*, die arabische Nation bilden. In der politischen Realität aber ist ein arabisches Staatensystem entstanden, dessen einzelne Mitglieder ihre je eigenen Charaktere herausgebildet haben und selbstverständlich auch ihre nicht notwendig widersprüchlichen, aber eigenen Interessen verfolgen. Dies nicht zu akzeptieren hieße, jeder Einmischung, insbesondere der stärkeren Staaten in die inneren Angelegenheiten schwächerer, Raum zu geben. Die Akzeptanz unterschiedlicher Prioritäten und politischer Agenden dagegen erleichtert es den beteiligten Staaten im Zweifelsfall, tatsächlich gemeinsame Interessen zu finden und politische Aktivitäten abzustimmen oder zu koordinieren. Dies zeigte sich sehr konkret: Während arabische Ministertreffen und Gipfel sich bis in die achtziger Jahre immer wieder mit Forderungen nach einer gemeinsamen Planung oder gar Verfügungsgewalt über die Reichtümer der arabischen Welt beschäftigen mussten, ohne dass dies irgendwelche Ergebnisse brachte, begann man in den neunziger Jahren mit konkreten Vorbereitungen für die Schaffung einer gesamtarabischen Freihandelszone. Der Umgang der arabischen Staaten miteinander wurde also pragmatischer. Ohne eine Berücksichtigung der spezifischen Bedürfnisse, Interessen und Schwierigkeiten jedes einzelnen Staates wäre dies gar nicht möglich gewesen.[3]

Nachbarn, keine Freunde

Vor allem aber sind die Strukturen und Regeln regionaler Politik unter dem Einfluss des Friedensprozesses – genauer müsste man sagen: der neuen Phase arabisch-israelischer Friedensverhandlungen, die 1991 mit der Konferenz von Madrid begannen – in Bewegung geraten. Der Friedensprozess stellte nicht das Ende der arabisch-israelischen Konflikte dar, zielte aber auf eine friedliche Regelung der Konflikte. Auch dabei sind neue Prinzipien und Normen etabliert worden, und mit der Palästinensischen Autorität (PA) – der Autonomiebehörde in den palästinensischen Gebieten – entstand ein neuer, quasi-staatlicher Akteur.

So gilt seit 1993, seit der gegenseitigen Anerkennung Israels und der PLO im Oslo-Abkommen, erstmals, dass prinzipiell alle regionalen Akteure mit allen anderen reden und verhandeln können. Das war noch wenige Jahre zuvor ganz anders. Bis 1991 weigerten Syrien und einige andere arabische Staaten sich grundsätzlich, direkt und bilateral mit Israel zu verhandeln. Israel umgekehrt verbot seinen Bürgern unter Strafandrohung jeden Kontakt mit Vertretern der PLO: Ein entsprechendes Gesetz wurde 1993 erst aufgehoben, als israelische Unterhändler sich praktisch schon auf dem Weg nach Oslo befanden, um Geheimverhandlungen mit der PLO zu beginnen.

Auch heute sprechen nicht alle Parteien jederzeit miteinander; aber die entsprechenden Tabus sind gefallen. Ein israelischer Ministerpräsident wie Ariel Sharon konnte persönlich erklären, sich nicht oder nur unter bestimmten Bedingungen mit PLO-Chef Arafat treffen zu wollen; dennoch fanden aber, selbst während der *Intifada*, immer wieder Kontakte zwischen israelischen und palästinensischen Regierungsvertretern statt. Insofern war es auch nicht verwunderlich, dass Sharon, der seinem Außenminister zeitweise untersagte, den palästinensischen Präsidenten zu treffen, mehrfach seinen Sohn Omri zu Arafat schickte, um diesem bestimmte Informationen zu überbringen. Die reale Existenz des ungeliebten Nachbarn ließ sich nicht ignorieren. Umgekehrt erklärte selbst die syrische Führung, dass sie die mit der Regierung Barak geführten Verhandlungen selbstverständlich auch mit Sharon fortsetzen würde.

Seit 1991 hat sich auch ein neues Verständnis des arabisch-israelischen Konflikts durchgesetzt: Zumindest auf Führungsebene wird der Konflikt heute nicht mehr als ein Existenz- oder Identitätskonflikt, sondern als Territorialkonflikt verstanden. Das ist eine wichtige Unterscheidung, denn über Territorium lässt sich verhandeln, über Identitäten nicht. Territorium lässt sich, wie Wasser und andere natürliche Ressourcen, notfalls auch teilen. Ein territorialer Konflikt ist, im Wortsinne, abgrenzbar; er ist zu Ende, wenn die Grenzfrage geklärt ist. Dies wurde vielleicht am deutlichsten in der syrischen Forderung nach einem Rückzug Israels auf die Vorkriegslinien von 1967: Syrien, das nicht zu Unrecht als besonders harter Gegner Israels gilt, machte im Laufe der neunziger Jahre immer wieder deutlich, dass ein solch klar definierter Rückzug Israels die Voraussetzung für Frieden und normale Beziehungen zwischen den beiden Staaten sei. Die Botschaft war eine doppelte: Sie unterstrich, dass es keinen Frieden geben werde, solange Israel noch syrisches Gebiet besetzt hält. Sie machte aber auch deutlich, dass Syrien den alten arabisch-nationalistischen Slogan, dem zufolge es sich beim arabisch-israelischen Konflikt um einen »Existenzkonflikt, keinen Grenzkonflikt« (*sira` wujud, la sira` hudud*) handele, als Teil nahöstlicher Geschichte abgelegt hatte.

Auch bei der zweiten *Intifada*, dem palästinensischen Aufstand, der im September 2000 begann, geht es vor allem anderen um Territorium – eben um das Ende der israelischen Besetzung der 1967 eroberten palästinensischen Gebiete. Die israelisch-palästinensischen Abkommen hatten mit der Palästinensischen Autorität ein quasistaatliches palästinensisches Gemeinwesen geschaffen, an dem auch die Gegner des Friedensprozesses, die es ja in Israel und in den arabischen Staaten weiterhin gab, nicht vorbeikamen. Gleichzeitig hatten die Abkommen, die die Palästinenser mit Israel geschlossen hatten, bewirkt, dass Israel, vorläufig mehr dem Grundsatz nach als in der Praxis, von seiner Umgebung als prinzipiell legitimer Teil des regionalen Staatensystems betrachtet wurde: Als Ägypten 1979 mit Israel Frieden geschlossen und sich in begrenzter Form zu Kooperation mit dem Nachbarn entschlossen hatte, brach es damit noch ein arabisches Tabu. Mit der Konferenz von Madrid und mit dem Oslo-Abkommen fiel das Tabu. Die Frage einer Zusammenarbeit oder Nicht-Zusammenarbeit mit Israel wurde für die arabischen Staaten von einer Grundsatzfrage zu einer Frage nationalstaatlicher Interessen und regionalpolitischer Zweckmäßigkeit. Wenn die Arabische Liga erstmals 1996 und dann immer wieder beschloss, die Kooperation arabischer Staaten mit Israel an Bedingungen zu knüpfen, also vom israelischen Verhalten im Friedensprozess abhängig zu machen, brachte sie damit auch zum Ausdruck, dass Israel prinzipiell ein Partner sein konnte. Die Arabischen Gipfelkonferenzen von Kairo und Amman, im Oktober 2000 und im März 2001, bestätigten dies sogar auf der Höhe neuer, blutiger Auseinandersetzungen zwischen Israelis und Palästinensern: Die Beziehungen mit Israel sollten eingefroren werden, solange sich Israel seinen Verpflichtungen im Friedensprozess entzog. Ein Ende des Prozesses oder gar eine Aufkündigung bereits geschlossener Friedensabkommen stand aber nicht zur Debatte. Die arabischen Staaten konnten den Zorn ihrer eigenen Öffentlichkeit nicht ignorieren; sie gaben in ihren Erklärungen und durch ihre Politik aber zu verstehen, dass sie die neuen Spielregeln nahöstlicher Politik nicht brechen wollten.

Der nahöstliche Friedensprozess befindet sich trotz der Gewalteskalation, die dem Ausbruch der *Intifada* im Herbst 2000 folgte, in einer Abschlussphase, in der die Konturen zukünftiger Abkommen allen Beteiligten weitgehend klar sind. Das gilt, wie wir in den entsprechenden Kapiteln sehen werden, für ein israelisch-palästinensisches Abkommen genauso wie für ein israelisch-syrisches. Nur weiß heute eben niemand, wie lange diese Abschlussphase noch dauern wird: Die Fähigkeit politischer Akteure, realistische und vernünftige Regelungen zu verzögern, ist manchmal erstaunlich. Der israelische Militärgeheimdienst verbreitete im Sommer 2001 die Einschätzung, dass die *Intifada* durchaus weitere fünf Jahre anhalten könne. Und ein israelischer Politologe, der selbst dem Lager Sharons zuzuordnen ist, erklärte, dass Israel daran interessiert sein müsse, »die gegenwärtige Krise zu verlängern, damit der PLO-Staat, der ... unabweislich entstehen wird, ein schwacher und kein triumphierender, expansionistischer Staat« sein werde.[4]

Obwohl der Friedensprozess seine letzte Phase erreicht hat, ist Krieg im Nahen Osten weiterhin möglich. Das ist kein Widerspruch; es wäre nur dann einer, wenn man den Friedensprozess schon als Ausdruck von Frieden und guter Nachbarschaft, als eine Ablösung der nahöstlichen Konflikte und nicht als Versuch, eine vernünftige Regelung dieser Konflikte zu finden, missverstehen würde. Solange der Friedensprozess nicht abgeschlossen ist, lassen sich auch regionale militärische Auseinandersetzungen nicht ausschließen. Das gilt vor allem, wenn eine Reihe gefährlicher und konfliktverschärfender Entwicklungen zusammenkommt: terroristische Anschläge palästinensischer Gruppen, die durch eine militärische Aggression Israels gegen die palästinensischen Gebiete beantwortet werden, eine darauf folgende Desintegration der palästinensischen Behörden, eine größere palästinensische Fluchtbewegung in Richtung Jordanien, provokative Aktionen Syriens und libanesischer Gruppen gegen israelische Truppen auf den von Israel besetzten Golanhöhen oder im syrisch-libanesischen Grenzgebiet, israelische Militärschläge gegen Syrien, die schließlich in einen Krieg eskalieren könnten, der auch andere arabische Staaten zur Beteiligung zwingen würde. Es wäre ein Krieg, den vermutlich keiner der beteiligten Staaten oder, im palästinensischen Fall, Quasi-Staaten wirklich gewollt, den aber auch keiner ernsthaft zu unterbinden versucht hätte. Israel könnte einen solchen Krieg militärisch überstehen, wahrscheinlich sogar gewinnen; selbst ein Sieg würde Israel aber keinen politischen Gewinn und keinen Gewinn an Sicherheit bringen: Israel kann kein Interesse daran haben, erneut palästinensische Städte oder gar den südlichen Libanon zu besetzen, aus dem es sich im Sommer 2000 nach langer, verlustreicher Besetzung zurückgezogen hat. Einem Krieg dieser Art müssten letztlich neue Verhandlungen folgen, die zu kaum anderen Ergebnissen führen dürften – dem Rückzug Israels aus der Westbank, aus dem Gazastreifen und aus dem Golangebiet sowie der Entstehung eines palästinensischen Staates an der Seite Israels.

Natürlich ist es auch möglich, dass Israel die historische Chance verpasst, die sich mit dem Friedensprozess aufgetan hat: die Chance, einen Ausgleich mit den Nachbarn zu finden und sich in das regionale Staatensystem zu integrieren. Israel braucht diesen Ausgleich und die Integration in seine arabische Umgebung mehr, als seine Nachbarn dies brauchen. Die Alternative einer hochgerüsteten Isolation in einer feindlichen Umgebung mag mittelfristig, für einige Jahrzehnte, machbar sein, aber nicht langfristig. Weitsichtige Israelis haben den Friedensprozess und die Perspektive einer territorialen Lösung, bei der Israel die besetzten Gebiete aufgibt, in diesem Sinne immer als Ausdruck israelischen Eigeninteresses verstanden.

Die arabischen Staaten jedenfalls bereiteten sich seit dem Beginn des Friedensprozesses auf die früher oder später zu erwartende Integration Israels in das politische und wirtschaftliche Beziehungsgeflecht der Region vor. Auch das entsprach ihrem Eigeninteresse, nicht dem Wunsch nach gutnachbarschaftlichen Beziehungen mit dem jüdischen Staat. Wichtige Teile der Gesellschaften wehrten sich sogar gegen die Perspektive einer »Normalisierung« der Beziehungen mit Israel. In vielen Staaten, unter anderem in Jordanien, Kuwait oder Marokko, entstanden meist von nationalistisch oder islamistisch orientierten Intellektuellen getragene »Anti-Normalisierungskomitees«, die sich als eine Lobby gegen jeden gesellschaftlichen oder wirtschaftlichen Austausch mit Israel verstanden. Für die Regierungen dagegen war klar, dass mit einer friedlichen Regelung des arabisch-israelischen Konflikts auch eine neue regionale Arbeitsteilung entstehen würde, die Israel einschließen würde. Dies würde wirtschaftliche Chancen, aber auch enorme wirtschaftliche Herausforderungen mit sich bringen. Israel kann ein starker Partner, aber auch ein starker Konkurrent werden: Die Wirtschaftskraft Israels entspricht der Ägyptens, das zehnmal so viele Einwohner hat, und übersteigt die gesamte Wirtschaftskraft seiner anderen Nachbarn – der palästinensischen Gebiete, Jordaniens, Libanons und Syriens – bei weitem. Ägypten könnte mit einem Israel, das in der Region akzeptiert ist und mit allen oder den meisten arabischen Staaten diplomatische und wirtschaftliche Beziehungen unterhält, deshalb ein Konkurrent um die regionale Führung, zumindest aber um politischen Einfluss auf kleinere arabische Staaten, entstehen; zwischen Israel und anderen arabischen Staaten zeichnet sich eine Konkurrenz um regionale Ressourcen ab – um Märkte und um Kapitalinvestitionen vor allem aus Europa und aus den Golfstaaten.

Der Konflikt mit Israel hat, wie das folgende Kapitel zeigt, tatsächlich nie einen Einigungsfaktor für die arabische Staatengemeinschaft dargestellt; der Friedensprozess mit Israel wirkte aber in zweierlei Hinsicht auf die Beziehungen zwischen den arabischen Staaten zurück. Zum einen verloren ideologische Differenzen weiter an Bedeutung: Wer die Existenz des zionistischen Israel akzeptierte, konnte ein anderes arabisches Regime kaum wegen dessen politischer Orientierung ablehnen. Zum anderen mischten sich die erwarteten Ergebnisse des Friedensprozesses mit den Effekten wirtschaftlicher Globalisierung: Wenn die arabischen Staaten in einer durch größeren Wettbewerb und stärkere Weltmarktintegration geprägten regionalen Wirtschaft mithalten wollten, mussten sie nicht zuletzt versuchen, die wirtschaftliche Zusammenarbeit untereinander auszubauen. Das bereits angesprochene Projekt einer arabischen Freihandelszone diente genau diesem Zweck.

Die vorsichtige, durchaus skeptische Akzeptanz des jüdischen Staates als Nachbar, nicht unbedingt als Freund, verändert letztlich auch die Maßstäbe, die arabische Gesellschaften an sich selbst anlegen. Wenn arabische Staaten ihre Wirtschaftsleistung oder Sozialdaten mit denen fortgeschrittener Industriestaaten vergleichen, sind die Unterschiede zu groß, um realistische Aufholperspektiven zu entwickeln. Das Ergebnis ist eher entmutigend. Wenn sie, wie bislang zumeist geschehen, die Daten ihrer Staaten in Relation zu denen anderer arabischer Staaten betrachten, sehen die Ergebnisse zwar besser aus; sie ermutigen aber auch nicht sonderlich zu wirtschaftlichen und sozialen Anstrengungen – Syrien sieht im Vergleich zu Ägypten, Jordanien im Vergleich zu Marokko, Algerien im Vergleich zu Irak ja nicht so schlecht aus. Die erwartete Erweiterung des regionalen Staatensystems um den bisher nur als militärischen Gegner betrachteten Nachbarn Israel legt auch hier eine Erweiterung der Perspektive nahe. Arabische Wissenschaftler zumindest diskutieren dies auch. Wenn man, so beispielsweise Nadir Farjani, ein prominenter ägyptischer Soziologe, die Qualität und Entwicklung der *human resources* in der arabischen Welt bewerten wolle, dann böte sich »der Vergleich mit dem Gegenüber an, mit dem man, in unserem Fall, konkurrieren muss«.[5] Israel wird damit kein integraler Teil der arabischen Welt, aber durchaus einer der Bezugspunkte regionaler Entwicklung.

Terrorismus und Realpolitik

Die Schockwellen des 11. September 2001, der Anschläge auf das World Trade Center in New York und das Pentagon bei Washington, reichten tief in die arabische Welt und den Nahen Osten hinein; ihre mittel- und langfristigen Wirkungen lassen sich allerdings noch nicht beurteilen. Nachdem die Menschen unmittelbar nicht viel anders reagierten als die Bevölkerung anderer Weltregionen, also mit Bestürzung und Unverständnis, wurde schnell klar, dass die Ereignisse die Region in besonderer Weise betreffen würden. Schließlich handelte es sich bei den mutmaßlichen Drahtziehern und Ausführern der Anschläge um militante Islamisten, die überwiegend aus arabischen Staaten stammen. Die öffentliche Verdammung der Anschläge war eindeutig, wenige Ausnahmen bestätigten hier nur die Regel; und viele prominente Islamisten – von Muhammad Husein Fadlallah, dem Spiritus rector der libanesischen *Hizbullah*, bis zu Ahmad Yasin, dem Gründer der palästinensischen *Hamas* – machten deutlich, dass es keinerlei islamische Rechtfertigung für Aktionen dieser Art gebe oder geben könne. Gleichzeitig allerdings war die Stimmung in den arabischen Staaten – und dies ist natürlich eine grobe Verallgemeinerung – alles andere als pro-amerikanisch. In der öffentlichen Debatte wurde immer wieder darauf verwiesen, dass, so schrecklich die Anschläge in Amerika seien, doch bitte die Leiden des palästinensischen Volkes nicht übersehen werden sollten, die gerade die USA so lange ignoriert, wenn nicht durch ihre pro-israelische Haltung mit verursacht haben. Und der amerikanische Feldzug gegen Afghanistan stieß auf breiteste Ablehnung: Viele Menschen waren ohnehin nicht bereit zu glauben, dass Washington überzeugende Beweise gegen Osama bin Laden habe, dessen Netzwerk für die Anschläge verantwortlich gemacht wurde. Viele sahen, unabhängig von der Schuldfrage Bin Ladens, die Angriffe auf Afghanistan als Ausdruck amerikanischer Feindschaft gegen den Islam. Und nicht wenige betrachteten Bin Laden, nachdem er zum Ziel Amerikas wurde, als eine Art tragischen Helden, einen arabischen Guevara, dessen Ziele und Mittel zwar zu verurteilen seien, der als Kämpfer aber Respekt verdiene. Besonnene Stimmen, die klar machten, dass dem saudischen Exilterroristen der Heldenstatus nicht zustehe, fanden ihren Platz in den Feuilletons arabischer Zeitungen, prägten aber die allgemeine Stimmung nicht unbedingt. Diese Stimmung mussten auch die Regierungen der arabischen Staaten berücksichtigen.

Mit Blick auf die politischen Entwicklungsdynamiken der Region lassen sich vorläufig drei miteinander verbundene Tendenzen feststellen: Jene arabischen Regierungen, die sich selbst von islamistischen Strömungen bedroht fühlten, sahen sich in ihrer überwiegend repressiven Politik bestätigt; die Golfmonarchien stießen schmerzhaft auf politische und soziale Probleme im eigenen Land; und die internationale Öffentlichkeit wurde daran erinnert, dass die ungelösten Konflikte des Nahen Ostens nicht nur ein regionales Problem darstellten.

Tatsächlich bestärkten die Anschläge von New York und Washington jene arabischen Regierungen, die islamistische Gruppen im eigenen Land in oftmals brutaler Weise verfolgt hatten und dafür gelegentlich kritisiert worden waren: Nicht zuletzt die Regierungen Algeriens, Ägyptens und Tunesiens, aber auch andere unterstrichen, dass sie immer wieder auf die Gefahr des islamistischen Terrorismus hingewiesen hätten, islamistische Extremisten aus ihren Ländern aber in europäischen Staaten Asyl genössen. Präsident Ben Ali, hieß es in einer vierseitigen Zeitschriftenbeilage, die die tunesische Regierung schalten ließ, habe die westlichen Staaten immer wieder davor gewarnt, »fundamentalistischen Terroristen« Asyl zu gewähren, die legitime Regierungen zu unterminieren versuchten.[6] Europa, hieß das, nicht die arabischen Staaten, habe den Islamisten zu viel Freiheit gelassen. Die Terroristen, so auch Libanons Premierminister Hariri, hätten von der »demokratischen Laxheit« europäischer Staaten profitiert.[7] Anstatt den arabischen Staaten Lektionen über Demokratie und Menschenrechte zu erteilen und ihnen den Dialog mit der islamistischen Opposition zu empfehlen, solle Europa erkennen, wo seine Freunde seien. Die meisten arabischen Staaten – und Israel nicht weniger – hatten schon in der Vergangenheit europäische oder amerikanische Versuche, Themen wie Rechtsstaatlichkeit und Demokratie auf die Tagesordnung zu bringen, als »Einmischung in die inneren Angelegenheiten« zurückgewiesen. Fortan, so war zu vermuten, würden sie solche Ansinnen mit größerem Selbstbewusstsein zurückweisen und umgekehrt von Europa größere Kooperation fordern, zum Beispiel bei der Auslieferung vermeintlich oder tatsächlich terroristischer Regimegegner. Gleichzeitig war davon auszugehen, dass die arabischen Staaten die Zusammenarbeit ihrer Innenbehörden intensivieren würden. Damit war bereits in den neunziger Jahren begonnen worden: Die arabischen Staaten hatten 1998 ein gemeinsames Abkommen zur Terrorismusbekämpfung geschlossen und auch angefangen, sich gegenseitig islamistische Regimegegner auszuliefern. Obwohl es hier unterschiedliche Prioritäten gab – für Algerien und Ägypten etwa hatte die radikale Bekämpfung gewaltbereiter islamistischer Gruppen Priorität, während Syrien, Libanon und Saudi-Arabien zumindest zu taktischen Allianzen mit militanten Gruppen bereit waren –, war dies ein weiteres Zeichen dafür, dass man insgesamt mehr und mehr einer stabilitätsorientierten Realpolitik folgte, bei der sich über ideologische und politische Differenzen hinwegsehen ließ. Dies stand in deutlichem Gegensatz zur Praxis früherer Jahrzehnte, als militante arabische Oppositionsgruppen immer darauf rechnen konnten, von dem Regime eines anderen arabischen Staates ausgehalten zu werden.

Einer der Staaten, die in der Vergangenheit sehr deutlich islamistische Bewegungen in anderen arabischen und muslimischen Staaten unterstützt hatten, war Saudi-Arabien. Riad und in geringerem Umfang die anderen Golfmonarchien hatten in den achtziger Jahren zudem erhebliche Mittel für die *Mujahidin*, die islamischen Krieger gegen die sowjetische Besetzung Afghanistans, aufgebracht und in den neunziger Jahren den afghanischen *Taliban* Unterstützung geleistet, die sich ihrerseits an der von Saudi-Arabien propagierten, streng konservativen wahhabitischen Schule des sunnitischen Islam orientierten. Ironie der Geschichte war, dass die *Taliban* die Saudis in ihrem rigorosen Konservatismus weit überboten, ein islamisch-totalitäres Regime errichteten und gerade auch saudische Regimegegner wie Osama bin Laden einluden, sich Afghanistan zur Operationsbasis zu nehmen.

Saudi-Arabien und die anderen Golfmonarchien mussten sich nach dem 11. September einige kritische Fragen gefallen lassen – nicht nur die, warum sie die Beziehungen zu den *Taliban* bis dahin aufrechterhalten hatten. Der nicht unberechtigte Vorwurf an die saudische Adresse lautete vor allem, dass sie faktisch ihre inneren Probleme exportiert hatten, indem sie es jahrelang zuließen, dass unzufriedene Bürger, solange sie nur die inneren Verhältnisse nicht in Unordnung brachten, unter dem Deckmantel angeblich karitativer islamischer Aktivitäten terroristische Gruppen im Ausland finanzierten. In internationalen Medien wurde zudem nach den direkten oder indirekten finanziellen Verflechtungen von Mitgliedern des Königshauses oder dem Königshaus nahe stehenden Familien mit dem terroristischen Netzwerk Osama bin Ladens und nach den gesellschaftlichen und politischen Ursachen dafür gefragt, dass eine größere Zahl der Attentäter von New York und Washington offenbar saudische Staatsbürger waren;[8] in Algerien oder anderen arabischen Ländern wurde in teilweise sehr unfreundlichen Worten daran erinnert, dass Saudi-Arabien zumindest bis Ende der achtziger Jahre zur Finanzierung islamistischer Oppositionsbewegungen wie der algerischen *Front Islamique de Salut* beigetragen hatte.[9] Die saudische Führung wehrte ab: Nicht das saudische System sei schuld daran, wenn auch der eine oder andere Saudi unter den Terroristen sei. Jedermann sollte wissen, erklärte etwa der saudische Innenminister, Prinz Nayif bin Abd al-Aziz, »dass die westlichen Staaten den Terroristen Raum gegeben haben, die dort als vermeintliche Opposition tätig sind. Sie haben in den westlichen Staaten gelebt, und ihr Geld ist in New York. Wir akzeptieren nicht, dass man uns aufbürdet, was wir nicht zu verantworten haben.«[10]

Gleichzeitig, abseits solcher öffentlicher Erklärungen, wurde in den Golfmonarchien allerdings schon überlegt, wie man private Finanzströme, die vom Golf an diverse islamische Organisationen und Initiativen im Ausland flossen, friedliche karitative und missionarische genauso wie gewalttätige oder terroristische, besser kontrollieren könne und ob man die vielen islamischen Wohlfahrtsorganisationen dieser Länder nicht zu nachlässig behandelt hatte. Die Regierung der Vereinigten Arabischen Emirate etwa begann einige Wochen nach den Anschlägen damit, die karitativen Organisationen in ihrem Land unter das Kuratel einer staatlichen Dachorganisation zu stellen. Unterbinden konnte und wollte man die Tätigkeit dieser Organisationen nicht: Sie leben davon, dass die Opfergabe, *al-zakat*, für den gläubigen Muslim eine religiöse Pflicht ist; und viele Gläubige fragen nicht danach, was mit ihren Spenden, die sie für wohltätige Zwecke in ärmeren muslimischen Ländern oder für bedrängte Glaubensbrüder geben, tatsächlich geschieht.

Die offensichtliche Sympathie, die Bin Laden und den *Taliban* spätestens seit dem Beginn der amerikanischen Militärschläge gegen Afghanistan in Teilen der Gesellschaft entgegengebracht wurde, und, mehr noch, die Tatsache, dass wohl einige Tausend Saudis sich gewaltbereiten Gruppen angeschlossen hatten, die zwar möglicherweise in Afghanistan operierten, aber auch das saudische Regime zum Feind erklärt hatten, musste die Führung in Riad selbst beunruhigen. Dies stärkte die Argumente derjenigen, die, wie insbesondere Kronprinz Abdallah, für innere Reformen in wesentlichen Politikbereichen, nicht zuletzt im Erziehungssystem, eintraten, die die Korruption unter Mitgliedern des Königshauses bekämpfen wollten und die gleichzeitig eine eher distanzierte Haltung zur Politik der USA einnahmen. Wenn man sich mit Rücksicht auf die öffentliche Stimmung weigerte, den Amerikanern Luftwaffenbasen zur Verfügung zu stellen, machte man doch gleichzeitig deutlich, dass Saudi-Arabien sicher nicht auf Seiten der *Taliban* oder Bin Ladens stehe.

Tatsächlich war den arabischen Staaten – mit Ausnahme allein des Irak – daran gelegen, bei einer von den USA angekündigten und geführten globalen Kampagne gegen den Terrorismus auf der »richtigen« Seite zu stehen. Nur wollten sie dabei ihre eigenen innenpolitischen und regionalen Interessen nicht aufgeben müssen. Die führenden arabischen Staaten bestanden deshalb darauf – hier machten vor allem Syrien und Ägypten ihren Einfluss geltend –, dass deutlich zwischen Terrorismus und dem Kampf gegen fremde Besatzung differenziert werden müsse: Solange Israel palästinensische und andere arabische Gebiete besetze, sei auch gewaltsamer Widerstand legitim.

Die arabischen Regierungen sahen gleichzeitig die Chance, die USA zu einem stärkeren Engagement im Nahen Osten, sprich: zu einem energischeren Einsatz für eine akzeptable Regelung des Nahostkonflikts, zu bewegen. Die simple Behauptung, dass die Anschläge des 11. September nie passiert wären, wenn Israel die besetzten Gebiete geräumt hätte und ein palästinensischer Staat bereits entstanden wäre, lässt sich so nicht aufrechterhalten. Richtig ist aber, dass die Möglichkeiten eines Osama bin Laden oder anderer radikal-islamistischer Kräfte, sich über das für die Region und für ihre Menschen so zentrale und emotional so hoch besetzte palästinensische Thema zu profilieren und darüber Sympathie zu erzeugen, sehr viel geringer gewesen wäre. Die einfache und gleichzeitig so bedrohliche Aussage Bin Ladens – in seinem nach Beginn der amerikanischen Angriffe ausgestrahlten Video –, dass Amerika nicht mehr in Sicherheit leben werde, solange das palästinensische Volk nicht in Sicherheit lebe, sprach viele Menschen in der arabischen und islamischen Welt an, auch solche, die kein Verständnis für terroristische Aktionen und keinerlei Sympathie für das Staats- und Gesellschaftsmodell der *Taliban* oder Bin Ladens hatten. Der Nahostkonflikt, Israels Besetzung der palästinensischen Gebiete und die Rückschläge und Enttäuschungen des Friedensprozesses sind nicht die Ursache der Anschläge vom 11. September; sie erklären den Zorn und den Hass, der sich im Terrorismus islamistischer Randgruppen äußert, auch allenfalls nur zum Teil. Die Zerstörungsbereitschaft dieser Gruppen dürfte sich in mindestens gleichem Maße aus den inneren Verhältnissen arabischer Staaten nähren. Nur sind auch diese wiederum nicht ohne den beherrschenden Regionalkonflikt zu erklären: Der Nahostkonflikt hat die soziale, er hat die wirtschaftliche und er hat nicht zuletzt die politische Entwicklung der Region behindert. Manch westlichem Beobachter ist dies erst mit dem 11. September aufgegangen. Vielleicht ist auch einer Reihe amerikanischer, europäischer und nahöstlicher Entscheidungsträger ganz plötzlich bewusst geworden, dass es der Welt nicht gut tut, wenn die Konflikte im Nahen Osten über Jahrzehnte ungelöst bleiben.

Verlorene Jahrzehnte
Ein kursorischer Rückblick

Die meisten Staaten, die heute die Landkarte des Nahen und Mittleren Ostens ausfüllen, gehören zur Erbmasse des Osmanischen Reiches, das in der Folge des Ersten Weltkriegs unterging. Die nordafrikanischen Länder waren bereits im neunzehnten oder zu Beginn des zwanzigsten Jahrhunderts unter die direkte oder indirekte Herrschaft europäischer Mächte geraten. Syrien, Libanon, Jordanien und der Irak sowie das Mandatsgebiet Palästina wurden in ihrer heutigen Form von Großbritannien und Frankreich geschaffen und durch Beschluss des Völkerbundes unter deren Mandatsherrschaft gestellt.[11] Allein das in den zwanziger Jahren entstandene Saudi-Arabien und der Jemen (Nord-Jemen) gerieten nie unter europäische Herrschaft; ihre territoriale Ausdehnung wurde allerdings durch die britischen Mandatsgebiete im Norden und durch die Protektorate Großbritanniens auf der Arabischen Halbinsel begrenzt, aus denen die kleinen Golfstaaten und der Süd-Jemen hervorgingen. Zwischen 1922 und 1943 erhielten Ägypten, Syrien, Libanon, Jordanien und der Irak nach mehr oder weniger heftigen antikolonialen Auseinandersetzungen ihre zumindest formale Unabhängigkeit. Seit Mitte der vierziger Jahre wird die Geschichte des Nahen und Mittleren Ostens deshalb die Geschichte eines regionalen Staatensystems – eines Systems überwiegend selbstständiger Staaten also, deren Akteure zwar die existierenden politisch-territorialen Strukturen geerbt haben und sich in vielfachen wirtschaftlichen, politischen und militärischen Abhängigkeiten vom Westen befinden, die für die Politik ihrer Staaten letztlich aber selbst verantwortlich sind. Die Konflikte des Nahen und Mittleren Ostens wurden auch weiterhin von außerregionalen Mächten, vor allem von europäischen Staaten und von den USA, beeinflusst und gelegentlich manipuliert, blieben im Grunde aber regionaler Natur.

Jede Periodisierung regionaler Geschichte enthält ein gewisses Maß an Willkür, denn die Entwicklungsphasen einer Region fließen ineinander, anstatt an bestimmten Wendepunkten zu enden oder zu beginnen. Die Abgrenzung verschiedener Perioden kann gleichwohl analytisch hilfreich sein. Ich spreche deshalb für den Nahen und Mittleren Osten im Folgenden von fünf Phasen. Die erste, postkoloniale Phase beginnt Mitte der vierziger Jahre und reicht bis zur Konsolidierung der Macht des ägyptischen Präsidenten Gamal Abd al-Nasser Mitte der fünfziger Jahre. Dem folgte eine Phase nasseristischer Dominanz bis Ende der sechziger Jahre, die, je nach Perspektive, auch als Ausdehnungsphase des arabischen Nationalismus oder als Ära des innerarabischen Kalten Kriegs gelten kann. Die anschließende dritte Phase, die gelegentlich auch als saudische Ära apostrophiert wird, ist eine Periode des gemeinschaftlichen arabischen Realismus, die vom Juni-Krieg 1967 eingeleitet wird und mit den Auseinandersetzungen um die Camp-David-Vereinbarungen (1978) zu Ende geht. Damit wird eine Phase machtpolitischer Polarisierung eingeleitet, die sich bis zur Golfkrise und zum Krieg von 1990/91 erstreckt. Mit dem Golfkrieg und der Madrider Nahost-Friedenskonferenz im Herbst 1991 begann schließlich eine bislang noch unabgeschlossene Phase nahöstlich-arabischer Neuorientierung und Neuordnung.

Erste Phase
Postkolonialismus und Entstehung des regionalen Systems in den vierziger und fünfziger Jahren

1945 gründeten die sieben damals unabhängigen arabischen Staaten – Ägypten, der Irak, der Jemen, Jordanien, Libanon, Saudi-Arabien und Syrien – die Arabische Liga (AL); 1947 gab Großbritannien, das den Konflikt zwischen Palästinensern und zionistischer Bewegung nicht zu bewältigen vermochte, sein Mandat über Palästina an die Vereinten Nationen zurück. Diese beschlossen die Teilung Palästinas und legitimierten damit die Gründung Israels im Mai 1948. Die Gründerstaaten der Liga waren durchweg schwache Gebilde. Neben den Regimen, die ihre Geschicke leiteten oder zu leiten versuchten,

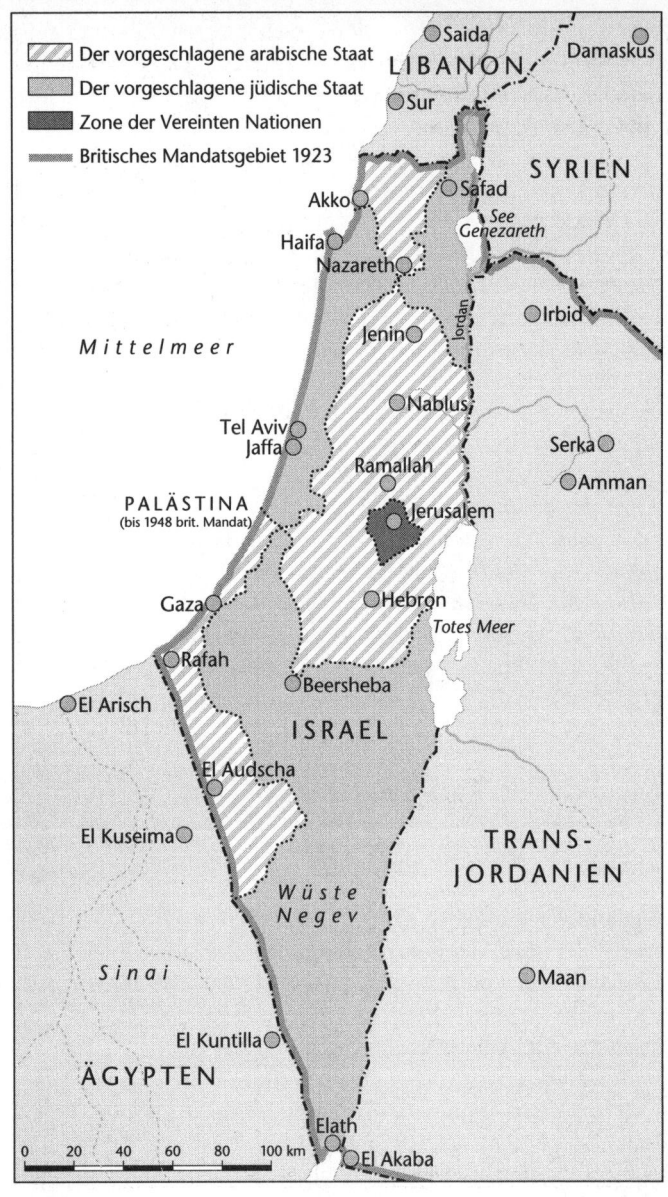

Der Teilungsplan der Vereinten Nationen vom 29. November 1947

Die Grenzen Israels nach dem Waffenstillstand von 1949

galten vor allem die Grenzen der meisten Staaten als Relikt kolonialer oder halbkolonialer Herrschaft und damit als wenig legitim. Grenzfragen blieben deshalb auch über die nachkoloniale Ära hinaus ein häufiges Konfliktthema zwischen arabischen Staaten.

Zur Zeit der Gründung der Arabischen Liga stand die Mehrzahl der arabischen Staaten noch unter starkem Einfluss der Kolonial- und Mandatsmächte. Die formal bereits unabhängigen Staaten machten sich nach und nach von diesem Einfluss frei und unterstützten gleichzeitig die Unabhängigkeitsbestrebungen der anderen Mitglieder. So setzten Syrien und Libanon erst 1946 den Abzug der französischen Truppen durch, Ägypten, das bereits 1922 in eine formale Unabhängigkeit entlassen worden war, brauchte bis 1954, um einen britischen Truppenabzug auszuhandeln. Im seit 1946 unabhängigen Jordanien wurde erst 1956 der britische Oberbefehlshaber der Streitkräfte entlassen. Der Irak, formal schon seit 1932 eine unabhängige Monarchie, beendete 1958 mit der anti-monarchischen Revolution auch die Mitgliedschaft des Landes im britisch geführten Bagdad-Pakt. Marokko, Tunesien und Sudan wurden 1956 unabhängig, Kuwait 1961, Algerien nach langem Befreiungskrieg 1962. Libyen wurde schon 1951 in die formale Unabhängigkeit entlassen, blieb aber bis 1969 unter starkem, direktem Einfluss Großbritanniens und der USA. Der Süd-Jemen erlangte nach längeren Auseinandersetzungen 1967 seine Unabhängigkeit. 1968 kündigte Großbritanniens *Labour*-Regierung an, ihren Status als Protektoratsmacht auch in den restlichen, noch britisch kontrollierten Gebieten »östlich von Suez« bis 1971 zu beenden. Erst infolgedessen wurde der Oman ein souveränes Sultanat, und es entstanden die Vereinigten Arabischen Emirate, Bahrein und der Staat Qatar. Mit ihrer Unabhängigkeit traten diese Staaten in der Regel auch gleich der Arabischen Liga bei. Allenfalls als Randstaaten des Systems können Somalia, Djibouti und Mauretanien gelten, die 1973 und 1974 unabhängig wurden.

Angesichts des starken britischen Einflusses in Ägypten, Irak und Jordanien ist die Gründung der Arabischen Liga von arabisch-nationalistischer Seite gelegentlich als Ausdruck eines britischen und allgemein westlichen Interesses dargestellt worden, eine tiefere Einheit der arabischen Welt zu verhindern. Dieses Verständnis greift zu kurz. Großbritannien war zwar an der Entstehung einer bestimmten Form politischer, wirtschaftlicher und kultureller Zusammenarbeit zwischen den arabischen Staaten interessiert; die Vorbereitungen zur Gründung der Arabischen Liga und ihre Gründung selbst waren aber tatsächlich das Ergebnis eigenständiger, innerarabischer Politik und spiegelten arabisch-regionale Interaktionsdynamiken wider, die auch für die weitere Entwicklung des regionalen Systems von Bedeutung blieben. Treibende Kraft der Ligagründung war Ägyptens damaliger Ministerpräsident Nahhas, der von 1943 bis 1945 zahlreiche Treffen mit anderen arabischen Staatsmännern organisierte, um einen Konsens über die Form eines solchen Zusammenschlusses herzustellen und gleichzeitig Ägyptens Führungsrolle in einer solchen Organisation anzumelden. Die Form der Liga als Regionalorganisation souveräner arabischer Staaten verkörperte zwei im Allgemeinen konkurrierende Leitthemen arabischer Politik nicht nur jener Gründungsphase: Auf der einen Seite stand das arabisch-nationale Streben nach Kooperation und, letztlich, Einheit der arabischen Staaten und Gesellschaften. Der arabische Nationalismus, dessen verschiedene Strömungen alle die natürliche Einheit der arabischen Nation, aller arabischsprachigen Völker vom »Ozean bis zum Golf« (von Marokko und Mauretanien also bis zum Irak und zur Arabischen Halbinsel) betonte, lässt sich ohne Zweifel als Leitideologie arabischer Politik in den vierziger, fünfziger und sechziger Jahren bezeichnen.[12] Dagegen stand das realpolitische Bestreben der arabischen Führungseliten, die zum Teil mühsam erkämpfte und oftmals ungefestigte Unabhängigkeit und Souveränität ihrer meist jungen Staaten gerade auch gegenüber ihren arabischen Bruderländern zu wahren.[13]

Die ersten Jahre des arabischen Staatensystems standen zudem deutlich im Zeichen der Auseinandersetzungen um die Zukunft Palästinas. Der Abzug der britischen Kolonialmacht und die Gründung Israels führten 1948 zum ersten arabisch-israelischen Krieg oder, im israelischen Sprachgebrauch: Unabhängigkeitskrieg Israels. Die umliegenden arabischen Staaten standen unter dem Druck einer stark politisierten Öffentlichkeit, die forderte, eine Teilung Palästinas und die Entstehung eines Staates jüdischer Kolonialisten zu verhindern. Sie waren aber militärisch zu schwach und, weil sie sich letztlich nicht auf größere militärische Abenteuer einlassen wollten, nur ansatzweise bereit, die Gründung Israels und dessen Ausdehnung über die im UN-Teilungsplan von 1947 vorgesehenen Grenzen zu unterbinden. Formal beschloss die Arabische Liga, die Entstehung eines Staates Israel militärisch zu verhindern, praktisch kam es aber nur zu begrenzten Truppenbewegungen, bei denen Jordanien, Ägypten und Syrien versuchten, zumindest Teile Palästinas unter arabische Kontrolle zu bringen. Eine effektive Koordination der arabischen Staaten blieb aus; die einzelnen Regierungen suchten vielmehr nach individuellen Antworten auf die jüdisch-israelische Herausforderung. Insbesondere zwischen dem jordanischen Palast und den Führern der *Jewish Agency* (der vorstaatlichen Institution jüdischer Einwanderer, aus der nach der Staatsgründung Israels dessen Regierung hervorging) gab es intensive Kontakte. Weder Jordaniens König Abdallah noch seine zionistischen Verhandlungspartner waren an der Entstehung eines eigenständigen palästinensischen Staates interessiert; prinzipiell verständigte man sich auf eine Aufteilung Palästinas zwischen Jordanien und dem künftigen Staat Israel. Die jordanische Seite machte dabei deutlich, dass sie im erwarteten Krieg die Grenzlinien des UN-Teilungsplans respektieren und nur die für einen arabischen Staat vorgesehenen Teile Palästinas unter ihre Kontrolle bringen werde.[14]

Israel selbst hatte den Teilungsplan zwar akzeptiert, betrachtete ihn aber spätestens mit Beginn des Krieges als obsolet, trieb die jordanischen Truppen zurück und arrondierte das seither international als israelisches Staatsgebiet anerkannte Territorium. Jordanien behielt die Kontrolle über die fortan so genannte Westbank (das Westjordanland) einschließlich Ost-Jerusalems, die es 1950 auch annektierte. Ägyptische Truppen besetzten den Gazastreifen, der in der Folge unter ägyptische Verwaltung gestellt wurde. Syrien machte einige Geländegewinne an der syrisch-palästinensischen Grenze. 1949 schlossen Israel und seine Nachbarstaaten bilaterale Waffenstillstandsabkommen, die das militärische Ergebnis im Prinzip bestätigten. Die bei Kriegsende von Syrien gehaltenen Gebietsstücke wurden allerdings zu demilitarisierten Zonen erklärt: Syrien sollte sich aus ihnen zurückziehen, die israelischen Truppen sollten aber nicht nachrücken. Die Souveränitätsfrage blieb ungeklärt, und die Zonen blieben de facto umstrittenes Territorium.[15]

Die arabische Niederlage wirkte vor allem in zweierlei Hinsicht auf die gesamte Region. Zum einen wurde mit der Entstehung Israels und der Vertreibung und Flucht eines großen Teils der palästinensischen Bevölkerung ein, wenn man so will, transnationales Strukturelement des arabisch-nahöstlichen Systems geschaffen: die Anwesenheit Hunderttausender Palästinenser nicht nur in den Nachbar- oder Frontstaaten Israels, sondern auch in entfernteren arabischen Ländern wie dem Jemen, den Golfmonarchien, Irak oder Tunesien. Das palästinensische Thema wurde dabei häufiger zum Gegenstand innerarabischer Konflikte als zum Einigungsfaktor. Das zeigte sich schon bei der Annexion der Westbank durch Jordanien, die eine Krise mit der Arabischen Liga auslöste, welche kurz zuvor gegen die Stimme Jordaniens beschlossen hatte, weiterhin darauf hinzuarbeiten, Palästina seinen rechtmäßigen Besitzern, den Palästinensern also, zurückzugeben.[16]

Zum anderen trug das offensichtliche Unvermögen der arabischen Staaten, ihre Kräfte zu koordinieren und die Entstehung des jüdischen Staates zu verhindern, zur Delegitimierung und Destabilisierung der postkolonialen Regime bei, in mehreren Fällen auch zu ihrem Sturz. Ägyptische, syrische und vor allem jordanische Führer versuchten in den folgenden Jahren wiederholt, mit Israel ins Gespräch zu kommen und eine akzeptable, stabile Regelung zu finden. Vorwiegend aus innenpolitischen Gründen blieben diese Avancen vorsichtig; Gespräche, so sie stattfanden, waren geheim. Die Regime waren allesamt politisch zu schwach, um sich offen und gegen den Widerstand eines großen Teils der eigenen politischen und zunehmend wichtigen militärischen Eliten der öffentlich geforderten Solidarität mit den Palästinensern zu versagen und die auch nur faktische Anerkennung Israels zur Politik zu erklären. Da zudem die israelische Führung an einer Friedensregelung nicht interessiert war, die Regeln für die Entschädigung oder Rückkehr palästinensischer Flüchtlinge etablieren und internationale Grenzen festlegen würde, sich vielmehr alle, auch expansive, Optionen offenhalten wollte, wurde nichts aus diesen frühen Ansätzen einer arabisch-israelischen Konfliktbeilegung.[17]

Die Schwäche und die Erfolglosigkeit der arabischen Regierungen in der Auseinandersetzung mit Israel bildeten den Hintergrund für mehrere militärische Machtübernahmen. Bereits 1949 wurde die bürgerliche Regierung Syriens durch einen Militärputsch, dem viele folgen sollten, entfernt. Aber erst 1952 wurde mit der Machtübernahme der ägyptischen Freien Offiziere, als deren beherrschende Figur sich bis 1954 Gamal Abd al-Nasser durchsetzte, ein Modell geschaffen, nach dem es auch in anderen arabischen Ländern zu politischen Strukturveränderungen kam, und gleichzeitig wurde eine neue Etappe internationaler Beziehungen in der Region eingeleitet.

Zweite Phase
Nasseristische Dominanz und arabischer Kalter Krieg

Mit Blick auf die innerarabischen Machtverhältnisse war die Periode von Mitte der fünfziger bis Ende der sechziger Jahre die ägyptische Ära arabischer Politik. Abd al-Nassers außen- und regionalpolitischer Kurs war anfänglich vor allem darauf gerichtet, die nationale Unabhängigkeit Ägyptens zu vervollständigen, im Weiteren darauf, diese Unabhängigkeit und die Entwicklungsmöglichkeiten Ägyptens zu wahren und Großmachteinflüsse in der Region insgesamt zurückzudrängen. Zu den ersten außenpolitischen Schritten Abd al-Nassers gehörte deshalb die Aushandlung eines ägyptisch-britischen Abkommens, dem zufolge Großbritannien bis Ende 1954 seine Truppen abzuziehen hatte. Ägypten wurde mit Jugoslawien und Indonesien zu einem der Gründer der Blockfreienbewegung, und ägyptische Politik bemühte sich erfolgreich um ein unabhängiges, neutralistisches Profil: Ziel war die Selbstbestimmung der dekolonisierten Staaten, nicht die Bindung an die eine oder andere auswärtige Macht oder gar die Allianz mit dem Westen in dessen globaler Auseinandersetzung mit der UdSSR. Der Ost-West-Konflikt bot aber Gelegenheiten, zwischen den Blöcken zu lavieren, die Weltmächte in regionale Auseinandersetzungen hineinzuziehen und damit materielle und politische Ressourcen zu erschließen – also Entwicklungshilfe, Waffen und politische Unterstützung. Außen- und Regionalpolitik hatte in Abd al-Nassers Ägypten darüber hinaus eine nie versteckte innenpolitische Legitimationsfunktion.[18]

Zu ersten größeren Auseinandersetzungen um die Fragen arabischer Blockfreiheit und westlicher Allianzen kam es im Zusammenhang mit dem 1955 gegründeten Bagdad-Pakt, einer Allianz, die dazu dienen sollte, der NATO im Ost-West-Konflikt eine nah- und mittelöstliche Basis zu geben. Während es Großbritannien als Initiator des Paktes und den USA, die formal kein Mitglied waren, primär darum ging, die arabische Welt an den Westen zu binden und möglichen sowjetischen Einfluss einzudämmen, galten für die regionalen Spieler andere, regionale Kriterien. Der Irak, der einzige arabische Staat, der letztlich Mitglied des Paktes wurde, strebte in erster Linie eine Ausweitung seines eigenen regionalen Einflusses an. Die ägyptische Führung sah in der Paktgründung sowohl eine Gefahr für die prekäre Unabhängigkeit der arabischen Staaten wie auch eine Beeinträchtigung ihrer eigenen führenden Rolle in der Region. Ägypten betrieb deshalb eine aktive Kampagne – erstmals per Radio mit dem zu einem effektiven Propagandainstrument ausgebauten ägyptischen Sender *Sawt al-Arab* (Stimme der Araber) – gegen den Pakt und seine Unterstützer. Saudi-Arabien und Syrien sprachen sich aus eigenen regionalpolitischen Überlegungen gegen den Pakt aus, die Führungen Jordaniens und Libanons fürchteten angesichts einer aktiven und durch die ägyptische Propaganda gestärkten neutralistischen Opposition um ihre innere Stabilität und schlossen sich deshalb der Position Kairos an.

Ägypten und Syrien lehnten nicht nur den Bagdad-Pakt ab. Sie wandten sich auch, nach einer entsprechenden Abfuhr im Westen, mit Rüstungsbeschaffungswünschen an die Tschechoslowakei beziehungsweise die UdSSR und verschafften letzterer damit den Zugang zum Nahen Osten, den westliche *Containment*- und Paktpolitik gerade zu unterbinden suchte. 1956 kam es zur Konfrontation: Die USA versuchten, Ägyptens vermeintliches Abdriften in sowjetisches Fahrwasser mit der Rücknahme ihrer Finanzierungszusage für den Assuan-Staudamm, das größte ägyptische Entwicklungsprojekt, zu bestrafen. Die ägyptische Führung verstand dies nicht nur als schweren Schlag für ihre Entwicklungspläne, sondern auch als Demütigung. Abd al-Nasser beschloss, mit gleicher Münze heimzuzahlen: mit der Verstaatlichung des Suezkanals, der sich im Besitz einer französisch-britischen Gesellschaft befand. Die ägyptische Aktion wurde zu einer Inszenierung, die den Ägyptern, der arabischen Welt und dem Westen zeigen sollte und zeigte, dass das neue Ägypten sich nicht länger herumkommandieren lasse, sondern sich gegen westliche Arroganz und Herrschaftspläne zur Wehr setzen werde. Der Rundfunk als wichtigstes Propagandainstrument Abd al-Nassers kam dabei voll zur Geltung.

Am Abend des 26. Juli hielt der ägyptische Präsident in Alexandria eine mehr als zweistündige Rede, die in voller Länge im Radio übertragen und nicht nur in Ägypten, sondern in vielen arabischen Ländern in ihrer Gänze verfolgt wurde. Abd al-Nasser sprach vom westlichen Kolonialismus, vom Imperialismus und vom Zionismus, er sprach davon, wie der Westen es abgelehnt habe, Ägypten Waffen zu verkaufen, was dazu geführt habe, dass Ägypten sich sowjetische Waffen beschafft habe. Es gebe, so Abd al-Nasser, aber letztlich »keine westlichen und keine kommunistischen Waffen«, die Waffen würden »ägyptische Waffen, wenn die ägyptische Armee sie erhält«.

Dann kam er auf den Suezkanal zu sprechen, berichtete, wie die USA ihren Beitrag zur Finanzierung zurückgezogen hätten, während sie Israel weiterhin mit Waffen und Geld unterstützten, wie auch die Weltbank Ägypten inakzeptable Bedingungen gestellt habe. Er erwähnte wie nebenbei den Erbauer des Suezkanals, Ferdinand de Lesseps – auf dieses Stichwort hin setzten sich vier kleine Spezialeinheiten in Bewegung und übernahmen die Büros der Suezkanal-Gesellschaft in Kairo, Suez, Ismailiyya und Port Said –, sprach vom Stolz der Araber und von der Souveränität der arabischen Staaten, von den jährlichen Einnahmen des Kanals, die ausreichen würden, um den Bau des Damms zu finanzieren. Schließlich las Abd al-Nasser den Verstaatlichungsbeschluss vor. Ägypten werde den Dammbau durchführen, ob es dem Westen gefalle oder nicht: »Sterbt an eurem Zorn!«

Die Aktion selbst, ihre Dramaturgie, Abd al-Nassers Appelle an die nationalen Gefühle der Araber und die spätere Reaktion Großbritanniens und Frankreichs trugen wesentlich dazu bei, den ägyptischen Präsidenten zum charismatischen, gesamtarabischen Führer zu machen, dessen Vorbild andere arabische Staatschefs bis heute vergeblich zu imitieren suchen.

Ägypten hatte angekündigt, dass die Aktionäre der Suezkanal-Gesellschaft entschädigt würden – tatsächlich kam 1958 eine von der Weltbank vermittelte Regelung zustande. Die finanziellen Fragen waren für die westlichen Mächte aber nicht entscheidend. Großbritannien, das aus strategischen Gründen zumindest eine Mitsprache über den Kanal zurückgewinnen wollte, Frankreich, das sich von der ägyptischen Unterstützung für die Unabhängigkeitsbewegung in Algerien gestört fühlte, und Israel nahmen die Verstaatlichung zum Anlass, um einen Schlag gegen Ägypten zu führen. Der israelischen Führung ging es dabei weniger um den Suezkanal als darum, einen Sturz Abd al-Nassers zu provozieren, dessen Aufrüstungspolitik und Zusammenarbeit mit der UdSSR sie mit Sorge betrachtete. Ende Oktober besetzten israelische Truppen den Gazastreifen und den größten Teil der Sinai-Halbinsel, britische und französische Truppen die Kanalzone. Militärisch hatte Ägypten der trilateralen Aggression, wie der Suez-Krieg im arabischen Sprachgebrauch genannt wird, nichts entgegenzusetzen, symbolisch und propagandistisch endete der Krieg aber mit einem ägyptischen Sieg: nicht nur die UdSSR, sondern auch die USA verurteilten die gegen ihren Rat gestartete Militäraktion unzweideutig, Großbritannien und Frankreich zogen unter amerikanischem Druck ihre Truppen bereits im Dezember, Israel seine im März des folgenden Jahres zurück. Das peinliche Ergebnis der britisch-französisch-israelischen Aktion bedeutete auch das Ende eigenständiger britischer Großmachtpolitik im Nahen Osten: Die alten Kolonialmächte hatten ihre Rolle in der Region an die USA verloren; die regionalen Staaten mussten sich im Ost-West-Konflikt einordnen oder die Rivalitäten der Supermächte zu ihrem Vorteil zu nutzen versuchen.

Die Krise machte Ägypten zum einflussreichsten arabischen Staat und Abd al-Nasser zum gesamtarabischen Helden. Arabisch-nationale oder nasseristische Bewegungen und Parteien gewannen in allen arabischen Staaten Zulauf. Aus ihrer globalen Perspektive sahen die USA Ägypten und Syrien, die nach dem Suez-Krieg in zunehmendem Maße Wirtschafts- und Militärhilfe aus der UdSSR erhielten, mehr und mehr als sowjetische Satelliten, deshalb suchten sie den ägyptischen Einfluss einzudämmen und die syrische Regierung zu Fall zu bringen. Mit der Eisenhower-Doktrin von 1957 versprach die US-Regierung wirtschaftliche und militärische Unterstützung für Staaten in der Region, die sich von kommunistisch kontrollierten Nachbarn bedroht fühlten – und übersah dabei vor allem, dass die nahöstlichen Konflikte andere Ursachen hatten als den Ost-West-

Konflikt. Ein von Washington unterstützter Putschversuch in Syrien scheiterte. Anstatt eine pro-amerikanische Regierung an die Macht zu bringen, wuchs der Einfluss kommunistischer Kräfte. Die eher konservative politische Elite des Landes reagierte panisch: Aus Angst vor weiterer Destabilisierung und vor dem Einfluss der Kommunisten suchte sie einen politischen Zusammenschluss mit Ägypten. Die meisten Politiker dachten dabei an eine Konföderation; die Entscheidung wurde ihnen aber von führenden Militärs aus der Hand genommen: Eine Militärdelegation reiste nach Kairo und bat Abd al-Nasser darum, den syrischen Wunsch nach sofortiger Vereinigung der beiden Staaten zu akzeptieren. Abd al-Nasser stimmte zu, allerdings nur unter der Bedingung einer vollständigen Einheit der beiden Staaten, der Übernahme des ägyptischen Staatsmodells und der Auflösung aller syrischen Parteien. Syriens zivile Regierung konnte das Ergebnis nur noch unterschreiben.[19]

Die Vereinigung Ägyptens und Syriens zur Vereinigten Arabischen Republik (VAR) leitete die Hochzeit des nasseristischen Modells ein. Seit Ende der fünfziger Jahre wurde eine Reihe der postkolonialen bürgerlich-parlamentarischen oder monarchischen Systeme durch populistisch-etatistische Militär- oder Einparteienregime ersetzt. Die Putschisten waren in der Regel jüngere, überwiegend aus benachteiligten Regionen ihres Landes stammende Militärs mit sozialreformerischer oder sozialrevolutionärer und arabisch-nationaler Gesinnung, die sich oft explizit am nasseristischen Vorbild orientierten und sich zur nationalen Einheit des arabischen Vaterlandes und einem eher diffusen arabischen Sozialismus bekannten.[20] Machtwechsel dieser Art gab es 1958 im Irak und Sudan, 1962 im Jemen, 1963 in Syrien, 1969 in Libyen. In Algerien folgte der Staatsaufbau seit der Befreiung von der französischen Kolonialherrschaft einem ähnlich arabisch-sozialistischen Kurs. In Jordanien kam es 1957 zu einer Kraftprobe zwischen dem König und einer Koalition aus Linksparteien und nasseristischen Militärs, bei der letztere aber unterlag.

Innerarabische Polarisierungen

Die durch keinen anderen Regionalstaat mehr ausbalancierte Position Ägyptens und das Anwachsen nationalarabisch-revolutionärer Strömungen wurden von den bürgerlich-konservativen und monarchischen Regimen mit gutem Grund als bedrohlich betrachtet. Für die politischen Auseinandersetzungen, die die Region von Ende der fünfziger bis Ende der sechziger Jahre erlebte, hat Malcolm Kerr den Begriff des »arabischen Kalten Kriegs« geprägt.[21] Tatsächlich blieb die Austragung der Konflikte im Wesentlichen unterhalb der Schwelle zum offenen, heißen Krieg. Regionale Politik wurde, bis 1967 jedenfalls, stärker durch innerarabische Konflikte als durch den ungelösten und zeitweilig gewalttätig eskalierenden arabisch-israelischen Konflikt geprägt. Der Kalte Krieg der arabischen Staaten fand im Schatten des globalen Kalten Krieges statt. Er war aber kein Stellvertreterkonflikt, in dem die arabischen Staaten den »Westen« oder den »Ostblock« regional repräsentiert hätten, sondern Ausdruck regionaler Konfliktkonstellationen. Ein Teil der Auseinandersetzungen verlief entlang einer politisch-ideologischen Front zwischen einem sich als progressiv verstehenden und einem konservativ etikettierten Lager. Für die Führungen Saudi-Arabiens und der anderen Monarchien war der Aufstieg des republikanischen Ägypten und die Ausstrahlungskraft des nasseristischen Beispiels an sich zumindest beunruhigend. Dazu hätte es aktiver Versuche Kairos, diese Regime zu destabilisieren oder zu stürzen, gar nicht bedurft. Die ideologische Frontlinie bestimmte die Regionalpolitik der einzelnen Staaten aber nicht allein. Sie wurde vielmehr durch regionale und subregionale Hegemoniekonflikte und wechselnde Allianzen durchbrochen, mit denen einzelne Akteure sich gegen äußere wie innere Bedrohungen ihrer nationalen Sicherheit zu schützen oder das eigene Regime zu erhalten suchten. Häufige Macht- und Regimewechsel trugen ihrerseits zur Turbulenz der regionalen Politik bei.

Innerhalb des so genannten progressiven oder revolutionären Lagers, das von Ägypten geführt wurde und zu dem zumeist auch Syrien, seit 1958 der Irak und seit seiner Unabhängigkeit Algerien gezählt wurden, brach etwa bald nach der irakischen Revolution ein ägyptisch-irakischer Führungskonflikt aus, in welchem die westlicherseits oft als pro-sowjetisch charakterisierte ägyptische Führung nun dem Bagdader Regime, das sich deutlicher Unterstützung aus Moskau erfreute, eine kommunistische Orientierung vorwarf. Syrien hatte sich 1961 durch einen Militärcoup aus der Union mit Ägypten gelöst und geriet zwei Jahre und einige Coups später unter die unruhige Herrschaft eines Militärregimes, das sich auf die arabisch-nationale *Baath*-Partei stützte. In Bagdad war die irakische Branche der *Baath*-Partei ebenfalls 1963, wenngleich nur für wenige Monate, an die Macht gekommen. Im Ergebnis wurde der Führungskonflikt zu dritt ausgetragen, im Wesentlichen über heftige propagandistische Kampagnen. Die pan-arabische Rhetorik und Politik der Regime wurde dabei von verschiedenen Motiven getragen: Dazu gehörte die echte Überzeugung eines Teils der politischen Führungseliten, dass es die Grenzen zwischen den arabischen Staaten zu überwinden gelte, um die politischen, territorialen und wirtschaftlichen Interessen der arabischen Nation zu verwirklichen. Vor allem für Ägypten kam dazu das Bemühen, das eigene Staats- und Gesellschaftsmodell durch den Export beziehungsweise die Unterstützung politisch verwandter Regime im regionalen Kontext abzusichern. Syrien, zeitweise der Irak und später Libyen versuchten zudem, einen Mangel an eigener Legitimität durch Referenz an eine breite, arabisch-nationale Strömung auszugleichen und von der Popularität Abd al-Nassers zu profitieren. Eine pan-arabische Orientierung, sosehr sie individuellen Regimen zur Legitimitätsbeschaffung dienen konnte, barg gleichzeitig jedoch immer die Gefahr, nationalstaatliche Konsolidierungsbemühungen zu unterlaufen. Schließlich galt Kairo, zumindest solange Abd al-Nasser lebte, als Hauptstadt der arabischen Nation; arabisch-nationalistische und nasseristische Parteien in Syrien, Jordanien, im Irak oder anderen arabischen Staaten sahen nichts »Landesverräterisches« daran, sich an der ägyptischen Führung zu orientieren. Nach dem Tod Abd al-Nassers versuchten sowohl Damaskus wie Bagdad die Führungsrolle Kairos zu übernehmen. Der arabische Nationalismus in seinen verschiedenen Spielarten negierte offen die Souveränität der arabischen Einzelstaaten, die im nationalistischen Sprachgebrauch dementsprechend als »Regionen« (*qutr*, Plural: *aqtar*) des einen arabischen Vaterlandes firmierten. Er legitimierte mehr oder weniger deutlich die Einmischung arabisch-nationaler Regime oder Bewegungen in die inneren Angelegenheiten anderer Staaten und diente gelegentlich zur Begründung territorial-revisionistischer Ansprüche: Saddam Husein etwa versuchte noch 1990 die Annexion Kuwaits als Schritt auf dem Weg zur arabischen Einheit zu rechtfertigen.

Die zum konservativen Lager gerechneten Staaten – vor allem Saudi-Arabien und Jordanien, nach ihrer Unabhängigkeit auch Marokko, Kuwait und die anderen Golffürstentümer, zeitweise auch Tunesien und der Libanon – pflegten selbst eine gemäßigt arabisch-nationale Rhetorik, sie suchten vor allem aber einen revolutionären arabischen Nationalismus abzuwehren und waren insofern überwiegend am Status quo orientiert. Dies schloss Konflikte wie etwa die territorialen Ansprüche Marokkos gegenüber Algerien und Saudi-Arabiens gegenüber seinen Nachbarn keineswegs aus. Bilaterale Auseinandersetzungen innerhalb dieses Lagers blieben in dieser Phase die Ausnahme, auch wenn die einzelnen konservativen Regime gelegentlich unterschiedliche Standpunkte in regionalpolitischen Fragen einnahmen: Beispielsweise erkannte Jordanien 1964 das von Saudi-Arabien bekämpfte republikanische Regime im Nord-Jemen an.

Dagegen nahmen seit dem Abfall Syriens von der VAR die propagandistischen Auseinandersetzungen zwischen Ägypten und den konservativen Staaten enorm zu. Jordanien und Saudi-Arabien erkannten das wieder unabhängige Syrien sofort an. Abd al-Nasser interpretierte Syriens Austritt aus der Union als Produkt einer Verschwörung der syrischen Oberklasse mit reaktionären arabischen Regimen. Die Politik Kairos radikalisierte sich in der Folge sowohl nach innen, wo man die eigene Bourgeoisie als Verbündete der konservativen Regime zu betrachten begann, wie nach außen.[22] In einer 1962 verabschiedeten Nationalcharta wurde der »arabischen Reaktion« der Kampf angesagt. Ägypten, das nach der Ablösung Syriens weiter als Vereinigte Arabische Republik firmierte, betrachtete es danach als seine Aufgabe, fortschrittliche Bewegungen auch in anderen arabischen Staaten zu unterstützen, selbst wenn dies eine Einmischung in die inneren Angelegenheiten dieser Staaten darstellte. Praktisch schloss dies, wie der Bürgerkrieg im Jemen (1962-1970) zeigen sollte, die Bereitschaft zur militärischen Intervention ein. Unmittelbar nach dem Sturz des monarchischen Regimes in Sanaa im September 1962 schickte Ägypten ein Expeditionskorps zur Unterstützung der neuen Republik gegen die ihrerseits von Saudi-Arabien mit Geld und Gerät unterstützten Royalisten. Der republikanische Coup im Jemen und dessen ägyptische Unterstützung – das ägyptische Korps wuchs im Verlaufe des Kriegs auf bis zu 70 000 Mann – wurden in Saudi-Arabien nicht ohne Grund als schwere Bedrohung des eigenen Regimes betrachtet. Teile der Armee zumindest zeigten deutlich Sympathie für Ägypten und das neue System im Jemen. Zu direkten militärischen Auseinandersetzungen zwischen Ägypten und Saudi-Arabien kam es zwar nicht, ägyptische Bombardements richteten sich aber auch gegen royalistische Basen auf saudischem Territorium. Saudi-Arabien brach daraufhin seine diplomatischen Beziehungen zu Ägypten ab, und der jemenitische Bürgerkrieg hatte zumindest zum Teil den Charakter eines indirekten Kriegs zwischen Kairo und Riad.[23] Dieser wurde von einer mehr oder weniger offenen Auseinandersetzung um die ideologisch-politische Vorherrschaft begleitet, in deren Zusammenhang der saudische König Faisal erste Initiativen zur Errichtung einer Islamischen Konferenzorganisation startete, die neben den arabischen auch nicht-arabische islamische Staaten umfassten. Damit sollten die von Abd al-Nasser dominierten arabisch-nationalen Tendenzen durch Schaffung eines alternativen regionalen Bezugsrahmens geschwächt werden und sollte Saudi-Arabien als streng islamischer Staat und als Schutzmacht der wichtigsten islamischen Heiligtümer eine zentrale Rolle zukommen.

Die arabischen Beziehungen jener Jahre waren jedoch keineswegs durch eine permanente Polarisierung geprägt. In Situationen, die für den regionalen Status quo insgesamt und für die nationale Sicherheit einzelner Staaten existenziell bedrohlich waren, bemühten Staaten aus beiden Lagern sich wiederholt um Deeskalation und Konflikteindämmung. So stützten Ägypten, Saudi-Arabien und andere arabische Staaten 1961 die kuwaitische Unabhängigkeit gegen irakische Annexionsbestrebungen: Um den Irak von einer Aggression abzuhalten, schickte die Arabische Liga eine Friedenstruppe an die kuwaitisch-irakische Grenze, die Kontingente aus den meisten Mitgliedsstaaten enthielt. Auch im marokkanisch-algerischen Grenzkrieg von 1963 bemühte die Liga sich um Schlichtung. Im Januar und September 1964 fanden auf Einladung Ägyptens in Kairo und Alexandria die ersten beiden Arabischen Gipfelkonferenzen statt – Treffen der Staatschefs aller Ligastaaten. Abd al-Nasser wollte eine allgemeine Entspannung der innerarabischen Beziehungen ermöglichen. Dies gelang vorübergehend: So wurde nach dem ersten Gipfel ein seit 1957 vorliegendes Abkommen über die Arabische Wirtschaftseinheit von der notwendigen Anzahl arabischer Staaten ratifiziert. Im gleichen Jahr trat auch erstmals der als Ausführungsorgan dieses Abkommens gebildete Rat für Arabische Wirtschaftseinheit zusammen. Schließlich bemühten Saudi-Arabien und Ägypten sich, einen Kompromiss im jemenitischen Bürgerkrieg zu finden. Dies scheiterte allerdings an den jemenitischen Alliierten Kairos und Riads, die deren Abmachungen unterliefen.

Offizieller Anlass für die beiden Gipfel von 1964 waren allerdings nicht die innerarabischen Verhältnisse, sondern ein akuter Konflikt mit Israel. Dieser entzündete sich, als Israel mit der Vollendung seines *National Water Carrier* (einer Pipeline zur Bewässerung des israelischen Südens) begann, einen Teil des Jordanwassers abzuleiten. Dies bedrohte die Wasserversorgung Jordaniens, vor allem der damals noch jordanischen Westbank. Als Gegenmaßnahme beschlossen die arabischen Staaten eine Umleitung der Jordanzuflüsse. Entsprechende Pläne wurden allerdings nie realisiert: Erste Bauarbeiten auf syrischem und libanesischem Gebiet wurden bald wieder eingestellt, nachdem Israel das Baugerät bombardiert hatte.[24]

Die arabisch-israelischen Auseinandersetzungen um das Jordanwasser gehörten zur Vorgeschichte des Juni- oder Sechs-Tage-Kriegs von 1967, waren aber allein weder dessen Anlass noch dessen Ursache. Spannungen bauten sich vielmehr an allen Fronten auf. Im März 1964 wurde die Palästinensische Befreiungsorganisation (PLO) gegründet; Ende 1964 begann *Fatah*, die Organisation des späteren PLO-Chefs Yasir Arafat, mit Guerillaaktivitäten gegen Israel; und seit 1965 eskalierten Rhetorik und militärische Provokationen zwischen Syrien und Israel. In Damaskus übernahm Anfang 1966 eine besonders radikale Gruppe von Militärs die Macht in Partei und Staat, die nicht nur die PLO und palästinensische Aktionen unterstützte, die sich von syrischem, libanesischem oder jordanischem Territorium aus gegen israelische Ziele richteten, sondern auch

PLO-Aktivitäten gegen die jordanische Monarchie. Gleichzeitig versuchte das neue Regime, Ägypten in eine Allianz gegen die konservativen Staaten zu ziehen. Tatsächlich schlossen Kairo und Damaskus Ende 1966 einen Verteidigungspakt. Abd al-Nasser betrachtete ein solches Bündnis vor allem als Instrument, um das provokative Verhalten Syriens zu zügeln. Verschärfte israelische Drohungen und militärische Schläge Israels gegen Syrien und Jordanien machten ägyptische Versuche zur Deeskalation allerdings zunichte. Der ägyptische Präsident wiederum reagierte auf die israelischen Aktionen (und wohl auch auf jordanische und saudische Propaganda, die ihm vorwarf, dass er faktisch nichts gegen Israel unternehme) mit einem risikoreichen Versuch zur Abschreckung: Er verlangte den Abzug der auf dem Sinai stationierten UN-Truppen und ersetzte diese durch ägyptische Einheiten. Zudem sperrte er den Golf von Aqaba für die israelische Schifffahrt. Israel erklärte daraufhin eine vollständige Truppenmobilisierung. Jordanien überschätzte die Stärke der ägyptischen Streitkräfte. Obgleich man in Amman einem drohenden Krieg mit Sorge entgegenblickte, erschien es sicherer, sich in die arabische Front einzureihen, als innere Unruhen, einen Bürgerkrieg und den möglichen Sturz der Monarchie zu riskieren. Jordanien schloss sich deshalb der ägyptisch-syrischen Allianz an. Gleichwohl wurden alle drei Staaten vom israelischen Angriff am 5. Juni 1967 überrascht, und Israel konnte innerhalb weniger Tage den Gazastreifen und den Sinai, die Golanhöhen sowie Ost-Jerusalem und den Rest der Westbank besetzen.

Dritte Phase
Arabischer Realismus – vom Juni-Krieg zu den Abkommen von Camp David

Der Krieg von 1967 stellte einen bedeutenden Einschnitt in der Geschichte des regionalen Systems dar. Krieg und arabische Niederlage veränderten nicht nur den Charakter des arabisch-israelischen Konflikts, sondern auch die innerarabischen Kräfteverhältnisse, die Beziehungsdynamiken der arabischen Staaten und die intellektuelle Debatte, waren aber keineswegs die einzigen Faktoren, die den Eindruck vermittelten, dass ein Epochenwechsel stattgefunden hatte. Ebenso wichtig war der wachsende Einfluss der großen arabischen Ölproduzenten. Nachdem die fünfziger und der größte Teil der sechziger Jahre als ägyptische Ära gelten konnten, sind vor allem die siebziger Jahre oft als die saudische Ära bezeichnet worden. Dabei erscheinen die Jahre von 1967 bis 1973 als Übergangsphase. Der innerarabische Kalte Krieg verlor an Heftigkeit und endete schließlich; ideologische Fragen traten in den Hintergrund. In mehreren Staaten kam es zu Führungswechseln, durch die vergleichsweise pragmatische und stabile Regime etabliert wurden, und die noch britisch beherrschten Fürstentümer auf der Arabischen Halbinsel gewannen ihre Unabhängigkeit. Spätestens 1973 war sichtbar entstanden, was Zeitgenossen gern als neues arabisches System oder neue arabische Ordnung bezeichneten:[25] Die Öl exportierenden Staaten, die geographisch eher am Rand des Systems lagen, begannen mit dem Oktober- oder Yom-Kippur-Krieg und dem sprunghaften Anstieg der Ölpreise eine größere politische Rolle zu spielen; im arabisch-israelischen Verhältnis begann, was seither als Friedensprozess bezeichnet wurde; gleichzeitig wurde der Nationalstaat – anstelle etwa der arabischen Nation oder subnationalstaatlicher Einheiten – in allen Ländern immer deutlicher ein Fixpunkt staatlicher Politik und politischer Debatten.

Israel war mit dem Krieg zur Besatzungsmacht im Sinai, im Golan und vor allem über die palästinensische Bevölkerung in der Westbank und im Gazastreifen geworden und wurde damit auch zu einem noch wichtigeren Faktor und Teilnehmer regionaler Politik. Aus den besetzten Gebieten kam es zu einer zweiten palästinensischen Flüchtlingswelle, vor allem nach Jordanien.[26] Das Königreich hatte mit der Westbank und Ost-Jerusalem die wirtschaftlich und politisch bedeutendsten Landesteile verloren und wurde unter dem Einfluss bewaffneter palästinensischer Organisationen, die ihre Aktivitäten ans Ostufer des Jordan und nach Amman verlegten, erheblich destabilisiert. Die von der Arabischen Liga gegründete PLO emanzipierte sich von den Staaten, die sie geschaffen hatten: 1969 wurde Yasir Arafat, der Vorsitzende von *Fatah*, der größten palästinensischen Guerillaorganisation, zum PLO-Vorsitzenden gewählt, und die palästinensischen *Fedayyin* (Guerilleros), im Wesentlichen aus den besetzten Gebieten und aus den Flüchtlingslagern in Jordanien rekrutiert, wurden bald zum Symbol arabischen Widerstandswillens und zum Identifikationspunkt vieler, die ihre Hoffnungen zuvor auf das nasseristische Ägypten und dessen Mission gesetzt hatten. Ägypten verlor im Juni 1967 nicht nur Territorium, sondern auch die Ölquellen des Sinai und die Einnahmen aus dem Suezkanal. Vor allem aber war die Kriegsniederlage eine politisch-moralische Niederlage des Regimes: Es verbrauchte einen großen Teil seiner Streitkräfte in einem innerarabischen Krieg, im Jemen, war aber offensichtlich nicht in der Lage, an der israelischen Front standzuhalten. Syrien, dessen Führung durch ihre großmäulige Propaganda nicht unwesentlich zur Vorkriegseskalation beigetragen hatte, musste mit mehr als 70 000 Flüchtlingen und Vertriebenen vom besetzten Golan fertig werden. Der Verlust des Golan war von immenser strategischer Bedeutung, verglichen mit Jordanien und Ägypten waren die wirtschaftlichen und politischen Kosten der Niederlage für Syrien allerdings gering. Das syrische Regime war ohnehin eher mit Fraktionskämpfen beschäftigt; außenpolitischer Radikalismus war dabei sowohl ein Mittel im innenpolitischen Führungskonflikt wie auch ein Versuch, die harsche Kritik einer durch die Niederlage und die inneren Auseinandersetzungen hoch politisierten Öffentlichkeit aufzufangen.[27] Die regionale Nachkriegspolitik Syriens blieb deshalb konfrontativ, nicht nur Israel, sondern auch den konservativen arabischen Staaten gegenüber.

Syrien verweigerte sich auch dem Versuch der übrigen arabischen Staaten, nach dem Krieg wieder ein Mindestmaß an politischem Konsens herzustellen. Zu diesem Zweck fand im September 1967 in Khartum eine arabische Gipfelkonferenz statt. Bei dieser zeigte sich bereits das neue politische Gewicht der konservativen arabischen Ölstaaten – zu jener Zeit neben Saudi-Arabien Kuwait und Libyen. Der Gipfel lehnte indirekt die Verhängung eines Ölembargos gegen die Unterstützer Israels ab, er sprach sich vielmehr für den Einsatz des Öls als »positiver Waffe« aus, um die Wirtschaft der direkt vom Krieg betroffenen Staaten und deren Standfestigkeit zu stützen. Die Ölmonarchien verpflichteten sich, die durch ihre territorialen Verluste gebeutelten Frontstaaten künftig regelmäßig zu subventionieren; Kuwait erhielt zudem Unterstützung für seinen Vorschlag, einen »Arabischen Fonds für Wirtschaftliche und Soziale Entwicklung« einzurichten. Abd al-Nasser machte umgekehrt deutlich, dass er an Kooperation und Koordination auch mit den konservativen Staaten interessiert war und deren Souveränität respektieren werde. Ägypten erklärte sich bereit, seine Truppen aus dem Jemen zurückzuziehen, und tat dies tatsächlich innerhalb der nächsten Monate.

Die politische Aussage von Khartum war zweideutig: Sie war faktisch ein Formelkompromiss zwischen Ägypten und Jordanien einerseits, die ein Interesse daran hatten, früher oder später eine diplomatische Lösung mit Israel zu finden, gleichzeitig aber nicht als »Kapitulationisten« erscheinen wollten, und Algerien, Irak und prinzipiell Syrien, die eine Fortsetzung des Kampfes forderten. So erklärten die arabischen Staaten zwar, dass das Prinzip, wonach es »keinen Frieden mit Israel, keine Anerkennung Israels, keine Verhandlungen mit Israel« geben sollte, zu wahren sei. Neben diesen »drei Neins« beschrieben sie aber auch eine neue Grundlage für ihre Politik gegenüber Israel: Man wolle, hieß es, auf internationaler Ebene *politisch* darauf hinwirken, die »Ergebnisse der Aggression zu eliminieren und den Abzug der israelischen Streitkräfte aus den im Juni-Krieg eroberten arabischen Gebieten sicherzustellen«. In der realen Politik Ägyptens, Jordaniens, mit einiger Verzögerung auch Syriens und später der PLO ging es fortan um die Wiedergewinnung der 1967 besetzten Gebiete. Es ging explizit nicht, oder nicht mehr, um die Vernichtung Israels. De facto war man bereit, sich mit der Existenz Israels abzufinden. Was fehlte, war der politische Mut, dies auch offen zu erklären.

Fürs Erste verhärteten sich die arabisch-israelischen Fronten dennoch. Ägypten und Jordanien akzeptierten die Sicherheitsratsresolution 242, die, ohne es so zu nennen, das »Land für Frieden«-Prinzip als Grundlage einer Nahostlösung beschrieb. Syrien, die frontfernen Hardlinerstaaten und die PLO, die vor allem nicht bereit war, die palästinensische Frage allein als Flüchtlingsproblem zu behandeln, lehnten die Resolution noch ab. Ebenso war die israelische Seite nicht ganz so interessiert, tatsächlich in Verhandlungen mit den arabischen Staaten einzutreten, wie die oft kolportierte Äußerung Moshe Dayans suggerierte, dass man nach dem Sechs-Tage-Krieg auf einen Anruf aus Amman oder Kairo gewartet habe. Israel war keinesfalls bereit, alle eroberten Gebiete für einen Friedensvertrag wieder aufzugeben. Dass die arabischen Staaten so deutlich erklärten, nicht mit Israel verhandeln zu wollen, stärkte in Israel die Position derjenigen, die die Kontrolle über die besetzten Gebiete festigen und nach Möglichkeit verewigen wollten. Schon 1968 begann der Siedlungsbau. Im selben Jahr kam es auch zu ersten größeren Auseinandersetzungen zwischen israelischen Truppen und palästinensischen *Fedayyin*, vor allem auf jordanischem und libanesischem Territorium. In Jordanien wurde die PLO dabei zunehmend zum innenpolitischen Akteur, ja zum Staat im Staate.

Ägypten initiierte 1969 einen Kleinkrieg am Suezkanal, um Bewegung in die festgefahrene Konfliktlage zu bringen. Gleichzeitig verlangte Abd al-Nasser auf dem Arabischen Gipfel von Rabat von den anderen arabischen Staaten, Ägypten seinen eigenen Weg finden zu lassen, um das besetzte Territorium wiederzugewinnen, wenn sie schon nicht selbst gegen Israel kämpfen oder sein Land hinreichend materiell unterstützen wollten, um militärische Erfolge erzielen zu können. Die ägyptische Strategie war insofern erfolgreich, als es gelang, beide Supermächte zu involvieren: Die UdSSR engagierte sich militärisch stärker denn je zuvor auf Seiten Ägyptens – vor allem lieferte sie Ägypten ein Luftverteidigungssystem und bemannte dieses auch –, die USA suchten schließlich eine diplomatische Lösung herbeizuführen. Ein von US-Außenminister Rogers vorgelegter Plan für das weitere Vorgehen wurde von Ägypten wie auch von Israel und Jordanien akzeptiert, von Syrien, Irak und der PLO jedoch abgelehnt. An der israelisch-ägyptischen Front wurde ein Waffenstillstand vereinbart. UN-Vermittler Gunnar Jarring bemühte sich darüber hinaus um eine haltbare ägyptisch-israelische Lösung, scheiterte allerdings an der Weigerung Israels, sich dafür auf die Grenzen von 1967 zurückzuziehen.[28]

Jordaniens Bürgerkrieg

Noch während der Rogers-Mission kam es im Sommer 1970 zu heftigen Kämpfen zwischen der jordanischen Armee und Teilen der PLO, die das offensichtlich zu Verhandlungen mit Israel bereite jordanische Regime als wesentliches Hindernis ihrer revolutionären Strategie zur Befreiung Palästinas ansahen und entfernen wollten. Ohnehin stellte die Anwesenheit bewaffneter *Fedayyin*, die Jordanien als Ausgangspunkt für ihre gegen Israel gerichteten Aktionen benutzten, Jordaniens Souveränität über sein eigenes Territorium in Frage. König und Armee suchten deshalb eine militärische Entscheidung. Der jordanische Bürgerkrieg oder – im palästinensischen Sprachgebrauch – der »Schwarze September« von 1970, tatsächlich ein Krieg zwischen der jordanischen Staatsmacht und der PLO, und eine weitere Phase kriegerischer Auseinandersetzungen im Jahr darauf beendeten die autonome, bewaffnete Existenz der PLO in Jordanien.

Die meisten Staaten kritisierten das Vorgehen der jordanischen Armee, die kaum einen Unterschied zwischen PLO-Kombattanten und palästinensischen Zivilisten gemacht hatte. Letztlich aber blieb es bei einer Kritik der Mittel: Das Recht Jordaniens, seine Souveränität zu verteidigen – auch gegen einen gesamtarabisch legitimierten und von einem breiten moralisch-politischen Konsens getragenen Akteur wie die PLO –, wurde nicht in Frage gestellt; das Prinzip nationalstaatlicher Integrität setzte sich dem arabisch-nationalen gegenüber durch. Der Irak, der seit dem Juni-Krieg etwa 25 000 Soldaten in Jordanien stationiert hatte, setzte diese nicht zur Unterstützung der Palästinenser in Bewegung, sondern begnügte sich mit martialischen Solidaritätserklärungen. Ägyptens Präsident Abd al-Nasser teilte im Grunde die Position Huseins und vermittelte unmittelbar vor seinem Tod einen Waffenstillstand zwischen dem Königreich und der PLO. Nur aus Syrien kam es zu einem begrenzten Entlastungsangriff für die Palästinenser.[29] Ob Syrien ohne das israelische Abschreckungselement aktiver zu Gunsten der PLO eingegriffen hätte, ist heute nicht mehr zu beantworten. Man darf vermuten, dass Asad, wie Abd al-Nasser und andere arabische Führer, eine palästinensische Machtübernahme in Jordanien ablehnte. Wichtiger ist, dass ein solches israelisches Element überhaupt existierte: In einer bis dahin und dann auf weiteres einzigartigen Spielart nahöstlicher Gleichgewichtspolitik nämlich gab Husein via Washington zu erkennen, dass er, falls er unter syrischen Druck geraten sollte, auch einen israelischen Befreiungsschlag akzeptieren würde.[30] Israel erklärte sich tatsächlich bereit, notfalls militärisch zu Hilfe zu kommen, und stärkte damit, dem Zeugnis amerikanischer Beobachter zufolge, sein Image und seine Position als nahöstlicher Partner der USA.[31] Und Jordanien demonstrierte einmal mehr, wie sehr man dem Erhalt des eigenen Regimes Priorität vor arabisch-israelischen Konfliktthemen gab. Dauerhaft beschädigt wurde das palästinensisch-jordanische Verhältnis: Spätere Versöhnungsschritte zwischen Husein und Arafat und alle Ansätze jordanisch-palästinensischer Kooperation blieben von tiefem Misstrauen geprägt.

Oktoberkrieg und erster Friedensprozess

Kurz nach dem »Schwarzen September« fanden in zwei der arabischen Staaten Führungswechsel statt, die regionale Bedeutung erhalten sollten: Im September 1970 übernahm Vizepräsident Anwar al-Sadat nach dem plötzlichen Tod Abd al-Nassers die Führung in Ägypten; in Damaskus putschte sich zwei Monate später Hafiz al-Asad an die Macht. In beiden Fällen schien der Wechsel zu demonstrieren, dass ideologische Fragen für die internationale und regionale Orientierung arabischer Politik an Bedeutung verloren hatten und dass es in erster Linie das Interesse des eigenen Landes zu fördern galt, ohne dabei arabische Interessen aus den Augen zu verlieren. Dafür waren auch wirtschaftspolitische Öffnungsschritte notwendig. Asad gehörte zwar der alten syrischen Führung an, trat aber bereits vor seiner Machtübernahme für eine pragmatischere Außenpolitik und für eine Zusammenarbeit auch mit konservativeren arabischen Staaten ein. Sadats Machtantritt bedeutete keinen so deutlichen Bruch regionalpolitischer Orientierungen, Abd al-Nasser hatte schließlich seit 1967 Ägyptens Politik auf ein weniger konfrontatives Gleis zurückgelenkt. Abd al-Nassers Image als Führer des revolutionären arabischen Nationalismus hatte sich aber gehalten – positiv bei einem großen Teil der arabischen Öffentlichkeit, negativ in den arabischen Königs- und Fürstenhäusern.

Mit den Veränderungen in Kairo und Damaskus begann eine Phase intensiver ägyptisch-syrischer sowie trilateraler ägyptisch-syrisch-saudischer Zusammenarbeit. Die ägyptisch-syrische Allianz wurde 1971 durch die Gründung einer losen Föderation Arabischer Republiken auch formalisiert. Ihrem Anspruch nach blieb diese Föderation weit unterhalb dessen, was in den Jahren zuvor zwischen Ägypten und anderen arabischen Staaten an Einheitsprojekten diskutiert worden war. Die Gründung, zu der als Juniorpartner auch das seit 1969 von Oberst Qadhafi regierte Libyen gehörte, brachte beiden, Asad und Sadat, in erster Linie innenpolitischen Legitimitätsgewinn – ein Zusammengehen Ägyptens und Syriens war in beiden Staaten populär. Darüber hinaus waren gemeinsame Wirtschaftsprojekte vorgesehen, die vor allem aus libyschen Ölgeldern finanziert werden sollten. Die Souveränität der Mitgliedsstaaten sollte aber ausdrücklich gewahrt bleiben.

Ägypten wollte aus ökonomischen Gründen Bewegung in das festgefahrene arabisch-israelische Verhältnis bringen. Nachdem es weder Abd al-Nasser noch Sadat gelungen war, durch UN- oder US-Vermittlung zumindest einen Teilrückzug Israels und eine Wiedereröffnung des Suezkanals zu erreichen, setzten Ägypten, Syrien und Saudi-Arabien auf die Option eines begrenzten Krieges. Riad sagte dabei zu, die militärischen Anstrengungen Ägyptens und Syriens durch den Einsatz der Ölwaffe gegen jene Staaten zu unterstützen, die sich auf die Seite Israels stellen würden. Dies waren in erster Linie die USA, die, als der Krieg am 6. Oktober 1973 begann und Ägypten wie Syrien deutliche Geländegewinne machten, Israel durch massive und rasche Waffenlieferungen zu Hilfe kamen. Die UdSSR, die von arabischer Seite nicht in das Kriegsvorhaben eingeweiht worden war – Sadat hatte im Vorjahr sogar die in Ägypten stationierten sowjetischen Militärberater ausgewiesen –, drohte ihrerseits mit einer Intervention, als sich die Kriegslage zu Gunsten Israels wendete.

Die Kriegsziele Ägyptens und Syriens waren begrenzt. Während die syrische Führung versuchte, möglichst den gesamten israelisch besetzten Golan zu befreien, ging es Ägypten in erster Linie darum, überhaupt einen Erfolg zu erzielen, der Israel zu Verhandlungen zwingen würde. Die Regionalisierung – neben dem saudisch geführten Ölboykott kam es zu einer weitgehend symbolischen militärischen Unterstützung durch jordanische, algerische und andere arabische Einheiten – und Internationalisierung des Krieges waren aber von beiden Staaten intendiert: Nur durch eine gemeinsame arabische

Ölpolitik und durch regionale Destabilisierung mit der Möglichkeit einer Involvierung der UdSSR könnten, so die Logik der regionalen Akteure, die USA dazu gebracht werden, Druck auf Israel auszuüben. Die arabische Rechnung ging weitgehend auf, denn trotz ihrer militärischen Niederlage wurde der Oktoberkrieg für Ägypten und Syrien zur Erfolgsgeschichte: Die Überquerung des Suezkanals durch die ägyptische Armee und die territorialen Gewinne, die Syrien in den ersten Tagen auf dem Golan machen konnte, zeigten der arabischen Welt, dass Israel nicht unbesiegbar war. Der militärische Durchbruch zählte hier mehr als die Tatsache, dass Israel das Blatt des Krieges später, mit massiver amerikanischer Waffenhilfe, zu seinen Gunsten wenden konnte – die syrische Armee also wieder vom Golan vertreiben und seinerseits tief nach Ägypten vorstoßen konnte. Politisch demonstrierte der Krieg zudem die Möglichkeit erfolgreicher arabischer Zusammenarbeit, er stärkte die innenpolitische Stellung Sadats und Asads ganz wesentlich, und er zeigte der internationalen Gemeinschaft, dass israelische Stärke allein keine Stabilitätsgarantie für den Nahen Osten war. Der Oktoberkrieg wurde dementsprechend als Kontrapunkt zum 1967er Krieg verstanden und im Folgenden mythisiert.[32]

Vor allem aber leitete der Krieg den nahöstlichen Friedensprozess ein: Die noch im Dezember 1973 einberufene Genfer Friedenskonferenz scheiterte zwar, aber 1974 wurden unter Vermittlung von US-Außenminister Kissinger ein ägyptisch-israelisches und mit einiger Verzögerung auch ein syrisch-israelisches Truppenentflechtungsabkommen geschlossen. Diese Abkommen, mit denen Syrien und Ägypten jeweils Teile des 1967 besetzten Territoriums zurückerhielten, während gleichzeitig umfassende Sicherheitsarrangements an den Fronten vereinbart wurden, galten ausdrücklich als Schritt zu einem späteren »gerechten und dauerhaften Frieden«, und vieles sprach dafür, dass die Beteiligten sie so auch auffassten. Die meisten arabischen Staaten standen dabei hinter Ägypten und Syrien, und im Oktober gab ein in Rabat versammelter Arabischer Gipfel den amerikanisch vermittelten Vereinbarungen sein Placet. Der Gastgeber der Konferenz, Marokkos König Hasan II., erklärte dabei unwidersprochen die drei arabischen »Neins« von Khartum für obsolet.

Der Gipfel von Rabat war in mehrfacher Hinsicht von regionaler

Bedeutung. So beschlossen die arabischen Staatschefs, die PLO fortan als einzige legitime Vertreterin des palästinensischen Volkes zu betrachten. Dieser Beschluss war nicht nur für die weitere Entwicklung des bilateralen jordanisch-palästinensischen Verhältnisses wichtig, sondern er machte die PLO auch, aus arabischer Sicht jedenfalls, zum notwendigen Teilnehmer jeder umfassenden Friedensbemühung. Die PLO hatte sich ihrerseits Anfang 1974 eine neue Rolle gegeben und beschlossen, dass ein zukünftiger palästinensischer Staat »auf jedem befreiten Stück« Palästinas errichtet werden könne. Dies war nicht nur ein deutliches Bekenntnis zur palästinensischen Nationalstaatlichkeit: Die radikale Opposition innerhalb der PLO kritisierte den Beschluss, analytisch durchaus richtig, als Vorbereitung auf die Möglichkeit einer Zweistaatlichkeit im historischen Palästina und die faktische Anerkennung Israels.[33]

Ölmacht und neue Interdependenz

Der Gipfel von Rabat demonstrierte zudem die neue, politische Bedeutung des arabischen Ölreichtums. Der durch den Oktoberkrieg ausgelöste Ölboom vervielfachte die finanzielle Kraft der Öl exportierenden arabischen Staaten und verlagerte dabei nicht zuletzt die innerarabischen Machtgewichte eindeutig zu Gunsten der Golfmonarchien. Gleichzeitig wurde in der politischen Debatte immer häufiger gefragt, ob nicht zumindest ein Teil der so deutlich in Verbindung mit der militärischen Leistung anderer Staaten angestiegenen Öleinnahmen auch letzteren zukommen müsse. Für einen großen Teil der arabischen Öffentlichkeit war es eindeutig, dass es sich bei den Ölressourcen und Öleinnahmen um arabische Ressourcen handelte, die der ganzen arabischen Nation zugute zu kommen hatten – dass das Öl nur aus der Erde einzelner Staaten fließe, sei das Ergebnis kolonialer Grenzziehung, die Ölpreishausse sei Ergebnis des Blutzolls, den die arabischen Frontstaaten gezahlt hätten. Die politischen und gesellschaftlichen Eliten der Hauptölexporteure sahen sich durchaus in einer gewissen gesamtarabischen Verantwortung und erklärten sich zu umfangreichen bilateralen Hilfeleistungen bereit, wiesen gleichzeitig aber jede Forderung nach einer multilateralen arabischen Kontrolle über diese Ressourcen und deren Verwendung zurück.

Tatsächlich stiegen die Finanzhilfen der reicheren Staaten – das waren neben den Golfmonarchien auch Libyen, der Irak und Algerien – an die ärmeren sprunghaft an: Offizielle Leistungen wuchsen von weniger als 400 Millionen Dollar im Jahre 1970 auf 1,4 Milliarden 1973, 4,7 Milliarden 1975 und 5,5 Milliarden im Jahre 1980. Mehr als achtzig Prozent davon waren bilaterale Hilfen, drei Viertel des Ganzen gingen an die drei Frontstaaten Ägypten, Syrien und Jordanien, die zumindest zum Teil auch noch umfangreiche inoffizielle Zuschüsse insbesondere für Rüstungsbeschaffungsmaßnahmen erhielten.[34] Die arabischen Überweisungen wurden in den kommenden Jahren zum festen und nahezu unverzichtbaren Bestandteil der Haushalte dieser Staaten – arabische Hilfeleistungen machten Mitte der siebziger Jahre in Ägypten bis zu zwanzig Prozent, in Jordanien um dreißig Prozent des Bruttosozialprodukts aus. Damit wurden regionalpolitische Abhängigkeiten geschaffen; gleichzeitig wurden aber die Regime der Empfängerländer gestärkt, die die Verfügungsgewalt über die Hilfsgelder monopolisierten. Sie verfügten damit zeitweise zumindest über ausreichende Mittel, um beeindruckende Entwicklungsinvestitionen zu finanzieren und politisch wichtige gesellschaftliche Gruppen gezielt zu subventionieren.

Der Ölboom führte gleichzeitig zu einer enormen Zunahme innerarabischer Arbeitsmigration und zu einer Intensivierung innerarabischer Wirtschaftsbeziehungen. Die Zahl der Arbeitsmigranten vor allem aus Ägypten, Jemen, Jordanien und den israelisch besetzten Gebieten in den Ölstaaten wuchs von 1973, als immerhin schon knapp 700 000 arabische Arbeitskräfte in diesen Staaten tätig waren, bis 1975 auf etwa das Doppelte, bis 1980 auf mehr als das Vierfache. In ähnlichem Maße nahmen die finanziellen Rückflüsse zu, die die Migranten nach Hause brachten – die Rücküberweisungen ägyptischer Arbeiter etwa wurden 1973 auf 123 Millionen, 1975 auf 455 Millionen und 1980 bereits auf 2,7 Milliarden Dollar veranschlagt.[35] Steigende Staatseinnahmen und private Rückflüsse aus den Öl exportierenden Staaten hatten erheblichen Einfluss auf die sozialen Strukturen und die Lebensverhältnisse in fast allen Staaten der Region. Die siebziger Jahre verzeichneten ein enormes Wachstum der

Mittelschichten, vor allem durch den Ausbau der öffentlichen Dienste, der Bürokratien und der Sicherheitsapparate. Dies galt für Länder wie Jordanien, Syrien oder Ägypten genauso wie für die Golfmonarchien. Die Konsumwünsche dieser neuen lohn- und gehaltsabhängigen Schichten orientierten sich an den Mustern der Industrieländer: Fernseher und Kühlschrank wurden allmählich zur Standardausstattung städtischer Wohnungen, der individuelle PKW zumindest zum Wunsch. Staatliche Industriepolitik förderte in der Regel den Aufbau von Fertigungsindustrien, die den Import moderner Konsumgüter substituieren sollten.

Auf politischer Ebene wurden seit der Gipfelkonferenz von Khartum (1967), besonders aber seit dem Oktoberkrieg und bis in die zweite Hälfte der siebziger Jahre, zahlreiche neue gesamtarabische Agenturen und Unterorganisationen der Arabischen Liga mit mehr oder weniger entwicklungspolitischem Charakter gegründet, die sich vornehmlich aus den Erdöl exportierenden Staaten finanzierten. Dazu kamen eine Anzahl gesamtarabischer Organisationen im außer- oder vorpolitischen Bereich.[36] Die wohl wichtigsten dieser neuen Strukturelemente waren der formell bereits 1968 gegründete *Arab Fund for Economic and Social Development*, der 1973 seine Tätigkeit aufnahm, und der 1977 etablierte *Arab Monetary Fund*. Einzelne Finanzierungsorganisationen wie die *Arab Bank for Economic Development in Africa* sollten zudem eine entwicklungspolitische und politische Mission auch außerhalb der arabischen Welt erfüllen. Sechzig bis achtzig Prozent der arabischen Entwicklungshilfe gingen aber an arabische Empfänger, und der überwiegende Teil der Leistungen wurde über die nationalen Entwicklungshilfefonds der Hauptölexporteure oder auch direkt aus der Schatulle der Staatschefs gezahlt.

Dieses begrenzte »Recycling« arabischer Ölrevenuen in die ärmeren Staaten des Systems verhinderte nicht, dass die Einkommensdifferenzen zwischen den Hauptölexporteuren und dem Rest dramatisch zunahmen. Lag 1970 das Pro-Kopf-Einkommen in Saudi-Arabien mit knapp 600 Dollar noch beim Dreifachen und das in Kuwait mit immerhin 3250 Dollar beim 16fachen des ägyptischen Pro-Kopf-Einkommens, so nahm die saudisch-ägyptische Differenz bis 1975 auf das 17fache, die kuwaitisch-ägyptische auf das 36fache zu. Für 1980 schätzte die Weltbank das ägyptische Pro-Kopf-Einkommen auf 580 Dollar, das saudische auf 11 260, also das 19fache, und das kuwaitische auf 26 080, das 45fache.³⁷

Unter der Prämisse des arabischen Nationalismus, dass es sich bei den Gesellschaften der arabischen Staaten letztlich um *eine*, durch die Existenz verschiedener politischer Systeme allerdings geteilte Gesellschaft handle, erschien die arabische Welt durch eine doppelte Klassenstruktur gekennzeichnet, in der neben der sozialen Schichtung innerhalb der einzelnen Nationalstaaten auch das Verhältnis zwischen den einzelnen arabischen Staaten und Gesellschaften als Klassenverhältnis wahrgenommen wurde: Ganz oben stand die Gruppe der Reichen: die bevölkerungsarmen Hauptölexporteure Kuwait, die Vereinigten Arabischen Emirate, Libyen, Qatar und Saudi-Arabien, deren Öleinnahmen das Fassungsvermögen ihrer eigenen Wirtschaft überstiegen. Zur zweiten Gruppe, den Wohlhabenden, wurden die bevölkerungsreichen oder kleineren Ölexporteure Oman, Bahrein, Irak und Algerien gerechnet, die deutlich niedrigere Pro-Kopf-Ölerlöse erzielten als die oberen fünf – neben diesen galt bis Ende der siebziger Jahre auch der Libanon als wohlhabend. Darauf folgte die Gruppe der *Struggling Middle* mit Syrien, Tunesien, Jordanien und Marokko und schließlich die Gruppe der Armen: Ägypten, die beiden Jemen, Sudan und Mauretanien.³⁸

Die Staaten der ersten und teilweise zweiten Gruppe waren die Hauptimporteure, die Staaten der dritten und vierten Gruppe die Hauptexporteure arabischer Arbeitsmigranten. Dies unterstreicht, dass die Klassenstruktur des arabischen Systems nicht nur unterschiedliche Einkommen beschreibt, sondern auch eine funktionale Arbeitsteilung. Für die politische Beziehungsstruktur bedeutete die neue, ölgeschmierte Interdependenz der arabischen Welt vor allem, dass die ohnehin nie exklusive ideologisch-politische Konfliktlinie zwischen konservativ-monarchischen Regimen einerseits und mehr oder weniger revolutionären Republiken andererseits immer weniger zählte und zum Teil durch eine »soziale« ersetzt wurde.

Die Monarchien Jordanien und Marokko waren ihrer sozio-ökonomischen Struktur und ihren entwicklungspolitischen Ambitionen nach jedenfalls Syrien oder Ägypten sehr viel ähnlicher als den Golfmonarchien. Auf der anderen Seite waren die meisten der Republiken nicht nur außenpolitisch auf pragmatischem Kurs, sondern entwickelten sich auch im Innern zu erstaunlich stabilen »präsidentiellen Monarchien«: zu autoritären republikanischen Systemen, in denen die Entscheidungsgewalt in hohem Maße zentralisiert war. Die Staatschefs stützten sich zur Sicherung ihrer Regime sowohl auf familiäre, manchmal auch tribale oder hegemoniale Bindungen als auch auf die Herrschaftsmittel autoritär-bürokratischer Staaten: fast immer auf das Militär, dessen Personalstärke durchweg erheblich zunahm, auf eine umfangreiche Staatsbürokratie, zumeist auch auf eine Staats- oder Regimepartei, in jedem Fall aber auf eine ausgedehnte Kontrollstruktur von Polizei und Geheimdiensten.[39]

Auch die Entwicklungskonzepte der Republiken und der ärmeren Monarchien waren ähnlich: Im Vordergrund stand in den meisten Ländern der Auf- und Ausbau eines staatlichen Industriesektors, der Importe durch eigene Produktion ersetzen und damit die wirtschaftliche Unabhängigkeit ausbauen sollte. Gleichzeitig wurde auch in den nominell einem sozialistischen Modell verpflichteten Staaten der Raum für privatwirtschaftliche Aktivitäten im Handel, im Dienstleistungssektor und in der kleinen und mittleren Industrie durch eine vorsichtige Öffnungspolitik (*infitah*) ausgeweitet, die allerdings nicht so weit ging, die Entstehung eines auch politisch einflussreichen Bürgertums zu erlauben. Die Privatwirtschaft blieb vielmehr von Staat und Regime abhängig; politische Loyalität war eine wesentliche Voraussetzung, um direkt oder indirekt am weitgehend staatlich kontrollierten Entwicklungsboom teilzuhaben.

Die meisten arabischen Staaten wurden ihrem volkswirtschaftlichen Charakter nach zu so genannten Rentierstaaten: Die Regierungen wurden auf Grund ihrer Öleinkünfte oder durch externe Hilfen – also durch Zuflüsse, die nicht aus eigenen produktiven Anstrengungen stammen, oder *Renten* – in die Lage versetzt, Entwicklung von oben zu finanzieren, oft auch ihre Bürger direkt zu bezuschussen und damit eine gewisse Unabhängigkeit von ihren Gesellschaften zu erreichen.[40] Dieser Rentiercharakter gibt eine Erklärung für die soziopolitischen Strukturen, die in diesen Staaten entstanden, und für die seit Anfang der siebziger Jahre so auffällige Langlebigkeit oder Stabilität der Regime.

Gleichgewicht vor Camp David

Dank ihres Ölreichtums wuchsen das politische Gewicht und die regionale Macht der Hauptölexporteure, insbesondere Saudi-Arabiens. Dessen Stellung als größter Ölexporteur erlaubte der Führung des Landes nicht nur, durch gezielte Finanzhilfen Einfluss zu nehmen, sondern gab ihr auch einigen Einfluss auf die Ölpreise und damit auf die Einkommen kleinerer Produzenten. Riad übernahm allerdings keine gesamtregionale Führungsrolle, die in irgendeiner Weise mit der Kairos in den sechziger Jahren vergleichbar wäre. Das lässt sich zum Teil auf die mangelnde Bereitschaft der saudischen Herrscherfamilie zurückführen, eine solche Rolle zu spielen. Vor allem spiegelte es aber die ungleichgewichtige Verteilung wirtschaftlicher, militärischer und auch ideologischer Macht innerhalb des arabischen Staatensystems wider. Dieses System wurde von mehreren Polen im Gleichgewicht gehalten: zunächst von den »konservativen« Ölmächten auf der Arabischen Halbinsel, dann von den sich selbst als »progressiv« definierenden, von anderen als »radikal« betrachteten Ölexporteuren Irak, Algerien und Libyen, zum dritten von den Frontstaaten Ägypten und Syrien, die nach dem Sieg von 1973 wieder gestärkt, aber dennoch wirtschaftlich abhängig waren. Zwischen diesen Polen gab es zwar bilaterale Konflikte, aber keine festen Allianzen und auch kein politisches Zentrum mehr.

Nur in seiner unmittelbaren Umgebung am Golf bemühte sich Saudi-Arabien auch um politische Dominanz. Der Abzug der Briten Anfang der siebziger Jahre hatte hier eine grundlegend neue strategische Situation geschaffen und das saudische Sicherheitsdenken entsprechend geändert. Da gab es in direkter Nachbarschaft, auf der anderen, nicht-arabischen Seite des Golfs, den hochgerüsteten Iran, damals noch unter dem Regime des Schah, der den Golf als seine Einflusssphäre zu betrachten begann. Teheran erhob Ansprüche auf Bahrein, die es nicht durchsetzen konnte, brachte aber mit stillschweigender westlicher Unterstützung, im Ausgleich sozusagen, drei legal zu verschiedenen Fürstentümern der Vereinigten Arabischen Emirate gehörende Inselchen unter seine Kontrolle, schickte Truppen nach Oman, um dessen Sultan in seiner Auseinandersetzung mit Rebellen zu helfen, und unterstützte im Übrigen kurdische Separatisten im potenziell um regionale Hegemonie konkurrierenden Irak. Saudi-Arabien versuchte, den Einfluss Teherans auf seine eigene unmittelbare Umgebung einzugrenzen, ohne den militärisch weit überlegenen und mit den USA alliierten Nachbarn zu provozieren. Riad bot sich deshalb den USA als zweiten subregionalen Alliierten an – die Nixon-Administration sprach dementsprechend von Iran und Saudi-Arabien als den *two Pillars* ihrer Strategie am Golf.

Die kleineren Golfmonarchien gerieten in der Folge unter gelegentlich erheblichen saudischen Anpassungsdruck und beugten sich dem auch zumeist. So verzichteten etwa die Vereinigten Arabischen Emirate 1972 auf die Aufnahme diplomatischer Beziehungen mit der UdSSR, weil Riad drohte, andernfalls bilaterale Grenzprobleme nicht zu lösen. Und zwei Jahre später machten die Emirate oder richtiger, machte Scheich Zayid, der Herrscher von Abu Dhabi und Präsident der Vereinigten Arabischen Emirate, den Saudis wichtige territoriale Zugeständnisse, um die diplomatische Anerkennung Riads zu sichern. Mit wenigen Ausnahmen folgten die kleineren Golffürstentümer auch der saudischen Öl- und Regionalpolitik, und sie passten sich innenpolitisch an. Die saudische Führung betrachtete vor allem liberale und demokratisierende Tendenzen in den kleineren Nachbarstaaten mit Unwillen. Angesichts des vergleichsweise dichten Netzwerks gesellschaftlicher Kontakte zwischen den strukturell ähnlichen Golfmonarchien war die Furcht der saudischen Machthaber, dass die eigene Bevölkerung von solchen Tendenzen angesteckt werden könnte, keineswegs grundlos. Saudischer Druck führte so dazu, dass der Emir von Bahrein 1975 das Parlament auflöste und auf weitere parlamentarische Experimente verzichtete.

Die weitere saudische Regionalpolitik blieb dagegen zurückhaltend. Sie war nach Möglichkeit bemüht, Konflikte mit den ärmeren, aber militärisch stärkeren und zumindest ihrer Rhetorik nach immer noch sozialistischen und arabisch-nationalistischen Republiken Ägypten, Syrien, Irak und Algerien sowie mit der arabisch-nationalen Öffentlichkeit insgesamt zu vermeiden. Ohne die Existenz oder die Zusammengehörigkeit der arabischen Nation an sich in Frage zu stellen, versuchte Riad gleichzeitig, einen über die arabische Welt hinausgehenden, islamischen Rahmen zu schaffen und dem eigenen Regime durch Betonung des islamischen Charakters saudischer Politik eine auch in der Öffentlichkeit anderer arabischer Staaten wirksame, islamische Legitimität zu verschaffen. Dazu diente der Aufbau der 1971 gegründeten Islamischen Konferenzorganisation (OIC) als internationaler Organisation aller islamischen Staaten ebenso wie die Unterhaltung und Instrumentalisierung der Islamischen Weltliga, einer der Form nach übernationalen Gelehrtenvereinigung, oder die Finanzierung islamischer Gruppen und Bewegungen in anderen arabischen und nicht-arabischen Ländern.[41] Zudem versuchte man, innerarabische Konflikte zu entschärfen – häufig durch die bereits angesprochene Scheckbuchdiplomatie. Die eigene Westbindung hinderte Riad beispielsweise nicht, die Rüstungsanstrengungen Ägyptens und Syriens zu unterstützen. 1976 lud Saudi-Arabien die wichtigsten arabischen Parteien zu einem Mini-Gipfel ein, um die Lage im Libanon, der sich seit dem Vorjahr im Bürgerkrieg befand, zu beruhigen. Dabei erhielt die ein halbes Jahr zuvor begonnene syrische Truppenintervention im Libanon und faktisch auch Syriens Kontrolle des Nachbarlandes eine Art gesamtarabische Legitimation.[42]

Nicht nur die Golfstaaten, sondern auch die Maghrebstaaten spielten eine stärkere innerarabische Rolle als noch in den sechziger Jahren. So war Marokko zusammen mit Saudi-Arabien federführend bei der Gründung der Islamischen Konferenzorganisation; Marokkos König wurde Vorsitzender des politisch-ideologisch durchaus gewichtigen Jerusalem-Komitees der Arabischen Liga, und drei der insgesamt sechs Arabischen Gipfel der siebziger Jahre fanden in einem der Maghrebstaaten statt.

Während »arabische Solidarität« ein wichtiges Codewort des innerarabischen Diskurses blieb, war unübersehbar, dass jeder arabische Staat seine eigenen Interessen hatte und verfolgte. In der zentralen Frage des arabisch-israelischen Konflikts existierte allerdings in dieser Phase ein Grundkonsens zwischen den Frontstaaten und ihren wesentlichen Finanziers: Man ging davon aus, dass eine umfassende diplomatische Lösung gefunden werden müsse, und forderte dazu eine internationale Konferenz unter Beteiligung der PLO, bei der die arabischen Staaten gemeinsam auftreten sollten. Israel war an solchen Verhandlungen nicht interessiert; die israelische Politik zielte vielmehr darauf ab, Verhandlungen abzuwehren, bis Israel den Schock des Krieges von 1973 überwunden hätte und wieder unabweisbar aus einer Position der Stärke heraus verhandeln könnte. Auf der arabischen Seite waren die Kräfte, die Verhandlungen ablehnten, mit Ausnahme einiger radikaler palästinensischer Gruppen kaum direkt am Konflikt beteiligt: Staaten wie der Irak, Libyen oder Süd-Jemen mochten sich politisch-moralisch als Teil der arabischen Front gegen Israel fühlen, waren aber nicht mit eigenen territorialen oder sicherheitspolitischen Interessen involviert. Für den Irak war es relativ leicht, Syrien etwa wegen dessen Akzeptanz der Resolution 242 zu kritisieren. Den Hintergrund dieser Kritik bildete die Auseinandersetzung um subregionale Hegemonie, zum Teil auch die Auseinandersetzung der beiden Staaten über die Aufteilung des Euphrat-Wassers.

1975 kam es allerdings zu einer ernsten syrisch-ägyptischen Auseinandersetzung über das von Ägypten mit Israel abgeschlossene so genannte Sinai-II-Abkommen, auf dessen Grundlage Ägypten den Suezkanal wieder öffnen konnte und die Ölfelder von Abu Rhodeis zurückerhielt, aber Sicherheitsarrangements (vor allem weit reichenden entmilitarisierten Zonen) zustimmte, die es Kairo praktisch unmöglich machten, erneut eine militärische Auseinandersetzung zu initiieren. Syrien sah in dem Abkommen einen ägyptischen Alleingang, der die Chancen für eine umfassende Lösung, bei der auch Syrien und Jordanien ihre besetzten Gebiete zurückerhalten würden, beeinträchtigte. Ägypten reagierte auf die scharfe Kritik Syriens, indem es seinerseits dessen Einfluss im Libanon zu unterminieren suchte.

Seit dem Beginn des Bürgerkriegs 1975 wurde der Libanon ohnehin zu einem Land, in dem andere nahöstliche Akteure ihre Konflikte austrugen. Die lokalen Bürgerkriegsparteien bemühten sich aktiv, regionale und internationale Mächte zu involvieren – Syrer und Israelis, Iraker und Iraner oder Amerikaner und Franzosen –, und übersahen dabei zumeist, dass diese ihre eigenen Ziele verfolgten. Der syrischen Führung ging es in erster Linie darum, Gefährdungen der eigenen inneren und äußeren Sicherheit abzuwehren, die nach einem Sieg der einen oder anderen Bürgerkriegsallianz drohten. Wenn die Verteidiger der herrschenden Ordnung, in der die

Christen und insbesondere die Maroniten – eine mit der römischkatholischen Kirche unierte Konfessionsgemeinschaft – sich durchsetzen würden, hätte ein unfreundliches Regime entstehen können, das möglicherweise ein Bündnis mit Israel gesucht hätte. Ein Sieg der diese Ordnung herausfordernden Allianz aus libanesischer Linken, muslimischem Establishment und der PLO hätte aller Wahrscheinlichkeit nach eine israelische Invasion nach sich gezogen. Syrien versuchte deshalb, ein gewisses Kräftegleichgewicht zwischen den Bürgerkriegsparteien zu erhalten und sich selbst als Kontrollmacht einzurichten, wofür es Unterstützung gerade auch bei konservativen Staaten wie Jordanien und Saudi-Arabien fand, die keinerlei Interesse an einem PLO-dominierten Libanon hatten. Dagegen ging es dem Irak, zeitweise auch Ägypten, um eine Schwächung ebendieses syrischen Einflusses zu Gunsten eigener Machtinteressen. Vor allem aber wurde der Libanon der bevorzugte Austragungsort israelisch-palästinensischer Auseinandersetzungen.

Zwischen der syrischen Führung und Israels *Labour*-Regierung entwickelte sich, via Washington, ein stiller Dialog, in dem die Sicherheitsinteressen beider aufgezeigt und eine »rote Linie« für das syrische Engagement im Libanon festgelegt wurden. Mit dem Amtsantritt der Carter-Administration im Januar 1977 schienen zudem die Aussichten für eine erfolgreiche US-Vermittlung zu steigen. Das Carter-Team betrachtete, anders als das seiner Vorgänger Nixon und Ford, den arabisch-israelischen Konflikt weniger aus der globalen Perspektive der Ost-West-Konkurrenz. Es war deshalb prinzipiell zur Zusammenarbeit mit den Sowjets bereit, und es erkannte vor allem die Notwendigkeit einer umfassenden Lösung, die auch, wie Präsident Carter erklärte, ein palästinensisches »Homeland« beinhalten müsse. Die PLO ihrerseits machte klar, dass sie bereit war, mit Israel in Frieden zu leben und dies auch öffentlich zu erklären, wenn sie ihrerseits ein amerikanisches Bekenntnis zu einem unabhängigen palästinensischen Staat oder Gemeinwesen erhalte. Nie zuvor schienen die Ausgangsbedingungen für eine friedliche Regelung des Nahostkonflikts so günstig. Im Sommer 1977 änderten die israelischen Parlamentswahlen indes die regionalen Verhältnisse: Die neue Regierung des *Likud*-Führers Menachem Begin machte deutlich, dass mit ihr nicht über die Westbank und den Golan zu verhandeln sein und dass Israel keine PLO-Mitglieder als Gesprächspartner akzeptieren werde.

Es war Ägyptens Präsident Sadat, der im November 1977 mit seiner spektakulären Reise nach Israel und seiner Rede vor der Knesset, dem israelischen Parlament, Bewegung in die Situation brachte. Sadats Initiative ist mit Recht als ein Akt »heroischer Diplomatie« beschrieben worden.[43] Am 9. November erklärte der ägyptische Präsident im Parlament, dass er im Interesse des Friedens bereit sei, nach Jerusalem zu reisen. Am 13. November erklärte Begin, der Sadats Erklärung für einen Propagandatrick hielt, der ägyptische Präsident sei willkommen, wenn es ihm mit seinen Worten ernst sei. Gleich am Tag darauf sagte Sadat dem amerikanischen Botschafter, er nehme die Einladung Israels an, er hätte sie aber gerne schriftlich. Ein entsprechender Brief wurde zwei weitere Tage später durch die US-Botschafter in beiden Ländern übermittelt. Bereits am 19. November flog Sadat nach Jerusalem. Die präzedenzlose Reise versetzte viele Außenministerien in Hektik, vor allem natürlich das israelische, das weder eine ägyptische Flagge noch die Noten der ägyptischen Nationalhymne besaß. Und während Israels Diplomaten den ersten Besuch eines arabischen Staatsoberhauptes vorbereiteten, bereitete sich das Militär auf alternative Szenarien vor: Wer wisse schon, ob das aus Ägypten einfliegende Flugzeug wirklich den ägyptischen Präsidenten an Bord habe – und nicht vielleicht eine Ladung Bomben.

Sadat allerdings zeigte sich als Meister der diplomatischen Offensive. Er demonstrierte den Israelis, dass sie in der Region nicht länger isoliert sein müssten, dass vielmehr Frieden mit der größten arabischen Macht möglich sei. Und er hielt gleichzeitig vor der Knesset eine Rede, die an Deutlichkeit nichts zu wünschen übrig ließ: Wenn Israel in Frieden leben wolle, müsse es sich aus allen 1967 eroberten Gebieten zurückziehen; die Palästinenser müssten ihr Selbstverwirklichungsrecht, einschließlich des Rechts auf einen eigenen Staat, realisieren können.

Die wesentliche Motivation für Sadats Aktion dürfte die Hoffnung gewesen sein, durch eine Überraschungsaktion die Blockade zu lösen, in der sich der nahöstliche Friedensprozess befand. Auch der persönliche Hang zur großen Geste und, wichtiger, die Unzufriedenheit mit dem Umfang arabischer Wirtschaftshilfe und die Hoffnung auf amerikanisches Wohlwollen spielten eine Rolle. Tatsächlich überraschte Sadat mit seiner Initiative auch die US-Administration und zwang diese zu einer Änderung ihrer Nahostpolitik. Den kurz zuvor von US-Außenminister Vance mit seinem sowjetischen Kollegen Gromyko vereinbarten Plan über eine allgemeine Nahostkonferenz in Genf machte Ägyptens Bereitschaft, direkt mit Israel zu verhandeln, hinfällig. Präsident Carter hatte kaum eine andere Chance, als die ägyptische Politik aufzugreifen und die guten Dienste und materielle Unterstützung Amerikas anzubieten. 1978 handelten Sadat und Begin unter aktiver Beteiligung des amerikanischen Präsidenten die Rahmenvereinbarungen von Camp David aus, im März 1979 wurde der ägyptisch-israelische Friedensvertrag – der erste und auf weitere 15 Jahre einzige Friedensvertrag zwischen Israel und einem arabischen Staat – unterzeichnet. Der Vertrag war eine eindeutige Umsetzung des »Land für Frieden«-Prinzips, wenngleich nur an einer Front. Sadat versuchte zwar, den Abmachungen eine weitere, regionale Komponente hinzuzufügen und den ägyptisch-israelischen Frieden mit einer Regelung der palästinensischen Frage zu verknüpfen, gab sich letztlich aber mit einem wenig konkreten israelischen Bekenntnis zu einer Autonomielösung für die Palästinenser zufrieden. Aus israelischer Sicht war »Camp David« – als solches gingen sowohl die Rahmenvereinbarungen wie auch der Friedensvertrag in den internationalen Sprachgebrauch ein – ein klarer Erfolg: Israel gab zwar Territorium auf, gewann aber Frieden mit seinem größten Nachbarn und wurde für die Aufgabe des Sinai durch amerikanische Garantien seiner Ölversorgung und eine Erhöhung der Wirtschafts- und Militärhilfe entschädigt. Aus amerikanischer Sicht waren die Abkommen ein Durchbruch, der aber hinter dem Gewünschten zurückblieb, in Ägypten waren und blieben sie umstritten. Tatsächlich brachte Sadats Alleingang Ägypten den Sinai zurück; es schwächte aber die Chancen für eine umfassende Lösung des Nahostkonflikts auf Jahre.

Vierte Phase
*Polarisierung und Zusammenbruch – von Camp David (1978/79)
zum Krieg um Kuwait (1990/91)*

Der ägyptisch-israelische Friedensvertrag hatte weit reichende regionale Folgen. Unmittelbar isolierte er Ägypten in seiner regionalen Umwelt und trug zu einer deutlichen Verschiebung des arabisch-israelischen Kräfteverhältnisses bei. In der politischen Debatte arabischer Intellektueller galt die Zeit nach Camp David nicht von ungefähr als eine Phase des arabischen Niedergangs. Aus dem multipolaren innerarabischen Gleichgewicht der Siebziger wurde ein Zustand mehrfach polarisierten Ungleichgewichts. Die arabischen Staaten erwiesen sich nicht nur als unfähig oder unwillig, den Libanon oder die Palästinenser aktiv zu unterstützen; auch wiederholte Versuche, den nahöstlichen Friedensprozess wieder in Gang zu bringen, scheiterten angesichts israelischer Unversöhnlichkeit und vorwiegend innerarabischer Machtkonflikte. Zudem betrachteten zumindest die arabischen Golfstaaten den Nahostkonflikt mehr und mehr als nachgeordnetes Thema. Ihre Aufmerksamkeit war vornehmlich durch Entwicklungen in der unmittelbaren Umgebung gebunden: die iranische Revolution von 1979 und den Beginn des irakisch-iranischen Kriegs im Jahre 1980.

Die nahöstliche Konfliktkonstellation

In Ägypten traf Sadats Friedenspolitik auf einen für das autoritäre Regierungssystem des Landes durchaus unüblichen, heftigen Widerspruch bis hinein in die außenpolitische Bürokratie: Zwei ägyptische Außenminister und der ägyptische Generalsekretär der Arabischen Liga traten wegen Sadats Initiative und der Abkommen zurück.[44] Die bürokratische und vor allem die intellektuelle Elite Ägyptens – Nasseristen genauso wie Islamisten – lehnte Camp David fast durchweg ab und trug maßgeblich dazu bei, dass die ägyptisch-israelischen Beziehungen trotz des Friedensvertrags »kalt« blieben: dass sie nicht durch gesellschaftlichen Austausch vertieft und politisch verankert wurden. Ägyptens Beziehungen zur PLO und zu Syrien erreichten den Tiefpunkt. Das Verhältnis zum Irak war ohnehin schwer gestört, ebenso das zu Libyen, dessen Führung seit einiger Zeit unverhohlen zum Sturz Sadats aufrief. Sadat hatte, um das libysche Regime abzustrafen, im Sommer 1977 sogar einen kleinen Grenzkrieg gegen das Nachbarland geführt. Auch Saudi-Arabien und Kuwait gingen auf Distanz. Im November 1978 trat in Bagdad ein Arabischer Gipfel zusammen, um eine gemeinsame Antwort auf Camp David zu finden. Ägypten war nicht eingeladen. Ein von den Golfmonarchien geförderter Versuch, Kairo durch das Angebot großzügiger Finanzhilfe zu einer Revision seines Kurses zu bewegen, wurde von Sadat zurückgewiesen. Der Gipfel beschloss daraufhin, Ägyptens Mitgliedschaft in der Arabischen Liga bis auf weiteres auszusetzen, Ägypten den Zugang zu arabischen Fonds zu versagen und den Sitz der Arabischen Liga nach Tunis zu verlegen, wenn Kairo einen Friedensvertrag mit Tel Aviv unterzeichnen würde. Als dies geschah, setzte der Rat der Liga die Gipfelbeschlüsse in Kraft und entschied zudem, die Frontstaaten an der verbleibenden »östlichen Front« im arabisch-israelischen Konflikt – Syrien, Jordanien und die Palästinenser also – durch eine zehnjährige jährliche 3,5-Milliarden-Dollar-Spritze zu unterstützen.

Es mag sein, dass die arabischen Staatschefs sich in ihrem Versuch, Sadat mit einer Mischung aus finanziellen Angeboten und Drohungen dazu zu bringen, den Weg des Separatfriedens wieder zu verlassen, besonders ungeschickt angestellt haben.[45] Vermutlich hätte aber auch ein diplomatischeres Vorgehen der Arabischen Liga den ägyptischen Präsidenten nicht überzeugt. Bezeichnend war jedenfalls, dass die Drohung, nicht nur Ägyptens Liga-Mitgliedschaft, sondern auch den arabischen Zahlungsfluss nach Ägypten einzustellen, nicht ausreiche, um Kairo zu einer politischen Kursänderung zu zwingen. Dies zeigte die Grenzen der Macht auf, die die Hauptölexporteure mittels ihrer finanziellen Kraft innerhalb der Region ausüben konnten, und relativierte insofern auch das Diktum von der »saudischen« Ära. Saudische und allgemein arabische Wirtschaftshilfe hat zwar die wirtschaftliche Struktur und Kultur der Empfängerländer beeinflusst, verschaffte den Gebern aber allenfalls begrenzten Einfluss auf zentrale politische Entscheidungen dieser Staaten.

Während die Ölstaaten die Wirkung arabischer Finanzhilfe überschätzten, überschätzte die US-Regierung ihre Chancen, Staaten wie Saudi-Arabien oder Jordanien mit Druck oder Hilfsangeboten zur Unterstützung einer Politik zu bewegen, die deren Interessen widersprach. Obwohl die saudische Führung an einer Beilegung des arabisch-israelischen Konflikts interessiert war, verbot ihr – abgesehen von puren Sicherheitserwägungen – das eigene Selbstverständnis als führender islamischer Staat, eine Teillösung zu unterstützen, die die muslimischen heiligen Stätten in Jerusalem unter israelischer Kontrolle belassen hätte, Israel einseitig stärken und die Palästinenser staatenlos sein lassen würde.[46]

Was die arabisch-israelische Konfliktkonstellation betraf, so bestätigten sich die schlimmsten Befürchtungen der arabischen Kritiker Sadats. Ägypten und das ägyptische Potenzial waren seit Camp David faktisch neutralisiert; das militärische Übergewicht Israels, das seine militärische Kraft nun an der nördlichen und östlichen Front konzentrieren konnte, wurde umso deutlicher. Bereits im Frühjahr 1978 startete Israel eine erste größere Libanon-Invasion und besetzte einen Gebietsstreifen im Süden des Landes. Die israelische Regierung weitete den Siedlungsbau in den besetzten Gebieten aus, annektierte 1980 Ost-Jerusalem und Anfang 1981 den Golan. Im Sommer desselben Jahres zerstörte ein israelisches Luftkommando einen fast fertig gestellten irakischen Forschungsreaktor, und im Dezember kam es zum Abschluss einer amerikanisch-israelischen Vereinbarung über Strategische Zusammenarbeit, mit der die neue Reagan-Administration deutlich machte, dass sie Israels regionale Politik stärker als ihre Vorgänger unterstützen werde. Dem folgte im Sommer 1982 die zweite Libanon-Invasion, mit der Begin und sein Verteidigungsminister Sharon weit reichende Ziele verbanden: Sie wollten die PLO aus dem Libanon vertreiben und insgesamt so weit schwächen, dass eine israelische Annexion der Westbank erleichtert würde. Syrien sollte in ein militärisches Engagement verwickelt und geschlagen werden, um damit nach Möglichkeit den Kollaps des syrischen Regimes herbeizuführen; im Libanon sollte ein israel-freundliches Regime installiert werden.[47] Die offene Unterstützung der US-Regierung für den nicht provozierten Krieg, bei dem Israel Beirut und damit erstmals eine arabische Hauptstadt besetzte, verstärkte in der arabischen Öffentlichkeit zudem die Überzeugung, dass die USA alles andere als ein ehrlicher Makler im Nahen Osten seien, und schien im Nachhinein alle diejenigen zu bestätigen, die Camp David und die Neutralisierung Kairos als westlich gefördertes Projekt zur Schwächung der arabischen Staaten betrachteten. Anstatt die regionalen Verhältnisse nach ihren Vorstellungen zu ordnen, manövrierten Begin und Sharon Israel in den Sumpf des libanesischen Bürgerkriegs: Israel wurde nicht nur mitschuldig an den Kriegsverbrechen ihrer Verbündeten – vor allem an den Massakern, die christliche Milizen im September 1982 in den palästinensischen Flüchtlingslagern Sabra und Shatila verübten –, sondern brauchte auch fast zwei weitere Jahrzehnte und die Erfahrung eines langen Guerillakriegs, um den Libanon wieder zu verlassen.

Syrien, das sich in seiner Sicherheit bedroht fühlte, reagierte mit klassischer Balancepolitik und bemühte sich um eine Annäherung an den Irak, das militärische Schwergewicht im arabischen Osten. Bereits im Sommer 1979, kurz nachdem Iraks zweiter Mann, Saddam Husein, sich selbst vollständig an die Macht gebracht hatte, endete die kurze Phase der Kooperation aber wieder. Während es der syrischen Führung mit ihrer Hinwendung zum Irak darum gegangen war, seine eigene Machtposition gegenüber Israel zu stärken, nicht aber um eine Aufgabe syrischer Souveränität, sah Bagdad in der Allianz eine Chance, direkten Einfluss auf Syrien zu gewinnen und sein regionales Gewicht zu erhöhen.

Für den Irak und die arabischen Golfmonarchien wurde zudem der Schauplatz am Persischen Golf sehr viel wichtiger als der nahöstliche: Anfang 1979 stürzte im Iran der Schah. Das neue islamisch-revolutionäre Regime präsentierte sich zwar als Verbündeter der arabischen Seite, insbesondere der PLO, im Kampf gegen Israel, versprach aber vor allem, Unruhe in die Golfregion zu bringen: Zumindest in den ersten Jahren versuchte das iranische Regime durchaus, seine Revolution zu »exportieren«, also die Völker der Nachbarländer zum Aufstand gegen ihre Regime und zur Übernahme des iranischen Modells zu bewegen. In den Golfmonarchien wurde die iranische Revolution deshalb als direkte Bedrohung wahrgenommen. Für die irakische Führung boten das Ausscheiden Ägyptens und der Fall des Schah-Regimes, des stärksten US-Verbündeten am Golf, allerdings die Perspektive, selbst zur regionalen Vormacht aufzusteigen. Die irakische Führung machte aus ihren Ambitionen auch kein Geheimnis: Über Jahrhunderte, erklärte Saddam Husein Ende 1979, habe kein einzelner arabischer Staat alle notwendigen Elemente nationaler Macht auf sich vereinigen können. Jetzt gebe es erstmals mit dem Irak einen Staat, der all diese Attribute, nämlich Ressourcen, Führung, Ideologie und Organisation, vereinige und damit eine historische Rolle spielen könne.[48]

Innerarabische Polarisierung
Golfkrieg und Nahostkonflikt

Für die Golfmonarchien wurde spätestens mit dem Beginn des irakisch-iranischen Kriegs die Frage der Sicherheit am Persischen Golf zum zentralen Anliegen. Die irakische Führung hatte 1980 die augenscheinliche innere Schwäche Irans sowie iranische Provokationen zum Anlass genommen, ein fünf Jahre zuvor geschlossenes Grenzabkommen aufzukündigen und einen Krieg gegen das Nachbarland zu beginnen.[49]

Saudi-Arabien und die kleinen Golffürstentümer fühlten sich zwar durch die iranische Revolution und deren Ausstrahlung bedroht, hatten selbst aber kein Interesse, Teheran zu provozieren, und betrachteten auch den Versuch des Irak, sich als arabische Führungsmacht zu profilieren, nicht ohne Sorge. Ohne die ursprünglichen irakischen Kriegsziele zu teilen, wollten sie vor allem einen iranischen Sieg verhindern. Sie entschieden sich deshalb für eine finanzielle und zum Teil auch logistische Unterstützung Bagdads und intensivierten gleichzeitig ihre eigene Zusammenarbeit. Im Februar 1981 etablierten Saudi-Arabien, Kuwait, die Vereinigten Arabischen Emirate, Bahrein, Qatar und Oman ein subregionales Bündnis, den Golfkooperationsrat (GCC). Faktisch handelte es sich dabei um ein vorrangig sicherheitspolitisch motiviertes exklusives Bündnis der konservativen und rohstoffreichen arabischen Golfstaaten, das auch auf diese beschränkt bleiben sollte, obwohl man betonte, sich keineswegs vom Rest der arabischen Welt oder der Arabischen Liga absetzen zu wollen. Wiederholt wurde aber auf die besonderen gesellschaftlichen und politischen Gemeinsamkeiten der Mitgliedsstaaten verwiesen, um zu begründen, warum die beiden Jemen, Irak oder Iran nie zu einer Mitgliedschaft in der Organisation eingeladen worden waren. Von den Integrationsplänen der sechs Monarchien wurde allerdings wenig umgesetzt: Nach der Charta des GCC sollte die Zusammenarbeit der Mitgliedsstaaten der Vorbereitung auf eine spätere staatliche Einheit dienen, ein schon 1981 geschlossenes Wirtschaftsabkommen sah die Errichtung einer Zollunion vor, die auch zwanzig Jahre später noch nicht vollständig verwirklicht war. Bilaterale Konflikte wurden durch den Zusammenschluss keineswegs ausgeräumt.

Die Unterstützung des Irak durch die GCC-Staaten und damit dessen Abhängigkeit vom GCC nahm zu, als Iran Mitte 1982 den größten Teil der irakischen Invasionstruppen vertreiben und Bagdad in die Defensive drängen konnte. Angesichts der prekären Kriegslage begann der Irak, sich als moderates Mitglied der Staatengemeinschaft und Verteidigungsposten gegen die Ausbreitung der iranischen Revolution zu präsentieren. Dies erlaubte es Bagdad, seine Beziehungen zum Westen zu verbessern, ohne dabei die UdSSR, die nach dem irakischen Überfall auf Iran kurzzeitig ihre Waffenlieferungen eingeschränkt hatte, als internationalen Partner zu verlieren. So strichen die USA den Irak 1982 von der Liste der »Terror unterstützenden« Staaten und begannen, ihn mit kriegswichtigem Material zu beliefern. Seit 1983 versorgte Washington Bagdad auch mit nachrichtendienstlichen Informationen, seit 1987 sprach man sogar von einer Konvergenz amerikanischer und irakischer strategischer Interessen am Golf.[50] Ab 1987 waren die USA faktisch – durch die Umflaggung kuwaitischer Tanker, die Operationen der US-Marine im Golf und deren Aktionen gegen iranische Ziele – auf irakischer Seite ins Kriegsgeschehen involviert.[51]

Zu den regionalen Auswirkungen des ersten Golfkriegs gehörte die Bildung einer relativ stabilen iranisch-syrischen Allianz und einer weniger haltbaren irakisch-ägyptischen oder irakisch-ägyptisch-jordanischen Schiene. In beiden Fällen handelte es sich um ausgesprochen pragmatische Bündnisse, bei denen ideologische Differenzen bewusst den realpolitischen Interessen der beteiligten Staaten hintangestellt wurden. Teheran und Damaskus einte vor allem ihre Gegnerschaft zu Bagdad und ihre begrenzt gemeinsamen Interessen im Libanon; dem Iran ging es ferner darum, einen strategisch nicht ganz unbedeutenden Partner in der arabischen Welt zu behalten. Die iranische Regierung war dafür zu Gegenleistungen bereit und versagte etwa der islamistischen Opposition in Syrien, die anfänglich im revolutionären Iran einen natürlichen Partner gesehen hatten, jede Unterstützung.[52]

Für Kairo bot der irakisch-iranische Krieg einen Ansatzpunkt, um sein Verhältnis zu den arabischen Staaten wieder in Ordnung zu bringen: Ägypten wurde nach der UdSSR und Frankreich zum drittwichtigsten Rüstungslieferanten des Irak; bei Kriegsende (1988) war etwa eine Million ägyptischer Arbeiter in der irakischen Wirtschaft beschäftigt. Husni Mubarak, Nachfolger des im Oktober 1981 ermordeten ägyptischen Präsidenten Sadat, bemühte sich im Übrigen zu zeigen, dass Ägyptens Beziehungen zu Israel nur »normale« Beziehungen waren, keineswegs aber auf eine strategische Kooperation hinausliefen.[53] Bagdad und die Golfmonarchien förderten ihrerseits die allmähliche Wiederaufnahme Ägyptens in die arabische Staatengemeinschaft. So wurden 1984 die diplomatischen Beziehungen zwischen Jordanien und Ägypten wiederhergestellt, ohne dass die irakische Führung, die Ende der siebziger Jahre maßgeblich Ägyptens Isolierung betrieben hatte, damit ein Problem zu haben schien. Denn auch der Irak brauchte Jordanien, das während des Krieges zu einem seiner wichtigsten Bündnis- und Handelspartner wurde: Die LKW-Route zum jordanischen Hafen Aqaba war eine der Lebenslinien des Irak, und die jordanische Konsumgüterindustrie arbeitete zunehmend für den irakischen Markt.

Parallel bemühten die arabischen Staaten sich um eine zumindest nach außen gemeinsame Haltung zum arabisch-israelischen Geschehen. Im September 1982 beschlossen die arabischen Staatschefs auf ihrem Gipfel in Fez einen eigenen, maßgeblich vom saudischen König Fahd erarbeiteten Friedensplan für den Nahen Osten. Inhaltlich bedeutete der Plan, der über die nächsten Jahre die offizielle arabische Position im Friedensprozess bestimmen sollte, ein gesamtarabisches Bekenntnis zum Pragmatismus: Er forderte den Abzug Israels aus den 1967 besetzten Gebieten, die Räumung der Siedlungen und die Errichtung eines unabhängigen palästinensischen Staates – neben Israel also –, und er verlangte gleichzeitig internationale Friedensgarantien »für alle Staaten« in der Region. Dies schloss Israel ein, ohne es zu nennen.

Die arabische Initiative blieb unbeantwortet und somit wirkungslos. Israels Politik in der Westbank und im Gazastreifen kam einer schleichenden Annexion gleich. Der libanesischen Regierung zwang Israel im Frühjahr 1983 ein kurzlebiges Abkommen auf, mit dem der Libanon unter die sicherheitspolitische Vorherrschaft Israels gestellt werden sollte. Diese Politik brachte allerdings alles andere als die erhofften Ergebnisse: Unter israelischer Besatzung entwickelte sich im Süden Libanons eine islamische Widerstandsbewegung, die von der 1982 gegründeten *Hizbullah* geführt wurde. Deren anhaltende Guerillaaktivitäten trugen wesentlich dazu bei, dass die israelischen Truppen sich bis 1985 aus dem größten Teil des Landes zurückzogen und bis zu ihrem vollständigen Abzug, im Sommer 2000, in einen fortgesetzten Kleinkrieg verwickelt blieben. Syrien hatte seine politisch zentrale Stellung im Libanon bereits 1984 weitgehend wiederhergestellt.

Damaskus versuchte in der Folge, mittels seiner Dominanz im Libanon auch die PLO unter Kontrolle zu bringen, indem es eine Rebellion innerhalb Arafats *Fatah* ermutigte, die sich zu einem heftigen innerpalästinensischen Bürgerkrieg zwischen im Libanon verbliebenen und zurückgekehrten Verbänden der verschiedenen PLO-Fraktionen ausweitete. Im Ergebnis wurde PLO-Chef Arafat mit seinen Loyalisten ein weiteres Mal aus dem Libanon vertrieben, diesmal nicht unter dem Druck der israelischen, sondern der syrischen Armee. Arafat nahm daraufhin unter ägyptischer Vermittlung einen Dialog mit König Husein von Jordanien auf. Diese Wahl war für die PLO zwar nicht befriedigend, aber notwendig, wenn sie sich nicht vollständig in das seit 1982 in Tunis eingerichtete Hauptquartier und damit vom arabisch-israelischen Schauplatz zurückziehen wollte. Jordanien versuchte aus eigenen Sicherheitserwägungen, sich sowohl mit der PLO wie auch mit Israel zu verständigen. Husein konnte es sich allerdings nicht leisten, ohne die PLO oder gar auf Kosten palästinensischer Rechte mit Israel Frieden zu schließen: Dies hätte die Opposition des eigenen palästinensischen Bevölkerungsanteils, der etwa die Hälfte der Gesamtbevölkerung ausmachte, und wahrscheinlich auch Sanktionen der arabischen Umwelt heraufbeschworen. Eine Koordination des jordanischen und des palästinensischen Vorgehens entsprach dem Interesse beider Parteien: Während Husein die PLO brauchte, um sich selbst gegen die innere palästinensische Opposition und gegen syrische Destabilisierungsversuche zu sichern, konnte er der PLO anbieten, seine guten Beziehungen zu den USA zu nutzen, um dort Verständnis für »moderate« palästinensische Positionen zu fördern.

Anfang 1985 erklärten Jordanien und die PLO sich bereit, mit einer gemeinsamen Delegation in eine Friedenskonferenz zu gehen, und sie sprachen zudem von der Möglichkeit, das Selbstbestimmungsrecht des palästinensischen Volkes über den Zusammenschluss der von Israel zu räumenden Gebiete und Jordaniens zu einer palästinensisch-jordanischen Konföderation zu erreichen. Mit anderen Worten, die PLO bestand nicht mehr auf eine eigenständige Delegation und hielt auch eine andere Form der Souveränität als einen eigenständigen Staat für diskutabel. Tel Aviv, wo mittlerweile eine *Labour-Likud*-Koalition zunächst unter Shimon Peres regierte, und Washington äußerten sich zwar anfänglich positiv zu dem so genannten Husein-Arafat-Abkommen, weigerten sich aber weiterhin, mit der PLO zu verhandeln. Arafat seinerseits geriet unter den Druck der palästinensischen Fraktionen und Gruppen, denen seine Zugeständnisse schon zu weit gingen. Ohne eine entsprechende politische Gegenleistung (etwa einer Anerkennung des palästinensischen Selbstbestimmungsrechts durch die USA) war er zu weiteren Kompromissen, die Husein ihm nahe legte, nicht mehr – oder richtiger: noch nicht – bereit. Als Israel überdies im Oktober das PLO-Hauptquartier in Tunis bombardierte, sanken die Aussichten auf zumindest jordanisch-palästinensisch-israelische Verhandlungen wieder auf den Nullpunkt.[54]

Innerarabische Ausgleichsbemühungen

Jordanien hatte selbst keine größeren militärischen oder wirtschaftlichen Machtpotenziale aufzuweisen. Seine Stellung im regionalen Staatensystem erlaubte ihm aber, gelegentlich eine vermittelnde Position einzunehmen. Die geographische Lage zwischen unfreundlichen Nachbarn und die Abhängigkeit von offenen Grenzen in möglichst alle Richtungen schufen auch ein starkes Interesse Jordaniens an regionaler Entspannung. Immerhin gelang es dem jordanischen König, im November 1987 alle arabischen Staaten mit Ausnahme Libyens zu einer Gipfelkonferenz in Amman zusammenzubringen, die etwas euphemistisch als Gipfel des arabischen Konsenses in die Geschichte der Arabischen Liga einging. Der Gipfel beschloss, den einzelnen Staaten eine Wiederaufnahme ihrer Beziehungen zu Ägypten anheimzustellen. Die formelle Wiederaufnahme Ägyptens in die Liga war damit nur noch eine Frage der Zeit. Gleichzeitig schien der Gipfel zu zeigen, dass die Auseinandersetzung mit Iran für einen großen Teil der arabischen Staaten Vorrang vor dem arabisch-israelischen Konflikt bekommen hatte. Ägyptens Beziehungen zu Israel waren kein Konfliktpunkt mehr, und die palästinensische Frage wurde, entgegen der Gewohnheit aller bisherigen Gipfel, nur unter »ferner liefen« behandelt. In der englischen Übersetzung der Gipfelresolution, die an die ausländischen Journalisten verteilt wurde, fehlte sogar, zum immensen Zorn von PLO-Chef Arafat, der Hinweis auf die PLO als »einzige und legitime Vertretung des palästinensischen Volkes«.

Nur wenige Wochen nach dem Gipfel nahmen die Palästinenser in den besetzten Gebieten die Dinge selbst in die Hand. Anfang Dezember 1987 begann die bald so genannte *Intifada*, der weitgehend zivile Aufstand der Palästinenser von Westbank und Gazastreifen gegen die israelische Besatzung. Die *Intifada* machte der israelischen, der arabischen und der internationalen Öffentlichkeit deutlich, dass sich die palästinensische Frage nicht ignorieren ließ, und erreichte erstmals eine gewisse internationale Sympathie für die Palästinenser. Sie zeigte, dass sich in den besetzten Gebieten eine neue selbstbewusste Führungsschicht gebildet hatte, die sich Israel und Jordanien gegenüber zur PLO bekannte, die aber auch ohne Führung aus dem PLO-Hauptquartier zu agieren wusste. Der Aufstand war gleichzeitig ein Warnsignal an die PLO, dass diese, wenn sie vor allem Exilpolitik betreiben und darüber die Lebensumstände und Interessen ihrer Leute in den besetzten Gebieten vergessen würde, Legitimität und Funktion verlieren könnte.[55]

So sehr die *Intifada* in den staatlich gelenkten Medien der arabischen Welt begrüßt und heroisiert wurde, so sehr war sie auch eine Herausforderung für die herrschenden Regime. Die Palästinenser zeigten, dass sie durch ihren vorwiegend mit Steinen und Messern und erst in einem späten Stadium auch mit Schusswaffen ausgetragenen Aufstand Israel deutlicher in die Defensive drängen konnten als die arabischen Staaten mit ihren großen Armeen. Auch gab die *Intifada* ein Beispiel für die Möglichkeit zivilen oder – wenn man so will – zivilgesellschaftlichen Widerstands gegen Unterdrückung. Gedanklich zumindest stimulierte dieses Beispiel auch oppositionelle Bewegungen in anderen Ländern der Region.

Mit der *Intifada* entstanden in den besetzten Gebieten selbstorganisierte Strukturen, die von der Besatzungsmacht nicht mehr zu kontrollieren waren. Der Aufstand der Palästinenser hatte aber auch regionalpolitische Bedeutung. Um Jordanien gegen seine Auswirkungen abzuschotten, erklärte König Husein im Juli 1988 die administrative Trennung der Westbank von Jordanien. Die politische Verantwortlichkeit für den Fortgang des Friedensprozesses wurde damit deutlicher als je zuvor der PLO zugeschoben. Jordaniens offizielle Position hieß seither, man habe keine Ansprüche auf die Westbank und verhandle auch nicht für die PLO.

Die PLO nahm die Verantwortung an, die Jordaniens König ihr zuschob. Im November 1988 rief der in Algier tagende Palästinensische Nationalrat den Staat Palästina aus, einen Staat im Exil, vorerst ohne auch nur das geringste Element staatlicher Macht, und akzeptierte die vierzig Jahre zuvor von der UNO prinzipiell beschlossene Teilung des historischen Palästina in einen jüdischen und einen arabisch-palästinensischen Staat. Im Dezember erklärte Arafat vor der UN-Vollversammlung, was lange klar, offiziell aber noch nicht ausgesprochen worden war, dass nämlich die PLO die Sicherheitsratsresolutionen 242 und 338 akzeptiert und das Existenzrecht Israels anerkannt habe. Damit eröffnete sich zwar noch kein Gesprächskanal mit Israel (auch noch kein *Secret Channel*), wohl aber erstmals einer in die USA.

Ende der achtziger Jahre schienen tatsächlich zahlreiche Zeichen auf eine Konfliktlösung hinzudeuten oder zumindest darauf, dass verschiedene regionale Akteure sich konstruktiv um einen regionalen Ausgleich und eine Konfliktregulierung bemühten. So begannen die Maghrebstaaten Marokko, Algerien, Tunesien, Libyen und Mauretanien mit dem Aufbau der Arabischen Maghreb-Union (AMU). Dieser Zusammenschluss sollte primär dazu dienen, die wirtschaftliche Zusammenarbeit ihrer Mitglieder zu intensivieren; angesichts der weitgehenden Komplementarität der fünf Volkswirtschaften versprach eine solche Zusammenarbeit durchaus Gewinn. Sie schien auch notwendig im Hinblick auf teilweise erhebliche wirtschaftliche Probleme und die erwarteten negativen Auswirkungen des geplanten europäischen Binnenmarktes auf die Absatzchancen maghrebinischer Produkte. Anders als beim Golfkooperationsrat war der wirtschaftliche Faktor hier offensichtlich ein treibender. Politische Koordination hatte geringere Priorität und wäre in Anbetracht der keineswegs unbeträchtlichen bilateralen Probleme auch schwierig gewesen. Insbesondere standen hier ungeklärte algerisch-marokkanische Grenzfragen und der Konflikt um die marokkanische Besetzung der Westsahara beziehungsweise Algeriens Unterstützung der sahrauischen Befreiungsbewegung *Polisario* im Raum. Die Grundsatzentscheidung der maghrebinischen Staatschefs hieß aber, solche Konflikte erst einmal auszuklammern, um den Aufbau gemeinsamer Strukturen und die gewünschte Angleichung finanz- und wirtschaftspolitischer Instrumente überhaupt zu ermöglichen. Obwohl die ungelösten politischen Konflikte die Union in späteren Jahren wieder einholten, war dies zumindest zeitweise eine Erfolg versprechende Strategie.

Im Mai 1989 beschloss eine arabische Gipfelkonferenz in Casablanca die Rückkehr Ägyptens in die Arabische Liga und die Rückkehr der Liga beziehungsweise ihres Hauptquartiers nach Kairo. Im Übrigen beauftragte der Gipfel eine Kommission aus den Staatsoberhäuptern Marokkos, Algeriens und Saudi-Arabiens, nach einer Konfliktlösung für den Libanon zu suchen, in dem sich seit einem halben Jahr erstmals zwei konkurrierende Regierungen gegenüberstanden. Nach anfänglicher Verschleppung durch Syrien gelang es diesem Dreierkomitee, eine politische Lösung auf den Weg zu bringen: Die Abgeordneten des libanesischen Parlaments versammelten sich im saudi-arabischen Ta'if und berieten dort ein von den Außenministern der drei Staaten vorgelegtes »Dokument nationaler Verständigung«, faktisch eine Kompromissformel zur Neuverteilung politischer Macht, die zur Grundlage einer neuen Verfassung wurde und gleichzeitig die Anwesenheit syrischer Truppen im Libanon auf weiteres sanktionierte. »Ta'if« leitete so das Ende des libanesischen Bürgerkriegs ein.[56] Bezeichnend für die innerarabischen Beziehungen war, dass die Arabische Liga nach einigen gescheiterten Versuchen am Beginn des Konflikts erst wieder in dem Moment aktiv wurde, als der Libanon nach 14 Jahren Bürgerkrieg vor der Spaltung zu stehen schien und damit ein potenziell bedrohliches Beispiel für das gesamte regionale Staatensystem setzte. Bemerkenswert war allerdings auch, dass der Liga gelang, was anderen vorher misslungen war, nämlich eine zwar inhaltlich umstrittene, aber haltbare Regelung des Konflikts auf den Weg zu bringen.

Im August 1988 war der achtjährige iranisch-irakische Krieg mit der iranischen Annahme der Sicherheitsratsresolution 589 zu Ende gegangen. Diese Resolution sah einen sofortigen Waffenstillstand vor, ohne – wie ursprünglich von Iran gefordert – zuvor den Irak als Aggressor zu identifizieren oder Bagdad zur Anerkennung der Grenzen von 1975 zu verpflichten. Grund für das Einlenken Teherans dürfte in erster Linie die wirtschaftliche und militärische Erschöpfung Irans gewesen sein und die Gefahr, in einen direkten und offenen Krieg mit den USA hineingezogen zu werden. Der – wahrscheinlich – versehentliche Abschuss einer iranischen Linienmaschine durch ein amerikanisches Kriegsschiff im Juli 1988 und die Tatsache, dass irakische Truppen im Juni erstmals seit 1982 wieder iranisches Territorium okkupieren konnten, musste der iranischen Führung die Gefährlichkeit einer Verlängerung des Krieges klar machen.

Ökonomische und politische Krisenerscheinungen in der arabischen Welt

Einen *objektiven* Niedergang erfuhr die Ressourcenausstattung der arabischen Welt. Seit 1982 verfielen die Ölpreise, nicht zuletzt infolge des Krieges am Golf, mit dem die Produktions- und Preisdisziplin der Förderstaaten am Golf zusammenbrach. Gegen Ende der achtziger Jahre lagen sie real unter dem Stand von 1974. Der Preisverfall hatte wie die Hausse der Siebziger und frühen Achtziger weitreichende regionale Wirkungen: Tatsächlich lässt sich von einem Export der Krise von den Hauptförderländern in die anderen arabischen Länder sprechen. Die Arbeitsmöglichkeiten für arabische Migranten am Golf, deren Rücküberweisungen in ihre Heimatländer und der innerregionale Handel stagnierten, und die registrierten Finanzhilfen arabischer Geber an andere arabische Staaten schrumpften von 5,5 Milliarden Dollar im Jahre 1980 auf 800 Millionen Dollar am Ende des Jahrzehnts. Der Rückgang dieser Zuflüsse ließ in den Arbeitskraft exportierenden Ländern, die in der Regel auch die Hauptempfänger arabischer Hilfe waren, Strukturprobleme und Fehlentwicklungen zu Tage treten, die zuvor durch direkte und indirekte Ölrenten verdeckt worden waren. Die meisten dieser Staaten leiteten deshalb Mitte oder Ende der achtziger Jahre Strukturanpassungsprogramme ein – zumeist wie in Jordanien, Ägypten oder dem vergleichsweise armen Ölstaat Algerien unter Anleitung und Aufsicht des Internationalen Währungsfonds –, die auf Grund ihrer sozialen Härten die ohnehin prekäre Legitimität verschiedener Regime weiter beeinträchtigten. Schul- und Hochschulabgänger in den ärmeren Ländern der Region sahen eine düstere Zukunft vor sich. Anstelle der Aussicht auf relativ sichere Arbeitsplätze im wachsenden Staatssektor machte sich allgemeine Unsicherheit breit, und diejenigen, die einen Arbeitsplatz im öffentlichen Dienst erhielten, mussten bald feststellen, dass sie von ihren Gehältern kaum sich selbst, geschweige denn ihre Familie ernähren konnten. Politische Desillusionierung und ökonomischer Niedergang begünstigten Parteien und Bewegungen, die sich an religiösen Grundsätzen und am Idealbild einer moralisch intakten frühislamischen Ordnung orientierten. Islamistische Gruppen wurden zwar in keinem der arabischen Staaten mehrheitsfähig, der erstmals 1987 im ägyptischen Parlamentswahlkampf benutzte Slogan *al-islam huwa al-hall* (Der Islam ist die Lösung) verbreitete sich aber quer durch das regionale Staatensystem. Konservative, politisch-islamische Strömungen erzielten, wo einigermaßen freie Wahlen stattfanden, oft ein Viertel und manchmal mehr der Stimmen und erhielten zunehmend Einfluss auf die politischen Debatten und das soziale Leben. Politische Unzufriedenheit verschaffte sich in zahlreichen Ländern der Region Ausdruck, aber nirgends so deutlich und in so destruktiver Form wie in Algerien. Das Öl exportierende Land war durch den Verfall der Ölpreise und hohe Auslandsschulden an den Rand des Staatsbankrotts geraten; ziviler Protest richtete sich sowohl gegen die wirtschaftliche Misere wie auch gegen die politischen Verhältnisse – gegen die langjährige Herrschaft einer korrupten und verknöcherten Staatspartei, die letztlich vom nicht weniger korrupten Militär dirigiert wurde. Als das Regime unter Druck geriet und politische Öffnungsschritte einleitete, zeigte sich, dass die langjährige Unterdrückung säkularer, linker oder liberaler Opposition vor allem von islamistischen Kräften genutzt werden konnte, die im Schatten religiöser Institutionen herangewachsen waren, die auch das Militär-Einparteienregime nie anzutasten gewagt hatte.

Das arabische Staatensystem und der zweite Golfkrieg

Wirtschaftliche Fehlentwicklungen erklären zumindest zum Teil auch die krisenhaften Ereignisse am Persischen Golf. Der Irak war aus dem Krieg mit Iran als eine Art Sieger hervorgegangen und befand sich militärisch auf der Höhe seiner Macht. Die wirtschaftlichen Folgen des Krieges waren aber immens und wurden offensichtlich, als mit dem Ende der Kampfhandlungen auch die Finanzhilfen der Golfmonarchien eingestellt wurden: Die materiellen Kriegsschäden des Irak wurden auf mehr als sechzig Milliarden Dollar geschätzt, die Auslandsschulden auf bis zu achtzig Milliarden, wovon etwa die Hälfte auf Saudi-Arabien, Kuwait und die Vereinigten Arabischen Emirate entfiel, die ihre Unterstützung der irakischen Kriegsanstrengungen als Kredite gebucht hatten. Mit Kriegsende setzte der Irak zudem auf ein ehrgeiziges Wiederaufbau- und Aufrüstungsprogramm. Die Summe der Importe, des Schuldendienstes und der Gastarbeiterüberweisungen überstieg die Deviseneinnahmen des Landes um etwa ein Drittel. Nachdem Bagdad acht Kriegsjahre lang eine Kanonen-und-Butter-Politik betreiben konnte, folgte auf das Kriegsende die wirtschaftliche Krise.[57]

Dabei betrieb die irakische Führung gleichzeitig eine aktive und zunehmend selbstbewusst-aggressive Politik im arabisch-nahöstlichen Raum, die von den finanziellen Verpflichtungen des Landes kaum behindert, teilweise vielmehr angetrieben zu sein schien. Während westliche Schulden nur bedient wurden, wenn die Gläubiger auch frisches Geld zur Finanzierung des Aufbauprogramms zur Verfügung stellten, verweigerte Bagdad die Anerkennung der arabischen Schulden. Die Golfmonarchien, so hieß es, hätten die irakischen Kriegsanstrengungen schließlich aus Eigeninteresse finanziert. Das irakische Regime sah sich zweifellos als künftiger Führer der arabischen Welt. Im Februar 1989 gründeten der Irak, Ägypten, Jordanien und der Nord-Jemen in Bagdad den so genannten Arabischen Kooperationsrat (ACC), der Form nach ein loser Zusammenschluss zur Förderung der wirtschaftlichen Zusammenarbeit, tatsächlich aber ein politisches Bündnis, das insbesondere dem irakischen Interesse entsprach, stärkere Präsenz in der regionalen Politik zu zeigen und gerade den GCC-Staaten diese Präsenz deutlich zu machen. Zwar gab es zwischen Irak und Jordanien wie auch zwischen Irak und Ägypten starke bilaterale politische und wirtschaftliche Beziehungen, anders als bei der Maghreb-Union oder beim GCC ließ sich beim ACC aber kaum von einer natürlichen regionalen Einheit sprechen. Politisch und geopolitisch war das Bündnis allerdings sinnvoll: Brachte es doch vier Nachbarn Saudi-Arabiens zusammen, die in der einen oder anderen Weise von dessen Wirtschaftshilfe und Arbeitsplätzen abhingen.

Wenn die ägyptische Führung gehofft hatte, den Irak durch die Bildung des ACC auch in ihre moderatere Strategie einbinden zu können,[58] wurde sie schwer enttäuscht: Das ägyptisch-irakische Verhältnis begann Ende 1989 abzukühlen. Zu einer direkten Verstimmung zwischen beiden Staaten, die alle Ebenen bis zum einzelnen Bürger erfasste, kam es, als sich Anfang 1990 im Irak eine Welle unorganisierter Gewalt gegen ägyptische Arbeitsmigranten entlud, die während des Krieges als Ersatz für eingezogene Iraker ins Land gerufen worden waren und jetzt den häufig aus der Armee in die Arbeitslosigkeit entlassenen Irakern als Sündenböcke für die wirtschaftliche Misere dienten. Vermutlich einige Hundert Ägypter wurden ermordet. Während die ägyptische Presse über das Schicksal der Landsleute im Irak berichtete, versuchte die Regierung, die Ereignisse herunterzuspielen – aus Staatsräson. Kairo hatte allerdings auch kein Interesse, sich vor den Karren einer irakischen Politik spannen zu lassen, die zumindest propagandistisch auf Eskalation gegenüber Israel setzte, den Golfmonarchien gegenüber zunehmend aggressiv auftrat und zudem vor gezielten Provokationen gegenüber westlichen Regierungen nicht zurückschreckte.[59] In den USA und in Europa begann man allmählich, die irakische Aufrüstungspolitik als potenziell gefährlich zu betrachten.

Die Entscheidung der irakischen Führung, am 2. August 1990 ihre Panzer nach Kuwait einrücken und das Emirat besetzen zu lassen, stellte in erster Linie einen fatalen Versuch dar, sich mit einem gewaltigen Streich der wirtschaftlichen Probleme zu entledigen und gleichzeitig ein für alle Mal zu zeigen, wer am Golf das Sagen hatte. In den Wochen und Monaten vor der Invasion beschuldigte Bagdad Kuwait und die Vereinigten Arabischen Emirate wiederholt, den Irak durch ihre Ölpreispolitik zu strangulieren, und mahnte in deutlichster Form massive finanzielle Unterstützung an. Tatsächlich produzierten die beiden Fürstentümer mehr, als ihren im Rahmen der OPEC vereinbarten Quoten entsprochen hätte, und trugen damit zum Verfall der Ölpreise bei. Für den Irak, dessen Exporterlöse zu 95 Prozent aus Öleinnahmen stammten, waren stabile und idealerweise steigende Ölpreise von größtem Interesse; Saudi-Arabien und die anderen Ölmonarchien dagegen konnten sich niedrige Ölpreise nicht nur leisten, sondern waren bis zu einer gewissen Grenze daran sogar interessiert: Sie wollten andere Energieträger weniger attraktiv machen und den eigenen Marktanteil ausbauen. Außerdem wollten sie eine weitere regionale Machtverschiebung zu Gunsten des Irak verhindern, der – im Gegensatz zu ihren Volkswirtschaften – zusätzliche Öleinnahmen problemlos zum Ausbau seiner Wirtschaft und seiner militärischen Kraft absorbieren konnte. Irak und Kuwait hatten zudem ein ungelöstes territoriales Problem miteinander: Der Irak hatte schon 1961, als Kuwait unabhängig wurde, erklärt, das Emirat sei integraler Bestandteil des Irak. Wiederholte Grenzkrisen hatten Kuwait dazu bewogen, noch unmittelbar vor dem irakischen Überfall von 1990 eine endgültige Festlegung der Grenze zur Voraussetzung finanzieller Hilfe zu machen. Ursächlich für die Invasion war der Territorialkonflikt aber kaum. Vieles sprach dafür, dass die irakische Führung ursprünglich nicht einmal die Annexion Kuwaits plante, sondern »nur« dessen vorübergehende Besetzung und Plünderung, einen Regierungswechsel im Emirat, Grenzkorrekturen, eine Streichung aller finanziellen Forderungen der GCC-Staaten und eine deutliche Unterordnung dieser Staaten unter irakische Führung. Mit der Wiederbelebung »historischer Ansprüche« eskalierte dann aber die Auseinandersetzung weiter.[60]

Das arabische Staatensystem war von der Krise überfordert. Eine Woche nach der Invasion tagte in Kairo ein außerordentlicher Arabischer Gipfel. Dieser verurteilte den Irak, bestätigte die Souveränität Kuwaits und stimmte implizit dem Einsatz amerikanischer und anderer internationaler Truppen zur Befreiung Kuwaits und zur Verteidigung der anderen Golfstaaten zu. Er beschloss zudem, zur Unterstützung der GCC-Staaten arabische Truppen an den Golf zu senden.

Von einer gemeinsamen arabischen Position oder gar einer gemeinsamen Aktion konnte aber keine Rede sein: Der Gipfelbeschluss kam nur mit einer Einstimmenmehrheit (jeder Staat hat eine Stimme) zu Stande. Wichtige Liga-Mitglieder wie Jordanien, Algerien und die PLO lehnten den Beschluss ab oder enthielten sich der Stimme, nicht weil sie etwa die irakische Annexion Kuwaits akzeptierten, sondern weil sie in der einen oder anderen Form eine arabische Lösung anstrebten, die Verurteilung Iraks für kontraproduktiv hielten oder dem Eingreifen der USA und anderer westlicher Staaten keine Legitimität erteilen wollten. Der Gipfel und die nachfolgenden Entwicklungen zeigten dabei deutlich, dass die arabischen Institutionen mit einem so schwer wiegenden Verstoß gegen die Normen des Systems – erstmals versuchte ein arabischer Staat, einen anderen Staat zu vernichten – nicht umgehen konnten, dass es keine Regeln und Verfahren und schon gar keine gemeinsame Sicherheitsstruktur gab, um die Krise selbstständig und konstruktiv anzugehen. Die Funktionsfähigkeit der Arabischen Liga wurde zusätzlich durch einen ägyptisch-tunesischen Konflikt um den Sitz der Organisation gelähmt; sie spielte deshalb bei den weiteren Versuchen zur Krisenbewältigung keine Rolle mehr. Spätestens seit die USA begonnen hatten, Truppen nach Saudi-Arabien zu verlegen und eine breite anti-irakische Allianz aufzubauen, war der Konflikt ohnehin internationalisiert, die arabischen Staaten wurden ungeachtet der regionalen Konfliktursachen zu sekundären Akteuren.

Zumindest dem Augenschein nach standen sich nun zwei Staatengruppen gegenüber. Auf der einen Seite waren diejenigen, die sich eindeutig auf die Seite Kuwaits und Saudi-Arabiens stellten und sich der internationalen anti-irakischen Allianz anschlossen – neben den GCC-Staaten gehörten hierzu Ägypten, Syrien und Marokko. Auf der anderen Seite fanden sich jene Staaten, die sich dem Schulterschluss mit den Alliierten verweigerten, versuchten, eine mehr oder weniger neutrale Position einzunehmen, und demzufolge als pro-irakisch galten – Jordanien, der Jemen, Tunesien, Sudan, Mauretanien, Libyen und die PLO. Tatsächlich erkannte keiner dieser Akteure die irakische Annexion Kuwaits an. Die Führungen dieser Staaten wie auch die der PLO suchten aber aus unterschiedlichen regionalpolitisch-strategischen, wirtschaftlichen oder innenpolitischen Gründen nach Wegen, den Irak möglichst unbeschädigt aus der Krise herausfinden zu lassen. Sie standen darüber hinaus unter dem Druck einer mehr oder weniger deutlich pro-irakischen, anti-kuwaitischen oder auch anti-amerikanischen Öffentlichkeit. Die Massenunterstützung, die der Irak und damit Saddam Husein in einer Reihe arabischer Staaten erhielt, nährte sich vor allem aus einem nicht unerheblichen Maß an Verachtung für die »müßig gehenden« Fürsten am Golf. Viele Araber waren der Ansicht, dass der Konflikt um Kuwait doch irgendwie ein sozialer Konflikt zwischen den Armen und Reichen der arabischen Welt sei. Dazu kam ein historisch begründetes Misstrauen gegen jede ausländische Intervention und insbesondere gegen Einmischungen der USA, des strategischen Partners Israels, und eine tiefe Empörung über die unausgewogene Haltung des Westens, der der irakischen Besetzung Kuwaits mit dem größten Truppenaufmarsch seit Ende des Zweiten Weltkriegs entgegentrat, die israelische Besetzung von Westbank, Gazastreifen, Golan und Süd-Libanon aber tolerierte. Als der Irak schließlich von den Alliierten bombardiert wurde, wurde aus der partiellen Zustimmung zur irakischen Politik eine Art ohnmächtige Solidarität. Solche Sympathien für den Irak und Antipathien gegen Kuwait und die Politik der USA waren dabei keineswegs nur auf die Staaten beschränkt, die als pro-irakisch wahrgenommen wurden, sondern fanden sich auch in Ägypten, Syrien und Marokko.[61] Zu einem wichtigen innenpolitischen Faktor wurden diese Sympathien und Antipathien aber vor allem dort, wo eine hoch politisierte Öffentlichkeit nicht nur existierte, sondern sich auch äußern konnte – namentlich unter Palästinensern oder in Jordanien und im Jemen, zwei Staaten, die sich zum Zeitpunkt der Krise in einer Phase ernsthafter politischer Öffnung und Demokratisierung befanden.

Arabische Vermittlungsversuche blieben so erfolglos wie die zahlreichen diplomatischen Initiativen internationaler Vermittler, und letztlich akzeptierten die führenden regionalen Akteure die Tatsachen: Dass die Hauptkontrahenten, das irakische Regime und die Regierung Bush, kein Interesse daran hatten, den Krieg zu vermeiden, der dann vom 17. Januar 1991 bis zur irakischen Kapitulation sechs Wochen später stattfand. Dass die US-Administration die irakische Kuwait-Invasion nutzte, um ihre Weltmachtrolle nach dem Ende der globalen Bipolarität neu zu legitimieren, nachdem die UdSSR als Gegenpol weggefallen war,[62] änderte nichts am Versagen der arabischen und nahöstlichen Akteure bei dem Versuch, eine haltbare regionale Ordnung und Mechanismen zur friedlichen Konfliktbeilegung zu entwickeln.

Fünfte Phase
Regionale Neuordnung und die letzte Etappe des Friedensprozesses

Der Krieg um Kuwait stellte in mehrfacher Hinsicht einen wesentlichen Einschnitt in der regionalen Geschichte dar: Er führte zu strategischen Umgruppierungen zwischen den Staaten des Nahen und Mittleren Ostens, und er leitete eine anhaltende Debatte um die Zukunft des regionalen Systems ein. Im Übrigen trug der Konflikt, wie im zweiten Kapitel ausgeführt wurde, zumindest dazu bei, dass die Golfmonarchien ihre Vorstellungen darüber, was in den innerarabischen Beziehungen legitim und was illegitim sei, durchsetzen konnten.

Am Golf waren mit der amerikanisch geführten Intervention und der Niederlage des Irak nicht einfach die Vorkriegsverhältnisse wiederhergestellt worden. Den GCC-Staaten und ihren Bürgern hatten Krise und Krieg vielmehr unzweideutig klar gemacht, dass sie weder ihre eigene Sicherheit noch im Zweifelsfall ihr staatliches Überleben selbst garantieren konnten. Man setzte deshalb auf westlichen Schutz: Kuwait und die anderen kleinen Golfmonarchien schlossen nach Ende des Kriegs bilaterale militärische Kooperationsabkommen mit den USA und mit anderen Mitgliedern des Weltsicherheitsrates ab; Saudi-Arabien verzichtete auf ein schriftliches Abkommen mit den USA, erlaubte aber die Stationierung amerikanischer Truppen. Man versuchte in den folgenden Jahren auch, das eigene Haus insoweit in Ordnung zu bringen, als dass man offene Grenzstreitigkeiten beilegte. Noch 1993 war es an der saudisch-qatarischen Grenze zu einer kurzen bewaffneten Auseinandersetzung um den Grenzverlauf gekommen. Im regionalen Umfeld setzten die GCC-Staaten vor allem auf die Kooperation mit Ägypten und Syrien – nicht so tief gehend, wie Kairo und Damaskus es gewünscht hätten, aber doch so, dass in der Arabischen Liga gegen die koordinierte Position der Vertreter Saudi-Arabiens, Ägyptens und Syriens nichts entschieden werden konnte. Die unterschiedliche ideologische und außenpolitische Orientierung der drei Staaten war dieser Zusammenarbeit keineswegs abträglich; ihre gemeinsamen Interessen wogen stärker: Ägypten und Syrien, die sich während des Golfkriegs deutlich auf die Seite Kuwaits gestellt hatten, waren die wichtigsten Empfänger saudischer und insgesamt golf-arabischer Finanzhilfe; Saudi-Arabien brauchte den Schulterschluss mit Ägypten und Syrien, um Kritikern in der eigenen Gesellschaft und in anderen arabischen Staaten zu beweisen, dass es trotz seiner Westbindung nicht zu einem Instrument der USA geworden war. Riad zeigte deshalb wie Kairo eine demonstrative Unterstützung für Syriens Position im Friedensprozess, wann immer Damaskus dies brauchte, um israelischen oder amerikanischen Druck auszugleichen. Ägypten wiederum akzeptierte Syriens Dominanz im Libanon, Syrien akzeptierte umgekehrt den ägyptischen Anspruch auf regionale Führerschaft.

Die Beziehungen vor allem Kuwaits und Saudi-Arabiens zu jenen arabischen Staaten, die während des Golfkriegs eine formal neutrale, faktisch aber eher pro-irakische Position eingenommen hatten, blieben bis Mitte und zum Teil bis Ende der neunziger Jahre auf dem Gefrierpunkt. Zehntausende jemenitischer, palästinensischer oder jordanischer Arbeitsmigranten am Golf wurden durch Ägypter, Syrer oder Libanesen ersetzt; die Finanzhilfen an Jordanien, Jemen oder Tunesien wurden erheblich gekürzt. Kuwait und Saudi-Arabien unterstützten sogar die Sezessionisten im jemenitischen Bürgerkrieg von 1994, der den 1990 gerade vereinigten Jemen fast wieder in zwei Teile hätte zerfallen lassen. Auch zwischen Kuwait und Saudi-Arabien einerseits und Jordanien andererseits wurden offene, freundschaftliche Beziehungen erst wieder nach dem Tod König Huseins und der Amtsübernahme seines Sohnes Abdallah im Jahre 1999 hergestellt.

Offen feindlich blieben die Beziehungen Kuwaits und, in minderem Maße, auch Saudi-Arabiens zum Irak. Die kleineren Golfmonarchien hatten bis zum Jahre 2000 ihre diplomatischen Beziehungen zu Bagdad wieder aufgenommen, und die meisten anderen arabischen Staaten unterhielten mehr oder weniger enge Kontakte auf Minister- und Arbeitsebene. Auch zehn Jahre nach der irakischen Kuwait-Invasion wäre aber etwa eine Teilnahme des irakischen Präsidenten Saddam Husein an einem Gipfel der Arabischen Liga nicht denkbar gewesen. Politisch gab es keinerlei Sympathie für das irakische Regime, schon gar nicht für dessen Spitze. Eine klare Konfrontationspolitik wie die USA oder Großbritannien konnten und wollten die arabischen Staaten sich gleichwohl nicht leisten: Die Regierungen waren vornehmlich an regionaler Stabilität interessiert und konnten an einem Zusammenbruch des Irak oder gar einem Bürgerkrieg kein Interesse haben. Aus regionaler Perspektive zumindest war der Irak zudem strategisch und wirtschaftlich viel zu wichtig, um ihn langfristig zu isolieren. Wenn es den USA gelungen wäre, den irakischen Präsidenten in einer mehr oder weniger stillen Geheimdienstoperation zu entfernen, hätte kaum ein Staat der Region protestiert. Die kontinuierlichen und wenig erfolgreichen Versuche der USA, das Regime in Bagdad zu unterminieren, wollte aber keine der lokalen Regierungen mittragen. Die Bevölkerung der arabischen Staaten, von der Kuwaits einmal abgesehen, solidarisierte sich ohnehin mit den Menschen des Irak, die unbestritten und ungeachtet der Schuldfrage die Leidtragenden des seit dem Kriegsende anhaltenden internationalen Wirtschaftsembargos waren und sind. Ein großer Teil der Bevölkerung in den arabischen Staaten und nicht wenige arabische Intellektuelle sahen in den Sanktionen zudem einen westlichen Plan, das industriell fortgeschrittenste arabische Land zurückzuentwickeln. Immerhin war der Irak der einzige arabische Staat, der vor 1990 als Schwellenland gelten konnte.

Ereignisse am anderen, westlichen Ende der arabischen Welt, im Maghreb, lösten insgesamt sehr viel weniger Interesse im arabischen Osten aus, als die Golfkrise und der Konflikt zwischen Israel und seinen Nachbarn dies im Maghreb taten. Die Ausnahme bildete der Fall Algeriens, der in der gesamten Region mit Aufmerksamkeit verfolgt und dabei von unterschiedlichen Gruppen in unterschiedlicher Weise als Lehrstück betrachtet wurde: Ende der achtziger Jahre galt Algerien vielen Intellektuellen als Hoffnungsträger einer demokratischen Öffnung. Als das algerische Militär dann im Januar 1992 die Ergebnisse der Parlamentswahlen annullierte, aus deren erster Runde die Islamische Rettungsfront (FIS) als stärkste Partei hervorgegangen wäre, galt dies nicht wenigen Anhängern des politischen Islam, weit über Algerien hinaus, als deutlicher Beweis dafür, dass jeder Versuch, politische Veränderungen über die Wahlurne zu erreichen, aussichtslos bleiben würde. Potenziell gewaltbereite Gruppen sahen sich legitimiert, die herrschenden Regime mit allen Mitteln zu bekämpfen. Die scheinbar blinde Gewalt des Bürgerkriegs, der den gescheiterten Wahlen folgte, zeigte allerdings zunehmend auch das moralische und politische Scheitern islamistisch-revolutionärer Projekte in den arabischen Nationalstaaten.[63] Politisch-islamische Gruppen in anderen Staaten begannen sich von den Krieg führenden algerischen Islamisten abzusetzen, und einige, die sich selbst terroristischer Mittel bedient hatten, revidierten ihren Kurs: Ägyptens *Jamaa al-Islamiyya* etwa erklärte 1997 ein Ende der gewaltsamen Auseinandersetzung mit dem Regime. Auch die Regierungen der anderen arabischen Staaten lernten: Sie verstärkten die Zusammenarbeit der Sicherheitsbehörden, so dass die Konferenz der arabischen Innenminister sich in den neunziger Jahren zu der am besten funktionierenden Einrichtung der Arabischen Liga entwickelte. Individuell zogen sie zudem die Konsequenz, gesellschaftlichem Demokratisierungsdruck, wo solcher sich zeigen würde, keinesfalls durch die schnelle Öffnung ihrer Systeme nachzugeben.

Im Zentrum der regionalen Entwicklungen standen allerdings auch in den neunziger Jahren die Beziehungen zwischen Arabern und Israelis. Dies zeigte sich nicht zuletzt darin, dass die zwei außerordentlichen arabischen Gipfelkonferenzen, die in dem Jahrzehnt nach dem Golfkrieg stattfanden, jeweils nahöstliche Anlässe hatten: die Wahl Netanjahus zum israelischen Ministerpräsidenten im Jahre 1996 und die bürgerkriegsähnlichen Auseinandersetzungen zwischen Israelis und Palästinensern, die im Herbst 2000 begannen. Der Kuwait-Krieg selbst hatte in mehrfacher Hinsicht die Chancen für einen neuen Versuch zur Beilegung des arabisch-israelischen Konflikts erhöht: Die PLO war, nachdem sie im Krieg die »falsche Seite« gewählt hatte, politisch und finanziell geschwächt und dementsprechend bereit, sich selbst auf Verhandlungen einzulassen, bei denen die palästinensische Seite zumindest offiziell nicht durch PLO-Mitglieder repräsentiert sein würde. Israels extrem rechtslastige Regierung unter Jitzhak Shamir hätte eine internationale Friedenskonferenz lieber verhindert, konnte sich aber eine offene Störung der amerikanischen Pläne zur Wiederaufnahme des Friedensprozesses nicht leisten. Das lag unter anderem daran, dass Israel über den Golfkrieg an strategischem Wert für die USA verloren hatte: Washington hatte sich regional ausschließlich auf arabische Alliierte gestützt, dabei auch sein Verhältnis zu Syrien in Ordnung gebracht und, schon um Zweifel an der Glaubwürdigkeit eines so massiven Einsatzes amerikanischer Macht zu zerstreuen, eine Initiative zur Lösung des arabisch-israelischen Konflikts zugesagt. Die Bush-Administration sah sich in der Pflicht; die intensive und geschickte Diplomatie Außenminister Bakers (der später erklärte, dass er Shamir praktisch nach Madrid habe tragen müssen) ermöglichte Ende Oktober 1991 mit der Friedenskonferenz von Madrid den Beginn einer neuen Etappe des nahöstlichen Friedensprozesses. Erstmals nahmen an einer Nahostkonferenz sowohl Israel als auch Jordanien, dessen Delegation palästinensische Vertreter einschloss, Syrien und der Libanon teil. In der Atmosphäre zwischen den wichtigsten Verhandlungsparteien stimmte nichts: Der palästinensische Delegationsleiter, Saeb Erekat, trug demonstrativ eine *Kuffieh*, das schwarz-weiße Kopftuch, das zum Symbol des palästinensischen Aufstands geworden war, über seinem eleganten Zweireiher; Jitzhak Shamir hielt eine Rede, in der er jegliches Zugeständnis ausschloss; und Syriens Außenminister Farouk al-Sharaa hielt während der Konferenz ein historisches britisches Fahndungsplakat hoch, mit dem nach dem »Terroristen«

Shamir gesucht wurde. Aber man begann miteinander zu verhandeln.

Zu Gesprächen, die diesen Namen verdienten, kam es allerdings erst, nachdem Israels Ministerpräsident Shamir 1992 durch Yitzhak Rabin abgelöst wurde.[64] Der in Madrid begonnene Prozess teilte sich in mehrere bilaterale »Verhandlungsschienen« zwischen Israel und seinen Nachbarn, bei denen es im Wesentlichen um Territorium, um Sicherheit und die Bedingungen und Inhalte späterer Friedensverträge ging, und die so genannten *Multilaterals*: Verhandlungen und Gespräche unter breiter, regionaler und internationaler Beteiligung, die sich mit fünf zentralen regionalen Problemkreisen beschäftigten – namentlich Rüstungskontrolle und Sicherheit, wirtschaftliche Zusammenarbeit, Flüchtlinge, Wasser sowie Umwelt. Dabei ging es vor allem darum, durch regionale Kooperation gemeinsame Interessen zu schaffen und jene Nullsummenmentalität zu überwinden, die die Beziehungen nahöstlicher Staaten so deutlich bestimmte – die Vorstellung also, dass jeder Vorteil oder Sicherheitsgewinn eines anderen immer einen Nachteil oder einen Sicherheitsverlust für den eigenen Staat bedeuten müsse. Charakteristischerweise maßen die meisten Akteure den multilateralen Verhandlungen deutlich weniger Bedeutung bei als den bilateralen. Die USA erlaubten auch der EU, Kanada und Japan eine Mitsprache in den *Multilaterals*; in Israel überließ Ministerpräsident Rabin seinem Außenminister Peres die Zuständigkeit für die multilateralen Verhandlungen und die regionale Komponente des Friedensprozesses. Syrien und Libanon machten ihre Teilnahme sogar von substanziellen Fortschritten auf der bilateralen Schiene abhängig.

Die formalen bilateralen Gespräche zwischen Israelis und Palästinensern wurden bald nach dem Amtsantritt der Rabin-Regierung durch parallele, aber geheime Gespräche, einem so genannten *second Track*, in Norwegen begleitet, auf dem das am 13. September 1993 in Washington unterzeichnete israelisch-palästinensische Prinzipienabkommen, auch Oslo- oder Oslo-I-Abkommen genannt, erarbeitet wurde. Dieses leitete einen Prozess ein, bei dem Israel nach und nach Territorium und politische Zuständigkeiten an die dazu gebildete Palästinensische Autorität (PA) übergeben sollte. Die kompliziertesten politischen und territorialen Fragen, darunter der Status Jerusalems, die Zukunft der israelischen Siedlungen und die Grenzziehung zwischen Israel und dem palästinensischen Gemeinwesen, wurden auf spätere Endstatusverhandlungen vertagt. Im September 1995 wurde ein Interimsabkommen (»Oslo II«) vereinbart, Ende des Jahres zog Israel sich aus den meisten Städten der Westbank zurück, Anfang 1996 fanden in den palästinensischen Gebieten Präsidentschafts- und Legislativwahlen statt. Der weitere Zeitplan, dem zufolge die auf fünf Jahre angesetzte Übergangsperiode im Mai 1999 hätte zu Ende gehen sollen, verzögerte sich. Während der Netanjahu-Regierung (1996-1999) stagnierte der Prozess. Nach einem erneuten Regierungswechsel in Israel, der 1999 Ehud Barak an die Macht brachte, kam erst einmal wieder Bewegung in die Verhandlungen. Beide Seiten nahmen sich unter dem sanften Druck der USA vor, bis September 2000, also vor den amerikanischen Präsidentschaftswahlen, ein Endstatusabkommen zu schließen. Dass am Ende ein unabhängiger Staat Palästina stehen würde, war zu diesem Zeitpunkt nicht mehr umstritten. Die Verhandlungen stockten allerdings bei jenen Fragen, die Israel in den Oslo-Abkommen bewusst an das Ende des Prozesses gestellt hatte – vor allem bei der Jerusalem-Frage.[65]

Die Oslo-Abkommen waren zweifellos Abkommen zwischen ungleichen Partnern: Sie führten etwa zur Anerkennung des Staates Israel durch die PLO, ohne dass Israel sich zur Anerkennung eines palästinensischen Staates verpflichtete; und sie beließen Israel für eine letztlich doch zeitlich unbestimmte Zwischenperiode die Kontrolle über den größten Teil der 1967 besetzten Gebiete, über die Verbindungswege zwischen den von der PA kontrollierten Territorien und über deren Verbindungen nach außen. Die Kritik, die »Oslo« aus palästinensischen und anderen arabischen Kreisen entgegengebracht wurde, war deshalb immens. Man warf Arafat unter anderem vor, sich auf einen unfairen Deal eingelassen zu haben, der bestehende Ungleichgewichte fortschreibe, den palästinensischen Flüchtlingen keinerlei Rückkehrgarantien gebe, ihm, Arafat, aber erlaube, ein kleines autoritäres Regime unter israelischer Hegemonie zu errichten.[66] Im historischen Urteil wird man »Oslo« gleichwohl als eine strategische Errungenschaft sowohl der PLO-Führung wie auch der Regierung Rabin bewerten müssen: Es bedeutete die Anerkennung Israels und seiner legitimen Existenz durch diejenigen, die zumindest aus arabischer Sicht als die eigentlich legitimierten Besitzer des ganzen, historischen Palästina galten. Und es bedeutete die beiderseitige Akzeptanz einer Teilung Palästinas. Beides veränderte den Charakter des arabisch-israelischen Konflikts grundsätzlich. Die territorialen und politischen Fragen, die zu verhandeln blieben, waren schwierig und konfliktreich genug. Es ist allerdings unwahrscheinlich, dass Israel ohne den Vorlauf des Oslo-Prozesses und ohne die, wenn man so will, vorgeleisteten Zugeständnisse der palästinensischen Seite jemals bereit gewesen wäre, überhaupt mit palästinensischen Vertretern über Jerusalem oder über die Aufgabe israelischer Siedlungen zu sprechen. Ohne Oslo hätte sich auch der palästinensische Quasi-Staat nicht entwickelt, der mit der Errichtung einer Palästinensischen Autorität in den besetzten Gebieten entstand.

Der Oslo-Prozess kam nicht erst durch den Wahlsieg Netanjahus, im Mai 1996, ins Stocken. Es gibt gute Gründe anzunehmen, dass bereits die Ermordung Rabins durch einen israelischen Friedensgegner, sicherlich aber der von seinem Nachfolger Shimon Peres im Wahlkampf von 1996 geführte Krieg gegen den Libanon (»Operation Grapes of Wrath«) die positive Dynamik bremste, die mit dem Oslo-Abkommen in Gang gesetzt worden war. Die Wahl Netanjahus stärkte allerdings auch die Friedensgegner und -skeptiker in den anderen Staaten der Region, nicht zuletzt in Syrien und im Libanon. Faktisch nahm der Friedensprozess eine erste Auszeit. Er war aber inzwischen so weit zur Institution geworden, dass auch eine israelische Rechtsregierung ihn nur blockieren, aber nicht umkehren konnte. Netanjahu selbst musste Anfang 1997 im so genannten Hebron-Abkommen einem weiteren Truppenrückzug zustimmen. Der israelische Historiker Avi Shlaim hat deshalb die Netanjahu-Periode als ein notwendiges Übel charakterisiert, als eine Phase, in der die Mehrheit der Israelis gezwungen worden sei, die Perspektive einer Zwei-Staaten-Lösung – des Nebeneinanders eines israelischen und eines palästinensischen Staates also – zu akzeptieren und den Traum eines größeren oder Groß-Israel aufzugeben.[67]

Als Netanjahu 1999 durch Ehud Barak abgelöst wurde, war jedenfalls die Bereitschaft aller Akteure groß, den Friedensprozess nach Möglichkeit vor den US-Wahlen im Herbst 2000 zum Abschluss zu bringen: In Israel hatte sich die Erkenntnis durchgesetzt, dass es einen palästinensischen Staat geben werde; Barak erhielt viel Zustimmung für sein Versprechen, die israelischen Truppen binnen eines Jahres aus dem Libanon abzuziehen; und auch die Bereitschaft zu einem Abzug von den besetzten syrischen Golanhöhen, als notwendiger Preis eines Friedens mit Syrien, war deutlich gewachsen. In Syrien war man ebenfalls daran interessiert, aus der Blockadesituation herauszukommen. Während die syrische Elite bis Mitte der neunziger Jahre einen Frieden mit Israel überwiegend mit großer Skepsis betrachtete, sah die syrische Führung den Frieden nun tatsächlich als, wie es im syrischen Sprachgebrauch hieß, »strategische Option«. Die 1999 wieder aufgenommenen bilateralen Verhandlungen führten nicht zu einem Abkommen – im Wesentlichen, weil die territoriale Definition eines »vollen« Abzugs Israels umstritten blieb –, wohl aber zu einer spürbaren Annäherung: Erstmals sprach in dieser Zeit ein syrischer Minister sogar von einer »Friedensdividende«, vom erwarteten ökonomischen Nutzen eines Friedens also. Solche Erwartungen mochten, wie andere Beispiele zeigten, übertrieben sein; sie demonstrierten aber, dass die syrische Führung bereit war, einen wirtschaftlich und gesellschaftlich verankerten oder »warmen Frieden« und nicht nur eine Beendigung des Kriegszustands gedanklich vorwegzunehmen.

Besonders Jordanien, das 1994 Frieden mit Israel geschlossen hatte, war in seiner Hoffnung auf eine größere Friedensdividende enttäuscht worden; man hatte sich vor dem Friedensschluss mehr an Investitionen und Handel erwartet, als tatsächlich realisiert wurde. Auch der Libanon hatte frühzeitig auf die Dividenden des erwarteten Friedens gesetzt und seit 1992 ein gigantisches Wiederaufbauprogramm eingeleitet, welches das Land für die wirtschaftliche Konkurrenz mit Israel fit machen sollte. Nur der Frieden ließ auf sich warten, und bis zum Mai 2000, als Israel dann tatsächlich einen einseitigen Abzug seiner Truppen aus dem nördlichen Nachbarland durchführte, blieb der Libanon das einzige Land, in dem der arabisch-israelische Konflikt noch militärisch ausgetragen wurde. Der Abzug der israelischen Truppen war vor allem ein Erfolg des anhaltenden militärischen Widerstands der libanesischen *Hizbullah*, einer schiitisch-islamistischen Partei, die sich seit dem Ende des libanesischen Bürgerkriegs allerdings zunehmend in das politische System des Landes integrierte und den Kampf um die von Israel besetzten Gebiete unter dem Vorzeichen eines nationalen Befreiungskampfes gegen ausländische Okkupanten, nicht unter dem einer religiösen Auseinandersetzung zwischen Islam und Judentum führte.

Israels Rückzug aus dem Libanon zeigte mindestens zweierlei: Er zeigte, dass politischer Mut sich auszahlt, in diesem Fall der Mut Baraks, auch gegen den Rat seiner eigenen Militärs auf Territorium zu verzichten, die israelische Armee aus dem Libanon zu führen, damit eine Front zu schließen und die Sicherheitslage zu verbessern. Er zeigte aber auch, dass Gewalt sich auszahlt: Hatte doch die Bereitschaft der *Hizbullah*, einen durchaus verlustreichen Guerillakrieg gegen Israel zu führen, die militärisch weit überlegene Macht zur Aufgabe besetzten Territoriums gezwungen. Kein Wunder, dass das »Modell *Hizbullah*« vor allem in den palästinensischen Gebieten attraktiv wurde. Es musste dazu nicht realistisch sein – tatsächlich ließ sich das libanesische Modell schon angesichts der unterschiedlichen geopolitischen Verhältnisse nicht einfach auf Westbank oder Gazastreifen übertragen. Als sich im Herbst 2000 aber auf palästinensischer Seite der Eindruck verfestigte, dass ein akzeptables Friedensabkommen ohnehin nicht erreicht werden würde, brauchte es nur einen Anlass, wie den demonstrativen Besuch des damaligen Oppositionsführers und notorischen Gegners der Oslo-Abkommen, Ariel Sharon, auf dem Tempelberg oder *Haram al-Sharif* in Jerusalem, um die gestauten Frustrationen explodieren zu lassen. Barak hatte in den Endstatusverhandlungen von Camp David, die im Juli 2000 unter amerikanischer Vermittlung stattgefunden hatten, zwar bestimmte, lang gepflegte Tabus gebrochen, aber letztlich nicht den politischen Mut aufgebracht, dessen es auch hier bedurft hätte, um eine Lösung auf den Weg zu bringen. Die Enttäuschung der palästinensischen Öffentlichkeit, dass es auch unter Barak keine echten, spürbaren Fortschritte gab, bildete den Hintergrund für den Ausbruch der neuen *Intifada* im Oktober 2000, bei der zeitweise sowohl die palästinensische wie die israelische Führung ihre Kontrolle über Teile der je eigenen Bevölkerung verlor. Die israelische Bevölkerung reagierte mit einem massiven Rechtsruck, der Ariel Sharon an die Macht brachte. Sharon konnte die Auseinandersetzungen weiter eskalieren lassen. Aber auch er musste letztlich mit den Realitäten umgehen, die durch den Oslo-Prozess geschaffen worden waren – und er wusste, dass Israel am Ende dieses Prozesses die Nachbarschaft eines palästinensischen Staates würde akzeptieren müssen.

Was die Ereignisse einmal mehr demonstrierten, war die realpolitische Natur dieses Friedensprozesses. Der Prozess war eben nicht der Ausdruck eines idealistischen Strebens nach Verständigung und Kooperation, sondern Teil einer regionalen Auseinandersetzung um Macht und Ressourcen, die den Nahen und Mittleren Osten in anderer Form auch weiter beschäftigen wird. Auch in der letzten Phase dieses Prozesses, die früher oder später zum Abschluss von Interims- oder Friedensverträgen zwischen Israel und Palästina, Israel und Syrien sowie Israel und Libanon führen dürfte, sind die nahöstlichen Parteien noch zum taktischen Einsatz von militärischer und quasi-militärischer Gewalt bereit.

Entwicklungsdefizite und Chancen
Die sozio-ökonomischen
Grundlagen der Erneuerung

Die wirtschaftlichen Strukturen des Nahen und Mittleren Ostens bestimmen die Politik der regionalen Akteure nicht. Sie setzen ihnen aber Grenzen, sie bilden die Grundlage für bestimmte soziale und politische Entwicklungen und sie beeinflussen die Interessenkalkulation außerregionaler Parteien. Nach dem Ende des Ost-West-Konflikts, in dem der Nahe und Mittlere Osten eben auch als geopolitisches Spielfeld der Supermächte diente, werden die nah- und mittelöstlichen Interessen der großen Spieler der Weltpolitik heute noch deutlicher durch die Ressourcenausstattung der Region bestimmt: Wenn sie nicht über zwei Drittel der weltweit bekannten Ölreserven verfügte, wären zumindest die USA dort sehr viel weniger engagiert. Das arabische Öl hat zwischenstaatliche und zwischengesellschaftliche Beziehungen in der Region beeinflusst. Der Rückgang der Ölpreise in den achtziger und, erneut, in den neunziger Jahren hat einzelne Staaten in immense wirtschaftliche und politische Krisen gestürzt; Algerien bot dabei das blutigste Beispiel. Erdöl, Erdgas und Raffinerieprodukte machten auch in den neunziger Jahren noch bis zu achtzig Prozent aller regionalen Exporte aus. Einzelne Politiker, darunter vor allem der saudische Kronprinz Abdallah, begannen Ende der neunziger Jahre gleichwohl von einem Ende des Ölzeitalters zu sprechen. Präziser müsste man wohl sagen, dass ein Ende der Phase absehbar ist, in der die Wirtschaft einer Reihe arabischer Staaten fast ausschließlich vom Ölexport getragen werden konnte. Erdöl wird noch auf absehbare Zeit ein wesentlicher oder der wesentliche Schmierstoff der Weltwirtschaft bleiben. In Frage steht dagegen die Überlebensfähigkeit des staats- und gesellschaftspolitischen Modells, das in der Fachliteratur als Rentierstaat bezeichnet wird. Rentierstaaten verfügen über erhebliche externe Einnahmen, die nur zu einem geringen Teil oder gar nicht an produktive Anstrengungen im Land selbst gebunden sind, vielmehr auf einer besonderen Lage oder auf einer besonderen Ressourcenausstattung beruhen und in der Regel direkt der Staatskasse oder dem persönlichen Budget der Herrscher zukommen. Im Nahen und Mittleren Osten und in Nordafrika sind dies vor allem Ölrevenuen oder Finanzhilfen, die manchem arabischen Staat und auch Israel wegen ihrer strategischen Lage oder ihrer Involvierung in bestimmte Konflikte zugeflossen sind. Die Hauptölexporteure und die Hauptempfängerländer arabischer Hilfe entwickelten so durchaus vergleichbare Rentierstaatenphänomene. Die reicheren Rentierstaaten sind auch Allokationsstaaten: Sie können es sich leisten, ihren Bürgern Zuschüsse zukommen zu lassen, anstatt ihnen Steuern abzuverlangen und dafür im Gegenzug politische Forderungen gewärtigen zu müssen, die sich in der Formel *No taxation without representation* zusammenfassen lassen.[68]

Wenn die Bevölkerung eines Erdöl exportierenden Staates wächst, die Ölpreise aber stagnieren oder gar fallen, lässt sich das Allokationsmodell nicht mehr aufrechterhalten. In der Regel wird dann als Erstes über Haushaltsreformen nachgedacht, sowohl auf der Ausgabenseite, also etwa bei Subventionen, bei Infrastrukturinvestitionen, sicher bei Überweisungen an andere Staaten oder auch bei Rüstungseinkäufen, wie auf der Einnahmenseite: Staaten wie Saudi-Arabien begannen nicht von ungefähr in den neunziger Jahren, Gebühren für staatliche Dienstleistungen zu erhöhen und über Formen der Besteuerung ihrer Bürger zumindest zu diskutieren. Tatsächlich können Haushaltsreformen aber nur zeitweilig Abhilfe schaffen; weitergehende Reformen würden die gesamten politisch-ökonomischen Grundlagen der Erdölexporteure betreffen. Zu den Themen, die in der einen oder anderen Form aufs Tapet gebracht wurden, gehörte deshalb das Verhältnis von Inländern zu ausländischen Geschäftsleuten und Arbeitsmigranten wie auch Investitionsbedingungen, Industriepolitik, Sozial- und Beschäftigungspolitik, Steuern (die ja immer im eigentlichen Sinn des Wortes *Steuerungs*funktionen haben, vornehmlich für die Einkommensverteilung innerhalb eines Landes) und nicht zuletzt die Frage der politischen Partizipation. Der Ölpreisverfall der achtziger und neunziger Jahre baute so einen

Reformdruck auf, dem kaum ein Staat völlig entkommen konnte. Stagnierende oder sinkende Öleinnahmen der Hauptölexporteure wirkten sich schließlich direkt auf die wenig oder kein Öl exportierenden Staaten der Region aus: Der Umfang innerarabischer Finanzhilfen stagnierte, die Beschäftigungsmöglichkeiten in den reicheren Staaten und damit die Rücküberweisungen der Arbeitsmigranten nahmen ab, und die Chancen, erfolgreich Handel mit den Golfstaaten zu treiben, wurden geringer. Die zumindest mittelfristige, spürbare Verbesserung der Ölpreise brachte seit Ende 1999 eine gewisse Entspannung – und damit auch die Gefahr, dass notwendige Reformen vertagt würden.

Reich an Öl, aber keine reiche Region

Man kann immer wieder von arabischen Kommentatoren hören, dass der Ölreichtum der arabischen Welt weniger als Segen denn als Fluch zu betrachten sei. Das ist nicht notwendig völlig ernst gemeint oder durchdacht, und es heißt kaum, dass man wirklich auf die Ressource Öl verzichten wollte, die immerhin die Finanzierung enormer Entwicklungsinvestitionen ermöglicht hat. Es drückt eher das Unwohlsein aus, das eine Reihe kritischer Bürger arabischer Staaten angesichts der politischen und sozio-ökonomischen Entwicklungen empfindet, die »das Öl« eben auch mit sich gebracht hat. Dazu gehört die Stabilisierung autoritärer Regime genauso wie die Abhängigkeit von ausländischem, sprich: amerikanischem Schutz, in die sich zumindest die Golfmonarchien gebracht haben. Dazu gehören aber auch politisch-kulturelle Phänomene wie die Verbreitung einer Rentiersmentalität unter den Bürgern vor allem der reichen Ölstaaten, die sich zunehmend daran gewöhnten, sich vom Staat versorgen zu lassen und ernsthafte Arbeit einem Heer importierter Arbeitskräfte zu überlassen. Aus einer arabisch-nationalistischen Perspektive war nicht das Öl an sich ein Problem, sondern die enormen Einkommensdifferenzen, die durch die Zersplitterung der arabischen Welt und die unterschiedliche Ressourcenausstattung der einzelnen Länder bewirkt wurden. Die Einkommensunterschiede zwischen den reichen, den ärmeren und den armen arabischen Staaten sind tatsächlich in den achtziger und neunziger Jahren geringer geworden: Das Pro-Kopf-Einkommen Kuwaits lag 1998 nur noch beim etwa 15fachen, das Saudi-Arabiens nur noch beim etwa Fünfeinhalbfachen des ägyptischen. Nur war dies nicht das Resultat von innerarabischer Entwicklungshilfe und wirtschaftlichem Wachstum in den ärmeren Ländern, sondern die Folge des Einkommensrückgangs, den die Hauptölexporteure in dieser Zeit erlebten.

Saudi-Arabien, Kuwait und die anderen großen arabischen Ölexporteure sind keineswegs unermesslich reich. Zu Zeiten der Ölhausse, um 1980, lag das Bruttosozialprodukt pro Kopf in den Vereinigten Arabischen Emiraten bei 26 850 Dollar, in Kuwait bei 19 830 Dollar und in Saudi-Arabien bei 11 260 Dollar und damit über oder gleichauf mit den Pro-Kopf-Einkommen der USA, Frankreichs oder der Schweiz.[69] Ende der neunziger Jahre aber rangieren nur noch Kuwait, Qatar und die Vereinigten Arabischen Emirate in der Gruppe der, nach Weltbankkriterien, Länder hohen Einkommens, Saudi-Arabien befindet sich mit einem Pro-Kopf-Bruttosozialprodukt von 6910 Dollar jährlich auf der Stufe von Uruguay oder Argentinien. In Algerien, Libyen und im Irak, bei letzterem vor allem auf Grund zweier Kriege und eines anhaltenden Embargos, sind die Durchschnittseinkommen ebenfalls erheblich gesunken: Das Bruttosozial-

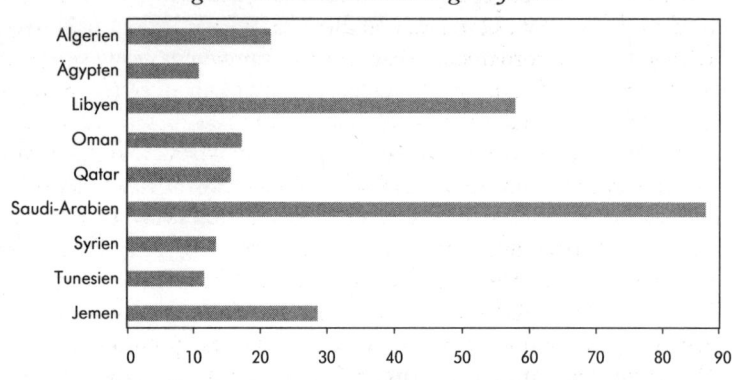

Reichweite der Erdölreserven bei gleichbleibender Fördermenge in Jahren

Quelle: BP Amoco Statistical Review of World Energy 2000

produkt von Algerien belief sich Ende der neunziger Jahre auf lediglich 1550 Dollar, das Bruttoinlandsprodukt von Libyen auf geschätzte 7900 Dollar und das von Irak auf geschätzte 2700 Dollar pro Kopf.[70]

Vor allem die Erdölproduzenten des Mittelmeerraums, mit Ausnahme Libyens und in gewissem Umfang Algeriens, müssen sich zudem darauf einstellen, dass ihre exportfähigen Ölreserven in den kommenden zehn bis zwanzig Jahren erschöpft sind. Die meisten dieser Staaten verfügen über Erdgasvorkommen, die länger halten dürften, deren Vermarktung aber langfristig angelegte und teure Investitionen verlangt – Pipelines etwa. Algerien exportiert auf diesem Weg bereits Gas nach Europa; entsprechende Verbindungen zwischen Libyen und Italien und zwischen Ägypten und Europa sind erst geplant und brauchen neben dem nötigen Kapital vor allem auch förderliche regionalpolitische Bedingungen. Die Idee, eine Pipeline von Ägypten über Israel, Libanon, Syrien und die Türkei nach Europa laufen zu lassen, wurde von den daran beteiligten Gesellschaften wegen der ungewissen Aussichten des Friedensprozesses Ende der neunziger Jahre erst einmal aufgegeben.

Israel ist die regionale Ausnahme, insofern es, ohne selbst Rohstoffexporteur zu sein, in die Gruppe der Länder höheren Einkommens gehört – 1998 wurde das israelische Pro-Kopf-Bruttosozialprodukt mit 16 180 Dollar angegeben. Es ist das einzige entwickelte Industrieland in der Region. Unter den arabischen Staaten befinden sich im Übrigen Syrien, Jordanien, Libanon und Tunesien in der so genannten Gruppe der Länder mittleren Einkommens; in diese Gruppe gehören auch die palästinensischen Gebiete. Einige dieser Staaten exportieren in begrenztem Maße Öl, sind aber keine Ölökonomien. Sie entsprechen eher dem klassischen Bild eines Entwicklungslandes, das eine gewisse Industrialisierung durchgeführt hat, in bestimmten Fertigungsindustrien durchaus auch für den Weltmarkt produziert, ohne aber eine selbsttragende Industrieentwicklung wie in den *Newly Industrialising Countries* Südostasiens erreicht zu haben. Ägypten gehörte mit einem Pro-Kopf-Bruttosozialprodukt von 1290 Dollar zu den Ländern niedrigen Einkommens, hat dabei aber einen vergleichsweise hohen Industrialisierungsgrad erreicht. Nur der

Sudan, Jemen und Mauretanien gehören in die Gruppe der am wenigsten entwickelten Länder.

Wenn man die Wirtschaftskraft dieser Länder und der Region beurteilen will, sagen die Pro-Kopf-Einkommen zunächst wenig aus – nicht nur weil die Einkommen in den meisten Ländern äußerst ungleich verteilt sind. Es gilt vielmehr, die Verhältnisse richtig zu setzen, in der die Region zum Rest der Welt steht. So entsprachen die gesamten Exporte der arabischen Staaten Ende der neunziger Jahre wertmäßig gerade einmal 15 Prozent der Exporte Deutschlands. Das Bruttosozialprodukt Saudi-Arabiens, des größten Ölexporteurs, entsprach etwa einem Fünfzehntel, das aller arabischen Staaten und Israels zusammen lag bei etwa einem Viertel des deutschen Bruttosozialprodukts von 1999.[71] Der Anteil der arabischen Staaten an der Weltbevölkerung lag 1999 bei fünf Prozent, ihr Anteil am Welt-Bruttosozialprodukt bei zwei Prozent und ihr Anteil am Welthandel bei nur 1,5 Prozent. Dabei sind sie, was schwerer wiegt, gegenüber dem Rest der Welt zurückgefallen: Noch 1980 produzierten die arabischen Staaten mehr als 3,5 Prozent des Welt-Bruttosozialprodukts; ihr Anteil am Welthandel lag damals bei neun Prozent.

Relative Entwicklungsfortschritte

Entwicklung ist in mehrfacher Hinsicht ein relativer Begriff; die Entwicklung eines Landes lässt historische Vergleiche zu und steht immer im Verhältnis zu der seiner regionalen Nachbarn, seiner politischen oder militärischen Gegner oder einfach zum Rest der Welt. Um den Entwicklungsstand eines Landes im Vergleich zu anderen zu messen, wird heute vor allem auf den *Human Development Index* des Entwicklungsprogramms der Vereinten Nationen (UNDP) zurückgegriffen, ein Wert, der wirtschaftliche und soziale Daten wie Durchschnittseinkommen, Lebenserwartung und Alphabetisierungsquote kombiniert. Danach gehörten im Jahr 2000 nur vier arabische Staaten, nämlich Kuwait, Bahrein, Qatar und die Vereinigten Arabischen Emirate, zu den Ländern »hoher menschlicher Entwicklung«.[72] Der Sudan, Jemen und Mauretanien fielen in die Gruppe der Länder »niedriger menschlicher Entwicklung«, der Rest befand sich im Mittelfeld. Im Durchschnitt liegt der so ermittelte Entwicklungsstand der arabischen Staaten unter dem Südostasiens, aber über dem des indischen Subkontinents oder Schwarzafrikas. Auffällig und bedenklich ist, dass alle bis auf zwei arabische Staaten – Jemen und Jordanien – auf einer nur nach dem Durchschnittseinkommen geordneten Rangliste aller Länder besser abschneiden als auf der Rangliste des *Human Development Index*, der auch soziale Faktoren berücksichtigt.[73] Dies heißt, dass die meisten arabischen Länder ihre wirtschaftlichen Ressourcen vergleichsweise schlecht genutzt haben – jedenfalls am Maßstab sozialer oder humaner Entwicklung gemessen.

Natürlich hat es gleichwohl erhebliche Fortschritte gegeben. Die auf Grund der Öleinkommen möglich gewordenen enormen Investitionsbudgets der siebziger und frühen achtziger Jahre veränderten das Bild der Region ganz entscheidend, nicht nur was den Bau von Flughäfen, Fabriken, Kraftwerken und Straßen oder die Anbindung ländlicher Gebiete an das Elektrizitätsnetz betrifft. Die leichte Verfügbarkeit, vergleichsweise jedenfalls, von Finanzmitteln für Entwicklungsinvestitionen begünstigte zweifellos Ausgaben für große Infrastrukturprojekte solcher Art und gingen oft an kleinen städtischen oder ländlichen Produzenten vorbei. Die arabischen Staaten gaben aber durchschnittlich auch mehr für das Bildungswesen aus – gemessen am Verhältnis der Pro-Kopf-Ausgaben für Schüler und Studenten zum Pro-Kopf-Bruttosozialprodukt – als vergleichbare Entwicklungsländer,[74] und sie investierten im Allgemeinen in hohem Maße in das Gesundheitswesen. Die Säuglingssterblichkeit, um nur einen Indikator herauszugreifen, war deutlich gefallen. In Ländern wie Tunesien, Saudi-Arabien, Libyen oder Ägypten starben 1960 noch jeweils mehr als 150 von jeweils 1000 Neugeborenen im ersten Jahr; 1988 war diese Zahl in den ersten drei Ländern auf 20 bis 25, in Ägypten immerhin auf 51 pro 1000 gesunken. Katastrophal waren in diesem Bereich nur die Entwicklungen im Irak, wo die Säuglingssterblichkeit bis 1989, also vor dem Golfkrieg, auf 47 pro 1000 gesunken war, 1999 aber wieder bei 90 pro 1000, etwa auf dem Niveau der sechziger Jahre, lag – im Wesentlichen als Ergebnis des Wirtschaftsembargos, unter dem das Land seit 1990 stand.

Was den Bildungsbereich betrifft, so bemühten sich die meisten

*Alphabetisierungsrate 1980 und 1998 im Vergleich
(in Prozent der erwachsenen Bevölkerung)*

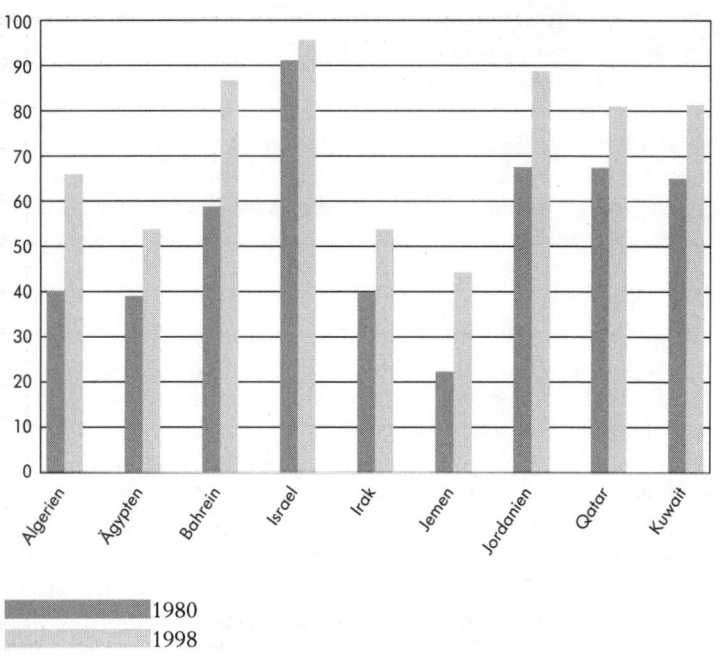

Staaten seit den siebziger Jahren, nach und nach zumindest eine Grundschulausbildung flächendeckend anzubieten. Tatsächlich erhielt der Aufbau von Sekundarschulen und Universitäten relativ mehr an finanziellen Zuwendungen und politischer Aufmerksamkeit als die Grundschulen. Der Ausbau der höheren Bildung brachte mehr Prestige und entsprach auch dem direkten Interesse der politischen und administrativen Eliten, die die entsprechenden Entscheidungen trafen. Immerhin aber waren Mitte der neunziger Jahre in den meisten arabischen Staaten achtzig bis neunzig Prozent der entsprechenden Altersgruppe tatsächlich in den Klassen der Primarstufe eingeschrieben; dabei gab es allerdings erhebliche Unterschiede. Grundsätzlich lagen die Zahlen der Mädchen deutlich unter denen

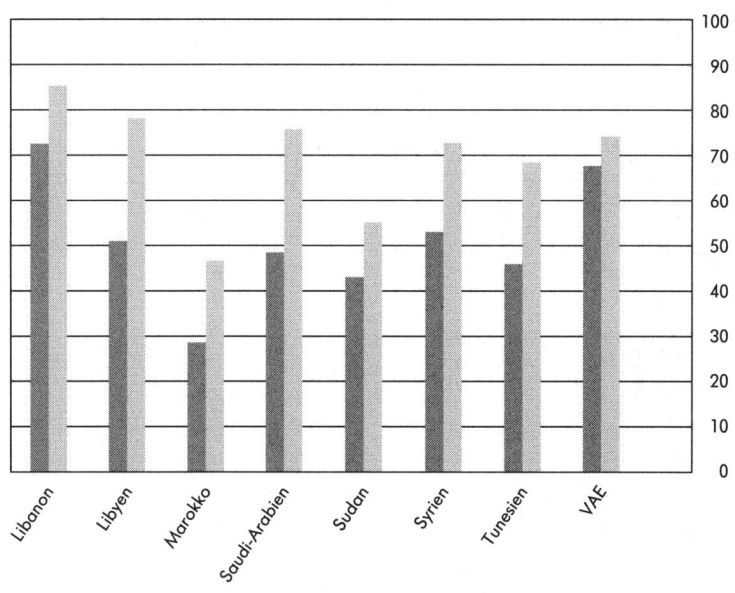

Daten für 1980 nach: The State of the World's Children 2000 (Online-Version),
Daten für 1998 nach: Human Development Report 2000 (Online-Version)

der Jungen – die Schülerinnenzahl in der Primarstufe lag in den Jahren 1990 bis 1997 im Durchschnitt aller arabischen Staaten nur bei 82 Prozent der entsprechenden Jahrgänge, die Zahl der Schüler bei immerhin 95 Prozent.[75] Und während einige Länder die Schulpflicht zumindest in den ersten sechs Jahren mit einer Schulbesuchsquote von über 95 Prozent bei Jungen und Mädchen weitestgehend durchgesetzt hatten – das galt für Bahrein, Tunesien, Libanon, Syrien, Libyen, Algerien und mit Abstrichen für Ägypten und Jordanien –, zeigten andere, auch solche, von denen man angesichts ihrer finanziellen Möglichkeiten Besseres erwartet hätte, erstaunlich schlechte Ergebnisse: In Saudi-Arabien lag die Zahl der Schüler und Schülerinnen in der Primarstufe nur bei 79 beziehungsweise 76 Prozent der entsprechenden Altersgruppe, in Kuwait bei 73 beziehungsweise 72, in Marokko bei 94 beziehungsweise 71 Prozent. Weniger verwunderlich war, dass im Jemen zwar eine weitestgehende Einschulung aller Jungen stattfand, die Zahl der eingeschulten Mädchen aber nur bei 45 Prozent der entsprechenden Alterskohorte lag. Entsprechend blieb der Anteil und vor allem die absolute Zahl der Analphabeten hoch. Von den etwa 270 Millionen Einwohnern, die die arabische Welt zur Jahrhundertwende zählte, dürften etwa 70 Millionen Analphabeten gewesen sein, der überwiegende Teil davon Frauen.[76] Dabei erzielten im Allgemeinen die Mashrekstaaten, also Syrien, Libanon, Jordanien und die palästinensischen Gebiete, sowie die Golfstaaten deutlich bessere Ergebnisse als die nordafrikanischen Staaten. Besonders schlecht schnitt Marokko ab – ein Land, das sich unter dem langjährigen König Hassan II. zwar Europa gegenüber erfolgreich als aufgeklärte und sogar moderne Monarchie zu präsentieren verstand, dessen Entwicklungspolitik aber in nahezu verächtlicher Art vor allem an der ärmeren ländlichen Bevölkerung vorbeiging. In Marokko waren so Ende der neunziger Jahre noch mehr als vierzig Prozent der Männer und 65 Prozent der Frauen über 15 Jahre lese- und schreibunkundig. In den meisten anderen Ländern war der Anteil der Analphabeten deutlich gesunken. Kleinere und eher modernisierungsoffene Staaten wie Bahrein, Jordanien, Kuwait, Libanon und die Vereinigten Arabischen Emirate erzielten dabei vergleichsweise gute Ergebnisse; hier lag der Anteil der Analphabeten Ende der neunziger Jahre bei den Frauen unter 25 Prozent, bei den Männern (mit der Ausnahme Kuwaits) unter zwölf Prozent. In Saudi-Arabien, Syrien und Libyen blieb der Analphabetenanteil der Männer unter zwanzig, der Frauen unter vierzig Prozent. Tunesien, Ägypten, Algerien, aber auch der Irak, der technologisch zu den fortgeschrittenen arabischen Staaten gehörte, erzielten noch schlechtere Ergebnisse: Der Anteil der Lese- und Schreibunkundigen lag bei bis zu 38 Prozent der Männer und bis zu sechzig Prozent der Frauen, damit zwar unter den marokkanischen Werten, aber dennoch in kaum akzeptabler Höhe.[77] Die Gleichstellung der Mädchen hatte allerdings in der Mehrzahl der Länder in den siebziger und achtziger Jahren allgemeine Fortschritte gemacht, nicht nur im Primärschulbereich. So besuchten 1990 bis 1996 in allen der hier behandelten Länder, bis auf

Marokko, Mauretanien, Irak, Jemen und Sudan, vierzig Prozent oder mehr der Mädchen der entsprechenden Altersgruppe die Sekundarstufe.[78]

Natürlich sagen die Zahlen wenig darüber aus, was die jungen Leute tatsächlich lernen. Generell, bei aller Gefahr der Verallgemeinerung, ist die Kritik gerade vieler arabischer Beobachter nicht von der Hand zu weisen, dass das Lernsystem in arabischen Schulen und Hochschulen im Wesentlichen repetitiv, also auf das Lernen von Fakten und nicht auf das Lernen von Fähigkeiten, ausgerichtet sei. Mit Blick auf ihre Investitionen für Forschung und Entwicklung liegen die arabischen Staaten mit bestenfalls 0,2 bis 0,3 Prozent des Bruttosozialprodukts hinter vergleichbaren Entwicklungsregionen, vor allem aber hinter dem regionalen Konkurrenten Israel zurück, der wie die hoch industrialisierten Länder Westeuropas mehr als zwei Prozent seines Bruttosozialprodukts für Forschungs- und Entwicklungszwecke aufwendet.[79] Universitäten und staatliche Forschungseinrichtungen, so es letztere überhaupt gibt, sind mit geringen Mitteln ausgestattet, und die Privatwirtschaft der arabischen Staaten investiert fast nichts in Forschung und Entwicklung. Die schlechte Ausstattung wissenschaftlicher Einrichtungen treibt nicht wenige Nachwuchskräfte dazu, sich lieber gleich in Europa oder in den USA nach einer Anstellung umzusehen – unterstützt also den politisch oft beklagten *Brain-Drain* in den Norden. Auch im Bereich der Ausbildung in modernen Technologien, die zur gleichberechtigten Kommunikation in einer global vernetzten Welt befähigt, liegen die arabischen Staaten generell weit zurück, wobei es allerdings erstaunliche Unterschiede gibt. Anfang 2000 ging man davon aus, dass es in der gesamten arabischen Welt etwa zwei Millionen Internetnutzer gab – mehr als doppelt so viele wie im Jahr davor. Dabei kamen im Jemen und im Sudan allerdings weniger als ein Nutzer, in Syrien, Libyen und Marokko knapp zwei Nutzer auf je 1000 Einwohner, in Ägypten 6,5, in Tunesien zwölf, in Jordanien und Saudi-Arabien knapp zwanzig, in Kuwait, Libanon, Bahrein und Qatar fünfzig bis sechzig. Nur in den Vereinigten Arabischen Emiraten lag der entsprechende Wert mit etwa 150 Nutzern auf je 1000 Einwohner auf gleicher Höhe mit israelischen oder europäischen Zahlen.[80] Offenbar hatten die Ölmonarchien sich leichter und schneller in die Ära neuer Technologien begeben als die anderen arabischen Staaten. Das hat, wie später noch zu zeigen sein wird, zum Teil politische Gründe, aber nicht unbedingt primär. Der Zugang zu den Technologien des elektronischen Zeitalters ist eben auch eine Frage der Mittelausstattung und des persönlichen Einkommens: Ein Personalcomputer kostet um die 1000 US-Dollar, und das entspricht etwa dem Jahresgehalt eines ägyptischen Hochschullehrers. Im Übrigen verlangt eine sinnvolle Nutzung des Internets immer noch die Kenntnis zumindest einer europäischen Sprache – die Zahl arabischer Websites ist begrenzt und die entsprechende Technologie noch unzureichend entwickelt. Insofern gibt es zwar, während dieses Buch entsteht, eine rasante Ausbreitung des Internets in der Region; Experten erwarten, dass bis 2002 etwa zwölf Millionen arabische Nutzer am Netz sind – das entspräche einer Steigerung von etwa 0,7 auf vier Prozent der Bevölkerung innerhalb von knapp drei Jahren.[81] Danach aber wird eine Stufe erreicht sein, die nur noch langsame Zuwächse verzeichnet; die Mehrheit der Bevölkerung der arabischen Staaten dürfte auf absehbare Zeit von der Globalisierung per Mausklick noch wenig mitbekommen.

Demographischer Druck oder demographische Chance?

Nicht zu Unrecht weisen viele Studien und Risikoanalysen, die sich mit dem Nahen und Mittleren Osten beschäftigen, auf das Bevölkerungswachstum hin. Wenn dabei allerdings, und dies geschieht allzu oft, reißerische Begriffe wie der der »demographischen Zeitbombe« verwendet werden, mag man vermuten, dass es den Autoren vor allem um die Verbreitung von Angst und Abwehrgefühlen geht. Ruhigere Analysen werden feststellen, dass das Bevölkerungswachstum in der Region zwar tatsächlich hoch ist, mit dem des subsaharen Afrika zu den höchsten der Welt gehört, dass die Zeit der höchsten Zuwachsraten aber vorbei ist. Rasches Wachstum schafft gerade im Zusammenhang mit wirtschafts- und entwicklungspolitischen Defiziten erhebliche Probleme, es ist zumindest eine Herausforderung für die Politik der betroffenen Staaten. Gleichzeitig liegt darin aber auch die Chance der Erneuerung.

Bevölkerungszahl und Wachstumsprognosen für die arabischen Staaten und Israel

	Bevölkerung in Mio. (1965)	Bevölkerung in Mio. (2000)	Prognose in Mio. (2025)	Jährliche Zuwachsrate
Nordafrika				
Algerien	11,9	31,5	47,6	2,4
Libyen	1,6	5,1	8,3	2,5
Marokko	13,3	28,8	39,2	1,7
Tunesien	4,60	9,7	12,9	1,6
Mashrek				
Ägypten	31,6	68,3	97,4	2,0
Israel	2,6	6,2	8,3	1,5
Jordanien	2,0	5,1	8,8	2,9
Libanon	2,1	4,2	5,6	1,6
Palästinensische Gebiete	k.A.	3,1	7,4	3,7
Syrien	5,3	16,5	26,9	2,8
Golfregion				
Bahrein	0,2	0,7	1,8	1,9
Irak	8,0	23,1	41	2,8
Jemen	5,8	17,0	38,6	2,8
Kuwait	0,5	2,2	3,8	2,2
Oman	0,6	2,3	5,2	3,9
Qatar	0,1	0,6	0,8	1,8
Saudi-Arabien	4,8	21,6	40	3,0
VAE	0,1	2,8	3,8	2,2

Quelle: Population Reference Bureau 2000 World Population Data Sheet, Daten für 1965 aus UNDP World Population 1998. Diese demographischen Schätzungen unterscheiden sich in einigen Fällen deutlich von denen der Weltbank.

Die Bevölkerungszahl der arabischen Staaten und Israels lag im Jahr 1998 bei etwa 286 Millionen, für das Jahr 2015 wird mit insgesamt 390 Millionen Menschen gerechnet. Ägypten wird dann fast 80 Millionen, Algerien, Saudi-Arabien, Jemen, Marokko und der Irak werden zwischen 30 und 40 Millionen Einwohner zählen.[82] Dennoch besteht kein Grund, Alarm zu schlagen. Nicht nur haben einige Staaten sich sehr erfolgreich bemüht, den Zuwachs der eigenen Bevölkerung in Grenzen zu halten, frühere Prognosen haben sich im Licht der wirklichen Entwicklung auch als überhöht erwiesen: Noch 1992 lagen die Prognosen für die gesamte MENA (Middle East and North Africa)-Region um etwa 100 Millionen über denen, die Ende des Jahrzehnts erstellt wurden.[83] Die Wachstumsrate, vor allem aber die so genannte Fruchtbarkeitsrate in Staaten wie Tunesien, Marokko oder Ägypten ist im Zuge sowohl gesellschaftlicher als auch wirtschaftlicher Veränderungen erheblich gefallen. Dazu haben nicht zuletzt eine bessere Ausbildung von Frauen und ein durchschnittlich späteres Heiratsalter sowie gezielte sozial- und bevölkerungspolitische Maßnahmen beigetragen – etwa eine staatlich geförderte Familienplanung. Noch in den sechziger Jahren brachte jede Frau in Nordafrika durchschnittlich mehr als sieben Kinder zur Welt; in den neunziger Jahren sank diese Zahl auf knapp über drei Kinder. Da die Bevölkerung hier überwiegend jung ist, bleibt ihr Wachstum wohl noch für einige Jahre vergleichsweise hoch, obwohl die heutige Frauengeneration deutlich weniger Kinder bekommen wird als die ihrer Mütter und Großmütter. Auch nach 2025 wird die Bevölkerung der Region weiter wachsen, die Zuwachsraten werden dann aber weiter deutlich abnehmen.

Nicht alle Staaten sind in gleicher Weise daran interessiert, ihre Bevölkerungszuwachsraten zu drosseln. Ob eine Regierung und die meinungsmachenden Eliten einer Gesellschaft die Zuwächse ihrer eigenen Bevölkerung für zu hoch, für gerade richtig oder gar für zu gering ansehen, ist wesentlich eine politische Frage: Bevölkerungszuwachsraten sind eben nicht nur ein Ausdruck des sozialen oder wirtschaftlichen Entwicklungsniveaus eines Landes, sie sagen oft genug auch etwas über innere oder äußere Spannungen aus. So gibt es eine auffällige, nahezu direkte Verbindung zwischen dem Nahostkonflikt und der demographischen Entwicklung; in Staaten wie Syrien und Jordanien und vor allem in den palästinensischen Gebieten liegen Fruchtbarkeitsraten und Bevölkerungswachstum deutlich über den Vergleichswerten in den Staaten Nordafrikas. Während demographische Entwicklungen bei letzteren vorwiegend unter wirtschaftlichen und sozialpolitischen Entwicklungsaspekten betrachtet werden, wird das Wachstum der eigenen Bevölkerung in den am Nahostkonflikt beteiligten Staaten und Gesellschaften, aber auch im Irak vorwiegend unter dem Gesichtspunkt der demographischen Konkurrenz mit dem Gegner betrachtet. Am deutlichsten wird dies im israelisch-palästinensischen Verhältnis: Rascher Bevölkerungszuwachs lässt für die palästinensische Seite hoffen, in absehbarer Zeit das demographische Kräfteverhältnis zwischen Arabern und Juden im Gesamtgebiet des heutigen Israel und der besetzten Gebiete umzukehren; Israel und die Palästinenser setzen in dieser Konkurrenz zudem auf Zuwanderung, sprich: die Immigration europäischer oder amerikanischer Juden und die Rückkehr von palästinensischen Flüchtlingen und Vertriebenen. In Jordanien gibt es eine ähnliche, wenngleich weitaus weniger scharfe demographische Konkurrenz zwischen Jordaniern palästinensischen und Jordaniern transjordanischen Ursprungs. Bezeichnenderweise bewerten die Regierungen Syriens und des Irak die Zuwachsraten ihrer Länder als »zufriedenstellend«, die Israels ihre sogar als »zu niedrig«, während die Regierungen fast aller Maghrebstaaten, mit durchschnittlich niedrigeren Zuwachsraten, diese immer noch als »zu hoch« betrachten.[84]

Eine hohe Wachstumsrate und eine überwiegend junge Bevölkerung – in der gesamten Region ist mehr als ein Drittel, in einzelnen Ländern ist fast die Hälfte der Bevölkerung unter 15 Jahre – verlangen hohe Investitionen in den Bildungs- und Gesundheitssektor und stellen erhebliche Anforderungen, was die Versorgung mit Wohnungen, mit Wasser oder mit allgemeinen Konsumgütern angeht. Vor allem aber steigt damit der Bedarf an Arbeitsplätzen. In den meisten Ländern der Region gibt es keine zuverlässigen Arbeitsmarktstatistiken; wenn man im Durchschnitt eine Arbeitslosenquote von 15 Prozent annimmt, befindet man sich sicher am unteren Ende realistischer Schätzungen. Der weitaus überwiegende Teil der Arbeitslosen sind Berufsanfänger, und mehr als ein Drittel, in einigen

Fällen mehr als die Hälfte von ihnen sind Absolventen höherer Schulen und Universitäten. In vielen Ländern der Region garantierte der Staat bis in die achtziger Jahre hinein Hochschulabgängern einen nicht unbedingt attraktiven, aber sicheren Arbeitsplatz. Dies endete aber mit den finanziellen Engpässen und anhaltenden Bemühungen um wirtschaftliche Strukturanpassung. Viele derjenigen, die ihren Sekundarstufenabschluss oder sogar eine Hochschulausbildung hinter sich haben, sind aber, was ein Licht auf die Qualität des Bildungswesens wirft, nicht genügend qualifiziert, um einen anspruchsvollen Job im privaten Sektor zu finden. Für das erste Jahrzehnt des 21. Jahrhunderts können wir, um nur wenige Beispiele zu nennen, etwa davon ausgehen, dass in Ägypten jedes Jahr 500 000, in Syrien 250 000, in Saudi-Arabien – und hier nur Männer gerechnet – 140 000 neue Arbeitsplätze benötigt werden, um allein den Zuwachs an Arbeitskräften aufzufangen. Damit würde bestehende Arbeitslosigkeit noch nicht abgebaut; die Zahlen sind insofern konservativ berechnet, als sie von einer gleichbleibend niedrigen und nicht von einer deutlich steigenden weiblichen Partizipation am Berufsleben ausgehen.

Gleichzeitig stellt eine junge und dynamische Bevölkerung ein Potenzial, einen wichtigen Entwicklungsfaktor dar – prinzipiell jedenfalls und vorausgesetzt, dass genügend Investitionen getätigt, dass die infrastrukturellen und wirtschaftlichen Voraussetzungen geschaffen werden, um ihnen Arbeit und eine angemessene Versorgung mit öffentlichen Dienstleistungen zu ermöglichen. Die neue Generation wird wohnen, reisen, kommunizieren und konsumieren wollen. Um eine durchaus bescheidene jährliche Steigerung der Pro-Kopf-Einkommen von zwei bis drei Prozent zu erreichen, werden die Länder der Region ein reales Wirtschaftswachstum von fünf bis sechs Prozent benötigen. Dies ist an sich kein unrealistisches Ziel. Es setzt allerdings die Durchführung wirtschaftlicher Reformen voraus und verlangt politische Reformen – mindestens im Sinne von mehr Rechtsstaatlichkeit, Rechtssicherheit und administrativer Transparenz. Zudem ist eine Öffnung der regionalen Staaten notwendig: mindestens ein Abbau von Handelsschranken, um die nach Einwohnerzahl und Kaufkraft im Einzelnen eher kleinen Märkte der Nationalstaaten zu erweitern und die Region damit auch für ausländische

Investitionen attraktiver zu machen. Die arabischen Staaten haben sich Letzteres wiederholt, seit Ende der neunziger Jahre auch mit einiger Ernsthaftigkeit vorgenommen. Alle Staaten der Region arbeiten individuell an einer Verbesserung ihres Images und ihrer Standortqualitäten. Letztlich wird allerdings entscheidend sein, ob mit der neuen Generation, die nach und nach in den einzelnen Staaten der Region die Führung übernimmt, auch ein ernsthafter Politikwechsel stattfindet, ob die neuen politischen und gesellschaftlichen Eliten in der Lage sein werden, ihren Bürgern mehr Freiheit und Mitwirkung zu ermöglichen als die herrschenden Generationen der sechziger bis neunziger Jahre und eine regionale Ordnung zu errichten, in der zwischenstaatliche Konflikte friedlich geregelt und Kooperationschancen genutzt werden.

Führungswechsel
Die neuen Eliten der arabischen Welt in den Startlöchern

»As we leaders are young, so are our populations.«
König Abdallah II. von Jordanien[85]

Der Tod von gleich drei altgedienten arabischen Monarchen im Jahre 1999 stieß eine Reihe internationaler Beobachter erstmals darauf, dass die arabische Welt im Laufe etwa einer Dekade einen nahezu umfassenden politischen Führungs- und Generationswechsel erleben würde. Tatsächlich waren die Führer der arabischen Welt ungewöhnlich lange im Amt, und zwar nicht in einem oder in ein paar Staaten, sondern quer durch die Region. Das galt selbst noch nach dem Tod von König Husein, der 47 Jahre lang an der Spitze Jordaniens gestanden hatte, von Emir Isa bin Salman von Bahrein und König Hassan II. von Marokko, die ihre Länder je 38 Jahre lang regiert hatten. Ein Jahr später starb auch Hafiz al-Asad, der fast dreißig Jahre Präsident von Syrien gewesen war. 2001 lag das durchschnittliche Dienstalter der arabischen Staatschefs noch bei fast 16 Jahren.[86] Von den Staaten abgesehen, die einen Wechsel gerade erlebt hatten, waren die obersten Entscheidungsträger der arabischen Welt auch überwiegend im Rentenalter. Sheikh Zayid war 2001 83 Jahre alt, stand seit 35 Jahren an der Spitze des Emirats Abu Dhabi und agierte seit der Gründung der Vereinigten Arabischen Emirate im Jahr 1971 als deren Präsident. Der saudische König Fahd, Ägyptens Präsident Mubarak und Palästinenserpräsident Arafat waren jeweils über siebzig. Muammar al-Qadhafi gehörte nach 32 Jahren an der Spitze Libyens zu den dienstältesten arabischen Staatschefs, war aber gerade mal 59. Da die meisten dieser Führer sich mit loyalen Mitarbeitern aus ihrer Generation umgeben und oft sogar verhindert haben, dass fähige Kader der zweiten Generation in den obersten Führungskreis ihres Landes aufstiegen, boten viele Staaten das Bild einer Gerontokratie. Ein allgemeiner Generationswechsel in der politischen Elite, zu der auch die Entscheidungsträger der zweiten und dritten Reihe, also etwa Minister und Staatssekretäre, hohe Militärs und Berater, gehören, schien in nicht wenigen Ländern überfällig, würde aber wohl einen Wechsel an der Spitze voraussetzen.

Bei dem teils begonnenen, teils anstehenden Führungs- und Generationswechsel handelt es sich also um eine gesamtregionale Erscheinung: Es geht nicht nur um die Nachfolgeproblematik in einem einzelnen Land; vielmehr hat die Mehrzahl der Staaten seit fünfzehn, zwanzig oder mehr Jahren weder einen Austausch des obersten Entscheidungsträgers noch eine Neuformierung der politischen Führungsschicht erlebt. Weil die Führungsstrukturen meist hoch zentralisiert und auch stark personalisiert sind, bedeutet die Ablösung eines Staatschefs in den meisten arabischen Staaten einen sehr viel tieferen Einschnitt als vergleichsweise ein Regierungswechsel in Deutschland, Frankreich oder selbst in den USA. Oftmals wird man sogar von einem Regimewechsel sprechen müssen. In jedem Fall wird ein Wechsel hohe Erwartungen an umfassende Reformen und an einen neuen Regierungs- und Herrschaftsstil auslösen. Er geht mit einem starken Anpassungsdruck einher, der durch wirtschaftlichen, sozialen und demographischen Druck und im Zuge einer engeren Einbindung der Region in globale Wirtschaftsstrukturen ohnehin entsteht, und er ist mit diversen Unsicherheiten verbunden. Das liegt schon daran, dass die meisten Länder keine große Erfahrung mit konstitutionellen Führungswechseln haben und dass die Institutionen, die einen geregelten Führungswechsel garantieren sollten, oft schwach sind. Konstitutionell sind von den heutigen Führern der arabischen Welt nur die Könige beziehungsweise Emire Fahd von Saudi-Arabien, Muhammad VI. von Marokko, Abdallah von Jordanien, Jabir al-Sabah von Kuwait und Hamad bin Isa von Bahrein – sämtlich durch Erbfolge – sowie die Präsidenten Mubarak, der als Vizepräsident die Geschäfte seines ermordeten Vorgängers übernahm und sich später per Referendum bestätigen ließ, Arafat und Bouteflika, die beide gewählt wurden, und mit Einschränkungen – sprich: mit Hilfe einer maßgeschneiderten Verfassungsänderung – auch Syriens Präsident Bashar al-Asad erstmals an die Macht gekommen. Der omanische Sultan, der Emir von Qatar und der Emir von Abu Dhabi und spätere Präsident der Vereinigten Arabischen Emirate haben sich jeweils durch Palastcoups, die Präsidenten des Irak, des Jemen, Libyens, Mauretaniens, des Sudan und Tunesiens haben sich ursprünglich jeweils durch eine Form von Coup an die Macht gebracht und sich ihre Machtübernahme später in der einen oder anderen Form bestätigen lassen; der Präsident des Libanon wurde zwar konstitutionell vom Parlament gewählt, als Kandidat aber faktisch von Syrien ernannt.[87]

Und natürlich sind von Wechseln an der Spitze immer auch Auswirkungen auf die regionale Politik zu erwarten. Schon auf Grund der starken politischen, sicherheitspolitischen und wirtschaftlich-gesellschaftlichen Interdependenzen zwischen den Staaten des arabisch-nahöstlichen Raums betrifft ein Wechsel beispielsweise in Saudi-Arabien, Ägypten, Irak oder Palästina immer auch die Dynamiken nahöstlicher oder mittelöstlicher Politik. Auch die internationalen Partner arabischer Staaten finden es nicht immer leicht, sich umzugewöhnen: In Washington und Brüssel genauso wie in Paris, London oder Moskau hat man sich eben an die personelle Stabilität einer – gleichwohl – oft als instabil charakterisierten Region gewöhnt. Die Administrationen von Eisenhower bis Clinton und die Bundesregierungen von Adenauer bis Schröder hatten es eben mit demselben jordanischen König zu tun, die Administrationen von Nixon bis Clinton mit demselben syrischen Präsidenten, die von Nixon bis George W. Bush mit, unter anderem, demselben PLO-Chef, demselben libyschen Revolutionsführer und demselben starken Mann im Irak. Viele Politiker im Westen haben zwar einerseits den Mangel an Demokratie in arabischen Staaten beklagt, andererseits aber auch die Kontinuität zu schätzen gelernt, die die autoritären Verhältnisse faktisch mit sich gebracht haben. Spätestens seit 1999 ist klar geworden, dass auch sie sich auf Veränderungen einstellen müssen.[88]

Väter und Söhne

Eine Reihe der ihrer Form nach republikanischen arabischen Systeme sind von Beobachtern auf Grund der autoritären Herrschaftsform, der hohen Personalisierung von Entscheidungen, der nahezu absoluten Entscheidungsgewalt des Präsidenten und, oft genug, des

Personenkults um den Herrscher als präsidiale Monarchien bezeichnet worden. Ähnlich wie in den Monarchien haben die Führer des Irak und Syriens, des Jemen und Libyens zudem schon immer in mehr oder weniger starkem Maße familiäre Beziehungen genutzt, um ihre Macht auszubauen und zu sichern, nicht selten auch enge Familienmitglieder oder weitere Verwandte in offizielle Positionen befördert. Syriens verstorbener Staatschef Asad etwa stützte sich mehrere Jahre auf seinen Bruder Rifaat, zeitweise als Chef einer Sondereinheit, zeitweise sogar als Vizepräsidenten; der irakische Präsident Saddam Husein nutzte Brüder, Onkel, Vettern und Schwiegersöhne unter anderem als Verteidigungs-, Innen- oder Rüstungsminister, Geheimdienstchefs, Führer von Sondereinheiten oder Kommandeure von Militärbezirken.

Seit den neunziger Jahren sind darüber hinaus die Söhne einer Reihe arabischer Präsidenten zunehmend ins Rampenlicht getreten, wurden mehr oder weniger offen auf zukünftige Führungspositionen vorbereitet oder in eine inoffizielle, aber doch klare Thronfolgerposition gebracht. Dabei schienen die Unterschiede zwischen monarchischen und republikanischen Systemen sich allmählich aufzulösen, zynische Kommentatoren mischten die arabischen Begriffe für Republik (*jumhuriyya*) und Monarchie (*mamlaka*) und sprachen vom *jumlaka*-Phänomen. Offenbar setzten die monarchischen Systeme selbst in diesem Sinne auf eine Annäherung der Republiken. Die Tageszeitung *al-Hayat* berichtete Ende 1999 sogar von einem »Minigipfel der jungen Führungen« und listete auf, wer aus der »zweiten oder dritten Reihe arabischer Hierarchien« sich jüngst auf Einladung von Sheikh Hamdan bin Zayid, dem Staatsminister für Äußeres und Sohn des Präsidenten der Vereinigte Arabische Emirate, in Abu Dhabi getroffen habe: zwei weitere Söhne Sheikh Zayids, Sheikh Salman bin Hamad, der Kronprinz und Chef der Streitkräfte von Bahrein, Bashar al-Asad, der Sohn des damaligen syrischen Präsidenten, sowie Prinz Faisal bin Husein, ein Bruder des jungen jordanischen Königs, der als Vorsitzender des jordanischen Fußballverbandes auftrat.[89]

Eine Reihe der Präsidentensöhne trat ebenfalls über sportliche oder andere, nicht unmittelbar politische Leitfunktionen ins Licht der Öffentlichkeit. Fußball ist dabei besonders beliebt. Udai Husein, der 1964 geborene älteste Sohn des irakischen Präsidenten, machte in einer Reihe von Positionen von sich reden, er ließ sich unter anderem zum Vorsitzenden des Jugendverbandes, des Fußballverbandes und der Journalistenvereinigung wählen, »gewann« 2000 auch ein Parlamentsmandat, war aber schon seit mehreren Jahren Chef des Nationalen Olympischen Komitees. Revolutionsführer al-Qadhafis 1972 geborener Sohn Saif al-Islam ist Vorsitzender der wohltätigen Qadhafi-Stiftung und trat als solcher auch in den Vordergrund, als Libyen im Sommer 2000 mehrere von einer philippinischen Terrorgruppe entführte europäische Touristen freikaufte; sein ein Jahr jüngerer Bruder Saadi ist Präsident des libyschen Fußballverbandes, reist in dieser Funktion aber auch manchmal zu politischen Gesprächen ins Ausland. Der 1965 geborene Bashar al-Asad war bis zum Tod seines Vaters Hafiz offiziell nur der Vorsitzende der syrischen Computergesellschaft. Faktisch, daran ließen die Bilder, die überall neben denen des Vaters hingen, und die Entscheidungsbefugnisse, die er nach und nach an sich zog, keine Zweifel, fungierte er als eine Art republikanischer Kronprinz. Bashar war in diese Rolle seit 1994 hineingewachsen, als sein älterer Bruder Basil, der bis dahin als möglicher Nachfolger seines Vaters galt, bei einem Autounfall ums Leben kam.

Bashar al-Asad, der bis zum Tod seines Bruders keine politische Rolle gespielt und offenbar auch keine Staatskarriere im Sinne hatte, sich vielmehr in London zum Augenarzt ausbilden ließ, ist bislang der Einzige aus der Reihe der Söhne, der es geschafft hat, seinem Vater als Staatschef einer arabischen Republik nachzufolgen. Andere dürften allerdings ähnliche Ambitionen haben. Das scheint für Saif al-Islam al-Qadhafi zu gelten und gilt sicher für Ahmad, den Sohn von Jemens Staatspräsident Ali Abdallah Salih. Oberst Ahmad Ali Salih ist nicht nur Parlamentsabgeordneter, sondern auch Chef der Republikanischen Garde, der am besten bewaffneten Einheit der Streitkräfte, und der Spezialeinheiten. Im Irak stiegen nach einem Attentat, bei dem Saddam Huseins Sohn Udai zwar mit dem Leben davonkam, aber bleibende Behinderungen davontrug, die politischen Aktien seines zwei Jahre jüngeren Bruders Qusai. Dieser koordiniert seit längerem die Sicherheits- und Geheimdienste und erhielt im Jahr 2001 auch offizielle Führungsämter in der Staatspartei und im so genannten Revolutionären Kommandorat, wo er faktisch als Stellvertreter seines Vaters agiert. Heftig dementiert werden Nachfolgegerüchte dieser Art immer wieder in Ägypten. Gamal Mubarak, der zweite Sohn von Präsident Husni Mubarak, ein charmanter und weltgewandter Geschäftsmann, wurde Anfang 2000 von seinem Vater in eine Führungsposition in der regierenden Partei eingesetzt. Die damit aufgeworfene Frage, ob Gamal so in die Startlöcher für die Nachfolge seines Vaters gebracht worden sei, beantwortete letzterer – bislang – allerdings abschlägig: »Wir sind nicht Syrien«, erklärte Mubarak einem Journalisten der *Washington Post*: »Gamal Mubarak wird nicht der nächste Präsident Ägyptens. Vergessen Sie's.« Nur manchen fiel auf, dass die offiziellste aller ägyptischen Tageszeitungen, *al-Ahram*, das Interview des Präsidenten unvollständig nachdruckte. Die Passage über den Sohn hatte man weggelassen.[90]

Von der Generation der Verzweiflung zur Generation des Friedensprozesses?

Es steht außer Frage, dass der einzelnen Führungspersönlichkeit, dem Mann an der Spitze – von Frauen dürfte in den arabischen Staaten auf dieser Ebene auf absehbare Zeit noch keine Rede sein –, eine sehr große Bedeutung zukommt, eine größere jedenfalls als in stärker institutionalisierten, demokratisch verfassten Gemeinwesen. Allerdings hängt auch die Politik autoritärer Staaten nicht nur von den Staatschefs ab. Diese sind vielmehr auf die Eliten der zweiten und dritten Reihe, auf die einflussreichen Akteure aus Bürokratie, Militär, Wirtschaft, Wissenschaft, Medien und gesellschaftlichen Organisationen angewiesen. Einige der zukünftigen obersten Entscheidungsträger dürften selbst aus einem Teil dieser breiteren, politisch relevanten Elite stammen,[91] in der ebenfalls ein Generationswechsel anläuft.

Man kann die politische Entwicklung der Region auch unter dem Aspekt der Generationen und ihrer Charakteristika betrachten. Dabei bestimmen heute, zu Beginn des 21. Jahrhunderts, drei Generationen das Bild. Die Führungsriege, die seit 1999 abzutreten begann und die Entwicklungen der arabischen Welt von den siebziger bis in die neunziger Jahre bestimmt hatte, gehört überwiegend zu einer Altersgruppe, die in den fünfziger und sechziger Jahren, in der Ära des Nasserismus also, sozialisiert worden war oder ihre Karrieren begonnen hatte. Das vielleicht entscheidende politische Großereignis für diese Generation war die Niederlage der arabischen Staaten im Krieg von 1967 – die als Niederlage der gesamten arabischen Welt verstanden wurde. Der relative Erfolg des Oktoberkrieges von 1973 konnte diese Niederlage nur teilweise ausgleichen. Eine Reihe von Politikern hat zwar versucht, sich über den 1973er Krieg zu definieren – in Ägypten etwa spricht man über Mubarak und andere, die in führender Position an diesem Krieg beteiligt waren, als *jil uktubir* (Oktobergeneration). Auch andere, lokale Konnotationen werden zur Charakterisierung dieser Generation gebraucht; in Algerien etwa wird von der Generation der Revolution gesprochen, die all diejenigen einschließt, darunter Staatspräsident Bouteflika und die Mehrzahl der führenden Offiziere, die noch, oftmals sehr jung, am Befreiungskrieg gegen Frankreich teilgenommen haben. Für viele blieb diese Generation aber, wie der palästinensische Autor Saïd Aburish – selbst Jahrgang 1935 – schreibt, die »Generation der Verzweiflung«, die sich von den psychologischen Wunden von 1967 nie erholt habe.[92] Diese Generation suchte und wünschte, soweit sich hier verallgemeinern lässt, eine starke arabische Führung, die eine Parität mit Israel herstellen würde, sah die »fortschrittlichen« arabischen Länder im Lager des Anti-Imperialismus, glaubte jedenfalls zeitweise an ein sozialistisches Entwicklungsmodell und betrachtete Demokratie und bürgerliche Rechte nicht unbedingt als Priorität.[93]

Die nächste politische Generation, die in Ägypten als *jil al-wasat*, als Generation der Mitte, bezeichnet wird, umfasst im Wesentlichen diejenigen, die in den siebziger Jahren aktiv geworden sind, die im Oktoberkrieg allenfalls als Soldaten teilgenommen haben, den relativen Wohlstand des Ölbooms, aber auch dessen Einbruch als prägend erlebten und in den neunziger Jahren oft erfuhren, dass ihre Aufstiegsmöglichkeiten durch die vorhergehende Generation, die die Macht nicht loslassen wollte, blockiert waren. Bislang jedenfalls hat es kaum ein Vertreter dieser Altersgruppe in die erste oder zweite Reihe politischer Entscheidungsträger geschafft.[94] Ein großer Teil dieser Generation profitierte vom Ausbau des Bildungssystems und vom wirtschaftlichen Wachstum, das die arabische Welt in den siebziger Jahren erlebte, war aber mit den politischen Verhältnissen unzufrieden; nicht wenige ihrer politisch aktiven Vertreter suchten nach islamischen Alternativen zu den herrschenden Systemen.

Bestimmend für die Entwicklung der kommenden zwei, drei Dekaden dürfte allerdings nicht diese Zwischengeneration, sondern die Generation Bashar al-Asads, Abdallahs von Jordanien und Muhammads VI. von Marokko sein. Diese »Generation der Söhne« ist nicht mehr von einem der großen arabisch-israelischen Kriege oder vom Ost-West-Konflikt geprägt worden; sie hat vielmehr den Krieg um Kuwait und den arabisch-israelischen Friedensprozess – mit all seinen Rückschlägen – als prägende Ereignisse oder Entwicklungen erlebt und kennt eher die Debatten um Globalisierung und Wirtschaftsreform als die um Sozialismus und Revolution. Im Übrigen hat diese Generation die Staaten, in denen sie aufgewachsen ist, bereits als leidlich gefestigte und permanente Einheiten der regionalen Ordnung erlebt. Auch dies ist weithin neu. In der nasseristischen Ära und zum Teil noch danach war die eigenständige Existenz verschiedener arabischer Staaten umstritten, auch von einem Teil ihrer eigenen Bürger. Eine nationalstaatliche Konsolidierung nicht weniger dieser Staaten fand erst unter der Führung der Generation statt, die nun allmählich abtritt.[95] Nur in den palästinensischen Gebieten dürfte die *jil al-intifada*, die Generation der (ersten und zweiten) *Intifada*, auch die Staatsgründergeneration werden.

Die neueren politischen Eliten, die die Führungskräfte der siebziger bis neunziger Jahre allmählich ablösen, haben also einen anderen Hintergrund und stehen neuen politischen und wirtschaftlichen Herausforderungen gegenüber. Wahrscheinlich werden sie auch ein pluraleres, weniger kohärentes Bild abgeben als die alte politische Klasse. So haben die meisten arabischen Führer des späten zwanzigsten Jahrhunderts und zahlreiche andere Mitglieder der politischen Führungsschicht militärische Karrieren gemacht oder Militärakademien durchlaufen. In der neuen Führungsgeneration werden zwar immer noch Offiziere anzutreffen sein, aber auch diese haben ein anderes Bewusstsein als das großenteils sozialrevolutionär oder putschistisch eingestellte Militär der sechziger Jahre. In Ägypten etwa nehmen jüngere Offiziere sehr viel stärker an öffentlichen Debatten teil als die alte Generation, die daran gewöhnt war, das Militär von der zivilen Gesellschaft abzukapseln.[96] Und das sozioprofessionelle Profil der Eliten wird insgesamt breiter. Der amerikanische Politologe Halpern beschrieb in den sechziger Jahren die damals »neuen« arabischen Führungseliten als »a core of salaried civilian and military politicians, organizers, administrators, and experts«,[97] sprich: als militärische und zivile Technokraten. Unternehmer und Geschäftsleute spielten keine Rolle. Ihre Bedeutung, auch im politischen Geschehen, hat in den neunziger Jahren zugenommen und dürfte auch weiter zunehmen. Wahrscheinlich wird es zukünftig auch in der arabischen Welt mehr zivile Politiker geben: Personen, die sich im Unterschied zu den eher unpolitischen Technokraten, die heute viele Regierungsfunktionen besetzen, als Makler politischer Macht, als politische Strategen oder auch als Vertreter partieller gesellschaftlicher oder wirtschaftlicher Interessen verstehen. Wir können ferner davon ausgehen, dass die neue arabische Führungselite insgesamt welterfahrener sein wird als ihre Vorgänger, dass sie im Durchschnitt ein höheres Bildungsniveau haben wird und dass nicht wenige Vertreter dieser Generation im Ausland studiert haben werden. Und sicherlich werden Frauen eine – etwas – größere Rolle spielen.

Der historische Erfahrungshintergrund der neuen Führungsgeneration wird mit einem größeren Teil jener Personengruppen übereinstimmen, die durch ihre Teilnahme am öffentlichen Leben Einfluss auf politische Entscheidungen haben und den politischen Diskurs mitbestimmen. Die deutliche Diskrepanz zwischen einer überwiegend jungen Bevölkerung und einer herrschenden Generation, deren politische und kulturelle Sozialisation mit historischen Momenten verbunden ist, die den nachwachsenden Generationen nichts mehr sagen, dürfte geringer werden. Viele Regime haben sich jahrzehntelang über Ereignisse legitimiert, die für ihre Generation durchaus bedeutend waren, die für die Mehrheit der heutigen Bevölkerung aber graue Geschichte sind: das ägyptische und das syrische Regime – bis zum Tod Hafiz al-Asads jedenfalls – über den »Befreiungskrieg« (Oktoberkrieg) von 1973, das libysche Regime über die Revolution von 1969, die politisch-militärische Elite Algeriens über die Befreiung vom französischen Kolonialismus, die immerhin 1962 besiegelt wurde. Allerdings gibt es unterschiedliche Ansichten in den einzelnen Ländern darüber, wer eigentlich als »jung« zu betrachten ist. Während in Jordanien, Marokko und Syrien der durch den Tod der Staatschefs ausgelöste Wechsel auch einen allmählichen Wechsel von sechzig- bis siebzigjährigen zu 35- bis 45-jährigen Führungspersönlichkeiten einleitete, dürften in Saudi-Arabien nach dem Ableben des gegenwärtigen Königs zahlreiche fünfzig- bis 65-jährige Prinzen in höhere Positionen aufrücken.

Wechselwirkungen zwischen dem Generationswechsel bei den politischen Eliten und den politischen und sozio-ökonomischen Transformationsprozessen in den arabischen Staaten sind offensichtlich: Die Stagnation auf der Ebene der politischen Handlungseliten hat in vielen Fällen notwendige wirtschaftliche und politische Wandlungsprozesse blockiert; ein Generationswechsel auf der Ebene des politisch einflussreichen Personals kann solche Transformationen beschleunigen; und der von sozio-ökonomischen und politischen Strukturveränderungen ausgehende Druck befördert selbst, wenn auch in beschränktem Maße, den Generationswechsel beim politischen Führungspersonal. Das liegt einfach daran, dass Reformökonomien neue Typen von professioneller Qualifikation brauchen, die unter den gegenwärtigen Eliten allenfalls vereinzelt anzutreffen sind: Juristen etwa, die sich im internationalen Recht auskennen, oder Manager mit Kenntnissen und Erfahrungen im internationalen Finanzwesen.

Letztlich gilt es, jedes einzelne Land zu betrachten – dies geschieht im zweiten Teil dieses Buches. Allgemein wird man sicher sagen können, dass die neuen Führungsgenerationen in der arabischen Welt wirtschaftsfreundlicher sein und der Wirtschaft mehr Einfluss auf politische Entscheidungen zubilligen werden als die abtretende Generation, dass sie auch weniger Probleme mit politischer Pluralität haben und dass sie gleichzeitig daran interessiert sein dürften, sich eine neue und breitere politische Basis zu schaffen, die liberale, aber auch nationalistische und islamistische Kräfte einschließen könnte. Insofern spricht einiges dafür, dass ein politischer Elitenwechsel bessere Bedingungen für notwendige wirtschaftliche Öffnungsprozesse schafft, das Vertrauen in- und ausländischer Investoren stärkt und Wachstumsimpulse gibt, und es ist zumindest nicht auszuschließen, dass ein solcher Wechsel auch die teilweise starren politischen Strukturen arabischer Staaten aufbricht und breitere Partizipation erlaubt. Die Beispiele Marokkos, Bahreins oder Jordaniens scheinen in diese Richtung zu weisen.

Vorsicht vor zu hohen Erwartungen ist allerdings geboten. Staaten und Gesellschaften folgen keinem Automatismus, der Art etwa, dass ein Generationswechsel notwendig auch von nachhaltigen wirtschaftlichen oder sozialen Reform- und politischen Liberalisierungsschritten begleitet würde. Auch die Annahme, dass die zukünftige arabische Führungsgeneration vor allem eine reformerische und entwicklungspolitische Agenda haben werde, dürfte allzu optimistisch sein. Die Erfahrung gibt wenig Anlass zu der Vermutung, dass ein moderner Diskurs und die Bereitschaft zur wirtschaftlichen Öffnung und zur technologischen Erneuerung notwendig mit der Demokratisierung der politischen Verhältnisse einhergehen muss. Wir sollten zumindest nicht ausschließen, dass neue Führungseliten, um ihre Machtposition zu festigen, versuchen werden, die Instrumente des autoritären Staates nutzbar zu machen und Allianzen mit den Sicherheitskräften einzugehen, anstatt eine Demokratisierung der politischen Verhältnisse voranzutreiben.

Auch neue politische Eliten werden zudem vorhandene Stammes- und Clanverbindungen nutzen. In vielen arabischen Staaten definiert ein großer Teil der Bevölkerung sich über ihre Zugehörigkeit zu einer bestimmten Familie oder zu einem Stammesverband. Das gilt vor allem für die Länder der Arabischen Halbinsel, für den Irak, Jordanien und Libyen, in einem geringeren Maße auch für Syrien und den Libanon, wo eher regionale und konfessionelle Zugehörigkeiten zählen. In Marokko und Algerien spielt vor allem die ethnische Zugehörigkeit als Araber oder Berber eine Rolle. Bindungen an die Familie und den Familienverband sind generell stärker als im heutigen Europa. Dabei werden tribale, konfessionelle und ethnische Bindungen und Loyalitäten situationsbedingt wahrgenommen: Ein Einwohner von Bagdad etwa kann sich dem Clan von Saddam Husein gegenüber in erster Linie als Mitglied eines anderen Stammes verstehen, der Regierung gegenüber als Bürger und Zivilist, als Arbeiter oder Beamter, Regime-Anhänger oder Oppositioneller, seinem schiitischen Nachbarn gegenüber als Sunnit, seinem kurdischen Nachbarn gegenüber als Araber und Kuwaitis und Saudis gegenüber als Iraker. Die familiären, tribalen oder konfessionellen Bindungen werden sowohl zu politischen wie auch zu sozialen und wirtschaftlichen Zwecken genutzt, um Unterstützung für einen Kandidaten aufzubauen, genauso wie zur Beschaffung von Jobs oder »Beziehungen«, und sie dienen als wichtiges Element von Netzwerken. Wahrscheinlich nimmt die Bindungskraft solch primordialer (oder »ursprünglicher«) Zugehörigkeiten ab, je mehr die Einwohner eines Staates sich als Bürger in einem Staatsverband aufgehoben fühlen, der ihre individuellen Rechte respektiert und sie durch Rechtsstaatlichkeit, den gleichberechtigten Zugang zu Behörden und öffentlichen Dienstleistungen oder freie und gleiche Wahlen wahrt.[98] Sie werden aber nicht einfach verschwinden, und es ist nicht davon auszugehen, dass neue politische Eliten, die sich ihre eigene Klientel aufzubauen versuchen, auf diese Bindungen und Loyalitäten verzichten würden.

Man sollte schließlich nicht glauben, dass der Antritt einer neuen Führungsgeneration generell zu einer Zivilisierung von Konflikten oder zu stärkerer regionaler Kooperation führen würde. Hoffnungen in diese Richtung werden immer wieder gehegt, sie basieren aber in der Regel auf Täuschungen über die Akteure, mit denen man es aktuell zu tun hat – nicht unbedingt auf einer Kenntnis der potenziellen Nachfolger. Berater des israelischen Ministerpräsidenten Sharon etwa spielten während der zweiten palästinensischen *Intifada* mit dem Gedanken, den Präsidenten der palästinensischen Autonomiebehörde, PLO-Chef Arafat, gewaltsam aus seinem Amt zu vertreiben. Israel, so hieß es, könne dann eine »jüngere Generation pragmatischer Palästinenser« fördern.[99]

Solche Überlegungen dürften an der Realität vorbeigehen, nicht nur weil sie die Fähigkeit Israels, die palästinensische Gesellschaft zu manipulieren, überschätzen. Es gibt keinerlei Anlass anzunehmen, dass die junge palästinensische Generation Israel gegenüber milder gestimmt sei als Arafat und seine Altersgruppe oder dass sie einen inakzeptablen Status quo hinnehmen würde. Die *Intifada* jedenfalls ist eher von der Jugend als von der alten Garde der palästinensischen Führung getragen worden. Dass ein Generationswechsel an sich nicht für Fortschritt bürgt, hatten, umgekehrt, die Palästinenser und andere Araber einige Jahre zuvor, mit dem Wechsel von Rabin und

Peres, die der Generation Arafats, Hafiz al-Asads und Mubaraks angehörten, zu dem gut zwanzig Jahre jüngeren Netanjahu erfahren.

Die Chance, dass modernere, zivilere und eher an wirtschaftlichen Rationalitätskriterien orientierte Eliten die Zügel übernehmen, wird letztlich der Gefahr von Instabilität und dem Verlust einer in den meisten Ländern langjährigen, persönlichen Erfahrung der Führer im Umgang mit nationaler und regionaler Konfliktbearbeitung gegenüberstehen. Die arabischen Monarchen und Präsidenten haben ihre Länder nicht unbedingt gut regiert – das gilt ganz sicher im Sinne des entwicklungspolitischen Leitbegriffs *Good Governance* –, sie haben aber eine gewisse Kontinuität und Verlässlichkeit in die regionale Politik gebracht. Den arabischen Führungseliten der siebziger, achtziger und neunziger Jahre ist es immerhin gelungen, die Bürgerkriege in Algerien, Jemen, Libanon und Sudan so einzudämmen, dass sie sich nicht zu regionalen Krisen ausweiteten. Die arabisch-israelischen Kriege waren im Endeffekt kürzer und weniger verheerend, als man das im internationalen Vergleich und mit Blick auf die Tiefe der Feindschaft und die Dauer des Konflikts hätte erwarten können. Auch die Fähigkeit der arabischen Führungen, das arabische Staatensystem nach der Krise der irakischen Kuwait-Invasion, die sie selbstständig nicht bewältigen konnten, zusammenzuhalten, ist einigermaßen bemerkenswert. Einer neuen Führungsgeneration mag die Erfahrung dieser Konflikte fehlen.

Führungswechsel in einzelnen Staaten können die regionalen Beziehungen stören, gerade dann, wenn sie mit inneren Unruhen einhergehen, wenn die neuen Entscheidungsträger eine überambitiöse Außenpolitik betreiben oder andere regionale Akteure die vermutete oder tatsächliche innere Schwäche des betreffenden Staates auszunutzen versuchen. Dies wäre sicherlich bei revolutionären Veränderungen der Fall, wie das außerhalb der arabischen Welt gelegene iranische Beispiel nach der Revolution von 1979 demonstrierte: Die konkreten Versuche der jungen islamischen Republik, ihr Revolutionsmodell bei der Bevölkerung der Nachbarstaaten zu propagieren, mussten diese Staaten zumindest verunsichern. Auch das Gegenteil kann der Fall sein. Syrien und Jordanien verbesserten ihre Beziehungen nach dem Tod von König Husein und Hafiz al-Asad ganz deutlich; und der Wechsel in Qatar und Bahrein – 1995 und 1999 – half beiden Staaten offensichtlich, einen lang anhängigen Grenzstreit in konstruktiver Weise anzugehen. Beide Staaten akzeptierten ein Urteil des Internationalen Gerichtshofs, das keinen voll zufrieden stellte, und vereinbarten eine Reihe von kooperativen Maßnahmen – darunter die Erleichterung der Einreisebedingungen für Besucher und eine Brückenverbindung zwischen den beiden Ländern. Ähnlich positive Wirkungen für die Golfregion hatte 1997 die Wahl Muhammad Khatamis zum Präsidenten des Iran. Dieser Wechsel führte die relative Stabilität und Wandlungsfähigkeit des iranischen Staates vor und brachte zudem eine Mannschaft an die Regierung, die sich regionalen Ausgleich zum Programm gemacht hatte. Das Beispiel zeigt auch, dass »der« Islam keine für diesen Zusammenhang ausschlaggebende Kategorie ist: Muslimische und selbst islamistische Politiker können Elemente der religiösen Tradition dazu nutzen, chauvinistische Gefühle zu mobilisieren und eine waghalsige Außenpolitik zu betreiben, genauso aber auch dazu, regionalen und internationalen Ausgleich, Dialog und Zusammenarbeit zu unterstützen.

Exkurs
Die Rolle des politischen Islam

Ein großer Teil der neuen Eliten wird sich in der einen oder anderen Form, mindestens in der Sprache, die sie in der Öffentlichkeit benutzen, ein islamisches Profil geben. Der Islam ist die Religion der überwältigenden Mehrheit in der arabischen und nahöstlichen Welt, er hat die Geschichte und die Kultur auch der nicht-muslimischen Minderheiten und selbstverständlich auch nicht-religiöser Muslime geprägt. Teile der Öffentlichkeit verlangen ausdrücklich eine stärkere Berücksichtigung islamischer Werte und Kultur in der Politik; und auch in den kommenden Jahrzehnten dürften Bewegungen und Parteien, die sich explizit als »islamisch« definieren, ein in den einzelnen Ländern zwar mehr oder weniger einflussreicher, aber nahezu überall selbstverständlicher Bestandteil des politischen Spektrums bleiben. Für einen Abgesang auf den politischen Islam, vor allem jenen »neuen« Islamismus, der in den achtziger und neunziger Jahren zur wichtigsten Massenbewegung im arabischen Raum wurde, ist es zu früh: Das von dem französischen Orientalisten Olivier Roy schon Anfang der neunziger Jahre diagnostizierte Scheitern des Islamismus[100] ist ähnlich relativ wie der Erfolg, den diese Parteien und Bewegungen in der Politik ihrer Länder gehabt haben.[101]

In der arabischen Welt ist es, von Saudi-Arabien abgesehen, dessen extrem monarchischer und höchst konservativer Staatsislam allerdings keineswegs als Modell heutiger islamistischer Bewegungen gelten kann, gerade mal im Sudan, und auch dort nur zeitweise, gelungen, ein islamistisches Regime zu errichten. Die islamische Revolution des Iran ließ sich nicht exportieren; und die iranische Außenpolitik zielt spätestens seit Ende des irakisch-iranischen Krieges ausdrücklich auf die Wahrnehmung nationaler wirtschaftlicher und sicherheitspolitischer Interessen und nicht mehr auf die Verbreitung des eigenen Staats- und Gesellschaftsmodells ab. Der islamistische Totalitarismus der afghanischen *Taliban*, weitab der arabischen Welt, traf selbst im konservativen Saudi-Arabien auf Unverständnis. Der blindwütige Terror der algerischen *Groupes Islamiques Armées* (GIA) oder einzelner ägyptischer Gruppen in den neunziger Jahren zeigte vor allem die politische Erfolglosigkeit dieser Form eines militanten Islam. Die neue Form eines menschenverachtenden internationalen Terrorismus islamistischen Ursprungs, die sich in dem Angriff auf das New Yorker World Trade Center und das Pentagon manifestierte, stand auch für die allermeisten Vertreter politisch-islamischer Strömungen außerhalb jeglicher moralisch vertretbaren Kategorie.

Für die Politik arabischer Länder sind politisch–islamische Tendenzen weiterhin relevant: Die Islamische Republik Iran überlebte nicht nur Krieg und Isolationsversuche, sondern entwickelte im Rahmen ihrer islamischen Verfassung eine Form des Pluralismus, die Intellektuelle auf der arabischen Seite des Golfs mit einigem Interesse studierten. In verschiedenen Staaten der Region – in Algerien etwa, im Jemen, in Jordanien, im Libanon, in Marokko oder in Kuwait – sind islamistische Gruppen parlamentarisch vertreten und fest ins politische System integriert. In den meisten arabischen Ländern dürften islamistische Parteien bei freien Wahlen eine Basis von 15 bis 30 Prozent in der Wählerschaft haben. Das entspricht auch dem Wählerpotenzial, das religiöse (orthodoxe oder ultra-orthodoxe) Parteien in Israel mobilisieren können. Israels Religiöse fordern eine vollständige Umsetzung der jüdischen religiösen Gesetze – *Halacha* – in ähnlicher Weise ein wie Islamisten in ihren Ländern die Geltung des islamischen Rechts – der *Sharia*.

Wie lässt sich der Erfolg islamistischer Bewegungen verstehen?

»Politischer Islam« und »Islamismus« werden in diesem Buch synonym verwendet. Darunter werden all die politischen Bewegungen und Gruppen gefasst, die in der einen oder anderen Form eine als islamisch verstandene politische und gesellschaftliche Ordnung durchsetzen wollen. Auf den Begriff »Fundamentalismus«, der die ausschließliche Orientierung an den originalen, heiligen Texten einer Religion bezeichnet, wird hier weitestgehend verzichtet – nicht weil er falsch wäre, sondern weil er sich auf Grund seiner protestantischen Ursprünge eher für vergleichende Untersuchungen religiöspolitischer Phänomene eignet, die den christlichen Kulturkreis mit einbeziehen.[102] Solche Vergleiche sind schon deshalb sinnvoll, weil sie verdeutlichen, dass »der Islam« wie das Christentum oder andere Religionen nie als solcher Akteur ist: Er »macht« keine Geschichte, und er determiniert auch nicht eine bestimmte Politik. Bestimmte politische Bewegungen machen sich aber Religion und religiöse Symbole zu Nutze. Eine solche Politisierung und politische Indienstnahme von Religion kann unter entsprechenden politisch-sozialen Bedingungen besonders erfolgreich sein. Das gilt insbesondere dann, wenn säkulare Ideologien sich verbraucht haben, wenn eine sich bewusst als säkular definierende Politik an existenziellen Fragen gescheitert ist, meist auch Modernisierungsversprechen nicht hat einlösen können, oder wenn religiöse Einrichtungen und Bewegungen über mehr Glaubwürdigkeit verfügen als staatliche Institutionen und Staatsparteien. Wer sich ein realistisches, analytisches Bild politisch-islamischer Bewegungen machen will, wird dazu die gleichen sozial- oder politikwissenschaftlichen Methoden und Konzepte verwenden müssen, die zur Analyse politischer Gruppen und Ideologien in anderen Kulturkreisen genutzt werden. Das heißt, dass man nach den konkreten sozio-ökonomischen und politischen Verhältnissen, unter denen solche Bewegungen entstehen, und nach den Interessen zu fragen hat, die sie vertreten. Im Übrigen gibt es – auch hier ist der historische Vergleich zum Christentum und dessen Entwicklung hilfreich – eben nicht den einen, über Zeit und Raum immer gleichen Islam. Die essenzialistische Vorstellung von einem ewig gleichen und unveränderlichen Islam ist im Grunde »fundamentalistisch«; sie findet sich gleichermaßen, hier sei der Begriff benutzt, bei islamischen Fundamentalisten, die nur bestimmte originale Texte gelten lassen und selbst deren Neuinterpretation ablehnen, und bei bestimmten Analysten, die über eine derartige Lesart muslimischen Gesellschaften ihre Entwicklungsfähigkeit absprechen wollen. »Man spreche nicht«, empfiehlt deshalb der Bonner Islamwissenschaftler Stefan Wild, »von ›dem Islam‹, einer Abstraktion blassester Art, sondern von ›den Muslimen‹ in dieser oder jener Weltgegend, in dieser oder jenen historischen Epoche. Es wird dann alles viel komplizierter, aber die Chancen auf sinnvolle Aussagen steigen.«[103] Auch die Praxis politischer Bewegungen, gerade auch solcher, die sich islamisch definieren, wird nicht von »ewigen« religiösen Texten bestimmt. Islamische wie andere religiöse Bewegungen legen vielmehr die Texte aus, auf die sie sich beziehen, und tun das meist ganz bewusst selektiv. Politiker (oder Terroristen), die von sich beanspruchen, den Islam zu vertreten, verfügen auch nicht unbedingt über eine fundierte theologische Bildung.

Es gibt insofern auch nicht nur *einen* politischen Islam, sondern ein ganzes Spektrum islamistischer Bewegungen und Tendenzen, deren wesentlicher gemeinsamer Nenner ist, dass sie den Islam als einzige Quelle ihrer ethischen und politischen Orientierung betrachten. Verallgemeinernde Aussagen zur Ideologie der Islamisten sind natürlich möglich – aber spätestens bei der Frage, wie diese Bewegungen sich eine islamische Ordnung vorstellen oder wie ein islamischer Staat sich in der Außen-, Wirtschafts- oder Sozialpolitik verhalten soll, wird die Antwort unterschiedlich ausfallen.

Allgemein lässt sich sagen, dass die politisch-islamischen Bewegungen, mit denen wir es gegenwärtig zu tun haben, keineswegs, wie gelegentlich noch behauptet wird, notwendig anti-modern sind oder »die Moderne« ablehnen. Richtiger ist, dass die meisten dieser Gruppen ein von vielen politischen Tendenzen geteiltes »Unbehagen in der Moderne«[104] thematisieren – dass sie ihre Gesellschaften um viele

Errungenschaften dieser Moderne betrogen sehen. Vor allem aber bemühen sie sich, diese Errungenschaften, technische wie politische, aus dem islamischen Erbe ihrer Gesellschaften herzuleiten und womöglich in den Kontext islamischer Wert- und Moralvorstellungen einzubinden.

Politisch-islamische Gruppen sind auch nicht unbedingt antiwestlich. Die seit Beginn der neunziger Jahre so oft wiederholte Behauptung vom unvermeidlichen Zusammenstoß zwischen »Islam« und »Westen« ist, wie Fred Halliday anmerkt, ein Mythos, der von einer Koalition augenscheinlich gegensätzlicher Lager beschworen wird: von denjenigen in westlichen Staaten, die nach dem Fortfall des Ost-West-Konflikts die islamische Welt zum neuen Feind erklären wollten, und von denjenigen in muslimischen Staaten, die eine Konfrontation mit nicht-muslimischen, insbesondere westlichen Staaten suchten und suchen.[105] Tatsächlich ist die Geschichte des modernen politischen Islam auch die Geschichte nicht immer glücklicher Bemühungen um die Aneignung und Verarbeitung westlicher politischer Konzeptionen.[106] Kritik am Westen und auch anti-westliche Stereotype sind dabei weit verbreitet. Das islamische Bild vom Westen zeigt vor allem Werteverfall, moralische Dekadenz und übertriebenen Individualismus; »Verwestlichung« bedeutet aus der Sicht muslimischer Kritiker die Gefahr eines moralischen Verfalls der eigenen Gesellschaften. Kein Wunder, dass auch das Stichwort der Globalisierung und viele der soziokulturellen Erscheinungen und Verhaltensweisen, die darunter subsumiert werden, von muslimischen Autoren gelegentlich als Teil einer westlichen »Verschwörung«, mindestens jedoch des Versuchs westlicher Staaten, der arabischen oder islamischen Welt ihre Gesellschaftsmodelle aufzudrücken, verstanden werden. Es bestehe kein Zweifel, heißt es etwa bei einem ägyptischen Autor, dass der »globalisierende Angriff des Westens« dazu diene, die besonderen Grundfesten arabisch-islamischer Gesellschaften aufzulösen und durch westliche Werte und Symbole, nicht zuletzt durch sexuelle Freizügigkeit und ungebundenen Liberalismus, zu ersetzen.[107] Darüber hinaus setzt die islamistische Kritik am Westen sich im Wesentlichen mit der internationalen Politik westlicher Staaten auseinander und unterscheidet sich allenfalls in Nuancen von der nationalistischer oder anti-imperialistischer Kräfte:

Sie verweist auf europäischen Kolonialismus, auf wirtschaftliche, politische und militärische Abhängigkeiten, auf die Zusammenarbeit westlicher Regierungen mit den Diktatoren der arabischen Welt und vor allem auf die westliche, insbesondere amerikanische Unterstützung Israels. Moderate Vertreter des politischen Islam weisen allerdings gleichzeitig darauf hin, dass die Existenz unterschiedlicher Kulturen und auch politische und wirtschaftliche Interessenkonflikte Dialog, Ausgleich und internationale Zusammenarbeit keineswegs unmöglich machen.

Die heutigen politisch-islamischen Bewegungen haben ihre geistigen Wurzeln bei den islamischen Reformern des ausgehenden neunzehnten Jahrhunderts und bei radikal-islamistischen Denkern der dreißiger bis fünfziger Jahre des vergangenen Jahrhunderts, der Zeit des Kampfes um Unabhängigkeit und der frühen Unabhängigkeitsphase der wichtigsten arabischen Staaten. Im Laufe der achtziger und neunziger Jahre entwickelten sie sich fast durchgängig zur wichtigsten Oppositionsbewegung in ihren Ländern. Ihr Bedeutungszuwachs geht in erster Linie auf den Verlust an Glaubwürdigkeit und Legitimität zurück, den die meisten arabischen Regime, aber auch die arabisch-nationalistischen Bewegungen erlebten, aus denen die Regime in republikanischen Systemen wie Ägypten, Algerien, Syrien oder dem Irak hervorgegangen waren. Die Krise dieser und, wenngleich in geringerem Maße, der meisten monarchischen Regime hatte zwar mit den wirtschaftlichen Schwierigkeiten zu tun, in die fast alle arabischen Staaten mit dem Verfall der Ölpreise gerieten, der in den achtziger Jahren einsetzte. Aber natürlich waren diese Staaten auch an den selbst propagierten politischen Zielen gescheitert: zuvörderst bei ihrem Versuch, die von Israel besetzten arabischen Gebiete zu befreien und ein Mindestmaß an arabischer Einheit herzustellen.

Potenzielle säkulare Oppositionskräfte blieben schwach: Arabische Nationalisten, die bis in die siebziger Jahre die massenwirksamste politische Bewegung in der arabischen Welt darstellten, hatten durch ihre Zusammenarbeit mit diktatorischen Regimen und die offensichtliche Erfolglosigkeit gesamtarabischer Bestrebungen erheblich an Ansehen verloren. Die Kommunisten, die in den fünfziger und sechziger Jahren in einigen arabischen Ländern eine wichtige Oppositionsrolle gespielt hatten, verloren mit dem Zusammenbruch der UdSSR Leitbild und Attraktivität. Gewerkschaften waren entweder zu Mobilisierungsapparaten der Staatsparteien verkommen oder kämpften in erster Linie für den Erhalt sozialer Errungenschaften, nicht für politische Veränderung. Liberale und demokratische Gruppen, Intellektuelle und Menschenrechtsvereinigungen, die sich für politischen Wandel einsetzten, genossen zwar ein gewisses Ansehen, hatten aber meist keinen großen Anhang und wurden leicht zum Opfer staatlicher Repression.

Dagegen verfügten islamistische Gruppen damals wie heute meist über eine gut ausgebaute Infrastruktur, zu der nicht nur Moscheen, sondern auch karitative Einrichtungen gehören. Für den größten Teil des islamistischen Spektrums gilt zudem, dass ihre soziale Tätigkeit, das Image der meisten ihrer Vertreter, ehrlich und nicht korrupt zu sein, und ihr religiöser Anspruch ihnen Glaubwürdigkeit und Popularität verliehen. Die Botschaft der meisten Gruppen ist keineswegs religiös, sondern politisch: Hauptthemen islamistischer Propaganda waren und sind die Korruption der Herrschenden, staatliche Repression, soziales Elend und der Verfall der Moral, die Auseinandersetzung mit Israel sowie zunehmend, gegen Ende der neunziger Jahre und zu Beginn des 21. Jahrhunderts, die Forderung nach demokratischen Rechten, nach Freiräumen für die Betätigung der Zivilgesellschaft und, seit Beginn der neuen *Intifada*, nach einer wirksameren Unterstützung der Palästinenser.

Konservative und Militante
Das breite Spektrum des Islamismus

Diverse islamistische Gruppen operieren mit ähnlichen Begriffen und Slogans. Besondere Prominenz genießt die Forderung nach einer islamischen Ordnung und die eingängige, aber eben auch jedes konkrete politische oder wirtschaftliche Rezept verweigernde Aussage: »Der Islam ist die Lösung!« (*al-islam huwa al-hall*). Das islamistische Spektrum ist allerdings sehr breit. Mit einiger Vereinfachung lässt sich von drei Gruppen sprechen: vom Staatsislam, vom militant-extremistischen Islamismus und vom konservativ-islamistischen

Mainstream. Zudem sind die diversen islamistischen Bewegungen oder Parteien natürlich das Produkt der spezifischen politischen Verhältnisse und der politischen Kultur ihres jeweiligen Landes: Eine islamistische Internationale gibt es, trotz vieler Gemein- samkeiten, nicht; der politische Bezugsrahmen fast aller Gruppen ist der einzelne Nationalstaat. Die Unterscheidung vor allem zwischen dem Mainstream und den extremistischen Gruppen ist wichtig: Wenn sie ähnliche oder identische Symbole und Slogans benutzen, zeigt das in erster Linie, wie populär das Image ist – das Image einer vom rechten Glauben geleiteten Politik –, das sie zu besetzen suchen.[108]

Das gilt natürlich nicht nur für oppositionelle Gruppen, sondern auch für den Staatsislam – für die meist auch im Staatsdienst beschäftigten und überwiegend traditionalistischen Mitglieder des religiösen Establishments. In einem seinem Selbstverständnis nach islamischen Staat wie Saudi-Arabien sind sie gleichzeitig auch die Ideologen des Staates; in anderen Fällen haben sie mit den mehr oder weniger säkularen Staaten zumindest ihren Frieden gemacht und geben der Politik dieser Staaten in der Regel ihr religiöses Gütesiegel – und sei es nur, weil sie sonst ihrer Position verlustig gehen könnten. Kein Wunder, dass die obersten Religionsgelehrten (*Muftis*) der arabischen Staaten auch unterschiedliche Rechtsgutachten (*Fatwas*) abgeben: So äußerte etwa der ägyptische *Mufti* während der zweiten palästinensischen *Intifada*, dass Selbstmordattentate dem islamischen Recht widersprächen, der syrische *Mufti* erklärte sie zu »natürlichen und legitimen Reaktionen« auf die »zionistischen Verbrechen« gegen das palästinensische Volk.

Vertreter des Staatsislam stimmen nicht notwendig mit dem Kurs ihrer jeweiligen Regierung überein, handeln aber überwiegend im Sinne einer durchaus traditionsreichen Haltung in der islamischen Geistlichkeit, die politische Herrschaft schon dann für legitim erklärt, wenn sie von Muslimen ausgeübt wird und den Staat zusammenhält und vielleicht noch akzeptiert, dass die *Sharia*, das islamische Recht, konstitutionell als Quelle oder Hauptquelle der Rechtsprechung bestimmt wird. Differenzen vor allem in den Kernbereichen religiös-politischen Interesses, namentlich der Gesellschafts- und Familienpolitik, schließt das nicht aus. Die vom Staat bezahlten Rechtsgelehrten (*Ulama'*) erweisen sich hier in der Regel als sehr viel konservativer als die Regierungen. Im Jahr 2000 stellten sich etwa Ägyptens islamische Autoritäten zusammen mit der islamistischen Opposition gegen einen Gesetzentwurf, der es Frauen erlaubt hätte, auch ohne die schriftliche Einwilligung ihres Mannes ins Ausland zu reisen. Die Regierung zog das Vorhaben zurück. Eine ebenso erfolgreiche Koalition, die die parlamentarische und die außerparlamentarische islamistische Opposition sowie den Religionsminister zusammenbrachte, verhinderte in Marokko einstweilen wesentliche Änderungen des Familienrechts – insbesondere ein Verbot der Polygamie –, die Marokkos junger König Muhammad VI. offenbar gerne durchgesetzt hätte.

Den auf lange Sicht bedeutendsten Teil dieses breiten Spektrums des politischen Islam dürften jene Gruppen und Parteien ausmachen, die man dem islamistischen Mainstream zuordnen kann. Dazu gehören, unter anderem, die ägyptischen, jordanischen und syrischen Muslimbrüder, die tunesische *Nahda* (Renaissance)-Partei, die algerische *Hamas* (»Bewegung der Gesellschaft für den Frieden«) und die frühere *Front Islamique du Salut* (FIS), die kuwaitische »Islamisch-konstitutionelle Bewegung« und mit Einschränkungen auch die palästinensische *Hamas* (»Bewegung des islamischen Widerstands«), die aus den palästinensischen Muslimbrüdern hervorging. Ihrer gesellschaftlichen Verortung und politischen Ideologie nach sind dies konservative Parteien und Bewegungen. Sie haben ihre soziale Basis vor allem im städtischen Mittelstand, dem »Bazar«, und im Kleinbürgertum, also bei Angestellten und Beamten, sowie bei einem Teil der Arbeiter- und Handwerkerschaft. Ihre politische Ausrichtung entspricht in weiten Teilen der sozial-konservativer Bewegungen in anderen Weltregionen: Sie sind im Grunde anti-liberal, anti-sozialistisch, anti-kosmopolitisch und einigermaßen nationalistisch, sie treten für die Wiederbelebung religiöser und moralischer Werte ein, für eine sozial verpflichtete Marktwirtschaft und letztlich für einen Staat, dessen Gesetzgebung den Geboten der Religion folgt. Ihre bürgerliche Verankerung brachte sie in Opposition zu all den Regimen, die in den fünfziger, sechziger oder siebziger Jahren einen arabischen Sozialismus zu entwickeln suchten. Heute treten sie oft stärker als andere Gruppen für wirtschaftliche Liberalisierung ein, allerdings nicht unbedingt für einen Abbau protektionistischer Maßnahmen wie

Zöllen, die nationale Industrien gegen Importe schützen. So befürwortete in Algerien von allen im Parlament vertretenen Parteien allein die islamistische *Hamas* die Privatisierung von Staatsunternehmen. Und die formell verbotenen ägyptischen Muslimbrüder unterstützten die Regierung, als diese in den neunziger Jahren die langfristigen und günstigen Pachtrechte kleiner Bauern, ein Kernstück der Landreformpolitik Abd al-Nassers, aufhob,[109] konnten sich aber für die Öffnung des ägyptischen Marktes im Rahmen eines Assoziationsabkommens mit der EU nicht erwärmen.

Grundsätzlich sind die Mainstream-Gruppen bereit, in den existierenden politischen Institutionen mitzuarbeiten. Sie können – oder könnten – bei freien Wahlen auf eine stabile Wählerbasis bauen; sie sind meist stark in den Berufsverbänden der Ärzte und Ingenieure sowie in den Industrie- und Handelskammern vertreten; und sie sind die wesentlichen Träger einer islamischen Infrastruktur aus Schulen, Sozialeinrichtungen und Vereinen, die abhängig von den politischen Verhältnissen mit dem Staat kooperieren oder den Kern einer Gegengesellschaft bilden können. In Kriegs- oder Bürgerkriegssituationen oder dort, wo die herrschenden Regime sie in den Untergrund gedrängt haben, haben solche Gruppen militärische Flügel ausgebildet. Prominente Beispiele waren die Muslimbrüder in Syrien, die sich Ende der siebziger, Anfang der achtziger Jahre auf eine verlustreiche quasi-militärische Konfrontation mit dem herrschenden Regime einließen, die algerische FIS nach der Annullierung der Wahlen von 1991, die libanesische *Hizbullah* und natürlich die palästinensische *Hamas* in ihrer Konfrontation mit der israelischen Besatzungsmacht und, gelegentlich, mit den offiziellen palästinensischen Sicherheitskräften.

In solchen Situationen entwickelten sich Grauzonen zwischen einem konservativen, bürgerlich-islamischen Mainstream und militant-extremistischen Gruppen, die zeitweise mehr als ein arabisches Regime existenziell zu gefährden schienen. Unter politischen Entwicklungsbedingungen, die ersterem einen auch nur halbwegs anerkannten Platz geben, sind die Grenzen allerdings klar. Die algerischen GIA, die ägyptischen Gruppen *Jihad* oder *Jamaa al-Islamiyya* und andere hatten alle Hoffnungen auf politische Reform oder institutionellen Wandel aufgegeben, verketzerten die herrschenden Regime als unislamisch, erklärten ihnen und oft auch der Bevölkerung den Krieg. Und im Gegensatz zum Mainstream und zum traditionalistischen Staatsislam handelte und handelt es sich hier um minoritäre Gruppen, die keine Chance hätten, sich über die Teilnahme an Wahlen ins politische Zentrum zu manövrieren. Übergänge zum Banditentum sind zumindest in Algerien fließend. Wo solch extrem gewaltbereite Gruppen noch eine politische Vision haben, ist es die eines kämpferischen islamischen Staates, der in der Nachfolge des Propheten und unter Leitung eines charismatischen Führers auf dem Weg Gottes gegen das Böse in der Welt kämpft.[110]

Die militanten Gruppen in den arabischen Ländern stellen keine Bewegung der unterprivilegierten oder marginalisierten Schichten dar, haben in diesem Sinne auch kein soziales, wirtschaftliches oder gar klassenkämpferisches Programm, sie haben aber einen nicht unwesentlichen Teil ihrer Mitgliedschaft aus den Kreisen sozialer Verlierer rekrutiert. Ein Zusammenhang zwischen sozialer Benachteiligung und Gewalt besteht durchaus: Viele der Kader ägyptischer oder algerischer islamistischer Terrorgruppen bestanden aus schlecht ausgebildeten Akademikern ohne Berufschancen und zunehmend auch aus Studenten oder Studienabbrechern, meist aus den ärmeren Provinzen und den vernachlässigten Vierteln der Hauptstadt. Viele der in den neunziger Jahren schon älteren, militärisch ausgebildeten Mitglieder gehörten zu den so genannten »arabischen Afghanen« – waren also ehemalige Freiwillige, die in den achtziger Jahren meist mit Wissen und Zustimmung ihrer (und westlicher) Regierungen in den Reihen afghanischer Islamisten kämpften, um die sowjetischen Soldaten aus dem Land zu vertreiben.

Der Krieg der *Mujahidin* oder Glaubenskämpfer gegen die sowjetische Besatzung Afghanistans wurde von Saudi-Arabien und anderen arabischen Staaten aus verschiedenen Gründen unterstützt: Es gab ideologische Gründe für die Unterstützung eines muslimischen Brudervolks gegen deren »ungläubige« Unterdrücker; die USA, die Afghanistan als eines der Konfliktfelder in der globalen Auseinandersetzung mit dem Kommunismus betrachteten, verlangten die Unterstützung der arabischen Staaten und förderten die Freiwilligen aus diesen Ländern ihrerseits mit Waffen und Geld; und letztlich wurde man auch potenzielle Unruhestifter los, indem man sie in den

Kampf für die gute Sache im fernen Afghanistan ziehen ließ. Kurzfristig funktionierte die Strategie, nicht nur weil die sowjetischen Truppen Afghanistan ja schließlich geschlagen verließen. Auch die Aktivitäten gewaltbereiter Islamisten in den arabischen Staaten, die zwischen 1979 und 1982 einen Höhepunkt erreicht hatten – 1979 besetzten radikale Islamisten die große Moschee in Mekka, 1981 wurde Ägyptens Präsident Sadat ermordet, 1982 übernahmen syrische Islamisten die Stadt Hama und provozierten damit einen verheerenden militärischen Gegenschlag des Regimes –, nahmen danach und bis zum Beginn der neunziger Jahre spürbar ab. Es dauerte, bis man merkte, dass die Afghanistankämpfer sich weder von den USA vereinnahmen lassen wollten noch Frieden mit den Regimen in ihren Heimatstaaten gemacht hatten. Zumindest ein Teil von ihnen entschied sich nach der erfolgreichen Etablierung eines islamischen Regimes in Kabul, den Kampf in den eigenen Ländern fortzusetzen.

Einige Hundert der arabischen Freiwilligen zogen nach Bosnien, um die dortigen Muslime im post-jugoslawischen Bürgerkrieg gegen Serben und Kroaten zu unterstützen. Die Mehrheit aber kehrte in die arabischen Staaten zurück. Genau kennt wohl niemand die Zahl der arabischen Freiwilligen, die in den achtziger Jahren in Afghanistan kämpften. Allein aus Saudi-Arabien sollen, manchen Quellen zufolge, bis zu 25 000, aus Algerien etwa 2500 junge Männer rekrutiert worden sein. Viele der Rückkehrer integrierten sich wieder in ihre Gesellschaften, aber nicht wenige schlossen sich gewaltbereiten Gruppen in ihren Ländern an. Zahlreiche »arabische Afghanen«, die befürchten mussten, in den eigenen Ländern verfolgt zu werden, gingen in den Jemen; viele von ihnen beteiligten sich 1994 am jemenitischen Bürgerkrieg, wurden dann in die Streitkräfte integriert oder verblieben unter dem Schutz lokaler Stämme, die ihre eigenen bewaffneten Formationen unterhalten, im Land. Die Autorität der Zentralregierung in Sanaa ist begrenzt. Gleichwohl ließ die jemenitische Regierung 2001 verlauten, sie habe in den vergangenen Jahren mehr als 14 000 »arabische Afghanen« – Ägypter, Saudis, Algerier, Jordanier und andere – abgeschoben.

Zu denen, die in ihre Heimat zurückkehrten, gehörte auch der saudische Bauunternehmer Osama bin Laden, der mit eigenem und fremdem Geld arabische Freiwillige für den Kampf in Afghanistan rekrutiert hatte. Nachdem er mit der saudischen Regierung in Konflikt geriet, die ihm später auch seine Staatsbürgerschaft entzog, hielt er sich einige Jahre im Sudan auf, wo er neben unternehmerischen Aktivitäten – er baute im Staatsauftrag Straßen, gründete landwirtschaftliche Unternehmen und war im Import-Export-Handel tätig – auch terroristische Kämpfer ausbilden ließ und steuerte. Zumindest ein Anschlag gegen amerikanische Soldaten in Somalia und zwei gegen amerikanische Einrichtungen in Saudi-Arabien dürften auf sein Konto gehen. Seit 1996, als er auf internationalen Druck hin auch im Sudan nicht mehr erwünscht war, etablierte er sich erneut in Afghanistan, unterstützte das ultra-islamistische Regime der *Taliban*, errichtete Trainingslager und baute *al-Qaida*, sein loses Netzwerk extrem gewaltbereiter Gruppen, aus.[111] Der Kampf dieses, wenn man so will, globalisierten islamistischen Terrorismus richtet sich prinzipiell gegen alle der Auffassung seiner Führer nach »ungläubigen« Regime. Das gilt für die USA nicht anders als für Saudi-Arabien oder andere arabische Staaten. Die Gruppen, die hier zusammenkommen, sind ihrer überwiegend bürgerlichen Herkunft nach eher den teilweise ja ebenfalls internationalisierten europäischen Terrorgruppen der siebziger Jahre – der Rote-Armee-Fraktion oder den Roten Brigaden – oder der japanischen Roten Armee vergleichbar als militanten islamistischen Organisationen, die für konkrete politische Veränderungen in ihrem Land oder gegen fremde Besatzung kämpften. Und die Mentalität der Terroristen, die die Angriffe auf das World Trade Center oder das Pentagon flogen, dürfte, wie Petra Steinberger richtig bemerkte, eher der eines Mitglieds der japanischen *Aum*-Sekte entsprechen als der eines ägyptischen oder jordanischen Muslimbruders.[112]

Der Bin Laden und seiner Organisation zugeschriebene Angriff auf New York und Washington am 11. September 2001 schockierte die arabische und islamische Welt genauso wie andere Kulturkreise. Nicht nur einfache Gläubige und Vertreter des Staatsislam, sondern auch führende Vertreter des islamistischen Mainstreams, darunter auch solche, die in der Auseinandersetzung mit Israel keineswegs für Gewaltlosigkeit plädierten, machten eindeutig klar, dass ein solcher Akt mit den Lehren und Werten des Islam unvereinbar sei: Diese »Morde, Zerstörungen und Angriffe«, hieß es in einer Erklärung prominenter islamistischer Führer, »widersprechen allen menschlichen und islamischen Werten«.[113]

Die in Ägypten, Algerien und anderen arabischen Ländern operierenden militanten oder terroristischen Gruppen blieben tatsächlich erfolglos. Die meisten ihrer Mitglieder hatten spätestens Ende der neunziger Jahre erkannt, dass sie die herrschenden Regime militärisch nicht würden besiegen können – oder dass ihre Gruppen schlicht selbst besiegt worden waren; einige ließen sich auch in Bin Ladens Organisation rekrutieren und gingen, zum Teil ein zweites Mal, nach Afghanistan. Zumindest in den ägyptischen Gruppen, deren Führer zum größten Teil inhaftiert waren, begann unter dem Eindruck ihrer Erfolglosigkeit aber ein Nachdenken über den und schließlich eine Abkehr vom Gewaltkurs. Nicht wenigen der algerischen Emire – Führer lokaler bewaffneter Gruppen – gelang es, sich ins Privat- und Geschäftsleben zurückzuziehen. Und aus dem Umfeld des ägyptischen *Jihad* und der *Jamaa al-Islamiyya* kam es zu, allerdings erfolglosen, Bemühungen, eine eigene legale Partei zu gründen.

Innerhalb des Mainstreams gibt es eine sehr viel breitere und auch schon länger anhaltende Debatte über Pluralismus, Demokratie, Zivilgesellschaft und die Haltung zu anderen politischen Kräften. Die wichtigsten dieser im weitesten Sinne konservativen Gruppen und Parteien haben erkannt, dass sie, wenn sie als legitime Teilnehmer eines zivilen politischen Lebens akzeptiert werden wollen, mehr als ein taktisches Verhältnis zur politischen Pluralität, zu demokratischen Verfahrensweisen und zu Verfassungsfragen entwickeln müssen, auch dass sie ihrerseits nicht-religiöse und politisch anders orientierte Gruppen als mögliche Partner oder zumindest als legitime Gegner akzeptieren müssen.

Die meisten der diesen Mainstream repräsentierenden islamistischen Gruppen haben in diesem Sinne begonnen, sich programmatisch fortzuentwickeln. Zwei Beispiele mögen genügen. Die »Islamisch-konstitutionelle Bewegung« Kuwaits etwa, die sich explizit als konservative Kraft versteht, spricht in einem 2001 veröffentlichten Grundsatzdokument vor allem von einer Erweiterung des Parlamentarismus: Die Bewegung verpflichte sich auf die Verfassung des Landes – akzeptiere also die Monarchie –, trete aber dafür ein, Regierungen künftig auf die Grundlage parlamentarischer Mehrheiten zu stellen. Abgeordnete sollten das »ganze Volk repräsentieren«, nicht etwa nur ihre jeweilige konfessionelle, soziale oder politische Gemeinschaft.[114] Und die syrischen Muslimbrüder, die etwa zur gleichen Zeit ebenfalls ein Grundsatzdokument, das sie als »Projekt einer nationalen Ehrencharta für die politische Arbeit« bezeichneten, herausgaben, beschrieben darin als erstes Ziel den »Aufbau eines modernen Staates«: Ein solcher Staat sei ein Staat der Institutionen und basiere auf Gewaltenteilung, Rechtsstaatlichkeit, freien und sauberen Wahlen, um »Machtwechsel zwischen allen Kindern des Landes« zu ermöglichen; er sei ein pluralistischer Staat, »in dem politische Oppositionskräfte und die Institutionen der Zivilgesellschaft eine Rolle der Kontrolle und des Gegengewichts« ausübten, ein Staat schließlich, der die Menschenrechte und individuellen Bürgerrechte schütze. Insgesamt gelte es, die »Erfahrungen der Nationen und die Expertise der Völker sowie die Gegebenheiten des Zeitalters, in dem wir leben«, zu nutzen. Der Islam »mit seinen hohen Werten und seinem großherzigen Recht« sei ein »zivilisatorischer Referenzrahmen« (*marjaïyya hadariyya*) – er stelle für die Syrer, so wird erläutert, entweder einen religiösen Bezugsrahmen oder (zumindest) ein Element kultureller Zugehörigkeit dar und bilde insofern einen gemeinsamen Nenner.[115] Dies ist vor allem insofern interessant, als die Muslimbrüder hier leise, aber deutlich davon abgerückt sind, den Islam als politischen Bezugspunkt oder Referenzrahmen zu definieren. Auch die Forderung nach einem islamischen Staat wird damit stillschweigend aufgegeben.

Ob es dem arabischen islamischen Mainstream gelingen wird, sich in ein muslimisches Pendant europäisch-christdemokratischer Parteien zu verwandeln – den Vergleich bemühen einige Führer islamistischer Parteien durchaus –, hängt nicht zuletzt von politischen Systementwicklungen ab: in erster Linie davon, wie viel Pluralität und politische Freiheit die einzelnen Staaten zulassen. Sicher ist, dass ein Teil der neuen Eliten sich als islamisch verstehen und darstellen und dabei versuchen wird, politische Entscheidungen als islamische Wertvorstellungen zu legitimieren.

Zweiter Teil
Die einzelnen Länder

Ägypten
Ein uncharismatischer Trendsetter

Kairo, die Hauptstadt Ägyptens, die heute 16, 18 oder 20 Millionen Einwohner fasst – niemand weiß das genau –, die ununterbrochen zu wachsen scheint, immer laut ist, immer überfüllt, immer unter einer Glocke von Staub, Sand und Abgasen, wird von Kilometern oft zweistöckiger Hochstraßen überzogen, die die Kapazität der Hauptverkehrsadern verdoppeln, wenn nicht verdreifachen sollen. Diese *Flyovers* werden seitlich von grünen Metallgeländern begrenzt. Wer auf den Hochstraßen durch die Stadt wandert, was ohne Gehwege riskant ist, begegnet allen paar Kilometern zwei Arbeitern, die mit einem Topf Farbe das Grün der Geländer erneuern. Gelegentlich, aber nicht immer, werden sie von einem Kollegen begleitet, der ihrer Arbeit mit einem Staubtuch den Grund bereitet. Wenn sie je fertig werden, wird es Zeit sein, dass sie wieder von vorn beginnen.

Ähnlich scheint Ägypten auch im Ganzen zu arbeiten. Die Bevölkerung wächst; Staat und Bürokratie wachsen mit; wirtschaftliche Probleme und Krisen erwecken den Eindruck von Permanenz; und letztlich geht es immer um Reform und die Erneuerung von Reformprozessen, die nie zu Ende zu kommen scheinen. Der oft vorhergesagte Zusammenbruch aber ist ausgeblieben. Ägypten funktioniert. Und es ist trotz aller Widrigkeiten der wichtigste arabische Staat und *das* arabische Zentrum geblieben – *umm al-dunya*, wie Araber gerne sagen, die »Mutter der Welt« oder doch zumindest die der arabischen. Politische Entwicklungen in Ägypten sind in vielfacher Hinsicht wegweisend für die Region, färben gewissermaßen ab auf das, was in anderen arabischen Staaten geschieht. Das gilt für wirtschaftliche Reformprozesse genauso wie für den Friedensprozess. Auch die politische Systementwicklung Ägyptens und der eher früher als später bevorstehende Generationswechsel an der Spitze des Landes haben deshalb regionale Bedeutung.

Pragmatische Führung

Ägypten ist nicht erst unter Gamal Abd al-Nasser (Nasser) zur führenden Macht der arabischen Welt geworden; Abd al-Nasser gab der ägyptischen Führung aber eine populäre, charismatische Dimension. Nasserismus wurde zum Modell für revolutionär-etatistische und arabisch-nationalistische Regime – eher ein schlechtes Modell, wie nachdenkliche ägyptische Stimmen mittlerweile sagen, aber eines, das Ägypten zum Vorbild anderer Staaten werden ließ. Bis heute gibt es in zahlreichen arabischen Ländern nasseristische Parteien und Bewegungen. Die Führungsrolle Ägyptens ging unter Anwar al-Sadat verloren, der über den Friedensschluss mit Israel sein Land isolierte, in der arabischen Öffentlichkeit ungefähr so viel Ablehnung auf sich zog wie Abd al-Nasser Verehrung, und 1981 wegen seiner Bereitschaft, Frieden mit Israel zu schließen, ermordet wurde. Erst in den neunziger Jahren, unter seinem Nachfolger Husni Mubarak, begann eine vorsichtige historische Neueinschätzung Sadats und seiner Politik: Man sprach nicht mehr nur vom Alleingang Ägyptens – einen solchen stellten die ägyptisch-israelischen Abkommen von 1978/79 ja zweifellos dar –, sondern auch von der ägyptischen Vorreiterrolle im Friedensprozess. Mubarak, dem ägyptische Kritiker einen Mangel an Kreativität vorwerfen, ist tatsächlich ein ausgesprochen uncharismatischer, dabei pragmatischer und in außenpolitischen Fragen rationaler Politiker, der es vermocht hat, Ägypten wieder zum Zentrum arabischer Politik zu machen, ohne den Friedensvertrag mit Israel in Frage zu stellen. Seit 1990 finden die wichtigsten arabischen Gipfel- und Außenministertreffen wieder in Ägypten statt. Die ägyptische Diplomatie konnte dabei zumeist den Ton angeben, ob es sich nun um die offizielle Unterstützung der Arabischen Liga für Kuwait oder um das Bemühen handelte, die politischen und wirtschaftlichen Beziehungen zu Israel zu konditionieren, ohne den Friedensprozess als solchen in Frage zu stellen.

Durchaus symbolisch überragt heute das ägyptische Außenministerium, das in einem schlanken Hochhaus am Nil beherbergt ist, andere Regierungsgebäude – nicht zuletzt das nahe gelegene Gebäude des Rundfunks, der zu Abd al-Nassers Zeiten das vielleicht wichtigste Instrument der arabischen Politik Ägyptens darstellte. Massenmobilisierung gehört gerade nicht mehr zum Instrumentarium ägyptischer Außenpolitik, und auch die Politik der großen Gesten, die Anwar al-Sadat so gut beherrschte, liegt seinem Nachfolger nicht. Mubaraks außenpolitischer Stil liegt eher in ruhiger Beharrlichkeit. Er spricht mit jedem, hört notfalls schwierigen Gesprächspartnern wie dem libyschen Revolutionsführer, Muammar Qadhafi, auch stundenlang zu. Er ist ständiger Anlaufpunkt für PLO-Chef Yasir Arafat, versucht immer wieder, zwischen Israelis und Palästinensern zu vermitteln, den Friedensprozess in Gang zu halten und die Lage zu beruhigen, hat aber auch wiederholt Arafat und die Palästinenser bestärkt, israelischem Druck nicht nachzugeben. Ein konkretes Beispiel war die diplomatische Auseinandersetzung, die im Sommer 2000 um die Zukunft der heiligen Stätten des Islam in Jerusalem entbrannte: Es brauchte offensichtlich die sehr deutliche Erklärung Kairos, dass die arabisch-muslimische Welt eine Souveränität Israels über die Aqsa-Moschee und den *Haram al-Sharif* (der für Juden der Tempelberg ist) nicht hinnehmen würde, um US-Präsident Clinton von weiteren Versuchen abzubringen, Arafat in dieser Frage zur Annahme israelischer Vorschläge zu zwingen.

Die heutige regionalpolitische Rolle Ägyptens stützt sich auf mehrere Elemente. Das sind einmal klassische Machtfaktoren wie die Größe der Streitkräfte, die Bevölkerungszahl und die geopolitische Lage, die Ägypten nach wie vor zum stärksten arabischen Staat machen. Stärke allein garantiert allerdings keine Führung. Das sind ferner die unbestrittenen Fähigkeiten der ägyptischen Diplomatie: Ägypten betreibt eine wirklich weltweite und, im Gegensatz zu vielen anderen arabischen Staaten, hoch professionelle Außenpolitik. Das sind letztlich und wesentlich aber auch die strategischen Beziehungen, die Ägypten vor allem mit zwei Partnern unterhält: mit den USA und mit der wirtschaftlichen Regionalmacht Saudi-Arabien sowie der zwar nicht sehr freundschaftliche, aber stabile Frieden mit Israel. Die saudisch-ägyptischen Beziehungen bilden die Basis für das innerarabische Kräftedreieck, das, mit Syrien als Juniorpartner, letztlich entscheidet, was auf der Ebene der Arabischen Liga möglich ist. Die Beziehungen zu Saudi-Arabien sind für Kairo zudem aus ökonomischen Gründen unverzichtbar: nicht nur wegen saudischer oder kuwaitischer Finanzhilfen und Investitionen, sondern auch und vor allem, weil in den Golfmonarchien an die drei Millionen ägyptischer Arbeitskräfte tätig sind. Ägyptische Experten gehen davon aus, dass nahezu die Hälfte des Bruttosozialprodukts ihres Landes in der einen oder anderen Weise von den Beziehungen zum Golf abhänge.[116] Die politische Nähe zu Saudi-Arabien gab ägyptischen Initiativen Israel oder den Palästinensern, aber auch den USA gegenüber zudem zusätzliches Gewicht. Umgekehrt spielen die Beziehungen zu Washington, die sich seit den siebziger Jahren entwickelt haben, eine wichtige Rolle für die regionalen Beziehungen Ägyptens. Die ägyptische Führung kann arabische Anliegen in Washington vorbringen und gelegentlich verständlich machen, und die USA lassen keinen Zweifel daran, dass die Stabilität Ägyptens zu ihren Interessen im Nahen und Mittleren Osten gehört. Seit Ende der siebziger Jahre unterstützen die USA Ägypten mit jährlich nahezu 1,3 Milliarden Dollar an Militärhilfe, die im Wesentlichen zur Modernisierung der ägyptischen Streitkräfte – sprich: ihrer Ausrüstung mit modernen, amerikanischen Waffen, die allmählich die ursprünglich sowjetische Bewaffnung ersetzen – und für Trainingsmaßnahmen verwendet werden. Im Gegensatz zur schrittweise reduzierten amerikanischen Wirtschaftshilfe ist die Militärhilfe konstant geblieben.

Natürlich ist die gute Beziehung Ägyptens zu den USA wesentlich ein Ergebnis des Friedens mit Israel. Dass Ägypten trotz aller bilateralen Differenzen und regionalen Krisen am Frieden mit Israel festhielt und darüber auch keine Zweifel aufkommen ließ, hat ihm sowohl in Israel wie in den USA eine gewisse Glaubwürdigkeit verliehen. Dabei ist offenkundig, dass weder die West- oder US-Bindung, wenn nicht US-Abhängigkeit Ägyptens, noch der Friede mit Israel innenpolitisch populär sind. Die Regierung bemüht sich deshalb darum, der gerade im militärischen Bereich sehr intensiven Zusammenarbeit mit den USA nicht zu viel öffentliche Aufmerksamkeit zukommen zu lassen und sich gelegentlich deutlich von amerikanischer Politik abzusetzen. Das gilt nicht nur für arabisch-israelische Themen. Kairo hat beispielsweise auch klar gemacht, dass es die Wiedereingliederung des Irak in die regionale Staatengemeinschaft als seine ureigenste Aufgabe betrachtet. Gerade die amerikanische Politik gegenüber dem Irak und die pro-israelische Haltung der USA im arabisch-israelischen Konflikt haben die mindestens Amerika-skeptische, oftmals offen Amerika-feindliche Haltung der intellektuellen Elite und der Öffentlichkeit bestärkt.

Auch Ägyptens Frieden mit Israel ist »kalt« geblieben; er hat kaum eine gesellschaftliche Dimension entwickelt. Im Gegenteil, die ägyptische Öffentlichkeit verhalte sich, so ein libanesischer Journalist, gelegentlich so, als wolle sie lieber heute als morgen in den Krieg ziehen.[117] Nummer eins in den ägyptischen Charts wurde im Jahre 2000 jedenfalls ein Lied des Volkssängers Shahin Abd al-Rahim mit dem Titel »Ich hasse Israel – ich liebe Amru Musa!«. Letzterer, damals noch Ägyptens Außenminister, seit Frühjahr 2001 dann Generalsekretär der Arabischen Liga, war zweifellos der populärste Politiker im Land – vor allem wegen seiner oft scharfen Kritik an Israel und Israels Politik. Musa setzte sich aber nicht aus populistischen Motiven mit Israel auseinander. Letztlich war er, wie jeder ägyptische Außenminister, ein gefügiger Diener seines Herrn. Die Außenpolitik ist eine Domäne des ägyptischen Präsidenten; ein Außenminister kann sie entweder umsetzen oder zurücktreten. Musas Aufgabe, wie die seines Nachfolgers, des nach außen viel milder wirkenden Karrierediplomaten Ahmad Mahir, war eine realpolitische: Ägypten würde die Beziehungen mit Israel nutzen, um den Friedensprozess vorwärtszubringen und palästinensische Rechte wahren zu helfen; die Rolle eines neutralen Dritten zwischen Israel und den Palästinensern, die israelische Politiker gelegentlich anmahnten, kam für Kairo nicht in Frage und hätte seiner regionalen Stellung geschadet. Fortschritte im Friedensprozess veränderten das bilaterale Verhältnis Ägyptens zu Israel und brachten neue Herausforderungen mit sich: Von 1979 bis Anfang der neunziger Jahre war Ägypten dank seines Friedensvertrags der privilegierte Gesprächspartner Israels in der arabischen Welt; spätestens seit dem jordanisch-israelischen Friedensschluss war Ägypten nur noch einer unter mehreren arabischen Staaten, zu denen Israel diplomatische Beziehungen unterhielt. Gleichzeitig baute sich ein bilaterales Konkurrenzverhältnis auf, bei dem es letztlich um die regionale Führung ging: Würde Israel dank seiner überragenden Wirtschaftskraft versuchen, die Region wirtschaftlich zu dominieren oder würde es sich integrieren lassen, einen Platz in seiner arabischen Umwelt akzeptieren, der, wie Husni Mubarak es mit vielleicht unfreiwilligem Humor einmal ausdrückte, seiner Größe auf der Landkarte entspräche?[118]

Der ägyptischen Führungselite war klar, dass bei dieser Frage auf lange Sicht vor allem wirtschaftliche Faktoren zählen würden. So setzte Kairo sich im arabischen Rahmen energisch dafür ein, der wirtschaftlichen Zusammenarbeit arabischer Staaten ein größeres Gewicht zu geben. Ägypten wurde die treibende Kraft hinter dem Projekt einer Arabischen Freihandelszone, das Ende der neunziger Jahre auf den Weg gebracht wurde; Ägypten schloss zudem eine Reihe bilateraler und multilateraler Freihandelsabkommen mit anderen arabischen Staaten. Tatsächlich begann mit diesen Maßnahmen ein erster, gradueller Abbau von Zöllen und Einfuhrbeschränkungen im innerarabischen Handel. Die ägyptische Diplomatie bewies damit einmal mehr ihre Fähigkeit, die regionale Agenda zu setzen oder zumindest entscheidend mitzubestimmen. Der eigentliche Test und die eigentliche Herausforderung ägyptischer Politik, gerade auch mit Blick auf zukünftige regionale Konkurrenzen, lag allerdings in der Aufgabe, die eigene Wirtschaft leistungs- und wettbewerbsfähiger zu machen.

Durchwursteln als Strategie

Mit etwa 64 Millionen Einwohnern zu Beginn des neuen Jahrhunderts ist Ägypten mit Abstand der bevölkerungsreichste arabische Staat, gefolgt von Algerien, das weniger als halb so viel Einwohner hat. Der Wirtschaftskraft nach liegt Ägypten allerdings auf Platz zwei, das ägyptische Bruttosozialprodukt entspricht ungefähr drei Vierteln des saudi-arabischen. Das war nicht immer so: Vor dem Ölpreisschub der siebziger Jahre war Ägypten nicht nur der Bevölkerungszahl, sondern auch der wirtschaftlichen Leistung nach der größte arabische Staat. Es war auch das kulturelle und wissenschaftliche Zentrum der arabischen Welt. Selbst bei der Zahl international zitierter wissenschaftlicher Veröffentlichungen hat Saudi-Arabien

Ägypten mittlerweile überrundet; und das arabische Fernsehpublikum sieht überwiegend Satellitensender vom Golf. Ägyptische Beobachter beklagen regelmäßig, dass ihr Land nicht nur gegenüber Saudi-Arabien und den anderen Hauptölexporteuren, sondern vielen anderen Staaten gegenüber – Portugal etwa oder Korea –, deren wirtschaftliche Entwicklungsindikatoren noch in den fünfziger oder sechziger Jahren hinter denen Ägyptens lagen, zurückgefallen sei: Das zwanzigste Jahrhundert, so ein stellvertretender Direktor des Kairoer *al-Ahram*-Zentrums für Politische und Strategische Studien, sei für Ägypten ein fast kompletter Fehlschlag gewesen.[119]

Dieses Urteil ist überzogen. Richtig ist, dass die wirtschafts- und entwicklungspolitischen Probleme, die Ägypten plagen, nicht neu sind, sondern in gewisser Weise eine historische Konstante darstellen. Dies erklärt vielleicht die beeindruckende Gelassenheit, mit der viele Ägypter, privat und offiziell, ihr Land und dessen Probleme wahrnehmen. Wahrscheinlich nimmt man die Dinge einfach ein bisschen weniger ernst als in vielen anderen nahöstlichen und arabischen Ländern, weil man aus Erfahrung weiß, dass sie sich entweder von selbst lösen, letztlich doch gelöst werden oder eben unlösbar sind. Schon Ende des neunzehnten Jahrhunderts gab es weit verbreitete Armut, eine mühsame Bürokratie und eine hohe Auslandsverschuldung, die dazu beitrug, dass der ägyptische Aktienanteil am Suezkanal in britischen Besitz überging – bis zu dessen Verstaatlichung im Jahr 1956. Die späten fünfziger und die sechziger Jahre sahen den Aufbau eines enormen staatlichen Industriesektors, der Ägypten so weit wie möglich von ausländischen Importen unabhängig machen sollte, die Verstaatlichung größerer privater Betriebe, eine Landreform und die weitgehende Monopolisierung und Kontrolle des Außenhandels durch den Staat. Andere arabische Staaten, insbesondere Syrien und der Irak, folgten diesem etatistischen Entwicklungskurs, den man gern als arabischen Sozialismus bezeichnete. In den Siebzigern begann Ägypten dann als erster arabischer Staat mit einer Politik der wirtschaftlichen Öffnung (*infitah*) oder Liberalisierung. Dies bedeutete allerdings vor allem eine Öffnung Ägyptens für westliche Importe, ohne einen strukturellen Umbau der Wirtschaft einzuleiten, der diese auch auf internationalen Märkten wettbewerbsfähig gemacht hätte. Das Außenhandelsdefizit und die Staatsverschuldung wuchsen dramatisch; Ende der achtziger Jahre mussten mehr als dreißig Prozent der Exporte zur Schuldendeckung aufgewandt werden. Gleichzeitig stagnierte das wirtschaftliche Wachstum, das Pro-Kopf-Einkommen ging sogar zurück. Dies traf vor allem die ärmeren Teile der Bevölkerung, nicht zuletzt Beamte und Beschäftigte des Staatssektors. Soziale Spannungen nahmen zu: 1986 konnte die Regierung einer Revolte unterbezahlter Polizisten nur durch den Einsatz der Armee Herr werden.

Die schwere Schulden- und Wirtschaftskrise zwang Ägypten 1990/91 dazu, mit dem Internationalen Währungsfonds, der Weltbank und den Gläubigerstaaten ein Stabilisierungs- und Strukturanpassungsprogramm zu vereinbaren. Dabei wurden substanzielle Schuldenstreichungen zugesagt, aber an konkrete Reformschritte gebunden. Diese Bedingung mag dazu beigetragen haben, eine Reihe wirtschaftspolitischer Reformen auch gegen die Widerstände bestimmter Interessengruppen durchzusetzen, also etwa weitere Subventionen abzubauen und Preiskontrollen aufzuheben, Zölle zu senken und dafür eine Mehrwertsteuer einzuführen oder die Investitionsbedingungen für privates Kapital zu verbessern. Ägyptens Unterstützung der anti-irakischen Koalition im Golfkrieg schuf zudem günstige politische Rahmenbedingungen: Kuwait strich 1994 die ägyptischen Schulden; Saudi-Arabien und die anderen Golfstaaten gaben mehr Visa für ägyptische Arbeitsmigranten (wesentlich auf Kosten von Jordaniern, Jemeniten und Palästinensern); der größte Teil saudischer und kuwaitischer Investitionen in anderen arabischen Ländern ging nach Ägypten. Und gegen Ende des Jahrzehnts ließen höhere Ölpreise auch die Staatseinnahmen erfreulich steigen – etwa die Hälfte der Exporterlöse Ägyptens stammen aus dem Öl- und Gassektor. Im Ganzen griffen deshalb die Maßnahmen: Bis Ende der neunziger Jahre war die Inflation von zweistelligen Zahlen auf unter 3,5 Prozent, das Haushaltsdefizit von zwanzig auf zwei bis vier Prozent gesunken – die ägyptische Regierung ließ sogar verlauten, sie könne praktisch die Maastricht-Kriterien erfüllen, die die EU-Staaten sich gegenseitig für die Mitgliedschaft im Euro-Verbund verordnet hatten. Wichtiger noch: Der Schuldenstand Ägyptens war von etwa 50 Milliarden Dollar im Jahr 1991 auf gerade noch 25 Milliarden im Jahr 2001 geschrumpft. Die ägyptische Regierung entschied sich daraufhin, die austeritäre Politik der neunziger Jahre zu Gunsten einer deutlichen Erhöhung der Staatsausgaben aufzugeben, um neue große Infrastrukturprojekte, darunter vor allem ein riesiges Neuland- und Bewässerungsprojekt in der Nähe des Assuan-Staudammes, voranzubringen. Was die Staatsfinanzen betraf, konnte Ägypten tatsächlich wieder durchatmen. Der immer wieder befürchtete wirtschaftliche Kollaps blieb jedenfalls aus.[120]

Richtig ist es wohl zu sagen, dass Ägypten sich eher durchgewurstelt hatte, als einen strukturellen Umbau der Wirtschaft einzuleiten. Dies geschah mit einer Mischung aus Reformen und Reformandeutungen, einer geschickten Nutzung regionalpolitischer Verhältnisse und umfangreicher Einwerbung internationaler Unterstützung: Kein anderer Regionalstaat würde es wohl geschafft haben, Schulden in zweifacher Milliardenhöhe erlassen zu bekommen. Aber Ägypten war einfach ein zu wichtiger regionaler Akteur – und ein zu wichtiger nahöstlicher Verbündeter der USA –, als dass Washington oder die internationalen Finanzinstitutionen es seinem wirtschaftlichen Schicksal hätten überlassen wollen. Die ägyptische Regierung nutzte die Furcht ihrer internationalen Partner vor sozialen Protesten und einer Destabilisierung des Landes auch ganz bewusst, um Forderungen nach einer rascheren und vollständigen Umsetzung vereinbarter Reformschritte abzuwehren. Vor allem die vom Internationalen Währungsfonds verlangte Privatisierung staatlicher Unternehmen kam nicht vom Fleck. Einige Beobachter schlossen daraus, dass die ägyptische Führung eine Privatisierung wesentlicher Teile des Staatssektors nie wirklich geplant hatte, sondern nur mit Bekenntnissen und Ankündigungen operierte, um die internationalen Gläubiger zufrieden zu stellen.[121] Schließlich verliert eine Regierung durch die Veräußerung staatlicher Unternehmen ja bestimmte Steuerungs- und Patronagemöglichkeiten; Versorgungsposten für verdiente Funktionäre fallen weg; so kann es zu Massenentlassungen und zu sozialen Protesten kommen; und die Kontrolle wichtiger Industriesparten mag in die Hände von Leuten geraten, Inländern oder ausländischen Konzernen, die jedenfalls nicht unter der Kontrolle der politischen Führung stehen. Andererseits würde eine Veräußerung größerer Teile des überwiegend unwirtschaftlichen Staatssektors aber den Staatshaushalt entlasten, internationale Investoren anziehen und dadurch zur Modernisierung der Wirtschaft beitragen und neue Beschäftigungsmöglichkeiten schaffen. Anstatt der politischen Führung Ägyptens einen generellen Reformunwillen zu unterstellen, sollte man deshalb davon ausgehen, dass in einer so komplexen, bürokratischen Staatsstruktur wie der ägyptischen sehr unterschiedliche Kräfte am Werk und jeweils auch in der Regierung vertreten sind, die sich gegenseitig blockieren und neutralisieren.

Das gilt nicht nur für die Reform- und Privatisierungsfrage, sondern auch für andere Bereiche, etwa die Verhandlungen, die Ägypten mit der EU über ein Assoziationsabkommen führte, bei dem es vor allem um graduellen Zollabbau und Freihandel geht. Das Abkommen war 1999 bereits unterschriftsreif, wurde aber erst im Sommer 2001 unterzeichnet. Denn während das Außen- und das Wirtschaftsministerium den Abschluss des Abkommens propagierten, sperrten sich andere einflussreiche Kräfte, darunter der Industrieminister und die Ägyptische Industrievereinigung, die die Konkurrenz ausländischer Warenimporte fürchteten. Das Ergebnis ist, dass Ägypten eine nahezu kontinuierliche und intensive Reformdiskussion führt, die zu jedem beliebigen Zeitpunkt den Eindruck vermittelt, dass das Land just in diesem Moment dabei ist, tief greifende Veränderungen einzuleiten. Die anhaltende Reformdebatte und die gleichzeitige Blockade echter Strukturveränderungen sind weniger ein Widerspruch als zwei Seiten eines Prozesses, bei der es der politischen Führungsebene vor allem darum zu gehen scheint, keine wichtige Interessengruppe vor den Kopf zu stoßen.

Die Schattenseiten einer solchen Politik sind offensichtlich – und werden natürlich ganz offen debattiert: Die Produktivität der einheimischen Industrie ist niedrig geblieben, das Außenhandelsdefizit steigt und dürfte weiter steigen, wenn Zollschranken abgebaut werden, ohne dass die Exportfähigkeit der heimischen Wirtschaft zunimmt. Dies ist über die neunziger Jahre sicher nicht geschehen; der Anteil Ägyptens am Weltexport ist vielmehr kontinuierlich gesunken,[122] und auch unter ägyptischen Ökonomen wird bezweifelt, dass das Land wirklich fit für die Integration in einen offenen euro-mediterranen Wirtschaftsraum ist.

Wenn ein allgemeiner Konsens über die Entwicklung nicht existiert, dann liegt das auch daran, dass die ägyptische Gesellschaft sich zu einer »Gesellschaft zweier Geschwindigkeiten« entwickelt hat:[123] Ein Teil der Gesellschaft lebt und arbeitet in Strukturen, die in den fünfziger, sechziger und siebziger Jahren entstanden sind, allenfalls ihre Lebensverhältnisse haben sich relativ verschlechtert. Der andere Teil bewegt sich in einer globalisierten Weltökonomie und lebt mit den Errungenschaften des 21. Jahrhunderts. Auf der einen Seite findet sich die Gesellschaft der Arbeiter und Angestellten im staatlichen Sektor (öffentlicher Dienst und staatliche Wirtschaftsunternehmen), der mit den Streitkräften und deren Wirtschaftsbetrieben etwa ein Drittel aller Erwerbstätigen beschäftigt, sowie der Kleinbauern und Landarbeiter, die knapp dreißig Prozent der Erwerbstätigen stellen, des traditionellen Gewerbes, des informellen Sektors und der städtischen und der ländlichen Armen. Auf der anderen Seite stehen die Spitzenbeamten, die hohen Funktionäre des Staatssektors, die Manager, leitende Angestellte ausländischer und großer ägyptischer Unternehmen und die moderne Geschäftswelt. Der Abstand zwischen den beiden Teilen ist größer geworden, die Lebensumstände klaffen auseinander. Ein Teil der Gesellschaft zwängt sich in die überfüllten Busse, der andere fährt deutsche oder amerikanische Luxuslimousinen; ein Teil wohnt in innerstädtischen Vierteln, die auf Touristenkarten nur angedeutet sind, und schickt seine Kinder auf überfüllte Schulen mit unterbezahlten Lehrern, ein anderer wohnt in noblen Villenvororten mit ausländischen Schulen, privaten Kliniken sowie Golf- und Poloplätzen oder in neuen Luxushochhäusern am Nil, die im privaten Aufzug sogar Platz für den PKW haben.

Der sicherste Weg, einen bescheidenen Wohlstand zu erwerben, liegt für den einen Teil der Gesellschaft nach wie vor in der Arbeitsmigration an den Golf. Die Chancen, ein Visum zu erhalten, sind aber begrenzt. Zehntausende derer, die ihre Ausbildung auf staatlichen Hochschulen abgeschlossen haben, warten danach oft jahrelang auf eine Anstellung im staatlichen Sektor, die zwar sicher ist, aber auch keine Familie ernährt. Die Kinder des anderen Teils studieren auf privaten Lehranstalten im In- oder Ausland und arbeiten in der privaten Wirtschaft.

Präzise Daten über das, was die soziale Kluft ausmacht, gibt es kaum. Aber schon nach offiziellen Angaben lebt etwa ein Viertel der Bevölkerung unterhalb der Armutsgrenze. Es ist deshalb nicht verwunderlich, dass der Markt, den internationale Restaurantketten oder Konfektionshäuser, aber auch inländische Produzenten so »luxuriöser« Produkte wie etwa Mineralwasser in Ägypten sehen, auf maximal zehn Prozent der Bevölkerung geschätzt wird. Und etwa die Hälfte aller Konsumausgaben entfällt, wissenschaftlichen Schätzungen zufolge, auf gerade mal drei Prozent aller Einwohner.[124]

Am oberen Ende der sozialen Pyramide hat sich eine schillernde Businesselite herausgebildet, die national und international tätig ist. Eine erste, neue Unternehmergeneration bildete sich bereits in der Ära Sadat – dabei handelte es sich häufig um ehemalige Offiziere, um Manager staatlicher Unternehmen oder Minister, die im Zeichen der *Infitah*-Politik und mit Hilfe ihrer politischen Beziehungen ins private Geschäftsleben einstiegen. Die Unternehmer der neunziger Jahre denken in größeren, gewissermaßen globalen Kategorien. Diese Gruppe meist amerikanisch ausgebildeter Geschäftsleute tritt für eine rasche regional- und weltwirtschaftliche Integration Ägyptens ein, treibt sie selbst vorwärts und unterstützt aus wirtschaftlichen Motiven die politisch motivierten Bemühungen der Regierung um arabische Wirtschaftszusammenarbeit und innerarabischen Freihandel. Ein prominentes Beispiel ist Najib Sawiris, Chef der Orascom-Gruppe, Ägyptens größtem Mischkonzern, der als Vermittler von Rüstungsaufträgen begann und mittlerweile ein arabischer Multi im Telekommunikationswesen zu werden verspricht: Orascom hält nicht nur die erste GSM-Lizenz in Ägypten – wofür es, so wird kolportiert, nicht einmal eine Ausschreibung gegeben haben soll[125] –, sondern besaß auch oder bemüht sich um Mehrheitsanteile an Mobilfunkgesellschaften in Jordanien, Syrien, Algerien und Libanon. Menschen wie Sawiris, die ihre Konzerne weiterhin wie Familienunternehmen leiten, gewinnen über ihre wirtschaftliche Tätigkeit auch an politischem Einfluss, achten aber darauf, das herrschende Regime nicht herauszufordern. Einige der neuen Geschäftsleute haben sich erfolgreich um ein Parlamentsmandat bemüht und damit ihren Anspruch auf politisches Gehör unterstrichen. Spätestens in der Ära nach Mubarak dürften sie auch ein Reservoir für politische Führungspositionen bilden. Fraglich bleibt, ob sie dann neben ihrer wirtschaftspolitischen auch eine sozialpolitische Agenda entwickeln werden, oder wie die herrschende politische Elite darauf setzen, dass die Dinge sich schon irgendwie regeln werden.

Politische Stagnation

Eine Öffnung und Verjüngung des politischen Systems und eine Erweiterung der politischen Basis war zu Beginn des 21. Jahrhunderts, in der, wie man vermuten durfte, Endphase der Mubarak-Ära, zweifellos notwendig. Die politischen Strukturen hatten sich zwar seit den Zeiten Abd al-Nassers entwickelt; das politische System blieb aber erhalten. Seit 1954 hatte Ägypten mit Abd al-Nasser, Sadat und Husni Mubarak nur drei Präsidenten; Mubarak war im Jahr 2001 bereits seit zwanzig Jahren im Amt und zuvor Vizepräsident. Das System war autoritär geblieben; es gab dem Präsidenten, der gleichzeitig Chef der herrschenden National-Demokratischen Partei (NDP) war, faktisch die Möglichkeit, sich selbst und sein Regime permanent im Amt zu halten: Der Präsident wird alle sechs Jahre per Referendum gewählt, auf Vorschlag des Parlaments, in dem seine eigene Partei über eine Zweidrittelmehrheit verfügt, die bislang noch immer, sei es durch offene Manipulation, sei es durch den Übertritt anderer Abgeordneter, sichergestellt worden ist. Der Präsident ernennt allein die Führungsgremien der NDP, er ernennt auch die Regierung, die Minister, hohe militärische und zivile Funktionäre, zehn Abgeordnete des Parlaments und ein Drittel der zweiten Kammer; er kann das Parlament auflösen und er hat selbst legislative Vollmachten. Auf Grund des seit 1981 herrschenden Ausnahmezustands, den das Parlament regelmäßig verlängert, kann der Präsident zudem Gerichtsverfahren gegen Zivilisten an die Militärgerichtsbarkeit übertragen. Dem Präsidenten allein würde es auch obliegen, einen Vizepräsidenten zu ernennen, der aller Wahrscheinlichkeit nach seine Nachfolge antreten würde, wie Sadat nach dem Tod Abd al-Nassers und Mubarak nach der Ermordung Sadats. Dass Husni Mubarak sich auch nach zwanzig Amtsjahren nicht für einen Vize entschieden hatte, musste die Frage aufwerfen, ob er einen möglichen Stellvertreter fürchtete oder gar heimlich dynastische Pläne schmiedete.

Falls Mubarak nicht rechtzeitig einen zivilen Stellvertreter ernennt, der sich eine Machtbasis aufbauen kann, wird ein Nachfolger mit großer Wahrscheinlichkeit aus dem Militär kommen, möglicherweise auch aus dem Geheimdienst. Ägypten ist keine Militärdiktatur, das Militär herrscht nicht, es regiert schon gar nicht, und es hat seit Abd al-Nasser die Vorgaben der politischen Führung akzeptiert und umgesetzt. Bei Krisen wie der Revolte von Polizeikräften im Jahr 1986 hat das Regime sich auf die Armee verlassen können. Das Militär ist aber der stärkste institutionelle Akteur im Staat geblieben, ein Akteur mit weitreichenden Eigeninteressen: Beispielsweise wird der Militärhaushalt dem Parlament nicht vorgelegt, und die Streitkräfte unterhalten ein enormes ziviles Wirtschaftsimperium, das etwa zehn Prozent aller Erwerbstätigen beschäftigen soll. Die Aktivitäten der Militärunternehmen reichen von der Lebensmittelproduktion über Fahrzeugbau und Elektrizitätserzeugung bis zu Landreklamation, Tourismus und Wohnungsbau. Dies sicherte Einfluss, Privilegien und Möglichkeiten der Patronage; Verluste trug die Staatskasse. Das Militär dürfte deshalb, wenn die Frage der Nachfolge an der Staatsspitze ansteht und kein gewissermaßen natürlicher Nachfolger parat steht, das entscheidende Wort haben.[126]

Das System ist autoritär, ist dies aber in einer Weise, die auf Außenstehende milde und fast demokratisch wirkt. Kein Wunder, dass auch wissenschaftliche Beobachter die politischen Zustände unterschiedlich interpretieren: Für einige befindet Ägypten sich in einem schwierigen und nicht immer gradlinigen Prozess der Demokratisierung,[127] andere sprechen von fortschreitender Entliberalisierung.[128] Tatsächlich wird man wohl von einem pluralistischen Autoritarismus sprechen müssen: Dazu gehören regelmäßige Wahlen, bei denen der Wahlausgang nicht feststeht; eine parlamentarische Opposition, eine bunte Presselandschaft, die weiten Raum für Debatte und abweichende Meinungen bietet, eine respektierte und einigermaßen unabhängige Justiz. Es gibt eine lebendige »Zivilgesellschaft«: ein großes und aktives Spektrum gesellschaftlicher, kultureller oder karitativer Vereinigungen, Organisationen und Initiativen also. Nur Chancen für einen Machtwechsel durch die Wahlurne hat das System nie zugelassen.

Die herrschende NDP ist aus der früheren nasseristischen Einheitspartei, der Arabischen Sozialistischen Union (ASU), entstanden. In den siebziger Jahren verordnete Präsident Sadat eine Pluralisierung von oben, schuf aus der Einheitspartei heraus so genannte Plattformen rechter und linker Tendenz, die sich zu eigenen Parteien entwickelten und durch wenige Parteineu- oder -wiedergründungen ergänzt wurden. Keine der so entstandenen offiziellen Oppositionsparteien hat sich zu einer Volks- oder Massenpartei entwickelt; es sind Kleinstparteien, die sich im Wesentlichen um die Parteizeitung, den Vorstand und eine kleine Gruppe von Parteiintellektuellen gruppieren. Sie sind in vieler Hinsicht ein oppositionelles Feigenblatt geblieben und haben im Gegensatz zur NDP auch wenig zu bieten: Diese hat zwar keine erkennbare ideologische oder programmatische Orientierung, sie stellt als Regimepartei aber ein Bindeglied zwischen lokaler Basis und Führung dar und verfügt über Patronage, kann also Beziehungen, Ämter, Mandate, Jobs und materielle Ressourcen vermitteln. Und mit Ausnahme einer kleinen nasseristischen Gruppe hat das Regime alternative Parteigründungen, die durch Programm oder Personal größeren Zulauf anziehen könnten, schlicht nicht zugelassen.[129]

Mubarak und die Islamisten

Das gilt zuvörderst für die Muslimbruderschaft – eine bereits 1928 in Ägypten gegründete islamistische Organisation, die mit Recht beanspruchen könnte, zum Modell islamistischer Parteien in der arabischen Welt geworden zu sein und tatsächlich Ableger in den meisten arabischen Staaten bildete.[130] Die Bruderschaft hatte versucht, das Regime von Abd al-Nasser gewaltsam zu bekämpfen, war verboten und unterdrückt worden. Sadat erlaubte ihr die Rückkehr in einen halblegalen Status: Sie blieb als Partei verboten, konnte aber in aller Offenheit politisch arbeiten. Die Bruderschaft hatte ihrerseits aus Illegalität und Verfolgung gelernt, bekannte sich fortan zur Gewaltlosigkeit und dazu, innerhalb des vorgegebenen politischen und legalen Rahmens zu agieren. Sie entwickelte sich so zur wichtigsten Oppositionskraft. Die Bruderschaft war fest im konservativen Milieu verankert; programmatisch verband sie bürgerlich-mittelständische

Interessen und sozialpolitische, aber anti-sozialistische Forderungen mit anti-israelischer Rhetorik und dem Ruf nach einer islamischen Ordnung von Staat, Gesetzgebung und Kultur. Bei Wahlen traten ihre Kandidaten entweder auf den Listen anderer Parteien, die entsprechende Bündnisse eingingen, oder als Unabhängige – also keiner Partei zugeordnete Kandidaten – an. Die mehr oder weniger deutliche Manipulation der Wahlergebnisse ließ einen kritischen Popularitätstest nicht zu; auf Grund der Ergebnisse der weniger stark kontrollierten Wahlen wird man der Bruderschaft aber ein Wählerpotenzial von zwanzig bis dreißig Prozent zurechnen können, vornehmlich in den Städten. In den siebziger Jahren wurde die Bruderschaft die beherrschende Kraft in den Studentenvertretungen, in den achtziger und neunziger Jahren gelang es ihr, die berufsständischen Vereinigungen unter anderem der Ärzte, Rechtsanwälte und Ingenieure zu dominieren. Im Übrigen konnte die Bruderschaft sich auf ein dichtes Netz sozial-karitativer Einrichtungen stützen: Die von Mitgliedern der Organisation, oft in Verbindung mit »privaten«, also nicht vom Staat kontrollierten Moscheen betriebenen Tageskliniken, Kindergärten oder Rehabilitationseinrichtungen waren vielfach besser organisiert oder schlicht verfügbarer als entsprechende staatliche Angebote. Ihre konservative Bürgerlichkeit demonstrierten die Repräsentanten der Bruderschaft in Form und Stil: Man trug zum Zeichen der Frömmigkeit einen gepflegten Bart – nicht den wilden und langen Bart radikal-islamistischer Elemente – und dazu Krawatte und Anzug.[131]

Parallel zu dieser moderaten, gesellschaftlich breit verankerten Strömung des politischen Islam bildeten sich allerdings gewalttätige Randgruppen, die das ganze System als unislamisch verketzerten und dementsprechend bekämpften. Dazu gehörte unter anderem der *Jihad*[132], zu dem die Mörder Sadats gehörten. Im Gegensatz zu den eher bürgerlichen Muslimbrüdern erhielten diese Gruppen einigen Zulauf aus verarmten ländlichen Gebieten und den von der Regierung nahezu völlig vernachlässigten Slums der Hauptstadt. Munira-West etwa, eines jener ungeplant gewachsenen Armutsviertel Kairos, das die Regierung sich selbst überlassen hatte, ohne sich um Straßen, Kanalisation, Schulen oder Gesundheitsvorsorge zu kümmern, wurde de facto von den jungen Islamisten regiert, die auch Steuern einnahmen und eine Art Polizeigewalt ausübten. Als die Behörden das Gebiet 1992 unter Regierungskontrolle bringen wollten, mussten sie es erobern – in einer dreiwöchigen Aktion und unter Einsatz von mehr als 10 000 Polizisten.[133] Gruppen wie der *Jihad* und die *Jamaa al-Islamiyya* (Islamische Gruppe) konnten zudem ägyptische Rückkehrer aus Afghanistan rekrutieren, die dort als Freiwillige mit Unterstützung der USA und nicht selten auch mit amerikanischer Ausbildung gegen die Sowjets und für einen islamischen Staat gekämpft hatten.

Diese militanten Gruppen begannen Ende der achtziger, Anfang der neunziger Jahre eine Terrorkampagne gegen Regime und Staat. Die Regierung antwortete mit einem erbarmungslosen Einsatz der Sicherheitskräfte. Allein in den Jahren 1993 bis 1995 kamen bei Terrorakten und Auseinandersetzungen zwischen Sicherheitskräften und militanten Regimegegnern an die 900 Menschen ums Leben. Mubarak und seine Regierung schienen zeitweise so in die Defensive zu geraten, dass amerikanische Sicherheitskreise einen Zusammenbruch des Regimes nicht ausschlossen.[134] Dafür, dass die Regierung schließlich die Oberhand behielt, waren mehrere Faktoren ausschlaggebend. Zum einen zeigte die staatliche Repression Wirkung. Die Sicherheitskräfte machten bei Massenverhaftungen wenig Unterschiede zwischen Terroristen und moderaten Islamisten und sperrten potenzielle Regimegegner lieber in großer Zahl weg – gegen Ende des Jahrzehnts dürften immer noch mehrere Tausend Personen ohne Gerichtsurteil im Gefängnis gesessen haben. Das Regime ließ Zivilisten zunehmend von Militärgerichten aburteilen, und diese verhängten eine für die ägyptischen Verhältnisse präzedenzlose Zahl von Todesurteilen.[135] Gleichzeitig bemühte die Regierung sich, die staatliche Kontrolle und die sozialen Dienste in den benachteiligten Dörfern und Stadtteilen zu verbessern. Zur Wiederherstellung der Kontrolle gehörte auch, Tausende unabhängiger oder privater Moscheen sowie deren Prediger und Freitagspredigten unter die Aufsicht des Religionsministeriums zu stellen. Vielleicht wichtiger war, dass die militanten Islamisten sich durch ihre Aktionen, zu denen Morde an Polizisten, Politikern und säkularen Intellektuellen sowie Anschläge gegen Touristen gehörten, zunehmend selbst delegitimierten. Das galt insbesondere nach dem Attentat von Luxor, bei dem 1997 58 Touristen und mehrere Ägypter getötet wurden. Diese Aktion und manche frühere, bei denen die terroristischen Gruppen das Leben Unbeteiligter ausgelöscht hatten, isolierte sie in der Bevölkerung und leitete auch bei ihren Gründern und führenden Kadern ein Umdenken ein. Kurz nach dem Massaker in Luxor erklärte die *Jamaa al-Islamiyya*, fortan keine Attacken auf Touristen mehr durchführen zu wollen; 1999 und 2000, nach längeren internen Debatten und Auseinandersetzungen, erklärten die inhaftierten »historischen« Führer zuerst der *Jamaa*, dann des *Jihad* ein Ende des bewaffneten Kampfes. Sie besiegelten damit auch den radikal-islamistischen Versuch, das Regime gewaltsam zum Einsturz zu bringen.[136]

Schließlich mag eine Rolle gespielt haben, dass das Regime versuchte, einen Teil der islamistischen Opposition durch eine im weitesten Sinne kulturpolitische Annäherung zu gewinnen: Dabei gewann der regimetreue, konservative Staatsislam Boden, vor allem wo es um die Zensur angeblich un- oder anti-islamischer Literatur ging. Vertreter der staatlichen religiösen Azhar-Universität schwangen sich zu einer Art Zensurbehörde auf, machten Druck auf Verleger und Regierung, bestimmte Bücher nicht zu publizieren beziehungsweise vom Markt zu nehmen, und vollendeten dabei gelegentlich das Werk der Terroristen: So konnte eine Neuauflage der Bücher von Faraj Fuda, eines 1992 von islamistischen Extremisten ermordeten säkularen Intellektuellen, nicht auf den Markt gebracht werden. Als im Frühjahr 2000 islamistische Studenten mit erheblichen Randalen gegen die Neuauflage des »Festmahls für die Meereskräuter« protestierten – ein Buch des syrischen Schriftstellers Haidar Haidar, in dem ein Charakter unter anderem die Weisheit Gottes in Frage stellt[137] –, erhielten sie inhaltliche Schützenhilfe vom obersten Religionsgelehrten der Azhar-Universität (*Sheikh al-Azhar*): Das Buch, erklärte der Scheich, sei voller Beleidigungen Gottes und der Religion. Und nach einer Kampagne in *al-Ahram* verbot der Hochschulminister den Universitäten die weitere Nutzung eines islamwissenschaftlichen Standardwerkes – die Prophetenbiografie des französischen Orientalisten Maxim Rodinson.[138] *Al-Ahram* ist, wie hinzugefügt werden sollte, eine Regierungszeitung. Das im Prinzip säkulare Regime schien aber, so Eberhard Kienle, zu meinen, dass es die Islamisten auf ihrem eigenen Gelände schlagen müsse.[139] Insofern wundert es nicht, dass in der Folge auch weitere akademische und literarische Werke, die islamistischen Puristen missfielen – darunter »Das nackte Brot« des marokkanischen Schriftstellers Muhammad Choukri[140] –, von den Curricula gestrichen wurden.[141] Die weitere ägyptische Öffentlichkeit ist keineswegs liberal; eine populistische Haltung, die sich auf islamische Moralität und Werte berief, kam an. Dies dürfte auch erklären, warum die Regierung im Frühjahr und Sommer 2001 in beispielloser Härte gegen die politisch nun wirklich ungefährliche Homosexuellen-Szene des Landes vorging: 52 Personen, die bei einer Party festgenommen und inhaftiert worden waren, wurden der Unzucht und der Religionsverachtung angeklagt – vor dem Staatssicherheitsgericht. Proteste internationaler Menschenrechts- und, schlimmer, Homosexuellen-Organisationen wurden als üble und amoralische Form der Einmischung angeprangert: Hier zeige sich, schrieb ein regierungsnaher Kommentator, dass der Westen mit seinen Menschenrechtskampagnen nichts anderes als die Verwestlichung der arabischen und islamischen Gesellschaften beabsichtige und keinerlei Rücksicht auf deren Werte und Grundsätze nehme.[142]

Wenn das Regime auch inhaltlich auf die Islamisten zuging, weigerte es sich gleichwohl, den Mainstream der islamistischen Opposition politisch zu integrieren. Die Regierung nutzte ihre Anti-Terrorkampagne vielmehr, um die Muslimbrüder gleich mitzuverfolgen. So wurden diverse Berufsgenossenschaften unter Regierungsaufsicht gestellt, nachdem Kandidaten der Muslimbruderschaft deren Vorstandswahlen gewonnen hatten; gleichzeitig wurden die Wahlverfahren dieser Vereinigungen (der Anwälte, Ingenieure, Ärzte und anderer Gruppen) in einer Weise geändert, die islamistische Wahlerfolge zumindest erschweren sollten. Anhänger und Mitglieder der Muslimbruderschaft wurden nahezu periodisch von größeren Verhaftungswellen erfasst, insbesondere im Kontext von Parlamentswahlkämpfen. Auch vor den Wahlen des Jahres 2000, den nach vielfältigem Urteil saubersten Wahlen, die Ägypten seit langem gesehen hatte, wurden Dutzende der Wahlkampfhelfer der Bruderschaft festgesetzt. Dass es dabei nicht um Terrorbekämpfung, sondern um die Wahlchancen der Opposition ging, war eindeutig: Die Auseinandersetzung mit den militanten Islamisten war schließlich seit einiger Zeit entschieden.

Die ideologischen Differenzen zwischen den oppositionellen Muslimbrüdern und dem regimetreuen Staatsislam waren, wie oben beschrieben, keineswegs besonders groß; viele der kultur- und gesellschaftspolitischen Vorstellungen der Islamisten fanden auch unter Regierungsanhängern Anklang. Vermutlich bekämpfte das Regime die Muslimbrüder nicht so sehr aus ideologischen Gründen, sondern weil sie als gut organisierte und populäre Oppositionskraft eine echte Herausforderung darstellten.[143]

Insgesamt baute das Regime von Husni Mubarak in den neunziger Jahren die autoritären Elemente des Staates aus. Dabei ging es zum Teil darum, Grund zurückzugewinnen, der in den achtziger Jahren verloren gegangen war: in einzelnen Vierteln der Hauptstadt und ländlichen Regionen genauso wie innerhalb der Berufsverbände, die viel zu wichtig waren, um sie der Opposition zu überlassen. Es ist bezeichnend, dass die Regierung im Jahr 2001 einen amtierenden Minister abstellte, um für den Vorsitz der Ingenieursgewerkschaft zu kandidieren – mit etwa einer Viertelmillion Mitgliedern der größte dieser Verbände – und einen Erfolg der Muslimbrüder zu verhindern. Um die Kontrolle über die Universitäten zu verstärken, wurde den Fakultäten das Recht entzogen, ihre Dekane selbst zu wählen; um die ländlichen Gemeinden besser zu kontrollieren, wurde die Wahl der Dorfbürgermeister abgeschafft. In beiden Fällen lag die Auswahl fortan beim zuständigen Minister. Und tendenziell liberalen Opponenten wurden die Grenzen zulässiger Kritik notfalls deutlich vor Augen geführt. So wurde der Vorsitzende der ägyptischen Menschenrechtsvereinigung, Hafiz Abu Saada, Ende 1998 für einige Tage eingesperrt, später auch angeklagt, weil er ausländische Gelder angenommen habe, ohne dafür eine Genehmigung der Behörden eingeholt zu haben. Der Prozess wurde schließlich fallen gelassen, diente den lokalen Organisationen aber als Warnung, sich nicht allzu kritisch mit Berichten über Menschenrechtsverstöße aus dem Fenster zu hängen, vor allem aber solche Verstöße nicht international publik zu machen. Auf der Grundlage ähnlicher Anschuldigungen – Annahme ausländischer Gelder ohne Genehmigung und die Verbreitung falscher Nachrichten – wurde im Herbst 2000 ein prominenter ägyptischer Soziologie, Saad Eddin Ibrahim, verhaftet und später vom Staatssicherheitsgericht zu einer siebenjährigen Freiheitsstrafe verurteilt. Ibrahim hatte das Regime unter anderem durch die Ankündigung provoziert, die damals bevorstehenden Parlamentswahlen überwachen zu wollen.[144]

Der verpasste Generationenwechsel und das Modell Ägypten

Trotz solch autoritärer Erscheinungen sind die politischen Freiräume, die es in Ägypten gab und gibt, deutlich größer als die vieler anderer arabischer Staaten; das politische und gesellschaftliche Leben Ägyptens zeigt ein Maß an Pluralität, das nur von wenigen Staaten der Region – Israel, Libanon, vielleicht noch Jordanien – überboten wird. Die ungeschriebene Regel des pluralistischen Autoritarismus unter Mubarak heißt, dass Aktivitäten und Initiativen auch oppositioneller Art, dass die Tätigkeit gesellschaftlicher Gruppen und Vereine und dass die Veröffentlichung kritischer oder abweichender Meinungen zulässig sind, solange sich dies nicht in konkrete und ernst zu nehmende Bemühungen umsetzt, einen Regierungs- oder gar einen Regimewechsel herbeizubringen. Es gibt einen Spielraum – das Spiel aber bleibt unter Kontrolle. Disziplinierungsversuche gegenüber der Zivilgesellschaft und der politischen Opposition zeigen vor allem die Unsicherheit des Regimes – die Sorge, Popularität und gesellschaftlichen Rückhalt zu verlieren oder bereits verloren zu haben.

Solche Sorgen waren, als das Regime Mubarak in sein drittes Jahrzehnt ging, zweifellos berechtigt. Die Regierung und ihre Politik wurden zwar als legitim akzeptiert, der Präsident selbst und einzelne Führungspersönlichkeiten genossen auch durchaus ein hohes Ansehen, und einzelne Institutionen des Staates wurden quer durch das gesellschaftliche und politische Spektrum respektiert. Dies galt insbesondere für die ziemlich unabhängige zivile Justiz. Problematisch dagegen war das Ansehen des Regimes im Ganzen, also der herrschenden Partei und des ganzen politischen Apparats von der staatlichen bis zur lokalen Ebene.

Das zeigte sich deutlich bei den Parlamentswahlen, die im November 2000 stattfanden. Den Wahlen war eine verfassungspolitische Auseinandersetzung um Transparenz und Ehrlichkeit der Wahlen vorausgegangen. Bei früheren Wahlen waren die Wahlurnen von Polizisten und anderen Staatsfunktionären betreut und kontrolliert worden; Wahlfälschungen waren an der Tagesordnung. Auf Antrag von Bürgerrechtlern ordnete das Verfassungsgericht nun an, die Wahllokale unter die Aufsicht von Richtern zu stellen. Parlament und Regierung wehrten sich anfänglich, gaben aber schließlich nach. Die Manipulation von Wählerlisten, Einschüchterungen von Wählern, Verhaftungen von Wahlhelfern und andere Maßnahmen zur Beeinflussung des Wahlvorgangs blieben möglich; das eigentliche Stimmergebnis ließ sich aber nicht mehr so leicht wie früher den Wünschen der politischen Führung anpassen. Während die Präsidentenpartei NDP bei den Wahlen von 1995 noch 316 der 444 im Mehrheitswahlrecht vergebenen Sitze gewann, zu denen noch 101 Unabhängige kamen, die sich ihr nach der Wahl anschlossen, konnte sie diesmal gerade 175 Mandate gewinnen und ihre Dreiviertelmehrheit nur sichern, indem sie mehr als 200 Unabhängige in die Fraktion aufnahm. Zahlreiche dieser Unabhängigen waren irreguläre Kandidaten aus der NDP, die von der Parteiführung nicht aufgestellt worden waren, aber eine lokale Basis hatten und deshalb auf eigenem Ticket antraten. Unübersehbar war aber, dass sechzig Prozent der 444 Kandidaten, die die herrschende Partei ins Rennen geschickt hatte – die NDP war die einzige Partei, die in allen Wahlkreisen antrat –, von den Wählern abgelehnt worden waren. Die Muslimbrüder konnten trotz massiver Behinderungen immerhin 17 ihrer insgesamt 75 Kandidaten durchbringen. Diese hatten alle formal als Unabhängige kandidiert, aus ihrer Zugehörigkeit zur Bruderschaft aber kein Hehl gemacht. Sie zeigten sich damit zumindest im städtischen Milieu, wo sich ihre Basis befindet, als wichtigste Oppositionskraft. Außerdem wurde einmal mehr demonstriert, dass der moderate, politische Islam ein quasi-natürliches Element der politischen Kultur Ägyptens ist:[145] Der Versuch der Regierung, diese Strömung im Kampf gegen den islamistischen Terrorismus gleich mit zu erledigen, war offenkundig gescheitert. Die zugelassenen linken, nasseristischen und liberalen Oppositionsparteien brachten es nur auf sechs, sieben und acht Mandate.

Die Wahlaussage war eine zweifache: Politisch siegten, wie beschrieben, jene Kandidaten, die in der einen oder anderen Weise gegen das Regime- und Parteiestablishment antraten; aus einer soziologischen Perspektive zeigte sich, dass vor allem Geschäftsleute und jüngere Kandidaten gut abschnitten.[146] Die mangelnde Popularität des Regimes lag zu einem nicht unwesentlichen Teil auch daran, dass es nicht imstande gewesen war, sich selbst zu erneuern oder rechtzeitig einen Generationswechsel einzuleiten. Schon Mitte der neunziger Jahre war das Regime als Gerontokratie beschrieben worden. 2001, in seinem zwanzigsten Amtsjahr, war Präsident Mubarak 73 Jahre alt, sein 1999 ernannter Premierminister 69, sein gerade neu bestellter Außenminister 64. Diese Männer gehören zu dem, was in Ägypten die »Oktobergeneration« genannt wird: die Generation derjenigen, die im Oktoberkrieg von 1973 führende Positionen eingenommen hatten – Mubarak war damals Chef der Luftwaffe. Allerdings gehörten auch die Symbole der Opposition zu dieser, wenn nicht einer älteren Generation: Der Chef der nationalistischen »Arbeitspartei« ist Jahrgang 1916, der des linken »Blocks« Jahrgang 1922, der der Nasseristen Jahrgang 1926. Der Vorsitzende der liberalen *Wafd*, Fuad Serag al-Din, starb 1998 im Alter von, je nach Quelle, 90 oder 94 Jahren, sein 1934 geborener Nachfolger ist unter den Parteiführern der jüngste.[147] Diese Parteiführer hielten nicht nur an ihren Positionen fest, sie regierten ihre Parteien auch nicht anders als Mubarak die NDP – in autoritärer Manier.

Interessanterweise brach die Generationenfrage zuerst bei der Muslimbruderschaft auf. Auch dort herrschte die alte Garde um den *murshid* (Leiter) der Bewegung, Mustafa Mashhur (Jahrgang 1921). Jüngere Mitglieder, insbesondere jener Generation, die in den siebziger Jahren in der Studentenbewegung sozialisiert und die Studentenvertretungen unter islamistische Kontrolle gebracht hatten, fühlten sich innerhalb der Bewegung blockiert und beklagten zunehmend die diktatorischen Praktiken und die ideologische Inflexibilität der Leitung. Anfang 1996 gaben mehrere Vertreter dieser Generation die Gründung einer Partei unter dem Namen *Hizb al-Wasat* (Partei der Mitte) bekannt. Der Name unterstrich vor allem, dass die Parteigründer die Generation repräsentierten, die sich während des Oktoberkriegs noch in der Ausbildung und am Anfangspunkt ihrer politischen Karrieren befand und sich in den neunziger Jahren gern als

Generation der Mitte (*jil al-wasat*) beschrieb. Der Parteiname verwies gleichzeitig auf die Mittelschichten und auf die politische Mitte, auf eine Position zwischen dem säkularen Regime und der konservativen Bruderschaft; anders als die Muslimbrüder traten die Gründer der *Hizb al-Wasat* für eine völlige Gleichstellung der Frauen ein und orientierten sich eher an islamischer Ethik als an der Religionszugehörigkeit. Bezeichnenderweise fand sich im Gründungsvorstand der Partei auch ein koptischer Christ.[148]

Nachdem die militanten Organisationen – der *Jihad* und die *Jamaa al-Islamiyya* – Ende der neunziger Jahre ein Ende der Gewalt erklärt hatten, kam es auch aus diesem Spektrum zu Parteigründungen, die allerdings sehr viel dogmatischer blieben als *Hizb al-Wasat*. Sie repräsentierten allerdings dieselbe, in den siebziger Jahren ins politische Leben getretene, aber noch zu Beginn des 21. Jahrhunderts ausgeschlossene Generation, die selbst nicht mehr behaupten konnte, für die »Jugend« zu sprechen – als Mittvierziger gehörten sie vielmehr zum ältesten Viertel der Gesellschaft.[149] Vor allem *al-wasat* mit seiner liberal-konservativen Variante eines politischen Islam hätte sich zu einer echten Herausforderung des Establishments entwickeln können. Es verwunderte deshalb kaum, dass das Regime eine Zulassung der Partei ablehnte – damit allerdings gleichzeitig wichtigen sozialen Gruppen und »einer ganzen Generation die politische Repräsentanz verweigert(e)«.[150]

Spätestens die Parlamentswahlen gaben der politischen Führung Anlass, sich über die mangelnde Popularität und eine mögliche »Erneuerung« des Regimes Gedanken zu machen. Wenige Monate nach den Wahlen setzte die herrschende NDP ein Entwicklungskomitee ein, das in der Folge und in gewohnt zentralistischer Manier eine Reihe der Provinzparteichefs entließ und durch jüngere Leute ersetzte. Bestimmende Kraft des Komitees war ein 37-jähriger Investmentbanker namens Gamal Mubarak – der Sohn des Staatspräsidenten. Wenige Jahre zuvor war mehr oder weniger gezielt gestreut worden, Gamal Mubarak bereite mit heimlicher Unterstützung des Vaters die Gründung einer eigenen Partei namens *Hizb al-Mustaqbal* (Partei der Zukunft) vor, die mittelfristig die NDP ersetzen und dem Sohn eine Basis für den Kampf um die Nachfolge seines Vaters im höchsten Staatsamt schaffen könne. Gamal Mubarak war bereits

Sprecher des ägyptisch-amerikanischen *Presidents' Council*, einer bilateralen Manager- und Unternehmervereinigung, die gute Kontakte nach Washington sicherte und ihm gleichzeitig half, sich als Vertreter des modernen, weltoffenen Ägypten zu präsentieren, und er hatte sich dem ägyptischen Publikum durch soziale Projekte einer eigenen Stiftung (*Future Foundation*) bekannt gemacht.

Die Parteigründungspläne wurden bald wieder fallen gelassen, sie hätten wohl auch zu deutlich auf die Verknöcherung oder gar Unreformierbarkeit des Regimes gedeutet. Offenbar waren auch hohe Militärs und andere Regimegrößen nicht begeistert von der Idee, eine Partei junger Geschäftsleute unter Gamal Mubarak entstehen zu sehen, die der Regimepartei NDP das Wasser der Patronagemöglichkeiten abgraben könnte.[151] Stattdessen wurde Gamal Mubarak von seinem Vater ins Generalsekretariat der NDP berufen und eben mit deren Reform betraut. Dies gab Vermutungen und Gerüchten über quasi-monarchische Nachfolgepläne im Hause Mubarak eher weitere Nahrung – ungeachtet verschiedener, wenngleich nicht sehr heftiger Dementis von Vater und Sohn.[152] Dass beide und eine Reihe anderer Akteure innerhalb und außerhalb der engeren Regime-Elite mit einer solchen Möglichkeit liebäugelten, stand außer Frage. Das syrische Beispiel – der Wechsel von Hafiz zu Bashar al-Asad im Sommer 2000 – hatte sich schließlich nicht so schlecht angelassen.

Nun wollten die meisten Ägypter ihr Land nicht unbedingt mit Syrien vergleichen lassen. Tatsächlich haben Syrien, der Irak, Libyen, Algerien und andere sich politisch immer eher an Ägypten orientiert, als dass Ägypten das Muster eines anderen arabischen Staates kopiert hätte. Das galt in vielen Fällen für die Ausrichtung der Wirtschaftspolitik. Zahlreiche Staaten kopierten aber auch Elemente des nasseristischen Staatsmodells – angefangen von revolutionären Räten »Freier Offiziere« bis zum Aufbau von Staatsparteien mit arabisch-nationalistischer Rhetorik. Und mittelfristig dürfte, was wir Ägyptens pluralistischen Autoritarismus genannt haben, für einige andere arabische Staaten Modellcharakter bekommen: eine Herrschaftsform, die gesellschaftlichen und wirtschaftlichen Austausch mit anderen Staaten, offene und kontroverse Debatten zu politischen Themen, unzensierten Zugang zu internationalen Medien und elektronisch verfügbaren Informationen sowie ein vielgestaltiges zivilgesellschaftliches Leben ermöglicht und damit wesentliche Voraussetzungen für die aktive Mitwirkung gesellschaftlicher, politischer und wirtschaftlicher Akteure in einer multipel vernetzten globalen und regionalen Arbeitsteilung schafft, die auch Menschen- und Bürgerrechtsgruppen sowie konkurrierende Parteien und echten Wettbewerb um Parlamentssitze zulässt, gleichzeitig aber dem präsidentiellen, militärischen oder monarchischen Machtzentrum die notwendigen Instrumente zur Verfügung stellt, um alle strategischen Entscheidungen unter Kontrolle zu behalten und Regierungs- oder Regimewechsel per Stimmzettel mit großer Sicherheit auszuschließen.

Israel und Palästina
Von den Schwierigkeiten, das Realistische zu tun

»Das Ganze hier«, erklärt mir ein Bekannter, ein palästinensischer Beamter, und streicht über eine Wandkarte, die Israel und die besetzten Gebiete zeigt, »ist Palästina. Unser Palästina. Darüber gibt es keinen Kompromiss. Was es gibt, das sind die realen Kräfteverhältnisse. Die zwingen uns, derzeit nur über die Westbank und den Gazastreifen zu reden.«

»Seien wir realistisch«, sagt mir ein anderer Bekannter, ein national-religiöser israelischer Professor. »Es war ein Fehler, 1948 nicht alle Araber zu vertreiben, die sich noch auf dem Gebiet Israels befanden. Schließlich haben wir den Krieg gewonnen. Und mono-ethnische Staaten sind nun einmal stabiler als solche mit zwei Völkern.«

Sind die Ansprüche, die jüdische Israelis und Palästinenser auf das Land des historischen Palästina, das Gebiet zwischen Jordan und Mittelmeer, geltend machen, grundsätzlich unvereinbar? Ist eine territoriale Regelung deshalb unmöglich und sind alle Ausdrücke des Friedenswillens, alle israelisch-palästinensischen Verhandlungen und Abkommen nichts weiter als »Lügen im heiligen Land«?[153] Man kann dieser Auffassung sein. Auf politischer Ebene wäre es dann die logische Konsequenz, die nahöstlichen Konfliktparteien sich selbst zu überlassen und auf jede Unterstützung eines Friedensprozesses zu verzichten. Die Realität ist allerdings komplizierter; und ein differenziertes Bild der Vorgänge eröffnet auch andere Handlungsoptionen – für die Konfliktparteien selbst wie für internationale Akteure.

In der Tat wurde der zionistische Anspruch, im historischen Palästina einen jüdischen Nationalstaat zu errichten, von den arabischen Einwohnern Palästinas und den umliegenden Staaten nicht akzeptiert. Die Staatsgründung Israels wurde als aggressiver, kolonialistischer Akt verstanden und löste den ersten arabisch-israelischen Krieg

(1948/49) aus. Dieser endete mit der Niederlage der arabischen Seite und ging mit der Flucht oder Vertreibung von mehr als 700 000 Menschen einher – achtzig bis neunzig Prozent der palästinensischen Bevölkerung, die vorher auf dem Gebiet gelebt hatte, das nun zum Staat Israel wurde. Die arabischen Staaten und Gesellschaften waren bis in die sechziger Jahre nicht bereit, die Realität und Legitimität des jüdischen Staates anzuerkennen. Nach dem Juni- oder Sechs-Tage-Krieg von 1967 begann die arabische Position sich zu verändern: Israel wurde zumindest de facto akzeptiert, aus der Forderung nach einem bedingungslosen Rückzug aus den 1967 besetzten Gebieten wurde nach und nach die Bedingung für einen Friedensschluss mit Israel. Die Palästinensische Befreiungsorganisation (PLO) und die meisten arabischen Staaten traten seit Ende der achtziger Jahre explizit für eine Zwei-Staaten-Lösung ein, bei der ein neuer Staat Palästina in den 1967 von Israel besetzten palästinensischen Gebieten, also der Westbank einschließlich Ost-Jerusalems und des Gazastreifens, entstehen und in friedlicher Nachbarschaft mit Israel leben würde.

In diesem Sinne war »Oslo« – die israelisch-palästinensische Prinzipienerklärung von 1993 und der damit verbundene Austausch von diplomatischen Noten – ein historischer Kompromiss: Diese Erklärung beinhaltete die ausdrückliche Anerkennung des Staates Israel durch die PLO, die Anerkennung der PLO als Verhandlungspartner durch Israel und die Bereitschaft Israels, sich auf einen Prozess einzulassen, der auf der Grundlage der relevanten UN-Resolutionen 242 und 338 zu einer »permanenten Regelung« führen würde, die »friedliche Koexistenz, Würde und Sicherheit beider Parteien«, einen »haltbaren und umfassenden Frieden« und »historische Aussöhnung« garantieren würde.[154] Allen Beteiligten war klar, so einer der maßgeblichen israelischen Initiatoren der Oslo-Verhandlungen im Rückblick, dass eine solche Regelung zur Errichtung eines palästinensischen Staates »im größten Teil der besetzten Gebiete« führen müsse – mit Ost-Jerusalem als Hauptstadt.[155] Die mühsame Umsetzung der Abkommen, die Rückschläge in der Regierungszeit Netanjahus, der unbefriedigende Ausgang der Verhandlungen von Camp David und vor allem die *Intifada*, der Aufstand der Palästinenser, der im September 2000 begann, und Israels Versuche, ihn militärisch zu unterdrücken, haben Vertrauen und Kompromissbereitschaft auf beiden Seiten schwer angeschlagen. Geblieben ist ein gewisser Sinn für die kruden Realitäten – das realpolitische Interesse von Israelis und Palästinensern, am Ende eine territoriale Lösung zu finden.

Die Logik von Oslo

Die Frage, ob der Prozess und die Abkommen von Oslo im Nachhinein positiv oder negativ zu bewerten seien, ist heute nicht sehr relevant – die Abkommen waren zumindest bis zum Beginn der *Intifada* die gültige Grundlage israelisch-palästinensischer Beziehungen. Vieles spricht für die Argumente der Kritiker, die schon früh darauf hingewiesen haben, dass der gradualistische Ansatz von »Oslo« – die abgestufte Übergabe von Land an die Palästinensische Autorität (PA) und die Verschiebung problematischer Fragen auf so genannte Endstatusverhandlungen –, das extreme Machtungleichgewicht zu Ungunsten der Palästinenser und die Abwesenheit einer Schiedsinstanz oder übergeordneten Autorität, die in der Lage sei, Israel im Zweifelsfall zur vollständigen und termingerechten Umsetzung seiner Rückzugsverpflichtungen zu zwingen, zu Verzögerungen oder zum Scheitern des Prozesses führen könne.[156] Gleichzeitig ist auf Grund der Oslo-Abkommen allerdings ein real existierender palästinensischer Quasi-Staat entstanden, und die Kernpunkte, eben die so genannten Endstatusthemen, über die Israel mit den Palästinensern verhandeln muss, wenn eine akzeptable Regelung gefunden werden soll, sind definiert worden: der völkerrechtliche Status – also die Frage der Eigenstaatlichkeit der palästinensischen Gebiete oder anderer Lösungen, etwa einer Konföderation mit Jordanien –, die Grenzen, die Zukunft der jüdischen Siedlungen im besetzten Gebiet, die Flüchtlinge und Jerusalem. Irgendeines dieser Themen für nicht verhandelbar zu erklären, würde den Abkommen widersprechen.

Der Oslo-Prozess hat seine eigene Logik, die unabweislich in Richtung einer palästinensischen Staatswerdung zeigt. Spätestens seit 1994, als in Gaza und Jericho mit der Errichtung der Palästinensischen Autorität begonnen wurde, war dies nicht mehr zu übersehen. 1995 übergab Israel der Palästinensischen Autorität die größeren Städte in den besetzten Gebieten mit Ausnahme Ost-Jerusalems und, bis zu einem entsprechenden Abkommen im Januar 1997, auch Hebrons; Anfang 1996 fanden in den gesamten besetzten Gebieten, Ost-Jerusalem eingeschlossen, palästinensische Legislativ- und Präsidentschaftswahlen statt – ein symbolisch wie praktisch ganz wesentliches Element eines Staatsbildungsprozesses. Auf der symbolischen Ebene ging der Prozess ohnehin schneller voran als auf der praktisch-territorialen: Die Palästinensische Autorität konnte ihren Bürgern schon bald eigene, in Deutschland hergestellte Pässe ausstellen; Post mit palästinensischen Briefmarken fand ihren Weg auch zu Adressaten im Ausland; zahlreiche Staaten eröffneten ausländische Vertretungen in Gaza oder Ramallah; und Staatsgäste, die Israel besuchten, machten fast auch immer einen Abstecher in die palästinensischen Gebiete, wo sie dann mit den militärischen Ehren des Noch-Nicht-Staates Palästina begrüßt wurden.

Die bilateralen Verhandlungen über den Endstatus sollten bis Mai 1999 abgeschlossen sein; bis dahin hätte Israel auch den größten Teil der besetzten Gebiete an die Palästinensische Autorität übergeben sollen. Mit der Wahl Netanjahus im Mai 1996 geriet allerdings der gesamte Prozess, insbesondere die vorgesehenen weiteren Rückzüge israelischer Truppen, ins Stocken. Auch unter Barak, der Netanjahu 1999 ablöste, wurden nur einige kleine Gebietsstücke an die PA transferiert. Netanjahu konnte den Prozess effektiv aufhalten; Barak versuchte, ihn fortzuführen, scheiterte aber aus Gründen, die wir weiter unten noch analysieren werden, daran, ihn zum Abschluss zu bringen. Seit dem Amtsantritt von Sharon – im März 2001, bis zum Redaktionsschluss dieses Buches jedenfalls – schienen Israelis und Palästinenser weiter denn je von einer Wiederaufnahme des Prozesses entfernt zu sein.

Das Recht der Palästinenser auf einen eigenen Staat stand zu diesem Zeitpunkt nicht mehr im Mittelpunkt des Konflikts. Als Sharon vor dem Hintergrund der gewaltsamen israelisch-palästinensischen Auseinandersetzungen, die Ende September 2000 begonnen hatten, gewählt wurde, zweifelte kaum noch jemand daran, dass es früher oder später einen palästinensischen Staat geben würde. Barak und die Arbeiterpartei hatten sich dazu durchgerungen, die Entstehung eines palästinensischen Staates prinzipiell zu unterstützen. Netanjahu, Sharon und die israelische Rechte hatten die Oslo-Abkommen nicht zuletzt deshalb abgelehnt, weil ihnen klar war, dass damit die Weichen in Richtung einer Aufgabe der besetzten Gebiete und der Errichtung eines palästinensischen Staates gestellt worden waren. Wenn Sharon letztlich selbst von der Möglichkeit eines palästinensischen Staates sprach, zeigte er damit, dass auch eine von der Rechten geführte Regierung die Logik des mit den Abkommen eingeleiteten Prozesses nicht umdrehen konnte. Sie konnte den Prozess allerdings sabotieren und aufhalten.

Erez Israel und ard Filastin

Die ideologische Gegnerschaft der israelischen Rechten gegen »Oslo« und den Friedensprozess mit den Palästinensern richtet sich, hier sollte Klarheit bestehen, nicht in erster Linie gegen das Konzept eines palästinensischen Staates. Ein unter israelischer Kontrolle stehendes palästinensisches Gemeinwesen, das einen Teil der Gebiete, namentlich die palästinensischen Bevölkerungszentren, verwalten und darin für Ordnung sorgen würde, Israel aber die Kontrolle über die Grenzen, den Luftraum, das Wasser und große Teile des Territoriums beließe, wären auch viele rechtsgerichtete Israelis zu akzeptieren bereit, selbst unter dem Namen »Staat Palästina«. Dies wäre letztlich ein palästinensisches *Homeland* südafrikanischen Musters, das gleichzeitig als Arbeitskräftereservoir zur Verfügung stünde. Was die israelischen Gegner des Friedensprozesses verhindern wollten und wollen ist die endgültige Aufgabe letztlich der gesamten oder fast der gesamten besetzten Gebiete, die einen palästinensischen Staat tatsächlich souverän und lebensfähig machen würde.

Das den Oslo-Abkommen und dem gesamten Prozess zu Grunde liegende Leitprinzip »Land gegen Frieden« benennt auch den Kern des israelisch-palästinensischen Konflikts. Es ist essenziell ein territorialer Konflikt, ein Konflikt, der nur enden kann, wenn die Besetzung, die Kontrolle des einen Volkes über das andere, endet. Gelegentlich werden andere Deutungen angeboten, die an der Sache aber vorbeigehen. Der israelisch-palästinensische Konflikt ist eben kein Religionskonflikt. Es geht nicht um die richtige Deutung göttlicher Botschaften oder das richtige Bekenntnis. Er ist allerdings ein – häufig – religiös oder mit religiösen Elementen geladener Konflikt, bei dem das umstrittene Territorium sozusagen für heilig und zum ausschließlichen Eigentum einer Religionsgemeinschaft erklärt wird. Das, nichts anderes, bedeutet es, wenn muslimische Extremisten davon sprechen, das ganze palästinensische Land (*ard Filastin*) sei ein »islamisches *Waqf*«, eine heilige Stiftung, wenn jüdische Extremisten das gesamte historische Palästina, und manchmal auch Teile Jordaniens, als *erez Israel*, als das dem Volk Israel von Gott versprochene Land, reklamieren. Allenfalls lässt sich im Sinne des israelischen Psychoanalytikers Grosbard sagen, dass der Konflikt religiöse Züge trägt, weil die Auseinandersetzung um das umstrittene Territorium sich oft irrationaler und emotionaler Argumente bedient.[157] Sicher, ein Teil der Siedler erklärt sich in religiös-politischer Hybris zu den einzig rechtmäßigen Besitzern der besetzten Gebiete. »In den Jahrhunderten, die ich im erzwungenen Exil verbrachte«, schrieb die Siedlerin Emuna Alon im eigentlich seriösen *Jerusalem Report*, »haben die arabischen Stämme der Gegend sich hier (illegal) niedergelassen und sind schließlich das palästinensische Volk geworden.« Die Autorin argumentiert religiös, wenn sie die Siedlungen mit dem »Recht des auserwählten Volkes, im Heiligen Land zu leben«, begründet, lässt aber keinen Zweifel, worum es geht, nämlich um »mein Land und meinen Boden«.[158]

Natürlich geht es auch um materielle, wirtschaftliche Ressourcen, nicht zuletzt um die Nutzung der Wasserreservoirs im Westjordanland, um Sicherheit – ein klares und legitimes israelisches Anliegen, aber ein ebenso legitimes Anliegen der Palästinenser – und, aus palästinensischer Sicht, um Würde. Dies alles sind letztlich aber Aspekte des territorialen Konflikts und des palästinensischen Wunsches, Besetzung und Fremdherrschaft loszuwerden.

Als im September 2000 die zweite *Intifada* begann, befanden sich gerade 17 Prozent der Westbank – die so genannten A-Zonen – und etwa 70 Prozent des Gazastreifens unter palästinensischer Souveränität; in weiteren knapp 24 Prozent der Westbank (den B-Zonen) hatte die PA zwar die Verwaltungshoheit, die Zuständigkeit für Sicherheitsfragen lag aber weiterhin beim israelischen Militär. Das restliche Gebiet – Zone C – stand ausschließlich unter israelischer Kontrolle. Nicht nur die Westbank war vom Gazastreifen getrennt; die palästinensisch regierten Teile der Westbank bestanden selbst auch aus mehr als einem Dutzend territorialer Inseln, die durch israelische Siedlungen und Siedlerstraßen – so genannte *Bypass Roads*, die palästinensischen Dörfer und Städte umgehen, um die Siedlungen miteinander und mit dem israelischen Staatsgebiet zu verbinden – voneinander getrennt wurden. Blockaden der israelischen Armee, die im Zuge der Auseinandersetzungen palästinensische Ortschaften abschlossen, taten ein Übriges zur Zersplitterung des palästinensischen Verwaltungsgebiets.

Die meisten der 145 bis 190 Siedlungen – die Angaben schwanken je nach Zählung, ob etwa so genannte Außenposten größerer Siedlungen als neue Anlagen oder Teil der alten gewertet werden – haben weniger als 1000 Einwohner, nur sechs größere Siedlungen sind faktisch kleine Städte mit jeweils mehr als 10 000 Einwohnern; insgesamt lebten vor Beginn der neuen *Intifada* etwa 200 000 jüdische Siedler in der Westbank und im Gazastreifen.[159] Entscheidend ist allerdings nicht so sehr die Größe einzelner Siedlungen oder der Siedlerpopulation, die ohne die Siedlungen in Ost-Jerusalem weniger als drei Prozent der israelischen Bevölkerung ausmachen und unter fast dreieinhalb Millionen Palästinensern in der Westbank und im Gazastreifen – hier leben etwa eine Million Palästinenser und 6500 jüdische Siedler – nur eine kleine Minderheit darstellen. Das eigentliche Problem liegt darin, dass die Siedlungen – von ihrer eindeutigen Illegalität nach dem Völkerrecht einmal abgesehen[160] – die palästinensischen Gebiete im Wortsinne *zersiedeln*, dass sie wichtige palästinensische Städte, vor allem Ost-Jerusalem, wie einen Ring umschließen, den Aufbau einer zusammenhängenden palästinensischen Infrastruktur und den Ausbau palästinensischer Ortschaften behindern, dass Siedlungen und Siedlerstraßen die palästinensischen Gebiete zerteilen, damit den Waren- und Güterverkehr zwischen den Städten der Westbank erschweren und oftmals unmöglich machen. Jede neue Siedlung und jeder neue Außenposten einer Siedlung, auch wenn er nur, wie häufig, aus einer Reihe von Wohnwagen besteht, wird vom israelischen Militär gesichert, geht in vielen Fällen mit der Besetzung oder Zerstörung palästinensischen Agrarlandes einher, fast immer mit konkreten Behinderungen für die palästinensische Bevölkerung, und schafft so auch immer neue Elemente der direkten physischen Besatzung und neue Konfrontationslinien. Jede neue Siedlung und jeder Außenposten verfestigt die Besatzung und bedeutet auch eine weitere Komplikation für spätere Verhandlungen.

Das Netz der Siedlungen und Siedlerstraßen hat faktisch ein System der Apartheid geschaffen, mit allem, was dieser aus dem südafrikanischen Kontext entlehnte Begriff impliziert. Nicht nur, weil die Siedlerstraßen israelischen Fahrzeugen vorbehalten sind, weil Autos mit israelischen Nummernschildern an den Kontrollpunkten der israelischen Armee, die den Übergang von der Westbank nach Ost-Jerusalem markieren, durchgelassen, die meisten, manchmal auch alle palästinensischen Fahrzeuge aber abgewiesen werden, weil Siedler ihre eigenen Zugangsstraßen zum hermetisch abgeriegelten Gazastreifen haben. Für jedes Siedlerfahrzeug, auf der Stichstraße, die den Siedlungsblock »Gush Kalif« im Gazastreifen nach Osten hin mit Israel verbindet, wird der palästinensische Verkehr auf der Nord-Süd-Verbindung im Gazastreifen angehalten. Die wenigen Tausend Siedler im Gazastreifen kontrollieren etwa vierzig Prozent der Küstenlinie. Israelischen Siedlern in der Westbank steht pro Kopf durchschnittlich doppelt so viel, Siedlern im Gazastreifen sieben Mal so viel Wasser zur Verfügung wie den Palästinensern. In der Altstadt von Hebron leben weniger als 500 radikale, bewaffnete jüdische Siedler unter israelischem Militärschutz. Wegen dieser Siedler ist ein Teil der Stadt, die so genannte Zone »H-2«, in der mehr als 30 000 Palästinenser wohnen, 1996 nicht an die palästinensische Autorität übergeben worden. Die palästinensischen Einwohner leben unter der Kontrolle des israelischen Militärs, sind ständigen Demütigungen der Siedler und zeitweise täglichen Ausgangssperren ausgesetzt, die ausdrücklich nur für die arabischen Einwohner, nicht für die Siedler, gilt.

Barak, Arafat und die Saga von Camp David

Natürlich gab es in Israel politische und gesellschaftliche Kräfte, die erkannten und auch aussprachen, dass die Beschwernisse und Erniedrigungen, die die anhaltende Besatzungsherrschaft der palästinensischen Bevölkerung zufügte, die immer neuen Verzögerungen bei den vereinbarten Rückzügen der israelischen Truppen und der unter allen Regierungen fortgesetzte Bau jüdischer Siedlungen in den besetzten Gebieten bei den Palästinensern nur Misstrauen, Ablehnung oder Hass nähren konnten, dass vor allem aber Israels Sicherheit mittel- und langfristig eher durch eine Aufrechterhaltung der Besatzung gefährdet sein würde als durch ein Friedensabkommen, das die Übergabe der besetzten Gebiete an die Palästinenser vorsähe.

Ehud Barak gewann die Wahlen von 1999 gegen Benjamin Netanjahu, gerade weil er eine Friedensagenda hatte, die vor allem den letzten Punkt unterstrich. Auch Arafat und die palästinensische Führung hatten das Ihre getan, um Barak zum Sieg zu verhelfen. So hatten sie zum Unmut einiger arabisch-israelischer Politiker, die sich gegen eine Einmischung der PA in die Angelegenheiten der israelischen Araber verwahrten, versucht, die arabische Wählerschaft innerhalb Israels zur Stimmabgabe für Barak zu motivieren. Tatsächlich erhielt Barak gut neunzig Prozent der Stimmen der arabischen Israelis. Arafat verzichtete letztlich auch mit Rücksicht auf die israelischen Wahlen auf die ursprünglich für den 4. Mai 1999, das vereinbarte Ende der Interimsperiode, vorgesehene Ausrufung eines palästinensischen Staates. Die palästinensische Führung wollte die Wahlchancen Baraks nicht durch einen Schritt gefährden, den viele Israelis als provokativ betrachtet hätten. Sie setzte trotz gewisser Vorbehalte – dazu gehörte insbesondere die Tatsache, dass Barak als Innenminister im Kabinett gegen ein Teilabkommen über die israelischen Truppenabzüge aus der Westbank gestimmt hatte – darauf, den Friedensprozess mit Barak zum Abschluss zu bringen.

Barak, der frühere Generalstabschef und der am höchsten dekorierte Soldat Israels, stellte sich dem israelischen Publikum glaubwürdig als ein Kandidat dar, der Frieden mit den Palästinensern sowie mit Syrien und Libanon nicht aus idealistischen Motiven, sondern mit dem Ziel, die Sicherheit des eigenen Landes zu stärken, suchen würde. Dass dieser Mann im Wahlkampf nahezu beiläufig erklärte, er selbst hätte sich, wenn er als Palästinenser geboren wäre, wahrscheinlich einer terroristischen Gruppe angeschlossen,[161] zeigte ein für die israelische Politik ganz ungewöhnliches Maß an Bereitschaft, die andere Seite zu verstehen. Die Äußerung schockte einen großen Teil der israelischen Öffentlichkeit und war insofern eine kleine historische Tat, dazu angetan, der eigenen Bevölkerung die Augen für die Wirkungen israelischer Politik in den besetzten Gebieten zu öffnen, die die meisten Israelis nicht kannten oder ignorierten.

Warum gelang es Israelis und Palästinensern trotz solch vergleichsweise guter Voraussetzungen in der Regierungszeit Baraks nicht, sich auf ein Endstatusabkommen zu verständigen? Eine zentrale Station der israelisch-palästinensischen Verhandlungen in dieser Periode war die amerikanisch-israelisch-palästinensische Gipfelklausur, die im Juli 2000 im amerikanischen Camp David stattfand. Was während des zweiwöchigen Treffens vorgeschlagen und diskutiert wurde, ist in seinen Grundzügen durch Berichte von Teilnehmern und durch einige gute journalistische Darstellungen bekannt geworden.[162] Wir sollten uns dennoch für ein paar Momente mit dem Treffen beschäftigen: Die Bedeutung von »Camp David« ist, auch im Hinblick auf zukünftige Friedensbemühungen, kaum zu überschätzen. Das zeigt sich schon daran, wie heftig im Nachhinein über die »Schuld« am unbefriedigenden Ausgang des Treffens gestritten wurde. Sicher ist, dass alle Beteiligten Fehler gemacht haben – einer der amerikanischen Teilnehmer spricht von einer »Tragödie von Fehlern« –, sicher ist auch, dass die von israelischer Seite seit dem Treffen und insbesondere seit dem Beginn der *Intifada* in verschiedener Form verbreitete Lesart nicht zutrifft, der zufolge Ehud Barak Yasir Arafat ein »generöses« Angebot gemacht habe, das dieser aber aus, je nach politischer Haltung des Betrachtenden, Unfähigkeit oder Bösartigkeit abgelehnt habe.

Die Verhandlungen von Camp David zeigten unter anderem, wie sehr der israelisch-palästinensische Friedensprozess ein Spiel auf mehreren Ebenen darstellt: In gewisser Weise spielten Barak und Arafat Poker und mussten gleichzeitig mit Teilen der eigenen Basis und mit innenpolitischen Konkurrenten Schach spielen. Barak hatte seine Mehrheit im israelischen Parlament, der Knesset, verloren, weil die rechten und religiösen Parteien seiner Regierung die Unterstützung entzogen hatten. Auch Arafat konnte die Stimmung in den palästinensischen Gebieten sowie unter den palästinensischen Flüchtlingen in den Nachbarländern nicht ignorieren. Kritik am fehlenden

Fortschritt im Friedensprozess und Angst vor einem »Ausverkauf« palästinensischer Forderungen mischte sich dabei mit wachsendem Unmut über Missmanagement in den palästinensischen Behörden, die Arafat offensichtlich tolerierte.

Die Gespräche in Camp David konzentrierten sich in vier Arbeitsgruppen auf die genannten Themen Jerusalem, Flüchtlinge, Sicherheit und Grenzen. Die amerikanischen Vermittler, insbesondere Präsident Clinton, waren aktiv involviert, nahmen teilweise sogar an Arbeitsgruppensitzungen teil. Barak war damit der erste israelische Ministerpräsident, der mit den Palästinensern konkret und offiziell über den zukünftigen Status Jerusalems verhandelte, und er brach damit tatsächlich ein Tabu. Zwar hatte sich Israel bereits in den Oslo-Verträgen verpflichtet, über die Zukunft Jerusalems zu verhandeln, nur hatten sich eben weder Rabin noch Peres auf konkrete Verhandlungen eingelassen; Netanjahu hatte solche Verhandlungen grundsätzlich abgelehnt. In den Monaten vor Camp David hatte es lediglich inoffizielle Gespräche zwischen palästinensischen und israelischen Vertretern gegeben, die Jerusalem und die anderen Endstatusthemen ansprachen; eine fertige Blaupause für den Gipfel war dabei nicht entstanden. Dass die ersten offiziellen Verhandlungen zu diesen und zu anderen strittigen Themen zu einer abschließenden Einigung führen würden, war ernsthaft kaum zu erwarten.

Die Palästinenser hatten die amerikanische Einladung nach Camp David mit einigem Unbehagen akzeptiert. Sie hatten zu verstehen gegeben, dass man beiden Seiten mehr Zeit lassen solle, ein solches Treffen vorzubereiten. Ihnen war zudem daran gelegen, dass Israel ausstehende Verpflichtungen aus dem Interimsabkommen, insbesondere den vereinbarten so genannten dritten Teilrückzug, durchführen würde, bevor man über die Details eines endgültigen Abkommens sprechen würde. Barak dagegen wollte diesen dritten Teilabzug vermeiden. Er befürchtete, dass eine weitere Übergabe von Land an die Palästinenser seine innenpolitischen Gegner stärken und ihn das Amt kosten könne, wenn sie nicht im Rahmen eines Endstatusabkommens stünde. Der Rückzug der rechten und religiösen Parteien aus seiner Regierung unterstrich dies.

Sowohl die US-Administration als auch die israelische Regierung bestanden darauf, die israelisch-palästinensischen Friedensverhandlungen möglichst vor dem Beginn des amerikanischen Präsidentschaftswahlkampfes zum Abschluss zu bringen. Clinton ging es darum, seine Ägide mit einem Durchbruch im Friedensprozess zu beschließen. Barak drängte ebenfalls. Er war überzeugt, dass er mit einem Abkommen, welches ein »Ende des Konflikts« mit den Palästinensern besiegeln würde, auch dann erfolgreich vor die israelische Wählerschaft treten könne, wenn er den größten Teil der besetzten Gebiete aufgeben müsste, und er rechnete gleichzeitig damit, dass der US-Präsident genügend Druck auf Arafat ausüben würde, um seine – Baraks – Vorschläge zu akzeptieren.

Die israelische Delegation legte in Camp David Karten vor, in denen sie ihre territorialen Vorstellungen präsentierte. Diese gingen deutlich weiter als frühere Vorschläge und waren dennoch für die palästinensische Seite nicht annehmbar – sie hätten auch von keiner anderen palästinensischen Delegation angenommen werden können. Die israelischen Vorstellungen sahen entgegen späteren Behauptungen, man habe den Palästinensern faktisch die gesamten besetzten Gebiete angeboten, eine israelische Sicherheitszone im Jordangraben, in der Israel Militärbasen unterhalten und die militärische Kontrolle behalten würde, und die Annexion von mehreren territorialen Blöcken von insgesamt etwa neun Prozent der Westbank vor, um die Mehrzahl der Siedler unter israelische Souveränität zu bringen. Diese Annexion sollte durch die Überlassung von israelischem Territorium in der Größenordnung von einem Prozent der Westbank kompensiert werden. Was Jerusalem betrifft, sahen die israelischen Vorschläge eine fortgesetzte Oberhoheit Israels über Ost-Jerusalem vor. Dem zukünftigen palästinensischen Staat wurde lediglich eine Art funktionaler Autonomie für die arabische Neustadt und eine Form der Souveränität über zwei der vier Altstadtviertel, nicht aber über den Tempelberg oder *Haram al-Sharif* (wörtlich: »das edle Heiligtum«), das Plateau mit der Aqsa-Moschee und dem Felsendom, zugestanden.

Die Palästinenser lehnten diese Vorschläge ab. So wie die Israelis sich die Annexion der Siedlungsblocks vorstellten, wäre auch die Westbank faktisch dreigeteilt worden; mit einer israelischen Militärzone im Jordangraben wäre sie zudem zur Enklave innerhalb israelisch kontrollierten Gebiets geworden. Außerdem hätte Israel mit den Territorien, die es zu annektieren beabsichtigte, auch wichtige Wasserressourcen der Westbank unter seine Kontrolle gebracht. Bei der Flüchtlingsfrage hatte man gar keine Fortschritte gemacht. Und natürlich blieben die israelischen Vorstellungen zu Jerusalem weit hinter den palästinensischen Erwartungen zurück. Der Gipfel wurde abgebrochen, ohne auch nur eine Teileinigung zu erzielen.

US-Präsident Clinton ließ am Ende des Treffens wissen, dass Israels Ministerpräsident Barak sich in den Gesprächen weiter »bewegt« habe als Palästinenserpräsident Arafat. Dies war formal zutreffend. Der eigentliche Inhalt dieser Aussage allerdings, dass Arafat damit die Schuld am ergebnislosen Ende des Gipfels trage, ging an der Sache vorbei. Sie suggeriert, dass man eine Art symmetrischer Bewegung beider Parteien habe erwarten können, um einen Kompromiss zu erzielen, und ignoriert die tatsächliche Asymmetrie des israelisch-palästinensischen Verhältnisses – nicht nur, was die Machtverhältnisse, sondern ebenso was die Forderungen betrifft, die beide Seiten auf den Verhandlungstisch brachten. So bestand Israel eben darauf, die Oberhoheit über West- und Ost-Jerusalem prinzipiell zu behalten, während die Palästinenser die Souveränität über das 1967 besetzte Ost-Jerusalem verlangten, das immer noch den kommerziellen, kulturellen und nicht zuletzt den geographischen und politisch-symbolischen Mittelpunkt der palästinensischen Gebiete bildet. Den international noch nicht anerkannten Anspruch Israels auf West-Jerusalem hatten die Palästinenser faktisch längst akzeptiert. Wichtiger noch: Die palästinensische Seite unterstrich immer wieder, dass sie bereits 1993 – mit dem Oslo-Abkommen und der Anerkennung Israels – auch dessen Grenzen von 1967 und damit eine Teilung des historischen Palästina anerkannt hatte, bei der 78 Prozent des Territoriums auf Israel entfielen und gerade mal 22 Prozent für den zukünftigen Staat Palästina übrig bleiben würden – eben die Westbank mit Ost-Jerusalem und der Gazastreifen. Die Palästinenser hätten insofern bereits zu Beginn des Prozesses große territoriale Konzessionen gemacht. Wenn Israel jetzt anbiete, achtzig oder neunzig Prozent dieser 22 Prozent zurückzugeben, sei das keine Konzession, schon gar keine »generöse«, sondern nur ein weiterer Versuch, sich einer Umsetzung der geschlossenen Abkommen und der relevanten Sicherheitsratsbeschlüsse zu entziehen, die von Israel eine

Aufgabe der besetzten Gebiete verlangten und die israelische Annexion Ost-Jerusalems eindeutig für unzulässig erklärten.

Die palästinensische Delegation hatte deshalb wenig Verständnis dafür, dass die amerikanischen Vermittler ihnen die Hauptschuld am ergebnislosen Ausgang der Verhandlungen zuwies. Sie hatten schon während der Gespräche das Gefühl, dass die Amerikaner es sich zur Aufgabe gemacht hatten, die Palästinenser zur Annahme einer israelischen Lösung zu zwingen. Tatsächlich wurden die israelische Vorschläge in Camp David meist als amerikanische »Ideen« eingebracht.

Die Palästinenser akzeptierten prinzipiell, dass Israel einige größere Siedlungen annektieren würde, wollten aber einen gleichwertigen territorialen Ausgleich durchsetzen. Sie waren auch bereit, die Hoheitsrechte über Ost-Jerusalem aufzuteilen, so dass Israel die Souveränität über das jüdische Viertel und die Klagemauer (die einen Teil der Westmauer des Tempelbergs oder *Haram al-Sharif* bildet) erhalten würde. Sie bestanden aber auf palästinensischer Souveränität im arabischen Teil der Stadt und auf dem *Haram*. Der größte Fehler der palästinensischen Delegation war wohl, nur negativ auf die israelischen Vorschläge zu reagieren, aber keine eigenen Vorschläge und Karten als Verhandlungsgrundlage angeboten zu haben. Die Palästinenser, so ein Mitglied der US-Delegation, handelten eher übervorsichtig als kreativ und erweckten damit bei den Amerikanern den Eindruck mangelnder Ernsthaftigkeit.[163]

Persönliche und psychologische Fehlleistungen kamen hinzu. Yasir Arafat und die palästinensische Delegation brachten Israelis und Amerikaner gegen sich auf, indem sie in der Auseinandersetzung um Jerusalem und die heiligen Stätten negierten, dass der jüdische Tempel überhaupt je dort stand, wo sich heute Klagemauer und *Haram* befinden. Ein derart, wie auch Palästinenser zugeben, unsinniges Argument entsprang dem Zorn darüber, dass Israel offenbar an der Annexion des arabischen Jerusalem und der muslimischen heiligen Stätten festhalten wollte – war aber gänzlich ungeeignet, die Israelis ihre harte Haltung überdenken zu lassen.

Ehud Barak erschwerte die Verhandlungen seinerseits, indem er nicht oder nur sehr eingeschränkt kommunizierte. Mit Ausnahme je eines Treffens am Anfang und am Ende des vierzehntägigen Gipfels und mehrerer offizieller Essen, bei denen die beiden aber nicht nebeneinander saßen, kam es nur zu einer direkten Begegnung von Barak und Arafat. Barak verhielt sich so nicht nur Arafat gegenüber; er war allgemein dafür bekannt, sich abzukapseln, auch engen Mitstreitern und Kabinettskollegen gegenüber. Selbst Baraks damaliger Außenminister Shlomo Ben Ami, der Arafat die Schuld für das Scheitern des Gipfels gibt, erklärte rückblickend, dass Barak während des Gipfels eigentlich nicht mit Arafat gesprochen habe.[164]

Im Nachhinein können wir davon ausgehen, dass Barak bereit gewesen wäre, die israelischen Angebote zu erweitern – möglicherweise bis zu einer für die Palästinenser akzeptablen Lösung. Dies allerdings entging den Palästinensern. Sie erkannten nicht, so jedenfalls sieht es der amerikanische Verhandlungsteilnehmer Robert Malley, wie weit Barak zu gehen bereit gewesen wäre und wie weit auch die Amerikaner, wenn es denn konstruktive palästinensische Vorschläge gegeben hätte, bereit gewesen wären, Druck auf Israel auszuüben, um einer Lösung näher zu kommen.[165]

Tatsächlich zeigte sich erst nach Camp David, dass einige Themen, die die israelische Seite dort für nicht verhandelbar erklärt hatte – Israels Souveränität über den Tempelberg etwa oder die israelische Sicherheitskontrolle im Jordangraben –, so unverhandelbar gar nicht waren. Nach weiteren inoffiziellen und weitgehend geheim gehaltenen Gesprächsrunden und nach Clintons am 23. Dezember präsentiertem letzten Vermittlungsvorschlag, den beide Seiten als Verhandlungsgrundlage akzeptierten, kam es im Januar 2001 zu neuen offiziellen Verhandlungen im ägyptischen Taba. Barak war zu diesem Zeitpunkt bereits zurückgetreten und befand sich im Wahlkampf; die Neuwahlen für das Amt des israelischen Ministerpräsidenten waren auf den 6. Februar angesetzt. Israelis und Palästinenser bekämpften sich zudem seit Beginn der *Intifada* am 29. September mit zunehmender Gewalt.

Trotz dieses Hintergrunds zeitigten die Verhandlungen enorme Fortschritte. Das lag nicht zuletzt daran, dass Arafat und Barak Abgesandte nach Taba geschickt hatten, die sich gut kannten und im Gegensatz zu den beiden Führern auch Vertrauen zueinander hatten. Von israelischer Seite waren darunter Shlomo Ben Ami, Israels damaliger Außenminister, Justizminister Yossi Beilin, der von israelischer Seite aus die Oslo-Verhandlungen eingeleitet hatte, Amnon

Lipkin-Shahak, ein ehemaliger Generalstabschef, sowie der Führer der linken *Meretz*-Partei, Yosi Sarid. Auf palästinensischer Seite nahmen der Präsident des palästinensischen Legislativrats, Ahmad Qurei, der auch einer der palästinensischen Architekten der Oslo-Abkommen gewesen war, Informationsminister Yasser Abed Rabbo, Kommunalminister Saeb Erekat, der bei fast allen Verhandlungen mit Israel dabei gewesen war, und Mohammad Dahlan, der palästinensische Sicherheitschef im Gazastreifen, teil. Die Amerikaner waren diesmal nicht beteiligt. Die beiden Parteien erreichten in den einwöchigen Gesprächen nach übereinstimmender Aussage ein noch nie dagewesenes Maß an Übereinstimmung über zentrale Fragen. Zwar wurden nicht alle Probleme ausgeräumt, bei so wichtigen Themen wie der Zukunft Jerusalems, der Flüchtlinge und der Grenzen war aber eine deutliche Annäherung zu verzeichnen.

Die palästinensische Delegation kam erstmals mit eigenen Karten, die ihre Vorstellungen einer Lösung darstellten. Dies war für die israelische Seite wichtig, demonstrierte es doch ein ernsthaftes Bemühen, den Israelis entgegenzukommen und etwa, bei entsprechender territorialer Kompensation, die Annexion einer Reihe von Siedlungen zu akzeptieren. Die Israelis schraubten ihre Annexionsforderungen im Gegenzug auf etwa drei bis sechs Prozent des Westbankterritoriums herunter. Eine solche Lösung würde die meisten größeren Siedlungen Israel zuschlagen und würde es etwa 65 Prozent der Siedlerpopulation erlauben, unter israelischer Souveränität zu leben. In Sachen Jerusalem kam man sich näher, ohne eine endgültige Einigung über die heiligen Stätten zu erreichen. Verschiedene neue Ideen, darunter eine Internationalisierung der Stätten, wurden aber diskutiert. Israel gestand zu, dass die arabischen Ortsteile Jerusalems – im Wesentlichen nach der von Clinton in seinen Vorschlägen geprägten Formel, dass, was arabisch sei, zum palästinensischen Staat, was jüdisch sei, zum Staat Israel gehören solle – unter die Souveränität des zukünftigen palästinensischen Staates fallen würden. Die Palästinenser machten Zugeständnisse bei den Sicherheitsvereinbarungen; sie stimmten etwa der Errichtung von zwei israelischen Frühwarnstationen auf dem Gebiet des palästinensischen Staates, einer europäisch-amerikanischen Friedenstruppe in der Westbank und, hier gehen die Berichte auseinander, möglicherweise auch einer zeitlich begrenzten Anwesenheit israelischer Truppen im Jordangraben zu. Auch in der Flüchtlingsfrage ließen sich die Konturen eines Abkommens erkennen. Danach würde Israel das prinzipielle Rückkehrrecht der palästinensischen Flüchtlinge und Vertriebenen anerkennen; die palästinensische Seite würde zustimmen, dass die tatsächliche Rückkehr von Flüchtlingen in das Staatsgebiet Israels auf ein Maß begrenzt würde, das Israel für vertretbar hält.

Am 27. Januar ließ Barak die Verhandlungen gegen den Wunsch der palästinensischen und zumindest einiger Mitglieder der israelischen Delegation abbrechen, die weiter versuchen wollten, noch vor dem Wahltermin zumindest den Entwurf eines Abkommens zu erreichen.[166] Ob Barak die Verhandlungen beendete, weil er der Auffassung war, dass er so wenige Tage vor den Wahlen kein Mandat habe, oder ob er, wie einige Beobachter vermuteten, auf Druck des Militärs handelte, ist unklar. Beides ist plausibel. Der Abbruch der Verhandlungen mag gleichwohl ein Fehler gewesen sein. Auch ein Dokument, das wegen der Abwahl der Barak-Regierung nicht mehr hätte ratifiziert werden können, das aber von offiziellen Vertretern beider Parteien unterzeichnet worden wäre, wäre wichtig gewesen: Es hätte einen Zwischenstand festgehalten und damit spätere Verhandlungen erleichtert.

Unabhängig davon, dass Israels neuer Ministerpräsident Sharon – und Barak nach seiner Wahlniederlage ebenso – alle Ergebnisse von Taba für irrelevant erklärte, wird man wohl an den dort gemachten Kompromissvorschlägen wieder ansetzen müssen. Eine der vielen Lehren aus früheren Verhandlungen im Nahen Osten ist, dass auch theoretische oder hypothetische Konzessionen und Lösungsvorschläge als Elemente zukünftiger Verhandlungsoptionen – und meist auch späterer Abkommen – präsent bleiben. Dies zeigte sich etwa bei den israelisch-syrischen Verhandlungen, die unter Barak inhaltlich dort wieder aufgenommen wurden, wo sie unter Peres aufgehört hatten.

Die Intifada, Sharon
und die Dynamik der Eskalation

Mit einer Wiederaufnahme substanzieller Friedensgespräche war allerdings vorerst nicht zu rechnen. Ariel Sharon, der den Israelis versprach, die *Intifada* in 100 Tagen beenden zu können, verlangte von den Palästinensern den Verzicht auf jede Gewalt, bevor es überhaupt wieder zu Verhandlungen kommen könne, machte aber gleichzeitig klar, dass er weder über Jerusalem noch über die Siedlungen zu verhandeln bereit war und letztlich an einem langen, unbefristeten Übergangszustand interessiert sei – der für die Palästinenser nicht akzeptabel sein konnte.

Sharon verdankte seine Wahl in gewisser Weise der *Intifada* und der Eskalation israelisch-palästinensischer Auseinandersetzungen unter der Regierung Barak. Die Behauptung allerdings, dass Sharon die *Intifada* mit seinem »Besuch« auf dem Tempelberg oder *Haram al-Sharif* verursacht habe, trifft so wenig zu wie die, dass Arafat nach dem Scheitern des Gipfels von Camp David gezielt auf Gewalt gesetzt und die *Intifada* geplant habe. Richtiger ist wohl, dass Arafat keine Strategie hatte und sich mehr vom Gang der Ereignisse treiben ließ, als sie zu steuern.

Sharons Besuch auf dem Plateau vor der Aqsa-Moschee am 28. September 2000 war eine kalkulierte Provokation, die einer kleinen Invasion gleichkam – immerhin wurde der damalige israelische Oppositionsführer von etwa 1000 Sicherheitskräften begleitet. Die palästinensische Führung hatte die israelische Regierung gebeten, den Besuch nicht zuzulassen, was diese aber ablehnte: Es hätte Barak dem Vorwurf Sharons ausgesetzt, »Jerusalem« bereits den Palästinensern überlassen zu haben. Die palästinensischen Sicherheitskräfte versuchten, die Situation von ihrer Seite zu kontrollieren, was auch, am nämlichen Tag jedenfalls, gelang. Erst am Folgetag nach dem Freitagsgebet, als die israelische Polizei in der Altstadt von Jerusalem in eine Menge unbewaffneter Demonstranten schoss und dabei mehrere Palästinenser tötete, begann die neue *Intifada* – der Aufstand der Palästinenser – in Form von zahlreichen Demonstrationen gegen israelische Einrichtungen und Checkpoints, bei denen viele Steine flogen, aber seitens der Demonstranten noch keine Schusswaffen eingesetzt wurden. Die israelischen Truppen allerdings schossen scharf. In den ersten drei Tagen starben dreißig Palästinenser, darunter 13 arabische Israelis. Arafat und die palästinensischen Sicherheitskräfte versuchten anfänglich, die zornigen jungen Leute, die nicht zuletzt aus Arafats eigener *Fatah*-Bewegung stammten, wieder von der Straße zu bekommen. Nach zwei Tagen, erinnerte sich Marwan Barghouti, der *Fatah*-Generalsekretär in der Westbank, der sich bald zum inoffiziellen Anführer der *Intifada* entwickelte, habe man ihn und andere Aktivisten unter Druck gesetzt, die Auseinandersetzungen zu beenden. Dem aber habe man widerstanden.[167]

Die Provokation Sharons am Tempelberg trug allenfalls dazu bei, den Zorn und die Frustrationen freizusetzen, die sich auf palästinensischer Seite aufgestaut hatten, nicht zuletzt seit dem Amtsantritt Baraks. Es ist denkbar, dass das Maß der Enttäuschung bei der palästinensischen Öffentlichkeit geringer gewesen wäre, wenn Israel nicht von Barak, sondern weiter von Netanjahu regiert worden wäre, von einer Rechts-Regierung also, von der man nichts weiter erwartet, sondern die man auszusitzen versucht hätte. Barak aber war, wie den Palästinensern immer wieder gesagt wurde, der beste israelische Ministerpräsident, den sie erwarten konnten – und dennoch zeigten sich keine konkreten Fortschritte. Im Gegenteil, Barak hatte den Siedlungsbau in den besetzten Gebieten fortsetzen und sogar beschleunigen lassen; und er hatte die weitere Übergabe von Land an die Palästinensische Autorität gestoppt: So hatte die israelische Regierung sich noch im Sommer 2000 dazu verpflichtet, drei Vororte Jerusalems an die Palästinensische Autorität zu übergeben, hatte einen entsprechenden Beschluss sogar durch die Knesset, das israelische Parlament, bestätigen lassen, ihn aber nicht durchgeführt. Enttäuschung und Zorn mischten sich mit der Hoffnung, das libanesische Modell – das Beispiel des von der libanesischen *Hizbullah* getragenen Widerstands gegen die israelische Besatzung – auf die palästinensischen Gebiete übertragen zu können. Immerhin hatte Israel sich im Mai aus dem Libanon zurückgezogen. Widerstand hatte offenbar Erfolg.

Arafat entschied sich nach einigen Tagen, auf der Welle der *Intifada* zu reiten, anstatt sich von ihr fortspülen zu lassen. Er unternahm keine ernsthaften Anstrengungen, die eigene *Fatah*-Basis zu disziplinieren, tat im Laufe der Auseinandersetzungen zu wenig, um die islamistische *Hamas* von Gewaltakten gegen die israelische Zivilbevölkerung abzuhalten, und schaffte es schon deshalb nicht, der israelischen Öffentlichkeit die politischen Ziele der Palästinenser näher zu bringen.[168]

Die *Intifada*, richtiger: die Konfrontation zwischen Israelis und Palästinensern, entwickelte sich in mehreren, eskalierenden Phasen. Nur die ersten fünf, sechs Wochen hatten den Charakter eines Massenaufstands, bei dem Steine werfende Jugendliche Soldaten und Panzern gegenüberstanden. In diesen Wochen starben fast ausschließlich palästinensische Zivilisten. Später mischten sich immer häufiger *Fatah*-Aktivisten mit Schusswaffen unter die Demonstranten; die israelische Armee setzte schwere Waffen ein; auf beiden Seiten kam es zu Lynchmorden. In einer dritten Phase, die noch unter Barak begann und anhielt, als Sharon Barak ablöste, waren die Aktivisten der *Fatah* und anderer palästinensischer Organisationen zu Guerillataktiken übergegangen. Dies schloss Schusswaffenangriffe auf Siedlerfahrzeuge in den besetzten Gebieten und die Beschießung jüdischer Siedlungen ein, üblicherweise mit Schnellfeuergewehren, vereinzelt auch mit selbstgebauten Mörsern. Umgekehrt wurde aus den jüdischen Siedlungen auf palästinensische Ortschaften gefeuert. Die israelische Armee antwortete auf die palästinensischen Aktionen mit Artillerie- und Raketenangriffen auf Einrichtungen der palästinensischen Sicherheitskräfte, aber auch Wohnhäuser oder andere zivile Ziele, aus deren Umgebung geschossen worden war, planierte Felder, Olivenhaine und Zitrusplantagen, um ein freies Schussfeld zu erhalten, und begann mit der gezielten Liquidierung einzelner palästinensischer Aktivisten. Unter Sharon setzte die Eskalation sich fort. Die israelische Armee stieß mehrfach tief in die so genannten A-Gebiete vor, die allein der Palästinensischen Autorität unterstehen, zerstörte weiterhin landwirtschaftliche Anlagen, aber auch mehr als 100 Wohnhäuser, die der Armee im Weg standen, intensivierte die Politik der Liquidationen, verschärfte die militärische Blockade palästinensischer Ortschaften und nutzte in ihren Angriffen auf palästinensische Ziele neben Panzern und Helikoptern erstmals auch F-16-Jagdbomber. Mitglieder islamistischer Organisationen, insbesondere der *Hamas*, verübten mehrere Selbstmordanschläge innerhalb Israels, darunter im Juni den blutigen Anschlag auf eine Diskothek in Tel Aviv, der mehr als zwanzig jungen Israelis das Leben kostete.

Spätestens um diese Zeit war klar geworden, dass die *Intifada* und die quasi-militärischen Auseinandersetzungen keiner Seite mehr ernsthafte Vorteile brachten. Die ersten Monate der *Intifada* ließen sich aus palästinensischer Sicht im Rückblick strategisch rechtfertigen: Sie hatten die Frustration der palästinensischen Bevölkerung und ihren Wunsch verdeutlicht, endlich ein Ende der Besatzung zu sehen, sie zeigten auch, dass Arafat unter dem Druck der eigenen Öffentlichkeit stand, keinen Friedensvertrag zu israelischen Bedingungen zu akzeptieren. Sie hatten vor allem der internationalen Öffentlichkeit vor Augen geführt, dass die israelische Besatzung trotz aller Abkommen anhielt. Und sie dürften ihren Teil dazu beigetragen haben, die Gespräche von Taba möglich zu machen. In gewisser Weise, so das Urteil von Amy Ayalon, eines früheren Chefs des israelischen Inlandsgeheimdienstes, hätten die Palästinenser gelernt, »dass Israel nur die Sprache der Gewalt versteht«.[169] Was sie übersehen hatten, war, dass sie damit auch den Wahlsieg eines israelischen Politikers beförderten, der seinerzeit überzeugt war, den Palästinensern durch den Einsatz der überlegenen militärischen Mittel Israels seine Bedingungen aufzwingen zu können.

Sharon hatte deshalb auch kein Interesse an einer Rückkehr zu substanziellen Verhandlungen oder an der Implementierung bestimmter vertrauensbildender Schritte, wie sie etwa im Bericht der noch von der Clinton-Regierung eingesetzten »Mitchell-Kommission« verlangt wurden. Dazu gehörte neben zahlreichen anderen Maßnahmen, die teils die israelische, teils die palästinensische Führung oder auch beide Seiten betrafen, vor allem ein israelischer Siedlungsstopp. Ohne ein Einfrieren des Siedlungsbaus, so der Bericht sehr eindeutig, sei ein haltbares Ende der Gewalt nicht zu erwarten.[170] Tatsächlich wurden auch unter der Sharon-Regierung bestehende Siedlungen ausgebaut und neue Siedlungen oder »Außenposten« errichtet.

Die Palästinenser waren an einer Implementierung des Mitchell-Berichts, der ein Ende der Gewalt, eine Serie vertrauensbildender Maßnahmen und dann eine Wiederaufnahme politischer Gespräche verlangte, interessiert, waren aber nicht bereit, die *Intifada* zu stoppen, ohne dafür zumindest die Aussicht auf eine Wiederaufnahme der Endstatusverhandlungen und letztlich den Abzug Israels aus weiteren Teilen der palästinensischen Gebiete zu erhalten. »Die Intifada«, sagte mir im September ein junger, gebildeter Palästinenser, »bringt uns nirgendwo mehr hin. Aber wir haben keine Alternative dazu.«

Es war ein äußeres Ereignis, der Terroranschlag vom 11. September 2001 in den USA, der einen Ausweg andeutete, Israelis und Palästinensern zumindest eine Möglichkeit anbot, sich im Schatten des offenbar sehr viel größeren Konflikts um Deeskalation zu bemühen. Arafat, der sich in der Vergangenheit oft als schlechter Taktiker erwiesen hatte, tat spontan das Richtige: er erklärte sich mit den USA solidarisch, verurteilte jeden Terror und ordnete wenig später einen einseitigen Waffenstillstand an. Sharon tat sich schwerer, mit der durch den Anschlag veränderten weltpolitischen Situation umzugehen. Er versuchte, Arafat und die Palästinenser mit den Attentätern des 11. September gleichzusetzen und den anti-terroristischen Konsens der Welt zu nutzen, um militärische Maßnahmen gegen die Palästinensische Autorität zu rechtfertigen. Er unterschätzte dabei, wie sehr es den USA darum ging, die israelisch-palästinensische Szene zu beruhigen und arabische Unterstützung für eine breite politische Allianz gegen den Terrorismus zu gewinnen. Unter Druck geraten, musste Sharon nicht nur Gespräche seines Außenministers Shimon Peres mit Arafat zulassen, sondern auch einem Waffenstillstand zustimmen, der allerdings äußerst fragil blieb: Während die palästinensischen Sicherheitskräfte sich im Allgemeinen bemühten, ihn einzuhalten, wurde er von palästinensischen Extremisten und von der israelischen Armee wiederholt gebrochen. Das Maß der Gewalt nahm aber, zeitweise zumindest, ab; und auf beiden Seiten bekamen nachdenkliche Stimmen, die nach Alternativen zur Konfrontation suchten, wieder mehr Gehör. »Auch wenn der Terrorismus besiegt ist«, hieß es in einem Kommentar des israelischen Massenblatts *Maariv*, »wird das palästinensische Volk bleiben, und wir werden dies kleine Stück Land, das beiden Völkern gegeben wurde, in fairer Weise teilen müssen.«[171] Ein Jahr nach Beginn der *Intifada* bot die relative Beruhigung zudem die Chance, sich über die Kosten der Auseinandersetzungen klar zu werden.

Der Preis der Konfrontation

Nach einem Jahr der gewaltsamen und teilweise kriegerischen Demonstrationen, Angriffe und Auseinandersetzungen waren mehr als 680 Palästinenser und nahezu 170 Israelis ums Leben gekommen; die Zahl der Verwundeten, vor allem auf palästinensischer Seite, ging in die Zehntausende.[172] Obwohl sowohl die israelische wie die palästinensische Wirtschaft unter den Auseinandersetzungen litten, waren auch hier die Verluste der palästinensischen Seite höher: Israel meldete einen Rückgang des Bruttoinlandsprodukts um 0,6 Prozent, die palästinensischen Behörden errechneten einen Rückgang um 57 Prozent.[173] Dabei ist zu berücksichtigen, dass die palästinensischen Gebiete im Jahr vor dem Beginn der *Intifada* einen spürbaren Aufschwung erlebt hatten: Hoffnung auf Fortschritte im Friedensprozess ließ auch Investoren nach Möglichkeiten suchen, sich am Aufbauprojekt Palästina zu beteiligen. Das Pro-Kopf-Einkommen stieg um drei bis vier Prozent – lag allerdings mit knapp 1700 Dollar pro Jahr weiterhin weit unter dem israelischen, das auf ungefähr 16 000 Dollar geschätzt wurde –; die Arbeitslosigkeit, die 1996 noch bei etwa 25 Prozent gelegen hatte, sank auf unter zwölf Prozent.[174] Der enorme Einbruch der palästinensischen Wirtschaft seit dem Beginn der Auseinandersetzungen wurde vor allem durch die Absperrung der palästinensischen Gebiete von Israel und durch die militärischen Blockaden verursacht, die Westbank und Gazastreifen nun in mehr als sechzig territoriale Inseln zerteilten. Im Übrigen fanden die Auseinandersetzungen eben im Wesentlichen auf palästinensischem Gebiet statt; und die Wirtschaft der palästinensischen Gebiete war, was Zulieferungen und Exporte, Personen- und Postverkehr, die Überweisung von Importzöllen, die in israelischen Häfen erhoben wurden, und auch Arbeitsplätze anging, von israelischer Kooperation und Kooperationsbereitschaft abhängig.

Palästinensische Statistiker errechneten, dass die landwirtschaftliche und die industrielle Produktion im Jahr der *Intifada* auf jeweils etwa ein Drittel schrumpfte: Bauern konnten ihre Felder nicht ernten, Arbeiter ihre Firmen nicht erreichen, Rohmaterial konnte nicht oder nur unter Schwierigkeiten eingeführt werden, Produkte nicht exportiert werden, palästinensischen LKW wurde die Fahrt auf israelischen Straßen, einschließlich der Transportwege von und zu den israelischen Häfen, untersagt. Während also Tomaten oder Orangen, die üblicherweise in die Westbank, nach Israel oder nach Europa verfrachtet worden wären, in Gaza verfaulten, konnten Zement und Eisen, technisches Gerät oder Ausrüstungsgegenstände für Industrie und Bauwirtschaft gar nicht oder allenfalls zu erhöhten Preisen in die Gebiete geschafft werden.

»Sie kennen«, stellte sich mir im Frühjahr 2001 ein mittelständischer Unternehmer aus Bethlehem vor, »mein Hotel wahrscheinlich aus dem Fernsehen. Das Hotel Paradiso. *CNN* hat gezeigt, wie die Israelis es bombardiert haben.« Die Tourismusbranche, die in den Vorjahren immerhin elf Prozent des palästinensischen Bruttoinlandsprodukts beigesteuert hatte, brach durch die *Intifada* und die israelischen Reaktionen fast völlig zusammen. Hotels in Bethlehem und anderen historischen Orten standen leer oder wurden sogar zum Schauplatz bewaffneter Auseinandersetzungen. Kein Wirtschafts- und auch kein Lebensbereich blieb vom Konflikt unberührt, das Gesundheits- wie das Bildungswesen waren ebenso betroffen wie die öffentliche Sicherheit: Palästinensische Polizisten, die aus israelischer Seite zu Kriegsgegnern und damit zu den bevorzugten Zielen israelischer Angriffe geworden waren, konnten sich faktisch nicht mehr von einem palästinensischen Ort in einen anderen bewegen; Offiziere der palästinensischen Sicherheitsdienste etwa, die von Arafat in den Ort Beit Jala bei Bethlehem geschickt wurden, um palästinensischen Briganten, die von dort die israelische Siedlung Gilo beschossen, das Handwerk zu legen, konnten überhaupt nur an ihren Einsatzort kommen, weil europäische Diplomaten sie in ihren »CD«-Fahrzeugen mitnahmen, die die israelischen Militärkontrollen passieren durften. All dies zeigte auch, wie schwach der palästinensische Quasi-Staat weiterhin war, wie sehr ihm ein zusammenhängendes Territorium, eine Kontrolle über die Grenzen und nicht zuletzt die Möglichkeit fehlte, seine Bewohner gegen Angriffe von außen zu schützen.[175]

Die unmittelbaren sozialen Effekte von Absperrungen und Gewalt hießen Arbeitslosigkeit und steigende Armut. Etwa zwanzig Prozent der palästinensischen Beschäftigten hatten vor dem Beginn der *Intifada* in Israel gearbeitet, die meisten von ihnen verloren ihre Arbeit unmittelbar mit dem Beginn der Auseinandersetzungen. Als die Effekte der Absperrung dann auch die palästinensische Wirtschaft trafen, stieg die Arbeitslosigkeit in den Gebieten auf bis zu vierzig Prozent, entsprechend nahm die Armut zu. Ein Jahr nach Beginn der Konfrontation lebten nach Schätzung der palästinensischen Behörden 51 Prozent der Palästinenser von einem Einkommen, das zwei Dollar pro Tag nicht überstieg; der Anteil der Armen lag damit doppelt so hoch wie ein Jahr zuvor.[176]

Spiegelbilder des Konflikts

So sehr die wirtschaftlichen Folgen der Auseinandersetzung für Israel spürbar und für die palästinensischen Gebiete katastrophal waren – in Israel litt ebenfalls der Tourismussektor, und Investoren hielten sich zunehmend zurück –, so wenig schienen die Kosten die Konfliktparteien von einer Fortsetzung der Konfrontation abzuschrecken. Dagegen dominierte, nahezu spiegelbildlich, auf beiden Seiten die Unterstützung für eine harte Linie. Meinungsumfragen zeigen dies sehr deutlich. In den palästinensischen Gebieten hatte die Zustimmung zu einer Fortsetzung der *Intifada* kontinuierlich zugenommen: von siebzig Prozent nach einigen Monaten auf mehr als 85 Prozent nach einem Jahr. Dabei wollten nur 19 Prozent die Auseinandersetzung auf Formen des zivilen Widerstands gegen die Besatzungsmacht beschränken – also auf Streiks und Demonstrationen, bei denen vielleicht auch Steine geworfen, aber keine Schusswaffen eingesetzt würden –; etwa die gleiche Zahl trat allein für militärischen Widerstand ein; mehr als 55 Prozent waren für eine Kombination aus militärischen und zivilen Mitteln.[177] Die Eskalation der israelischen militärischen Maßnahmen, vor allem seit dem Antritt Sharons, hatte die Bereitschaft der Palästinenser, den Aufstand fortzusetzen und die entsprechenden Verluste zu tragen, offenbar nicht gemindert, möglicherweise sogar den Widerstandswillen gestärkt. Gleichwohl trat auf israelischer Seite eine deutliche Mehrheit für harte und härteste Maßnahmen ein. Laut einer Umfrage unter jüdischen Israelis, die etwa zwei Monate nach Sharons Übernahme der

Regierungsgeschäfte durchgeführt wurde, unterstützen 89 Prozent die Politik der »Eliminierungen«, also die gezielte Ermordung von Personen, die Israel terroristischer Aktivitäten beschuldigte; 71 Prozent waren für den Einsatz von Panzern und Kampfbombern, 68 Prozent für Blockaden und Wirtschaftssanktionen. Weniger als fünfzig Prozent der Befragten traten für die Stationierung einer internationalen Truppe ein, die Israelis und Palästinenser auseinander halten würde.[178]

Es war nicht verwunderlich, dass der Rechtsruck in Israel einen entsprechenden Rechtsruck in der palästinensischen Öffentlichkeit – und im Übrigen auch der Öffentlichkeit Jordaniens, Syriens oder anderer arabischer Staaten – auslöste. Der Antritt einer Rechts-Regierung in Israel, deren Chef Verhandlungen über Jerusalem ablehnte – der also Israels alleinige Souveränität über die gesamte Stadt forderte –, reduzierte wiederum die Bereitschaft der palästinensischen Öffentlichkeit, Israels Legitimität überhaupt anzuerkennen: Die meisten Palästinenser unterstützen zwar weiter das Prinzip der Zweistaatlichkeit – ein Nebeneinander von Israel und einem neuen Staat Palästina –, aber die Zustimmung zu dieser Lösung nahm ab.

Und während unter israelischen Regierungspolitikern und Militärs diejenigen immer lauter wurden, die nach einer »militärischen Lösung« riefen – ihr simpler Slogan hieß: »Let the IDF win«[179] –, die zumindest eine militärische Demütigung der Palästinenser anstrebten, sie zum Verhandlungstisch »zurückkriechen« sehen wollten,[180] nahm auf palästinensischer Seite die Unterstützung für Selbstmordanschläge zu. Die »palästinensische Straße«, so ein arabischer Autor, der den Anschlag auf eine Pizzeria in West-Jerusalem zu rechtfertigen suchte, habe »nach einer Reaktion gedürstet, die den Besatzern Schmerz zufügt«; es gehe darum, »ein wenig Gleichgewicht in den so deutlich durch das militärische und technologische Übergewicht Israels geprägten Konflikt zurückzubringen«.[181] Die meisten Akteure beider Seiten ahnten oder erkannten sehr wohl, dass es einen militärischen Sieg nicht geben würde und könne. Aber wenn man schon militärisch nicht siegen konnte, dann sollte die andere Seite doch wenigstens – oder wenigstens ebenfalls – leiden.

Im Ergebnis stellt der Vertrauensverlust zwischen Israelis und Palästinensern vielleicht den größten Schaden dar, der durch die Auseinandersetzungen entstand. Die israelische und die palästinensische Friedensbewegung schrumpften zusammen, und die meisten gemeinsamen palästinensisch-israelischen Projekte, die im Zuge des Friedensprozesses entstanden waren, brachen zusammen oder stagnierten. Das galt für groß angelegte Vorhaben wie das europäisch geförderte »Kooperationsprojekt Nord« – eine Maßnahme, die die wirtschaftliche Zusammenarbeit zwischen den Gebietskörperschaften in den Regionen von Haifa, in Israel, und Jenin, in den palästinensischen Gebieten, fördern sollte, genauso wie für kleine gemeinsame Forschungsprojekte. Die Blockade der palästinensischen Gebiete spielte dabei eine Rolle – aber eben auch Misstrauen und Angst und die Enttäuschung derer, die auf Frieden und Nachbarschaft gesetzt hatten. Wenn die israelische Armee bei ihren gezielten Liquidierungen auch einen ausgesprochenen Friedensaktivisten umbringt – wie konnte man den Israelis noch glauben, dass es ihnen um Selbstverteidigung ging? Wenn ein Restaurantbesitzer aus Tel Aviv bei einer Einkaufsfahrt ins palästinensische Jenin von bewaffneten *Fatah*-Aktivisten ermordet wird – wie konnte man den Palästinensern noch glauben, dass sie ein friedliches Zusammenleben anstrebten?

Negative Stereotype über das jeweils andere Volk, zumindest aber über die politisch Handelnden auf der anderen Seite, wurden bestärkt. Dass die Israelis oder die Juden unverbesserliche Rassisten seien, die schlicht nicht zum Frieden bereit seien, dass die Palästinenser nur Gewalt verstünden und die Juden ins Meer treiben wollten, gehörte dabei zum Standardrepertoire. Propaganda und Desinformation taten das Ihre, wobei die israelische Maschinerie sehr viel professioneller und effektiver arbeitete als die palästinensische. Die Kernaussage, die gerade auch Ehud Barak und seine Mitstreiter stets wiederholten, hieß, dass Arafat das großzügige Angebot Israels mit Gewalt und Terror beantwortet habe und deshalb kein Partner mehr sein könne.[182] Besonders problematisch war, dass viele Israelis von dieser sehr eigenen Lesart der Dinge auch ehrlich überzeugt zu sein schienen. Nachdenkliche israelische Beobachter merkten kritisch an, dass die Gesellschaft sich um bestimmte, unangenehme Wahrheiten herumdrücke: Wo die Stimmen seien, fragte ein Journalist, die laut und deutlich erklärten, »dass die Besatzung Gewalt ist, ... dass nicht nur Selbstmordattentate, sondern auch die Beschießung bewohnter Häuser mit Raketen Terrorismus darstellen; ... dass es auch ein Akt der Gewalt ist, eine ganze Nation ihrer Bewegungsfreiheit zu berauben, ... ein Akt der Gewalt, der ein Volk dazu bringt, mit allen Mitteln zu kämpfen, die es hat«.[183] Es gab diese Stimmen weiterhin, es gab den Kern einer israelischen Friedensbewegung um Leute wie den Publizisten Uri Avnery und die kleine Bewegung *Gush Shalom* (Friedensblock), es gab Politiker wie Israels früheren Justizminister Yossi Beilin und den palästinensischen Informationsminister Yasser Abed Rabbo, die zusammen mit anderen einen gemeinsamen Aufruf für ein Ende des Blutvergießens und ein Ende der Besetzung veröffentlichten,[184] und es gab palästinensische Aktivisten, die versuchten, den Dialog mit der israelischen Öffentlichkeit aufrechtzuerhalten, ihr zu versichern, dass die Palästinenser, so Arafat-Berater Bassam Abu Sharif, »weder jetzt noch in der Zukunft die Absicht haben, die Zerstörung Israels zu fordern oder danach zu streben«.[185]

Solche Stimmen, die auch versuchten, die berechtigten Anliegen der anderen Seite zu sehen – ohne dabei eigene politische oder Sicherheitsinteressen aufzugeben –, trafen jedoch die Stimmung der Mehrheit kaum. Israels Politik und auch der israelische Diskurs – die Sprache der Medien, der Politik und der Öffentlichkeit – wurden vielmehr von einer selbstgerechten Arroganz bestimmt, die nicht nur darin bestand, immer wieder von der eigenen »Generosität« zu sprechen. Israel legte zudem im Umgang mit Tod und Gewalt ganz deutlich unterschiedliche Maßstäbe an – jüdische Opfer zählten mehr als palästinensische – und erhob den Anspruch, nicht nur Konfliktpartei, sondern gleichzeitig auch Ankläger und Richter zu sein. Das manifestierte sich am deutlichsten in der Politik der »Eliminierungen« – einer Form von Hinrichtungen ohne Gerichtsverfahren.

Auf palästinensischer Seite gab es demgegenüber eine starke und teilweise ebenfalls spiegelbildliche Tendenz, sich ausschließlich als Opfer – oder als »Opfer der Opfer« – zu sehen, dabei das eigene Leid mit dem Leid gleichzusetzen, das den europäischen Juden von deutscher Seite zugefügt worden ist, und dieses Leid, den Holocaust, damit zu relativieren oder sogar in Frage zu stellen. Palästinensische Politik machte sich offensichtlich auch wenig oder zu wenig Gedanken über die Wirkung, die von der offen zustimmenden Reaktion eines Teils der palästinensischen Öffentlichkeit zu terroristischen Anschlägen auf zivile Ziele in Israel und von der Heroisierung der Selbstmordattentäter als Märtyrer auf das israelische Publikum ausging. Arafat und die palästinensische Führung waren sich wohl bewusst, dass diese Anschläge der palästinensischen Sache schadeten. Sie zögerten aber, eine klare, sehr deutliche Linie zu ziehen und gegen diejenigen Kräfte vorzugehen, die solche Attentate planten – insbesondere den militärischen Arm der islamistischen *Hamas* –; und sie begnügten sich zu oft damit, auf Israels Eigenverantwortung für die Gewalt und auf die palästinensische Opferrolle zu verweisen.

Kriegsziele und Interessen

Wer in dieser von Hass und Misstrauen geprägten Atmosphäre nach Elementen suchte, die dennoch die Aussicht auf eine Wiederbelebung des Friedensprozesses eröffneten, der musste, so widersprüchlich dies klingen mag, nach den realpolitischen Zielen und Interessen der beteiligten Parteien fragen. Dabei ließ sich feststellen, dass die palästinensische Seite sich keineswegs vom Friedensprozess oder von den Oslo-Abkommen verabschiedete: Die *Intifada* verlangte vielmehr, dass die Substanz des Friedensprozesses und der Abkommen, die sich in der Formel »Land für Frieden« ausdrücken ließ, endlich zur Realität werde. Die palästinensischen Ziele waren dementsprechend eindeutig: Es ging darum, die israelische Besetzung der palästinensischen Gebiete zu beenden und dort einen unabhängigen palästinensischen Staat zu errichten. Dies schloss die Anerkennung Israels und die Perspektive einer friedlichen Nachbarschaft mit Israel ein – implizit ohnehin, aber auch explizit selbst bei denjenigen, die an der Spitze der *Intifada* oder der militärischen Auseinandersetzungen mit Israel standen: Die »immense Mehrheit der Palästinenser«, erklärte *Fatah*-Aktivist Marwan Barghouti kurz nach dem Beginn der *Intifada*, »wünscht weiterhin den Frieden und die Koexistenz mit Israel, das immer unser Nachbar bleiben wird«.[186] Auch nach knapp einem Jahr unterstrich Barghouti, dass man ein politisches Abkommen anstrebe, mit dem die israelische Besatzung beendet werde.[187] Für die militärischen Führungskader der Palästinenser gilt das Gleiche. Das politische Ziel des »bewaffneten Widerstands«, so Mahmud Damra, ein palästinensischer Offizier, der Arafats Präsidentengarde »Force 17« in der Region von Ramallah befehligt, in einem Interview, sei ein Abkommen mit den Israelis, das zur Durchführung der Sicherheitsratsbeschlüsse und zur Errichtung eines unabhängigen Staates »in den Grenzen der 1967 besetzten Gebiete« führe.[188] Die Kämpfer und Kader aus Arafats *Fatah*, die auch die Basis der Palästinensischen Autorität bilden, hatten nicht die Zerstörung Israels, sondern das Ende der israelischen Besatzungsherrschaft zum Ziel. Es gab für sie deshalb auch keinen Widerspruch zwischen der *Intifada* und der Wiederaufnahme des Verhandlungsprozesses, wenn Israel dazu bereit sein würde.

Für Israel stellte sich die Frage, mit wem es auf der palästinensischen Seite letztlich zu tun haben wollte. Im Gegensatz zu Arafat und zur *Fatah* sahen die radikal-islamistischen Elemente der *Hamas* und anderer islamistischer Gruppen den bewaffneten Kampf eben als Alternative zum Verhandlungsprozess; sie erkannten vor allem die Oslo-Abkommen und die Legitimität Israels nicht an. Israel war in der Lage, die Armee »siegen zu lassen« – einige Politiker forderten dies ja auch –, konnte Arafat und die Palästinensische Autorität also durch fortgesetzte militärische Schläge schwächen und letztlich einen Zusammenbruch der palästinensischen Behörden und des palästinensischen Sicherheitsapparats herbeiführen. Ein derartiges Vorgehen allerdings würde, dies war zumindest den kühleren militärischen und politischen Köpfen klar, Israel weder mehr Sicherheit noch einen angenehmeren Partner bescheren, sondern allein zur Stärkung der radikalen, islamistischen Elemente beitragen. Israel habe langfristig, wie Shimon Peres drastisch formulierte, letztlich nur die Wahl zwischen einem säkularen palästinensischen Staat – unter Führung Arafats und der PLO – und einem »talibanisierten« unter Führung der Islamisten.[189] Auch dies sprach dafür, die Auseinandersetzungen zumindest zu begrenzen und sich die Option einer Wiederaufnahme der Verhandlungen nicht entgleiten zu lassen.

Wenige Politiker äußerten sich so klar wie Yosi Sarid, der Chef der linken *Meretz*-Partei: Nicht Arafat, was immer er auch für Fehler gemacht habe, oder die *Intifada*, sondern die Okkupation der besetzten Gebiete, die die *Intifada* verursacht habe, sei »die Ursache all unserer

Probleme«.[190] Wohl aber, und dies gehörte vielleicht zu den Erfolgen der *Intifada*, war der politischen Klasse Israels und der Öffentlichkeit über das Jahr der Auseinandersetzungen immer deutlicher bewusst geworden, dass die Palästinenser sich einer anhaltenden Besatzung nicht einfach unterwerfen und dass sie da bleiben würden – unabhängig davon, ob man in guter oder in schlechter Nachbarschaft leben würde. Die Option der Vertreibung, wie manche der harten Rechten beklagen mochten, gibt es nicht mehr. Auf dieser Basis braucht Israel ein Abkommen mit den Palästinensern und einen palästinensischen Staat schon aus ganz eigennützigen politischen und demographischen Gründen: Im Jahre 2001 zählt Israel etwa 6,5 Millionen Einwohner, darunter eine arabische Minderheit von knapp zwanzig Prozent. In der Westbank und im Gazastreifen leben fast 3,5 Millionen Palästinenser. Das heißt, dass die jüdischen Israelis nur eine knappe Mehrheit der Gesamtbevölkerung in Israel und den besetzten Gebieten darstellen.[191] Es bedeutet auch, dass die arabische Bevölkerung – die Palästinenser der besetzten Gebiete und die arabischen Israelis – angesichts ihres deutlich höheren Bevölkerungswachstums in spätestens zwei Dekaden die Mehrheit darstellen werden. Ein israelischer Staat, der die besetzten Gebiete zu behalten versuchte, gleich, ob er sie integrierte oder den Palästinensern eine Form der Autonomie zubilligte, würde, wie Israels Ex-Premierminister Barak und andere immer wieder betonen, unweigerlich zum Apartheidstaat oder seinen jüdischen Charakter verlieren. Nur die Trennung der beiden Völker werde es Israel ermöglichen, ein jüdischer und ein demokratischer Staat zu bleiben.[192]

Um der Trennung, die eine Mehrheit der Israelis wie der Palästinenser wünschten, Bestand zu geben und friedliche Nachbarschaft überhaupt zu ermöglichen, wird Israel nicht nur irgendeinen nach eigenen Wünschen zurechtgeschnittenen, sondern einen lebensfähigen palästinensischen Staat akzeptieren müssen, der realistischerweise auch zentrale palästinensische Ziele erfüllt. Es werde schon ein großer Erfolg sein, erklärte Dan Meridor, ein Politiker der rechten Mitte, wenn Israel im Rahmen einer Lösung die großen Siedlungsblöcke, in denen bis zu achtzig Prozent der Siedler leben, in das eigene Staatsgebiet überführen könnte.[193] Auch dass der Anspruch der Palästinenser auf den arabischen Teil Jerusalems sich langfristig nicht abweisen lassen würde, kam zunehmend ins Bewusstsein: Trotz oder vielleicht gerade wegen der *Intifada*, sicher auch aus dem Wunsch heraus, den palästinensischen Bevölkerungsteil Jerusalems loszuwerden oder zu reduzieren, sprach sich 2001 eine knappe Mehrheit der jüdischen Israelis dafür aus, die arabischen Viertel Jerusalems zurückzugeben.[194]

Auch die israelischen Gegner von »Oslo«, Sharon eingeschlossen, waren sich bewusst, worauf der Friedensprozess letztlich hinauslaufen würde – auf die Aufgabe der besetzten Gebiete, die politische Teilung Jerusalems, die Räumung eines großen Teils der Siedlungen und möglicherweise auf einen territorialen Ausgleich mit dem zukünftigen Staat Palästina, bei dem dieser der israelischen Annexion eines Teils der Siedlungen zustimmen – und diese damit legalisieren würde –, dafür aber israelisches Territorium erhalten würde. All dies waren Aussichten, die Israels Rechte ideologisch ablehnte, Entwicklungen, die sie, wenn sie sich nicht verhindern ließen, zumindest aktiv zu verzögern suchte. Sharons erklärtes Ziel war es deshalb, statt eines Endstatusabkommens zwischen Israel und der PLO einen Interimszustand von unbestimmter Dauer zu vereinbaren. Es sei »äußerst wichtig«, erklärte Ariel Sharon in einem Interview mit der israelischen Tageszeitung *Ha'aretz*, den Friedensprozess zu verlangsamen.[195] Dass er eines Tages wieder beginnen würde, wusste auch er.

Welches Palästina?

Die *Intifada* hat einmal mehr deutlich gemacht, dass der Friedensprozess den arabisch-israelischen Konflikt nicht beendet, sondern nur dessen letzte Etappe eingeleitet hat. Wenn Israelis und Palästinenser am Ende dieses Prozesses ein Abkommen schließen werden, mit dem das historische Palästina aufgeteilt wird, dann nicht aus einem Gefühl der Freundschaft oder Verbundenheit, sondern auf der Grundlage rationaler Interessenkalkulationen und möglicherweise unter einigem Druck von außen.

In beiden Staaten wird man sich nach einem Friedensschluss vorwiegend inneren Problemen widmen müssen. Für die palästinensische Seite steht dabei nicht so sehr, wie häufig gemutmaßt wird, die

Frage der Arafat-Nachfolge im Vordergrund. Befürchtungen, dass es, wenn Arafat stirbt, zu gewaltsamen Kämpfen um die Führung des palästinensischen Gemeinwesens oder zu dessen Zerfall und zum Ausbruch anarchischer Verhältnisse kommen werde, scheinen aus heutiger Sicht eher unbegründet. Es gibt genügend erfahrene, wenn auch wenig beliebte Kandidaten, und es gibt auch genug Positionen zu besetzen, die nach einem Wechsel nicht mehr sämtlich in einer Hand bleiben dürften – Arafat ist heute gleichzeitig Chef der PLO, Vorsitzender der *Fatah*, Präsident der Palästinensischen Autorität und palästinensischer Innenminister.[196] Es gibt auch konstitutionelle Regeln für den Fall, dass Arafat im Amte sterben sollte. Wie der Entscheidungsprozess über die Nachfolge sich aber abspielt und welche Personen sich dabei durchsetzen, wird großenteils vom Stand der israelisch-palästinensischen Beziehungen abhängen und davon, ob sich bereits ein palästinensischer Staat etabliert haben wird. Ohne dass sich hier genaue Voraussagen machen ließen, lässt sich doch das Folgende annehmen: Wenn Israel und die Palästinenser sich in einem Zustand mehr oder weniger anhaltender kriegerischer Auseinandersetzungen befinden, könnten die Chefs der Sicherheitsapparate in der Westbank und im Gazastreifen die Macht übernehmen und möglicherweise unter sich aufteilen. Wenn dagegen ein Friedensabkommen abgeschlossen und umgesetzt und ein palästinensischer Staat an der Seite Israels entstanden ist, dürften die Chancen ziviler Politiker steigen. Das gilt nicht zuletzt für Personen wie den Generalsekretär des PLO-Exekutivkomitees Mahmoud Abbas, besser bekannt als Abu Mazin, oder Parlamentspräsident Ahmad Qurei, die beide eine wichtige Rolle im Verhandlungsprozess gespielt haben.

Man kann vermuten – und viele Palästinenser hoffen dies auch –, dass das palästinensische Gemeinwesen, wenn der teils revolutionäre, teils diplomatische Kampf um Unabhängigkeit einmal abgeschlossen ist, auf charismatische Führerschaft, wie Arafat sie repräsentiert, verzichten kann und eine Führung ausbildet, die sich vornehmlich dem Aufbau effektiver staatlicher Strukturen widmet und nicht über die Köpfe der Bürger hinweg regiert. Die ersten Jahre der palästinensischen Autonomieregierung setzten in dieser Hinsicht keine sonderlich guten Vorzeichen.

Vertreter der Palästinensischen Autorität würden an dieser Stelle einwenden, dass das palästinensische Gemeinwesen vergleichsweise demokratischer ist als die meisten arabischen Staaten und dass die Fortdauer der Besetzung es schwer macht, demokratische Verhältnisse zu festigen. Beides ist zutreffend – immerhin wurden Arafat als Präsident der Palästinensischen Autorität und das Parlament, der Palästinensische Legislativrat, 1996 in international überwachten, demokratischen Wahlen gewählt; und sicherlich macht die israelische Kontrolle großer Teile der besetzten Gebiete die oft angemahnte Durchführung von Kommunalwahlen schwierig. Auch Arafats Kritiker geben zu, dass es in den palästinensischen Gebieten ein größeres Maß an Pluralismus und eine offenere politische Kultur gibt als etwa in Syrien oder Tunesien. Nur sind das auch nicht die Beispiele, an denen Palästinenser sich orientieren wollen. Die Palästinenser haben Israel zwar als Besatzungsmacht kennen gelernt, viele haben aber gleichzeitig einen Einblick in die inneren Verhältnisse Israels erhalten und sehen deshalb die israelische Demokratie und die persönliche Freiheit, die Israel seinen eigenen Bürgern gewährt, durchaus als Modell.

Unter der Herrschaft Arafats, dessen politischer Stil durch seine Erfahrung als Führer einer Befreiungsbewegung, nicht durch Erfahrungen in demokratisch verfassten Staaten geprägt ist, haben die Institutionen des palästinensischen Quasi-Staates ihre Rolle nur unvollkommen spielen können. Arafat und seine Behörden haben wiederholt Journalisten und Anwälte eingeschüchtert, zu unabhängige Richter abgesetzt, Kritiker des palästinensischen Präsidenten eingesperrt oder bedroht. Mit Regimegegnern wurde in wenig rechtsstaatlicher Weise umgegangen, teilweise auf Druck Israels und der USA: Die Einrichtung von Staatssicherheitsgerichten, die in dubiosen nächtlichen Verfahren Todesurteile verhängten, entsprach der israelischen und amerikanischen Forderung, rigoros gegen Terroristen und Feinde des Friedensprozesses vorzugehen.

Arafat hat sich aber auch über Jahre geweigert, ein vom Legislativrat beschlossenes Grundgesetz in Kraft zu setzen. Wichtige Entscheidungen werden zumeist außerhalb der formellen Entscheidungsorgane getroffen – vorwiegend innerhalb der so genannten »Palästinensischen Führung«, in der Arafat neben den Mitgliedern seines Ministerrats die Vorsitzenden des Legislativrats, Mitglieder diverser PLO-Organe und enge Berater versammelt. Viele der hohen Mitarbeiter und Berater Arafats gehören zur Gruppe derjenigen, die 1994 mit Arafat aus dem tunesischen Exil nach Gaza oder in die Westbank zurückgekehrt sind. Dies schuf innere Konflikte. Arafat nutzt, wie viele arabische Herrscher, Patronage und Korruption als Mittel zur Herrschaftssicherung, erlaubt es loyalen Mitarbeitern also, sich zu bereichern; und Mitglieder der Rückkehrergruppe profitierten hiervon zwar nicht allein, aber in besonderem Maße. Kritik am Einfluss und an den korrupten Praktiken der »Tunesier«, wie die Rückkehrer im allgemeinen Sprachgebrauch gern genannt wurden, kam nicht zuletzt von den lokalen *Fatah*-Führungen in der Westbank: Viele von ihnen waren Aktivisten der ersten *Intifada* (1987 bis 1993), die damit letztlich auch Arafat den Weg zurück geebnet hatte – ohne den Druck des Aufstands hätte Israel kaum die Verhandlungen mit der PLO aufgenommen. Sie waren, anders als die Entourage Arafats, auch innerhalb ihrer Basisorganisationen demokratisch gewählt, mussten aber feststellen, dass die Politik von anderen gemacht wurde. Kein Wunder, dass diese lokalen *Fatah*-Kader – Marwan Barghouti ist nur das prominenteste Beispiel – die wesentlichen Träger der zweiten *Intifada* wurden und dass der Aufstand auch Elemente des Ungehorsams gegen die Führung in Gaza hatte.[197]

Tatsächlich hatte Arafat selten so unter dem Druck einer zunehmend kritischen Öffentlichkeit gestanden wie kurz vor dem Ausbruch der *Intifada*. Zahlreiche Stimmen aus dem politischen Spektrum mahnten eine verantwortlichere Regierungsführung und die Respektierung demokratischer Spielregeln an; palästinensische Menschenrechtsorganisationen etwa legten Wert darauf, Übergriffe der palästinensischen Behörden genauso zu dokumentieren wie solche der israelischen Besatzungstruppen. Die neue Konfrontation mit Israel reduzierte diesen öffentlichen Druck vorübergehend. Gleichzeitig wuchs allerdings die Popularität radikaler Organisationen, nicht zuletzt der islamistischen *Hamas*; die staatliche – oder vorstaatliche – Autorität der palästinensischen Regierung verfiel in einigen Städten sehr deutlich. In Bethlehem beispielsweise oder in Rafah im Gazastreifen nahmen Vertreter lokaler Clans das Gesetz und die Auseinandersetzungen mit Israel selbst in die Hand; *Fatah*-Aktivisten ließen sich von den Sicherheitskräften wenig sagen; in einigen Fällen kam es zu bewaffneten Auseinandersetzungen zwischen *Fatah*-Leuten und palästinensischen Sicherheitskräften.[198]

Wenn die palästinensischen Behörden ihre Kontrolle über einzelne Orte verloren, so war das natürlich zum Teil ein Ergebnis israelischer Taktiken, vor allem der faktischen militärischen Zerteilung der Westbank in isolierte territoriale Einheiten. Dies allerdings enthebt Arafat und die Palästinensische Autorität nicht ihrer Verantwortung dafür, dass in den sechs Jahren vor dem Beginn der *Intifada* nur wenige glaubwürdige und transparente Strukturen aufgebaut wurden. Nach einem Ende der Auseinandersetzungen wird der öffentliche Druck auf Arafat, sein Regime zu öffnen und zu pluralisieren, wieder zunehmen. Es ist auch wahrscheinlich, dass die neuen Anführer der *Intifada* – insbesondere die jüngere Generation von *Fatah* und islamistische Kräfte – ihren Anteil an der politischen Entscheidungsgewalt einfordern.

Welches Israel?

Auch Israel wird sich inneren Konflikten stellen müssen, die in den neunziger Jahren vertagt worden oder hinter den Friedensprozess – und den politischen Streit um diesen Prozess – zurückgetreten sind. Während israelische Politik sich bislang vorwiegend innerhalb eines Rechts-Links-Spektrums sortiert hat, bei dem »links« für Bemühungen um Frieden und Ausgleich mit den arabischen Nachbarn, »rechts« für eine harte Haltung und die Weigerung stand, die besetzten Gebiete oder deren größten Teil aufzugeben, dürfte die politische Auseinandersetzung sich zukünftig sehr viel stärker um die Natur des Staates drehen, darum, ob Israel im Wesentlichen ein säkularer Staat mit jüdischer Mehrheit oder ein jüdischer Staat sein wird, ein Staat auf religiöser Grundlage.[199] Nicht dass es heute keine Differenzen oder Konflikte zwischen Religiösen und Säkularen gäbe. Israels ehemaliger Ministerpräsident Barak entzündete sie im Sommer 2000 in einiger Schärfe, als er plötzlich eine »säkulare Revolution« ankündigte: Diese hätte unter anderem beinhaltet, der staatlichen Fluggesellschaft und Busunternehmen zu erlauben, auch samstags zu verkehren, sie hätte nach und nach das Privileg der ultraorthodoxen

Religionsschüler, nicht zur Armee gezogen zu werden, aufgehoben und wohl auch die staatliche Finanzierung für das Schulsystem der religiösen Parteien beendet oder diesen Schulen ein staatlich kontrolliertes Curriculum verordnet.

Auch wenn Barak diese Pläne nicht weiter verfolgte, deutete seine Initiative doch an, wo eine Konfliktlinie israelischer Politik zukünftig liegen würde. Es erstaunt, wie häufig in Israel mit Blick auf innere Auseinandersetzungen, die nach einer Regelung des arabisch-israelischen Konflikts in schärferer Form zum Ausdruck kommen werden, vom »Bürgerkrieg« gesprochen wird. Israelis meinen dies nicht unbedingt ernst; Debatten in Israel sind häufig durch eine krasse Überzeichnung der Dinge geprägt. Der »Bürgerkrieg« ist dabei eine Metapher, die darauf verweist, dass die inneren Auseinandersetzungen rauher werden dürften, dass politische Gewalt nicht auszuschließen ist – man denke an die Ermordung von Ministerpräsident Rabin durch einen israelischen Rechtsextremisten und die verleumderische Propaganda der gesamten Rechten, die Rabin wegen der Abkommen mit den Palästinensern des nationalen Verrats bezichtigt hatte – und dass innenpolitische Fragen auf den Tisch kommen werden, mit denen andere nahöstliche Staaten sich ebenfalls zu beschäftigen haben: Dazu gehört der Umgang mit politisch-religiösen Gruppen und Parteien, die allein das religiöse Gesetz oder Recht – die *Halacha* des Judentums oder die *Sharia* des Islam – anerkennen und dieses zur Grundlage aller politischen und juristischen Entscheidungen machen wollen; und dazu gehören ethnische Spaltungen: einerseits zwischen der eingesessenen aschkenasischen Elite europäischen Ursprungs, neueren Einwanderern aus Russland und orientalischen oder sephardischen Juden (*Misrachim*), andererseits zwischen der jüdischen und der arabischen Bevölkerung Israels. Diskriminierungen des arabischen Bevölkerungsteils hat man bislang mehr oder weniger offen mit Sicherheitsargumenten zu erklären und manchmal auch zu rechtfertigen versucht – als bedauerliche Elemente eines regionalen Konfrontationszustands, in dem der Staat sich der Loyalität seiner arabischen Bürger eben nicht sicher sein könne. Ein Ende des Kriegszustands mit den Nachbarn dürfte auch die Forderungen nach einer Gleichbehandlung der israelischen Araber, die immerhin zwanzig Prozent der Bevölkerung stellen, und nach einer Transformation des »jüdischen Staates« in einen »Staat aller seiner Bürger« lauter werden lassen.[200] Im Übrigen stellt sich auch in Israel die Frage, ob eine Regelung des arabisch-israelischen Konflikts zum Heranwachsen einer neuen, eher zivil geprägten Führungselite und zu einer Demilitarisierung des politischen Lebens beiträgt. Bislang ist Israels Politik wie die der Nachbarstaaten ganz wesentlich von professionellen Soldaten – Rabin, Barak, Sharon und anderen – bestimmt worden.

Innenpolitische Entscheidungen und Entwicklungen wirken wiederum auf Israels Beziehungen zu seinen Nachbarn und auf die Nachbarstaaten selbst zurück. Das zeigt der Blick auf Syrien, auf Jordanien, auf den Libanon und andere. Für den jüdischen Staat hat sich mit dem Friedensprozess ein Fenster aufgetan, das die Aussicht auf Akzeptanz durch die arabische Welt eröffnete: Die arabische Welt hat Israel seit der Madrider Friedenskonferenz von 1991 prinzipiell als legitimes Mitglied des regionalen Staatensystems anerkannt, Frieden und die regionale Integration Israels aber gleichzeitig von Bedingungen abhängig gemacht, insbesondere von Israels Bereitschaft zur Rückgabe der 1967 besetzten Gebiete. Die arabischen Regierungen haben dieses Fenster bislang offen gehalten, obwohl es dafür wenig populäre Unterstützung gibt. Natürlich hängt der Ausgang des Friedensprozesses nicht allein von Israel ab. Aber letztlich wird Israel sich entscheiden müssen, ob es sich in seine regionale Umgebung integrieren oder ob es sich als eine Art Außenposten des Westens im Nahen Osten verstehen will, das die Beziehungen zu den Nachbarstaaten im Wesentlichen unter sicherheitspolitischen Aspekten betrachtet.[201] Je länger Israel diese zweite Option zu verwirklichen sucht und je länger es zögert, die Herrschaft über die Palästinenser aufzugeben, desto mehr muss es damit rechnen, dass das Fenster sich wieder schließt.

Syrien
Die Tücken des Erbes

Am 10. Juni 2000 schalteten Syriens Radio- und Fernsehstationen plötzlich auf Koranrezitationen um; auch von den Minaretten wurde aus dem Koran gelesen. Ein weinender Nachrichtensprecher verkündete der Nation, dass Hafiz al-Asad, der »kämpferische Präsident«, gestorben sei. Die Nation war so geschockt wie der Sprecher im Fernsehen. Nicht dass die Krankheit des Präsidenten nicht bekannt gewesen und darüber gesprochen worden wäre. Es bestand auch kein Zweifel, dass Asads Sohn Bashar zum politischen Nachfolger seines Vaters bestimmt war und wichtige Führungsaufgaben bereits übernommen hatte. In den Büros von Ministern und Offiziellen hingen die Bilder des jungen Mannes schon seit Wochen in gleicher Größe neben denen des Präsidenten. Der Tod Asads, der sich im November 1970 selbst an die Macht gebracht hatte, war dennoch für die meisten Syrer schwer fassbar – unabhängig davon, ob sie ihn liebten und verehrten, respektierten und fürchteten oder ablehnten. Hafiz al-Asad war der allgegenwärtige große Bruder und, in späteren Jahren, der Übervater gewesen: Kein Schulheft und kein Klassenraum, keine Amtsstube, keine Zeitung, kein Militärfahrzeug und kein Dienstwagen ohne sein Bild; das Konterfei des Präsidenten fand sich auf Armbanduhren, die an verdiente Funktionäre verteilt wurden, auf den Krawatten der nicht so geheimen Geheimpolizisten, die Asads Residenz absicherten; Statuen des Präsidenten schmückten und schmücken größere Plätze, haushohe Asad-Poster verhüllten an Festtagen die Fassaden ausgesuchter öffentlicher Gebäude. Im Übrigen hatten 73 Prozent der Bevölkerung – das ist der Anteil der unter Dreißigjährigen – keinen anderen Präsidenten als Hafiz al-Asad gekannt. Da auch diejenigen, die 1970 gerade mal zwölf Jahre alt oder jünger waren, keine aktive Erinnerung an andere politische Verhältnisse haben dürften, heißt dies sogar, dass 85 Prozent der Bevölkerung kein anderes Regime als das des Verstorbenen erlebt hatten.

Trotz kurzzeitiger Verwirrung darüber, wer nun der amtierende Staatschef sei – war es der Ministerpräsident, der Parlamentspräsident, vielleicht der Verteidigungsminister oder doch der erste Vizepräsident? –, reagierten die von Hafiz al-Asad so lange dominierten Staats- und Parteiinstitutionen schnell und effektiv und sicherten so die quasi-monarchische Nachfolge ab: Noch am Tag der Bekanntgabe des Todes von Hafiz al-Asad beschloss das Parlament eine Verfassungsänderung, die das Mindestalter eines syrischen Präsidenten von 40 auf 34 Jahre heruntersetzte – das exakte Alter Bashar al-Asads. Am Tag darauf beförderte Vizepräsident Khaddam den Präsidentensohn, der bisher den Rang eines Obersten, aber keinerlei offizielles Amt inne gehabt hatte, zum General und Oberbefehlshaber der Streitkräfte. Eine Woche nach dem Tod des Vaters begann ein seit Monaten vorbereiteter Kongress der herrschenden *Baath*-Partei, die laut geltender Verfassung die »führende Partei in Staat und Gesellschaft«, die Staatspartei also, ist. Dieser Kongress, der erste seit 1985, wählte Bashar al-Asad zum Generalsekretär, die Parteiführung nominierte ihn dann zum Kandidaten für das Präsidentenamt. Drei Wochen später fand ein entsprechendes Referendum statt, bei der Asad als einziger Kandidat antrat. Das offizielle Wahlergebnis gab ihm 97,3 Prozent der Stimmen – etwas weniger, als sein Vater üblicherweise erhielt, der sich zuletzt 1999 hatte im Amt bestätigen lassen. Eine weitere Woche später wurde Bashar al-Asad als Staatspräsident vereidigt.

Obwohl das existierende Herrschaftssystem sich sozusagen durch Vererbung zu verewigen suchte, bildete die Wachablösung an der syrischen Staatsspitze einen tiefen historischen Einschnitt. Das neue Regime, das, während dieses Buch entsteht, noch keineswegs gefestigt ist, hat zumindest teilweise einen anderen Charakter und es setzt tendenziell andere Prioritäten: Bashar al-Asad und seine Mitstreiter setzen vorrangig auf eine wirtschaftliche und wissenschaftlich-technische Erneuerung des Landes. Der Friedensprozess beziehungsweise die Auseinandersetzung mit Israel, die für den Vater und dessen Regime im Vordergrund stand, ist allerdings ein dominantes Thema geblieben, und die Zusammenhänge zwischen der regionalpolitischen Entwicklung und den Möglichkeiten innerer Reform und Erneuerung sind eindeutig und eng. Prioritäten allein sagen ohnehin wenig über die Chancen eines Regimes oder einer Regierung, die eigene Agenda auch abzuarbeiten. Sicher ist, dass ein großer Teil der Bevölkerung viel, sehr viel von dem neuen Präsidenten erwartete und sich über wirtschaftliche Öffnung und Modernisierung hinaus auch eine echte politische Öffnung versprach. Enttäuschungen konnten nicht ausbleiben. Spätestens nach Ablauf des ersten Amtsjahres war klar geworden, dass Bashar al-Asad politischen Systemreformen keine Priorität gab. Diejenigen, die hinter ihm standen, hätten dies wohl auch nicht zugelassen. Vieles deutete zudem darauf hin, dass der junge Präsident gemerkt hatte, dass er ein schwieriges Erbe angetreten hatte, das er möglicherweise nicht unter Kontrolle bekommen würde.

Drei Jahrzehnte mit Hafiz al-Asad

Syrien ist in den fast dreißig Jahren, die es unter der Herrschaft Hafiz al-Asads stand, tatsächlich in vieler Hinsicht geworden, was Begrüßungsplakate auf dem Flughafen mitteilen oder was, schöner noch, mit hellen Steinen auf dunkle Berghänge am Rande der Landstraße, die vom Libanon nach Damaskus führt, geschrieben steht: »*Suriya al-Asad*«, Asads Syrien. Jedes Urteil über die Ära Hafiz al-Asad muss gemischt ausfallen, wenn es sich nicht auf Teilaspekte beschränkt.

Syrien unter Hafiz al-Asad lässt sich am ehesten dann als Erfolgsgeschichte beschreiben, wenn man die Außenpolitik betrachtet und dabei, wie die Führung des Landes selbst, im Wesentlichen in den Kategorien regionaler Machtgleichgewichte denkt.[202] Seit 1970 ist aus Syrien, das in den fünfziger und sechziger Jahren ein Spielball anderer Regionalmächte war, einer der zentralen Spieler geworden. Dies gilt nicht nur für den arabisch-israelischen Konflikt, wo die Henry Kissinger zugeschriebene Aussage gilt, dass es ohne Ägypten keinen Krieg, ohne Syrien keinen Frieden geben könne, sondern insgesamt für die regionale Beziehungsdynamik. Syrien gehört seit Ende des zweiten Golfkriegs mit Saudi-Arabien und Ägypten zu jenem innerarabischen Kräftedreieck, das die Politik der Arabischen Liga bestimmt. Asad entschied sich 1990 gegen die öffentliche Meinung in seinem Land, Syrien an der anti-irakischen Golfkriegsallianz zu beteiligen. Diejenigen, die damals skeptisch gewesen waren, mussten einsehen, dass er die richtige Seite gewählt hatte.

Auch andere Entscheidungen, die der Präsident traf, waren unpopulär, erwiesen sich aber als Ausdruck kühler und rationaler Interessenkalkulation. Dazu gehörte anfänglich das militärische Engagement Syriens im Libanon. Unter dem Gesichtspunkt der regionalen Gleichgewichte erwies sich die seit 1976 anhaltende Involvierung im Nachbarland allerdings als erfolgreich: Syrien konnte sich als entscheidender Akteur auf der libanesischen Szene etablieren. Es hat Israels zeitweise großen Einfluss im Libanon zurückgedrängt und den Libanon zumindest so lange, wie Israel dessen Süden noch besetzte, genutzt, um militärischen Druck auf Israel aufrechtzuerhalten, ohne sich in eine direkte Auseinandersetzung mit Israel ziehen zu lassen. Syrien überstand auch den Zusammenbruch seines lange Zeit wichtigsten internationalen Verbündeten, der UdSSR, ohne selbst an regionalem Gewicht einzubüßen. Syriens Beteiligung an der Madrider Nahost-Friedenskonferenz von 1991 und den daraus hervorgegangenen bilateralen Friedensverhandlungen mit Israel entsprach dem insgesamt realpolitischen und pragmatischen Kurs Asads. Das syrische Ziel, die vollständige Wiedergewinnung des seit 1967 von Israel besetzten Golangebiets, blieb allerdings unerfüllt.

Mit Blick auf die Innenpolitik werden auch kritische Stimmen zugeben müssen, dass Syrien seit seiner Unabhängigkeit nie so stabil war wie in den Jahrzehnten unter Hafiz al-Asad. Immerhin war der Coup, mit dem Asad 1970 die Macht an sich brachte, auch die bis heute letzte militärische Machtübernahme in einem Land, das seit 1949 der putschreichste arabische Staat gewesen war.

Unter der Herrschaft Asads entstand aber nicht nur ein stabiles Regime. Auch die staatlichen Strukturen und Institutionen wurden so ausgebaut, dass die Existenz des »Staates« in allen Landesteilen spürbar wurde – durch den Bau von Schulen auch in kleineren Dörfern oder durch den Anschluss des größten Teils der ländlichen Gebiete an das Elektrizitätsnetz genauso wie durch die flächendeckende Verbreitung von Parteibüros und Polizeistationen. Syrien erlebte, wie viele arabische Staaten, in den sechziger und vor allem den siebziger

Jahren einen enormen Entwicklungssprung, schuf unter anderem eine flächendeckende öffentliche Gesundheitsversorgung und etablierte einen großen staatlichen Unternehmenssektor; der öffentliche Dienst und der Sicherheitsapparat wurden erheblich ausgebaut: Während die Einwohnerzahl Syriens sich von 1970 bis 1990 etwa verdoppelte, wuchs die Zahl der vom Staat beschäftigten Zivilisten (im öffentlichen Dienst und im staatlichen Wirtschaftssektor) und der Sicherheitskräfte jeweils auf etwa das Fünffache.

Die Stabilität, die Ende der siebziger, Anfang der achtziger Jahre allerdings durch blutige, zum Teil bürgerkriegsähnliche Auseinandersetzungen zwischen radikalen islamistischen Gruppen und dem Regime gefährdet zu sein schien, hatte ihren Preis. Syrien unter Hafiz al-Asad wurde zum autoritären Sicherheitsstaat par excellence: ein Staat, in dem Entscheidungsstrukturen in höchstem Maße zentralisiert waren, wichtige oder konfliktträchtige Entscheidungen letztlich nur vom Präsidenten getroffen werden konnten; ein Staat, in dem die Sicherheitskräfte, insbesondere die verschiedenen, teilweise konkurrierenden, aber jeweils dem Präsidenten verantwortlichen *mukhabarat* oder Geheimdienste nahezu unbegrenzte Befugnisse hatten und jegliche Opposition unterdrückt wurde. Die Zahl der politischen Gefangenen wurde Anfang der neunziger Jahre auf mindestens 7500 geschätzt. Politische Partizipationsmöglichkeiten blieben aufs Äußerste begrenzt. Die *Baath*-Partei wurde zwar von einer kleinen Kaderpartei zu einer Massenpartei ausgebaut, die im Jahr 2000 mehr als 1,8 Millionen Mitglieder zählte – mehr als zehn Prozent der Bevölkerung –, sie diente aber vor allem als Mobilisierungs- und Kontrollinstrument des Regimes, nicht als Organ der Mitwirkung. Andernfalls wäre es kaum denkbar gewesen, dass eine Staats- und Regimepartei 15 Jahre lang nicht einmal einen Parteikongress abhielt.

Partei, Sicherheitsapparat und staatliche Bürokratie bildeten die drei wesentlichen Stützen des Regimes, dazu kamen die so genannten Volks- oder Massenorganisationen – die Gewerkschaften, der Bauernverband, die Studentenunion, der Revolutionäre Jugendverband und die Kinderorganisation »Pioniere der *Baath*« – die gemeinsam den größten Teil der aktiven Gesellschaft umfassten. Dabei stand nie in Zweifel, wo die Entscheidungsstränge zusammenliefen. Hafiz al-Asad war nicht nur formal überaus mächtig: Er war als Staatspräsident auch Oberkommandierender der Streitkräfte, gleichzeitig Generalsekretär der Partei sowie der Nationalen Progressiven Front, einer formalisierten Allianz der *Baath* mit einigen kleineren Parteien, die das Regime zuließ; er hatte legislative Vollmachten, ernannte seine Stellvertreter und die Regierung, die ihm gegenüber verantwortlich war. Die unter Asad beschlossene Verfassung gibt dem Präsidenten ein Vetorecht gegen vom Parlament verabschiedete Gesetze und macht Verfassungsänderungen von der Zustimmung des Präsidenten abhängig; die Wahl des Präsidenten erfolgt durch Referendum, wobei der jeweils einzige Kandidat von der Führung der *Baath*-Partei nominiert wird. Aber neben der formalen, konstitutionellen Macht kontrollierte Asad eben auch ein dichtes Netz an Patronagebeziehungen in allen Institutionen der Macht. Persönliche Loyalität zum Präsidenten war die wichtigste Währung innerhalb dieser Strukturen, die wesentliche Bedingung eines Aufstiegs in die politische, militärische oder administrative Führung des Landes. Kein Wunder, dass Asad – wie viele seiner Kollegen in anderen arabischen Staaten – selbst auswählte, wer in das Zentralkomitee der Partei berufen wurde, selbst die Universitätspräsidenten und Dekane, die führenden Offiziere aller Einheiten, die Provinzgouverneure, die Direktoren öffentlicher Unternehmen, die Chefredakteure der Medien und andere Funktionsträger ernannte. Kein Wunder auch, dass die letzten Referenden zur Wiederwahl des Präsidenten, 1991 und 1998, in den staatlichen Medien nicht mehr als Wahl, sondern als *bay'a* – Huldigung – beschrieben wurden.

Syrien blieb von keinem der Nachteile autoritärer Herrschaft verschont. Eine Atmosphäre der Lethargie und der politischen Stagnation breitete sich aus. Personen auf unteren administrativen Ebenen konnten und wollten keine Entscheidungen treffen; bei höheren Entscheidungsträgern stauten sich auch banale Vorgänge und ließen diesen wenig Zeit für wichtige Dinge – Dienstreiseanträge von Beamten etwa brauchen auch heute noch die Unterschrift des zuständigen Ministers. Die Korruption, die von der Regimespitze her als durchaus strategisches Herrschaftsmittel eingesetzt wurde, weitete sich aus: Loyale Diener des Regimes konnten sich im Rahmen ihrer Zuständigkeiten bereichern, also ihre Prozente bei öffentlichen Aufträgen einstreichen, sich Importlizenzen und Baugenehmigungen bezahlen lassen, als stille Partner in private Unternehmen einsteigen, um diesen den Schutz ihres Amtes zu gewähren. Die offene Verwicklung in korrupte Praktiken machte sie gleichzeitig vom Regime abhängig – wussten sie doch, dass Präsident und Sicherheitskräfte immer etwas gegen sie in der Hand haben würden.

Seit Anfang der neunziger Jahre begann das Regime mit sehr vorsichtigen und zurückhaltenden politischen Lockerungsübungen: Seit 1990 wurde etwa bei den Parlamentswahlen ein Drittel der Sitze der mehr oder weniger freien Konkurrenz unter unabhängigen Kandidaten überlassen – die anderen zwei Drittel wurden von der *Baath*-Partei und den kleineren, von ihr abhängigen Parteien der Nationalen Front besetzt. Eine große Zahl politischer Gefangener wurde nach und nach entlassen; und der Spielraum für öffentliche Debatten, insbesondere über Fragen der Wirtschafts- und Sozialpolitik, wurde erweitert. In den Diskussionen der wirtschaftswissenschaftlichen Vereinigung etwa musste mancher Minister sich der harschen Kritik von Akademikern oder von Vertretern der Privatwirtschaft stellen. Der Macht des Regimes und der Vormachtstellung des Präsidenten tat dies keinerlei Abbruch: Das System wurde nicht demokratisiert, sondern ein Stück weit pluralisiert – nicht zuletzt, um gesellschaftliche Kräfte einzubinden, deren Beitrag gebraucht wurde, um die Wirtschaft am Laufen zu halten. Ein großer Teil der Abgeordneten, die als Unabhängige ins Parlament einzogen, repräsentierten den privaten Unternehmenssektor, der allmählich wieder an wirtschaftlicher Bedeutung gewann, nachdem er in den sechziger Jahren im Rahmen einer Politik des »arabischen Sozialismus« und in den Siebzigern durch den Ausbau des Staatssektors an den Rand gedrängt worden war. Eine allgemeine politische Mitwirkung wurde auch von diesen neuen politischen Kräften nicht erwartet: Die Person und die Politik des Präsidenten blieben tabu, Fragen der Außen- und Sicherheitspolitik blieben dessen alleinige Entscheidungsbefugnis und standen außerhalb jeder Kritik.[203]

Strategische Option, vertane Chancen
Hafiz al-Asads Verhandlungen mit Israel

Außen- und sicherheitspolitische Entscheidungen wurden aber nicht nur vom Präsidenten monopolisiert, sie standen auch im Mittelpunkt seiner Aufmerksamkeit – häufig auf Kosten anderer, vornehmlich wirtschaftspolitischer Entscheidungen. Oberste Priorität hatte dabei der Konflikt und seit 1991 der Friedensprozess mit Israel. Syrien beteiligte sich an der Nahost-Friedenskonferenz, die Ende Oktober unter der Schirmherrschaft der USA und der damals gerade noch existierenden Sowjetunion 1991 in Madrid stattfand und den Weg für bilaterale Verhandlungen auch zwischen Israel und Syrien öffnete. Diese Verhandlungen blieben bis zum Sommer 1992 äußerst frostig und zeigten keinerlei Fortschritte. Erst nach dem israelischen Regierungswechsel, nachdem also die Regierung Shamir von der Regierung Rabin abgelöst wurde, kam es zu ernsthaften Gesprächen – es begann ein mühsamer und mehrfach für lange Zeit unterbrochener, aber echter Verhandlungsprozess, der nach und nach die Konturen und Inhalte eines Friedensabkommens deutlich werden ließ. Nicht alles, was in den offiziellen und nicht-offiziellen, teilweise direkten und teilweise durch amerikanische Vermittler geführten Verhandlungen stattfand, ist bekannt, und die Berichte der Beteiligten unterscheiden sich in Details. Sie sind aber nicht unvereinbar – das gilt für die veröffentlichten Zeugnisse der israelischen und der syrischen Verhandlungsführer und noch mehr für die privaten Darstellungen dieser und anderer Teilnehmer der Gespräche.[204]

So besteht mittlerweile kein Zweifel mehr daran, dass es im Sommer 1994 zu einem ersten Erfolg der Verhandlungen kam, die vor allem indirekt über den damaligen amerikanischen Außenminister Warren Christopher abliefen: Asad erhielt damals über Christopher eine positive Antwort Rabins auf seine Frage, ob Israel, wenn alle anderen Fragen eines Friedensabkommens befriedigend gelöst seien, zu einem vollen Abzug aus den besetzten syrischen Gebieten bereit sein werde – und zwar bis zu den Linien des 4. Juni 1967, dem Tag vor dem Beginn des Junikriegs. Auf der Basis dieser israelischen Zusicherung, von der in den weiteren Jahren meist als dem »Rabin-Deposit« gesprochen wurde, sowie klareren Aussagen Asads, dass ein Friedensvertrag auch »normale« Beziehungen – also nicht nur ein Ende des Kriegszustands – mit sich bringen würde, kam es zu einem ersten Treffen der beiden Generalstabschefs und zu intensiven direkten Verhandlungen zwischen den Botschaftern beider Staaten in Washington. Während es für Syrien um die territoriale Frage, also die volle Wiedergewinnung der 1967 von Israel eroberten Gebiete ging, standen für die israelische Seite die, wie Rabin es nannte, drei anderen Beine des Tisches im Vordergrund: Sicherheitsvorkehrungen nach einem israelischen Abzug, die Frage des Wassers – etwa zehn Prozent des gesamten israelischen Trinkwassers stammt aus Quellen, die nach einer Rückgabe des Golan wieder unter syrische Kontrolle kommen würden – und die der Normalisierung des bilateralen Verhältnisses, also der diplomatischen, wirtschaftlichen, politischen und gesellschaftlichen Beziehungen nach einem Friedensschluss. Im Mai 1995 lag ein gemeinsames Papier über die »Ziele und Prinzipien von Sicherheitsarrangements« vor, kein Abkommen zwar, aber ein nicht unterschriebenes so genanntes *Non-Paper*, das gleichwohl seiner prinzipiellen und gemeinsamen Aussagen wegen von großer Bedeutung war und ist: Die Sicherheit einer Seite, hieß es darin unter anderem, könne nicht auf Kosten der Sicherheit der anderen Seite erreicht werden. Ein weiteres Treffen der Stabschefs und fortgesetzte Gespräche der Botschafter folgten. Ende 1995 und Anfang 1996 fanden unter amerikanischer Vermittlung offizielle bilaterale Verhandlungen in Wye Plantation statt. Auf der Grundlage, dass nichts vereinbart sei, bevor nicht alles vereinbart sein würde, kam man sich in vielen Sachfragen näher: Die Formel erlaubte es, hypothetische oder bedingte Zugeständnisse zu machen, die die Konturen eines Abkommens sichtbar werden ließen.

Das Abkommen blieb aus. Israels Ministerpräsident Peres, der sich im Wahlkampf befand, suspendierte die Verhandlungen, um sie nach der Wahl wieder aufzunehmen, verlor dann aber die Wahlen. In der Regierungszeit Netanjahus gab es zwar indirekte, durch inoffizielle Vermittler wie den amerikanischen Industriellen Ron Lauder geführte Dialoge zwischen Damaskus und Tel Aviv; die offiziellen Verhandlungen wurden jedoch nicht wieder aufgenommen. Asad bestätigte in dieser Zeit wiederholt, dass Syrien den Frieden als seine »strategische Option« betrachte, verlangte aber, dass neue Verhandlungen an dem Punkt beginnen müssten, an dem man unter Rabin und Peres angekommen sei. Netanjahu lehnte das und damit alle erreichten Zwischenergebnisse ab, insbesondere die zumindest bedingte Zusage seiner Vorgänger, letztlich zu einem vollen Rückzug bereit zu sein.

Als Netanjahu 1999 von Barak besiegt wurde, reagierte Syrien nahezu enthusiastisch: In allen gesellschaftlichen Kreisen erwartete man einen baldigen Durchbruch zum Frieden, die meisten – nicht alle – wünschten dies auch. Ein syrischer Intellektueller, der aus der Schule des arabischen Nationalismus kam und für viele Friedensskeptiker in Syrien sprach, machte kein Hehl daraus, dass er persönlich einen Friedensschluss mit Israel als ein »Glas Gift« betrachte – ließ aber gleichzeitig keine Zweifel daran, dass er ein Friedensabkommen erwarte und dass es dies im Sinne des nationalen Interesses zu akzeptieren gelte.[205] Und Präsident Asad machte eine für ihn ganz unüblich öffentliche Geste gegenüber der anderen Seite: In einem Interview, das er seinem britischen Biografen Patrick Seale gab, lobte er Israels neuen Ministerpräsidenten ausdrücklich, erklärte, dass er Baraks Werdegang verfolgt habe, in ihm einen starken und ehrlichen Führer sehe, der den Frieden mit Syrien wolle. Barak antwortete über Seale, der seine Interviews in der arabischen Tageszeitung *al-Hayat* veröffentlichte, mit ähnlich freundlichen Worten.[206]

Im Dezember wurden die direkten syrisch-israelischen Verhandlungen mit amerikanischer Beteiligung wieder aufgenommen. Einem Treffen Baraks mit Syriens Außenminister Sharaa folgte im Januar ein Treffen der Delegationen beider Länder im amerikanischen Shephardstown. Die Verhandlungen brachten einmal mehr deutliche Fortschritte – so deutlich, dass die Amerikaner einen Vertragsentwurf vorlegten, in dem neben den Übereinstimmungen auch die verbliebenen Differenzen Punkt für Punkt aufgelistet waren. Letzteres betraf vor allem die territoriale Frage: Syrien forderte weiterhin einen vollständigen Abzug Israels zu den Vorkriegslinien; Israels Position blieb vage, die israelische Seite machte aber deutlich, dass es zu einem in diesem Sinne vollen Abzug nicht – oder noch nicht –

bereit sei. Allenfalls könne man über die Grenzen von 1923 reden, die das britische Mandatsgebiet Palästina vom französischen Mandatsgebiet Syrien getrennt habe. Wichtiger war, dass Syrien sich bereit erklärt hatte, einer Reihe von Sicherheits- und Normalisierungsmaßnahmen zuzustimmen, über die man bislang ohne die Zusage eines vollen israelischen Abzugs gar nicht hatte nachdenken wollen. Dazu gehörte die Förderung von Handels- und Wirtschaftsbeziehungen, die Etablierung einer gemeinsamen Wasserbehörde und die Einrichtung einer von amerikanischen und französischen Truppen bemannten Frühwarnstation auf syrischem Gebiet, die im Zweifelsfall Informationen über syrische Truppenbewegungen an Israel geben würde.

Der weitere Ablauf schien dann einem Handbuch für schlechte Diplomatie entnommen. Mitte Januar veröffentlichte die israelische Tageszeitung *Ha'aretz* den von den USA vorgelegten Vertragsentwurf, den sie offensichtlich von einem Mitglied der israelischen Delegation erhalten hatte.[207] Die syrische Delegation, die dies als Vertrauensbruch betrachtete, ließ mitteilen, dass sie auf weiteres nicht zu den Verhandlungen zurückkehren werde. Die syrische Führung fühlte sich hintergangen und bloßgestellt: Die Veröffentlichung des Textes dokumentierte schließlich, dass Damaskus bereit war, ein Friedensabkommen mit Israel auch ohne eine befriedigende Lösung des israelisch-palästinensischen Konflikts zu schließen – die Palästinenser also als letzte Konfliktpartei allein zu lassen –, und dass man, was man der eigenen Öffentlichkeit vorenthalten hatte, zudem über weitgehende Normalisierungsschritte gesprochen hatte, ohne bereits ein Rückzugsversprechen Baraks in der Tasche zu haben.

Syrien wartete in den folgenden Wochen auf das, wie es in Damaskus hieß, Zauberwort Baraks – die Zusage, dass Israel letztendlich alle 1967 von Syrien eroberten Gebiete aufzugeben bereit sei. Auch »kreative Lösungen« für das hauptsächlich umstrittene Gebiet, den nordöstlichen Uferstreifen des Sees Genezareth/Tiberias, wurden nicht ausgeschlossen – es ging schließlich um weniger als zwanzig Quadratkilometer in dem schmalen Streifen zwischen dem See und den Anhöhen des Golan. Natürlich wäre es möglich gewesen, Syriens Souveränität über das Nordostufer zu bestätigen, aber etwa syrische Grenzstationen weiter entfernt zu errichten.[208] Ein Verzicht auf das Prinzip, dass »voller Frieden« auch einen »vollen Rückzug« beinhalten müsse, war für Syrien allerdings nicht denkbar.

Statt des direkten Zauberworts aus Israel erhielt Syriens Präsident Asad die Einladung, sich Ende März mit US-Präsident Clinton in Genf zu treffen; Clinton, so hieß es, bringe neue Vorschläge Baraks. Die Reise nach Genf war die letzte Auslandsreise des todkranken Asad; und es war die vielleicht erfolgloseste. Der syrisch-amerikanische Gipfel war offenbar von beiden Seiten schlecht vorbereitet: Asad ging davon aus, dass Clinton ihm ein bedingtes »volles« Rückzugsversprechen Baraks bringen würde. Hatte Barak doch, wie die israelische und die internationale Presse zu berichten wusste, im Kabinett noch Ende Februar erklärt, dass es das »Deposit« Rabins wirklich gebe – dessen hypothetische oder konditionierte Zusage also, sich tatsächlich, wenn zufriedenstellende Sicherheitsmaßnahmen vereinbart werden könnten, bis zu den Linien des 4. Juni 1967 zurückzuziehen und Syrien damit wieder den Zugang zum Seeufer zu gewähren.[209] Clinton hatte kein entsprechendes Versprechen Baraks im Gepäck, sondern einen territorialen Vorschlag, der das gesamte Seeufer weiterhin unter israelischer Kontrolle gehalten hätte; er ging offenbar auch davon aus, oder war von seinen Beratern entsprechend gebrieft worden, dass sein Gewicht als US-Präsident und sein Charme ausreichen würden, um Asad im persönlichen Gespräch zur Annahme dieser Vorschläge zu bewegen. Hier lag er falsch. Seine Erklärung, dass Barak zu weitergehenden Zugeständnissen nicht bereit sei, wurde von Asad, der sich düpiert sah, schroff beantwortet: Er selbst, so der syrische Präsident, habe als junger Mann im See gebadet und am Ufer Fische gegrillt. Ohne einen vollständigen israelischen Rückzug gebe es kein Abkommen.

Clinton, der offensichtlich verärgert war, gab Asad die Schuld am Scheitern des Treffens und erklärte, der Ball sei jetzt im syrischen Feld. Israels Ministerpräsident Barak beschloss, Syrien erst einmal keine weiteren Vorschläge zu machen und den ohnehin geplanten Abzug der israelischen Truppen aus dem Süd-Libanon durchzuführen, ohne dies, wie ursprünglich geplant war, in den Rahmen eines Abkommens mit Syrien und dem Libanon zu stellen. Zwei Wochen nachdem die israelische Armee Ende Mai tatsächlich – und zur Überraschung der syrischen Führung – ihre Besetzung des südlichen Libanon beendet hatte, war Asad tot. Israel hatte die Chance verpasst, den Frieden mit ihm zu schließen: mit einem, bei allen Kontroversen historischen Führer Syriens, der genügend Glaubwürdigkeit und Macht besessen hätte, um ein Abkommen auch gegen innere Widerstände durchzusetzen. Niemand in Israel konnte erwarten, ein Abkommen von seinem Nachfolger billiger zu erhalten – von jedem denkbaren Nachfolger Asads, der naturgemäß schwächer und unerfahrener sein und sich auf eine breite Koalition verschiedenster Kräfte stützen müssen würde.

Der Wechsel
Syriens neue Prioritäten

Die Übertragung der Macht an Bashar al-Asad war vorbereitet, aber er war keineswegs der natürliche Nachfolger seines Vaters in einem Staat, der eben doch eine Republik und keine Erbmonarchie ist. Dass er, der durchaus beliebte Sohn des eher gefürchteten alten Präsidenten, dessen Amt übernehmen konnte, zeigte, wie der syrische Oppositionelle Riad al-Turk etwa ein Jahr nach dem Wechsel in einem öffentlichen Vortrag erklärte, die Willensübereinstimmung dreier entscheidender Kräfte.[210] Da war der Wille des verstorbenen Präsidenten, seinen Sohn zum Nachfolger zu machen, Bashar al-Asads eigener Wille zur Macht und, dies ist vielleicht der wichtigste Punkt, der Wille oder das gemeinsame Interesse aller Machtzentren – des Militärs und des Sicherheitsapparats, der Partei, der Staatsbürokratie, der religiösen Führer und des konservativen Bürgertums –, die Stabilität und nach Möglichkeit auch die regionale Position des Landes zu erhalten: die zwei Errungenschaften der dreißigjährigen Herrschaft Asads, die auch seine Gegner anerkannten.

Bashar al-Asad setzte und setzt in erster Linie auf wirtschaftliche Reform und Modernisierung. Damit bestimmte er auch die politische Agenda neu: Unter Hafiz al-Asad galt der Leitsatz, dass tief greifende Reformen erst nach einem Abschluss des Friedensprozesses stattfinden würden. Der neue Präsident gab Wirtschaftsfragen eine viel höhere Priorität; die Leistungen Syriens in diesem Bereich, so seine vorsichtige, aber deutliche Kritik an der Politik seines Vaters, seien hinter den außenpolitischen Leistungen zurückgeblieben.[211] Die Unterbrechung der Friedensverhandlungen mit Israel schien eine Chance zu bieten, sich intensiv um Wirtschaftsprobleme zu kümmern.

Ökonomische Herausforderungen

Tatsächlich hatte das alte Regime nie eine strategische Vision der ökonomischen Transformation Syriens entwickelt. Reformen und Anpassungsschritte fanden allenfalls als Antwort auf akute Krisenphänomene statt. Seit dem Wechsel von Hafiz zu Bashar al-Asad gibt es in Syrien eine in diesem Ausmaß neue und ziemlich offene Debatte darüber, was zumindest an wirtschaftspolitischen Reformschritten notwendig ist, um Syrien auf Globalisierung und regionalen Frieden vorzubereiten. Globalisierung beinhaltet für ein Land wie Syrien vor allem die engere Einbindung in eine offenere regionale Arbeitsteilung. Und Frieden, daran besteht für Syriens neue Führung kein Zweifel, wird eben nicht nur ein militärischer Frieden sein, sondern mit der Herausbildung neuer regionaler Wettbewerbsstrukturen einhergehen, an denen gerade im ökonomischen Bereich auch Israel teilhaben wird. Um in diesem Wettbewerb zu bestehen, braucht Syrien eine ziemlich gründliche Reform seiner wirtschaftlichen und wirtschaftspolitischen Basis. Vier Problembereiche stehen dabei im Vordergrund.

Erstens besteht ein Zusammenhang zwischen dem Bevölkerungswachstum und dem Bedarf an Arbeitsplätzen. Der natürliche demographische Zuwachs beträgt immer noch nahezu drei Prozent jährlich. Und Syriens Bevölkerung ist sehr, sehr jung; der Anteil der unter 15-Jährigen beträgt beinahe 45 Prozent.[212] Dies führt nicht nur zu einem ungeheuren Ansturm auf Schulen und Universitäten, sondern bedeutet auch, dass jährlich 200 000 bis 250 000 neue Arbeitsuchende auf den Arbeitsmarkt kommen. Diese Zahlen wiegen umso schwerer, wenn man berücksichtigt, dass der öffentliche Sektor und die zivile Bürokratie, die zusammen etwa ein Viertel der gesamten Erwerbstätigen beschäftigen, zuletzt nur noch knapp 20 000 Arbeitsplätze im Jahr neu geschaffen haben. Der Stellenzuwachs in der Privatwirtschaft liegt etwa bei dem Zwei- bis Dreifachen. Auch wenn die Regierung, wie geplant, die Zahl der Neueinstellungen im öffentlichen Sektor verdoppelt oder verdreifacht, wird das nicht ausreichen, um mit der wachsenden und insbesondere junge Menschen betreffenden Arbeitslosigkeit fertig zu werden.[213] Hierbei sei angemerkt, dass die Prognosen über Neuzugänge auf dem Arbeitsmarkt auf konservativen Schätzungen beruhen, die keinen Zuwachs bei den weiblichen Arbeitsuchenden vorsehen.

Zweitens bleibt Syrien in starkem Maße auf Einkommen aus dem Ölgeschäft angewiesen, das in absehbarer Zukunft abnehmen dürfte. Obwohl sechzig bis siebzig Prozent der syrischen Exporte sowie vierzig bis fünfzig Prozent des Staatshaushalts vom Öl abhängen, könnte Syrien schon bis 2010 oder 2015 wieder zum Netto-Ölimporteur werden. Der Grund hierfür liegt nicht nur in der zu erwartenden Erschöpfung der größten Erdölfelder. Auch wenn neue Ölquellen gefunden würden, stünde dem ein steigender Eigenverbrauch entgegen, der heute schon fünfzig Prozent der syrischen Ölförderung absorbiert.

Drittens ist zu erwarten, dass die Wachstumsraten weiter stagnieren und ernste Zahlungsbilanzkrisen auftreten, wenn die erdölunabhängigen Einkommen nicht gesteigert werden können. In der zweiten Hälfte der neunziger Jahre lag das wirtschaftliche Wachstum unter dem Bevölkerungswachstum; und der staatliche Industriesektor weist ein andauerndes Defizit auf, das die öffentlichen Haushalte enorm belastet. Der schlechte Zustand der Wirtschaft ist den politischen Entscheidungsträgern Syriens nicht verborgen geblieben. Maßnahmen zur Ankurbelung des exportgestützten Wachstums sowie zur ökonomischen Modernisierung sind grundsätzlich beschlossen worden. Es wird auch akzeptiert, dass neue Arbeitsplätze und moderne, exportorientierte Industrien überwiegend nur auf der Grundlage von Investitionen aus dem Ausland geschaffen werden können. Dies wirft aber die ungelöste Frage nach einem förderlichen Investitionsklima auf, einschließlich der Probleme von Rechtssicherheit und »guter Regierungsführung« (*Good Governance*) sowie der Qualität der Arbeitskräfte und Bildungseinrichtungen. In dieser Hinsicht kann Syrien weder mit Israel noch mit Libanon oder Jordanien konkurrieren.

Viertens droht im Zusammenhang mit allen genannten Faktoren eine Degradierung des sozialen Entwicklungsniveaus und eine Zunahme der Armut. In diesen Feldern existieren keine verlässlichen Statistiken. Es ist jedoch kein Geheimnis, dass die Bildungsausgaben, die ein wichtiger Indikator sind, in der zweiten Hälfte der neunziger Jahre sowohl in Beziehung zum Bruttosozialprodukt als auch nach ihrem Anteil am Staatshaushalt sanken. Gleichzeitig ist offensichtlich, dass die Anzahl der Armen zugenommen und dass sich die Einkommensschere zumindest seit Mitte der achtziger Jahre weiter geöffnet hat. Wachsende Armut ist keineswegs nur ein normatives oder ethisches Problem, sondern beeinflusst auch die Entwicklungschancen des Landes: Armut beeinträchtigt das Gesundheits- und das Bildungsniveau der Bevölkerung und kann die politische Stabilität bedrohen. Eine Reihe sozialer Protestaktionen wurden als klare Warnzeichen wahrgenommen. So verwandelte sich eine anti-amerikanische Protestdemonstration, die die Polizei von der US-Botschaft abdrängte, plötzlich und für die politischen Verhältnisse Syriens ganz ungewohnt in eine Demonstration gegen die Reichen des Landes und ihre Symbole: Die Demonstranten zogen in eines der bürgerlichen Wohnviertel von Damaskus und ließen ihren Zorn an der für die Verhältnisse eines Entwicklungslandes provozierend großen Zahl deutscher Luxuslimousinen aus.

Bashar al-Asads Agenda

Syriens politische Elite, ihr größter Teil jedenfalls und darunter der neue Präsident, ist sich bewusst, dass wirtschaftliches Wachstum und die Schaffung von Arbeitsplätzen nur unter verstärkter Einbeziehung des privaten Sektors möglich sein werden und deshalb eine Liberalisierung der Wirtschaft erfordern. Umstritten ist, wie weit und wie rasch Syrien sich dabei bewegen soll, auch, ob und in welchem Maße es sich im Zuge eines möglichen Assoziationsabkommens mit der EU, das seit 1998 verhandelt wird, auf Europa öffnen soll, vor allem also Zölle und Handelsbeschränkungen abbauen und Investitionsgarantien geben soll. Unter Hafiz al-Asad hatte das Land Mitte der achtziger Jahre einen begrenzten und zaghaften Reformkurs eingeschlagen, der aber 1991 mit der Verabschiedung eines Investitionsgesetzes, das die Grundlage für umfassendere Reformen hätte bilden sollen, zum Stillstand kam – im Wesentlichen, weil der Präsident mit dem Friedensprozess beschäftigt war und keine Entscheidungen treffen wollte, die bestimmte Interessengruppen wie die Partei oder die Bürokratie vor den Kopf gestoßen hätten.[214] Nach der Amtsübernahme Bashar al-Asads setzte die Regierung hier wieder an: Eine Reihe von Gesetzesvorhaben, die zum Teil über Jahre in den Schubladen gelegen hatten, wurden der Parteiführung und dem Parlament vorgelegt und überwiegend noch im ersten Amtsjahr des neuen Präsidenten verabschiedet. Dazu gehörte vor allem ein Bankengesetz, das erstmals nach mehr als drei Jahrzehnten wieder private Banken in Syrien erlaubt. Auch ein Gesetz zur Etablierung einer Aktienbörse wurde im Parlament eingebracht; zudem wurde ein Gesetz über intellektuelles Eigentum verabschiedet. Die bürokratischen Hemmnisse für potenzielle Investoren wurden erleichtert, indem ihnen etwa erlaubt wurde, Grundbesitz zu erwerben. Außenhandelsbestimmungen wurden vereinfacht, so wurde Exporteuren nun erlaubt, Hundert Prozent ihrer Exporterlöse in Devisen zu erhalten – eine sehr wichtige Maßnahme in einem Land, dessen eigene Währung nicht frei konvertibel ist und dessen staatliche Banken Devisen nur in Ausnahmefällen an die eigenen Bürger verkaufen. Die Liste der Neuerungen ließe sich fortsetzen – sie zeigt vor allem, wie groß der Reformrückstand überhaupt war. Bashar al-Asads Ziel ist klar; das Stichwort hieß technische und administrative Erneuerung sowie eine größere Rolle für die Privatwirtschaft: Mit der Vergabe von zwei GSM-Lizenzen fand auch Syrien den Weg ins Handy-Zeitalter; der Präsident setzte sich für die Ausstattung von Schulen, Universitäten und Firmen mit Computern ein. Erstmals wurde in der im Frühjahr 2000 noch unter Hafiz al-Asad berufenen Regierung, in der eine Reihe technischer Ressorts bereits mit Leuten Bashars besetzt wurde, ein Minister mit der Reform der öffentlichen Verwaltung betraut. Der Minister, Dr. Hassan al-Nuri, repräsentierte ein Stück weit auch die »Generation Bashar«. Er war mit vierzig Jahren der jüngste Minister im Kabinett und ist an einer amerikanischen Universität ausgebildet worden. Nuri ist zudem ein mittelständischer Unternehmer, der erste seit mehr als dreißig Jahren, der in Syrien ein Regierungsamt erhielt.

Dass Bashar al-Asad Wirtschaftsfragen höhere Priorität gibt als sein Vater, hat auch eine politische Logik. Modernisierung, Wirtschaftsreform und, so möglich, die Initiierung von Wachstum wirken nach innen. Dies ist wichtig, denn der neue Präsident muss zuerst einmal seine heimische Machtbasis konsolidieren. Dazu muss der 1965 geborene Asad nicht zuletzt auf seine Generation und insgesamt auf die Jugend Syriens setzen und sich bemühen, zumindest einige der Erwartungen und Forderungen zu erfüllen, die diese an ihn stellt. Diese Generation will zumindest an den technischen Errungenschaften der Moderne wie Internet und Mobiltelefon teilhaben, die im Nachbarland Libanon lange zum Standard gehören. Angesichts der langjährigen Krise des Staatssektors hat die junge Generation auch vergleichsweise wenig Verständnis für dirigistische Maßnahmen, die private wirtschaftliche Initiativen behindern – für eine Devisenbewirtschaftung etwa, die jeden Bürger, der eine Auslandsreise plant, und jeden Fabrikanten, der Rohstoffe importieren will, auf den Schwarzmarkt treibt. Auch in der *Baath*-Partei sind jüngere Mitglieder weniger ideologisiert als die ältere Generation. Sie sind in jedem Fall pragmatischer und nicht grundsätzlich gegen Reformen oder die Integration in den Weltmarkt eingestellt. Und sie teilen auch nicht die Angst ihrer Vorgänger, der älteren, in den fünfziger und sechziger Jahren sozialisierten Generation der *Baath*, vor dem Entstehen einer stärkeren Privatwirtschaft. Tatsächlich arbeiten die Regierung und der private Sektor heute an manchen Stellen zusammen. Dies wurde bei einer Investorenkonferenz deutlich, die im Oktober 2000 gemeinsam von der Handelskammer und dem Wirtschaftsministerium veranstaltet wurde.

Der Frühling von Damaskus

Zumindest ein Teil der Gesellschaft erwartete sich nach dem Wechsel an der syrischen Staatsspitze allerdings deutlich mehr als die Wiederaufnahme eines stecken gebliebenen wirtschaftlichen Reformprozesses und die Einleitung technischer Modernisierungsmaßnahmen: Sie erhofften und erwarteten eine spürbare politische Öffnung. Und Bashar al-Asad schien das Regime, das er gewissermaßen geerbt hatte, in diese Richtung führen zu wollen. In seiner Antrittsrede sprach er nicht nur vom Kampf gegen Korruption und von größerer Transparenz, sondern auch von der Stärkung der Institutionen, von der Herrschaft des Gesetzes und vom Prinzip, »die Meinung des anderen zu akzeptieren«. Der neue Präsident ließ zwar keinen Zweifel daran, dass er nicht an die Umwandlung Syriens in eine Demokratie westlichen Musters dachte: Man könne nicht die »Demokratien anderer« übernehmen. Aber er setzte gleichzeitig Zeichen, die mindestens eine politische Lockerung versprachen. Dazu gehörten symbolische Akte wie die Schließung des oberhalb von Damaskus gelegenen Militärgefängnisses von Mezze, das viele der Gegner des alten Regimes und auch früherer Regime beherbergt hatte, und die Freilassung von etwa 600 politischen Gefangenen. Die Chefredakteure von zwei der drei Tageszeitungen, des Fernsehens und der nationalen Presseagentur, die sämtlich für die ideologische Versteinerung der Medien und einen zum Überdruss getriebenen Personenkult standen, wurden durch geistig offenere Personen ersetzt. Insbesondere *al-Thaura*, die gern als Regierungszeitung beschrieben wird – die beiden anderen Tageszeitungen sind die Parteizeitung *al-Baath* und die Zeitung des »Präsidentenpalastes« *Tishreen* –, entwickelte sich unter ihrem neuen Chefredakteur, der nicht einmal Parteimitglied war, zu einem Diskussionsforum, in dem auch Regierungskritiker sich in längeren Artikeln äußern durften: nicht zum neuen oder zum alten Präsidenten, aber immerhin zu Fragen wie Korruption und Misswirtschaft. Unter den Autoren fanden sich Personen wie Arif Dalila, ein Wirtschaftswissenschaftler, der auf Grund seiner beißenden Kritik an der illegalen »Privatisierung« öffentlicher Gelder durch hohe Staatsfunktionäre aus dem Universitätsdienst entlassen worden war. Dalila wurde nun vom neuen Präsidenten empfangen; der Ministerpräsident unterzeichnete daraufhin – an der hohen Zentralisierung von Entscheidungen änderte sich vorläufig nichts – den Beschluss seiner Wiedereinstellung. Noch im Juli, unmittelbar nach dem Amtsantritt Bashar al-Asads, forderte die Führung der *Baath*-Partei die kleineren, in der Nationalen Front zusammengefassten Parteien auf, Gedanken zur »Entwicklung« der Front vorzubringen. Wenig später wurde diesen Parteien erlaubt, erstmals eigene Zeitungen herauszugeben und öffentlich zum Verkauf anzubieten und – ebenfalls erstmals seit mehr als dreißig Jahren – in jeder Provinz ein Parteibüro einzurichten.[215]

Parallel dazu entwickelte sich ein reges öffentliches politisch-gesellschaftliches Leben. Damaskus und Syrien insgesamt atmeten, so schien es, tief durch, schüttelten die schwere Hand des alten Regimes ab, die kritische und kontroverse Debatten allenfalls in eng begrenzten Politikfeldern zugelassen hatte. Plötzlich machte ein ungeheurer Diskussionsbedarf sich Raum, den es auch früher schon gegeben, der aber allenfalls restriktiv, mit großer Umsicht und vielen Allgemeinplätzen befriedigt wurde – Äußerungen zur Lage der Menschenrechte in Veranstaltungen an der Universität oder in ausländischen Kulturinstitutionen wurden immer auf »die arabischen Länder« gemünzt, vom Konkreten, vom eigenen Land sprach man nicht. Auch nach dem Wechsel blieben die Menschen vorsichtig – die Partei, der Sicherheitsapparat und das Regime waren ja erst einmal dieselben geblieben –, aber die Worte des neuen Präsidenten, seine offenbare Bereitschaft zum Dialog und zur Akzeptanz anderer Meinungen machten Mut. Bald sprach man vom Damaszener Frühling: Im September wurde ein von 99 syrischen Intellektuellen unterschriebenes Manifest an die Öffentlichkeit gebracht, das vom neuen Präsidenten weitergehende Reformen, insbesondere eine Aufhebung des Ausnahmezustands, forderte. Man debattierte und diskutierte auf Veranstaltungen aller Art, in den Universitäten, in den staatlichen Kulturzentren, selbst innerhalb der Partei sowie in unzähligen Artikeln, die die Meinungsseiten vor allem der libanesischen Tageszeitungen füllte: über Fragen der Demokratie, der Reform, der wirtschaftlichen und sozialen Herausforderungen, des Wechsels im Allgemeinen, der Menschenrechte oder der Zivilgesellschaft. Zuerst in den Häusern einzelner unabhängiger Abgeordneter, dann überall im Land entstanden plötzlich Salons oder *Diwaniyyas* nach kuwaitischem Vorbild, regelmäßige, unorganisierte und offene Zusammenkünfte in den Häusern angesehener Bürger, die ihre Freunde und deren Freunde oder Bekannte zum politischen Gespräch luden. Einzelne Personen gründeten allein oder mit ihren Freunden politische Clubs mit Vortragsveranstaltungen. Die Organisatoren des »Manifests der 99« wurden als »Freunde der Zivilgesellschaft« bekannt. Die Gruppe, die aus bekannten Intellektuellen – Journalisten, Theaterleute, Hochschullehrer – bestand, die meist eine längere Vergangenheit als zivile, mehr oder weniger tolerierte Gegner des alten Regimes hatten, veröffentlichte Anfang 2001 ein zweites Manifest, wiederholten darin die Forderung nach dem Ende des Ausnahmezustands und nach der Freilassung aller politischen Gefangenen, verlangten unter anderem die Garantie von Pressefreiheit und richterlicher Unabhängigkeit und stellten klar, dass es eine echte Demokratisierung brauche, mehr als nur eine Aktivierung der Nationalen Front, wenn das Land aus seiner wirtschaftlichen und politischen Stagnation herausfinden solle.[216] Auch andere wurden mutiger: Die Rechtsanwaltsvereinigung trat mit Forderungen nach einer grundsätzlichen Rechtsreform hervor; eine Reihe unabhängiger Abgeordneter im Parlament erklärte, fortan als Gruppe, als »Unabhängiger Parlamentarischer Block«, agieren zu wollen.[217] Das hörte sich fast nach Parteigründung an und wurde von einigen Repräsentanten des Regimes – richtigerweise – als Herausforderung betrachtet. Hatte einer der Gründer der Gruppe, der Abgeordnete Riad Seif, kurz zuvor doch sogar in einer Parlamentsdebatte geäußert, dass es nach der Auflösung wirtschaftlicher Monopole darum gehen müsse, auch politische Monopole – das Machtmonopol der *Baath*-Partei also – zu brechen.[218]

Konsequente Gegnerschaft
Riad Seif, Abgeordneter

Seif ist einer der Symbolträger des Aufbruchs – obwohl er sich von den Intellektuellen, die die Debatten des Damaszener Frühlings bestimmten, deutlich unterscheidet: Seif ist selbst kein Intellektueller, sondern was ihn der intellektuellen Elite, die eher aus der Linken oder aus einer arabisch-nationalistischen Tradition kommt, gelegentlich entfremdet, ein Unternehmer. Eine bullige Figur, ein Mann, dessen äußere Erscheinung demonstriert, dass er zu viel Zigaretten und zu viel Essen konsumiert, zu vieles gleichzeitig tun will, zu hohen Blutdruck hat – und der doch für jeden Zeit hat, der ihn sehen will. Seif ist ein wirtschaftlicher und politischer Selfmademan, kein Bourgeois, weder von seiner Herkunft noch von seinem Lebensstil her: Der 1947 geborene Sohn eines Zimmermanns aus dem konservativen Damaszener Stadtteil al-Midan ging nach der sechsten Schulklasse bei einem lokalen Hemdenfabrikanten in die Lehre, setzte dann die Schule neben der Arbeit fort und gründete später mit zwei Brüdern einen kleinen Textilbetrieb, wie es sie in Damaskus oder Aleppo zu Hunderten gibt: ein paar Nähmaschinen, wenige Lohnarbeiter. Irgendwann begannen die Brüder, Stoffe zu importieren und zu verarbeiten, der Betrieb wuchs. Mitte der siebziger Jahre trennte Riad sich von seinen traditionell eingestellten Brüdern, die seine Idee, auch Arbeiterinnen zu beschäftigen, für unislamisch hielten. Alle drei Seif-Brüder produzierten Hemden, aber Riads Firma wuchs bald über die anderen hinaus.

Seifs Erfolg hatte zwei Ursachen. Zum einen war da seine Idee, die anderen Unternehmern ganz fern zu liegen schien, dass Arbeiter und Arbeiterinnen besser arbeiten und mehr Verantwortung für den Betrieb zeigen würden, wenn man sie gut bezahlt, besser jedenfalls als die Staatsbetriebe, und ihnen gleichzeitig bestimmte soziale Leistungen bietet wie eine Kinderkrippe oder – in konservativen muslimischen Gesellschaften ganz wichtig – einen Busdienst, der die jungen Arbeiterinnen abends nach Hause bringt. Und er hatte eine Nase für Gelegenheiten, die auch ein dirigistisches System bietet. Dazu gehörten so genannte Bartergeschäfte mit der Sowjetunion, bei denen der syrische Staat die Zinsen und Tilgungen für ausstehende Schulden in Waren abbezahlte. Die UdSSR schickte also Einkäufer nach Syrien, um für die jährlich anfällige Summe Waren zu suchen. Da Syriens Staatsindustrie auch nur das produzierte oder nicht produzierte, was in sowjetischen Betrieben hergestellt wurde, kaufte man von privaten Betrieben, insbesondere im Textilbereich. Die Sowjets, so Seif, waren bereit, enorme Preise für Modeprodukte zu zahlen, die es auf dem sowjetischen Markt nicht gab. Die sowjetischen Einkäufer leisteten allerdings keine Barbezahlung, sondern die Warenwerte wurden gegen syrische Verpflichtungen aufgerechnet. Der syrische Staat zahlte die heimischen Unternehmer in lokaler Währung aus. Seifs Geschäft blühte, und seine Unternehmensphilosophie ging auf. Mit über Tausend Mitarbeitern war sein Betrieb zeitweise der größte private Industriebetrieb im Land. Es war ein Musterbetrieb mit Kindergarten, sauberer Kantine und vergleichsweise hohen Löhnen. Die Mitarbeiter waren am Gewinn beteiligt. Er wolle, sagte Seif, der sich als guter Patriarch, als Vater seiner Betriebsfamilie sah, dass jeder Arbeiter eine Eigentumswohnung erwerben könne. Viele schaffen es tatsächlich.

Ende der achtziger Jahre reduzierte die syrische Regierung die inflationstreibenden Schuldengeschäfte privater Unternehmer mit der UdSSR; mit dem Zusammenbruch der Sowjetunion kamen sie ganz zum Erliegen. Seif stand vor dem Bankrott. Er lieh sich Geld bei Freunden und selbst bei Mitarbeitern, die Vertrauen zu seinen unternehmerischen Ideen oder zu ihrem Chef hatten, baute eine neue Firma auf, die Sportkleidung für Adidas herstellte und schließlich die Lizenz für die eigenständige Vermarktung des Markenprodukts erhielt.

Seif war überzeugt, dass seine Unternehmensidee die Wirtschaft des Landes insgesamt retten könne. 1994 kandidierte er als Unabhängiger für einen der Parlamentssitze, die das Regime der freien Konkurrenz überließ – und wurde mit der höchsten Stimmenzahl gewählt; 1998 gewann er sein Mandat erneut. Viele junge Leute, einige Intellektuelle und viele aus den Familien derer, die bei ihm arbeiteten oder einmal in einem seiner Betriebe gearbeitet hatten, setzten sich im Wahlkampf für ihn ein. Seif wollte vor allem eine neue Industrie- und eine neue Wirtschaftspolitik;[219] gefiel sich zeitweilig auch in dem Gedanken, dass der Präsident ihn zum Industrieminister machen werde, wurde aber zunehmend ungeduldiger und kritischer und legte den Finger auf das, was seiner Ansicht nach Syriens Wirtschaft mindestens so sehr schadete wie zu niedrige Löhne und schlechte Betriebsführung: auf die grassierende Korruption, die kleine Unternehmer behindert und Investoren abschreckt. Die wirtschaftlichen Implikationen von Korruption sind in der Tat unübersehbar. So erklärte ein Kollege Seifs eines Tages in der Lobby des Parlaments vor mehreren Dutzend anderer Parlamentarier, er hätte seinen Pharmazeutikbetrieb in Damaskus nie eröffnen können, wenn er dem Gesundheitsminister nicht zehn Millionen syrische Pfund – etwa 200 000 Euro – gezahlt habe.

Die Reaktion der Angegriffenen blieb nicht aus. Das Finanzministerium überzog Seif mit Steuernachforderungen in fantastischer Höhe und ließ 1998 öffentlich verlauten, dass das Büro des Abgeordneten zur Zwangsversteigerung stehe – eine Warnung und ein klares

Zeichen an die Öffentlichkeit, dass Seif in Ungnade gefallen war. Seif managte Steuer- und Finanzprobleme, indem er erst Teile, dann sein ganzes Unternehmen veräußerte, lebte fortan von der Unterstützung seiner Verwandten und konzentrierte sich ganz auf seine politische Tätigkeit.

Der Politiker Seif vertritt ein selbstgemachtes Ideologiegemisch, das in gewisser Weise sozialdemokratisch ist: Es steht für absolute Gewaltfreiheit und beinhaltet viel syrischen Patriotismus und natürlich die Idee vom guten Patriarchen, der die Arbeiter und damit die gesamte Wirtschaft mitzieht. Ein Stück weit hält er sich für einen syrischen Mandela, vergisst dabei aber, dass der südafrikanische Führer kein einzelner, unabhängiger Abgeordneter, sondern Teil einer nationalen Bewegung war. Seif vertraut auf sein Beispiel und auf sein Charisma. »In dem Moment, wo es zu einer Veränderung kommt«, sagte er in einem der vielen Gespräche, die er über die Jahre mit mir geführt hat, »da braucht es einen, dem die Menschen vertrauen, einen, von dem bekannt ist, dass er nicht für seinen persönlichen Vorteil arbeitet. Nennen wir ihn Mister X oder nennen wir ihn Riad Seif, einen, auf den die Menschen sich einigen könnten. Diese populäre Figur muss ein Idealist sein; vielleicht wird er im Gefängnis sitzen, wenn die Situation sich ändert und die Menschen ihn rufen.«

Seif geht zunehmend in die Offensive. Er verteilt seine Parlamentsreden, in denen er die Haushaltsplanung der Regierung auseinandernimmt, Fehlplanungen bemängelt, die Führung selbst für die wirtschaftlichen Missstände verantwortlich macht. 1999 druckt er eine Broschüre, in der er seine Auseinandersetzungen mit dem Finanzministerium und seine Steuerzahlungen dokumentiert und unter anderem den Ministerpräsidenten der Korruption beschuldigt, ein syrisches *J'accuse* in eigener Sache.[220] Seif setzt schon damals auf Präsidentensohn Bashar und scheint dessen Schutz zu genießen. Ein öffentlicher Vortrag Seifs im staatlichen Kulturzentrum von Damaskus wird erst abgesagt, dann jedoch, wie es heißt, auf Intervention Bashar al-Asads zugelassen. Nach dem Wechsel an der syrischen Staatsspitze ist Seif überzeugt, dass der neue Präsident Leute wie ihn und die »Freunde der Zivilgesellschaft« braucht, um sein Reformprogramm durchzusetzen; er sieht sich auf der Seite des Präsidenten und erwartet gleichzeitig, dass dieser eine Demokratisierung der politischen Verhältnisse einleitet. Seif gründet den ersten politischen Club, den »Club des nationalen Dialogs«, und führt in seinem bescheidenen, aber großen Appartement in einem Vorort von Damaskus Vortragsveranstaltungen durch, die mal 150, mal 250 Teilnehmer anziehen. Auch eine offensichtlich gesteuerte Kampagne gegen den »Bankrotteur« Seif, der sicher vom Ausland gesteuert sei, scheint seiner Popularität keinen Abbruch zu tun. Man lässt ihn vorerst gewähren; aber die Warnungen an die Zivilgesellschaft, die »roten Linien« zu respektieren, nehmen zu. Im Februar werden die Aktivitäten der meisten Clubs und Salons untersagt, Ende desselben Monats wird eine gerichtliche Untersuchung gegen Seif eingeleitet, seine Immunität aber noch nicht aufgehoben. Die Vorwürfe, zu denen man ihn befragt, beziehen sich auf seine Forderung, das konstitutionelle Machtmonopol der *Baath*-Partei zu beenden.

Seif weiß, dass all dies Warnungen sind, sich politisch zurückzuhalten; startet aber stattdessen eine neue Kampagne gegen angeblich oder tatsächlich korrupte Praktiken bei der Vergabe der syrischen GSM-Lizenzen. Es ist schon auffällig, dass eine der beiden Firmen, die eine Lizenz erworben haben, Rami Mahklouf gehört, einem Vetter des Präsidenten, der den zweifelhaften Ruf genießt, nur durch seine familiären Bindungen an jedem lukrativen Geschäft beteiligt zu sein. Nach mehrmonatiger Pause lädt Seif zudem im September wieder zu einer Diskussionsveranstaltung in seiner Wohnung; ein in Frankreich lehrender syrischer Intellektueller wird über Reformnotwendigkeiten sprechen. Er könne, so Seif, als Abgeordneter in seinem Haus so viele Leute empfangen, wie er wolle, dazu brauche er keine Genehmigung. Drei- bis vierhundert Leute drängen sich in Seifs Wohnung; viele Diskussionsteilnehmer fordern, was auch der Redner anmahnt: die Einführung eines echten Mehrparteiensystems in Syrien. Wenige Tage später wird Seif verhaftet – der Parlamentspräsident lässt lapidar mitteilen, er habe die Immunität des Abgeordneten aufgehoben –, in den Tagen darauf auch einige derer, die zusammen mit Seif dessen Club oder andere Salons organisiert hatten, darunter der Ökonom Arif Dalila. Ende September sind die zehn wichtigsten Bürgerrechtler in Haft. Immerhin melden die syrischen Medien die Festnahmen und kommentieren sie sogar, wenngleich nicht sehr überzeugend: Einige Personen, heißt es zur Verhaftung Seifs, die sich nach »Berühmtheit und Starstatus« sehnten und missleitende Manifeste veröffentlicht hätten, die von »bekannten regionalen und ausländischen Zentren« gefordert würden, hätten vergessen, dass auch sie die Verfassung respektieren müssten, die unter anderem die »Wahrung der nationalen Einheit« vorschreibe.[221] Die von der Staatsanwaltschaft erhobenen Vorwürfe rangieren zwischen »Angriffen auf die Autorität des Staates« und »Verhetzung«. Ungenannte Quellen geben zu verstehen, die Verhafteten hätten die »roten Linien« überschritten, die die Führung gesetzt habe. Dazu gehöre etwa die offene Kritik am »Weg des verstorbenen Präsidenten«.[222]

Alte und neue Garden und das Dilemma des Erben

Der Frühling von Damaskus war nicht plötzlich in einen kalten Herbst umgeschlagen. Spätestens seit Anfang 2001 war deutlich geworden, dass Teilen der Regimeführung der Öffnungskurs an sich gegen den Strich ging, dass sie vor allem aber keine unkontrollierte politische Öffnung zulassen wollten. Und wenn die »Freunde der Zivilgesellschaft« glaubten, dass der Präsident sie als seine Basis, gar als Verbündete betrachtete, hatten sie sich wohl getäuscht.

Bashar al-Asad wollte, das hatte er nicht nur in seiner Antrittsrede deutlich gemacht, den Spielraum der öffentlichen Debatte erweitern, fühlte sich aber von denjenigen, die auf rasche und mehr als kosmetische politische Reformen drängten, in seinen Plänen gestört und geriet zunehmend unter den Druck eines Teils der Geheimdienste und der militärischen Führung, die dem gefährlichen Treiben derer ein Ende setzen wollten, die demokratische Verhältnisse forderten. Der Präsident wehrte sich eine Zeit lang gegen die offene Repression der Bürgerbewegung, nahm auch an einer Sitzung der Parteiführung, die erste Verhaftungen beschloss, nicht teil, ordnete aber, wie gut informierte syrische Politiker zu berichten wussten, die Festnahme von Seif und anderen schließlich selbst an, um den Druck des Partei- und Sicherheitsestablishments abzuwehren.

Anders als Hafiz al-Asad ist dessen Sohn und Nachfolger eben nicht die Quelle aller Autorität im Staat. Syrien ist kein Ein-Mann-Regime mehr. Nach dem Tod Hafiz al-Asads hat sich stattdessen eine Art kollektive Führung, eine unsichere Machtallianz etabliert, zu der an der Spitze neben dem neuen Präsidenten auch Vizepräsident Khaddam, Außenminister Sharaa, der Verteidigungsminister und der Generalstabschef gehören. Viele wirtschafts-, außen- und innenpolitische Fragen sind innerhalb der Regime-Elite umstritten; manche Entscheidungen werden auch in der gesamten 21-köpfigen Parteiführung getroffen, in der diejenigen, die in Damaskus gern als die Alte Garde bezeichnet werden, eine starke Stellung haben. In Klammern sei angemerkt, dass es nicht ganz präzise ist, von der »alten« oder der »neuen« Garde – von den Mitstreitern des verstorbenen Präsidenten einerseits und neuen Leuten, die Bashar al-Asad mitgebracht hat – zu sprechen. Die Auseinandersetzungen um den Kurs des Landes sind keineswegs nur eine Generationsfrage. Stattdessen lässt sich, mit ein wenig Verallgemeinerung, eher von »Korrektionisten« und »Reformern« sprechen. Zur ersten Gruppe gehören die, die das alte, von Hafiz al-Asad geprägte System so weit wie möglich erhalten und allenfalls Korrekturen zulassen wollen – der Begriff »Korrektur« (*tashih*) verweist dabei selbst auf den alten Präsidenten, dessen Staatsstreich von 1970 offiziell immer nur »Korrekturbewegung« (*al-haraka al-tashihiyya*) hieß und der entsprechend als »Held der Korrektur und Befreiung« (*batal al-tashih wa-l-tahrir*) gefeiert wurde. Mitglieder der zweiten Gruppe dagegen unterstreichen die Notwendigkeit von Reformen. Viele Vertreter des alten Regimes finden sich schon deshalb im Lager der »Korrektionisten«, weil sie stark in die mafiosen Netzwerke um den öffentlichen Sektor eingebunden sind. Sie haben daher wenig Interesse an Liberalisierung, geschweige denn an Maßnahmen zur Förderung von *Good Governance* oder Transparenz. Vor allem wollen sie sich nicht aus den ihnen verbliebenen Positionen der Macht drängen lassen, weder von Bashar al-Asad noch von irgendwelchen Zivilgesellschaftsaktivisten. Sie haben deshalb seit dem Übergang von Hafiz auf Bashar al-Asad auf Kontinuität gepocht und den neuen Präsidenten davor gewarnt, die Errungenschaften des alten Regimes in Frage zu stellen, insbesondere den öffentlichen Sektor und die während der Herrschaft des Vaters geschaffenen politischen Strukturen anzutasten. Die soziale Basis der Korrektionisten liegt im öffentlichen Sektor und in der Regierungsbürokratie, auch bei der intellektuellen Bürokratie – jenen Schriftstellern, Journalisten und Professoren, die ihre Positionen ihrer Loyalität zum alten System verdanken –, bei großen Teilen des Parteiapparats und des Sicherheitsapparats. Zumindest für einige dieser Gruppe ist klar, dass sie die legitimen Erben Hafiz al-Asads sind und sie sich weder dieses Erbes noch ihren Platz am Tisch des Regimes streitig machen lassen – schon gar nicht von so genannten Intellektuellen. »Wir werden nicht akzeptieren«, machte Verteidigungsminister Tlass, einer der ältesten Gefährten des alten Asad, der für seine unkontrollierten Äußerungen bekannt ist, in einem Interview klar, »dass irgendjemand uns die Macht entreißt. Denn die Macht entspringt aus den Läufen der Gewehre, und deren Herren sind wir.« Die »Herren der zivilen Manifeste« dagegen hätten sich früher an Moskau orientiert und orientierten sich heute an den USA, sie dienten der Spaltung der nationalen Einheit und verwirrten das Land. Das aber sei ein »Dienst für den Zionismus«.[223]

Die Hauptvertreter der Reformer sind Präsident Asad selbst und die ihn umgebenden Technokraten. Wohl wissend, dass bloße Korrekturen lediglich zur Fortsetzung der wirtschaftlichen Stagnation beitragen werden, treten sie für Reformen ein, vor allem für eine technologische Modernisierung und für die Öffnung auf ausländisches Kapital und das Kapital von Auslandssyrern. Die soziale Basis der Reformer umfasst nicht nur die technokratische Elite, sondern auch jüngere Mitglieder der *Baath*-Partei, die ihre Karrierechancen von der älteren Generation blockiert sehen, sowie Teile des Sicherheitsapparats, die sich bewusst sind oder zumindest ahnen, dass Stagnation und ein Ausbleiben technologischer Anpassung das System genauso gefährden könnten wie radikaler Wandel oder politischer Protest.

Bashar al-Asad versuchte in seinen ersten Amtsmonaten, den Stillstand im Friedensprozess zu nutzen, um sich selbst als Hardliner darzustellen, der sogar die alte Garde noch überbietet. Israel wolle keinen Frieden, hieß es in etwa in seiner Rede beim Arabischen Gipfel von Amman im März 2001, und die israelische Gesellschaft sei rassistischer als der Nazismus. Im Gegensatz zu manchen Vertretern des alten Regimes haben Asad und seine Freunde allerdings keine ideologischen Bedenken gegen einen eventuellen Friedensschluss mit Israel; der Präsident hat sogar deutlich gemacht, dass er Frieden als Voraussetzung für Entwicklung und Modernisierung betrachte.[224] Syriens Bedingungen für einen Friedensvertrag sind gleichfalls klar. Die populistische Rhetorik war bloßes Instrument: Sie kam bei vielen Syrern, die die täglichen Bilder israelischer Militäraktionen in den palästinensischen Gebieten sahen, gut an; die Popularität stärkte den Präsidenten gegenüber den Reformgegnern im eigenen Regime.

Bashar al-Asad ist zweifellos angetreten, um das System, das er übernommen hat, zu reformieren und zu modernisieren; er ist aber kein radikaler Reformer. Ein Teil seiner Basis wünscht sich auch eine größere politische Öffnung; die Technokraten im Umfeld des Präsidenten setzen ihre Prioritäten aber anders: Wirtschaftlicher Pluralismus – also verstärkte Investitionen privaten Kapitals, die man fördern wolle –, erklärte etwa Planungsminister Isam al-Za'im, und politischer Pluralismus müssten keineswegs miteinander einhergehen.[225] Asad selbst hat in einem Interview deutlich gemacht, dass wirtschaftliche Entwicklung ganz oben auf seiner Agenda stehe. Die Entwicklung zivilgesellschaftlicher Institutionen »muss in einer späteren Phase kommen und gehört deshalb nicht zu unseren Prioritäten«.[226]

Die öffentlichen Aussagen der derzeitigen Machthaber können ohnehin Hinweise geben, wohin sie das Land zu führen beabsichtigen. Aufschlussreich ist, wie häufig Mitglieder der neuen Regime-Elite auf China Bezug nehmen. Für große Teile dieser Elite stellt China ein Vorbild dar, das zeigt, dass erfolgreiche wirtschaftliche Transformation bei gleichzeitiger Abwehr von politischen Liberalisierungsforderungen möglich ist. Dass China tatsächlich angesichts der objektiven Unterschiede zwischen den beiden Ländern – nicht zuletzt der Größe und des internationalen Gewichts der Volksrepublik – kein realistisches Modell für Syrien darstellt, schließt nicht aus, dass es das politische Denken der syrischen Führung beeinflusst. Genauso oft übrigens, wie das chinesische Modell herangezogen wird, wird das Beispiel Algeriens angeführt. Ob die Intellektuellen, fragte Vizepräsident Khaddam in einer Rede, die er im Februar 2001 vor Hochschullehrern hielt, wenn sie die gegenwärtigen Zustände ablehnten und nach einer Zivilgesellschaft riefen, etwa die Alternative der »algerischen Gesellschaft und dessen, was in Algerien passiert«, im Sinn hätten? Khaddams rhetorische Frage ist nicht nur ein unflätiger Angriff auf die Kritiker des Regimes, sie drückt auch die Furcht aus, dass ein zu schnelles Nachgeben gegenüber liberalen Forderungen zu politischem Chaos führen könnte.[227]

Den meisten Bürgerrechtlern war frühzeitig klar, dass der neue Präsident keine radikale, demokratische Veränderung des Systems im Sinn hatte. Bashar al-Asad ist immerhin im Wortsinn ein Kind des Systems. Die liberalen Kräfte unterstützen ihn dennoch in der Erwartung, dass er die Bedingungen für politische Aktivität verbessern und das Land allmählich von den verbliebenen Vertretern des alten Regimes befreien würde. Asad konnte dies nicht erfüllen und ging stattdessen gegen die Bürgerbewegung vor, nachdem er sein erstes Amtsjahr vollendet hatte und sich zudem durch Besuche in Spanien, Frankreich und Deutschland der generellen Unterstützung Europas für seinen Reformkurs versichert hatte. International verlangte auch niemand eine Demokratisierung Syriens.

Es ist keine Ironie zu sagen, dass es für die politische Entwicklung Syriens schon einen Fortschritt darstellt, wenn Regimegegner zwar immer noch verhaftet und die Urteile, die gegen sie ergehen, den Richtern vorgegeben werden, der Umgang mit der Opposition aber institutionell und halbwegs berechenbar abgewickelt wird: Verhaftungen also bekannt gegeben werden, Gerichtsverfahren stattfinden, Verteidigung möglich ist und die Verteidiger sich internationalen Medien gegenüber äußern können. Die Angst im Land, erklärte Riad Turk in seinem Vortrag über das neue Regime, habe abgenommen. Turk, ein 71-jähriger dissidenter Kommunistenführer, hatte 17 Jahre lang ohne Gerichtsverfahren im Gefängnis gesessen und war 1998 freigelassen worden. Heute verhafteten die Geheimdienste eben nicht mehr großflächig und nach Belieben, sondern überwachten die Gesellschaft nur, um im Zweifelsfall gezielt zuzuschlagen.

Turk hatte Recht. Er wurde erst einige Wochen nach seinem Vortrag festgenommen, sein Anwalt und seine Familie konnten ihn besuchen, und die Straftatbestände, denen er angeklagt werden würde, wurden offen diskutiert. Er habe, hieß es in der offiziellen Presse, eine »negative Atmosphäre verbreitet« und mit seiner »tendenziösen«

Kritik – Turk hatte das politische System als Erbrepublik und den verstorbenen Präsidenten als toten Diktator bezeichnet – Meinungen vertreten, die der Verfassung widersprächen und den Staat diffamierten; er habe damit versucht, sich dem Marsch des Landes in Richtung auf größere Freiheit und Demokratie in den Weg zu stellen.[228] Nie zuvor hatten Syriens Medien so eindeutig zugegeben, dass jemand auf Grund eines Meinungsvergehens – und nur eines Meinungsvergehens – eingesperrt würde.

Mit der Amtsübernahme Bashar al-Asads hat zweifellos eine Übergangsphase begonnen: Asad ist weiterhin von den Stützen des alten Regimes abhängig, die weder reformfähig noch reformwillig sind, er hat keine ausreichend erfahrene eigene Basis und er kann und will auch nicht versuchen, sich mit oppositionellen Kräften, etwa der Bürgerbewegung, zu verbünden, die letztlich einen Reformkurs anstreben, der das von ihm übernommene Regime in Frage stellen würde. Nichtsdestoweniger haben sich Dinge geändert. So hat eine jüngere Generation von Technokraten die Chance, das Land in einigen Bereichen auf die Höhe der Zeit zu bringen, wobei die Einführung neuer Kommunikationstechnologien eine besondere Rolle spielt. Bashar al-Asad und die Leute, die er mitgebracht hat, teilen die Ängste vieler Vertreter des alten Regimes, dass Satellitenfernsehen, das Internet oder Mobiltelefone eine politisch subversive Wirkung haben könnten, gerade nicht. Sie betrachten die Einführung dieser Technologien vielmehr als Element und Symbol des Einstiegs in das Zeitalter der Globalisierung. Bezeichnenderweise stammen nicht wenige der jüngeren Mitglieder der politischen und administrativen Elite, die Bashar al-Asad mitgebracht oder in verantwortliche Positionen befördert hat, aus der von ihm gegründeten Syrischen Computergesellschaft. Das Reformprojekt Asads, erklärte in diesem Sinne eine der »offiziellen Quellen« während der Kampagne gegen die Bürgerrechtler, werde fortgesetzt. Man wolle die Reformen im Bildungswesen und in der Wirtschaft, von denen man sich langfristige positive Wirkungen erwarte, beschleunigen, politische Reformschritte dagegen verlangsamen und gleichzeitig einen breiten Dialog über eine den speziellen syrischen Umständen angemessene Reformstrategie einleiten.[229] Nicht beantwortet wurde die Frage, wer an diesem Dialog beteiligt werden soll, wenn kritische Stimmen, einschließlich derer gewählter Abgeordneter, durch polizeiliche oder gerichtliche Maßnahmen still gestellt werden.

Grundsätzlich können auch die Vertreter des alten Regimes eine Modernisierung nicht ablehnen. Vieles spricht deshalb dafür, dass das hoch personalisierte, im Grunde diktatorische Regime, das Bashar al-Asad von seinem Vater übernommen hat, sich dabei in ein moderneres, autoritäres verwandelt, vielleicht sogar in ein pluralistisch-autoritäres wie das ägyptische. Das wird voraussichtlich aber erst dann zu erwarten sein, wenn die junge Garde technokratischer Reformer, die die zivile Basis Bashar al-Asads ausmacht, sich etabliert hat und die Symbolträger des alten Regimes nach und nach aufs Altenteil geschickt worden sind. Wichtige Vertreter dieser neuen Elite, die eine politische Karriere noch vor sich haben dürften – dazu gehörte beispielsweise der Hochschulminister, selbst ein früherer Vorsitzender von Bashar al-Asads Computergesellschaft –, befürworten selbst durchaus eine Pluralisierung, ja Demokratisierung politischer Verhältnisse. Sie würden aber nicht dafür kämpfen und ihre Positionen und ihre Mitwirkungsmöglichkeiten am wirtschaftlich-technischen Reformprojekt des Präsidenten riskieren. Außer Frage steht, dass vieles von der äußeren Situation abhängig ist: Eine beidseitig akzeptable Regelung des israelisch-palästinensischen Konflikts und ein Friedensschluss zwischen Israel und Syrien dürfte auch eine innenpolitische Lockerung befördern. Jede Eskalation des Konflikts und jeder Rechtsruck in Israel dagegen wird, das ist die Erfahrung seit der Madrider Friedenskonferenz von 1991, auch zu einer innenpolitischen Verhärtung und zu einem Rechtsschwenk syrischer Politik führen.

Man sollte also von Bashar al-Asad und seinem reformorientierten Team nicht zu viel an politischer Liberalisierung erwarten. Freie und faire Parlamentswahlen etwa, die einen echten Popularitätstest für die *Baath*-Partei und andere, teilweise noch nicht organisierte politische Kräfte darstellen würden, sind auf absehbare Zeit kaum zu erwarten – sicherlich nicht innerhalb der ersten siebenjährigen Amtsperiode, für die der Präsident per Referendum gewählt worden ist. Gleichzeitig gilt, dass das knappe Jahr politischer Öffnung, der Frühling von Damaskus, nicht spurlos an der Gesellschaft vorbeigegangen ist. Die Einkerkerung von Bürgerrechtlern mag aus Perspektive der politischen Führung ein Ärgernis beseitigen, vorübergehend zumindest. Gleichzeitig ist es aber wahrscheinlich, dass das im Jahr eins nach Hafiz al-Asad gefundene Selbstbewusstsein eines großen Teils der Gesellschaft – das Bewusstsein nämlich, etwas zu sagen zu haben und damit die politische Einförmigkeit der Vergangenheit auflösen zu können – Bestand haben wird.

Libanon
Konfliktarena oder Finanzplatz?
Ein Land versucht, seine Rolle zu finden

10 452 – auch viele durchschnittlich gebildete Libanesen können die Zahl der Quadratkilometer nennen, die ihr kleines Land umfasst. Die Flächenzahl stand über Jahre für Wunsch und Hoffnung der Libanesen, irgendwann das ganze Land – lange politisch zersplittert und noch länger zu Teilen besetzt – wieder unter einer gemeinsamen Autorität zu sehen. Seit Sommer 2000 ist das der Fall. Man mag sich mit den Nachbarn darüber uneins sein, welche Gebirgsalmen an den Hängen des Hermon im israelisch besetzten syrisch-libanesischen Grenzgebiet noch eigentlich zum Libanon gehören. Prinzipiell aber hat der Libanon, nachdem die israelischen Truppen aus dem Süden des Landes, den sie von 1978 an besetzt gehalten hatten, abgezogen sind, seine territoriale Integrität wiederhergestellt. Offen geblieben sind fürs Erste die Fragen nach dem Verhältnis zu beiden Nachbarn Israel und Syrien und nach der Konsolidierung des inneren Friedens.

Libanesische Politiker und Kommentatoren sind sich in vielem uneins, aber die meisten würden, zum Wesen des eigenen Staates befragt, in großer Übereinstimmung sagen, dass der Libanon nicht einfach wie andere arabische Staaten sein könne. Sonst nämlich brauchte man ihn nicht. Zumindest ein Teil des politischen Spektrums hatte bis 1990 bestritten, dass der Libanon überhaupt ein *arabischer* Staat sei; bestenfalls stelle er ein Mosaik multipler Identitäten dar. Schließlich gebe es neben den arabischen und den islamischen auch vor-arabische phönizische sowie christliche und westliche Wurzeln, wobei Letztere durch die engen Bindungen vor allem des christlichen Bevölkerungsteils an Frankreich gestärkt wurden. Sicher haben die einzelnen konfessionellen und ethnischen Gruppen im Libanon je eigene Geschichten, die zusammen die Geschichte und das historische Erbe des Libanon ausmachen.[230] Nach dem Ende des Bürgerkriegs (1975–1990) bemühte man sich nicht nur in dieser Frage um einen konstitutionellen Kompromiss: Die neue Verfassung, mit der die so genannte »Zweite Republik« begründet wurde, bestimmte den Libanon seiner »Identität und Zugehörigkeit« nach als arabisch; gleichzeitig definierte sie den Staat als das »endgültige Vaterland seiner Bürger«. Letzteres sollte Befürchtungen aus dem christlichen Spektrum entgegenwirken, dass die muslimische Bevölkerungsmehrheit früher oder später einen Anschluss des Libanon an Syrien oder die Auflösung des Staates in einen größeren arabischen Nationalstaat im Sinne haben könnte. Solche Befürchtungen waren ein Relikt historischen Misstrauens; sie hatten wenig mit den wirklichen Absichten der libanesischen Muslime zu tun: Denn so sehr Libanesen sich über die historische und kulturelle Identität ihres Landes streiten können, sosehr identifizieren sie sich jeweils doch als Bürger des Libanon.

Anders zu sein als die arabische Umgebung ist Teil dieser Identifikation und lässt sich an einer Reihe von Merkmalen festmachen. Dazu gehört die traditionelle wirtschaftliche und kulturelle Offenheit des Libanon und die besondere Mischung aus arabischen und westlichen Elementen, die sich bereits im Gebrauch der Sprache niederschlägt – in der Angewohnheit vieler Libanesen, auch mitten im Satz vom Arabischen ins Englische oder Französische zu fallen oder alle drei Sprachen miteinander zu kombinieren. Dazu gehört ein vergleichsweise hohes Maß an politischer Freiheit und vor allem der multikonfessionelle Charakter des Landes.[231] Der Libanon, so weit sich hier verallgemeinern lässt, ist stolz auf seine religiöse Vielgestaltigkeit: Das Land sei eigentlich, erklärt der Autor Faris Sassine, eine Botschaft für Freiheit, Toleranz und Koexistenz. Auch Politiker haben den Libanon wiederholt als ein Modell für inter-konfessionelles Zusammenleben bezeichnet – und zumindest bei nicht-libanesischen Beobachtern Erstaunen ausgelöst. War da nicht zumindest ein längerer Bürgerkrieg?

Es gibt immer noch Libanesen, die behaupten, einen echten Bürgerkrieg habe es nicht gegeben, sondern nur einen Krieg oder Kriege anderer auf libanesischem Territorium – Israelis gegen Palästinenser und Syrer, Syrer gegen Palästinenser, Palästinenser gegen Palästinenser, Iraner oder iran-hörige Gruppen gegen Amerikaner, irakische gegen iranische Agenten, iranische gegen israelische und so weiter. All diese Kriege und Kleinkriege gab es tatsächlich. Nur darf man darüber nicht die Kämpfe und Kriege libanesischer Bürgerkriegsmilizen vergessen, die von wenigen Ausnahmen abgesehen jeweils ein eindeutiges konfessionelles Profil hatten. Hier wiederum gilt es, präzise zu sein: Es ging nie um Religion. Nicht die Konfessions- oder Glaubensgemeinschaften führten Krieg oder organisierten sich in Milizen, sondern die einzelnen Bürgerkriegsparteien organisierten sich auf konfessioneller Grundlage, häufig in heftiger Konkurrenz um die Loyalität »ihrer« jeweiligen Konfessionsgruppe. Und anders als etwa im exjugoslawischen Bosnien sprach im Libanon keine Gruppe der anderen ihre Zugehörigkeit zum gemeinsamen Staat ab. Es ging um die Macht im Staat.[232]

Der Bürgerkrieg ging 1990 zu Ende; der Libanon stabilisierte sich; ein Rückfall in den Krieg war spätestens seit 1993 nicht mehr zu erwarten. Die innere Entwicklung des Libanon ist seither allerdings nicht weniger als zu Zeiten des inneren Krieges von regionalen Vorgängen beeinflusst worden. Bis zum Abzug der israelischen Truppen blieb der Libanon der Ort, an dem Israel und Syrien sich dazu indirekt noch militärisch bekämpften. Seither stand für den Libanon das Verhältnis zu Syrien im Vordergrund, das weiter mit 20 000 bis 30 000 Soldaten im Libanon präsent war und zumindest alle strategischen Entscheidungen kontrollierte. Während dieses Buch geschrieben wird, scheint die libanesische Elite sich vor allem danach zu gruppieren, wie ihre Mitglieder zum großen Nachbarn stehen. Dabei geriet dann – wie schon in der historischen Wahrnehmung des Bürgerkrieges – die Eigenverantwortlichkeit der libanesischen Akteure gelegentlich aus dem Blick.

Rückblende
Bürgerkrieg und Kriegsende

Der libanesische Bürgerkrieg begann als Auseinandersetzung zweier politischer Lager: den im Wesentlichen, aber nicht ausschließlich christlich-maronitischen Verteidigern des bestehenden sozio-politischen Systems und einer dieses System in Frage stellenden Allianz, die zeitweise die libanesische Linke, das muslimische Establishment, die marginalisierten Teile vor allem der muslimischen Bevölkerung sowie die PLO und einen großen Teil der im Libanon ansässigen palästinensischen Flüchtlinge zusammenbrachte. Die Einkommensverteilung im Libanon war extrem ungleich; um die Hauptstadt Beirut, die sich ob ihres Glamours gern als das Paris des Orients bezeichnen ließ, zog sich ein breiter Armutsgürtel, der auch die palästinensischen Flüchtlingslager einbezog. Libanon vor dem Krieg war, so der libanesische Banker Toufic Gaspard, ein geteiltes Land und reif für eine soziale Explosion.[233] Zumindest aber verstärkte die soziale Polarisierung die existierenden politisch-konfessionellen Konflikte. Dazu kam eine heftige Auseinandersetzung darüber, wie mit der Anwesenheit bewaffneter PLO-Verbände, deren Operationen gegen Israel und israelischen Gegenschlägen umzugehen sei. Leicht verallgemeinert lässt sich sagen, dass das christliche Establishment von der Armee erwartete, die Palästinenser zu entwaffnen, und am liebsten auch die palästinensische Flüchtlingsbevölkerung losgeworden wäre, während die Linke in der PLO die Fußtruppen für ein sozialrevolutionäres Projekt im Libanon sah.

Die Frontstellung der ersten Bürgerkriegsmonate hielt sich als solche nicht. Der 16-jährige Bürgerkrieg bestand tatsächlich aus einer Reihe von Kriegen und Kleinkriegen mit zahlreichen Front- und Allianzwechseln und heftiger externer Intervention. Syrien schickte 1976, damals auf Bitten und zur Unterstützung der christlichen Allianz, eigene Truppen in den Libanon; Israel besetzte 1978 einen Gebietsstreifen im Süden, okkupierte 1982 in einer groß angelegten Invasion sogar zeitweilig Beirut, vertrieb die PLO-Führung und den größten Teil ihrer Kämpfer und hielt, nach mehreren Teilrückzügen, noch bis 2000 eine so genannte Sicherheitszone im Süden besetzt.[234] Das Ende des Kriegs wurde 1989 durch eine auf Vermittlung der Arabischen Liga im saudi-arabischen Ta'if zusammengerufenen Konferenz der libanesischen Parlamentarier eingeleitet. Das auf dieser Konferenz erarbeitete und wenig später im Libanon vom Parlament verabschiedete Ta'if-Abkommen oder »Dokument nationaler Verständigung« enthielt eine Formel der Verteilung legaler, politischer Macht, die den seit der Unabhängigkeit des Libanon (1943) veränderten demographischen Verhältnissen angepasst worden war.

Dabei wurde die traditionelle, in keiner Verfassung festgeschriebene, aber allgemein akzeptierte konfessionelle Aufteilung der staatlichen Spitzenämter beibehalten: Der Staatspräsident ist ein maronitischer Christ, der Ministerpräsident ein sunnitischer, der Parlamentspräsident ein schiitischer Muslim. In der auf Grundlage des Ta'if-Abkommens erarbeiteten neuen Verfassung wurden dem Staatspräsidenten aber einige seiner politischen Prärogativen genommen, die Stellung des Ministerpräsidenten, des Kabinetts und des Parlamentspräsidenten gestärkt. Die Parlamentssitze sollten auf weiteres wie zuvor nach konfessioneller Zugehörigkeit verteilt werden; nur die Verhältnisse wurden angepasst: Während die Mandate während der ersten Republik (1943–1990) stets im Verhältnis sechs zu fünf zwischen Christen und Muslimen aufgeteilt waren, würden zukünftige Parlamente paritätisch von christlichen und muslimischen Vertretern besetzt werden. Darüber hinaus gebot die Verfassung zwar eine mittelfristige Abschaffung des politischen Konfessionalismus – der Verteilung von Mandaten und anderen Positionen auf der Grundlage konfessioneller Zugehörigkeit also –, entsprechende Beschlüsse müssten aber von einem selbst konfessionell konstituierten Parlament gefasst werden, und waren deshalb nicht unbedingt zu erwarten.

Das Ta'if-Abkommen enthielt darüber hinaus eine Selbstverpflichtung auf interkonfessionelle Koexistenz, auf eine liberale Wirtschaftsordnung und ein demokratisches und pluralistisches System, und es sanktionierte für eine nicht sehr klar bestimmte Zeit die weitere Anwesenheit syrischer Truppen. Dass das Abkommen tatsächlich half, den Bürgerkrieg zu beenden, liegt nicht so sehr an seinem Inhalt – an den Formeln zur Machtverteilung etwa. Formeln ähnlichen Inhalts waren seit 1975 schon mehrfach vorgeschlagen worden. Eher lässt sich davon sprechen, dass der Konflikt lösungsreif geworden war: Die langjährigen Auseinandersetzungen hatten das Land an einen Punkt gebracht, an dem die wichtigsten inneren und äußeren Konfliktparteien sich von einer Fortsetzung des Krieges weniger versprachen als von seiner Beendigung. Während der Bürgerkrieg in den ersten Jahren noch mit wirtschaftlichem Wachstum und finanzieller Stabilität einhergegangen war, lag die Wirtschaft des Libanon seit Mitte der achtziger Jahre spürbar darnieder. Im Übrigen hatte die interne Konfliktsituation sich Ende der achtziger Jahre entscheidend verändert. 1988 standen sich erstmals zwei Regierungen gegenüber, die jeweils von sich behaupteten, die legitime Exekutive des Landes darzustellen. Gleichzeitig hatten die militärischen Auseinandersetzungen sich mehr und mehr in die ursprünglichen Bürgerkriegslager selbst verlagert: Der Krieg fand nun zunehmend zwischen konkurrierenden christlichen, konkurrierenden schiitischen und konkurrierenden palästinensischen Gruppen statt. Damit führten die Milizen, deren Legitimationsgrundlage die ganzen Kriegsjahre über in dem Anspruch bestanden hatte, die eigene kommunalistisch definierte Gemeinschaft und deren Gebiete gegen die Milizen der jeweils anderen Seite zu verteidigen, sich selbst ad absurdum: Die größten materiellen Schäden im überwiegend christlich bewohnten Ost-Beirut entstanden im letzten Kriegsjahr im kurzen »Krieg des Ostens« – einem heftigen Schlagabtausch zwischen den Truppen General Michel Aouns, des maronitischen Armeechefs, der gleichzeitig eine der beiden konkurrierenden Regierungen anführte, und den *Forces Libanaises*, der größten christlichen Bürgerkriegsmiliz.

Die drohende Spaltung des Landes wurde auch von der arabischen Staatenumwelt als bedrohlich betrachtet. Viele dieser Staaten hatten den Krieg über Jahre mitfinanziert, fürchteten aber, dass ein Auseinanderbrechen des Libanon regionale Demonstrationseffekte haben, also mögliche sezessionistische Bewegungen in anderen arabischen Ländern ermutigen könnte. Erstmals kam es deshalb zu ernsthaften Vermittlungsbemühungen der Arabischen Liga. Insbesondere Saudi-Arabien, das sich vor allem den sunnitischen Muslimen im Libanon verbunden fühlte, setzte sein ganzes politisches Gewicht und wahrscheinlich auch finanzielle Anreize ein, um die Abgeordnetenkonferenz in Ta'if zu einem Erfolg werden zu lassen. Zumindest förderlich kam hinzu, dass Syrien, das den Libanon vornehmlich als eigenes Spielfeld betrachtete, sich durch die weltpolitische Abdankung der Sowjetunion geschwächt fühlte und arabischem Druck, einer einvernehmlichen Lösung zuzustimmen, nachgab. Nach Ende des Kalten Krieges verloren auch die Sowjetunion selbst und die USA ihr Interesse, weiterhin lokale Klienten im Libanon auszuhalten. Internationale, regionale und innenpolitische Entwicklungen ergänzten sich also. Der Aufbau einer haltbaren Nachkriegsordnung blieb allerdings die Aufgabe der libanesischen politischen Elite.

Nachkriegsfragen und Nachkriegsmythen

Das Ta'if-Abkommen stellte eine klassische Kompromissformel dar: Sie gab allen Parteien etwas, stellte aber keine Partei völlig zufrieden. Insofern konnte auch nicht erwartet werden, dass es die inneren Konflikte im Libanon beenden würde. Was das Abkommen brachte, war eine Einigung der meisten Bürgerkriegsparteien, ihre Konflikte fortan nicht mehr militärisch auszutragen. Die einzige wesentliche Kriegspartei, die das Abkommen nicht mitzutragen und umzusetzen bereit war, die Truppen von General Aoun, konnte im Oktober 1990 mit militärischer Hilfe Syriens vertrieben und als Machtfaktor der unmittelbaren Nachkriegszeit ausgeschaltet werden. Seither sind die inneren Konflikte und Auseinandersetzungen wieder im Wesentlichen politisch ausgetragen worden.

Die wichtigsten politischen Akteure dieser Periode versuchten, mit dem Ta'if-Abkommen und der darauf basierenden Verfassung der Zweiten Republik auch einen Gründungsmythos für den gewissermaßen wiedergeborenen Libanon zu schaffen. Das Abkommen wurde dabei zu einer Art Gesellschaftsvertrag, durch den der Krieg »ohne Sieger und ohne Verlierer« zu Ende gegangen sei. Ein solcher Mythos war sinnvoll, um etwa, ganz konkret, die Kämpfer verschiedener Organisationen dazu zu bewegen, ihre Waffen abzugeben. Mittelfristig konnte er allerdings einer Realität nicht standhalten, die für Teile der Gesellschaft und der politischen Klasse durchaus desillusionierend waren: Es war offenkundig, dass der Krieg Sieger – im materiellen Sinne auch durchaus Gewinner – und Verlierer hinterlassen hatte. Das galt nicht nur individuell, weil einige eben reich geworden, viele aber verarmt waren und etwa ein Drittel aller Libanesen durch den Krieg zu Flüchtlingen und Vertriebenen im eigenen Land geworden war. Sieger und Verlierer gab es auch im Sinne einer von politisch-konfessionellem Denken geprägten Gruppenlogik. Vor allem der schiitische Bevölkerungsteil erhielt einen Zuwachs an formaler politischer Macht, und die ohnehin nie vollständige frühere Hegemonie der christlich-maronitischen Führungsschicht gab es nun gar nicht mehr. Die militärische Vertreibung General Aouns aus dem von ihm bis 1990 noch gehaltenen Präsidentenpalast, durch die der Bürgerkrieg militärisch zu Ende ging, zeigte gleichzeitig, dass Kräfte, die sich dem Kompromiss von Ta'if widersetzten, mit aller Gewalt bekämpft und zu Verlierern gemacht werden würden. Sein Nachfolger als Armeechef, General Emile Lahoud, war ebenfalls ein maronitischer Christ; er akzeptierte im Gegensatz zu seinem Vorgänger aber nicht nur den Kompromiss von Ta'if, sondern erwies sich auch als bedingungsloser Gefolgsmann Syriens. 1992 wurden dann, erstmals seit 1972, Parlamentswahlen abgehalten, die ebenfalls wenig Zweifel daran ließen, wer die Gewinner und wer die Verlierer des Bürgerkrieges waren: Die Wahlen wurden vom größten Teil des maronitischen Establishments und von den *Forces Libanaises*, die immer noch die wichtigste Partei oder Miliz christlicher Provenienz darstellte, boykottiert – und bestätigten damit nur noch einmal deren Machtverlust. Wenig später wurden die *Forces Libanaises* verboten; ihr Führer, der zunehmend auf Distanz zum Nachkriegssystem gegangen war, wurde für eine Reihe politischer Morde in der Bürgerkriegszeit abgeurteilt. Dies unterstrich, dass die vereinbarte Amnestie für Bürgerkriegsakteure faktisch nur für diejenigen galt, die die neue Ordnung mittrugen. Zu dieser Ordnung gehörten allerdings nicht nur die politisch-konstitutionellen Kompromisse des Ta'if-Abkommens und der neuen Verfassung, sondern zunehmend auch die politisch-strategische Dominanz des syrischen großen Bruders, die zumindest für die dem Bürgerkrieg folgende Dekade erhalten blieb:[235] Der Libanon stellte ein formal demokratisches System wieder her, mit regelmäßigen und zunehmend auch sauberen Wahlen, einem aktiven Parlament und einer freien Presse, die politische Tabus nur insofern kannte, als dass sie Kritik an syrischer Politik in höflicher Form auszudrücken versuchte. Es bestand aber kein Zweifel daran, dass Syrien seinen Anteil an Loyalisten in jeder Regierung hatte, Einfluss auf Wahlbündnisse nahm und Spitzenämter nicht gegen den Willen Syriens besetzt werden konnten. Außen- und sicherheitspolitische Entscheidungen vor allem wurden so eng mit Syrien abgestimmt, dass, wie ein libanesischer Minister beklagte, das Außen- und das Verteidigungsministerium des Libanon zu »Unterabteilungen des Außen- und des Verteidigungsministeriums eines anderen Staates degradiert worden« seien.[236]

Widerstreitende Projekte
Die Ära Hariri und die Ära Lahoud

»The price of prosperity has alrady been paid«, hieß es in einer Annonce, die die libanesische Investitionsentwicklungsbehörde im Frühsommer 1996 weltweit schaltete, »now is the time to harvest.« Den Preis, den das Land meinte bezahlt zu haben, ließ die Anzeige nicht unerwähnt: »a period of unrest«. Dies ist einer der libanesischen Euphemismen, mit denen man sich und anderen den Bürgerkrieg gerne beschrieb und beschreibt. Die Anzeige wandte sich in erster Linie an internationale Investoren, die überzeugt werden sollten, dass der Libanon wieder ein stabiler Finanz- und Investitionsstandort geworden sei. Sie sagte gleichzeitig einiges über die politische und mentale Lage im Libanon aus: So spiegelte sie die Erwartung vieler Libanesen, nach Krieg und Nachkriegszeit doch irgendwann für die Mühen und Kosten des Bürgerkrieges entschädigt zu werden, für den sie ja ohnehin die regionale Umwelt verantwortlich machten. Sie zeigte zudem, dass die politische Führung des Landes, als die Werbekampagne entwickelt wurde, noch einen baldigen Abschluss des regionalen Friedensprozesses erwartete und das Land auf einen »Neuen Nahen Osten« vorbereiten wollte, wie Israels im Mai des Jahres dann abgewählter Ministerpräsident Peres ihn beschrieben hatte. Und schließlich charakterisierte die Anzeige das politischsoziale Projekt des damaligen und, bei Redaktionsschluss dieses Buches, gegenwärtigen Ministerpräsidenten Rafiq al-Hariri. Die Investitionsbehörde selbst war von Hariris Regierung eingerichtet worden.

Hariri, ein Bauunternehmer und milliardenschwerer Geschäftsmann, der sein Geld in Saudi-Arabien gemacht hatte, wurde 1992 zum ersten Mal Ministerpräsident. Bis 1998, als der Armeechef General Lahoud zum Staatspräsidenten gewählt wurde und einen neuen Ministerpräsidenten ernannte, lässt sich von einer Ära Hariri sprechen, denn der Ministerpräsident war zweifellos die dominante politische Persönlichkeit. Die Machtverhältnisse zwischen den jeweils »drei Präsidenten« im Libanon – dem Staatspräsidenten, dem Ministerpräsidenten und dem Parlamentspräsidenten – sind nicht klar definiert; und der Verfassungsidee nach realisiert sich durch diese Konstruktion ein konfessionelles Gleichgewicht. In der Wirklichkeit zählen all die mehr oder weniger subtilen Machtfaktoren, die jeder der drei Amtsinhaber in die politische Waagschale werfen kann: Geld und internationale Kontakte, parlamentarische Mehrheitsverhältnisse und die Unterstützung der Öffentlichkeit, gute Beziehungen zur syrischen Staatsspitze oder die Loyalität des Sicherheitsapparats.[237]

Das »Projekt Hariri«, das die sechs Jahre seiner Ära bestimmte, bestand vorrangig aus zwei Elementen: erstens dem physischen Wiederaufbau des Landes und der Schaffung eines unternehmerfreundlichen Klimas, zweitens der Wiederherstellung und Durchsetzung staatlicher Macht. Hariri setzte, wie er nach seinem Sturz in einer langen Rechtfertigungsschrift darlegte, darauf, dass der Libanon bald in einer neuen regionalen Arbeitsteilung mit Israel werde konkurrieren müssen, dass es deshalb darum gehe, die Vorteile der libanesischen Volkswirtschaft stärker zu nutzen und den Libanon als nahöstliches Dienstleistungs- und Finanzzentrum zu etablieren.[238] Tatsächlich leitete seine Regierung einen rasanten und teilweise gigantomanischen Wiederaufbau ein. Beirut wurde zur größten Baustelle des Nahen Ostens; Straßen, Telekommunikationsverbindungen und die Elektrizitätsversorgung wurden weitgehend wiederhergestellt. Einzelne Großprojekte, wie ein Superflughafen südlich von Beirut oder der prächtige Amtssitz des Regierungschefs, waren zweifellos überdimensioniert. Kritiker bemängelten, dass das Aufbauprogramm sich allein an den Interessen zahlungskräftiger Kreise zu orientieren schien, dass die Eigentumskonzentration sich weiter verschärfte, Korruption grassierte und die Staatsverschuldung in dramatischer Weise zunahm. All dies war richtig. Die Inlandsverschuldung des Staates wuchs in dieser Periode um das Fünffache, die Auslandsverschuldung um mehr als das Zwölffache, während die progressive Besteuerung von Einkommen und Unternehmensgewinnen durch eine einheitliche zehnprozentige Einkommenssteuer ersetzt wurde. Hariri dagegen konnte darauf verweisen, dass nicht nur Müllabfuhr, Straßenreinigung und Post wieder funktionierten, sondern auch viele Regierungsgebäude, darunter etwa 1300 zerstörte Schulen in Stand gesetzt worden seien, dass die Inflation von über 100 Prozent nach Kriegsende auf zwei bis drei Prozent Ende der neunziger Jahre gedrückt worden sei und die Wirtschaft sich spürbar belebte; dass man schließlich begonnen habe, die Rückkehr der inländischen Kriegsflüchtlinge zu organisieren, und dass der Staat in allen Gebieten des Landes – mit Ausnahme der damals noch israelisch besetzten Zone im Süden – wieder für Ruhe und Sicherheit sorge. Dazu wurde die Armee erheblich ausgebaut – von 40 000 auf 58 000 Mann – und als innere Ordnungsmacht eingesetzt. Im Süden führte die schiitische, von Syrien und Iran unterstützte *Hizbullah* (»Partei Gottes«) ihren Guerillakrieg gegen Israel. Im Rest des Landes ließ sich die Staatsmacht aber tatsächlich nicht mehr ignorieren. Der Staat war, anders als in den Bürgerkriegsjahren, keine leere Hülse mehr, sondern verkörperte sich in einem nach außen – Syrien gegenüber – zwar abhängigen, innenpolitisch aber handlungsfähigen Regime, das im Kern aus dem sunnitischen Ministerpräsidenten, dem schiitischen Parlamentspräsidenten und dem maronitischen Staatspräsidenten sowie einigen regionalen und konfessionellen »Powerbrokern« bestand. Diesen wurde ihre Unterstützung nicht selten direkt oder indirekt abgekauft: Minister oder andere hohe Funktionäre, die selbst nur aus konfessionellen Proporzgründen oder weil sie einem der drei Präsidenten zugerechnet wurden, im Amt waren, konnten wiederum ihre Klientel bedienen; sei dies durch die bevorzugte Verteilung öffentlicher Mittel in bestimmte Regionen oder die Beschäftigung von »fiktiven« Beamten; einige bereicherten sich selbst in ziemlich offener Weise. Zwanzig bis dreißig Prozent der Wiederaufbaumittel sollen in der einen oder anderen Form illegal privatisiert worden sein.[239] Hariri tolerierte und förderte solche Erscheinungen eher, als dass er sie bremste. Für ihn zählte vorrangig, das Land auf Touren zu bringen und gleichzeitig zu stabilisieren. Dabei würde die wirtschaftliche Dynamik des Landes letztlich auch dazu dienen, das Land zurück auf die regionale und internationale Bühne zu bringen und zumindest graduell die Margen der äußeren Souveränität zu erweitern.

Das internationale Profil Hariris, das dieser weltweit operierende Geschäftsmann sich lange aufgebaut hatte, bevor er den Sprung in die libanesische Politik unternahm, dann aber als Ministerpräsident nutzte, gefiel nicht jedem. Hariri war politisch vom *Good Will* der syrischen Schutzmacht abhängig und machte so manche Verrenkung, um in Damaskus Loyalität zu demonstrieren. Seine persönlichen Kontakte zu wichtigen Staatsmännern innerhalb und außerhalb der Region waren aber oft besser als die der syrischen Führungsspitze, und er fragte bei der Pflege dieser Kontakte nicht um syrische Genehmigung, lunchte eben bei seinen privaten oder geschäftlichen Besuchen in Frankreich regelmäßig mit Präsident Chirac und hatte direkten Zugang zum saudischen König. Dass er so manchen syrischen Funktionär auch finanziell unterstützte, war ein offenes Geheimnis. Die politische Führung in Syrien schwankte in ihrer Haltung zu Hariri: Auf der einen Seite kamen das internationale Prestige Hariris, seine Unabhängigkeit und das mit ihm assoziierte Wiederaufbauprojekt auch dem Ansehen Syriens zugute, auf der anderen Seite vermutete man, durchaus zu Recht, dass der libanesische Ministerpräsident darauf hinarbeite, sein Land ganz allmählich aus der syrischen Vormundschaft herauszumanövrieren. Für Syriens damaligen Präsidenten Hafiz al-Asad, der fast ausschließlich in sicherheitspolitischen Kategorien dachte, spielte die regionale Situation, insbesondere der syrisch-israelische Friedensprozess, hier eine wesentliche Rolle: Je mehr, seit dem Amtsantritt Netanjahus in Israel, die Aussichten auf einen baldigen Abschluss des Friedensprozesses schwanden, ja die Spannungen zwischen Tel Aviv und Damaskus wieder zunahmen, desto wichtiger war ihm eine in jeder Hinsicht verlässliche Regierung in Beirut.

Zu den aus syrischer Sicht zuverlässigsten Akteuren im Nachkriegslibanon gehörte Emile Lahoud, der Armeechef. Als 1998 die Neuwahlen des Staatspräsidenten anstanden, war er bereits lange als Kandidat gehandelt worden; seine Wahl ging nahezu als Formsache durchs Parlament. Im Gegensatz zu seinem Vorgänger, der im Schatten des Ministerpräsidenten Hariri gestanden hatte, war General Lahoud, der mit der Armee eine eigene Hausmacht hatte – und auch behielt –, ein politisches Schwergewicht. Er war auch populär und hatte sich in seiner Zeit als Armeechef einigen Respekt dafür verschafft, die Streitkräfte auf nicht-konfessioneller Grundlage neu strukturiert zu haben.

Mit Lahouds Amtsantritt begann eine neue Ära. An Stelle Hariris ernannte der neue Präsident einen zwar persönlich integren, aber schwachen Ministerpräsidenten, der weder außen- noch wirtschaftspolitische Akzente setzte. Präsident und Regierung lancierten eine heftige Anti-Korruptionskampagne, die sich beinahe ausschließlich gegen Gefährten Hariris richtete, und sie schienen sich vor allem vom kapitalorientierten Projekt Hariri absetzen zu wollen. Es dauerte einige Zeit, bis sie merkten, dass wiederholte Angriffe auf die »Macht des Geldes« das lokale und internationale Business verunsicherten.[240]

Hariri blieb jedoch nur zwei Jahre auf der Oppositionsbank. Im Sommer 2000 fanden Parlamentswahlen statt, bei denen er nicht zuletzt auf Grund seiner finanziellen Möglichkeiten – mit geschätzten 50 Millionen Dollar dürfte er den wohl teuersten Wahlkampf in der Geschichte des Libanon geführt haben – einen glänzenden Wahlerfolg erzielte. Lahoud ernannte Hariri daraufhin wieder zum Ministerpräsidenten; auch Syrien akzeptierte das in dieser Deutlichkeit nicht erwartete Wählervotum.[241] Die »Ära Hariri« kehrte damit allerdings nicht zurück. Der Ministerpräsident musste den Staatspräsidenten als mindestens gleichberechtigten Machtfaktor akzeptieren; seine Zuständigkeiten beschränkten sich faktisch auf das wirtschaftliche und außenwirtschaftliche Spielfeld.

Anders als die Ära Hariri, deren Politik den Optimismus reflektierte, der 1992 und in den Jahren danach mit Blick auf den arabisch-israelischen Friedensprozess herrschte, steht die Ära Lahoud im Zeichen der Stagnation dieses Prozesses. Die Prioritäten der neuen Ära liegen im Bereich der inneren Sicherheit und der Vasallentreue zum großen Nachbarn. Lahoud ist jemand, dem man in Syrien traut und der deshalb innenpolitisch weite Handlungsfreiheit genießt. Die Stärke des Präsidenten rührt zudem von seinen weiterhin engen Verbindungen zu Armee und Geheimdienst, die zunehmend Einfluss gewannen und diesen auch ausspielten: Der militärische Geheimdienst belauschte etwa die Telefone vieler Libanesen, darunter die des Parlaments- und des Ministerpräsidenten. Letzterer erklärte in einer Parlamentsdebatte sogar, dass er nicht in der Lage sei, die Abhöraktionen der Sicherheitskräfte zu stoppen.[242] Einem Journalisten, der sich kritisch über die Rolle der Streitkräfte geäußert hatte, wurde am Flughafen kurzerhand der Pass weggenommen – man zweifle, so die offizielle Erklärung der für die innere Sicherheit zuständigen *Su-*

reté Générale, daran, dass der Autor wirklich libanesischer Nationalität sei. Als der Informationsminister protestierte, veröffentlichte die Behörde eine Erklärung, in der sie sich »Lektionen in Demokratie« verbat.[243] Die Rolle der Armee wurde besonders deutlich, als der militärische Geheimdienst im Sommer 2001, ohne Wissen des konsternierten Ministerpräsidenten und seiner Regierung, eine Serie von Festnahmen durchführte, um Kritiker der syrischen Präsenz und des syrischen Einflusses einzuschüchtern. Während Hariri um das internationale Ansehen des Libanon fürchtete und andere Politiker sich um den Erhalt politischer Freiheiten sorgten, sah der Präsident an der Aktion wenig auszusetzen: Er, der selbst ein Militär war, betrachtete den Libanon zuvörderst als Konfrontationsstaat. Er sah insofern auch eine permanente israelische Bedrohung, die sich in inneren Verschwörungen fortsetzte und den Schulterschluss mit Syrien notwendig machte. Opposition gegen den großen Bruder oder die Forderung nach nationaler Unabhängigkeit grenzten dabei schon an nationalen Verrat. Lahouds Sprache ist eindeutig: Die gefährliche regionale Situation, belehrte er eine Gruppe christlicher Oppositionspolitiker, verlange, »Hand in Hand mit Syrien zusammenzustehen« und keinerlei Lücke zuzulassen, durch die die (israelische) Gefahr ins Innere eindringen könne. Im Übrigen sei es unzulässig, die Armee anzugreifen.[244]

Endlich frei?

Eine direkte, nahezu tägliche Auseinandersetzung mit Israel hatte bis Sommer 2000 im besetzten Süden des Landes stattgefunden. Der libanesische Widerstand gegen die israelische Besatzungsmacht, der vornehmlich von der schiitischen *Hizbullah* geführt wurde, konnte militärisch nicht siegen, aber auch Israel konnte den Krieg gegen die libanesische Guerilla, die in der lokalen Bevölkerung verwurzelt war, nicht gewinnen. Israels Ministerpräsident Barak gehörte zu denen, die keinerlei Sinn darin sahen, die Besetzung aufrechtzuerhalten. Im Mai 2000 zog er Israels Truppen aus dem Libanon ab, überließ auch die so genannte Süd-Libanesische Armee (SLA), eine von Israel ausgehaltene Miliz, ihrem Schicksal. Die Tage des israelischen Abzugs hatten nahezu Volksfestcharakter: Die Front der SLA, welche anfänglich versuchte, die von den israelischen Truppen geräumten Standorte zu halten, brach in kürzester Zeit zusammen, weil viele Zehn-, wenn nicht mehrere Hunderttausend libanesischer Zivilisten in den Süden strömten und die verbliebenen Stellungen schlicht überrannten. Die meisten stammten ursprünglich aus dem Süden, waren von dort aber vertrieben worden oder dem Krieg und der Zwangsrekrutierung durch die SLA entflohen. Kinder und Großmütter bestaunten zurückgelassene Kanonen und Panzer, Tausende pilgerten zu dem ebenfalls von Zivilisten befreiten, zuerst von Israel, dann von der SLA betriebenen Gefangenenlager al-Khiyam, verwandelten es in ein Mahnmal gegen Okkupation und Folter. Nicht nur die Folterknechte der SLA, die dort ihr Unwesen getrieben hatten, sondern mehr als Tausend SLA-Kämpfer und Kollaborateure packten ihre Familien ins Auto und überquerten die Grenze nach Israel, bevor ein israelischer Soldat vor den Kameras internationaler Fernsehteams das Tor am Grenzzaun schloss. Eine 22-jährige Besetzung war zu Ende gegangen. Am Maschen- und Stacheldrahtzaun, der Israel jetzt vom Libanon trennte, standen sich israelische Soldaten und *Hizbullah*-Kämpfer oft in Meterabstand gegenüber. Ernsthafte Zwischenfälle aber blieben aus. Die *Hizbullah* bezog die geräumten israelischen Kontrolltürme und machte Drohgebärden nach Süden, achtete aber vor allem darauf, dass übereifrige libanesische Zivilisten nicht versuchten, auf israelisches Gelände vorzudringen. Eine Sonderkommission der Vereinten Nationen inspizierte und markierte die Grenze und musste Israel in den folgenden Wochen noch auffordern, hier und da ein paar Tausend Quadratmeter zu räumen und Grenzanlagen, die auf libanesischem Territorium errichtet worden waren, auf israelisches Gebiet zurückzuverlagern. UN-Generalsekretär Annan konnte aber im Juni bestätigen, dass Sicherheitsratsresolution 425 Realität geworden sei: dass Israel, wie seit 1978 gefordert, den Libanon verlassen hatte.

Dass Israels unilateraler, also nicht verhandelter Abzug allein keinen Frieden bringen würde, war klar, wurde auch von israelischer Seite nicht ernsthaft erwartet. Friedliche Nachbarschaft mit mehr oder weniger offenen Grenzen im syrisch-libanesisch-israelischen Dreieck würde ein israelisch-syrisches Abkommen und einen israelischen Abzug vom besetzten syrischen Golan voraussetzen: Syrien und in seiner Folge der Libanon hatten wiederholt klargestellt, dass die libanesische und die syrische Schiene in den Verhandlungen mit Israel untrennbar seien. Israels Abzug aus dem libanesischen Süden hätte aber ein vorläufig kühles Nachbarschaftsverhältnis begründen können. Der libanesische Widerstand hatte sein Ziel erreicht; die *Hizbullah* hätte ihren militärischen Arm demobilisieren und sich vollständig in eine politische Partei oder politisch-soziale Bewegung verwandeln können, die unter den Schiiten des Landes eine echte Basis hatte und dank ihrer Rolle bei der Vertreibung der Israelis auch bei anderen Bevölkerungsgruppen eine gewisse Popularität genoss. Selbst politische Gegner zollten der Partei Respekt. Ein solcher Transformationsprozess – von der Bürgerkriegsmiliz zum festen Element des politischen Systems – war bereits eingeleitet worden, als die Partei sich 1992 erstmals an Parlamentswahlen beteiligte, damit den libanesischen Staat und dessen politisches System anerkannte und den Slogan vom »islamischen Staat« erst implizit und später auch explizit ad acta legte.[245]

Die Situation entwickelte sich anders, weil sowohl die syrische Führung als auch Teile der *Hizbullah* ein starkes Interesse daran hatten, eine Grundspannung aufrechtzuerhalten: Man könne es Israel nicht einfach erlauben, so die strategische Kalkulation in Damaskus, sich durch den Abzug aus dem Libanon Ruhe an seiner Nordgrenze zu verschaffen – und daraufhin keine Veranlassung mehr zu sehen, sich mit Syrien über einen Abzug vom Golan zu verständigen. Eine Aufheizung der syrisch-israelischen Front selbst kam nicht in Frage; das hätte einen größeren Krieg nach sich gezogen, den weder Syrien noch Israel wollten; beide versuchten, das seit 1974 geltende Waffenstillstandsabkommen penibel einzuhalten. Stattdessen verzichtete der Libanon darauf, seine Armee an die Grenze mit Israel zu schicken und damit auch die Verantwortung für die Grenzsicherung zu übernehmen. Das Grenzgebiet wurde von UN-Blauhelmen patrouilliert, blieb aber faktisch unter Kontrolle der *Hizbullah*, die zwar selbst die Grenze respektierte, deren Anwesenheit aber die israelische Seite nervös machte. Im Übrigen fand die *Hizbullah* eine kleine Ersatzfront, an der sich Widerstand gegen die israelische Besetzung auch nach dem generellen Abzug Israels fortführen ließ: die so genannten

Shebaa-»Farmen«. Dieses Gebiet mit etwa zwanzig landwirtschaftlich nutzbaren Flecken liegt am Hang des Hermon-Gebirges, im nie demarkierten syrisch-libanesischen Grenzgebiet. 1967 hatte Israel die syrischen Golanhöhen und den Hermon (*Jabal al-Sheikh*) besetzt, und zwar einschließlich der *Shebaa*-Farmen. Die rechtliche Situation war zumindest verwirrend: Während der Libanon nun herausstellte, dass die Farmen libanesisches Territorium seien und deshalb von Israel hätten geräumt werden müssen, damit man von einem vollständigen Abzug sprechen könne, und Syrien dies in Erklärungen seines Außenministers mehrfach bestätigte, erklärte Israel, die *Shebaa*-Farmen seien Teil des syrischen Golan – und könnten also allenfalls im Rahmen eines Friedensvertrags mit Syrien geräumt werden. Sicher war nur, dass die Farmen nicht zu Israel gehörten.

Nicht dass sich irgendjemand im Libanon früher um die *Shebaa*-Farmen Gedanken gemacht hätte oder dass sie von größerer militärischer Bedeutung gewesen wären. Wenn die *Hizbullah* dort jetzt begrenzte Aktionen durchführte, etwa israelische Militärfahrzeuge attackierte oder, wie im Herbst 2000, israelische Soldaten gefangen nahm – beziehungsweise, im israelischen Verständnis, entführte –, dann nur, weil sie hier den »Widerstand« aufrechterhalten konnte, ohne Israels Grenzen selbst zu verletzen. Präsident Lahoud, der immer wieder betonte, dass die Befreiung des Landes noch unvollständig sei, solange die Farmen besetzt blieben, gab der *Hizbullah* dadurch politische Schützenhilfe. Er zeigte sich damit einmal mehr als treuer Vasall der syrischen Führung, die die Nadelstiche, die die *Hizbullah* den Israelis versetzte, zumindest nicht ungern sah, auch wenn Israel sie seit 2001 zumindest zwei Mal mit Angriffen auf syrische Radarstellungen im Libanon beantwortete. Auch Israel hätte sich natürlich aus dem Gebiet zurückziehen können. Dies aber hätte wie eine Niederlage ausgesehen und sollte offenbar vermieden werden.

Hanoi oder Hongkong?

Früher oder später musste der israelische Abzug die Frage der syrischen Präsenz im Libanon aufs Tapet bringen. Der Libanon hatte mit dem Abzug seine territoriale Integrität wiederhergestellt, nicht aber seine Souveränität. Dem Ta'if-Abkommen zufolge hätte Syrien seine Truppen schon Jahre zuvor in bestimmte Gebiete im Osten des Landes, nahe der syrischen Grenze, verlegen sollen, wo sie in Koordination mit den libanesischen Streitkräften der Sicherheit beider Länder dienen sollten. Die meisten Libanesen bezweifelten, dass die syrischen Truppen noch notwendig seien, um den *inneren* Frieden zu wahren. Solange der libanesische Süden besetzt war, das Land sich also unzweifelhaft im Krieg mit Israel befand, wollte kaum jemand eine Umgruppierung oder gar einen Abzug der Syrer einfordern. Nun aber ließ sich fragen, mit welcher Rechtfertigung eigentlich noch syrische Truppen in Beirut, den anderen Küstenstädten oder den Ortschaften des *Mont Liban* und des Schuf, den mehrheitlich christlich beziehungsweise drusisch besiedelten Teilen des Libanongebirges, stünden. Vor allem aber, wurde nun gefragt, warum libanesische Politik weiterhin unter syrischem Patronat stehen – oder warum, konkret, der syrische Geheimdienstkoordinator im Libanon, General Ghazi Kanaan, so etwas wie die Oberaufsicht und Schiedsrichterrolle im Libanon haben solle.

Bereits im März 2000, also vor dem – allerdings angekündigten – israelischen Abzug, drückte Jibran Tueini, der junge Verleger der wichtigsten libanesischen Tageszeitung, in einem als »Offener Brief an Bashar al-Asad« deklarierten Editorial aus, dass »viele Libanesen weder mit der syrischen Politik noch mit der syrischen ›Präsenz‹ im Libanon einverstanden« seien. Der Libanon wolle keine syrische Provinz sein, und die neue Generation beider Länder, zu der Tueini genauso wie Syriens Präsidentensohn Asad gehörten, solle die bilateralen Beziehungen auf eine neue Basis stellen, bei der die libanesische Souveränität wiederhergestellt werde.[246] Die Debatte wurde drängender, als Israel seine Truppen abgezogen hatte und Bashar al-Asad in der Nachfolge seines verstorbenen Vaters syrischer Präsident wurde. Nach den Wahlen im Herbst wurden auch im libanesischen Parlament Töne laut, die eine Umgruppierung der syrischen Streitkräfte in Verteidigungspositionen im Osten des Landes und ein Ende syrischer Einmischungen in innerlibanesische Angelegenheiten forderten. Regierungspolitiker wie Hariri sprachen vorsichtig von der Notwendigkeit, die syrisch-libanesischen Beziehungen auf eine neue Grundlage zu stellen; der maronitische Patriarch forderte ziemlich eindeutig einen Abzug der Syrer. Und im Frühjahr 2001 formierten sich zwei Initiativen, eine ausschließlich christlicher Natur und eine überkonfessionellen Charakters mit liberal-demokratischem Anspruch, die beide mit Forderungen nach innerem Dialog, einer Stärkung der Demokratie, vor allem aber nach einer Korrektur der Beziehungen zu Syrien hervortraten. Man wolle, hieß es in entsprechenden Erklärungen der beiden Initiativen, die besten, brüderlichen Beziehungen zum großen Nachbarn, diese müssten aber dem gemeinsamen Interesse beider Staaten entsprechen[247] und dem Libanon seine Unabhängigkeit und Entschlussfreiheit zurückgeben.[248]

Die Frage der syrischen Präsenz, tatsächlich mehr der politischen und geheimdienstlichen als der rein militärischen, verknüpfte sich unmittelbar mit der Frage, ob der Libanon nichts Wichtigeres zu tun habe, als im syrischen Interesse eine Art Befreiungskleinkrieg gegen Israel aufrechtzuerhalten. Tatsächlich schadeten die *Hizbullah*-Aktivitäten um die *Shebaa*-Farmen weniger Israel als dem Libanon selbst, musste man doch bei weiteren Guerilla-Aktionen in dem Gebiet mit unkalkulierbaren Gegenschlägen rechnen. Und natürlich schadete der Eindruck, dass der Libanon selbst, oder jedenfalls Teile des libanesischen Regimes, die Konfrontation mit Israel aufrechterhalten wollte, dem internationalen Ansehen des Landes. Die Aufrechterhaltung des Konflikts um die *Shebaa*-Farmen und die Weigerung, die Grenze mit eigenen, regulären Truppen zu sichern, standen damit auch im diametralen Widerspruch zu allen Plänen oder Versuchen, der libanesischen Wirtschaft wieder eine zentrale Rolle in der Region zukommen zu lassen und internationale Investoren ins Land zu holen. Man müsse sich entscheiden, erklärte Walid Junblatt, der schillernde, nie um ein Wort verlegene politische Führer der drusischen Gemeinschaft, was man aus dem Libanon machen wolle: »Hongkong – oder Hanoi.« Um beides zugleich zu sein – Wirtschaftsmetropole und Zentrum des Befreiungskriegs –, sei das Land wohl zu klein.[249]

Neue Eliten, neue Perspektiven?

Junblatt beschreibt damit in kürzester Form die divergierenden Vorstellungen, die es innerhalb der politischen Führungsschicht über die Zukunft des Projekts Libanon gibt. Kaum ein arabisches Land dürfte so hoch politisiert und gleichzeitig so pluralistisch sein wie der Libanon: Jeder Maronit, heißt es häufig, sehe sich als zukünftiger Staatspräsident, jeder Sunnit als potenzieller Ministerpräsident. Es lohnt sich, einen Blick auf die libanesische Nachkriegselite zu werfen und zumindest einige Vermutungen darüber anzustellen, wie sie mit den Herausforderungen umgehen wird, die das Land in den nächsten fünf bis zehn Jahren zu bewältigen haben wird.

Zu den vielen Ergebnissen des Bürgerkriegs gehört auch die Auflösung, ja Zerstörung der traditionellen Elitenstruktur des Libanon: Nicht alle, aber viele der Notabeln, der Vertreter der etwa fünfzig Familien, die als regionale Patrone Parlamentssitze und andere Positionen unter sich aufgeteilt und nach Möglichkeit vererbt hatten, verloren ihren Einfluss gegenüber Aufsteigern aus der Mittel- und Unterschicht. Dazu gehörten nicht zuletzt die Führer der Bürgerkriegsmilizen. Im Nachkriegslibanon kann man von einer Art Übergangselite sprechen: Einige Vertreter der traditionellen Familien – Walid Junblatt etwa, als Erbe einer Dynastie drusischer Notabeln – blieben im politischen Geschäft, und einige Milizchefs konnten sich als Teil einer neuen politischen Klasse etablieren. Dies gilt nicht zuletzt für führende Elemente der *Hizbullah*. Es sind aber vor allem drei tendenziell neue Gruppen oder Segmente, die für die Politik des Landes bedeutsam wurden. Dabei gibt es natürlich, wie immer bei solchen Klassifizierungen, Überschneidungen.

Im Vordergrund stehen dabei diejenigen, die das neue Geld repräsentieren: eine Gruppe reicher und superreicher kosmopolitischer Geschäftsleute, die überwiegend nicht aus der traditionellen Notabilität stammen. Der 1944 in Saida geborene Rafiq al-Hariri, der nach dem Abitur Betriebswirtschaft studiert, mit 21 Jahren nach Saudi-Arabien auswandert, sein Vermögen abseits des Bürgerkriegs macht und sich nach dessen Ende in der libanesischen Politik engagiert, ist ein Prototyp und Symbol, aber kein Einzelfall. Die im Herbst 2000 gebildete libanesische Regierung ist nicht zu Unrecht als Regierung der Multimillionäre und Milliardäre qualifiziert worden. Zu Letzteren dürfte auch der stellvertretende Ministerpräsident gehören: Der orthodoxe Christ Issam Fares machte sein Geld in Nordamerika, nicht zuletzt mit Waffengeschäften, und stieg 1996 mit vielen Millionen in die libanesische Politik ein. Fares, der exzellente Beziehungen zur Administration George Bushs, des Vaters, aufgebaut hatte, galt manchen als Libanons, wenn nicht Syriens Mann für die USA: Colin Powell etwa musste sich vor seiner Berufung als US-Außenminister fragen lassen, ob er auf der Gehaltsliste von Fares stehe, hatte er doch ein Honorar von mehreren Zehntausend Dollar für einen Vortrag in einer von Fares gesponserten Vorlesungsreihe an der Tufts University angenommen.

Auch Libanons vielleicht wichtigster oppositioneller Abgeordnete, Nasib Lahoud (ein entfernter Verwandter und harscher Kritiker des Staatspräsidenten), hat eine Karriere gemacht, die der des gleichaltrigen Hariri durchaus ähnelt: Der maronitische Christ, ein in den Vereinigten Staaten ausgebildeter Ingenieur, etablierte sich während des Bürgerkriegs als Bauunternehmer in Saudi-Arabien, diente nach dem Krieg kurzzeitig als Botschafter in Washington, sitzt seit 1991 im Parlament und gründete im Jahr 2001 seine eigene Partei, die »Bewegung für demokratische Erneuerung«. Nasib Lahoud schaffte mit seiner Parteigründung die Verbindung zu einem, soziologisch gesprochen, zweiten Segment innerhalb der neueren politischen Elite, von der man etwas verallgemeinernd als der liberalen Intelligenz sprechen könnte. Dabei handelt es sich etwa um Journalisten, Hochschullehrer, Anwälte oder andere Freiberufler, die, zwar mit geringeren Erfolgschancen als die reichen Geschäftsleute, aber sicher nicht weniger enthusiastisch versuchten, Einfluss auf libanesische Politik zu nehmen. Viele von ihnen sind über studentische Zirkel, andere über frühe Mitgliedschaften in Bürgerkriegsformationen politisiert worden, aus denen sie aber in der Regel auch früh wieder ausstiegen. Ihr Kapital liegt vornehmlich in ihrer Expertise und Bildung, ihre Chance darin, die öffentliche Meinung durch Beiträge in der vielgestaltigen Medienlandschaft zu prägen: Die libanesischen Tageszeitungen etwa sind ein echtes Forum für politische Debatten und Editorials, selbst analytische Beiträge werden diskutiert und kommentiert; die Meinungen »der Intellektuellen« werden gehört. Diese Gruppe repräsentiert einen politischen Akteurstyp, der europäische Parlamente und Regierungen seit langem dominiert, in der arabischen Welt aber nicht sehr verbreitet ist: den zivilen Berufspolitiker, der weder aus einer Familie von Notabeln stammt noch über enormes wirtschaftliches Kapital verfügt – der deshalb wenig Möglichkeiten der Patronage hat und ausschließlich oder wesentlich auf eigene politische Arbeit und Überzeugungskraft angewiesen ist. Das existierende politische System macht dies nicht leicht. So musste beispielsweise Paul Salem, ein ambitionierter vierzigjähriger Hochschullehrer an der Amerikanischen Universität in Beirut, der sich durch die Arbeit in verschiedenen Bürgerrechtsinitiativen einen Namen gemacht hatte und bei den Wahlen des Jahres 2000 in seinem Heimatwahlkreis für einen Parlamentssitz antreten wollte, erfahren, dass die mächtigen politischen Spieler wohl bereit gewesen wären, ihn auf eine der zwei konkurrierenden Kandidatenlisten zu nehmen, womit er eine reelle Chance gehabt hätte, aber dies nur gegen entsprechende finanzielle Beteiligung: Die Forderung nach einem Wahlkampfkostenbeitrag von 500 000 Dollar, die andere Kandidaten als angemessenen Einsatz werteten, war für den Akademiker aus guter, aber eben nicht überaus reicher Familie zu viel. Er zog seine Kandidatur zurück.

Die dritte Gruppe innerhalb der neuen Elite repräsentiert, wenn man so will, den nach dem Bürgerkrieg etablierten Status der syrisch-libanesischen Beziehungen; sie verdankt ihre Stellung mehr oder weniger deutlich dem syrischen Einfluss. Ein Teil dieses Spektrums sind Politiker von Syriens Gnaden, Vertreter etwa der libanesischen *Baath*-Partei, deren wichtigster Programmpunkt die enge Bindung Libanons an Syrien zu sein scheint. Assem Qanso, ein Parlamentsabgeordneter dieser Partei, schämte sich nicht, Walid Junblatt ob dessen Forderung, dass Syrien seine Truppen umgruppieren solle, mit den »Gewehren des Widerstands« zu drohen. Ohne diese Bindung an Syrien wären Vertreter dieser Partei kaum im Parlament oder in der libanesischen Regierung vertreten – syrische Stellen sorgen dafür, dass sie auf einigen Kandidatenlisten gut platziert werden. Ihre weitere politische Existenz dürfte auch davon abhängig sein, ob Syrien seine Dominanz im Libanon aufrechterhalten kann. Der andere Teil findet sich im Sicherheitsestablishment. Nicht zuletzt führende Geheimdienstleute haben zunehmend Einfluss auf politische Entscheidungen. Vermutungen, dass etwa Jamil al-Sayyid, Chef der *Sureté Générale*, mittelfristig selbst ein politisches Amt anstrebe, scheinen nicht unbegründet zu sein.[250] Sayyid ist wie der ehemalige Armeechef und heutige Präsident Emile Lahoud einer der Militärs, die das Vertrauen der syrischen Führung genießen. Sie sind aber, anders als die libanesischen Baathisten, nicht einfach Agenten syrischer Politik und haben meist ihre eigene Hausmacht innerhalb des Sicherheitsapparats. Lahoud hat diese Basis genutzt, um sich für das Präsidentenamt ins Spiel zu bringen. Das Amt wiederum sucht er zu nutzen, um die eigene Familie politisch zu etablieren: Sein Sohn Emile jedenfalls wurde an sicherer Stelle auf einer der großen Listen bei den Parlamentswahlen platziert.

Zukunftsfragen

Die politische Klasse wird letztlich daran gemessen werden, ob und wie sie die strategischen, langfristig bedeutsamen Fragen libanesischer Politik bearbeitet. Dazu gehören vor allem drei: die wirtschaftliche Zukunft des Landes, die Beziehungen zu Syrien sowie die Frage der Koexistenz oder des Aufbaus einer lebensfähigen politischen Ordnung.

Für die von Rafiq al-Hariri repräsentierte neue politische Elite des großen Geldes stehen wirtschaftliche Fragen zweifellos im Vordergrund. Konfessionelle Zugehörigkeit und außenpolitische Orientierungen spielen für diese Gruppe keine größere Rolle. Wer sich aber dem Aufbaukurs der Regierung in den Weg stelle, erklärte Hariri in einem Interview, der arbeite gegen die Interessen des Landes.[251] Hariris Weg hat gleichwohl Kritik hervorgerufen, insbesondere weil er den Wiederaufbau mit geliehenem Geld forcierte: Zehn Jahre nach dem Ende des Bürgerkriegs sind die Aufbauleistungen spürbar und sichtbar; eine Reihe internationaler Firmen haben ihre Zentrale oder ihre Nahostrepräsentanzen wieder in Beirut angesiedelt, die libanesischen Banken, traditionell der Motor der libanesischen Wirtschaft, spielen eine aktive Rolle in der regionalen und internationalen Wirtschaft und genießen Vertrauen: Die Summe der privaten Bankeinlagen wurde 2001 auf 32 Milliarden Dollar beziffert, vier Mal so viel wie in den Nachkriegsjahren und etwa zwei Mal so viel wie das Bruttosozialprodukt des Landes. Das reale Pro-Kopf-Einkommen dürfte sich seit Kriegsende verdreifacht haben. Gleichzeitig ist der Libanon allerdings eines der höchst verschuldeten Länder der Welt: Die Gesamtverschuldung lag im Jahr 2000 mit etwa 25 Milliarden Dollar bei 150 Prozent des Bruttoinlandsprodukts; der Schuldendienst machte 92 Prozent der Staatseinnahmen (ohne Neuverschuldung) aus.[252]

Den größten Teil seiner Schulden hat der Staat bei den eigenen Bürgern und Banken. Zinsen von zwanzig Prozent und mehr auf Schuldverschreibungen des Staates haben einiges dazu beigetragen, den Reichtum von Banken und ohnehin schon begüterten Einzelpersonen noch zu vermehren. Da die Mehrheit der Libanesen zudem die Wirtschaftslage vor allem nach der Stabilität der eigenen Währung beurteilt – was wiederum daran liegt, dass der Libanon über neunzig Prozent seiner Konsumgüter importiert –, hat die Regierung darauf verzichtet, das Schuldenproblem durch eine Geldentwertung, also auf Kosten der inländischen Gläubiger und des eigenen Ansehens zu lösen. Sie bemüht sich unter dem Druck des Schuldendienstes allerdings zunehmend, Teile der Staatsschuld in preiswertere internationale Kredite zu verwandeln. Dass ein so überschuldetes Land wie der Libanon überhaupt erfolgreich internationale Anleihen lancieren konnte, hat ausländische Beobachter erstaunt. Die Antwort liegt wohl tatsächlich darin, dass die Geschäftswelt, nicht zuletzt das libanesische Auslandskapital, Vertrauen in den Wirtschaftskurs Hariris hatte und hat. Und dieses Vertrauen war dem Ministerpräsidenten Beweis genug, dass er mit seinem Projekt für den Libanon richtig lag – und den wahren Interessen des Landes diente.

Hariris Projekt brauchte aber nicht nur das prinzipielle Vertrauen des Kapitals, es brauchte auch Stabilität. Kein Wunder also, dass Hariri die Fortsetzung des Befreiungskriegs an den *Shebaa*-Farmen zwar nicht offen verurteilen konnte, einzelne Guerilla-Aktionen aber wiederholt als »unzeitig« bezeichnete. Eine klare Ablehnung solcher Aktionen hätte ihn in offenen Widerspruch zum Staatspräsidenten gebracht und ihm womöglich den Vorwurf eingehandelt, die nationale

Sache zu verraten. Für Hariri war die *Hizbullah* schon zu Zeiten der israelischen Besatzung – und trotz aller verbalen Unterstützung, die er dem Widerstand gegen die Besatzungsmacht zollte – ein Element der Unordnung gewesen, das das staatliche Gewaltmonopol in Frage stellte und letztlich den Wiederaufbau gefährdete.[253] Gleichzeitig bemühten er und die Anhänger seines Kurses sich, den mächtigen Nachbarn Syrien nicht zu provozieren. Man versuchte vielmehr, das eigene Land über wirtschaftliche Erfolge allmählich unabhängiger zu machen, gleichzeitig Syriens wirtschaftliche Reformen zu unterstützen und letztlich mit libanesischem Kapital zu einer wirtschaftlichen und – vielleicht – politischen Öffnung Syriens beizutragen. Hariri dachte und arbeitete hier durchaus strategisch: Schon Mitte der achtziger Jahre, lange vor seinem offiziellen Einstieg in die libanesische Politik, überzeugte er Syriens Vizepräsident Khaddam, einen Weltbankberater zu engagieren, um auf seine – Hariris – Rechnung einen Bericht über die Lage der syrischen Wirtschaft und deren Reformmöglichkeiten zu erstellen.

Die syrienabhängigen Parteien und das Militär unterstützen den Wirtschafts- und Aufbaukurs Hariris zwar im Prinzip, messen ihm aber keine Priorität bei. Bestenfalls überlassen sie Hariri und seinen Leuten die Ausgestaltung von Wirtschafts- und Aufbauprogrammen. Im schlechteren Fall folgen sie syrischen Wünschen und Anregungen, selbst wenn dies libanesischen Wirtschaftsinteressen widerspricht. Und natürlich unterstützen sie die fortgesetzten militärischen Aktivitäten der *Hizbullah* gegen israelische Ziele in den *Shebaa*-Farmen: Auch israelische Drohungen – die sich vornehmlich gegen libanesische Wirtschaftsziele richten – würden den Libanon, erklärte etwa der Armeechef in einer Ansprache vor Soldaten, nicht zur Aufgabe seines Rechts bewegen, »die verbliebenen besetzten Territorien« zu befreien.«[254]

Die Positionen der politisch aktiven, liberalen Intelligenz sind hier und in anderen Fragen keineswegs eindeutig. Teile dieser Gruppe sind offen anti-syrisch. Es handelt sich dabei vorwiegend, aber nicht ausschließlich um christliche, libanesisch-nationalistische Kräfte, die häufig das Eigeninteresse des Libanon an kooperativen Beziehungen zu Syrien übersehen und das Land, wenn sie das Sagen hätten, vermutlich in die regionale Isolation führen würden. Andere Teile, die eher eine mittlere oder linksliberale Position vertreten, wie die Gruppe um den Abgeordneten Nasib Lahoud, streben dagegen ein Arrangement mit Syrien an, das eine den gemeinsamen Interessen entsprechende wirtschaftliche und politische Zusammenarbeit ermöglichen und die Sicherheits- und Militärbeziehungen auf eine akzeptable Grundlage stellen, sprich: die Stationierung und Aktivität der syrischen Streitkräfte allein von verteidigungspolitischen Notwendigkeiten abhängig machen würde. Ein großer Teil der liberalen Intelligenz ist entgegen ihrer ursprünglichen Überzeugung dazu übergegangen, den Wirtschaftskurs Hariris zu unterstützen, verleiht dabei aber der Souveränität des Landes und vor allem der Frage der inneren Demokratie eine höhere Priorität. Der größte Teil der Sicherheitskräfte wie auch die Syrienloyalisten schätzen die beiden Themen nicht.

Selbst innerhalb der liberalen Intelligenz ist man sich keineswegs darüber einig, ob der politische Konfessionalismus ein letztlich akzeptables Problem oder ein Grundübel libanesischer Verhältnisse ist, das echte Demokratie nicht zulässt. Das konfessionelle Proporzsystem, so argumentieren die einen, spalte die Gesellschaft, verlange es doch, die eigene konfessionelle Zugehörigkeit herauszustellen, wenn man sich um ein öffentliches Amt bewerbe; es verteile Chancen unterschiedlich, erlaube die ständige Einmischung religiöser Führer ins politische Geschäft und fördere klientelistische Abhängigkeitsverhältnisse. Dies sei zwar richtig, und die konfessionalistische Demokratie des Libanon habe sicher ihre Mängel, sagen die anderen, aber immerhin habe das System die Herausbildung einer Einparteienherrschaft oder, schlimmer noch, die Herrschaft einer einzelnen Person verhindert.

Keiner der relevanten Akteure, die Libanons Politik heute bestimmen, vertritt ein eigentlich konfessionalistisches Programm: Das »Projekt Hariri« ist kein sunnitisches, das »Projekt Lahoud« kein maronitisches. Und selbst die *Hizbullah*, die zu Zeiten des Bürgerkriegs eindeutig ein schiitisches Projekt vertrat – in dem Sinne, dass sie sich auf eine ausschließlich schiitische Basis stützte *und* einen Staat nach iranischem Muster anstrebte, ein Staatsmodell also, dass für die Angehörigen anderer Konfessions- und Glaubensgemeinschaften (aber auch für weniger religiöse und säkular eingestellte Schiiten) –, inakzeptabel war, hatte dies zu Gunsten ihrer Bemühungen aufgegeben, im ganzen Land Akzeptanz zu finden und sich ins libanesische System zu integrieren. Wenn Hariris und Lahouds Projekte einen *bias* haben, dann keinen konfessionellen, sondern einen kapitalorientierten beziehungsweise militärischen. Erstaunlicherweise erfreuen sich beide Projekte und ihre Repräsentanten deutlicher Popularität. Lahoud konnte sich als Saubermann präsentieren, der die Interessen der kleinen Leute und, natürlich, die nationale Sache vertrat. Hariri aber repräsentierte den Traum vom libanesischen Aufsteiger und Auswanderer, der es in der Fremde zu Reichtum und Ansehen bringt, der die Welt in die Tasche steckt, am Ende aber mit prall gefüllten Taschen ins Vaterland zurückkehrt und Einfluss gewinnt.

Das konfessionell verfasste libanesische System ist alles andere als perfekt; es enthält aber die Elemente konsensualer, demokratischer Herrschaft: Eine Teilung der Macht ist vorgesehen, keine Gruppe wird ausgegrenzt, Minderheiten werden geschützt, eine Diktatur der Mehrheit oder der größten Gruppe ist ausgeschlossen. Letztlich hängt es deshalb nicht so sehr von Verfassungstexten, sondern von den Akteuren, den politischen Eliten, und von den äußeren, durch die regionalen Verhältnisse geschaffenen Bedingungen ab, wie offen ein solches System ist und welche Möglichkeiten der Partizipation es bietet. Konkreter gesagt: Es ist kaum zu erwarten, dass Wahlen umfassend frei, fair und repräsentativ sind, solange der syrische Einfluss so beherrschend bleibt. Libanesische Akteure fast aller politischen Tendenzen beklagen oder konstatieren zumindest, dass wichtige Personal- oder Sachentscheidungen die Zustimmung der syrischen Autoritäten brauchen. Mitglieder der politischen und gesellschaftlichen Führungsschicht des Libanon versuchen aber gleichzeitig immer wieder, sich mit syrischer Hilfe gegen ihre innenpolitischen Konkurrenten zu stärken – und zementieren damit die Rolle Syriens in der libanesischen Politik.[255]

Letztlich wird der Libanon, der vielleicht besser als jeder andere Staat der Region darauf vorbereitet ist, in einer neuen regionalen Arbeitsteilung, die auch wirtschaftlichen und gesellschaftlichen Austausch mit Israel und die Konkurrenz Israels mit den arabischen Staaten einschließt, mitzuwirken, kein souveränes und genuin demokratisches Projekt verwirklichen können, solange der arabisch-israelische Konflikt nicht geregelt ist. Anhaltende regionale Spannung stärkt die Militärs, stärkt diejenigen, die den bewaffneten Kampf fortsetzen wollen und den Schulterschluss mit Syrien fordern. Die Ironie der Verhältnisse ist, dass der Libanon als kleiner, militärisch schwacher und freihändlerischer Staat den regionalen Frieden auch sehr viel dringender braucht als seine beiden Nachbarn.

Jordanien
Zwischen geopolitischen Zwängen und den Visionen der Generation Abdallah

Kein anderes Land im engeren Nahen Osten ist so häufig für überflüssig erklärt worden wie das jordanische Königreich. Jordanien ist, tatsächlich, ein Produkt kolonialer Politik. Es wurde oft als ein künstliches und letztlich auch zukunftsloses Gebilde beschrieben; seine politisch-geographische Lage ist etwa so ungünstig wie seine natürliche wirtschaftliche Ausstattung, und die inneren politischen Konflikte, die das Land zu bestehen hatte und möglicherweise noch haben wird, sind mit dem Wort »Stabilitätsrisiken« eher euphemistisch beschrieben. Dennoch hat Jordanien seinen Platz auf der politischen Landkarte verteidigt; manche Autoren – und nicht nur jordanische – haben dem Land in der Phase des regionalen Umbruchs sogar eine Modellfunktion zugewiesen.

Eine unfreundliche Nachbarschaft

Wenn man Studenten der internationalen Politik dazu auffordern würde, ein kleines Land mit vier bis fünf schwierigen Nachbarn zu benennen, die ihm gegenüber jeweils zeitweise auch mehr oder weniger bedrohliche Ambitionen entwickelt haben, würde die Wahl recht bald auf Jordanien fallen. Das heutige Haschemitische Königreich Jordanien wurde 1921 als britisches Mandatsgebiet Transjordanien geschaffen, ohne dass dabei viel Rücksicht auf gegebene soziale und wirtschaftliche Bindungen oder auf die frühere administrative Zugehörigkeit des Gebiets zur Provinz Damaskus, zu Syrien also, Rücksicht genommen worden wäre. Als Emir (Fürsten) setzte man Abdallah, einen der Söhne des Sherifen Husein von Mekka ein, der sich im Ersten Weltkrieg gegen das Osmanische Reich und an die

Seite der Briten gestellt hatte und davon ausgegangen war, bei der Neuaufteilung des Nahen Ostens ein arabisches Königreich zu erhalten, das von Syrien bis auf die Arabische Halbinsel reichen würde. Konflikte mit der Nachbarschaft waren vorprogrammiert. Abdallah, seit 1946 König des nach seiner Familie, den Haschemiten, benannten Reichs, hatte Ende der vierziger Jahre selbst Ansprüche auf eine territoriale Ausweitung seiner Herrschaft entwickelt. Vor der Staatsgründung Israels und dem ersten arabisch-israelischen Krieg suchte er eine friedliche Einigung mit den Zionisten über die Aufteilung Palästinas. Als sich dies nicht realisieren ließ, sorgte er dafür, dass die Notabeln der Westbank, der von jordanischen Truppen gehaltenen Teile Palästinas, für den Anschluss an – oder, aus Sicht der anderen Staaten, die Annexion durch – Jordanien stimmten. Abdallah versuchte im Folgenden auch, seinen Einfluss über Syrien auszudehnen beziehungsweise ein »Groß-Syrien« unter seiner Herrschaft zu etablieren. Er scheiterte damit aber nicht zuletzt am Widerstand syrischer Politiker, die die Unabhängigkeit ihrer jungen Republik bewahren wollten. 1951 wurde Abdallah ermordet.

In den folgenden Jahrzehnten war es dann eher Jordanien, das sich von seinen Nachbarn bedrängt, bedroht oder destabilisiert fühlte. Bekanntlich verlor Jordanien die westlich des Jordans gelegenen palästinensischen Gebiete – die Westbank oder das Westjordanland – im Krieg von 1967. Die syrische Führung ließ 1970 eine Panzerkolonne nach Jordanien einmarschieren, um im jordanisch-palästinensischen Bürgerkrieg, dem so genannten Schwarzen September, für die palästinensische Seite Partei zu ergreifen. Grundsätzlich, das gilt auch für die letzten Lebensjahre König Huseins und für seinen Nachfolger, Abdallah II., blieben die Beziehungen zur unmittelbaren regionalen Umgebung prekär. Die direkte Nachbarschaft Israels und der palästinensischen Gebiete im Westen, Saudi-Arabiens im Süden, des Irak im Osten und Syriens im Norden legt Jordaniens Politik zwar nicht eindeutig fest, zwingt aber oft genug zu schwierigen Balanceakten und rascher Anpassung an wechselnde regionalpolitische Wetterlagen.

Das gelingt nicht immer. Jordaniens pro-irakische Neutralität im zweiten Golfkrieg ruinierte nicht nur die politischen Beziehungen zu den Golfstaaten, sondern belastete auch die wirtschaftlichen

Chancen des Landes auf Jahre. Saudi-Arabien und Kuwait bestraften Jordanien zuerst und vor allem, indem sie bis zu 150 000 jordanische und jordanisch-palästinensische Arbeitskräfte durch Ägypter, Syrer, Libanesen und andere ersetzten. Saudi-Arabien sperrte zeitweise die Grenze für jordanische Exporte und weigerte sich die neunziger Jahre hindurch, Jordanien, das selbst kein Rohöl fördert, mit Öl zu beliefern – dies erstaunlicherweise trotz amerikanischen Drängens, Jordanien nicht länger zu boykottieren und damit in eine einseitige Abhängigkeit vom Irak zu treiben.

Die irakische Führung nämlich erklärte sich großzügig bereit, die Ölversorgung des Nachbarlandes zu Sonderkonditionen sicherzustellen. Seit Anfang der neunziger Jahre entwickelte sich der jährliche Besuch einer jordanischen Ministerdelegation in Bagdad zu einer Art Ritual, in dessen Ergebnis der Abschluss eines neuen Handels- und Ölabkommens bekannt gegeben wurde: Der Irak würde im Verlauf eines Jahres für eine festgelegte Summe jordanische Waren importieren, diese in Öllieferungen begleichen und zudem eine bestimmte Menge Rohöl kostenlos liefern, um dem jordanischen Brudervolk unter die Arme zu greifen.[256] Dieses Arrangement entsprach diversen Interessen. Natürlich sicherte es die Energieversorgung des Königreichs, und es entsprach dem Interesse der jordanischen Konsumgüterindustrie, die sich bereits in den Jahren des irakisch-iranischen Krieges auf die Bedürfnisse des irakischen Markts eingestellt hatte. Mit einer festen Abnahmegarantie für die Produkte, die in jordanischen Betrieben hergestellt wurden – vor allem billige Waren der Lebensmittelindustrie, Kunststoffprodukte und mit oder ohne Lizenz gefertigte Arzneimittel –, gab es auch sichere Gewinnmargen, allerdings wenig Anreiz, wettbewerbs- oder qualitätsorientiert zu arbeiten. Das Verfahren entsprach aber nicht zuletzt auch dem Interesse Bagdads. Der propagandistische Effekt der Deals, bei dem der unter internationalem Embargo stehende Irak dem Nachbarland sozusagen Wirtschaftshilfe leistete, war beabsichtigt und dürfte mit dazu beigetragen haben, die Popularität des Irak bei der jordanischen Bevölkerung aufrechtzuerhalten. Der Irak verschaffte sich durch die materielle Abhängigkeit Jordaniens zudem ein sicheres »Fenster« in seine internationale Umgebung, ein Fenster, durch das im Übrigen ein großer Teil der unter dem Embargo genehmigten und wahrscheinlich der größte Teil der ungenehmigten irakischen Warenimporte ins Land kam und kommt. Der Irak ließ auch keinen Zweifel daran, dass eine Abkehr Jordaniens von seiner pro-irakischen Neutralität Folgen haben würde. Vermutete oder tatsächliche Kurswechsel Jordaniens, jedes Abweichen von der prinzipiellen Offenheit gegenüber dem Irak oder gar jordanische Versuche, sich den USA als Ausgangsbasis für größere anti-irakische Aktivitäten zur Verfügung zu stellen, wurden mit mehr oder weniger deutlichen Drohungen beantwortet, anstelle Jordaniens andere Nachbarn, Syrien etwa, zur Basis der irakischen Warenversorgung zu machen. Dass seit dem Golfkrieg weit über 100 000 Iraker in Jordanien leben, und zwar wesentlich in der Hauptstadt Amman, darunter neben politischen Flüchtlingen und Emigranten, die schlicht ein erträgliches Leben suchen, eben auch eine große Zahl dubioser Geschäftsleute und irakischer Agenten, die wiederum die irakischen Flüchtlinge und Geschäftsleute überwachen, macht die Situation für Jordanien und seine Regierung nicht angenehmer.

Manche Beobachter hat es verwundert, dass Jordanien nicht nur intensive und privilegierte Beziehungen zum Irak unterhält, sondern gleichzeitig die von allen arabischen Staaten besten Beziehungen zu Israel. Diese Politik ist keineswegs so widersprüchlich, wie sie auf den ersten Blick anmuten mag; sie begründet sich durch die regionale Lage des Landes und seine relative Schwäche. Regionale Balance zu halten, heißt für Jordanien immer zweierlei. Es verlangt einerseits, einseitige Abhängigkeiten zu vermeiden, also auch physisch und wirtschaftlich möglichst viele Wege nach außen offen zu halten, um weniger erpressbar zu sein und auch entscheidende Politikwechsel eines wichtigen Nachbarn notfalls überstehen zu können – eine plötzliche Grenzschließung durch den Irak oder Syrien etwa. Es verlangt andererseits, das Wohlwollen des wichtigsten internationalen Verbündeten, der USA, zu erhalten. Das hat bislang konkret bedeutet, die von Washington eher mit Unmut betrachteten privilegierten Beziehungen zum Irak durch Wohlverhalten an anderer Stelle auszugleichen. Und gute Beziehungen zu Israel sind zweifellos ein Mittel, um von der amerikanischen Administration als freundlicher Staat im Nahen Osten betrachtet zu werden.

Im Inneren ist der Frieden mit Israel nicht populär. Anfang 2001 verhafteten die jordanischen Sicherheitskräfte die Mitglieder eines Komitees zur Bekämpfung der »Normalisierung« (gemeint ist der Aufbau gutnachbarschaftlicher wirtschaftlicher und gesellschaftlicher Beziehungen mit Israel), die ihre Opposition gegen wirtschaftliche, kulturelle und andere Kontakte mit dem Nachbarland so weit getrieben hatten, dass sie etwa jordanische Unternehmer, die Geschäftsbeziehungen mit Israelis unterhielten, massiv bedrohten. Beunruhigend war, dass das Komitee ursprünglich nicht nur aus Randfiguren des politischen Spektrums bestanden hatte, sondern aus den Berufsverbänden etwa der Ingenieure und Journalisten hervorgegangen war, deren Führung zwar von islamistischen Kräften dominiert wurde, die gleichzeitig aber wichtige Teile der Gesellschaft repräsentierten.

Dies heißt keineswegs, dass Jordanien nur des amerikanischen Wohlwollens wegen Frieden mit Israel geschlossen hätte, oder dass seine Bemühungen um die Entwicklung gutnachbarschaftlicher Beziehungen zum jüdischen Staat und um einen Ausgleich Israels mit den Palästinensern lediglich den Wünschen Washingtons geschuldet seien. Jordanien hat ein eigenes Interesse an diesen Entwicklungen. Als kleiner und vergleichsweise schwacher Staat ist Jordanien am sichersten gefahren, wenn es allen Nachbarn gegenüber eine Politik des *Appeasement* betrieb und wenn regionale Konfrontation sich vermeiden ließ. Insofern hat sich das Königreich seit 1949 aus den meisten arabisch-israelischen Kriegen herausgehalten – die Beteiligung am 1967er Krieg blieb die kostenträchtige Ausnahme, die zum Verlust der Westbank führte – und hat nach Möglichkeit versucht, immer einen Gesprächsfaden mit der jeweiligen israelischen Regierung aufrechtzuerhalten.[257] Gleichzeitig musste und muss Jordanien aber Rücksicht auf palästinensische Interessen nehmen. Erst nachdem die PLO 1993 Israel anerkannt und sich in der Prinzipienerklärung von Oslo mit Israel auf einen Weg zum Frieden geeinigt hatte, fühlte sich die jordanische Führung frei genug, in konkrete Verhandlungen über einen Friedensvertrag mit Israel einzusteigen, der 1994 dann unterzeichnet wurde.

Tatsächlich lassen sich die Beziehungen zwischen Jordanien und Israel nie allein unter bilateralen Gesichtspunkten betrachten oder gestalten. Diverse regionale und internationale Akteure haben versucht und werden weiterhin versuchen, diese Beziehungen zu dominieren oder zu manipulieren; das israelisch-jordanische Verhältnis hat aber vor allem immer eine palästinensische Dimension. Das ist nicht nur ein historisches Relikt aus der Zeit der jordanischen Herrschaft über die Westbank oder der blutigen jordanisch-palästinensischen Konflikte von 1970 und 1971. Jordanien gab zwar 1988 offiziell die Verantwortung für die von Israel besetzten palästinensischen Gebiete zu Gunsten der PLO auf, blieb aber mindestens interessierte Partei. Bei der Friedenskonferenz von 1991 waren Jordanier und Palästinenser mit einer gemeinsamen Delegation vertreten; 1994 erkannte Israel im Friedensvertrag mit Jordanien ein spezielles jordanisches Interesse an den islamischen heiligen Stätten in Jerusalem an. Und die bürgerkriegsähnlichen Auseinandersetzungen, die im Herbst 2000 zwischen Israelis und Palästinensern zum Ausbruch kamen, lösten auf jordanischer Seite die Furcht aus, dass Israel eine neue Vertreibungs- oder Verdrängungspolitik vorbereiten und Zehntausende von Palästinensern ins jordanische Exil treiben könnte. Vertreter der israelischen Rechten, nicht zuletzt Ariel Sharon, hatten in der Vergangenheit immer wieder den Slogan »Jordanien ist Palästina« vertreten – Jordanien also zum eigentlichen Heimatland der Palästinenser erklärt, um damit zumindest mittelfristig die Annexion von Westbank und Gazastreifen durch Israel und letztlich auch den »Transfer«, wie es euphemistisch hieß, zumindest eines Teils der palästinensischen Bevölkerung zu legitimieren. Die Destabilisierung des Königreichs wäre möglicherweise auch das Ende der haschemitischen Monarchie, könnte aber aus dieser, von Teilen der israelischen Politik vertretenen Sicht in Kauf genommen werden. Die Sorge der jordanischen Politiker, dass ein Scheitern des Friedensprozesses und israelischer Druck auf die Palästinenser tatsächlich zu einer neuen, großen Flüchtlingswelle nach Jordanien führen würde, war zwar wahrscheinlich übertrieben. Es war aber eine tatsächliche Sorge, die eben auch demonstriert, wie sehr das jordanisch-palästinensische Verhältnis eine gleichermaßen außen- wie innenpolitische Beziehung darstellt.

*Der jordanisch-palästinensische Komplex oder
Jordanien den Jordaniern?*

Zumindest die Hälfte, wahrscheinlich aber ein größerer Teil der Bürger Jordaniens sind palästinensischer Herkunft, sie haben also ihre familiären Wurzeln westlich des Jordan, der andere Teil der Bevölkerung ist transjordanischen Ursprungs, hat also seinen Ursprung östlich des Jordan, im heutigen Staatsgebiet Jordaniens. Die Bevölkerungsstruktur ist ein Politikum, und dies erklärt, dass auch die Angaben über Größenverhältnisse der einzelnen Bevölkerungsteile umstritten sind. Das Land besteht aus zwei sich kulturell nahen, gleichwohl aber eigenständigen arabischen Völkern, dem palästinensischen Volk mit seiner schon vor der Gründung Israels und Jordaniens entwickelten städtischen Kultur, und dem überwiegend, wenngleich nicht ausschließlich durch Stammeskulturen geprägten transjordanischen Volk, das sich seiner beduinischen Ursprünge und Traditionen durchaus bewusst ist. Und es ist nach der Königsfamilie, den Haschemiten, benannt, die ihrerseits aus keinem der beiden Landesteile, sondern aus dem Hijaz, der westlichen Küstenregion im heutigen Saudi-Arabien, stammt. Mit der Vereinigung der Westbank und Transjordaniens wurden die Einwohner der Westbank genauso zu jordanischen Bürgern wie die Transjordanier, dazu kamen palästinensische Flüchtlinge aus dem heutigen Israel oder aus dem Gazastreifen. Prominente Palästinenser haben seit der Gründung des Königreichs immer eine politische Rolle gespielt – bekannte Namen sind die ehemaligen Außenminister Marwan al-Qasim und Jawad Anani oder der ehemalige Ministerpräsident Taher al-Masri, dessen Bruder Maher den Posten des Wirtschaftsministers in der palästinensischen Autonomieregierung Yasir Arafats bekleidet. Dies heißt aber keineswegs, dass der palästinensische oder, wie Mitglieder dieser Gruppe selbst lieber sagen, »palästinensisch-jordanische« Bevölkerungsteil politisch genauso einflussreich wäre wie der transjordanische. Die wichtigsten Positionen in der Administration und vor allem im Sicherheitsapparat werden überwiegend – und was zentrale Einheiten des Militärs und der Polizei angeht, sogar ausschließlich – von Transjordaniern eingenommen, insbesondere seit Beginn der siebziger Jahre. König Husein hat die Stammesstrukturen der transjordanischen Gesellschaft zu nutzen gewusst; er hat bestimmte Elite-Einheiten der Streitkräfte ausschließlich aus den beduinischen Stämmen rekrutiert und damit gleichzeitig deren Prestige und die Sicherheit entlegener Gebiete gefestigt; und er hat einen weitgehend tribalen Nepotismus in der öffentlichen Verwaltung zugelassen.[258] Hohe Verantwortliche nutzen gern ihre Positionen, um Mitglieder der eigenen erweiterten Familie oder des Stammes in Positionen des öffentlichen Dienstes unterzubringen. Palästinensische Jordanier bilden dagegen das Rückgrat der Privatwirtschaft. Gerade weil sie von Staats- oder Armeeämtern weitgehend ausgeschlossen waren, suchten viele Palästinenser während des Ölbooms ihr Glück in den Golfstaaten, kamen dort zu einigem Vermögen und investierten dies nach ihrer Rückkehr in Jordanien.

Palästinesische Jordanier betonen ihre Loyalität zum Staat, fordern aber gleiche politische Partizipationschancen und mahnen in diesem Sinne, dass die Nation den »Ost- und Westbankern« gleichermaßen gehören müsse.[259] Transjordanische, oder wie sie selbst sagen würden, »jordanische« Nationalisten dagegen sprechen von einer eigenen transjordanischen Identität, bestreiten die Existenz einer demographischen Mehrheit des palästinensisch-jordanischen Bevölkerungsteils, beklagen die »Kolonialisierung« und die wirtschaftliche Dominanz des »Ostufers« durch die palästinensische Bourgeoisie und fürchten, dass eine israelische Rechtsregierung letztlich doch zu ihren Plänen zurückkommen könne, Jordanien zur »Ersatzheimat« der Palästinenser zu machen.[260] Ein erheblicher Teil der transjordanischen *Opinion Leader* geht zudem davon aus, dass der andere Bevölkerungsteil eine doppelte oder gespaltene Loyalität zeige, bei möglichen Konflikten zwischen Jordanien und der PLO also die Partei der anderen Seite ergreifen könne. Tatsächlich hat die palästinensisch-jordanische Elite in Krisenzeiten zum Staat und zum Königshaus gestanden. Auch wenn es morgen einen palästinensischen Staat gebe, werde er, erklärte mir der ehemalige Ministerpräsident Masri einmal in einem Gespräch, Jordanier bleiben. Dass es familiäre und emotionale Beziehungen nach Palästina gäbe, sei selbstverständlich und im Übrigen nur richtig, wenn man letztlich die Einheit der beiden arabischen Völker wolle. Die von transjordanischen Nationalisten angemeldeten Zweifel an der Loyalität des anderen Bevölkerungsteils haben angesichts der konfliktreichen Geschichte jordanisch-palästinensischer Beziehungen und der konkreten politischen Diskriminierung von Bürgern palästinensischen Ursprungs nichtsdestoweniger eine reale Basis. Diskriminierung, um unsichere Kandidaten aus relevanten Positionen fernzuhalten, hat immer ein sich selbst erfüllendes Element; Loyalität lässt sich letztlich nur durch gleichberechtigte Integration oder, wie es in einer von mutigen Forschern der Jordanischen Universität erstellten Studie hieß, »Pluralismus und *Citizenship*«, gleiche Bürgerrechte also, erreichen.[261]

Vor allem der Friedensprozess der neunziger Jahre hat die Diskussion um das innere palästinensisch-transjordanische Verhältnis erneut entfacht und verschärft. Transjordanische Nationalisten warnen, dass am Ende des Friedensprozesses ein palästinensisches Gemeinwesen begrenzter Souveränität entstehen könnte, das allenfalls einen geringen Teil der in Jordanien ansässigen palästinensischen Flüchtlinge aufnehmen könne. Vor diesem Hintergrund bildete sich in Jordanien eine politisch rechts einzuordnende jordanisch-nationalistische Strömung, die Kritiker den »jordanischen *Likud*« nennen. Dies ist tatsächlich keine organisierte Bewegung, sondern eher eine politisch-intellektuelle Tendenz, deren gemeinsamer Nenner die Forderung nach einer klaren politischen Trennung von den palästinensischen Gebieten ist. Dazu kommt der Vorwurf an PLO-Chef Arafat, Israel gegenüber zu weich zu sein und das Rückkehrrecht der Flüchtlinge bereits aufgegeben zu haben, bevor die Frage auf die Verhandlungsagenda kam. Man unterstütze, heißt es, die Bemühungen um einen palästinensischen Staat, wolle aber nun einmal, dass Jordanien für die Jordanier da sei, nicht für palästinensische Flüchtlinge und Aussiedler. Und natürlich lehne man auch die Idee einer Föderation oder Konföderation mit einem zukünftigen palästinensischen Kleinstaat ab.

Transjordanische Befürchtungen, dass palästinensische Jordanier das Land dominieren könnten, sind in den neunziger Jahren zudem noch durch wirtschaftspolitische Entwicklungen gefördert worden, besonders durch die Debatte um die Privatisierung staatlicher Wirtschaftsbetriebe. Westliche Kritiker haben wiederholt bemängelt, dass die jordanischen Regierungen die Privatisierung des

Staatssektors – die Rede ist insbesondere von Phosphat- und Pottasche-Industrie und der nationalen Luftfahrtgesellschaft – zwar regelmäßig im Programm führen, aber nicht wirklich angehen. Diese Kritik unterschätzt möglicherweise die politische Dimension solcher Maßnahmen: Bei einer Privatisierung oder Teilprivatisierung von Unternehmen, die bislang in Staatshand gewesen sind, könnte palästinensisch-jordanisches Kapital einen erheblichen oder gar einen Mehrheitsanteil erwerben. Dies würde eine weitere Stärkung des wirtschaftlichen Einflusses des palästinensischen Bevölkerungsteils bedeuten; es würde den Bürokraten des öffentlichen Wirtschaftssektors, die es auch in Jordanien gibt, zudem die Möglichkeit nehmen, bei Neueinstellungen familiäre oder Stammespatronage zu betreiben oder, um es positiv auszudrücken, gezielte Beschäftigungspolitik für die Angehörigen des transjordanischen Bevölkerungsteils zu betreiben. Es ist auch auffällig, dass gerade der moderne Unternehmenssektor, der sich am besten auf die Anforderungen einer globalisierten Wirtschaft eingestellt hat, wieder von jungen Geschäftsleuten jordanisch-palästinensischen Ursprungs geprägt wird. Die Debatte um – und Widerstände gegen – eine wirtschaftliche Reform ist deshalb auch in Jordanien, wie in anderen Ländern, eng mit den Interessen einzelner gesellschaftlicher Gruppen verbunden. Die besondere jordanische Komplexität liegt darin, dass politisch-ökonomische Fragen sich hier mit politisch-demographischen und eben auch mit außenpolitischen Fragen mischen: Denn die wirtschaftliche Entwicklung Jordaniens hängt letztlich auch vom Fortgang regionaler Friedensbemühungen ab.

Ein Land ohne wirtschaftliche Basis?

Nicht nur geopolitisch, auch von seiner wirtschaftlichen Ausstattung her hätte man das Land kaum ungünstiger gestalten können. In den Kategorien der Weltbank gehört Jordanien zu den Ländern mittleren Einkommens. Ein wesentlicher Teil dieser Einkommen resultiert aber nicht aus eigenen oder im Lande ansässigen Produktionsfaktoren. Staat und Bürger sind in erheblichem Maße von ausländischen Zuflüssen abhängig: Gemessen an der Einwohnerzahl des Landes gehört Jordanien zweifellos zu den Weltmeistern im Wettbewerb um internationale Entwicklungs- und Finanzhilfen; ein großer Teil der privaten Einkommen und Vermögen stammt aus Gastarbeiterüberweisungen und, dies vor allem seit dem Beginn der neunziger Jahre, aus Rücklagen ehemaliger Arbeitsmigranten, die nach Jahren oder Jahrzehnten aus den Golfstaaten – im zweiten Golfkrieg meist unfreiwillig – zurückgekehrt sind.

Bis zum Golfkrieg war Jordanien mit einem Anteil von zehn bis 15 Prozent aller Ausschüttungen einer der Hauptempfänger arabischer Hilfe. In den achtziger Jahren stammte bis zu einem Viertel des jordanischen Bruttosozialprodukts und zeitweise mehr als ein Drittel der staatlichen Haushaltsmittel aus offiziellen Finanzhilfen, davon etwa zwei Drittel aus arabischen Quellen. Ungefähr ein weiteres Viertel des Bruttosozialprodukts, zeitweise auch mehr, stammte aus den Überweisungen jordanischer Arbeitsmigranten am Golf. Sowohl die arabischen Hilfen wie die Gastarbeiterüberweisungen verfielen mit dem Golfkrieg, da Kuwait und Saudi-Arabien Jordanien und dessen Bürger für deren pro-irakische Haltung abstraften. Dennoch, auch in der zweiten Hälfte der neunziger Jahre stammten noch 15 bis zwanzig Prozent des jordanischen Haushalts aus ausländischer Finanzhilfe.[262] In gewisser Weise ist Jordanien *über*fördert – es erhielt Ende der neunziger Jahre pro Kopf über 100 Dollar an internationaler Entwicklungshilfe; mehr erhielt im Nahen Osten nur Israel, das, obwohl es kaum als Entwicklungsland zu bezeichnen ist, nach Weltbankangaben auf etwa die doppelte Förderung kam; weltweit erhielten nur fünf bis sechs andere Staaten mehr Förderung. Jordanische Regierungsvertreter sehen das verständlicherweise anders: nicht weil sie die Zahlen nicht lesen wollten oder könnten, sondern weil sie sie in Relation zu früheren setzen: Noch 1990, vor dem Golfkrieg also, lag die Pro-Kopf-Förderung durch internationale Entwicklungshilfe bei mehr als dem Zweieinhalbfachen des heutigen Standes.[263]

Die ständige Abhängigkeit von ausländischer Unterstützung wie auch von produktiven Einkommen, die im Ausland erwirtschaftet werden, führt zu Gewöhnungserscheinungen und zu entwicklungs- und oftmals auch gesellschaftspolitischen Fehlentwicklungen. Ministerien und gesellschaftliche Organisationen haben eine erstaunliche Fähigkeit entwickelt, Zuschüsse einzuwerben; dazu gehört dann auch, dass bestimmte Projekte und bestimmte Vereine nur wegen der Aussicht auf Hilfen entstehen, die dafür aus europäischen Programmen zu erwarten sind. Es ist auch nicht auszuschließen, dass Zahlen über die Schwierigkeiten Jordaniens ganz bewusst manipuliert werden, um die Hilfsbedürftigkeit des Landes zu unterstreichen. Der jordanische Ökonom Fahd al-Fanek jedenfalls behauptet, dass während und nach dem Kuwait-Krieg nicht, wie regierungsamtlich erklärt wurde, 350 000, sondern allenfalls 160 000 palästinensische Gastarbeiter vom Golf nach Jordanien zurückgekommen seien; die jordanische Regierung habe die Zahlen aufgebläht, um mehr internationale Hilfe zu erhalten.[264]

Wie dem auch sei, das Land hat sich in den Jahren, als es selbst in hohem Maße von den Einkünften und Ersparnissen seiner eigenen, meist gut ausgebildeten Arbeitsmigranten lebte, daran gewöhnt, selbst billige Arbeitskräfte aus ärmeren Ländern zu importieren, die überwiegend manuelle oder gering bewertete Tätigkeiten ausüben. Auch heute, nachdem der größte Teil der transjordanischen und palästinensisch-jordanischen Arbeitsmigranten aus den Golfstaaten zurückgekehrt ist, leistet Jordanien sich noch etwa 200 000 Gastarbeiter – überwiegend aus ärmeren arabischen Staaten wie Ägypten oder Sudan und aus Thailand oder den Philippinen. Die Arbeitslosigkeit unter Jordaniern ist hoch, das Spektrum der Berufe, in denen Jordanier zu arbeiten bereit sind, ist allerdings begrenzt: Die jordanische Jugend, so ein Parlamentarier, lehne manuelle Arbeit ab und verlange nach einem Job in der öffentlichen Verwaltung: nach »Schreibtisch und Sessel«.[265]

Was eigene Standortfaktoren angeht, ist Jordanien tatsächlich benachteiligt. Pottasche und Phosphat, die beiden Rohstoffe, die Jordanien in größerem Maße fördert und exportiert, werden international vor allem in der Düngemittelindustrie benötigt. Sie haben also einen relativ beständigen Markt, sind aber kein strategischer Rohstoff wie das Erdöl. Jordanien hat keine eigenen Erdölvorkommen, ist vielmehr, wie erwähnt, von Öllieferungen der Nachbarn abhängig. Dass es seit 1991 der Irak als einziger Nachbar ist, der dieses Öl liefert, macht die politische Lage Jordaniens nicht leichter.

Eine eigene, recht intensive Landwirtschaft gibt es im Jordangraben; die größeren landwirtschaftlich interessanten Gebiete liegen aber auf der anderen Seite des Jordan, dem westlichen, palästinensischen oder israelischen Ufer. Etwa zwei Drittel des Landes sind Wüste, für eine großflächige Bewässerung fehlt es an Flüssen und Grundwasservorkommen, die sich, wie in den Nachbarstaaten, stauen ließen. Die permanente Wasserknappheit des Landes erhöht ihrerseits die Außenabhängigkeit: die beiden Flüsse, die das Land im Norden und Osten begrenzen, Yarmuk und Jordan, werden von Syrien und Israel kontrolliert. Wie für die Landwirtschaft gilt auch für die Tourismusbranche, dass der interessanteste Teil des Königreichs mit dem Verlust der Westbank verloren gegangen ist: Obwohl das Königreich mit der nabatäischen Felsenstadt Petra, mit frühislamischen Wüstenschlössern und faszinierenden Wüstenlandschaften durchaus ein eigenes touristisches Potenzial hat, wird ein massiver Zuwachs internationaler Touristen wohl erst zu erwarten sein, wenn entsprechende Angebote in Verbindung mit den Nachbarländern, vor allem mit Israel und Palästina, gemacht werden können. Ansätze dazu gab es nach Abschluss des israelisch-jordanischen Friedensvertrags durchaus. Es ist deshalb kein Wunder, dass jordanische Experten, die gerade auch der skeptischen eigenen Bevölkerung den ökonomischen Nutzen eines Friedens mit Israel darstellen wollten, vor allem auf die erwartete Belebung des regionalen Tourismus verwiesen haben.[266] Industriell sind vor allem Konsumgüterindustrien aufgebaut worden, die für den begrenzten lokalen Markt und für Exporte in Nachbarländer wie Irak oder Palästina produzieren. Diese Exporte sind in starkem Maße von regionalpolitischen Entwicklungen abhängig, nicht nur Richtung Irak. Die palästinensisch-jordanische Grenze wird auch sechs Jahre nach der Errichtung der Palästinensischen Autorität (1994) weiterhin von Israel kontrolliert; Israel bestimmt bislang auch, was die palästinensischen Gebiete aus Jordanien (oder Ägypten) beziehen dürfen. Dabei dominieren weniger die manchmal vorgeschobenen sicherheitspolitischen Erwägungen Israels als vielmehr die Interessen starker israelischer Produzenten, die den palästinensischen Markt gern weiter monopolisieren würden. Zur Popularität des Friedensvertrags, den Jordanien 1994 mit Israel schloss, trägt das verständlicherweise nicht bei.

König Husein hat für den Friedensschluss mit Israel immer in erster Linie ökonomische Motive angeführt. Ein Anreiz dürfte die

Hoffnung auf eine umfassende Streichung amerikanischer Schulden gewesen sein, die letztlich dann geringer als erwartet ausfiel;[267] in jedem Fall begründete der Monarch seine Bereitschaft, einen »warmen« Frieden mit Israel zu schließen, der sofort den Aufbau normaler Beziehungen beinhalten würde, der eigenen Öffentlichkeit gegenüber vor allem mit der Erwartung auf eine substanzielle Friedensdividende. Diese Erwartungen sind, da die wirtschaftliche Lage Jordaniens sich seit 1994 eben nicht verbessert hat, durch die Entwicklung der Folgejahre weitestgehend enttäuscht worden; entsprechend negativ ist die Einstellung eines großen Teils der Bevölkerung und der politischen Elite zum Frieden selbst und zur »Normalisierung« jordanisch-israelischer Beziehungen.[268]

Wirtschaftliche Unzufriedenheit ist für Jordanien – oder richtiger: für die Regierung Jordaniens und für das Herrscherhaus – nicht zuletzt deshalb ein Warnzeichen, weil sie schnell in eine allgemeine Legitimitätskrise des Staates und seiner Institutionen umschlagen kann. Der jordanische Staat hat eben in der Vergangenheit die Loyalität der Bürger weitgehend durch die Aus- und Zuteilung wirtschaftlicher Ressourcen sichergestellt: Das ging gut, solange der Staat qua Renteneinkommen, also durch ausländische Entwicklungs- und Finanzhilfe, eher die Untertanen alimentierte (also Konsumgüter subventionierte, öffentliche Dienstleistungen mehr oder weniger kostenlos zur Verfügung stellte, vor allem dem transjordanischen Bevölkerungsteil mit attraktiven und nicht zuletzt sicheren Positionen im öffentlichen Dienst und im Militär versorgte und Freunden des Regimes auch Importmonopole oder andere lukrative Privilegien einräumte), als – wie in entwickelten Industriestaaten – deren Steuerleistungen einzufordern. Auch hier trat ein Gewöhnungseffekt ein; wenn der Staat sich zum Sparen gezwungen sah, oder gar unter Aufsicht des IWF grundlegende Strukturreformen durchführen wollte, kam dies aus Sicht zumindest eines Teils der Bevölkerung der Auflösung eines ungeschriebenen Gesellschaftsvertrags nahe, der politische Zustimmung und politisches Stillhalten an die Aufrechterhaltung gewohnter staatlicher Leistungen knüpfte.

1989 und einmal mehr 1996 bildeten die schlechte wirtschaftliche Lage und der Versuch der Regierung, Subventionen zu kürzen, den Hintergrund für sozialen Protest, der unmittelbar politische Wirkung hatte. Zuletzt, 1996, sollten die Brotsubventionen zusammengestrichen werden; daraufhin kam es in verschiedenen Orten, vor allem im beduinischen Süden, zu Unruhen. Die Regierung setzte auf Repression und ließ zudem andeuten, dass die Proteste vom Irak angezettelt worden seien. Bereits 1989 war es nach einer Kürzung von Subventionen, damals vor allem für Benzin, in den südlichen Landesteilen zu mehrtägigen gewaltsamen Auseinandersetzungen zwischen Sicherheitskräften und der lokalen Bevölkerung gekommen, die im Allgemeinen zu den traditionellen, dem Staat und der Monarchie loyalen gesellschaftlichen Gruppen gerechnet worden war. Damals beendete der König die Krise, indem er politische Reformen versprach und tatsächlich eine substanzielle Liberalisierung des politischen Lebens einleitete, einen »Ammaner Frühling«:[269] Der wichtigste Schritt war die Durchführung freier und weitgehend fairer Wahlen im November 1989; das Erstaunliche war ein zu fast der Hälfte mit oppositionellen Kräften – vorwiegend islamistischer, aber auch nationalistischer und linker Tendenz – besetztes Parlament. Weitere Öffnungsschritte folgten; dazu gehörte vor allem die Aufhebung des Kriegsrechts, die Amnestierung politischer Gefangener und schließlich ein Parteiengesetz, das erstmals seit Ende der fünfziger Jahre wieder die Bildung politischer Parteien erlaubte. Die demokratische Öffnung blieb begrenzt, sie stellt aber schon deshalb eines der interessanteren Kapitel jüngerer jordanischer Geschichte dar, weil sie einiges über den *modus operandi* des Königreichs unter Husein aussagt.

Husein, der Jongleur

König Husein bin Talal, der 1952 zum König ernannt wurde, nach Erreichen der Volljährigkeit die Amtsgeschäfte übernahm und bis zu seinem Tod im Jahr 1999 über Jordanien herrschte, hat nicht nur eine Ära, sondern mindestens zwei Generationen arabischer Politik mitgestaltet: Die Phase der nasseristischen Dominanz und die Phase des Realismus, die in der Folge des Krieges von 1967 einsetzte: Dazu gehörte die Ölpreishausse und das ölinduzierte Wachstum der siebziger, die Stagnation der achtziger Jahre und die Madrider Etappe des nahöstlichen Friedensprozesses in den Neunzigern. Husein führte das Land durch zwei mehr oder weniger konstitutionelle, ansatzweise demokratische Perioden, verstand auch zweifellos die Vorteile politischer Öffnung und breiterer Partizipation, nicht zuletzt mit Blick auf das Ansehen Jordaniens im Ausland und auf die Legitimität seiner Herrschaft im Inneren, gab aber nie die Macht aus der Hand. Ein enorm populärer, ja charismatischer Führer wurde er, wie in Rückblicken gern vergessen wird, erst in den letzten Jahren seines Lebens und seiner Herrschaft, vor allem seit Ende der achtziger Jahre, nicht zuletzt, ironischerweise, durch einen außenpolitisch so immensen Fehler wie die formal neutrale, tatsächlich aber pro-irakische Haltung während der Krise und des Krieges um Kuwait. Der König war hier ganz Populist, er vertrat die Haltung der großen Mehrheit des Volkes.

Das Regime Huseins blieb im Grunde ein autoritäres und patriarchalisches. Dabei verließ der König sich wesentlich auf das Militär, das im regionalen Vergleich gut ausgebildet und ausgerüstet, vor allem aber privilegiert ist: Militärangehörige werden gut bezahlt, erhalten bestimmte Konsumgüter billiger, sie selbst und, was wichtig ist, ihre Familien sind sozial und gesundheitlich besser abgesichert als der Rest der Bevölkerung, ein Teil der Studienplätze an staatlichen Universitäten ist, von Abiturnoten unabhängig, für die Kinder von Militärs reserviert. Ein Drittel der Bevölkerung kann durch Verwandtschaftsbeziehungen zumindest von einem Teil der Sozialleistungen profitieren, die das Militär seinen Angehörigen bietet; mehr als sechzig Prozent der hohen und höchsten Positionen in Bürokratie und Wirtschaft, so heißt es, werden von Ex-Offizieren eingenommen.[270] Und in gut patriarchalischem Ton hat Husein von den Streitkräften gelegentlich als »seinem Stamm und seiner Familie« gesprochen.[271]

Die Unterstützung des Sicherheitsapparats, zu dem auch ein gut organisierter und selbstbewusster Geheimdienst gehört – so selbstbewusst, dass er eine eigene Website unterhält –, hat es dem Monarchen erlaubt, politische Freiräume immer wieder einzuengen, wenn Pluralität und Offenheit die Festen des Regimes zu erschüttern schienen oder die Politik Huseins hätten konterkarieren können. Nachdem die Wahlen von 1989 oppositionellen Kandidaten fast die

Hälfte der Sitze gebracht hatten und die nun parlamentarische Opposition begann, sowohl die vom IWF beaufsichtigte Strukturanpassungspolitik der Regierung wie auch die laufenden Bemühungen um einen Frieden mit Israel zu kritisieren, sorgte die Regierung durch ein neues Wahlgesetz und eine sorgfältig manipulierte Wahlkreiseinteilung dafür, dass die nächsten, 1993 und 1997 gewählten Parlamente eine deutlich konservativ-tribale Mehrheit erhielten: Die Wähler konnten nur noch für einen und nicht für eine Liste von Kandidaten stimmen, und die Wahlkreise wurden so zugeschnitten, dass die konservativen, ländlichen Gebiete sehr viel besser repräsentiert waren als die Städte, die eher zu rechten, namentlich islamistischen, oder linken Oppositionskandidaten neigen.[272]

Das 1993 gewählte Parlament ratifizierte den 1994 mit Israel ausgehandelten Friedensvertrag gegen die Stimmen der Islamisten. Insofern ist es nicht verwunderlich, dass viele Beobachter einen direkten Zusammenhang zwischen dem Friedensprozess, der Manipulation der Wahlen und weiteren illiberalen Schritten festgestellt haben, zu denen vor allem eine stärkere Kontrolle der Medien und ein schärferer Kurs gegen kritische Journalisten gehörte. Die deutsche Politikwissenschaftlerin Renate Dieterich dürfte richtig liegen, wenn sie schreibt, dass die Friedenspolitik zwar die Rückkehr des Königreichs zu den »Methoden des autoritären Staates« nicht verursacht, wohl aber ausgelöst habe:[273] König Husein hatte berechtigterweise Zweifel, ob ein womöglich mehrheitlich oppositionelles Parlament einem Friedensvertrag mit Israel zustimmen würde, der nicht alle Wünsche Jordaniens erfüllte, nicht zuletzt weil Teile des 1967 von Israel eroberten jordanischen Gebiets nun an Israel verpachtet, also allenfalls formal an Jordanien zurückgegeben wurden. Für die Ratifizierung und für weitere Gesetze, die den Aufbau normaler, nachbarschaftlicher Beziehungen mit Israel ermöglichten, benötigte man also eine sichere parlamentarische Mehrheit. Die brauchte man zwar auch, um andere, im Ausland weniger beachtete Schritte abzusichern, wie etwa die Durchsetzung wirtschaftlicher Sparmaßnahmen oder die Verabschiedung eines restriktiven Pressegesetzes. Die jüngere Geschichte Jordaniens hat aber die liberale Hoffnung, dass nahöstlicher Friedensprozess und Demokratisierungstendenzen in arabischen Ländern unmittelbar Hand in Hand gehen würden, mit einem großen Fragezeichen versehen. Auch Jordaniens ausländische Partner dürften im Zweifelsfall nicht auf freie Wahlen drängen, wenn diese das Risiko bergen, Friedensgegnern eine Mehrheit zu bringen.

Husein war sicher kein in der Wolle gefärbter Demokrat. Er war ein politischer Balancekünstler. Innenpolitisch jonglierte er mit Liberalisierung und Repression oder auch mit so gegensätzlichen Elementen wie der Tolerierung von Korruption und Bereicherung in der politischen Elite und vergleichsweise erfolgreichen Bemühungen um den Aufbau einer effektiven Verwaltung. Außenpolitisch jonglierte er mit – oder eher zwischen – den regionalen Nachbarn, ohne dabei die weitere internationale Umgebung aus dem Blick zu verlieren. Die wichtigsten Bälle, um im Bild zu bleiben, waren dabei der Irak, Israel und die USA, deren Wohlwollen und Schutz zu suchen, Husein sich bereits in den fünfziger Jahren entschied, als klar wurde, dass die Zeit des britischen Einflusses im Nahen Osten zu Ende gehen würde. Dass der König, wie viele Politiker und hohe Beamte im Nahen Osten, dabei auch regelmäßige Zahlungen des CIA annahm, ist politisch eher nebensächlich. Das amerikanische Interesse, friedliche Beziehungen zwischen Israel und dessen arabischen Nachbarn zu fördern, deckte sich mit dem jordanischen Eigeninteresse, sich auch in spannungsgeladenen Zeiten mit dem potenziell gefährlichen Nachbarn im Westen zu arrangieren. Die rasche politische Öffnung Jordaniens gegenüber Israel, also der Abschluss des Friedensvertrags im Jahr 1994 und die Bereitschaft, die Normalisierung der wirtschaftlichen und sozialen Beziehungen, der die weitere arabische und nicht zuletzt die jordanische Öffentlichkeit überwiegend skeptisch bis ablehnend gegenüberstand, brachte Jordanien nicht nur materielle Belohnungen, insbesondere den Erlass amerikanischer und anderer Schulden, sondern förderte in den USA auch das durch die Haltung Jordaniens im Golfkrieg angekratzte Image des Landes: Gute Beziehungen zu Israel legitimierten sozusagen die parallelen, wirtschaftlich sehr viel wichtigeren Beziehungen zum Irak.

Regional stellte die Balancepolitik Jordaniens vor allem, wie angedeutet, einen Versuch dar, die Abhängigkeiten von der Nachbarschaft in der Waage zu halten. Dies war häufig ein Nullsummenspiel: Die Beziehungen mit Riad, um nur zwei Beispiele zu geben, verbesserten sich fünf Jahre nach dem Golfkrieg nur, weil das Verhältnis zu Bagdad kurzfristig abgekühlt war, als König Husein die geflüchteten Schwiegersöhne des irakischen Präsidenten Saddam Husein wie Ehrengäste aufnahm; der Aufbau wirtschaftlicher Beziehungen mit Israel ging spürbar auf Kosten des syrisch-jordanischen Verhältnisses und des bilateralen Handels mit dem nördlichen Nachbarn.

Im Innern jonglierte Husein nicht nur mit Elementen demokratischer Öffnung und offener Repression, sondern auch mit den Mitgliedern der politischen Klasse Jordaniens – jenen Notabeln und Politikern, die, häufig mit militärischem und geheimdienstlichem, oft auch mit privatwirtschaftlichem Hintergrund, zur Verfügung standen, um in nahezu unaufhörlich wechselnder Kombination die Kabinette, das (gewählte) Unterhaus und den (vom König ernannten) Senat zu bestücken: Jordaniens Regierungen blieben im Durchschnitt etwa ein Jahr im Amt; Ministerpräsidenten und Minister wurden in und aus Kabinettspositionen und anderen Ämtern rotiert, wurden zwischenzeitlich geparkt und kamen dann oft auf die gleichen oder andere Positionen zurück. Dies förderte zwar kein effektives Regieren, hielt die politische Klasse aber in permanenter Abhängigkeit vom Monarchen, ließ ihre Mitglieder gegeneinander konkurrieren (statt gegen den König zu konspirieren) und erlaubte Husein, sich wechselnden außenpolitischen Wetterlagen mit jeweils passenden Politikern anzupassen. Für jede Orientierung hatte der König seinen Mann: Said Rifa'i etwa, der mehrfach als Ministerpräsident diente, für gute Beziehungen zu Syrien, den Banker Abd al-Karim Kabariti, der unter anderem als Außenminister, als Ministerpräsident und als Chef des Königlichen Hofes eingesetzt wurde, für eine Öffnung auf die Golfmonarchien, den bereits erwähnten Taher al-Masri für die Zusammenarbeit mit den Palästinensern. Und letztlich jonglierte der König auch mit der eigenen Familie. Am deutlichsten wurde das, als Husein nur wenige Tage vor seinem Tod im Februar 1999 die Thronfolge änderte und anstelle seines vor allem bei Intellektuellen geschätzten Bruders Hasan, der sich immerhin drei Jahrzehnte lang auf die Nachfolge vorbereitet hatte, seinen 37-jährigen Sohn Abdallah in diese Position erhob. Keine zwei Wochen später musste dieser das Amt von seinem Vater übernehmen.

Abdallah und die jordanischen Yuppies

Abdallahs Unerfahrenheit in politischen Dingen ist in den Monaten nach seiner Amtsübernahme viel und oft negativ kommentiert worden. Manche haben dabei übersehen, dass Abdallah, nun König Abdallah bin Husein oder Abdallah II., etwa doppelt so alt war wie sein Vater, als dieser 1952 17-jährig den Thron erbte und, mindestens bis zum Juni- oder Sechs-Tage-Krieg von 1967, eher für europäische Glanz-und-Glamour-Magazine als für die politische Berichterstattung interessant war. Es ist richtig, dass Abdallah sich als Heranwachsender vor allem für schnelle Fahrzeuge und militärisches Spielzeug interessierte, dass er eine militärische Ausbildung und Karriere gemacht hat und mit seiner Spezialtruppe durchaus gefährliche Einsätze durchgeführt hat, die in den Medien breit dargestellt wurden; Abenteuersport im Dienste des Vaterlands sozusagen. Und sicher hat Abdallah davon profitiert, dass Jordanien, ein Staat, der oft genug als nicht lebensfähig qualifiziert worden ist, in der Regierungszeit seines Vaters eben doch von einem kolonial bestimmten Territorialstaat zu einem Nationalstaat geworden ist, der trotz aller internen Abgrenzungen und Differenzierungen zwischen unterschiedlichen gesellschaftlichen Gruppen eine eigene, jordanische Identität ausgebildet hat.

Sicher beging der neue König Fehler, darunter auch, so kritische jordanische Beobachter, »Kindereien« wie jene – man müsste wohl sagen: Haruniaden – Inkognito-Ausflüge in sein eigenes Land wie Harun al-Rashid, der Bagdader Kalif und Briefpartner Karls des Großen sie der Erzählung zufolge gemacht haben soll: Abdallah zeigte sich mal mit falschem Bart und Videokamera als Reporter, mal als Taxifahrer verkleidet, in jedem Fall aber bereit zu hören, wie die Untertanen sich über Regierung und Politik auslassen. Man spottete über sein schlechtes Arabisch, das tatsächlich nicht gut ist – war er doch mit Englisch als Muttersprache aufgewachsen und in England und in den USA ausgebildet worden. Dass er aber von Politik überhaupt nichts verstehe, eigentlich ein großer Junge, ein König »ohne Plan« sei, der nicht wisse, was er mit seinem neuen Amt machen solle,[274] trifft nicht zu. Natürlich hat Abdallah sich vor allem in den ersten Monaten stark auf seine Berater verlassen, insbesondere den damaligen Chef seines Hofes, den durchaus liberalen ehemaligen Ministerpräsidenten Abd al-Karim Kabariti, und den Chef des militärischen Geheimdienstes, Samir Batikhi, der die autoritäre Seite des Regimes verkörperte. Konflikte zwischen den Beratern blieben nicht aus; sie wurden in der Regel auf Kosten unterer Chargen ausgetragen. Abdallah zeigte jedoch in relativ kurzer Zeit, dass er politische Zusammenhänge begreift, rasch und rational analysiert und letztlich auch entscheidungsfähig ist. Den allmählich zu mächtig werdenden Geheimdienstchef schickte er im Herbst 2000 jedenfalls in den Ruhestand. Überzeugend, gerade auch in seiner politischen Analyse, wirkt Abdallah vor allem im direkten Gespräch. Dass er wenig charismatisch ist, weniger jedenfalls als sein Vater, mag ein Manko sein. Es ist aber vielleicht auch ein Indiz dafür, dass die Zeit charismatischer Politik, einer Politik, in der Ausstrahlung und Massenwirkung des Führers mehr zählte als die Leistung staatlicher Institutionen, allmählich zu Ende geht.

Sprache und Stil Abdallahs zeigen, dass er sich auf der Höhe der Zeit befindet: Er spricht selbstbewusst von der jungen Führergeneration, die sich mehr für ökonomische Zusammenhänge als für ideologische Fragen interessiere, verweist auf die Bedeutung von Menschenrechten und Demokratie, von verfassungskonformen Prozessen, auf die Rolle der Zivilgesellschaft und auf staatsbürgerliche Gleichberechtigung (*Citizenship*). Und er spricht auch davon, dass es in seinem Land mittlerweile darum gehe, den Alphabetismus mit Stift und Papier zum Computer-Alphabetismus fortzuentwickeln.[275] Bald nach seiner Amtsübernahme wurde damit begonnen, die allgemeine Einführung des Englischunterrichts vom ersten und des Computerunterrichts vom zweiten Schuljahr an vorzubereiten.

Die technische und wirtschaftliche Modernisierung des Landes und die entsprechende Ausbildung seiner Menschen haben für den König und dessen Mannschaft zweifellos Priorität. Dies hat auch dazu beigetragen, dass neue Leute, die sowohl die Generation des Königs als auch, zumindest teilweise, Gruppen repräsentieren, die bislang nicht am politischen Geschehen beteiligt waren, in Entscheidungsstrukturen integriert worden sind. So ernannte der König recht bald ein *Economic Consultative Council* (ECC), ein Gremium, das ihn persönlich beraten und gleichzeitig die wichtigsten wirtschaftlichen Reformvorhaben vorbereiten sollte. Dies stieß nicht nur auf Zustimmung, zumal nur ein kleiner Teil der Mitglieder aus der Bürokratie und dem Staatssektor kam und bei der Auswahl der Mitglieder weniger auf die Zugehörigkeit zu bestimmten großen Familien als auf die persönliche Qualifikation und Dynamik des Einzelnen Wert gelegt worden zu sein schien.[276]

Zu den aufstrebenden Kräften, die auch im neuen Wirtschaftsrat vertreten waren, gehört eine bemerkenswerte Initiative, die ihrerseits den Generationswechsel verkörpert: die jordanische *Young Entrepreneurs Association*. Die Vereinigung, deren Gründung von der deutschen Naumann-Stiftung auf den Weg gebracht wurde, unterscheidet sich positiv von den traditionellen, etwas verstaubten und trägen Wirtschaftsvereinigungen Jordaniens, insbesondere der Handels- und der Industriekammer. Die meisten ihrer Mitglieder gehören nicht nur zur jungen Generation, sie vertreten auch vergleichsweise moderne und neue Branchen: vom Graphik Design über Softwareproduktion bis zur Risikokapitalvermittlung. Vor allem aber zeigen sie, dass sie nicht nur ihre eigenen Geschäftsinteressen im Auge haben – das haben sie zweifellos –, sondern dass sie das Land an sich verändern wollen. Die Jungunternehmer ergriffen dabei die Initiative, mit anderen Verbänden ein Strategiepapier und einen Maßnahmenkatalog zu verfassen, die aufzeigen, wohin Jordanien sich bewegen könnte und wohin es sich ihrer Ansicht nach bewegen muss, wenn es die Herausforderungen des neuen Jahrhunderts bestehen will. *Jordan Vision 2020*, so heißt das im Jahr 2000 veröffentlichte Papier, avisiert eine Verdopplung des Pro-Kopf-Einkommens innerhalb der kommenden zwanzig Jahre, verlangt dafür, was wenig verwundert, dass Wirtschaftsfragen höchste Priorität erhalten und »zukunftsorientierte Führer der Privatwirtschaft« in wirtschaftspolitische Entscheidungen einbezogen werden. Man legt den Schwerpunkt auf moderne Technologien, richtet den Blick auf exportorientiertes Wachstum, die Steigerung der Wettbewerbsfähigkeit, die Fortentwicklung der Infrastruktur und vor allem auf eine ständige Verbesserung der Humanressourcen, also mehr und bessere Ausbildung. Dazu gibt es im Einzelnen detaillierte Vorschläge, wie etwa die Bestimmung von Zieldaten, zu denen erst alle weiterführenden, später dann alle Grundschulen ans Internet angeschlossen werden sollen. Man fordert auch größere Transparenz und eine durchgehende Reform der öffentlichen Verwaltung und erklärt, dass ein breites, sozial ausgeglichenes Wachstum vonnöten ist, da »wirtschaftliches Wachstum wenig bedeutet, wenn es nicht allen Segmenten der jordanischen Gesellschaft Wohlstand bringt«. An konkreten Vorschlägen zur Umsetzung gerade dieses Ziels fehlt es dann aber doch; soziale Belange sind ganz offenbar nicht die primäre Sorge einer nach oben strebenden jungen Unternehmerelite. Dafür zeigt man – und verordnet dem Land – ein erstaunliches Selbstbewusstsein. Es reiche nicht aus, heißt es, »Leistungsstandards zu erzielen, die sich positiv von Nachbarstaaten wie Ägypten, Syrien oder Saudi-Arabien abheben«. Fortschritt, ob nun in Fragen der Ausbildung, der Auslandsinvestitionen oder des Computer- und Internetzugangs, müsse sich vielmehr an den globalen Standards messen: »Nur im Vergleich mit den Besten der Welt kann Jordanien der Beste im Nahen Osten werden.«[277]

Tatsächlich hatte es zeitweise den Anschein, als sei Jordanien nach der Amtsübernahme des neuen Königs, und insbesondere nachdem dieser ein Jahr später eine neue, wirtschaftsfreundliche Regierung berufen hatte, in eine Art Globalisierungsrausch gefallen. Der König sprach davon, dass man sich Singapur oder Hongkong zum Beispiel nehmen solle; die Regierung lancierte eine von Saatchi & Saatchi gestaltete Mobilisierungskampagne, die unter der Überschrift »Jordan: Think Big« dem Ausland und den eigenen Bürgern die Modernität und das Selbstvertrauen des Landes vorführen sollte. Kritiker bemerkten zu Recht, dass die Kampagne am größeren Teil der Jordanier wohl schlicht vorbeigehen werde: am konservativen, tribalen Süden und Osten des Landes nicht weniger als an jenen dreißig Prozent der Bevölkerung, die unter der Armutsgrenze leben, darunter nicht zuletzt den Einwohnern der palästinensischen Flüchtlingscamps – keine Lager mit Zaun und Zelten zwar, wie die Bezeichnung suggerieren könnte, aber ungeplant gebaute Vororte mit wenig Infrastruktur und schlechter Hygiene.

Singapur oder Hongkong sind auch nicht unbedingt demokratische Modelle. Demokratie ist aber auch nicht, was die junge Business-Elite, die das Bild des quirligen, neuen Jordaniens bestimmt, von ihrem König verlangt. Sie setzt zwar auf dynamische Veränderung, nur nicht unbedingt in der Politik. Bestenfalls vertraut Jordaniens Yuppie-Generation darauf, dass wirtschaftliches Wachstum und wirtschaftliche Reform letztlich auch politische Liberalität mit sich bringen und Wachstum für alle implizieren werde; oft aber zeigen ihre Mitglieder ein bemerkenswertes Desinteresse an politischen und gesellschaftlichen Fragen.

Einer aus der jüngeren Unternehmergeneration, der weiter denkt als manche seiner Kollegen, ist Fawaz Zu'bi, ein 1956 geborener, in den USA ausgebildeter und promovierter Ingenieur, der mit Mitte dreißig eine Firma aufmachte, die Tröpfchen-Bewässerungsanlagen herstellt – ein Produkt also, das den Einsatz von Wasser in der Landwirtschaft reduziert. Zu'bi orientierte sich damit nicht nur an einem echten Bedürfnis in der Region, sondern investierte auch in anderen arabischen Staaten und ließ bald auch in Marokko, Tunesien und Syrien produzieren. Ende 1999 wurde er zum Mitglied des königlichen *Economic Consultative Council* ernannt, ein halbes Jahr später zum Minister für Post- und Telekommunikation. Zu'bi definiert sich auch seither explizit nicht als Politiker: Er bleibe auch als Minister vor allem Geschäftsmann, nur sei sein Geschäft eben jetzt die gute Vermarktung Jordaniens. Sein ausgesprochenes Ziel im neuen Amt war nicht nur, die Post zu privatisieren, sondern das ganze Ministerium zu einem Ministerium für Informationstechnologie und *Electronic Government* umzubauen. Primär hieß dies, die elektronische Abwicklung regierungsinterner Vorgänge und der Kommunikation zwischen Regierungsinstitutionen und Privatwirtschaft (Steuererklärungen etwa) auf den Weg zu bringen. Zu'bi sieht sehr wohl, dass die Hochtechnologieambitionen der Regierung und des Königs vorerst nur einen kleinen Teil der Bevölkerung erreichen würden, argumentiert aber, dass Jordanien gar keine andere Chance habe, als auf neue Technologien zu setzen und diese rascher als andere zum Standard zu machen. Schließlich strebten jährlich 120 000 junge Menschen auf den Arbeitsmarkt, die weder im Staatssektor noch im bestehenden privatwirtschaftlichen Bereich beschäftigt werden können. Neue Arbeitsplätze werde es nur durch den Einstieg in eine neue Technologie-Ebene geben; Jordanien werde hier entweder eine regionale Trendsetterfunktion übernehmen oder von seinen regionalen Konkurrenten marginalisiert werden. Die jordanische Telekommunikationsgesellschaft (JTC) etwa hat *France Telecom* als strategischen Partner und Investor gewonnen, während andere Staaten noch über die Liberalisierung des Telekommunikationsmarktes nachdenken. Jordanien könne durch diese Verbindung, so hofft man, eine führende regionale Rolle einnehmen, wenn es später einmal darum gehen werde, den palästinensischen, syrischen oder irakischen Markt für Telekommunikationsangebote zu reorganisieren.

Das heißt auch, dass Jordanien seinen Modernisierungsprozess so durchzuführen versucht und über regionale Zusammenarbeit so nachdenkt, als ob es keine ungelösten arabisch-israelischen Konflikte, keine Auseinandersetzungen in der unmittelbaren Nachbarschaft geben würde, die einer intensiveren regionalen Zusammenarbeit vorerst noch erhebliche Hindernisse in den Weg legen.

Tatsächlich definiert die geographische Lage Jordaniens im Zentrum nicht nur seine geo*politischen* Sorgen oder sicherheitspolitischen Risikowahrnehmungen, sondern auch seine mittel- und langfristigen geo*ökonomischen* Chancen in einem sich verändernden Nahen Osten. Kein Staat ist so gut positioniert wie Jordanien, als Brücke zwischen Israel und der arabischen Welt, als Knotenpunkt regionaler Zusammenarbeit im weiteren Nahen Osten und – jordanische Ambitionen gehen jedenfalls in diese Richtung – als Standort regionaler Investitionen zu fungieren. Eine gut ausgebaute Verkehrs- und Kommunikationsinfrastruktur und eine relativ gut ausgebildete Bevölkerung dürften dabei helfen, diese Vorteile zu nutzen, wenn die regionalpolitischen Verhältnisse es erlauben – Jordanien hat schließlich jahrzehntelang Techniker und Ingenieure in die arabischen Golfstaaten exportiert.

Die Nutzung ökonomischer Lagevorteile braucht vor allem eine kluge Politik. Abdallahs Kurs ist vorsichtig, er bemüht sich, die negative Balancepolitik seines Vaters, das ständige Lavieren zwischen den Nachbarn, zu vermeiden. Tatsächlich ist es ihm, bislang jedenfalls, gelungen, Jordaniens Verhältnis zu Syrien und Saudi-Arabien zu verbessern, ohne die Beziehungen zu Israel und zum Irak herunterzustufen oder zu gefährden. In gewisser Weise hat Abdallah sich die hohe Personalisierung innerarabischer Beziehungen zu Nutze machen können: Saudi-Arabien und die anderen Golfstaaten oder Syrien unter Hafiz al-Asad haben ihre Kritik jordanischer Politik immer als Kritik am jordanischen König formuliert. Der Tod Huseins und die Amtsübernahme seines Sohns bot ihnen damit auch eine Chance, ein neues Blatt in der Geschichte ihrer Beziehungen mit Jordanien aufzuschlagen. Jordanien erlebt nicht zuletzt deshalb den Generationswechsel als Chance.

Irak
Die Macht, nicht dazuzulernen

Bagdad ist alles andere als eine schöne Stadt. Eine Altstadt gibt es nicht mehr, die ältesten Stadtviertel sind heute ein paar heruntergekommene Straßen und Nebenstraßen mit Gebäuden aus dem frühen zwanzigsten Jahrhundert. Ansonsten ist radikal modernisiert worden; Schnellstraßen, Mietshäuser in Fertigbauweise und große Regierungs- und andere offizielle Gebäude im neobrutalen Stil bestimmen das Stadtbild. Große, mächtige Bauwerke, die demonstrieren, dass Verwaltung der Herrschaft, nicht der Ästhetik dient: *No Nonsense* scheint hier das Leitmotiv zu sein, übrigens nicht nur in der Architektur. Dass es um Ernsthaftigkeit und um Effektivität geht, in der Verwaltung, beim Bau von Straßen und der Industrie, bei der Kriegsführung und in der Politik, ist in diesem Land immer wieder unterstrichen worden und wird, direkt oder indirekt, auch bei Gesprächen in Bagdad deutlich. Der Irak will sich als ernst zu nehmender Staat verstanden wissen, als ein Staat, mit dem man nicht rumspaßt. Ernsthaft, stark, diszipliniert und, wie mir ein Gesprächspartner, die außenpolitischen Gewaltakte des Irak sozusagen entschuldigend, erklärt, »gelegentlich ein wenig zur Nervosität neigend«. Fast preußisch also. Dazu gehört auch der unbedingte Wille, sich internationalem Druck nicht zu beugen.

Nach der irakischen Invasion Kuwaits im August 1990 verhängte der UN-Sicherheitsrat ein weit reichendes Handels- und Wirtschaftsembargo gegen den Irak. Diese Sanktionen wurden in die Waffenstillstandsbedingungen (UN-Sicherheitsratsresolution 687/1991) übernommen, denen der Irak nach seiner Niederlage im zweiten Golfkrieg zustimmen musste; ihre Aufhebung wurde von einer erfolgreichen Abrüstung des Irak abhängig gemacht. Auch mehr als zehn Jahre nach der Befreiung Kuwaits stellen die Irak-Sanktionen das umfassendste Sanktionsregime dar, das die Vereinten Nationen je angeordnet haben. Vertreter der Clinton-Administration haben bis zu ihrem Abgang die Sanktionspolitik im Allgemeinen für erfolgreich erklärt, weil der irakische Präsident damit effektiv »eingedämmt« worden sei, gelegentlich auch die humanitären Opfer als zwar bedauernswerte, aber letztlich gerechtfertigte Härte bezeichnet.[278] Andere haben die Sanktionen eben wegen dieser Opfer als Menschen- und Völkerrechtsverstoß gebrandmarkt.[279] Unzweifelhaft bleibt, dass die Sanktionen zu katastrophalen wirtschaftlichen und gesellschaftlichen Entwicklungen innerhalb des Irak beigetragen haben, ohne dem herrschenden Regime allzu viel zu schaden. Auf Grund der Reichweite der Sanktionen wird auch die weitere innere Entwicklung des Irak zwar nicht ausschließlich, aber doch in vergleichsweise hohem Maße von internationalen Entscheidungen beeinflusst werden. Dabei sieht es nicht so aus, als ob die inneren Verhältnisse des Irak sich kurz- oder mittelfristig zum Besseren wenden würden.

Die Sanktionen und die wirtschaftlich-soziale Entwicklung des Irak

Mit dem Waffenstillstand nach der Befreiung Kuwaits wurde dem Irak eine komplette Abrüstung im Bereich der Massenvernichtungswaffen sowie bei Raketen mittlerer und größerer Reichweite auferlegt; die Aufhebung der Wirtschaftssanktionen wurde implizit an die Umsetzung dieser Bestimmungen geknüpft. Die Abrüstung sollte von einer vom UN-Generalsekretär eingesetzten Kommission – der damaligen UNSCOM – organisiert, verifiziert und überwacht werden. Zu den Strafmaßnahmen gegen den Irak gehörten neben den eigentlichen Wirtschaftssanktionen – im Kern ein Handelsembargo und die Blockade irakischer Auslandsguthaben – eine Reparationspflicht für die Schäden, die anderen Staaten und deren Angehörigen durch die Invasion und Besetzung Kuwaits entstanden waren, ein umfassendes Rüstungsembargo, das auch bei Erfüllung der Waffenstillstandsbedingungen auf weiteres in Kraft bleiben würde, und, natürlich, die genannte Zwangsabrüstung. Lebensmittel, Medikamente und bestimmte Produkte des zivilen Grundbedarfs blieben prinzipiell von den Einfuhrbeschränkungen ausgenommen. Da das Handelsembargo aber irakische Exporte untersagte – ausgenommen waren begrenzte Erdöllieferungen an Jordanien –, konnte der Irak sich legal auch keine Devisen verdienen.

Die irakische Wirtschaft lag nach der alliierten Bombenkampagne, mit der die irakische Führung zum Abzug aus Kuwait und zur Kapitulation gezwungen worden war, buchstäblich am Boden. Zahlreiche Elektrizitätswerke, Fabriken, Ölraffinerien, aber auch Brücken, Lagerhäuser, Telefonzentralen, Krankenhäuser und anderes waren zerstört worden; die Stromproduktionskapazität, um nur einen Indikator zu nennen, lag bei weniger als fünf Prozent des Vorkriegsstandes. Im Bericht einer UN-Kommission, die den Irak unmittelbar nach Kriegsende besuchte, heißt es, drastisch genug, der Irak sei »auf absehbare Zeit in ein prä-industrielles Zeitalter zurückgeworfen worden, allerdings bei gleichzeitig intensiver Energie- und Technologieabhängigkeit«.[280]

Dabei verfügte der Irak zwar in den siebziger und achtziger Jahren über hohe Öleinkommen, die ihm erlaubten, ein flächendeckendes und modernes Gesundheitssystem aufzubauen, nahezu jedes Dorf mit Elektrizität zu versorgen und seinen Bürgern den Konsum europäischer und amerikanischer Importgüter zu ermöglichen. Gleichzeitig schien er sich auch auf dem Weg zum industriellen Schwellenland zu befinden, hatte über den Krieg mit Iran (1980–1988) die eigene Wirtschaft aber völlig militarisiert. Die Entwicklung der Landwirtschaft wurde vernachlässigt, die Industrie auf Rüstungsproduktion ausgerichtet. Rüstungs- und Militärausgaben machten mindestens fünfzig Prozent des Bruttosozialprodukts aus.[281] Bereits nach dem ersten Golfkrieg war der Irak hoch verschuldet; der Überfall auf Kuwait sollte nicht zuletzt dazu beitragen, die wirtschaftlichen Probleme des Landes zu lösen.

In einem Land, das 75 Prozent seiner Konsumgüter importierte und dessen eigene Produktionskapazitäten weitgehend zerstört waren, musste ein umfassendes Handelsembargo zu einer radikalen Verschlechterung der Lebensbedingungen führen. Unterernährung, Kindersterblichkeit und durch mangelhafte Wasserqualität verursachte Krankheiten, darunter Cholera und Typhus, nahmen in erschreckendem Maße zu. Um wachsender Kritik an den Handelssanktionen entgegenzutreten, ohne das Embargo selbst aufzuheben, beschloss der Sicherheitsrat mit der Resolution 986 von 1995 die Grundlage des später so genannten *Oil-for-Food*-Abkommens. Die irakische Regierung ließ sich widerstrebend auf Verhandlungen über die Regelung ein; sie hatte frühere Resolutionen dieser Art wegen der darin vorgesehenen Souveränitätsbeschränkungen kategorisch abgelehnt, die sie jetzt, unter dem zunehmenden Druck der Verhältnisse, akzeptierte. Das Abkommen, das Ende 1996 schließlich in Kraft trat, erlaubte dem Irak, Öl für anfänglich zwei Milliarden Dollar im Halbjahr zu exportieren. Die Exporte standen unter Aufsicht der UN, die Exporterlöse wurden von ihr verwaltet und verteilt: dreißig Prozent der Einnahmen flossen der Kompensationskommission zu, die Reparationsforderungen gegen den Irak entgegennahm und nach und nach bediente; 13 Prozent wurden von den UN für die Versorgung der quasi-autonomen kurdischen Nordprovinzen des Irak eingesetzt; 53 Prozent blieben für Importe der Zentralregierung in Bagdad. Der Rest diente der Selbstverwaltung des Programms und der Finanzierung von UNSCOM, der Abrüstungskommission für den Irak. Die mengenmäßige Obergrenze für die irakischen Ölexporte wurde 1998 nach oben gesetzt und Ende 1999 schließlich aufgehoben; Ende 2000 wurde der Reparationsanteil auf 25 Prozent der Erlöse gesenkt, der Anteil für Importe der irakischen Regierung auf 59 Prozent erhöht. Importaufträge der irakischen Regierung mussten und müssen allerdings dem Sanktionskomitee der UN vorgelegt werden; Nutzung und Verteilung der Einfuhren werden von UN-Beobachtern überwacht. Das Komitee kann die Importaufträge genehmigen, aber auch auf Einwand eines der Mitglieder einzelne Aufträge blockieren, wenn Zweifel über den Verwendungszweck bestehen – wenn also so genannte *Dual-Use*-Produkte nicht nur dem ausgewiesenen zivilen, sondern auch einem militärischen Zweck dienen könnten. Besonders die Vertreter der USA und Großbritanniens haben dabei für eine teilweise restriktive Genehmigungspraxis gesorgt: Während Lebensmittellieferungen problemlos akzeptiert wurden, blieb etwa ein Viertel der vom Irak bestellten Importe für den Elektrizitätssektor, die Wasser- und Abwasserwirtschaft, den Telekommunikations- und Transportsektor sowie das Erziehungswesen *on Hold*.[282]

Das *Oil-for-Food*-Abkommen stellte so den Versuch dar, die humanitären Wirkungen des Embargos abzumildern, die niemand direkt verantworten wollte. Tatsächlich verbesserte sich seit 1997 die Versorgung mit Grundnahrungsmitteln, die vom Staat bewirtschaftet, also über Lebensmittelscheine verteilt wurden, sie blieb aber unzureichend: Die verteilten Rationen entsprachen auch im Jahr 2001 einem Nahrungswert von weniger als 2000 Kalorien pro Tag und Person, etwa achtzig Prozent des von der Weltgesundheitsorganisation festgelegten Ziels.[283] Die irakischen Märkte sind zwar voll mit Lebensmitteln, ein erheblicher Teil der Bevölkerung kann sich Nahrungsmittel vom freien Markt aber kaum leisten. Ein offizielles Lehrergehalt lag im Jahr 2000 bei durchschnittlich 3500 Dinar – etwa zwei Euro –, das eines hohen Beamten bei 30 000 Dinar im Monat. Allgemeine Unterernährung, hieß es in einem Bericht des UN-Entwicklungsprogramms UNDP, nehme zwar nicht mehr zu, habe sich aber auf einem inakzeptabel hohen Niveau stabilisiert. Die Kindersterblichkeit wuchs dramatisch: Während die Sterblichkeitsrate bei den Unter-Fünfjährigen in den achtziger Jahren bei 54 pro Tausend lag, stieg sie bis Ende der neunziger Jahre auf 131 pro Tausend. Etwa 800 000 Kinder dieser Altersgruppe sind chronisch unterernährt. Malaria und Typhus haben sich ausgebreitet; grundlegende Dienstleistungen des Gesundheitssektors, wie die Kontrolle der Trinkwasserqualität oder Krankenwagentransporte, funktionieren in weiten Teilen des Landes nicht mehr. Die Produktion fast aller Sparten außerhalb des Ölsektors verfiel. Das galt für die private verarbeitende Industrie genauso wie für die schon früher vernachlässigte, stark von Düngemittel- und Pestizidimporten abhängige Landwirtschaft: Die einheimische Getreideproduktion lag 1999/2000 bei etwas mehr als einem Drittel der Produktion von 1989/90 und einem Viertel der Produktion von 1979/80.[284] Das durchschnittliche – und zunehmend inegalitär verteilte – Bruttosozialprodukt sank von 2800 Dollar pro Kopf vor 1990 auf geschätzte 715 Dollar im Jahr 2000.

Während der Irak die internationale Gemeinschaft, und nicht zuletzt die USA, anklagt, die Leiden der irakischen Bevölkerung und den Tod einer halben Million Kinder, die zum Opfer der Sanktionen geworden seien, verursacht zu haben, haben vor allem Vertreter Washingtons der irakischen Regierung immer wieder vorgehalten, selbst an der Misere schuld zu sein. Der Irak habe schließlich lange gezögert, die *Oil-for-Food*-Regelung überhaupt zu akzeptieren; er ordere zu wenig Lebensmittel und Medikamente, ja, er verkaufe sogar Nahrungs- und Arzneimittel, die unter der Regelung eingeführt worden seien, auf dem internationalen Schwarzmarkt, um sich illegal Devisen zu beschaffen. Zweifellos trafen diese Vorwürfe im Einzelnen zu. Dennoch blieben die Wirtschaftssanktionen und die restriktive Genehmigungspraxis des Sanktionsausschusses zwar nicht die alleinige, aber eine wesentliche Ursache der materiellen Verelendung und der katastrophalen Gesundheitslage im Irak. UN-Beobachter haben immer wieder betont, dass die irakischen Behörden für eine im Rahmen der Möglichkeiten zufrieden stellende Verteilung der unter *Oil-for-Food* importierten Güter sorgen, dass es also nicht einfach nur an der irakischen Regierung liege, die zur Verfügung stehenden Mittel besser zu nutzen. Auch zehn Jahre nach dem Ende des zweiten Golfkrieges waren wesentliche Teile der sozialen Infrastruktur und des Transportwesens noch nicht wiederhergestellt oder dem Zusammenbruch nahe, weil manchmal nur einzelne wichtige Investitionsgüter oder Ersatzteile im Sanktionskomitee blockiert wurden. Dazu gehörten beispielsweise Ladevorrichtungen, Feuerwehrfahrzeuge, Saugbagger und anderes Gerät für den irakischen Hafen Umm Qasr, über den ein wesentlicher Teil der Versorgungsgüter ins Land kommt, Ersatzteile für Elektrizitätswerke und Ölraffinerien oder Chemikalien für Kläranlagen.[285] Dass die USA all diese Güter im Sanktionsausschuss blockierte, weil sie deren Umwidmung zu militärischen Zwecken fürchtete, lässt sich ernsthaft kaum glauben: Eher geht es wohl darum, einen industriellen Wiederaufbau des Landes zu verhindern, solange das gegenwärtige Regime an der Macht ist.

Gleichzeitig trifft es zu, dass die irakische Führung das Elend des eigenen Landes in zynischer Weise genutzt hat, um in der arabischen und der internationalen Öffentlichkeit Sympathie zu erzeugen. Bagdad bemühte sich um eine völlige oder doch nahezu völlige Aufhebung der Sanktionen; es hatte auch wenig Interesse an einer Modifizierung der Handelssanktionen, die lediglich die Versorgungslage der Bevölkerung verbessern würde, ohne gleichzeitig die eigene Souveränität und insbesondere die Kontrolle über Ölexporterlöse wiederherzustellen. Dies wurde deutlich, als der Irak sich im Sommer 2001 mit Verve gegen einen britisch-amerikanischen, der Tendenz nach auch von Frankreich unterstützten Vorschlag wandte, das Sanktionsregime »smarter« zu gestalten. Ziel dieses Vorschlags war, die Genehmigungspflicht für irakische Importe auf eine Negativliste von Rüstungsgütern und *Dual-Use*-Produkten zu begrenzen; gleichzeitig aber war vorgesehen, die finanzielle Aufsicht über die irakischen Öleinnahmen aufrechtzuerhalten und die Kontrollen an den irakischen Grenzen zu verschärfen, um illegale Importe und nichtkontrollierte Ölexporte zu verhindern. Der Vorschlag scheiterte jedoch, da Bagdad Russland und einige regionale Staaten dagegen mobilisierte; ohne die Zustimmung der Nachbarn, die die Überwachung der irakischen Grenzen hätten organisieren oder zulassen müssen, könnte ein neues Sanktionsregime gar nicht durchgesetzt werden. Die irakische Führung wollte (und will) aber keine smarten, sie will gar keine Sanktionen; im Zweifelsfall zog sie das existierende Sanktionsregime vor.

Exkurs
Sanktionen und Rüstungskontrolle

Die internationale Debatte über die Sanktionen und die Tatsache, dass eine Änderung oder gar Aufhebung des Sanktionsregimes nur mit amerikanischer Zustimmung zu Stande kommen würde, ließ die ursprünglichen Ziele dieses Regimes gelegentlich in Vergessenheit geraten. Die Waffenstillstandsresolution von 1991 und die weiteren relevanten Sicherheitsratsresolutionen waren allerdings klar: Die allgemeinen, zivilen Wirtschaftssanktionen sollten dazu dienen, den Irak zur Kooperation bei der ihm verordneten Zwangsabrüstung zu bewegen. Sie sollten suspendiert werden, wenn der Irak sich über längere Zeit als kooperativ erwies, und schließlich, nach Abschluss dieser Aufgabe, außer Kraft treten.[286] Es ging nicht darum, einen Regimewechsel in Bagdad herbeizuführen; und es ging schon gar nicht um eine Degradierung der Lebensverhältnisse im Irak.

Die Tätigkeit von UNSCOM, der für die Vernichtung der irakischen Massenvernichtungswaffen eingerichteten Spezialkommission der UN, wurde nie abgeschlossen. Die UNSCOM-Inspekteure verließen den Irak vor dem kurzen Luftkrieg, den die USA im Dezember 1998 gegen den Irak führten. Seither weigerte sich der Irak, die Kommission zurückzulassen oder mit der Nachfolgeorganisation UNMOVIC zusammenzuarbeiten; schließlich, so hieß es, habe man lange genug kooperiert, und die Bedingungen des Waffenstillstands, namentlich die Abrüstung der verbotenen Waffen, seien erfüllt. Dies dürfte tatsächlich kaum der Fall sein; es ist aber nicht zu übersehen, dass das aggressive, militärische Potenzial des Irak erheblich reduziert worden ist. Ende 1998, als die Waffeninspekteure den Irak verließen, galt die atomare Abrüstung des Irak als abgeschlossen. UNSCOM vermutete, dass der Irak noch etwa sieben selbst gebaute *Scud*-Raketen versteckt halte – Mittelstreckenraketen, die Ziele in Iran, den Golfmonarchien, Jordanien, Israel, Syrien oder der Türkei erreichen könnten. Die Kommission hatte aber den Verbleib von 817 der insgesamt 819 vom Irak importierten *Scuds* geklärt; sie hatte einige Zehntausend Stück chemischer Munition, Hunderte Tonnen chemischer Kampfstoffe, die wichtigste Produktionsstätte für biologische Kampfstoffe und entsprechendes Material in anderen Einrichtungen sowie zahlreiche Produktionsanlagen für Raketen und Raketenwerfer zerstört oder deren Zerstörung verifiziert; und sie hatte in über 300 irakischen Produktions- und Forschungsstätten, die potenziell zur Herstellung und Erprobung von Raketen oder von atomaren, biologischen oder chemischen Waffen dienen können, Überwachungssysteme installiert.[287] Dass die UN-Kommission gleichzeitig von den USA zu Spionagezwecken missbraucht wurde, diente dem Irak später als zusätzliches Argument, um sich einer Wiederaufnahme ihrer Tätigkeit oder der ihrer Nachfolgerinstitution im Irak zu widersetzen. Es ist keine Frage, dass der Irak versucht hat, die Inspekteure zu täuschen und das Rüstungsembargo nach Möglichkeit zu durchbrechen. Kein Regime, das unter internationalen Sanktionen steht, würde nicht versuchen, zu betrügen und Auflagen zu umgehen. Es steht auch nicht in Frage, dass der Irak, nachdem die Inspekteure Ende 1998 das Land verließen, seine eigenen Rüstungskapazitäten allmählich wieder aufzubauen versucht. Man bemüht sich, bestimmte Rüstungsgüter, Leitsysteme für die Flugabwehr etwa, auf dem internationalen grauen Markt zu erwerben; andere Waffen –

gepanzerte Fahrzeuge, Artilleriegeschütze, Flugabwehrraketen und Boden-Boden-Raketen kürzerer Reichweite – werden in Eigenproduktion hergestellt. Die Militarisierung der Wirtschaft wird aufrechterhalten; das Ministerium für Militärproduktion hat eine privilegierte Stellung, die sich schon daran zeigt, dass der zuständige Minister 2001 zu einem der vier stellvertretenden Ministerpräsidenten befördert wurde. Die finanzielle Ausstattung des Ministeriums hat es ihm erlaubt, Techniker und Ingenieure in ihren Jobs zu halten, die andernfalls wie Zehntausende irakischer Fachkräfte das Land wohl verlassen hätten.

All das heißt nicht, dass der Irak auf absehbare Zeit wieder eine unmittelbare Gefahr für seine Nachbarn darstellen würde. Gerade amerikanische Beobachter, die die Sanktionen verteidigten, haben wiederholt darauf hingewiesen, dass der Irak effektiv eingedämmt sei; sein militärisches Potenzial wurde auf weniger als zwanzig Prozent seiner Kapazitäten von 1990 geschätzt.[288] Das wichtigste militärische Ziel des Irak schien seit etwa 1999 darin zu bestehen, eines oder mehrere der amerikanischen oder britischen Flugzeuge abzuschießen, die die – ohne UN-Mandat – verhängten Flugverbotszonen im Norden und Süden des Irak patrouillierten und dabei regelmäßig irakische Radarstellungen und andere Ziele bombardierten; Panzer und Kanonen dienten hingegen vor allem zur Kontrolle der eigenen Bevölkerung und zur Unterdrückung möglicher Aufstände. Aus rein verteidigungspolitischer Sicht gab es deshalb für die regionalen Nachbarn des Irak und auch aus US-Perspektive keinen Grund mehr, die Wirtschaftssanktionen aufrechtzuerhalten.[289]

Ein »stabiles« Regime

Es ist augenfällig, dass auch mehr als zehn Jahre harter Sanktionen, die die Wirtschaft des Landes am Boden gehalten, seine militärischen Kapazitäten reduziert und katastrophale gesellschaftliche Folgen gezeitigt haben, an der Führung des Landes nahezu spurlos vorbeigegangen sind. Das fängt beim Personal an der Spitze an. Saddam Husein wurde 1968, nach einem von der arabisch-nationalistischen *Baath*-Partei getragenen Putsch, der zweite Mann im Staat und ist seit 1979 Präsident, Generalsekretär der als Staatspartei fungierenden *Baath* und Vorsitzender des so genannten Revolutionären Kommandorates.

Das irakische Regime ist eine hoch personalisierte Diktatur. Letztlich liegen alle strategischen Entscheidungen bei Saddam Husein, der sich gelegentlich auch nicht gescheut hat, bestimmte Entschlüsse als das Ergebnis direkter göttlicher Eingebung darzustellen. Es ist ein System, das von den Untergebenen blinden Gehorsam verlangt und auch hohe Beamte, Minister oder Generäle durch offenen Terror in die Unterwürfigkeit zwingt. Nicht wenige hohe Militärs und Regierungsvertreter sind als vorgebliche, vermutete oder tatsächliche Verräter im Amt exekutiert worden. Im Gegensatz zu anderen diktatorischen oder auch nur mehr oder weniger autoritären Regimen innerhalb und außerhalb der Region, die Systemgegner liquidiert haben, von denen sie sich bedroht fühlten, hat das irakische Regime Gewalttaten dieser Art nicht heimlich, sondern sichtbar und gelegentlich öffentlich praktiziert: Angst zu verbreiten ist Herrschaftsmittel – nicht nur, aber gerade auch gegenüber den hohen Dienern des Regimes.[290] Wer unter Saddam Husein ein Staatsamt antritt, weiß auch um die persönlichen Risiken, die ein Verlust der Gnade des Präsidenten mit sich bringen kann. Das galt, um nur ein Beispiel zu nennen, sicher für Naji Sabri Hadithi, einen Karrierediplomaten, der im Sommer 2001 zum Außenminister des Landes bestellt wurde. Sein Bruder Muhammad war Anfang der achtziger Jahre hingerichtet worden, sein Bruder Shukri zeitweise im Gefängnis, sein Cousin Murtada, ein früheres Führungsmitglied der *Baath*, der vor 1979 als Öl- und als Außenminister gewirkt hatte, gehörte zu einer Gruppe von Ministern, die Saddam Husein unmittelbar nach seiner vollen Machtübernahme als angebliche Verräter hinrichten ließ.[291]

Etliche Mitstreiter Huseins sind fast ebenso lange wie dieser im Amt oder, in wechselnden Positionen, in seinen Diensten. Dazu gehören Tariq Aziz, der als Außenminister oder stellvertretender Ministerpräsident die Außenbeziehungen des Landes bestellt hat, Vizepräsident Taha Yasin Ramadan, Izzat Ibrahim, der als Stellvertreter Saddam Huseins im Kommandorat fungiert, oder Ali Hassan Majid, ein Cousin Huseins, der zeitweise als Verteidigungsminister und in anderen Sicherheitspositionen tätig war und sich vor allem durch seinen Chemiewaffeneinsatz gegen die kurdische Zivilbevölkerung hervortat. Alle vier sind auch Mitglieder der 18-köpfigen Führung der *Baath*-Partei. Natürlich gab es Ausfälle wie Huseins Schwiegersöhne Husein und Saddam Kamel, die sich 1995 nach Jordanien absetzten, dann zurückkehrten und mitsamt einem Teil ihrer Familie ermordet wurden. 2001 wurden sieben neue Mitglieder in die Führung der *Baath*-Partei befördert, darunter mit der Naturwissenschaftlerin Huda Salih Ammash, der Tochter eines früheren hohen Parteifunktionärs, erstmals eine Frau, vor allem aber Qusai Saddam Husein, zweitgeborener Sohn des Präsidenten, den dieser wenig später in den Revolutionären Kommandorat und zu einem seiner Stellvertreter als Chef des Militärbüros der Partei erhob.

Persönliche Loyalität zu Saddam Husein ist das wichtigste Kriterium für eine Mitgliedschaft in den höchsten Führungsetagen; für entscheidende, sicherheitsrelevante Positionen stützt der irakische Präsident sich aber vornehmlich auf Mitglieder der eigenen Familie und des eigenen, weiteren Clans. Der 1966 geborene Qusai war bereits Chef der Speziellen Republikanischen Garden, einer Elite-Einheit, und eines eigenen Sicherheitsdienstes zum Schutz des Regimes; spätestens mit seinem Aufstieg in die Parteiführung stach er seinen zwei Jahre älteren Bruder Udai an Einfluss aus. Udai, ein notorischer Gewalttäter, der einst den Leibwächter seines Vaters mit einem elektrischen Fleischmesser umbrachte, hatte es nur zum Parlamentsabgeordneten, zum Vorsitzenden der Jugendorganisation, des Nationalen Olympischen Komitees und des Journalistenverbandes, zum Herausgeber mehrerer Zeitungen und Betreiber eines Fernsehkanals gebracht. Das Regime bewies also personelle Stabilität und bereitete sich ganz offen darauf vor, die Führerschaft eines Tages innerhalb der Familie Huseins zu vererben.[292]

Herrschende Meinungen

Es scheint zudem, dass Krieg und Sanktionen wenig an der Weltsicht der herrschenden Kreise geändert haben. Dies zeigt sich in der Haltung, die irakische Offizielle in Gesprächen, Reden oder Verlautbarungen zu politischen Fragen einnehmen. Das Verhältnis des Irak zu seiner regionalen und internationalen Umwelt steht dabei deutlich im Vordergrund. Hier sticht vor allem ein politisch-psychologisches Phänomen hervor, das man als »Versailles-Komplex« bezeichnen kann: ein tief sitzendes Gefühl, von der Welt ungerecht behandelt zu werden, ein enormes Selbstvertrauen, dass der Irak ein militärisch und geopolitisch essenzieller Akteur ist, der früher oder später wieder seinen Platz in der Welt einnehmen wird, und die echte oder vorgespielte Überzeugung, dass die Niederlage im Golfkrieg eigentlich keine war. Letzteres geht mit einem insgesamt recht lockeren Umgang mit der jüngeren Geschichte einher.

So firmiert der zweite Golfkrieg in der propagandistischen Darstellung des Regimes weiterhin als »Mutter aller Schlachten« oder als »Aggression der Dreißig« – gemeint sind die Staaten, die in der einen oder anderen Form der amerikanisch geführten Allianz angehörten. George Bush, hieß es etwa, sei 1991 »durch den heldenhaften irakischen Widerstand zum Waffenstillstand gezwungen« worden.[293] Und angesichts des sicheren irakischen Sieges in der Auseinandersetzung über die Sanktionen müssten die amerikanischen Aggressoren sich auf eine »miserable Zukunft« vorbereiten.[294] Eine irakische Aggression habe es schon gar nicht gegeben. Der Irak, erklärte mir Saad Qasim Hamoudi, der Vorsitzende des auswärtigen Ausschusses im irakischen Parlament, bei einem Gespräch, habe nie eine Aggression gegen irgendeinen der Nachbarstaaten ausgeübt, nicht gegen Kuwait 1990 und auch nicht gegen Iran 1980. Man bestreite nicht, dass man zuerst militärische Gewalt eingesetzt habe; damit habe der Irak aber nur sein legitimes Selbstverteidigungsrecht wahrgenommen.

Insgesamt stellen Krieg und Gewalt spätestens seit 1980, seit dem Beginn des irakisch-iranischen Krieges also, eine Art permanente humane Kondition dar, in der der Irak, so die herrschende Auffassung, sich gegen eine Vielzahl von Feinden behaupten müsse.[295] Im zweiten Golfkrieg habe der Irak sich nur, dies wurde auch in offiziellen Erklärungen zum elften Jahrestag des Überfalls auf Kuwait wieder betont, gegen eine Verschwörung Kuwaits mit Amerikanern, Briten und Zionisten gewehrt, die Macht und Stärke des Irak zerstören wollten.[296] Der 2. August 1990, der Tag der Invasion also, habe einen »noblen Ruf«.[297] Gerade Präsidentensohn Udai hat sich wiederholt mit öffentlichen Forderungen hervorgetan, die Schlacht um Kuwait zumindest symbolisch noch einmal zu schlagen. Frisch ins Parlament gewählt, verlangte er etwa, auf der dort angebrachten Karte auch die Zugehörigkeit Kuwaits zum Irak kenntlich zu machen. Selbst wenn Bagdad in der Vergangenheit vielleicht Fehler begangen habe – wer, außer Gott, mache keine Fehler –, dann, so die stets wiederholte Botschaft, sei er heute jedenfalls ein Opfer. Der Irak habe sich nicht nur aus Kuwait zurückgezogen, sondern alle Bestimmungen der Waffenstillstandsresolution erfüllt. UNSCOM habe, bevor sie den Irak verlassen habe, jedenfalls nicht nachweisen können, dass der Irak über weitere, illegale Waffenbestände verfüge. Es gebe deshalb auch keinerlei Veranlassung für neue Inspektionen. Die Handelssanktionen seien ein Unrecht; der Westen begehe einen Genozid am irakischen Volk.

Irakischen Führungsleuten ist durchaus klar, dass die USA unter Clinton wie Bush die Sanktionen so lange aufrechterhalten wollen, wie Saddam Husein an der Macht bleibt. Aber gerade das wird für besonders ungerecht und unerträglich gehalten – übrigens auch von Irakern, die sich zumindest heimlich sehr wohl ein anderes Regime vorstellen können und wünschen. Westliche Strategen, die in der Sanktionspolitik eine Möglichkeit gesehen haben, das irakische Regime zu schwächen, dürften unterschätzt haben, wie stark der Souveränitätsgedanke, fast möchte man sagen die Souveränitätsobsession, der irakischen politischen und intellektuellen Elite ist.[298] Der Irak ist ein junger Nationalstaat und, wenn überhaupt, eine junge Nation, geschmiedet vor allem im achtjährigen Krieg mit Iran (1980–1988); die Souveränität des Staates zu wahren, ihn vor ausländischer Kontrolle und ausländischem Einfluss zu schützen, ist gerade für die politische Elite ein Wert, der andere Werte, humanitäre oder politische, überwiegt. Der Versuch der UN, internationales Recht über die Souveränität eines Nationalstaates zu stellen, könne nicht akzeptiert werden. Der Irak erkenne die legitimen Interessen jedes anderen Staates an, das US-amerikanische Interesse am Öl eingeschlossen, und prinzipiell sei man auch zur Zusammenarbeit mit den USA bereit. Was man nicht akzeptieren könne – und wo jede Zusammenarbeit ihre Grenze finde –, sei der Versuch Amerikas, auf Kosten irakischer Rechte den Golf und das Öl am Golf dominieren zu wollen.

Die Kritik an der Unterminierung irakischer Souveränität durch internationale Sanktionen, Flugverbotszonen oder die von den UN geforderte langfristige Überwachung irakischer Produktionsanlagen mischt sich mit einem zumindest auf Seiten der Führungseliten scheinbar ungebrochenen Selbstvertrauen, dass man all diese Zumutungen überstehen und dass die westliche Welt letztlich erkennen werde, dass es irakische Interessen ernst zu nehmen gelte. Tatsächlich, so im Gespräch ein Abteilungsleiter im Außenministerium, habe das Embargo die irakischen Potenziale gestärkt. Moralisch ohnehin, denn wenn im Ausland Nachrichten fabriziert würden, um das Bild des Irak und seines Präsidenten zu verunglimpfen, dann stärke das den inneren Zusammenhalt. Aber auch technisch: Manches, das man früher importiert habe, werde jetzt selbst produziert. Man habe sich an die Lage gewöhnt, so auch der Präsident der irakischen Handelskammer, und man werde auch noch länger durchhalten: »Aber irgendwann«, sagt er, »kommen wir wieder.«

Diese Sicherheit, irgendwann den legitimen Platz wieder einzunehmen, den man auf Grund einer internationalen Verschwörung verloren habe, gründet sich bei den meisten Offiziellen auf zwei schwer bestreitbare Fakten: auf die geopolitische Lage des Landes und auf dessen Ölreichtum. Der Irak, und das werde letztlich schwerer wiegen als der Wunsch verschiedener US-Administrationen, das irakische Regime zu schwächen, sei schließlich ein zentraler Staat am Golf, dessen Interessen der Westen in Zukunft nicht außer Acht lassen könne. Ein Staat, der ein so lange anhaltendes Wirtschaftsembargo überstanden habe und dennoch funktioniere, dessen Gewicht müsse man in Rechnung stellen. Auch bleibe der Irak – hier mag der Zuhörer staunen – ein Element der Stabilität, eine regionale Macht, die die Sicherheit am Golf garantieren könne. Ohne den Irak nämlich fehle ein Gleichgewicht gegen den Iran. Die amerikanische Truppenpräsenz am Golf sei letztlich keine Alternative zur militärischen Stärke des Irak; nicht nur seien amerikanische Truppen zu teuer, diese Truppen könnten die Golfmonarchien auch allenfalls gegen Bedrohungen von außen, nicht aber gegen innere Bedrohungen schützen. Der Irak habe die Region acht Jahre lang, von 1980 bis 1988, davor geschützt, in die Hände Khomeinis zu fallen. Die Zwangsabrüstung des Irak gefährde die regionale Stabilität, weil sie Ungleichgewichte schaffe. Iran könne seine chemischen und nuklearen Kriegsführungsfähigkeiten ausbauen, ohne dass es ein irakisches Gegengewicht gebe. Es wäre deshalb im Interesse aller, auch der USA, das Wirtschafts- und auch das Rüstungsembargo aufzuheben und die militärische Kraft des Irak nicht weiter zu schwächen. Die Botschaft an den Westen ist klar: Ihr werdet letztlich nicht an uns vorbeikommen.

Schließlich gibt es das Öl. Vielleicht haben irakische Offizielle sogar Recht, wenn sie von Zeit zu Zeit verbreiten, dass der Irak mit seinen noch unerschlossenen Ölfeldern die größten Ölvorräte der Welt habe, noch größere als Saudi-Arabien.[299] Im Gespräch mit Europäern wird immer wieder erklärt, dass gerade Europa ein Interesse daran haben müsse, den Irak und das irakische Ölpotenzial nicht unter die Kontrolle der USA geraten zu lassen. Der Irak verteidige praktisch, indem er sich den USA widersetze, die Unabhängigkeit Europas. Es sei auch enttäuschend, dass die EU-Regierungen die im Jahr 2000 getroffene irakische Entscheidung, die Ölexporte unter dem *Oil-for-Food*-Abkommen in Euro und nicht mehr in Dollar zu berechnen, nicht als positive Geste aufgenommen und entsprechend beantwortet hätten.

Nahezu logisch ergibt sich ein Drittes: Wenn die Strafmaßnahmen, die die Vereinten Nationen dem Irak auferlegt haben, ungerecht sind und wenn der Irak trotz dieser Ungerechtigkeiten eines Tages wieder auf die Füße kommt, dann wird er bestimmte Arrangements in Frage stellen, denen er in einem Zustand der Schwäche zwangsweise zugestimmt hat. Natürlich, sagte man mir auf meine Nachfrage bei einem Gespräch mit einem hohen Parteifunktionär, habe man weiterhin Grenzprobleme mit Iran und Kuwait. So habe der Sicherheitsrat 1993, mit der Resolution 806, in der die Grenze zwischen Kuwait und Irak festgelegt wurde, dem Irak die Hälfte seines ohnehin arg begrenzten Zugangs zum Meer genommen, zwölf Bohrlöcher gestohlen und Kuwait 700 Meter nach Norden vorstoßen lassen. Die Festlegung bilateraler Grenzen sei aber nicht Sache des Sicherheitsrates. Zwar habe die irakische Führung die Resolution akzeptiert, und man halte sich daran, aber dies sei unter Zwang geschehen und sei nicht gerecht. Es sei deshalb auch »nicht im Interesse Kuwaits, auf diese Grenzregelung zu bestehen, die uns unter solch besonderen Bedingungen aufgezwungen worden ist«. Die Kuwaitis sollten stattdessen bereit sein, die Dinge in bilateralen Verhandlungen zu revidieren. Später, wenn die Sanktionen vorüber seien, werde der Irak jedenfalls ein Recht zur Revision geltend machen. Dabei werde die Grenzfrage mit Kuwait ein Thema sein, ebenso wie die dem Irak auferlegten Reparationen: »Wir werden dann Reparationen verlangen.«

In Bagdad unbesiegt

Um eine solch revisionistische, wenn nicht revanchistische Haltung in konkrete außenpolitische Aktionen umzusetzen, dürften dem Irak auf absehbare Zeit die materiellen Möglichkeiten fehlen. Gleichwohl betrachtet das Regime sich offenkundig nicht als besiegt und hat damit in gewisser Weise auch Recht. Schließlich wären die meisten Regime der Welt, auch autoritäre, über Katastrophen wie die, die der Irak unter Saddam Husein erlebt hat – unter zwei Kriegen, einer militärischen Niederlage, härtesten Sanktionen und verheerenden wirtschaftlichen und sozialen Entwicklungen –, zusammengebrochen. Und obwohl die Sanktionen die Handlungsmöglichkeiten der irakischen Führung begrenzt haben, hat diese politisch überlebt, hat sich nicht einmal dazu zwingen lassen, den Nachbarn, insbesondere Kuwait, gegenüber verbindlicher aufzutreten oder gar die inneren Herrschaftspraktiken zu ändern. Es ist nicht auszuschließen, dass eine Lockerung oder Öffnung das Regime zu Fall gebracht, dass die innere und äußere Konfrontation ihre eigene Logik entwickelt hätte, nach der ein Zurückweichen auch das Aus bedeuten würde. Indem das Regime aber demonstriert hat, dass es sich nicht hat ändern und dass es nichts hat dazulernen müssen, hat es auch seine Macht bewiesen.

Tatsächlich haben auch die Wirtschaftssanktionen der Regime-Elite nicht sonderlich geschadet. Die offiziellen Ölexporte mussten zwar über das *Oil-for-Food*-Programm abgewickelt werden, wodurch der irakischen Regierung beziehungsweise der Regimespitze die Kontrolle über die Exporterlöse entzogen wurde. Daneben aber entwickelte sich ein reger grauer oder schwarzer Ölexport außerhalb jeder UN-Aufsicht, dessen Erlöse frei verfügbar waren, um Waren zu importieren und Dienstleistungen zu bezahlen, die das Sanktionskomitee nicht genehmigt hätte. Trotz erheblicher Preisabschläge, die der Irak seinen Nachbarstaaten oder Händlern aus diesen Staaten gewährte, wurde der Nettoprofit, der aus diesen Geschäften entstand, bereits auf 700 Millionen Dollar pro Jahr geschätzt, bevor der Nachbarstaat Syrien Ende 2000 eine über lange Zeit blockierte Pipeline wieder in Betrieb nahm und ebenfalls in größeren Mengen irakisches Öl einführte. Im Übrigen versuchte der Irak, Handelsgesellschaften, die irakisches Öl aufkauften und dessen Preis ordnungsgemäß auf das UN-Treuhandkonto entrichteten, mit entsprechenden Rabatten beim offiziellen Preis dazu zu bewegen, eine 50-Cent-pro-Barrel-Gebühr auf ein irakisches Konto zu zahlen.[300]

Diese und andere Finanzflüsse wurden faktisch privatisiert, standen also dem Präsidenten – den das Magazin *Forbes* deshalb schon Ende der neunziger Jahre zu den reichsten Menschen der Welt rechnete[301] – zur Verfügung, der sie nicht nur für die gelegentlich erwähnten Palastbauten oder für Rüstungsbeschaffungsmaßnahmen verwendete, sondern sie wesentlich nutzte, um die eigene Herrschaftsbasis zu stabilisieren. Dies hieß nicht zuletzt, den Spezialtruppen, die das Regime zu seinem eigenen Schutz aufgestellt hatte, Ministern und hohen Beamten, Mitarbeitern des Präsidialamtes oder wichtiger Ministerien, der eigenen größeren Familie und einem weiten Kreis loyaler oder sich als loyal erweisender Kräfte ein Leben zu ermöglichen, das von den Sanktionsfolgen weitgehend unbeeinflusst blieb. Loyalitäten ließen sich auch dadurch festigen, dass Einzelpersonen, darunter vor allem auch Mitglieder der engeren und weiteren Familie, Monopole über bestimmte Schwarzmarktsektoren erhielten.[302] Hier Ähnlichkeiten mit dem Stil eines Mafia-Clans zu konstatieren, ist keineswegs abwegig.

Gleichzeitig arbeiteten das irakische Außenministerium und andere Fachministerien daran, den Irak aus seiner regionalen und internationalen Isolation zu befreien. Auch zehn Jahre nach dem Ende des Golfkriegs waren Besuche ausländischer Minister oder gar Staatschefs ungewöhnlich,[303] aber zahlreiche Länder, darunter auch einzelne Staaten des Golfkooperationsrates, die Türkei und andere Golfkriegsgegner hatten ihre Botschaften wieder eröffnet, Eisenbahn-, Fähr- und Busverbindungen und in einzelnen Fällen auch unregelmäßige Flugverbindungen wiederhergestellt. Vertreter der internationalen Geschäftswelt, vor allem von Öl-, Bau- und Industrieunternehmen, traten sich bereits seit Mitte der neunziger Jahre in den Hotels Bagdads auf die Füße – zeigten Präsenz, um dabei zu sein, wenn es nach einem Ende oder einer entsprechenden Erleichterung der Sanktionen um Aufträge für den irakischen Wiederaufbau oder Investitionen in der Ölindustrie gehen würde.

Die Zentralgewalt in Bagdad beherrschte nicht das ganze Land. Der Irak teilt sich grob in drei politisch und ethnisch bestimmte Zonen: Die nördliche Zone, das irakische Kurdistan, wird seit 1991 von kurdischen Parteien selbst verwaltet, ist also quasi-autonom. Amerikanische Garantien – oder richtiger: Drohungen an die Adresse Bagdads, keine Versuche zu machen, diese Gebiete zurückzuerobern – sichern den Autonomiezustand ab. Faktisch ist die kurdische Zone zwischen den zwei dominanten kurdischen Parteien aufgeteilt, nachdem diese sich wiederholt militärische Auseinandersetzungen um territoriale Kontrolle und die Aufteilung der Einnahmen aus der Besteuerung des mehr oder weniger legalen Handels mit der Türkei und Iran lieferten. Der irakische Süden wird fast ausschließlich von schiitischen Arabern bewohnt. Hier, in Najaf und Kerbala, befinden sich auch die wichtigsten Heiligtümer der *Schia*, der kleineren der beiden großen Konfessionen des Islam, der im gesamten Irak allerdings eine knappe Mehrheit der Bevölkerung angehört. Der Süden steht zwar unter der Kontrolle des Regimes, dies aber in einer Art permanenten militärischen Belagerungszustandes: In den Städten des Südens brach 1991, nach dem Golfkrieg, der Aufstand gegen Saddam Husein aus, und auch in der Folgezeit kam es hier immer wieder zu Widerstandsaktionen; das Regime konnte und kann sich dieser Gebiete nicht sicher sein und hat sie entsprechend behandelt. In der zentralen Zone, dem so genannten sunnitischen Dreieck, zu dem das Gebiet zwischen Bagdad, Mosul und syrischer Grenze gehört, ist die Bevölkerung überwiegend sowohl arabisch als auch sunnitisch – nur die Millionenstadt Bagdad ist konfessionell und ethnisch gemischt. In Tikrit, nördlich von Bagdad, hat Saddam Husein auch seine eigene tribale Basis, hier rekrutiert er den größten Teil der Truppen, die eher dem Schutz des Regimes als dem der Außengrenzen dienen.

Den faktischen Verlust der kurdischen Gebiete und gewisse Unsicherheiten im Süden konnte das Regime verkraften, solange ihm die Kontrolle über die wichtigste Einnahmequelle, die Ölproduktion, verblieb und solange es mindestens in der Hauptstadt eine gewisse Normalität, Ruhe und Ordnung sicherstellen konnte. Gelegentliche Anschläge auf Einrichtungen oder Repräsentanten des Regimes – 1996 wurde Präsidentensohn Udai bei einem Attentat schwer verletzt – störten diese Normalität nicht. Wenn Unruhen befürchtet wurden, wie 1999, nachdem der schiitische Religionsgelehrte Ayatollah Muhammad Sadiq al-Sadr ermordet worden war, vermutlich von Schergen des Regimes, wurden die mehrheitlich schiitischen und überwiegend proletarischen Vorstädte von Spezialtruppen und Parteimilizen abgeriegelt.

Man muss nicht davon ausgehen, dass das Regime Saddam Huseins im eigenen Land populär ist, auch nicht unter der Mehrheit des sunnitischen Bevölkerungsteils, dem er selbst zugehört. Die verschiedenen ideologischen Konstrukte, die das Regime über die Jahrzehnte zur Selbstrechtfertigung aufgebaut hat, dürften auch hier nur noch wenige Menschen überzeugen. Dazu gehörte in der Vergangenheit der Kampf um die arabische Einheit oder, während des ersten Golfkriegs, die Verteidigung des Arabertums gegen die Perser. Seit der Besetzung Kuwaits und dem zweiten Golfkrieg versuchte das Regime, sich dann eine islamische Färbung zu geben; die irakische Flagge wurde um den Schriftzug *Allahu Akbar* (Gott ist groß) ergänzt; die Reden Saddam Huseins wurden mit Koranzitaten gefüllt, der Name des Präsidenten wurde in der offiziellen Rhetorik mit Epitheta wie *hafazahu-llah* (Gott erhalte ihn) oder *al-Mansur bi-llah* (dem Gott zum Sieg verholfen hat) versehen; Funktionäre der ursprünglich säkularen *Baath*-Partei wurden zum Koran-Studium verpflichtet. Seit Beginn der zweiten palästinensischen *Intifada* bemühte sich der Irak zudem darum, sich als einziger und einzig wahrer Verteidiger der Palästinenser zu präsentieren. Nicht dass irgendjemand die großsprecherischen Ankündigungen, der Irak habe eine sechs Millionen starke Freiwilligenarmee aufgestellt, um Palästina vom Fluss (dem Jordan) bis zum Meer (dem Mittelmeer) zu befreien, wirklich ernst genommen hätte. Die starken Worte und die emotionale Solidarität, die fast überall in der arabischen Welt empfunden wurden, trugen aber dazu bei, dass der irakische Präsident in den palästinensischen

Gebieten, in Jordanien und einigen anderen arabischen Staaten eine gewisse Popularität behielt.

Obwohl es im Irak immer wieder zu Manifestationen von Widerstand kam, ließ sich zumindest bis zu Beginn des neuen Jahrhunderts keine regime- oder gar systemgefährdende Opposition ausmachen. Die Exilopposition erschien vor allem im Ausland stark: Sie war heftig zerstritten, und viele derer, die sich als wahre Vertreter des irakischen Volkes gerierten, vertraten tatsächlich eher die Interessen ihrer jeweiligen Sponsoren in Riad, Teheran, Damaskus oder Washington. Die unterschiedlichen Gruppen litten aber vor allem an einer Schwäche, die jede Exilopposition zu spüren bekommt: Sie saßen im Ausland und waren von ihrer Basis, so sie über eine solche verfügten, weitgehend abgeschnitten.[304] Die kurdischen Parteien im Norden waren im Wesentlichen daran interessiert, von der Zentralregierung in Ruhe gelassen zu werden, und notfalls bereit, mit jeder Regierung in Bagdad zu kooperieren oder zu koexistieren, die ihre De-facto-Autonomie respektierte. Tatsächlich war jede der beiden großen Parteien, die Kurdisch-Demokratische Partei (KDP) Mustafa Barzanis genauso wie die Patriotische Union Kurdistans (PUK) Jalal Talabanis zeitweise zu taktischen Bündnissen mit dem Regime in Bagdad bereit, um sich gegen die jeweils andere Gruppe durchzusetzen.[305] Im Süden gab es immer wieder spontane Unruhen, und vor allem die Sumpfgebiete an der Grenze zu Iran dienten den Guerillas des so genannten »Hohen Rats der Islamischen Revolution«, einer schiitischen islamistischen Oppositionsgruppe, als Operationsgebiet. Diese und andere Gruppen konnten dem Regime und den Sicherheitskräften Nadelstiche zufügen, sie waren aber nicht stark genug, um Teile des Landes unter ihre Kontrolle zu bringen oder das Regime gar auf nationaler Ebene herauszufordern. Für einen großen Teil der Bevölkerung waren sie schon auf Grund ihrer Orientierung am iranischen Staatsmodell ohnehin keine Alternative. Man sollte auch nicht davon ausgehen, dass die Mehrheit der Bevölkerung in erster Linie an Aufstand und Revolution interessiert war: Die blutigen Erfahrungen des Volksaufstands von 1991 und seiner Niederschlagung waren dafür noch viel zu präsent.[306] Und für die meisten Menschen ging es zunächst darum, in der einen oder anderen Weise das Auskommen und das Überleben der eigenen Familie zu sichern.

Mindestens in zwei Fällen, 1996 und 1999, vermutlich aber häufiger, kam es zu Putschversuchen oder entsprechenden Vorbereitungen aus Kreisen hoher Offiziere oder Meutereien einzelner Truppeneinheiten, die aufgedeckt und verfolgt beziehungsweise von loyalen Einheiten niedergeschlagen wurden. Wiederholte Berichte über die Hinrichtung hoher Offiziere unterstreichen den Eindruck, dass allenfalls die Armee einen Regimewechsel herbeiführen könnte, gleichzeitig demonstrieren sie potenziellen Verschwörern aber auch immer wieder, dass das Sicherheitsnetz des Regimes funktioniert, und dienen so zur Aufrechterhaltung von Angst und Gehorsam.

Auszeit
Politische Stagnation und gesellschaftliche Rückentwicklung

Wenn die Jahre seit dem zweiten Golfkrieg als Auszeit für den Irak bezeichnet worden sind,[307] dann nicht nur, weil der politische Wechsel sich nicht eingestellt hat, sondern nicht zuletzt wegen der im weitesten Sinne gesellschaftlichen Entwicklungen, die das Land unter dem doppelten Einfluss von innerer Repression und internationalen Sanktionen erlebt hat. Dazu gehören neben den beschriebenen wirtschaftlichen Folgen vor allem eine größere Abhängigkeit der Bevölkerung vom Staat, eine Tribalisierung der Beziehungen zwischen Bürger und Staat – eine Stärkung von Stammesstrukturen also – und eine deutliche Regression im Bereich sozialer und zivilisatorischer Errungenschaften. Das Regime ließ dabei die Regulierungsfähigkeit des Staates in einigen Bereichen erodieren und verließ sich im Wesentlichen auf die despotischen oder repressiven Elemente der Macht.

Für den größten Teil der Bevölkerung nahm die Abhängigkeit von den Staatsorganen zu. Staat und Partei kontrollieren schließlich die Verteilung rationierter Lebensmittel – Reis, Tee, Zucker, Mehl, Linsen, Speiseöl –, die zumindest für alle diejenigen, die sich Lebensmittel vom freien Markt nicht leisten können, auch den wesentlichen Teil der Ernährung darstellen. Das System der Lebensmittelzuteilung ermöglicht dem Regime gleichzeitig eine direkte Kontrolle der Bürger: Das Versorgungsministerium in Bagdad verfügt über eine gepflegte computerisierte Datenbank, über die sich jederzeit feststellen lässt, welche Familie in welchem Dorf welche Lebensmittel erhält, wer zur Familie gehört, wer bei ihr wohnt oder möglicherweise fortgezogen ist. Das *Oil-for-Food*-Abkommen hat die Staatsorgane in dieser Hinsicht sogar gestärkt, weil der Staat als alleiniger Importeur von Lebensmitteln und anderen Produkten auftritt. Warenimporte außerhalb des Programms werden, wie erwähnt, von Teilen der Regime-Elite oder deren Klienten monopolisiert; private Industrie und Landwirtschaft können selbstständig weder Rohstoffe noch Investitionsgüter importieren und sind entsprechend geschrumpft. Dies, und nicht etwa die Attraktivität der staatlichen Gehälter, hat dazu beigetragen, dass der Staat auch etwa zwei Drittel aller Lohn- und Gehaltsempfänger beschäftigt. Mit 3000 Dinar, dem Monatsgehalt eines mittleren Beamten, lässt sich in einem Café in Bagdad gerade mal eine Flasche Mineralwasser erwerben.

Die Abhängigkeit von Staat und Regime ging mit einer anhaltenden Isolation von der Außenwelt einher. Gerade auch für die nachwachsende Generation, die über die beiden Kriege und die Sanktionen sozialisiert wurde, auch aus eigener Erfahrung kein anderes Regime kennt als das Saddam Huseins, bestanden fast keine Möglichkeiten eines kulturellen, intellektuellen oder gar politischen Austauschs mit anderen Gesellschaften, nicht einmal passiv: Ausländische, auch arabische Zeitungen sind auf dem irakischen Markt nicht vorhanden, Satellitenschüsseln den normalen Bürgern verboten, Internetanschlüsse den Zuverlässigen und Reichen vorbehalten; für einen Zugang ist ein Antrag ans Kommunikationsministerium zu stellen und eine Gebühr von umgerechnet 4000 Dollar zu entrichten. Im Ergebnis lebe die irakische Jugend, so ein arabischer Journalist, »außerhalb des Zeitalters«.[308] Das bedeutet auch, dass die nachwachsende Generation wenig Chancen hat zu verstehen, worum es bei den Konflikten zwischen dem eigenen Land und dessen regionaler und internationaler Umgebung eigentlich geht.

Das Regime hat sich seit Ende des Golfkriegs darum bemüht, die Beziehungen von Staat und Gesellschaft derart zu restrukturieren, dass es die Mitglieder der Gesellschaft nicht mehr im modernen Sinne als Bürger und Individuen, sondern mehr und mehr als Mitglieder vormoderner sozialer Verbände, namentlich ihrer Familien, konfessionellen Gruppen oder Stammesformationen behandelte. Diese Strukturen waren natürlich nicht neu, sondern hatten als tradierte Organisationsformen der ruralen und nomadischen oder semi-nomadischen Gesellschaft selbst dort eine gewisse Bedeutung behalten, wo moderne Lebens- und Wirtschaftsformen den Stammeszusammenhang nicht mehr notwendig machten. Etwa zwei Drittel der Iraker – Sunniten genauso wie Schiiten oder Kurden – gehören einem Stamm an, eine Zugehörigkeit, die auch die meisten städtischen Zuwanderer und deren Kinder behalten haben. Unter Saddam Husein war bereits vor dem zweiten Golfkrieg eine Art Hierarchie der Clans, Stammesverbände, Regionen, ethnischen und konfessionellen Gemeinschaften herausgebildet worden. Nicht, dass es einem Schiiten aus dem Süden des Landes unmöglich gewesen wäre, eine Parteikarriere zu machen oder in der Administration aufzusteigen. Führungspositionen, vor allem sicherheitsrelevante, wurden aber vornehmlich mit Personen besetzt, die einem der Stämme im »sunnitischen Dreieck« angehörten, während die schiitische Mehrheit und die Kurden grundsätzlich erst einmal als illoyal galten.[309] Seit 1991 stärkte das Regime vor allem die tribalen Strukturen, erkannte Stammesführer oder Scheichs als legitime Vertreter ihrer Stämme an, stattete diese auch mit Geld und Waffen aus, um in ihren Gebieten für Ruhe und Ordnung zu sorgen und selbst Gerichtsfunktionen zu übernehmen, also private Rechtsstreitigkeiten, aber auch Fälle wie Mord und Totschlag entsprechend tribaler Schlichtungsmechanismen zu regeln. Diese beruhen auf der Kollektivverantwortlichkeit von Familien für die Handlungen ihrer Mitglieder und sehen etwa die Zahlung von Blutgeld als Kompensation für Schäden an Leib und Leben vor. Alteingesessene Städter, die keinen Stamm haben, der sie vertritt, können sich im Streitfall die Dienste eines Scheichs mieten.[310]

Die irakische Führung erreichte mit einer solchen Tribalisierung zweierlei: Zum einen schaffte sie sich Verbündete unter den Scheichs und lieh sich gewissermaßen deren traditionelle Legitimität. Sie konnte sicher sein, dass die Stammesführer sich nicht darum scheren würden, wer in Bagdad regierte, solange die Zentralgewalt ihre Herrschaft in ihren Stammesgebieten anerkannte, sie entsprechend ausrüstete und privilegierte. Gleichzeitig konnte das Regime auf diese Weise selektiv Bündnisse mit einzelnen Scheichs und Stämmen eingehen, auch im schiitischen Süden oder im kurdischen Norden, sich damit eine Art Hilfstruppe schaffen und die Gefahr von flächendeckenden Anti-Regime-Protesten oder gar Aufständen reduzieren. Die Führung privilegierte die Scheichs nicht nur, sie verlangte von ihnen auch, selbstständig gegen Regimefeinde vorzugehen. So wurde mehrfach berichtet, dass Ali Hassan al-Majid, einer der engsten Vertrauten des Präsidenten, die, wie es in offiziellen Presseverlautbarungen hieß, »Scheichs und Notabeln« verschiedener Provinzen zusammenrief, deren konstruktive Rolle lobte, ihnen aber gleichzeitig für den Fall, dass »Söhne ihrer Stämme« sich an Anschlägen auf Sicherheitskräfte oder Parteibüros beteiligen würden, härteste Strafen androhte, darunter die Zerstörung ganzer Dörfer.[311]

Einerseits geriet die Bevölkerungsmehrheit also in größere Abhängigkeit vom Staat, andererseits gab das Regime ein so zentrales Vorrecht des modernen Staates wie das Gewaltmonopol auf, oder, präziser gesagt, privatisierte es. Ähnliches galt in anderen Bereichen, wo staatliche Zuständigkeiten generell als zivilisatorische Errungenschaft gelten können. 1997 begann das Regime mit einer so genannten Politik der Selbstfinanzierung öffentlicher Einrichtungen. Krankenhauspatienten mussten etwa ihre Medikamente mitbringen, staatliche Schulen begannen Schulgeld zu nehmen, Ämter verkauften Eintrittskarten für Behördenbesuche. Nach und nach wurden alle Produkte öffentlicher Einrichtungen käuflich, Zeugnisse und Gerichtsurteile nicht anders als Pässe oder Lebensmittelkarten. Korruption war nicht Abweichung von der Norm, sondern wurde zum allgemein akzeptierten oder erwarteten Verfahren von Staatsdienern, deren offizielle Gehälter nichts mehr wert waren.[312] Zahlreiche Familien aus der Mittelschicht hatten in den ersten Jahren der Sanktionen ihre PKW, Möbel, Haushaltsgeräte, Bilder oder Bücher verkauft, um sich bestimmte Konsumgüter zu leisten, jetzt wurden vielen von ihnen auch der Schul- oder Universitätsbesuch ihrer Kinder zu teuer. Für Angehörige der unteren Schichten galt das erst recht. Die Zahl der Schulabbrecher stieg dramatisch an; Kinderarbeit nahm zu. Beobachter gehen davon aus, dass etwa vierzig Prozent der Studenten ihr Studium aufgeben, um durch meist marginale Tätigkeiten – als Schuhputzer oder Straßenverkäufer etwa – zum Lebensunterhalt der

Familien beizutragen; die Einschulungsrate fiel von fast Hundert Prozent der Kinder eines Jahrgangs auf 88 Prozent bei den Jungen und weniger als achtzig Prozent bei den Mädchen.[313]

Gleichzeitig stieg die Analphabetenrate, nicht zuletzt unter Frauen. Die politische Führung nahm solche Effekte offensichtlich billigend in Kauf. Sie versuchte ohnehin, die wirtschaftlichen und sozialen Krisenerscheinungen zumindest zum Teil in die private, familiäre Sphäre zu verweisen oder dadurch zu überspielen, dass sie Frauen aus dem öffentlichen Leben verdrängte und patriarchalische Beziehungsmuster stärkte: Die ausgemusterten und besiegten Soldaten, die keine zivile Arbeit fanden, die durch den Verfall ihrer Einkommen nicht nur verarmten, sondern oft auch entwürdigten Arbeiter, Angestellten und Beamten, die desillusionierten Schul- und Hochschulabgänger: Sie alle sollten, so scheint es, sich wenigstens als Herr im Haus fühlen dürfen. So wurden, durchaus im Einklang mit der allgemeinen Stärkung tribaler Werte, so genannte »Ehrenverbrechen« straffrei gestellt, Tötungsdelikte also, bei der eine »moralischer Verfehlungen« beschuldigte Frau von ihrem Bruder oder einem anderen nahen Verwandten umgebracht wird, um die Ehre der Familie wiederherzustellen. Polygamie wurde wieder in größerem Umfang toleriert, frühe Heiraten offiziell ermutigt. Und der Präsident selbst gab den Slogan aus, dass »die Anwesenheit der Frau im Haus sozial und wirtschaftlich besser« sei. Auch Ärztinnen und Ingenieurinnen, erklärte Saddam Husein in einer Kabinettsansprache, sollten besser zu Hause arbeiten, könnten dort ja vielleicht eine Praxis aufmachen. Frauen, die außerhalb ihres Hauses arbeiteten, gäben schließlich »mehr für Kleidung und Schuhe aus«.[314] Nicht nur hier bewegt der Irak – ein Land, das sich in den siebziger und achtziger Jahren bewusst am Modell eines modernen und säkularen (schon damals aber nicht: demokratischen) Nationalstaates orientiert hatte und nicht wenigen Beobachtern selbst als Modell für andere Staaten erschien[315] – sich heute gegenläufig zu allgemeinen regionalen Entwicklungstendenzen.

Die irakische Bevölkerung insgesamt ist, soweit sich das überhaupt beurteilen lässt – Aussagen über allgemeine Stimmungen im Irak sind bei fast allen Beobachtern das Ergebnis eigener oder fremder Eindrücke, die aus Gesprächen und Begegnungen entstehen –, nicht nur kriegs- und sanktionsmüde, sondern auch desillusioniert. Die Jugend, klagte mir gegenüber ein Professor, selbst seine eigenen Kinder fänden überhaupt nichts Positives mehr an dem, was seine Generation aufgebaut habe, lehnten alles Offizielle und Politische ab und wollten vor allem, was er ja auch verstehen könne, nicht zum Militär. Die fähigsten Köpfe bemühen sich um Emigration. Zehntausende irakischer Fachkräfte und Hunderte Hochschullehrer arbeiten allein in Jordanien. Wer bleibt, versucht sich zu arrangieren. Wenn irgendein politisches Gedankengut Konjunktur hat, dann ein konservativ-islamisches, das traditionelle Werte betont.

Niemand sollte erwarten, dass in einer solchen Atmosphäre liberale oder gar demokratische Werte entstehen oder sich entwickeln. Natürlich wird es irgendwann einen Wechsel an der Staatsspitze geben. Die wahrscheinlichsten Szenarien sind ein gewaltsamer, von Teilen des Militärs oder der Sicherheitskräfte beförderter Wechsel oder der Tod des Diktators. Gleich, ob Qusai Husein seinen Vater beerben und die Macht in der herrschenden Familie zu halten versuchen wird oder ob eine Gruppe von Offizieren die Führung übernehmen wird, was kaum ohne größeres Blutvergießen abgehen dürfte, es ist unwahrscheinlich, dass die Nachfolger einen radikalen Umbau gegebener Staats- und Regimestrukturen anstreben werden. Bestenfalls ist eine Politik der Entspannung zu erwarten: eine mildere Form autoritärer Herrschaft, die sich auch darum bemühen würde, die Beziehungen zur Umwelt zu korrigieren. Dies zumindest könnte die Wiedereingliederung des Irak und seiner Gesellschaft in deren regionale Umgebung einleiten und sowohl einen wirtschaftlichen wie auch den sicher noch schwierigeren humanitären und kulturellen Wiederaufbau möglich machen.

Die Golfmonarchien
Licht aus dem Osten?

Noch in den siebziger und achtziger Jahren galten die Monarchien am Golf – das Königreich Saudi-Arabien, das Sultanat Oman, die Emirate Kuwait, Bahrein und Qatar sowie die Vereinigten Arabischen Emirate (VAE) – den meisten arabischen Intellektuellen als Missstand, als reaktionär-feudale Staatswesen, die auf Grund historischer Ungerechtigkeiten den größten Teil des »arabischen« Öls kontrollierten, ihren Reichtum verschwendeten, statt ihn gemeinsamen arabischen Zielen dienlich zu machen, und arabische Arbeitsmigranten schlecht behandelten. Die pro-irakische Haltung, die ein großer Teil der arabischen Öffentlichkeit nach dem irakischen Überfall auf Kuwait und während des zweiten Golfkriegs zeigte, speiste sich nicht zuletzt aus jener Mischung von Neid, Hass und Verachtung, mit der den Kuwaitis und anderen Bürgern der Golfstaaten vielfach begegnet wurde. Westliche Beobachter hatten ein weniger emotionalisiertes Verhältnis zu den Golfmonarchien, betrachteten sie aber überwiegend als instabile, auf Sand gebaute Regime.[316] Diese Einschätzungen haben sich in den neunziger Jahren verändert, nicht überall grundlegend, aber doch tendenziell. In der weiteren arabischen Öffentlichkeit gab es durchaus so etwas wie eine kritische Selbstreflexion, die anerkannte, dass der Irak im Kuwait-Krieg der Aggressor gewesen sei und dass man den Kuwaitis Unrecht getan habe. Sympathie für den Irak wurde mehr und mehr zu einer Sympathie für die Opfer der gegen Bagdad verhängten internationalen Strafmaßnahmen. Für viele arabische Intellektuelle ging es darum, ein neues Kapitel in den Beziehungen zu den Golfmonarchien aufzuschlagen und die Wunden zu heilen, die schließlich auch auf gesellschaftlicher Ebene durch die anti-kuwaitische Parteinahme geschlagen worden waren. Das hieß, wie auf zwischenstaatlicher Ebene auch, die legitimen Eigeninteressen dieser Staaten anzuerkennen, gleichzeitig aber an ihre gesamtarabische Verantwortlichkeit zu appellieren und die gemeinsamen Interessen aller arabischen Staaten in den Vordergrund zu rücken.[317] Manche Beobachter stellten fest, dass die Golfmonarchien zwar angesichts der irakischen Invasion versagt hatten, es dann aber in bemerkenswerter Weise schafften, ihre Länder durch die wirtschaftlichen und politischen Nachkriegskrisen zu steuern, sich dabei graduell zu verändern und in mancher Hinsicht sogar einen Modellcharakter für andere zu gewinnen. Arabischen Intellektuellen fiel auf, dass die Golfstaaten ihren Reichtum nicht nur in Luxusobjekte investiert hatten, dass sie neben wirtschaftlicher Infrastruktur und moderner Architektur tatsächlich auch Wissenschaft und Forschung entwickelt hatten und dabei, mindestens im Vergleich zu anderen arabischen Staaten, ansehnliche Erfolge erzielt hatten: Die meisten wissenschaftlichen Veröffentlichungen in der arabischen Welt erscheinen heute in den GCC-Staaten, nicht mehr in Ägypten.[318]

Die politischen und sozio-ökonomischen Strukturen der sechs zum Golfkooperationsrat (GCC) zusammengeschlossenen Monarchien sind nicht völlig identisch; jeder der Staaten hat bestimmte Eigenheiten herausgebildet. Gleichwohl hat sich so etwas wie ein gemeinsamer Charakter und eine gemeinsame Identität dieser Staaten und Gesellschaften entwickelt, die sie von anderen Staaten und Subregionen im Nahen und Mittleren Osten abhebt und auch eine Selbstdefinition als *khalijiyun* oder »Golfis«[319] und bestimmte Generalisierungen zulässt. Dabei haben die kleinen Staaten, insbesondere die Scheichtümer der Vereinigten Arabischen Emirate, Qatar, Bahrein und Kuwait, deutlich mehr Gemeinsamkeiten untereinander als mit dem großen und in vielfacher Hinsicht dominierenden Saudi-Arabien.

Strukturfaktor Öl

Die GCC-Staaten als Ölmonarchien zu bezeichnen, mag despektierlich sein. Aber ohne den Faktor Öl wäre nicht nur die wirtschaftliche, sondern auch die politische und soziale Entwicklung der Staaten am Persischen Golf anders verlaufen. Bis Anfang des zwanzigsten Jahrhunderts bildeten die Fürstentümer an den Küsten des Golfs und des Indischen Ozeans mehr oder weniger unabhängige Gemeinwesen, die zumeist vom Handel oder von der Perlenfischerei lebten; das Innere der Arabischen Halbinsel, das im Wesentlichen das heutige Saudi-Arabien bildet, war dünn besiedeltes, von verschiedenen beduinischen Stämmen beherrschtes Steppen- und Wüstengebiet; nur die Westküste befand sich überwiegend im Herrschaftsbereich des Osmanischen Reichs. Die Scheichs (»Ältere«) und Emire (»Befehlshaber«) in Kuwait oder den anderen Küstenorten am Golf herrschten keineswegs absolut, sondern in einer Allianz mit den großen Händlerfamilien, die ihnen gegen entsprechende Mitsprache ein politisches Mandat und die notwendigen finanziellen Mittel einräumten. Eine gewisse Unabhängigkeit von den Händlern erhielten die regierenden Familien zuerst, als der Golf, als wichtige Etappe auf dem Handelsweg nach Indien, unter die meist indirekt ausgeübte Kolonialherrschaft Großbritanniens geriet. Die Anwesenheit der Briten begrenzte später auch die Ausdehnung des Reichs, das Abd al-Aziz bin Saud, ein fähiger Beduinenführer, dank einer Allianz mit der auf den konservativen sunnitischen Religionsgelehrten Mohammad bin Abd al-Wahhab zurückgehenden Bewegung der *Ikhwan* (Brüder) oder Wahhabiten, die ihm religiöse Legitimation und seinen Mitstreitern die Motivation des Glaubens gab, in den zwanziger Jahren vom Innern der Halbinsel her zu arrondieren begann. 1924 eroberte er auch den ehemals osmanischen Hejaz, den westlichen Rand der Halbinsel mit den Städten Mekka und Medina; 1932 erklärte er die unter seiner Herrschaft vereinigten Gebiete zum saudi-arabischen Königreich. Unabhängig blieb neben Saudi-Arabien nur noch das Imamat im Jemen – der spätere Nord-Jemen –, dessen Ausdehnung ebenfalls durch die britische Präsenz in Aden und britische Schutzverträge mit süd-jemenitischen Lokalsultanen begrenzt wurde.

Erste Ölfunde wurden in Saudi-Arabien und einigen der kleineren Golffürstentümer bereits vor dem Zweiten Weltkrieg gemacht; eine kommerzielle Ausbeutung im großen Stil begann aber erst danach; und die meisten der lokalen Herrscher blieben bis in die fünfziger und sechziger Jahre noch von direkten Zuwendungen Großbritanniens abhängig. Im Folgenden wuchsen die Erlöse aus dem Ölexport oder richtiger: stiegen die Abgaben der ausländischen Ölgesellschaften – die Golfmonarchien nationalisierten die Ölquellen und die Ölförderung erst zu Beginn oder Mitte der siebziger Jahre. Wie vorher die britischen Stipendien, flossen nun Abgaben und Exporterlöse direkt dem Staat beziehungsweise den regierenden Familien zu. Dies determinierte die Herrschaftsstrukturen der einzelnen Staaten, als sie in die Unabhängigkeit entlassen wurden – Kuwait wurde 1961, die anderen Fürstentümer und Oman 1971 souverän. Die Herrscher und ihre Verwaltungen waren nämlich nicht auf Steuereinnahmen angewiesen, mussten also mit den Bürgern, vor allem mit der früher so einflussreichen Händlerschicht, auch nicht über die Grundlagen der Besteuerung verhandeln oder dafür politische Beteiligungsrechte einräumen. Sie wurden Rentier- und Allokationsstaaten par excellence, Staaten also, die mit den Ölexporterlösen über erhebliche externe Renteneinnahmen verfügen und diese nach Gusto oder politischer Opportunität verteilen können, die ihre Bürger also alimentieren, anstatt ihnen finanzielle Lasten aufzubürden.[320] Tatsächlich stammten auch Ende des zwanzigsten Jahrhunderts in Saudi-Arabien, den Vereinigten Arabischen Emiraten, Kuwait und Qatar noch 70 bis 95 Prozent der Staatseinnahmen aus dem Export von Öl und Gas beziehungsweise deren Derivaten.[321] Diese Unabhängigkeit von Steueraufkommen bedeutet nicht, dass die herrschenden Eliten völlig autonom, ohne Rücksicht auf ihre Bevölkerung schalten und walten könnten, gibt ihnen aber große Handlungsfreiheit. Der grundlegende soziale Kontrakt eines solchen Allokationsstaates beinhaltet, dass der Staat die Sicherheit des Gemeinwesens und seiner Bürger, auch deren soziale Sicherheit gewährleistet, Wohlfahrt gewährt und den Bürgern erlaubt, in angemessener Form an den Ölrenten teilzuhaben, die dem Staat zufließen. Dafür akzeptieren die Untertanen die Legitimität der herrschenden Familie und halten sich, solange diese nicht offen versagt oder ihren Teil des Vertrags bricht, mit politischen Forderungen zurück. Potenzielle Opposition lässt sich in den meisten Fällen kooptieren – also integrieren oder einkaufen. Die Mittel, mit denen die Golfmonarchien das Geld unter die Leute gebracht und ihren Bürgern angemessenen Reichtum garantiert haben, sind mannigfaltig. In Kuwait gehören dazu etwa Landkaufprogramme, bei denen der Staat ungenutztes Land zu hohen Preisen aufkaufte, zu Bauland erklärte und möglicherweise auch entwickelte und dann zu günstigen Preisen wieder an die Einwohner abgab. Die bewährteste Methode aber stellen die Subventionen von Dienstleistungen, die Zuteilung von Importmonopolen sowie gesetzliche Regelungen dar, die ausländischen Unternehmen und Erwerbstätigen auferlegen, sich einen inländischen Sponsor zu besorgen, der, als nomineller Partner, in der Regel 51 Prozent des Unternehmens und der Gewinne für sich beansprucht.

Die mit der Ölpreishausse der siebziger Jahre enorm gestiegenen Exporterlöse der Golfmonarchien ließen nicht nur die Pro-Kopf-Einkommen in diesen Staaten in kurzer Zeit auf die Höhe westeuropäischer Staaten anwachsen; sie veränderten auch die Konsummuster dieser Staaten radikal und ermöglichten gewaltige Investitionen, vor allem in moderne Infrastruktur, und meist noch gewaltigere Rüstungsausgaben. Die Möglichkeit, das Teuerste und gelegentlich sogar das Beste zu kaufen, was westliche Produzenten anboten, beförderte aber auch eine Abhängigkeit von entsprechenden Importen, von ausländischer Expertise und ausländischen Dienstleistungen: Kein Kampfjet, der ohne den Service ausländischer Experten vom Boden gekommen, keine oder fast keine Dienst- oder Handwerksleistung, die von einheimischen Fachkräften ausgeübt worden wäre. Der Ölreichtum ließ Saudi-Arabien und seine kleineren Nachbarn am Golf im großen Stil zu Arbeitskraftimporteuren werden. Die ausländischen Arbeiter und Fachkräfte, in den frühen Jahren vor allem Araber aus ärmeren Staaten, dann zunehmend Migranten aus Pakistan, Indien, den Philippinen und anderen asiatischen Ländern, waren weitgehend rechtlos – an gewerkschaftliche Organisation war nicht zu denken; Aufenthaltsrechte waren zumeist von der Willkür der einheimischen Sponsoren abhängig; eine Einbürgerung oder Integration in die ja ebenfalls arabischen Gesellschaften am Golf war nur in wenigen Ausnahmefällen möglich – sie verdienten aber oftmals ein Vielfaches dessen, was sie in ihren Heimatländern, in Ägypten, Jemen, Jordanien oder Syrien, hätten verdienen können. Die Migration an den Golf trug damit und trägt immer noch dazu bei, einen Teil der Öleinkommen in die anderen, ärmeren Teile der arabischen Welt zu kanalisieren. Die Golfstaaten gewöhnten sich an den Gedanken, dass jede Tätigkeit, die lästig oder mit wenig Prestige verbunden war, von Arabern anderer Staaten und anderen Ausländern ausgeführt werden würde. In allen sechs Staaten außer Bahrain überstieg die Zahl der ausländischen Beschäftigten die der inländischen; in den Vereinigten Arabischen Emiraten machten die Gastarbeiter noch Ende der neunziger Jahre 75 Prozent aller Beschäftigten aus, hier sowie in Qatar und Kuwait stellten die Arbeitsmigranten auch eine Mehrheit der Gesamtbevölkerung.[322]

Die rein wirtschaftlichen Folgen der Migration an den Golf sind entgegen früheren, überwiegend kritischen Urteilen vor allem aus den Senderländern nicht ausschließlich negativ einzuschätzen: Sicher, die befristete Migration Hunderttausender entzog Ägypten, dem Jemen und anderen ärmeren arabischen Ländern einen Teil ihrer aktivsten und fähigsten jungen Leute. Nur hätten diese in ihren eigenen Ländern eben kaum eine Arbeit gefunden – die Alternative, dass der Ölreichtum oder ein wesentlicher Teil davon zu produktiven Investitionen und zur Schaffung von Arbeitsplätzen in den arbeitskraftexportierenden Ländern genutzt worden wäre, bestand zwar theoretisch, aber nicht in der Realität einer von Eigeninteressen bestimmten Politik. So trug die Migration zumindest dazu bei, dass die Golfstaaten funktionierende Verwaltungen, ein dichtes Netz privater und öffentlicher Dienstleistungen und ihre wirtschaftliche Infrastruktur entwickelten. Und die so genannten Rücküberweisungen der Migranten, das Geld also, das die Gastarbeiter nach Hause schickten oder nach dem Ende ihrer Tätigkeit mitbrachten, wurde zwar nicht immer sinnvoll investiert, trug aber zur Schaffung eines bescheidenen Wohlstands in den ärmeren Gegenden der Entsenderländer bei: Die oft vorwurfsvolle Kritik von Wirtschaftswissenschaftlern, dass die Gastarbeiterüberweisungen eher in den unproduktiven Bau von ländlichen Villen in armen ägyptischen Dörfern als in den Aufbau ländlicher Industrie geflossen seien, übersieht, dass Menschen sich eben nicht ausschließlich an wirtschaftlichen Rationalitätsüberlegungen orientieren. Die meisten Regierungen ärmerer arabischer Staaten sahen in jedem Fall eher die positiven Effekte, die Entspannung des Arbeitsmarkts also und den Beitrag der Rücküberweisungen zur Zahlungsbilanz, und haben deshalb zunehmend versucht, die Beschäftigung ihrer eigenen Bürger in den Golfstaaten politisch abzusichern.

Wenn einerseits durch die Migration also Interdependenzen geschaffen wurden, blieb andererseits vor allem bei den Gesellschaften, die Arbeitskräfte an den Golf schickten, ein überwiegend kritisches, wenn nicht ausgesprochen negatives Bild von den Golfarabern, das sich am deutlichsten während Golfkrise und Golfkrieg zeigte. Problematisch sind vor allem aber die gesellschaftlichen und politisch-sozialen Folgen, die der so extensive Import von Arbeitskraft und allgemein die besondere politische Ökonomie der Golfstaaten dort selbst gezeitigt hat. Die Verteilung der Ölrente durch den Staat hat es, darauf wurde bereits hingewiesen, den herrschenden Familien ermöglicht, autoritäre Regierungsformen zu etablieren, und die Privatwirtschaft wie die Staatsbürger vom Staat abhängig zu machen.[323] Gleichzeitig hat die Gewöhnung der Bürger an staatliche Alimente und die Verfügbarkeit ausländischer Arbeitskräfte es eben weitgehend unnötig gemacht, sich anzustrengen. Die langjährige Erfahrung, dass der Staat eher Wohltaten austeilt als Steuern einzieht, schaffte auch die Erwartung, dass dies so bleiben würde. Warum sollte man als Kuwaiti oder Saudi eine untergeordnete Stellung in einem privaten Unternehmen annehmen, wenn lange genug jeder Bürger, der dies wollte, eine gut bezahlte und auch irgendwie führende Position im Staatsdienst erhalten konnte? Und warum sollten private Unternehmer im Zweifelsfall einen ärmeren – die gab es schließlich auch – saudischen oder kuwaitischen Bürger einstellen, wenn syrische, ägyptische oder pakistanische Fachkräfte billiger, oft besser ausgebildet, leistungsbereiter und jederzeit kündbar waren? Warum sollte Wirtschaftlichkeit ein Kriterium sein – bei öffentlichen Beschaffungsmaßnahmen etwa – und warum sollten Bürger nicht erwarten, dass der Staat sie bei faulen Krediten oder bei fehlgeschlagenen Spekulationsgeschäften finanziell retten würde, wie dies in Kuwait nach dem Golfkrieg und zuvor in den achtziger Jahren nach dem Zusammenbruch eines wilden Aktienmarkts geschehen war?[324] Wirtschaftliche Probleme, die die staatliche Zuschussfähigkeit einschränkten, waren im öffentlichen Bewusstsein nicht vorgesehen.

Die Krise als Ausweg?

Tatsächlich hatten die erdölproduzierenden Staaten aber seit Mitte der achtziger Jahre lernen müssen, mit instabilen Ölpreisen zu leben. 1986 waren die Preise auf ein Niveau gesunken, das real – das heißt inflationsbereinigt – unter dem von 1974 lag. Die irakische Kuwait-Invasion und der nachfolgende Krieg führten zu einem vorübergehenden und mäßigen Preisanstieg. In der zweiten Hälfte der neunziger Jahre erlebten die ölexportierenden Staaten dann *ihre* Ölpreiskrise: Der Fasspreis für Öl der Dubai-Qualität fiel 1998 auch nominell auf den niedrigsten Wert seit zwanzig Jahren.[325] Für einen Staat wie Saudi-Arabien, dessen Deviseneinnahmen zu 85 bis 95 Prozent von Ölexporten abhängen, bedeutete dieser Preisverfall die Einbuße von etwa 15 Prozent des Bruttosozialprodukts innerhalb eines Jahres.[326] Die anderen GCC-Staaten erlebten ähnliche, für westliche Industriestaaten auch politisch kaum vorstellbare Einbrüche. Angesichts dieser bedrohlichen Entwicklung begannen Saudi-Arabien und Iran zwar, ihre Politik zu koordinieren und sich innerhalb der Organisation erdölexportierender Länder erfolgreich für größere Produktionsdisziplin einzusetzen, so dass die Ölpreise im Jahr 2000 wieder ein aus Produzentensicht akzeptables Niveau erreichten. Alle GCC-Staaten hatten aber zuvor ihre Haushalte radikal zusammenstreichen müssen. Rüstungsbeschaffungsmaßnahmen, die sich schon immer weitgehend prozyklisch, also entsprechend den fiskalischen Möglichkeiten und nicht unbedingt auf der Grundlage zu- oder abnehmender Sorgen über die Sicherheitslage entwickelt hatten, waren bereits seit Mitte der neunziger Jahre gestreckt worden. Zudem hatten die Staaten Haushaltsdefizite in Kauf genommen, hatten diese vorwiegend über Staatsanleihen, zum Teil auch durch Kreditaufnahme im Ausland und durch den Abbau von Auslandsinvestitionen und -guthaben finanziert. Gegen Ende des Jahrzehnts wurde aber zunehmend auch darüber nachgedacht, inwieweit ein Teil der Lasten auf die Bürger umgelegt werden könne und müsse. Ein solches Thema berührte unmittelbar die Legitimität der herrschenden Regime, die zumindest teilweise auf der garantierten Zuteilung staatlicher Wohltaten beruhte.

Mit anderen Worten, die Krise nötigte die Staaten und ihre Regierungen zu struktureller Anpassung und Reform und verstärkte damit den Druck, bestimmte politische Themen auf die Tagesordnung zu bringen, um die man sich in Zeiten der Ölhausse nicht hatte kümmern müssen. Unzufriedenheit mit den herrschenden Verhältnissen ging nicht allein auf den Rückgang staatlicher Großzügigkeiten zurück; die langjährige staatliche Subventionierung der Bürger hatte aber dazu beigetragen, dass es in den GCC-Staaten vergleichsweise wenig offene Opposition gab. Wenn die grundlegende Gleichung nun dahin abgeändert werden sollte, die Bürger zu besteuern oder ihnen staatliche Wohltaten zu entziehen, mussten auch Fragen nach dem Verhältnis von Staat und Gesellschaft, von Herrschaft, Repräsentation und Beteiligung oder von persönlichen Rechten und Freiheiten aufgeworfen werden. Neue wirtschaftlich-technologische Entwicklungen, die gern mit dem Stichwort der Globalisierung charakterisiert werden, damit auch die Frage nach den eigenen Werten und nach der Integration der Golfstaaten in eine zunehmend offene internationale Umwelt, sowie politische Ereignisse, die je einzelne Länder betrafen, zeigten ebenso die Notwendigkeit zu Veränderungen.

Vor allem die Kuwait-Krise und ihre Folgen wurden in vielfacher Hinsicht zum Ansatzpunkt harscher Kritik. So hatte der irakische Überfall auf Kuwait die Unfähigkeit der GCC-Staaten offen gelegt, eines ihrer Mitglieder zu verteidigen. Dies machte die Frage unabweisbar, welchen Nutzen die zig Milliarden an Rüstungsausgaben gehabt hatten, die in den siebziger und achtziger Jahren getätigt worden waren. In Kuwait selbst wurde auch diskutiert, ob man weiterhin ein politisches System akzeptieren wolle, das die irakische Bedrohung so offensichtlich unterschätzt hatte. Der Emir hatte das immer sehr selbstbewusste kuwaitische Parlament zuletzt 1986 aufgelöst. Erst als die irakische Invasion die kuwaitische Regierung ins Exil getrieben hatte, sagte er die Wiederherstellung der verfassungsmäßigen Ordnung für die Zeit nach der Befreiung zu, neue Parlamentswahlen eingeschlossen. Im Inselstaat Bahrein, der unter der Regierung des alternden Emirs Isa bin Salman Al Khalifa zunehmend autoritäre Züge angenommen hatte, kam es zwischen 1994 und 1998 wiederholt zu gewaltsamen Auseinandersetzungen, vor allem zwischen den

Sicherheitskräften und Angehörigen der politisch diskriminierten schiitischen Mehrheit, deren Vertreter sich an die Spitze einer Bewegung setzten, die für Verfassungsreformen und Parlamentswahlen – das letzte bahreinische Parlament war 1975 aufgelöst worden – eintrat.

Saudi-Arabien und dessen politische Führungsschicht mussten andere Formen des Unmuts verarbeiten: Einerseits waren dies Proteste islamistischer Kreise, darunter auch von Teilen der *Ulama'*, der islamischen Geistlichkeit, gegen die Anwesenheit amerikanischer und anderer »ungläubiger« Soldaten auf dem Boden Saudi-Arabiens und gegen die nun so offenbare Westbindung des Staates.[327] Dies war besonders problematisch, weil die *Ulama'* prinzipiell eine politisch-ideologische Stütze des Regimes darstellte. Dass zu den US-Truppen, die Saudi-Arabien während des Golfkriegs zu ihrer wichtigsten regionalen Basis gemacht hatten und die – mit wesentlich reduzierter Stärke – auch nach der Befreiung Kuwaits noch im Land verblieben, auch Soldatinnen gehörten, die Fahrzeuge steuerten und sich nicht an islamische Bekleidungsvorschriften hielten, war den besonders konservativen saudischen Religionsgelehrten nur eine zusätzliche Provokation. Die saudische Führung verschaffte sich zwar ein religiöses Gutachten, eine *Fatwa*, der höchsten geistlichen Autoritäten, dass ein islamischer Staat sich zur Verteidigung notfalls auch nichtmuslimischer Helfer bedienen dürfe;[328] innerhalb der islamistischen Basis aber wurde die Daseinsberechtigung des Königshauses in Zweifel gezogen, das sich selbst ausdrücklich islamisch – der König lässt sich offiziell als »Hüter der heiligen Stätten« (Mekka und Medina) bezeichnen – zu legitimieren sucht. Andererseits, und gleichzeitig, musste das Königreich aber auch damit umgehen, dass eine wachsende Zahl meist im Ausland ausgebildeter Männer und Frauen sich traditionellen oder von der Geistlichkeit vorgegebenen Verhaltensnormen nicht mehr bedingungslos unterwerfen wollten. Am deutlichsten wurde das, als kurz nach dem Golfkrieg eine Reihe saudischer Frauen am Steuer ihrer PKW für das Recht, ein Auto zu fahren, demonstrierten. In anderen Staaten der Halbinsel sind Auto fahrende Frauen kein Thema; in Saudi-Arabien aber provozierte die Demonstration die konservative *Ulama'*. Das Regime ließ deshalb auch keinen Zweifel daran, dass es solchen Protest für unbotmäßig hielt – die Frauen verloren zur Strafe für die nächsten Monate ihren Job und Pass.³²⁹ Wenn die Regierung der religiösen Führung schon aufzwingen musste, die Amerikaner und amerikanische Soldatinnen zu ertragen, konnte sie ihnen zumindest bei den Frauen des eigenen Landes entgegenkommen.

Keines der sechs GCC-Länder war den wirtschaftlichen und politischen Faktoren des Reformdrucks gegenüber resistent. Sie reagierten aber verschieden und mit unterschiedlicher Geschwindigkeit. Auf Saudi-Arabien, das politische und wirtschaftliche Schwergewicht auf der Halbinsel, passt das Bild vom Supertanker, der sich nur schwer manövrieren lässt, dessen Bewegungsrichtung aber wegweisend wird, wenn er einmal Fahrt aufgenommen hat. Die kleineren Golfstaaten können leichter umsteuern. Sie haben gelegentlich auch schon deshalb versucht, aus dem Kielwasser Saudi-Arabiens herauszukommen, um regional und international überhaupt wahrgenommen zu werden.

Elektronische Freiheiten

Manch ausländischer Beobachter stellte jedenfalls gegen Ende der neunziger Jahre oder mit der Jahrhundertwende überrascht fest, dass es am Golf tatsächlich Bewegung gegeben hatte, ja, dass bestimmte Veränderungen in den kleinen Golfstaaten von gesellschaftlichen Akteuren aus anderen Teilen der arabischen Welt als geradezu modellhaft betrachtet wurden. Am deutlichsten wurde dies im Medien- und Informationswesen.

In den kleineren Golffürstentümern mischt sich ganz offensichtlich der relative Reichtum, der es auch dem Normalverdiener möglich macht, sich etwa einen Computer anzuschaffen, die weite Verbreitung englischer Sprachkenntnisse, eine große Bereitschaft, modernste Technologien schlüsselfertig zu übernehmen und auch die hohe Anzahl ausländischer Arbeitskräfte mit einer gewissen Gelassenheit, was die mögliche oder befürchtete subversive Wirkung unkontrollierter Nachrichtenzuflüsse betrifft. All dies trug dazu bei, dass sich hier nicht nur Personalcomputer, sondern auch Internetanschlüsse rascher verbreiteten als im Rest der arabischen Welt. Tatsächlich reicht die Internetdichte in den Vereinigten Arabischen Emiraten an die in westlichen Industriestaaten heran. Auch in Saudi-Arabien allerdings, wo das Internet erst 1999 einer breiten Öffentlichkeit zugänglich gemacht wurde, stieg die Zahl der registrierten Anschlüsse binnen eineinhalb Jahren von 18 000 auf geschätzte 100 000. Vorher hatten private Surfer sich per Ferngespräch über Bahrein oder Dubai ins Netz wählen müssen. Wer kritische Informationen sucht, macht das auch weiter so, denn die Internet-Freischaltung für die saudische Öffentlichkeit erfolgte erst, nachdem bei dem einen zentralen Server, der die Verbindung zum weltweiten Netz ermöglicht, ein Kontrollsystem installiert worden war, das den Zugang zu allen Sites unterbindet, die als moralisch oder politisch verwerflich gelten.[330]

Natürlich schuf die Vernetzung neue Möglichkeiten für die lokale Wirtschaft: So begann, um nur drei Beispiele aus den ersten Monaten des Jahres 2001 zu nennen, eine saudische Kapitalgesellschaft, die sich im Besitz der Söhne des früheren Königs Faisal befindet, mit der lokalen Produktion von Personalcomputern; in Bahrein eröffnete die erste elektronische islamische Bank;[331] und in Dubai, dem kommerziellen Zentrum der Vereinigten Arabischen Emirate, wurde eine »Medienstadt« oder richtiger wohl »Medien-Freizone« eingeweiht: eine dem Muster von Wirtschaftsfreizonen, die Handel und Industrie von Zöllen und Steuern freistellen, nachempfundene Insel medialer Freiheit, in der Internetprovider, Fernsehanstalten oder Nachrichtenagenturen ohne Zensur und inhaltliche Auflagen arbeiten können.

Auch die gesellschaftlichen Wirkungen der Verbreitung von Computern und Internetanschlüssen, nicht zuletzt was die Geschlechterverhältnisse und die Möglichkeiten von Frauen, eigene Aktivitäten zu entfalten, betrifft, waren nicht zu unterschätzen – nicht nur bei Bank- und Finanzgeschäften. Nachfragen bei jungen Leuten in den Golfstaaten ergeben immer wieder, dass das Internet vor allem zum chatten benutzt wird. Für einen Staat wie Saudi-Arabien heißt das, dass das religiös-moralisch begründete Verbot jedes außerfamiliären Kontakts zwischen jungen Frauen und Männern sich zumindest im virtuellen Raum überwinden lässt. Und natürlich bietet das Internet vielen gebildeten Saudis und Saudierinnen eine

Möglichkeit, der geistigen Enge im eigenen Land zu entfliehen, ohne verreisen zu müssen.

Gleichzeitig setzte sich, wieder zuerst in den kleineren Staaten, die Einsicht durch, dass Zensur und Nachrichtenkontrolle im Zeitalter des Faxgeräts, der Satellitenschüssel und des Internets Instrumente der Vergangenheit geworden waren. Der Informations- und Kulturminister der Vereinigten Arabischen Emirate, einer der Söhne des Staatschefs, erklärte im Frühjahr 2000, er gehe davon aus, dass es innerhalb der nächsten fünf Jahre in der gesamten arabischen Welt zu einer Abschaffung oder einem nahezu völligen Zusammenbruch der Zensurgesetze kommen werde, die unter dem Einfluss des Internets schlicht nutzlos geworden seien. In Qatar wurde bereits einige Jahre zuvor das Informationsministerium abgeschafft, das in allen anderen GCC-Ländern noch als Kontrollbehörde über die Medien fungiert. In diesem Kleinstaat von 500 000 Einwohnern – wovon nach den höchsten Schätzungen gerade mal 200 000 auch Staatsbürger sind – entstand 1996 auch ein neuer Satellitenkanal, *al-Jazeera*, der mit seinem überwiegend politischen Nachrichten- und Unterhaltungsprogramm die arabische Medienlandschaft aufmischte. Tatsächlich konnte die Regierung von Emir Hamad bin Khalifa, der 1995 selbstständig für einen politischen Generationswechsel im Land gesorgt und seinen Vater entmachtet hatte, einen informationspolitischen Coup landen, als sie einen Teil der Mannschaft einkaufte, die im Auftrag der *BBC* ein arabisches Fernsehprogramm für den saudisch finanzierten Satellitenkanal *Orbit* schaffen sollte. Die Saudis wollten nach einer Probephase solch britischen Journalismus dann doch nicht; die Briten zogen sich zurück. Die von der *BBC* ausgebildeten Redakteure waren anfänglich skeptisch, als sie das Angebot eines qatarischen Prinzen erhielten, nun im Auftrag und finanziell abgesichert durch den Staat Qatar dort einen Satellitenkanal aufzubauen. Dieser solle sich grundsätzlich von den Staatsfernsehanstalten unterscheiden, die es in allen arabischen Ländern gibt, auch in Qatar: Keine Hofberichterstattung also, die immer mit den letzten Nachrichten von König, Emir oder Präsident beginnt und noch jedes Glückwunschtelegramm, das der Staatschef an einen Amtskollegen schickt oder von den Teilnehmern einer ophthalmologischen Konferenz, die gerade im Lande stattfindet, von irgendeinem Provinzgouverneur oder von der Jahresversammlung der Bauernvereinigung erhält, in voller Länge vorliest. Stattdessen wolle man ein Programm nach dem Muster der *BBC*, nur eben für ein arabisches Publikum.

Die Redakteure akzeptierten, und *al-Jazeera* begann eine Reihe arabischer Medientabus zu brechen. Der Sender bringt ein Nachrichtenprogramm hohen Standards, das Ereignisse in der arabischen Welt in den Mittelpunkt stellt, natürlich auch, was nicht selbstverständlich ist, einen Korrespondenten in Israel hat, und über Qatar nur berichtet, wenn es dort wirklich etwas zu berichten gibt. *Al-Jazeera* zeigt aber vor allem eine Reihe von Programmen, die offene Kontroversen zulassen – oder schaffen. Man gibt radikalen Islamisten und hartgesottenen arabischen Nationalisten ihre Programmplätze, lässt auch konservative islamische Würdenträger mit liberalen Philosophen diskutieren, irakische Politiker über Kuwait und exilierte Iraker, Syrer oder Saudis über ihre jeweiligen Regierungen sprechen, stellt oppositionelle Stimmen vor, lässt Regime- und Oppositionsvertreter arabischer Staaten aufeinander stoßen. Der Sender lässt jede Meinung zu, auch abstruse oder solche, die man milde als *vox populi* charakterisieren könnte: ungezügelte Meinungsäußerungen über arabische Regierungen, die Kuwaitis oder die Saudis, den Westen oder die Juden sowie Diffamierungen Andersdenkender eingeschlossen. Nicht alles ist guter Journalismus, aber das Gesamtprogramm ist gute Unterhaltung. Der Sender hat Qatar dabei eine gesamtarabische politische Bedeutung gegeben, die der Kleinstaat ansonsten nicht hätte erreichen können: Er hat für mehr Transparenz und mehr Kenntnis arabischer Bürger über Vorgänge in ihren Staaten gesorgt, und damit vielfach für Ärger. Libyen, Tunesien und Marokko riefen jeweils schon einmal ihre Botschafter aus Qatar zurück, um gegen unliebsame Äußerungen oder Berichte bei *al-Jazeera* zu protestieren; Jordanien und die Palästinensische Autorität schlossen zeitweilig die Korrespondentenbüros des Senders, um kritische oder ihrer Ansicht nach diffamierende Berichterstattung zu sanktionieren. Ich selbst wurde Zeuge, wie der Informationsminister eines arabischen Staates den qatarischen Geschäftsträger am Telefon zurechtwies – natürlich wegen eines Berichts auf *al-Jazeera* – und damit nebenbei demonstrierte, wie wenig er sich auf Grund seiner eigenen Erfahrung vorstellen konnte, dass eine Fernsehredaktion ihr Programm unabhängig von staatlicher Einflussnahme erstellt.

Das »Phänomen al-Jazeera« provozierte arabische Regierungen; stellte aber auch, wie ein arabischer Journalist schrieb, »einen positiven Virus« dar, der zur Respektierung von Meinungsverschiedenheiten beitrug.[332] Andere arabische Satellitenkanäle zogen nach und bemühten sich, wenn sie nicht vorwiegend auf Musik und leichte Unterhaltung setzten, um informativere Nachrichtenprogramme und größere politische Transparenz. Der bahreinische Sender etwa begann die Debatten der Beratenden Versammlung des Fürstentums live zu übertragen. Die neuen elektronischen Freiheiten trafen allerdings nicht auf ungeteilte Zustimmung, sondern teilweise auf Widerstand von konservativer Seite. In den Emiraten etwa erwiesen sich die Mitglieder des Nationalrats, der ernannten beratenden Versammlung, keineswegs als Verteidiger größerer Medienoffenheit. Der zuständige Ratsausschuss kritisierte vielmehr, dass die Pressefreiheit, die »das Ministerium den Journalisten gewährt habe«, von diesen ausgenutzt werde, und zwar »durch übertriebene Kritik und Angriffe auf Personen hohen Amtes«. Die Medienpolitik, so verlangte ein Ausschussbericht, solle deshalb mit der »islamischen *Sharia* und den Traditionen der Emirate« in Übereinstimmung gebracht werden.[333]

Pluralistische Experimente

Es ist kein Wunder, dass die Beratungs- oder Repräsentativorgane, die in der einen oder anderen Form bis Ende der neunziger Jahre in den einzelnen Golfmonarchien etabliert worden waren, auch den überwiegend konservativen Charakter der Gesellschaften spiegelten – die größte Zahl derjenigen, die den Reichtum dieser Staaten durch ihre Arbeit schufen, die ausländische Bevölkerung also, waren ohnehin nicht repräsentiert. Die Herrscher beziehungsweise die herrschenden Familien sahen aber nach und nach sämtlich ein, dass zur Anpassung ihrer Staaten an neue wirtschaftliche Bedingungen und technologische Entwicklungen auch politische Veränderungen vonnöten waren. In Kuwait und Bahrein, den zwei Staaten, die längere parlamentarische oder liberale Traditionen haben, forderten Teile der gesellschaftlichen Elite eine echte Demokratisierung der bestehenden Systeme. Die Realität ist allerdings auch dort weit hinter der Forderung zurückgeblieben. In allen sechs Staaten wurde aber zumindest die Repräsentation der eigenen Bürger und damit ihre Beteiligung an politischen Entscheidungsprozessen ausgeweitet.

In Bahrein, Qatar, den Vereinigten Arabischen Emiraten und natürlich Saudi-Arabien sind die so genannten *Shura-* oder Konsultativräte bislang von den Herrschern ernannt worden – es sind also handverlesene Gremien, die den Monarchen oder die Regierung beraten sollen. Nur in Kuwait gibt es echte Wahlen zur Legislative, in Oman ein Mischsystem aus indirekter Wahl und hoheitlicher Auswahl, das sicherstellen soll, dass die Gewählten auch dem Sultan genehm sind: Die eigentlichen Wähler, das waren 1998 etwa 50 000, im Jahr 2000 etwa 175 000 und damit immerhin etwa ein Viertel der erwachsenen Bürger, sind selbst als Elektoren in den jeweiligen Regierungsbezirken von den Behörden und lokalen Notabeln bestimmt worden und wählen je zwei Kandidaten für jedes zu besetzende Mandat im Konsultativrat. Aus diesen kann der Sultan dann die Mitglieder des zukünftigen Rates aussuchen; im Jahr 2000 soll er dabei dem Wählerwillen gefolgt und schlicht diejenigen, die auch die meisten Stimmen erhalten hatten, in den Rat erhoben haben.[334] In Qatar fanden 1999 immerhin Kommunalwahlen statt, bei denen sich auch Frauen aktiv und passiv beteiligen konnten. Der Herrscher, Emir Hamad, ließ deutlich machen, dass er die Wahlen und den daraus hervorgegangenen Rat für kommunale Angelegenheiten als Experiment auf dem Weg einer graduellen Demokratisierung betrachte, die später dann auch eine Verfassung und ein vollgültiges Parlament beinhalten könne. Qatars Emir und Omans Sultan demonstrierten mit ihrer Politik gleichzeitig und durchaus zutreffend, dass sie, die Herrscher, ihrem Volk Mitsprache gewährt und nicht etwa gesellschaftlichem Druck nachgegeben haben. Das Ziel ist ohnehin Beratung und nach Möglichkeit konsensuale Entscheidungsfindung, nicht etwa Gewaltenteilung oder gar eine Kontrolle des Souveräns durch die Repräsentanten der Bürger. Das war, um einen historischen Vergleich zu bemühen, natürlich auch nicht anders, als »aufgeklärte« europäische Fürsten und Könige vordemokratische

Parlamente einrichteten, um ausgesuchte Vertreter ihrer Untertanen mitreden zu lassen.

Gerade die ernannten Räte zeigen dabei, dass graduelle politische Öffnungsprozesse vor allem eine *Pluralisierung* des öffentlichen Lebens bedeuten, eine Erweiterung der politisch relevanten und an Entscheidungen beteiligten Elite um Gruppen, die bislang nicht repräsentiert waren. Das ist vor allem dann der Fall, wenn die obersten staatlichen Entscheidungsträger beginnen, diese Gruppen als unverzichtbare Akteure im wirtschaftlichen und gesellschaftlichen Entwicklungsprozess zu betrachten – sei dies, weil sie potenziell Steuern zahlen, Wachstum generieren und Arbeitsplätze schaffen, weil sie notwendige Expertise beibringen oder Unzufriedenheit kanalisieren und damit zur friedlichen Bearbeitung innergesellschaftlicher Konflikte beitragen können. Mit einer solchen Auswahl von oben werden gleichzeitig Zeichen gesetzt: an den Rest der Gesellschaft, gelegentlich auch an das Ausland. Auf Grund der geographischen und gesellschaftlich-kulturellen Nähe der Golfmonarchien zueinander beeinflussen Entwicklungen in einem dieser Länder unweigerlich auch die Geschehnisse in den anderen – oder zumindest die politische Debatte. Oman etwa kam den anderen fünf Staaten zuvor, indem hier 1994 erstmals zwei Frauen in den Konsultativrat berufen wurden. Bei den qatarischen Kommunalwahlen wurde zwar keine Frau gewählt; immerhin sechs aber stellten sich zur Wahl. In Bahrein wechselte der Emir, Scheich Hamad bin Isa, im Herbst 2000 fast die Hälfte des Konsultativrates aus. Er ernannte dabei nicht nur eine größere Anzahl von Geschäftsleuten, sondern auch vier Frauen und, was ebenfalls eine Neuerung darstellt, je einen Vertreter der jüdischen Gemeinschaft und einen eingebürgerten Inder; zudem verteilte er die von Muslimen eingenommenen Sitze gleichgewichtig zwischen Sunniten und Schiiten. Die Neubesetzung des Rats war Ausdruck des Generationswechsels an der Spitze – Hamad war 1999 seinem verstorbenen Vater nachgefolgt, der die Insel 38 Jahre lang regiert hatte – und gleichzeitig Zeichen eines politischen Neuanfangs. Es stand für einen Prozess, bei dem das Land – so das ausgesprochene Ziel des neuen Herrschers und seines Kronprinzen – allmählich von einer Autokratie in eine Art konstitutioneller Monarchie transformiert werden soll, die auch angemessener und funktionaler für einen Staat ist, dessen Nationaleinkommen kaum noch aus Ölexporten und immer mehr aus internationalen Dienstleistungen resultiert. Der Emir erließ nicht nur eine Amnestie für politische Gefangene und Verbannte, sondern ließ seine Bürger Anfang 2001 auch über eine Nationalcharta abstimmen, die eine frei gewählte Legislative verspricht.[335] Die bahreinische Führung wird bei ihren Reformen zudem den großen Nachbarn jenseits des Persischen Golfs im Auge gehabt haben: Wenn man die Loyalität der mehrheitlich schiitischen Bevölkerung erhalten und nicht an den Iran, der für viele Bahreiner durchaus einen Orientierungspunkt darstellt, verlieren wollte, musste man sie zumindest gleichberechtigt integrieren. Im Übrigen waren selbst in der explizit islamischen Republik Iran Frauen in Parlament und Regierung schon länger kein Novum mehr.

Die Frage des Frauenwahlrechts kam 1999 auch in Kuwait auf die Tagesordnung. Frauen sind aktive Teilnehmer des öffentlichen Lebens im Emirat, können aber weder wählen noch gewählt werden und haben dagegen seit dem Ende des zweiten Golfkriegs und der Wiederherstellung konstitutioneller Verhältnisse wiederholt protestiert. Die Wiedereinsetzung der Verfassung und die Rückkehr zu Wahlen und einer gewählten Legislative stellten, wie oben erwähnt, eine Art neuen Gesellschaftsvertrag dar, den der Emir und die Bürger des Staates im durch die irakische Besetzung erzwungenen Exil miteinander eingingen: ein Versprechen demokratischer Beteiligung und konstitutioneller Garantien als Preis für die Unterstützung der weiteren Anerkennung der exilierten Regierung. Kein Wunder, dass die 1992 und 1996 gewählten Parlamente der herrschenden Familie und der Regierung mit großem Selbstbewusstsein gegenübertraten.

Im Mai 1999 erließ der Landesfürst, Scheich Jabir al-Ahmad al-Sabah, der kurz zuvor wieder einmal das Parlament aufgelöst und Neuwahlen ausgeschrieben hatte, einen Erlass, der für die dem anstehenden Wahlgang folgenden Wahlen, prinzipiell also für das Jahr 2003, ein aktives und passives Wahlrecht für Frauen vorsah. Das hätte die Zahl der Wahlberechtigten, die 1999 gerade ein knappes Siebtel der Gesamtbürgerschaft ausmachte, zumindest verdoppelt.[336] Nun ging aus den Wahlen jedoch ein Parlament hervor, dass sich zwar als überwiegend regimekritisch, aber keineswegs als unbedingt fortschrittlich charakterisieren lässt. Zur stärksten politischen Tendenz in der neuen Legislative wurden verschiedene islamistische Strömungen, unter deren Einfluss das Parlament den Frauenwahlrechtserlass des Herrschers gleich wieder aufhob. Die Mehrheit des Parlaments beschloss zudem, gegen den Willen der liberalen Minderheit und der Regierung, an der Universität Kuwait eine strikte Geschlechtertrennung einzuführen, und warf im Folgenden der Regierung, die die Umsetzung dieses Beschlusses zu verzögern suchte, Verfassungsbruch vor. Das parlamentarische Leben Kuwaits demonstriert die vielleicht unangenehme Tatsache, dass eine Demokratisierung arabischer (oder anderer) Gesellschaften nicht automatisch zu einer liberaleren Politik führt. Kuwaits Islamisten etwa setzen sich durchaus glaubwürdig für die Verteidigung der Verfassung und die Erweiterung konstitutionell-demokratischer Verfahren ein, nehmen in gesellschaftspolitischen Fragen aber eine strikt konservative Haltung ein. Im Frühjahr 2001 legte die »Islamisch-konstitutionelle Bewegung«, die das islamistische Lager zumindest im Parlament anführt, ein politisches Reformprogramm vor,[337] das unter anderem die Notwendigkeit einer klaren Funktions- oder Gewaltenteilung zwischen Parlament, Kabinett, herrschender Familie und politischen Kräften anmahnte und mittelfristig auf eine Erweiterung demokratischer Beteiligung in Richtung einer parlamentarischen (also durch gewählte Mehrheiten, nicht durch Herrscherwillen bestimmten) Regierung zielte. Das Programm definierte dabei die Position der Islamisten – durchaus in Anlehnung an europäische Parteienspektren – als die einer konservativen Sammlungsbewegung. Entsprechend werde man jeder Schwächung der Stellung von Familie und Religion entgegentreten. Neben dem Drängen auf größere parlamentarische Beteiligung und Aufrechterhaltung konservativer Werte und Institutionen enthielt das Programm noch eine spezifisch kuwaitische oder golf-arabische Forderung: Die herrschende Familie, so hieß es, solle darauf verzichten, mit den »Allgemeinen«, den Bürgern also, im Bereich der Finanzen und der Wirtschaft oder um öffentliche Ämter zu konkurrieren. Dies drückte das deutliche Interesse zumindest der großen Familien des Emirats, oder sagen wir: der Mittelschichten aus, einen Gesellschaftsvertrag zu erhalten beziehungsweise wiederherzustellen, der politische Loyalität an bestimmte funktionale Erwartungen an die Herrscher und die Regierung knüpft. Diese sollen

Sicherheit, ein Mindestmaß an politischer Beteiligung sowie die Garantie von Wohlstand und guten Geschäften garantieren, sich selbst aber aus den Geschäften heraushalten.

Saudi-Arabien
Vom Ölstaat zum Staat der Institutionen?

Verglichen mit Saudi-Arabien stellt der Konservatismus der islamisch-konstitutionellen Bewegung Kuwaits eine milde, nahezu liberale Variante politischen Denkens dar. Von allen Gesellschaften in der arabischen Welt ist die saudische zweifellos die konservativste. Die historische Koalition der Al Saud, der Familie des Staatsgründers Abd al-Aziz bin Saud, mit den Al Sheikh, der Familie des Religionsgelehrten Mohammad bin Abd al-Wahhab, besteht bis heute fort: Die »wahhabitische« Rechtsschule mit ihrer besonders strikten oder textgenauen Auslegung religiöser Dogmen ist für die saudische Gesellschafts- und Rechtspolitik bestimmend; gegenwärtig ist auch wieder ein Vertreter der Familie Al Sheikh der Mufti, der oberste religiöse Rechtsgelehrte des Königreichs. Das Amt ist wichtig, weil es erlaubt, autoritative Aussagen darüber zu machen, was islamisch korrekt ist. Dazu konnten und können hochpolitische Fragen gehören wie die, ob das Königreich sich von amerikanischen Truppen, von Ungläubigen also, verteidigen lassen darf. Abd al-Aziz bin Baz, der 1999 verstorbene Vorgänger des heutigen Mufti, beantwortete diese Frage 1991 angesichts der vermeintlichen oder tatsächlichen irakischen Bedrohung positiv. Berühmtheit hat Bin Baz aber vor allem dadurch erlangt, dass er 1993 ebenso autoritativ urteilte, dass die Erde eine Scheibe ist.

Gesellschaftlicher Konservatismus zeigt sich vor allem im öffentlichen Leben: Dass Frauen nicht Auto fahren dürfen, dass Kopftuch Pflicht, der schwarze Umhang und oft auch ein schwarzer Gesichtsschleier die Regel ist, gehört zu den bekanntesten Phänomenen. Strikte Geschlechtertrennung am Arbeitsplatz und in Schulen und Universitäten und demonstrative Religiosität gehen dabei einher mit der ostentativen Modernität amerikanischer Fast-Food-Ketten und Shopping Malls. Dass die Lokale und Läden zu den Gebetszeiten schließen, steht außer Frage. Allerdings erinnert die Religionspolizei – die, so der offizielle Titel in freier Übersetzung, »Autorität zur Durchführung des Gebotenen und zur Untersagung des Abzulehnenden« – die Gläubigen heute nicht mehr mit Stockschlägen an ihre Pflicht, sich in die Moschee zu begeben.

Es ist keineswegs davon auszugehen, dass die Mehrheit der Saudis mit dem konservativen Klima in ihrem Land unzufrieden ist – ein klares Bild, das sich etwa auf Meinungsumfragen stützen würde, gibt es allerdings nicht. Das Bekenntnis zum Islam ist ein verbindendes Element; und politische Akteure tun mit Blick auf die öffentliche Meinung im Allgemeinen gut daran, ihre Handlungen oder Vorschläge »islamisch« zu legitimieren. Auch scheint eine Aufrechterhaltung konservativ-islamischer Vorschriften die Regierenden weniger unter Begründungszwang zu setzen als ihre Versuche, bestimmte wirtschaftliche Anpassungsleistungen einzuleiten oder das Land auf neue Formen der Integration in die Weltwirtschaft vorzubereiten: nicht mehr allein durch Ölexporte, sondern auch durch die Einwerbung ausländischer Investitionen oder den Beitritt zur WTO, die jeweils eine weitere Öffnung des Landes implizieren würden.

Zeichen für Reform und Anpassung setzte seit Anfang der neunziger Jahre vor allem ein Mann, der insbesondere von westlichen Beobachtern lange unterschätzt, ja als rückschrittlicher Beduinenführer betrachtet worden war: Kronprinz Abdallah bin Abd al-Aziz. Abdallah wurde 1923 geboren und ist damit nur zwei Jahre jünger als König Fahd, sein Halbbruder. Abdallah führt faktisch die Regierungsgeschäfte des Königreichs; sein Handikap ist, dass er eben nicht König und die königliche Autorität ihm verwehrt ist, solange Fahd, wie krank und arbeitsunfähig dieser auch sein mag, noch lebt und Initiativen des Kronprinzen verzögern oder blockieren kann.

Abdallah ließ und lässt in seinen Äußerungen keine Zweifel, dass die Tage des Überflusses für Saudi-Arabien zu Ende sind und auch das Ölzeitalter nicht unbegrenzt andauern wird. Die Mehrheit der Bevölkerung dürfte sich noch keineswegs zu dieser Erkenntnis durchgerungen haben, vor allem aber die Konsequenzen nicht akzeptiert haben, die sich daraus ergeben, dass die Öleinnahmen auch bei halbwegs stabilen Ölpreisen mittelfristig pro Kopf der Bevölkerung sinken.[338] Die Botschaft Abdallahs lautete implizit oder explizit eben auch, dass das Land eine neue politisch-ökonomische Arbeitsgrundlage finden müsse und sich dabei verändern werde. Zum Programm des Kronprinzen gehörte die angesprochene Bemühung um ausländische Kapitalinvestitionen, und dazu gehörten gleichzeitig anhaltende Versuche, die Arbeitskraft und Energien der eigenen Bevölkerung umfassender zu mobilisieren sowie die Bürger selbst davon zu überzeugen, dass staatliche Leistungen ihren Preis haben und die Zeiten vorüber sind, in denen jeder Saudi erwarten konnte, mit einem gut bezahlten Job im Staatsdienst versorgt zu werden. Beides, eine stärkere Öffnung nach außen und eine größere Eigenverantwortung der Bürger, letztlich vielleicht sogar deren Besteuerung statt ihrer Alimentierung brachte aber Fragen der Regierungspraxis und der institutionellen Beteiligung einer größeren Zahl von Akteuren an politischen Entscheidungsprozessen auf die Tagesordnung.

Öffnung auf ausländisches Kapital

Saudi-Arabien hatte ausländische Investitionen in den Jahren des Reichtums nicht gebraucht und ernsthaft auch nicht gewollt – potenzielle Investoren wurden schon dadurch abgeschreckt, dass sie einen einheimischen Partner oder Sponsor finden mussten, dem auch ohne entsprechende Leistung eine Mehrheitsbeteiligung und ein entsprechender Gewinnanteil zustand. Ausländische Investitionen im Bereich der Ölförderung waren seit der Nationalisierung der *Aramco* (1975), heute *Saudi Aramco*, die als größter Rohölproduzent der Welt auch das größte und wichtigste saudische Unternehmen ist, schon gar nicht denkbar. Es erregte deshalb einiges Aufsehen, als Kronprinz Abdallah 1998 anlässlich eines Besuchs in den USA die weltgrößten Ölkonzerne aufforderte, sich Gedanken zu machen, wie bei einer entsprechenden Öffnung eine Beteiligung an der Entwicklung des saudischen Öl- und Gassektors aussehen könnte. Es wurde gemutmaßt, dass Abdallah eine weitgehende Öffnung des gesamten Energiebereichs, von *Upstream*-Aktivitäten, also Exploration, Erschließung und Förderung, bis hin zur Verarbeitung und Vermarktung (*Downstream*), anstrebte. Daraufhin hätten aber konservative, insgesamt öffnungsfeindliche Kräfte sowie bürokratische und monopolistische Interessen, nicht zuletzt bei *Saudi Aramco*, ihren Einfluss geltend gemacht und einen Kompromiss erzwungen, der *Upstream*-Tätigkeiten im Ölsektor weiterhin dem saudischem Konzern vorbehielt, ausländische Investitionen aber in der petrochemischen Industrie, bei der Energieversorgung und vor allem im weitgehend noch unerschlossenen Gassektor zuließ, hier dann sogar in der ganzen Bandbreite, von der Exploration und Förderung bis hin zum Betrieb von Kraftwerken. Im Frühjahr 2001 erhielten insgesamt acht westliche Ölkonzerne den Zuschlag für entsprechende Großprojekte. Dem war ein Jahr zuvor – sonst hätten ausländische Großkonzerne sich kaum auf solche Engagements eingelassen – eine Reform der Investitionsgesetzgebung vorausgegangen, durch die Ausländern erstmals erlaubt wird, eine lokale Niederlassung oder Kapitalgesellschaft auch ohne die Mehrheitsbeteiligung eines saudischen Staatsangehörigen aufzumachen. Diese und andere Regelungen, die ausländisches Kapital inländischem gleichstellte, entsprachen nicht unbedingt dem Interesse jenes Teils der saudischen Gesellschaft, die sich an die Renteneinkommen aus ihrer Sponsorentätigkeit für ausländische Firmen gewöhnt hatten. Sie versprachen allerdings, und dies war aus Regierungssicht wichtiger, erhebliche und für den Aufbau einer eigenen Gasindustrie auch notwendige Kapitalzuflüsse.[339]

Saudische Frauen als Agentinnen der Veränderung

Was auch ausländische Investitionen nicht unbedingt bringen, sind Arbeitsplätze für die nachwachsende Generation saudischer Bürger. Jährlich verlassen etwa 200 000 Saudis die Schulen und Universitäten, und Arbeitslosigkeit wird zunehmend zu einem sozialen, tendenziell auch zu einem politischen Problem. Die Arbeitslosigkeit unter den saudischen Bürgern wird, je nach Quelle, auf 14 bis 35 Prozent unter Männern, mehr noch bei Frauen geschätzt. Nicht dass es in Saudi-Arabien keine Arbeit gäbe. Nach den Statistiken des Arbeitsministeriums hatte das Land 1999 insgesamt etwa 7,2 Millionen Beschäftigte im zivilen Bereich, davon aber gerade mal 880 000 Saudis, von denen wiederum zwei Drittel im ohnehin schon überbesetzten öffentlichen Dienst tätig waren.[340] Die Regierung hat seit Beginn der neunziger Jahre versucht, den Anteil der Saudis an der erwerbstätigen Bevölkerung zu erhöhen, indem sie etwa größeren Firmen auferlegte, den Anteil saudischer Arbeitskräfte an ihrem Personal jährlich um fünf Prozent zu steigern. Diese Vorschrift werde, erklärte mir ein jüngerer saudischer Unternehmer, »zu einem gewissen Grade« umgesetzt. Viele junge Saudis bewerben sich tatsächlich in privaten Unternehmen, werden aber nicht eingestellt, teils weil sie zu teuer sind beziehungsweise deutlich höhere Gehälter erwarten als ausländische Arbeitskräfte, teils weil sie für leitende Jobs nicht gut genug qualifiziert, für weniger prestigeträchtige Positionen nicht motiviert sind. Ein saudischer Kellner oder Tankwart gilt immer noch als auffällige Erscheinung.

Eine auch nur teilweise erfolgreiche »Saudisierung« des Arbeitsmarktes wird ohne eine Veränderung grundlegender Einstellungen nicht erfolgen. Dies betrifft sowohl das allgemeine Bewusstsein, dass das gesamte Land zukünftig eher von eigenen Leistungen als von Ölrenten und der Arbeitsleistung anderer wird leben müssen, wie auch die Einstellung zur Beteiligung der Frauen am öffentlichen Leben. Kronprinz Abdallah hatte 1999 in einer durchaus Aufsehen erregenden Rede, die die Notwendigkeit umfassender Reformen unterstrich, auch darauf hingewiesen, dass man alle Talente der saudischen Nation nutzen müsse, darunter auch die der saudischen Frau. Die herrschende, konservative Interpretation des Islam, die davon ausgeht, dass muslimische Frauen außerhalb ihrer Familie keinen Kontakt zu Männern haben und von Männern nach Möglichkeit auch nicht gesehen werden sollen, macht dies in der Praxis allerdings schwierig. Es gibt saudische Journalistinnen, Lehrerinnen, Krankenschwestern, Ärztinnen und Professorinnen und einige wenige Frauen in der saudischen Administration. Im Jahr 2000 teilte die saudische Nachrichtenagentur mit, dass Prinzessin Dr. Jawhara bint Fahd bin Muhammad bin Abd al-Aziz Al Saud zur stellvertretenden Generalsekretärin des Erziehungsministeriums berufen worden sei, das bislang höchste Amt einer saudischen Frau. Auch saudische Geschäftsfrauen oder Investmentberaterinnen – nur für Frauen – haben von sich reden gemacht. Es gibt spezielle Cafés, Computerläden und ganze Universitätscampusse nur für Frauen, die ausschließlich oder, im Universitätsbereich, zum Teil von Frauen gemanagt werden; lehrt ein Dozent, so erfolgt der Unterricht über Monitore. Insofern wundert es auch nicht, wenn eine saudische Journalistin sich auf die durchschnittlich höheren Leistungen der weiblichen Studenten beruft – eine Tatsache, die auch von männlichen Dekanen nicht bestritten wird –, um gesellschaftlichen Wandel anzumahnen: Der Wunsch der saudischen Frau, sich selbst zu beweisen, so Nourah al-Khareiji in einem ihrer regelmäßigen Beiträge in der lokalen *Arab News*, zeige sich in ihrer akademischen Überlegenheit. Auch in den Krankenhäusern, wo Ärztinnen oder Krankenschwestern notwendig in Kontakt mit Männern seien, bewiesen sie täglich, dass Religion und Schleier kein Hindernis für verantwortliche gesellschaftliche Tätigkeiten darstellten. Es sei die Pflicht und das Recht jeden Bürgers und jeder Bürgerin, sich entsprechend seiner und ihrer Fähigkeit in den Dienst des Landes und der Religion zu stellen, und es gelte deshalb, gegen den »Müll« jener Autoren anzugehen, die mit ihrem oberflächlichen Islamverständnis den Frauen ihre kulturelle und intellektuelle Rolle rauben und sie auf »Küche und Kosmetik« beschränken wollten.[341] Bemerkenswert ist hier nicht, dass eine saudische Frau eine solche Aussage macht, sondern dass eine saudische Zeitung sie druckt.

Neben der strikten Geschlechtertrennung am Arbeitsplatz gilt bis heute, dass Frauen nicht Auto fahren dürfen. Die ideologische Rechtfertigung dafür lautet aber keineswegs – hier gibt es in der westlichen Wahrnehmung dieses Zustands oft ein Missverständnis –, dass Frauen nicht in der Lage wären, ein Auto zu steuern oder andere Maschinen zu bedienen. Das Frauenfahrverbot wird von seinen Verfechtern vielmehr moralisch begründet: Es gehe schließlich nicht an, Frauen im Straßenverkehr dem Kontakt mit fremden Männern, mit anderen Verkehrsteilnehmern oder mit Polizisten auszusetzen. Reformer setzen hier auf die Kraft der Ökonomie, hoffen, dass wirtschaftliche Rationalitätsüberlegungen früher oder später dazu beitragen werden, zumindest diesen Aspekt islamisch-patriarchalischer Moral auszuhebeln: Schließlich bedeutet das Frauenfahrverbot, dass fast alle Frauen, die außerhalb ihres Hauses tätig sein wollen, einen Fahrer brauchen; 600 000 ausländische Fahrer, die das Königreich sich leistet, um seine Frauen zu chauffieren, belasten aber sowohl den staatlichen Devisenhaushalt wie die individuellen Familienbudgets.

Wandel durch Beratung?

Den Reformern im Königshaus ist auch bewusst, dass eine erfolgreiche Verbindung von gesellschaftlichem Wandel und wirtschaftlicher Entwicklung nicht ohne ein Mindestmaß an politisch-institutionellem Wandel zu Stande kommen wird. Dies gilt insbesondere, wenn eine vorwiegend staatsalimentierte Bürgerschaft zu eigenen Leistungen mobilisiert werden soll. In diesem Sinne erließ der König 1992 eine »Grundordnung für das Regieren« im Reich. Dies ist keine ausgewachsene Verfassung (obwohl reformorientierte Kräfte sie gern so nennen), die man der Staatsideologie zufolge auch gar nicht braucht – schließlich habe man ja den Koran, der alle wirklich grundlegenden Fragen regele –, wohl aber eine verfassungsähnliche Zusammenstellung von Regeln zur inneren Ordnung des saudischen Staates. Das Gesetz betont die Bedeutung von Koran und *Sunna* – der durch die Handlungen des Propheten und seiner ersten vier Nachfolger gesetzten Traditionen – als Grundsäulen der staatlichen Ordnung, es definiert bestimmte Grundfreiheiten, und es bestätigt die dominante Stellung des Königs als höchster Bezugspunkt und Herr aller Staatsgewalten.[342] Es gibt, so ein saudischer Politologe, im Königreich weiterhin keine Gewaltenteilung, sondern eine Gewaltenvermengung.[343] Gleichzeitig, und möglicherweise wichtiger als das Grundgesetz selbst, wurde eine Art Geschäftsordnung für die *Shura* (vollständig: *majlis al-shura* oder Konsultativrat) erlassen, ein Beratungsgremium, das vom König ernannte Vertreter des Volkes an der Entscheidungsfindung beteiligen würde. 1993 ernannte König Fahd dann den ersten Rat und dessen Präsidenten für eine vierjährige Amtsperiode; 1997 und 2001 wurden neue Räte ernannt, wobei interessanterweise jeweils die Zahl der Mitglieder erhöht wurde: auf neunzig Vertreter in der zweiten, auf 120 in der dritten Periode. Saudische Beobachter sehen darin ein deutliches Zeichen für das wachsende politische Gewicht des Rats; und sicher lässt sich sagen, dass die Einrichtung und periodische Wiederbesetzung der *Shura* den politischen Entscheidungsprozess im Königreich ein Stück weit offener und repräsentativer gemacht hat. Die Rolle des Rats ist zwar eingeschränkt, insofern er eben nur »beraten« und »Vorschläge« zu Gesetzen und Abkommen machen soll, die der König ihm zur Beratung zuweist. Wenn der Konsultativrat und der Ministerrat, dem der König selbst vorsitzt, sich einig sind, erlässt der Ministerrat die entsprechenden Gesetze; wenn sie zu unterschiedlichen Ergebnissen kommen, entscheidet der König allein.

Gleichwohl arbeitet die *Shura* in ihrer Beratungstätigkeit im Wesentlichen wie ein Parlament: Es gibt Ausschüsse zu allen wichtigen Sachgebieten der Politik – also etwa zu auswärtigen Angelegenheiten, zur Wirtschaftspolitik, zu Erziehungsfragen; es gibt Vorlagen, die erst im Ausschuss, dann im Plenum diskutiert werden, Interpellationen und Abstimmungen. Die Meinung des Konsultativrats wird per Mehrheit ermittelt. Und viele Mitglieder des Rats, überwiegend gut ausgebildete und angesehene Personen, häufig mit einem Hintergrund im Staatsdienst oder als Hochschullehrer, entsprechen dem Bild eines Parlamentariers, der seine Aufgabe ernst nimmt. Die Definition der eigenen Tätigkeit ist dabei schon ein Politikum. Laut Hashim Abduh Hashim etwa, Chefredakteur einer saudischen Tageszeitung und Mitglied des Rats in der ersten und zweiten Amtsperiode, fasst der Rat »Beschlüsse, keine Empfehlungen«; er habe auch bereits mehrfach den Außenminister einbestellt. Diese Einbestellung habe allerdings über den König zu laufen: Der Rat teile dem König den Wunsch mit, den Außen- oder irgendeinen anderen Minister zur internationalen Lage oder zu anderen Fragen zu hören, und der König komme diesen Wünschen in der Regel nach.[344]

Dazu wäre zu ergänzen, dass der Monarch die Auseinandersetzung mit einem Thema im Rat zunächst anregen muss. Das Konzept heißt Beratung, nicht Demokratie. Das praktische Ziel ist, gesellschaftlich und politisch wichtigen Gruppen über den Konsultationsrat ein Mindestmaß an Repräsentation zu erlauben, sie somit zu integrieren und gleichzeitig ihre Kenntnisse nutzbar zu machen. Gleichwohl hat die Einrichtung der *Shura* – und das gilt prinzipiell für jede Form politischer Institutionalisierung – eine der saudischen politischen Kultur entsprechend eher gelassene und graduelle Eigendynamik entfaltet. Diese äußert sich nicht nur in der Entstehung einer Art parlamentarischen Bewusstseins bei den Ratsmitgliedern, sondern auch im Beginn einer politischen Debatte über die Fortentwicklung von Beratung und politischer Partizipation. Da wird dann etwa diskutiert, inwiefern der Rat nicht, de facto, heute schon legislative Funktionen wahrnimmt, oder welche Entwicklungsmöglichkeiten die »Verfassung« für das Gremium bereithält.[345] Abd al-Aziz Husein al-Suweigh, ein Abgeordneter der zweiten *Shura*, deren Amtsperiode 2001 zu Ende ging, regte in einem Zeitungsartikel sogar an, den Rat in der Zukunft ganz oder teilweise wählen zu lassen. Schließlich müsse man sich von Kritikern den Vorwurf gefallen lassen, nur ein »vom Staat benannter Beamter« zu sein, was der Rolle eines »Volksvertreters« zweifellos nicht entspreche. Im Übrigen werde, wenn alle Sektoren der Gesellschaft repräsentiert werden sollten, auch kein Weg daran vorbeiführen, über die Beteiligung von Frauen an der *Shura* nachzudenken.[346]

Suweigh, ein in den USA promovierter Politikprofessor und ehemaliger Botschafter, wurde nicht mehr in den wenige Wochen später neu ernannten Konsultativrat entsandt – ob dies eine Reaktion auf seinen Artikel war, darüber kann man nur spekulieren. Sicher ist, dass er durchaus repräsentativ für einen Teil jener neueren, Mitte der vierziger bis Ende der fünfziger Jahre geborenen Elitegeneration ist, die ihre gute Ausbildung, meist in den USA, nicht zuletzt dem beginnenden Ölreichtum der späten sechziger und frühen siebziger Jahre verdankt. Einige Angehörige dieser Jahrgänge können dem amerikanischen und anderen liberalen Systemen auch vieles abgewinnen, identifizieren sich gleichwohl aber mit dem Königreich und setzen auf eine ganz allmähliche Entwicklung des politischen Systems, geben aber auch Acht, dessen politisch-ideologisches Koordinatensystem nicht zu verlassen. So bemühen sie sich etwa, auch verhaltene verfassungspolitische Vorschläge mit Bezug auf Koran und *Sunna* zu begründen.

Anhänger solch liberaler Gedanken befinden sich aber immer noch in einer Vorreiterposition; andere Vertreter auch der jüngeren Elite halten etwa die Wahl von Volksvertretern keineswegs für erstrebenswert. Die Auswahl durch den Herrscher garantiere schließlich, so hört man auch von Saudis, die nicht zur Königsfamilie gehören, dass wirklich die besten Intellektuellen und andere erfahrene Persönlichkeiten in dem Gremium säßen. Und ein jüngerer in Oxford promovierter Prinz erklärte mir im Gespräch, dass man keineswegs prinzipiell gegen Repräsentation sei. Das gelte insbesondere, wenn angesichts tendenziell sinkender Öleinkommen die Besteuerung der Bürger auf die Tagesordnung komme – der Grundsatz *No Taxation without Representation* lasse sich auch im Königreich nicht von der Hand weisen. Für freie Wahlen oder Demokratie sei es aber noch zu früh. Schließlich seien auch die Experimente anderer Länder nicht unbedingt ermutigend; im Nachbarland Kuwait etwa, der einzigen Golfmonarchie mit einem gewählten Parlament, sei Stimmenkauf an der Tagesordnung; hier verbrächte die eine Hälfte der Abgeordneten die Zeit überwiegend beim Kronprinzen, die andere Hälfte in der Moschee. Wahlen in Saudi-Arabien würden allenfalls dazu führen, dass des Lesens und Schreibens kaum kundige Stammesvertreter ins Parlament einzögen. Der Politik, auch der Politik der ruhigen, evolutionären Anpassung, sei das nicht zuträglich. Die linksorientierten Bühnenautoren, so der Prinz, von denen westliche Demokratietheoretiker schwärmten, würden die meisten Saudis kaum in ein Parlament wählen.

Diese prinzlichen Überlegungen mögen nicht nur deshalb zutreffen, weil das im Königreich herrschende Islamverständnis die Existenz von Theatern nicht vorsieht – und deshalb auch die Anzahl der Stückeschreiber gering bleiben dürfte. Aber auch der Wunsch der königlichen Familie, Macht wirklich zu teilen, ist offenkundig kaum ausgeprägt. Rat und Beratung werden gerne angenommen, nach Möglichkeit wird auch versucht – dies ist ebenfalls ein Teil der politischen Kultur der Golffürstentümer –, konsensuale Entscheidungen zu finden, gleichzeitig wird aber kein Zweifel daran gelassen, dass die Macht bei der Exekutive und letztlich bei der Herrscherfamilie selbst liegt und liegen sollte. Deren engster Kreis ist, während dieses Buch entsteht, eine Gruppe von siebzig- bis achtzigjährigen Söhnen des Staatsgründers. Neben König Fahd (geboren 1921) sind das vor allem Kronprinz Abdallah, der faktisch die Regierungsgeschäfte führt, und Verteidigungsminister Sultan (geboren 1924), ferner Innenminister Nayif (geboren 1933) und Salman (geboren 1936), der Gouverneur von Riadh. Auch wenn erst Abdallah und danach ein weiterer Bruder König Fahd nachfolgt, steht ein Generationswechsel in der Familie unabweisbar ins Haus. Einer der ersten Enkel von Staatsgründer Abd al-Aziz, die wichtige Staatsämter übernahmen, ist Außenminister Saud al-Faisal, Sohn des 1975 ermordeten Königs Faisal. Saud, 1941 geboren, ist selbst kein Jüngling mehr und bereits seit 1975 im Amt. Sein wenige Jahre jüngerer Bruder Turki war von 1977 bis 2001 Chef des Geheimdienstes.[347] Gerüchte besagen, dass seine Ablösung durch einen weiteren Bruder und engen Berater von Kronprinz Abdullah im Zusammenhang mit seinen langjährigen Kontakten mit Osama bin Laden stand – und mit seiner Unfähigkeit, diesen zur Rückkehr ins Königreich und zur Aufgabe seiner terroristischen Aktivitäten zu bewegen.

In den achtziger und neunziger Jahren sind weitere Vertreter der Enkelgeneration in Staatsämter berufen worden. Mehrere der Söhne von Fahd, Abdallah, Sultan und anderen bereiten sich zweifellos auf höhere Karrieren vor, wenn das Rad der Nachfolge einmal in Bewegung kommt; einige sind sogar in Ämter eingesetzt worden, die sie als Nachfolgekandidaten für ihre jeweiligen Väter ausweisen: am deutlichsten Prinz Khalid bin Sultan, der Sohn des Verteidigungsministers. Khalid, der im Kuwait-Krieg als Co-Befehlshaber von US-General Norman Schwartzkopff fungierte und sich in den neunziger Jahren unter anderem als Eigentümer der in London erscheinenden gesamtarabischen Tageszeitung *al-Hayat* präsentiert hatte, wurde Anfang 2001 durch königliches Dekret zum stellvertretenden Verteidigungsminister berufen.

Natürlich kann nicht jeder Prinz ein Amt erhalten. Die königliche Familie ist mittlerweile eher ein Stamm als ein Clan; schließlich geht die Zahl der direkten männlichen Nachfahren von König Abd al-Aziz und seinen mindestens 45 Söhnen deutlich in die Tausende. Einige aus der Enkelgeneration haben sich, wohl wissend, dass die wichtigsten politischen Ämter auf absehbare Zeit an ihnen vorbeigehen dürften, ohnehin auf internationales Business verlegt. Der prominenteste dieser prinzlichen Geschäftsleute ist heute Walid bin Talal, ein auf gut zehn Milliarden Dollar geschätzter Großinvestor und Finanzier, der unter anderem durch seine Beteiligung an Euro Disney bekannt wurde, vor allem aber als Eigner oder Miteigner der Four-Seasons- und Mövenpick-Ketten sowie durch Investitionen in einen Fernsehkanal, mehrere Banken und landwirtschaftliche Entwicklungsprojekte in arabischen Ländern Bedeutung gewonnen hat. Walid präsentiert sich dabei, durchaus überzeugend, als ein Reformer, der auch nicht davor zurückschreckt, öffentlich für die Einführung von Gewinn- und möglicherweise Einkommenssteuern für saudische Unternehmen und Bürger einzutreten.[348] Auch andere Prinzen, einschließlich solcher in hohen Regierungsämtern, sind geschäftlich tätig, und nicht wenige haben ihre Position genutzt, um sich bei großen Geschäftsabschlüssen des Staates Prozente zu sichern. Sicher ist, dass die königliche Familie nicht mehr mit informellen Entscheidungsstrukturen auskommt, wenn etwa Nachfolgefragen, die Vergabe von Regierungsämtern, die Höhe von Apanagen oder mögliche Interessenskonflikte zwischen privatem Geschäft und öffentlichen Interessen zu regeln sind. Die schiere Größe der beteiligten Gruppen und die zunehmende Komplexität der Sachfragen zwingt zu einer Institutionalisierung von Entscheidungsprozessen, im Herrscherhaus wie im Königreich insgesamt. Die Etablierung des Konsultativrats leitete Anfang der neunziger Jahre eben auch eine Verregelung und Verrechtlichung der Gesetzgebung ein. 1999 wurde ein Hoher Wirtschaftsrat und Anfang 2000 ein Hoher Rat für Erdöl- und Mineralienangelegenheiten gegründet, zwei Gremien, die unter dem Vorsitz des Kronprinzen und unter Mitgliedschaft aller politischen Schwergewichte und Fachminister exekutive Entscheidungen, aber auch Kompromisse vorbereiten, die nicht allen einflussreichen Personen gefallen. Die Öffnung des Gassektors und anderer vorher geschützter Industrie- und Dienstleistungsbereiche – das Versicherungswesen etwa – für ausländische Investoren können hier als Beispiel dienen.

Was den Herrscherclan selbst betrifft, so wurde im Jahr 2000 ein Familienrat gegründet – als offizielle Einrichtung mit Sitz in der Hauptstadt, einem Generalsekretariat und festen Tagesordnungen bei seinen etwa halbjährlichen Treffen. Eine der wesentlichen Aufgabe des Rats ist die weitere Vorbereitung des Generationswechsels. Dazu gehören nicht nur Nachfolgeregelungen; auch Fragen, die das Geschäftsgebaren der Familienmitglieder und Entscheidungsprozesse im Königshaus betreffen, werden auf der Tagesordnung stehen. Die dritte und vierte Generation der Al Saud übernimmt von ihren Eltern und Großeltern einen leidlich gefestigten Nationalstaat, der sich von dem tribal und regional fragmentierten Territorialstaat, den Staatsgründer Abd al-Aziz bin Saud seinen noch heute regierenden Söhnen überließ, schon dadurch unterscheidet, dass die Saudis sich heute als solche fühlen und sich, ganz überwiegend jedenfalls, zu ihrem Staat bekennen. Die größten Risiken für diesen Staat liegen kaum noch in Szenarien, die früher häufig beschrieben worden sind: in Staatszerfall, islamischer Revolution oder gar in einem Putsch arabisch-nationalistischer Offiziere. Schicksal und Chancen Saudi-Arabiens dürften vielmehr dadurch bestimmt werden, ob sich mit dem bevorstehenden Generationswechsel auch eine neue Mentalität durchsetzt, die notwendigen Strukturreformen eine breite, gesellschaftliche Akzeptanz verschaffen würde. Entscheidend ist in diesem Zusammenhang nicht zuletzt, ob das Erziehungssystem des Landes einer Reform unterzogen wird: Bislang haben die Schulen und Universitäten eher zur Festigung erzkonservativer Haltungen und eines tendenziell intoleranten Islamverständnisses beigetragen als zur Förderung von Kreativität und Bürgersinn.

Die steigenden Ölpreise der Jahre 1999 und 2000 haben es gerade nicht leichter gemacht, für Anpassungen und Leistungsorientierung zu werben. Wenn das Öl wieder gute Einnahmen bringt, warum, so die häufig gestellte Frage, sollte man dann über Subventionsabbau, über die Reduzierung staatlicher Ausgaben oder gar über Einkommenssteuern nachdenken? Auf der Ebene politischer Erkenntnis – zum notwendigen Handlungsbedarf und der einzuschlagenden Richtung, um den regionalpolitischen Einfluss und die wirtschaftliche Stellung zu erhalten, die der Ölreichtum dem Land in der zweiten Hälfte des zwanzigsten Jahrhunderts verschafft hat – scheinen zumindest Teile der saudischen Führung ihrem Volk ein ganzes Stück voraus zu sein.

Maghrebinische Umbrüche
Vom verordneten Wechsel
zum post-islamistischen Konflikt

Die Staaten des Maghreb, des arabischen Westens, liegen fern der Konfliktschauplätze des Nahen und Mittleren Ostens, sind aber keineswegs unwesentliche Elemente gesamtarabischer oder regionaler Dynamiken. Der Maghreb umfasst im Kern die nordafrikanischen Staaten Marokko, Algerien und Tunesien; Libyen wird, um es in einer der arabischen Subregionen zu verorten, mittlerweile meist ebenfalls dazu gerechnet. Politisch zählt sich auch Mauretanien, dessen Territorium bis in die siebziger Jahre noch von Marokko beansprucht wurde, zum Maghreb. Die fünf Staaten gründeten 1989 die Arabische Maghreb-Union (UMA), einen subregionalen Zusammenschluss, der ähnlich wie der GCC am Golf eine engere Zusammenarbeit und nach Möglichkeit die Integration der beteiligten Länder fördern sollte. Entscheidender Anstoß für die Maghrebstaaten war die bevorstehende Bildung des europäischen Binnenmarktes. Dem einheitlichen Block Europa, so die sinnvolle Überlegung, müsse man bei zukünftigen Handels- und Wirtschaftsverhandlungen ebenfalls gemeinsam gegenübertreten. Einzelne gemeinsame Institutionen wurden eingerichtet, darunter ein Generalsekretariat in Rabat. Spannungen zwischen den Mitgliedsstaaten, vor allem zwischen den zwei regionalen Schwergewichten, Marokko und Algerien, verhinderten aber bald jede ernsthafte Zusammenarbeit.[349]

Die Gemeinsamkeiten der Maghrebstaaten liegen tatsächlich eher im Kulturellen als im Politischen. Dazu gehört, wie gerne gesagt wird, die Verbreitung von »Couscous und Burnus«, von nordafrikanischer Küche und Kleidung also, und dazu gehört sicher, zumindest in Algerien, Marokko und Tunesien, eine kulturelle Ausrichtung auf Frankreich, der man in einer Art Hassliebe verbunden ist: So sehr die Auseinandersetzungen mit der französischen Kolonialherrschaft und der Kampf um Unabhängigkeit zu den identitätsstiftenden Momenten aller drei Nationalstaaten gehört, so sehr ist Französisch die gehobene Verkehrssprache geblieben, die zumindest von den kulturellen, administrativen und teilweise wenigstens von den militärischen und politischen Eliten bevorzugt wird. Frankreich ist nach wie vor erstes Ziel für ein Auslandsstudium, größter Handelspartner und wichtigster Bezugspunkt für die Ausrichtung der jeweiligen internationalen Beziehungen. Bezüglich ihrer sozio-ökonomischen Strukturen, der Verfassungs- oder Herrschaftsmodelle und nicht zuletzt ihrer politischen Kultur, der Art und Weise also, wie politische Prozesse gestaltet und politischer Umgang gepflegt wird, unterscheiden sich die Maghrebstaaten erheblich. Mit Libyen und Algerien gehören dazu zwei Hauptölexporteure, die lange Zeit mit verschiedenen Formen sozialistischer oder quasi-sozialistischer Entwicklung experimentierten, mit Marokko und Tunesien zwei eher ressourcenarme Staaten, die frühzeitig eine Integration in die Weltwirtschaft gesucht haben. In Libyen ist ein populistisch-revolutionäres Regime entstanden, dessen Entwicklung im Wesentlichen von den Inspirationen seines erratischen Führers abhängt; Algerien steht seit seiner Unabhängigkeit unter der Herrschaft einer sich selbst erneuernden Militärkaste; Marokko ist eine Monarchie, die lange eher als autoritär, wenn nicht absolutistisch zu bezeichnen war, sich seit Ende der neunziger Jahre aber in Richtung auf ein liberaleres, jedenfalls konstitutionelles System zu bewegen scheint; Tunesien ist der äußeren Form nach liberale Republik, faktisch jedoch autoritärer Polizeistaat.

Alle vier Länder sind in den vergangenen zwei Jahrzehnten mit massiven Sozial- und Wirtschaftsproblemen konfrontiert worden, die ihre innere Stabilität auf die Probe gestellt haben. Algerien, Marokko und Tunesien waren über die siebziger und achtziger Jahre tief in die Falle der Auslandsschulden geraten. Libyen blieb verhältnismäßig wohlhabend; das Pro-Kopf-Einkommen überstieg das der anderen Maghrebstaaten immerhin um das Zwei- bis Fünffache. Der Einbruch der Ölpreise machte dem Staat gleichwohl zu schaffen; die Bürger litten unter einem ineffektiven System staatlicher Versorgung, das zeitweise den privaten Handel abzuschaffen versucht hatte und von 1992 bis 1999 durch die von den Vereinten Nationen verhängten internationalen Sanktionen noch verschärft wurde.

In Tunesien, Marokko und Algerien kam es bereits in den achtziger, in Libyen Mitte der neunziger Jahre verschiedentlich zu gewalttätigen sozialen Protesten. Diese machten sich in den meisten Fällen an steigenden Brot- und Lebensmittelpreisen fest, wenn die Regierungen Haushaltsungleichgewichte durch die Reduzierung von Subventionen zu korrigieren suchten, brachten aber auch die tiefe Unzufriedenheit mit der allgemeinen sozialen und wirtschaftlichen Lage, mit Inflation, Wohnungsmangel und vor allem mit hoher Arbeitslosigkeit zum Ausdruck. Marokko und Tunesien akzeptierten bereits Anfang der achtziger Jahre Strukturanpassungsprogramme des Internationalen Währungsfonds (IWF) und konnten durch Umschuldungsabkommen oder die Umwandlung von Schulden in Kapitalanteile die Schuldenlast handhabbar machen. Sie privatisierten Teile des überwiegend ineffektiven staatlichen Industrie- und Dienstleistungssektors, liberalisierten den Außenhandel, reduzierten die Defizite der öffentlichen Haushalte und wurden dadurch auch wieder kreditfähig, ja zu zwei gern vorgezeigten Musterschülern der internationalen Finanzinstitutionen. Tunesien und Marokko waren auch die ersten beiden Staaten, die 1995 beziehungsweise 1996 im Rahmen des Barcelona-Prozesses ein Assoziationsabkommen mit der EU abschlossen, das eine weitere wirtschaftliche Öffnung, insbesondere den Abbau von Handelsschranken, vorsah, prinzipiell aber auch einen verbesserten Zugang zum europäischen Markt und vor allem stärkere europäische Unterstützung bei dem Versuch, lokale Unternehmen auf die Integration in einen größeren euro-mediterranen Wirtschaftsraum vorzubereiten versprach.

Algerien, das in Zeiten hoher Ölpreise auf eine staatlich geführte industrielle Entwicklung gesetzt und diese, in Erwartung weiter steigender Ölpreise, mit internationalen Krediten finanziert hatte, geriet Ende der achtziger Jahre in die Schuldenfalle. Deutlicher als in anderen Ländern zeigte sich daraufhin ein sehr direkter Zusammenhang zwischen wirtschaftlichen Entwicklungen und politischem Konflikt: Soziale Proteste, die 1988 und 1989 aufbrachen, führten zu einer vorübergehenden politischen Öffnung, ja Demokratisierung des Systems; die Angst westlicher Politik vor einem Sieg islamistischer Kräfte half der algerischen Regierung, Mitte der neunziger Jahre günstige Umschuldungsvereinbarungen zu erzielen; der Rückgang der Schuldenlast wiederum ermöglichte ihr, mehr Ressourcen für die Kriegführung, aber auch für soziale Programme bereitzustellen und damit die Lage ein Stück weit zu stabilisieren. Dies beruhigte nicht zuletzt die Führungen anderer arabischer Staaten, die zeitweise so etwas wie islamistische Domino-Effekte, sprich ein Überschwappen des inneralgerischen Konflikts auf ihre Länder befürchtet hatten.

Auch wenn die Maghrebstaaten nicht direkt an den Konflikten zwischen Israel und seinen Nachbarn oder an den Konflikten im Golf beteiligt sind, ist das Interesse der Öffentlichkeit am Geschehen im Nahen und Mittleren Osten groß. Während des Kuwait-Krieges kam es in den meisten dieser Länder zu großen pro-irakischen Demonstrationen – selbst in Marokko, dessen politische Führung sich eindeutig auf die Seite Kuwaits gestellt und sogar ein Truppenkontingent nach Saudi-Arabien geschickt hatte. Und die palästinensisch-israelischen Auseinandersetzungen, die im Herbst 2000 begannen, mobilisierten die Gesellschaften und die politischen Eliten derart, dass die Regierungen daran nicht vorbeischauen konnten. Dass man das erst wenige Jahre zuvor in Tunis eröffnete israelische Vertretungsbüro im Frühjahr 2001 geschlossen habe, so der tunesische Außenminister im Gespräch mit dem Autor, sei in erster Linie eine innenpolitische Entscheidung gewesen – die Öffentlichkeit, selbst die Parlamentarier der Staatspartei hätten die Regierung unter massiven Druck gesetzt, dem Zorn über Israels Politik und der Verbundenheit mit den Palästinensern durch mehr als diplomatische Erklärungen Ausdruck zu geben. Tatsächlich sind die Entwicklungen des arabisch-israelischen oder des Irak-Konflikts für die politischen und sicherheitspolitischen Überlegungen der Führungseliten in Marokko, Algerien oder Tunesien von einiger Bedeutung, sei dies aus Sorge um regionale Stabilität oder nur aus der Furcht, dass eine Eskalation israelisch-palästinensischer Auseinandersetzungen islamistischen Gruppen im eigenen Land Auftrieb geben könnte.

Wenn man umgekehrt von Syrien, von Saudi-Arabien oder von Ägypten aus in den Maghreb schaut, dann vor allem wegen der innenpolitischen Entwicklungen einzelner Länder, die, wie befürchtet oder gehofft wird, regionalen Modellcharakter haben könnten. Die demokratische Öffnung etwa, die Algerien Ende der achtziger, Marokko Ende der neunziger Jahre erlebte, betrachteten liberale Kreise auch im arabischen Osten mit großer Hoffnung; den Bürgerkrieg, in den Algerien seit 1992 versank, nutzte mancher Vertreter nahöstlicher Regime zum Beweis dafür, dass unkontrollierte Öffnungsprozesse allenfalls Terror und Chaos zeitigen würden. Mit Blick auf Marokko stellt sich die Frage nach der Bedeutung und nach den Chancen eines Generationswechsels an der Staatsspitze, mit Blick auf Tunesien die nach den Aussichten eines Regierungsmodells, das die politische Entwicklung von wirtschaftlichen Modernisierungs- und Liberalisierungsprozessen abzukoppeln sucht.

Marokko
Hassans geheimer Garten

Wer mit dem Zug von Casablanca, der Wirtschaftsmetropole Marokkos, in die ruhige Hauptstadt Rabat fährt, die etwas von der beruhigenden Langeweile einer französischen Provinzstadt an sich hat, sieht unweigerlich, was der Besucher eigentlich nicht sehen soll: Stadtteile aus Wellblech, stinkende Slums, die dem Staat zumindest so peinlich sind, dass er um die meisten von ihnen weiß getünchte Mauern hat bauen lassen, die denjenigen, der auf Straßenniveau vorbeifährt, eine Fabrik, ein lärmgeschütztes Wohngebiet, vielleicht auch einen orientalischen Garten dahinter vermuten lässt. Das marokkanische Königreich versteckt aber nicht nur die Armenviertel hinter sauberen Sichtblenden. Hassan II., der Marokko von 1961 bis zu seinem Tod im Juli 1999 regierte, sich Europa und der Welt gegenüber ziemlich erfolgreich als aufgeklärter Monarch präsentierte und für Marokko das Image eines weltoffenen, modernen Landes etablierte, hat gleichzeitig ein System despotischer Herrschaft geführt, das sich nicht durch Transparenz auszeichnete. Nicht nur die Herrschaftsstruktur ist undurchsichtig. Wie der *makhzen* sich zusammensetzt, das Konglomerat von Herrschaftsinstitutionen und Abhängigkeitsbeziehungen, in dessen Mittelpunkt König und Palast stehen, oder wie politisch bedeutsame Entscheidungen zu Stande kommen, bleibt hinter einer Fassade moderner staatsbürokratischer Organisation weitgehend im Dunkeln. Entwicklungen und Verschiebungen von Macht- und Einflussstrukturen zu beurteilen, fällt auch gut informierten Beobachtern im marokkanischen Fall oftmals schwerer als im Fall anderer regionaler Staaten, die sich nach außen hin viel geschlossener geben. Auch in anderen Bereichen ist vieles nur unvollständig sichtbar. Volkswirtschaftliche Rahmendaten etwa leiden nicht nur, wie in den meisten Ländern der Region, darunter, dass viele Einzelaktivitäten des informellen Kleingewerbes nicht erfasst werden: In marokkanischen Statistiken fehlt mit der Produktion und dem Export von illegalen Drogen – Marokko ist nach wie vor der weltweit größte Haschisch-Exporteur – schlicht die wichtigste Einnahmequelle des Landes.[350] Das heißt, dass Marokko tatsächlich reicher ist und dass auch die Handelsbilanzen positiver sind, als die von internationalen Finanzorganisationen zu Grunde gelegten – und auch in diesem Buch benutzten – Daten vermuten lassen.

Marokkos modernes Image und die guten Noten, die es von der Weltbank oder von der EU für seinen privatisierungsfreundlichen Wirtschaftskurs erhalten hat, sind ebenfalls trügerisch, wenn darüber die sozialen Entwicklungsfaktoren aus dem Blick geraten. Marokko hat unter allen Staaten Nordafrikas und des Nahen Ostens die höchste Analphabetenrate: Ende des zwanzigsten Jahrhunderts galten in Marokko weniger als 49 Prozent aller Erwachsenen, gerade mal 35 Prozent der Frauen, 23 Prozent der Landbevölkerung, und nur etwa zwölf Prozent der ländlichen Frauen als lese- und schreibkundig. Analphabetismus ist dabei nicht auf die älteren Generationen begrenzt. Selbst in der Altersstufe von 15 bis 24 gelten fast 35 Prozent (und 46 Prozent der Frauen) als Analphabeten.[351] Dies macht deutlich, dass Marokko auch in den letzten Jahren weit von dem Ziel entfernt geblieben ist, allen Bürgern eine zumindest grundlegende Schulausbildung zu ermöglichen. Tatsächlich ist der entwicklungspolitische Kurs, den Marokko unter Hassan verfolgt hat, in nahezu zynischer Weise inegalitär gewesen; das Bildungswesen ist nur ein Ausdruck dieser Haltung. So lag der Erziehungs- und Bildungshaushalt Marokkos, relativ zum Staatshaushalt insgesamt, keineswegs niedriger als in den Nachbarländern, aber die Ausgaben sind in den Dienst einer ungleichen Entwicklung gestellt worden. Gute Universitäten, darunter die 1995 gegründete und nach amerikanischem Muster gestaltete Elite-Universität in Ifrane, haben Doktoranden, die sich problemlos mit ihren Kollegen in europäischen Ländern messen können. Exzellent ausgebildete Führungskräfte in der Verwaltung, der Wirtschaft und in den Bildungseinrichtungen selbst stellen die eine Seite der Medaille dar, Dörfer ohne ausreichende Schulversorgung die andere. Die entlegenen Landstriche, die Ausbildung der Landbevölkerung oder soziale Maßnahmen, die das Lebensniveau der ärmeren Schichten gehoben hätten, galten dem Herrscher und der herrschenden Elite einfach als weniger wichtig. Insofern steht auch die positive Entwicklung gesamtwirtschaftlicher Daten – der Abbau der Haushaltsdefizite etwa – in teilweise deutlichem Gegensatz zur Entwicklung der sozialen Situation. Marokko wird, zu Recht, für seine Anstrengungen gelobt, ausländisches Kapital ins Land zu ziehen. Vor allem der Verkauf der Mobilfunklizenzen (1999) galt als Musterbeispiel eines kompetenten Verwaltungsverfahrens, das ohne Schiebereien ablief, ausländisches Vertrauen in den marokkanischen Staat förderte und diesem zudem einen – wiederum in Vergleich zu Staaten mit ähnlicher Marktgröße – stattlichen 1,2 Milliarden-Dollar-Erlös einbrachte. Gleichzeitig nahm die Armut im Lande über die neunziger Jahre, einer Berechnung zufolge, von 13 auf 19 Prozent der Bevölkerung zu. Andere Schätzungen liegen noch höher. Bis zu 7,5 Millionen der 29 Millionen Marokkaner müssen, wie es heißt, mit umgerechnet weniger als einem Dollar am Tag auskommen und gelten damit nach Weltbankkriterien als »arm«.[352]

Muhammad VI., der 1999 als 36-Jähriger seinem verstorbenen Vater Hassan II. nachfolgte, präsentiert sich gern als »König der Armen«. Der offizielle Mindestlohn und die Beamtengehälter sind angehoben und eine Reihe von Programmen, etwa zur Armutsbekämpfung oder zur Qualifizierung von Arbeitslosen, auf den Weg gebracht worden. Erfolge werden sich allenfalls allmählich einstellen; zu hoffen ist in jedem Fall, dass der Monarch durch seine öffentliche Identifizierung mit den Armen dazu beiträgt, die Mentalität der administrativen und wirtschaftlichen Eliten zu verändern, die die Armen eher als lästig betrachtet anstatt die Armut als eines der größten Entwicklungsprobleme wahrzunehmen. Das heißt nicht, dass Muhammad VI. persönlich der Aufforderung der vielleicht wichtigsten Oppositionsfigur, des Islamistenführers Abd al-Salam Yasin, nachkommen würde, als »König der Armen« sein beträchtliches Privatvermögen für die Armutsbekämpfung verfügbar zu machen – ist der

Monarch, der auch persönlicher Erbe seines Vaters ist, doch unter anderem der wichtigste Aktionär von *Omnium Nord-africain*, der größten marokkanischen Kapitalgruppe.

Einmal Alternance *und zurück?*

Ausländische Journalisten kolportieren gern, dass der König Marokkos eine starke und unumstrittene Stellung habe, weil er als »Befehlshaber der Gläubigen« (*amir al-mu'minin*), wie ein Teil seines offiziellen Titels lautet, nicht nur politische, sondern auch religiöse Autorität genieße. Diese Darstellung entspricht der Realität aber allenfalls zum Teil. Richtig ist, dass die religiöse Autorität des Königs kaum in Frage gestellt wird. Für den großen säkularisierten Teil der Gesellschaft ist dies ohnehin keine entscheidende Frage. Die Macht des Monarchen ist aber von sehr realen politisch-materiellen Faktoren abhängig. Dazu gehört unter anderem die Möglichkeit der Patronage, der gezielten Vergabe von Chancen und Wohltaten also, um politische Loyalität zu gewinnen, und die Kontrolle über ökonomische Ressourcen. Notwendig ist aber auch die Fähigkeit, die politische Szene zu manipulieren und zu kontrollieren. Hassan II., den selbst Abgeordnete des marokkanischen Parlaments im privaten Gespräch als »Ungeheuer« bezeichnen, war nicht nur ein Tyrann, ein »unnötig grausamer« dazu, wie der damalige französische Präsident Mitterrand ihm bescheinigte, sondern ein gebildeter Meister der Macht, der es verstand, verschiedene Gruppen gegeneinander auszuspielen und oppositionelle Kräfte mal mit Mitteln der Repression, mal durch Kooptation zu neutralisieren.[353]

In seinen letzten Lebensjahren verstand der alte König sich zudem als Wegbereiter eines von ihm selbst gestalteten und kontrollierten politischen Wechsels. 1996 ließ er eine neue Verfassung verabschieden, die der Monarchie ein moderneres, parlamentarisch-konstitutionelles Aussehen gab, dem König aber unbeschränkte Gesetzgebungsbefugnisse beließ. 1997 fanden Wahlen statt, die von den oppositionellen Sozialisten, der *Union Socialiste des Forces Populaires* (USFP), gewonnen wurden, nicht ohne, wie selbst Politiker der Partei zugaben, gewisse Manipulationen des Wahlausgangs durch den für solche Angelegenheiten zuständigen Driss Basri, damals schon seit fast zwanzig Jahren Innenminister, rechte Hand des Königs und Oberaufseher des Geheimdienstapparats. Hassan II. setzte eben, so das seither in Marokko benutzte Stichwort, auf *Alternance* und beauftragte den damals schon 74-jährigen Abd al-Rahman Yousoufi, der jahrzehntelang in Opposition zum König gestanden hatte und der daher mehr als ein Mal zu Gefängnisstrafen verurteilt worden war und eineinhalb Jahrzehnte im Exil verbracht hatte, mit der Regierungsbildung. Yousoufi brachte einer Reihe kompetenter jüngerer Mitglieder seiner Partei und kleinerer Koalitionspartner in die Regierung, überwiegend Hochschullehrer, musste aber den Verbleib von Innenminister Basri akzeptieren, der allzu reformerische Höhenflüge verhinderte. Die Hoffnung auf den Wechsel war dennoch groß, man sprach von einem »marokkanischen Frühling«, der sich vor allem in einem Aufblühen des politisch-gesellschaftlichen Lebens manifestierte: in einer zunehmend mutigen Presse und der Entstehung zahlreicher neuer Bürgerinitiativen und Nicht-Regierungsorganisationen, nicht zuletzt im Menschen- und Bürgerrechtsbereich.

Hassan hatte mit der Ernennung eines sozialistischen Premiers zwei strategische innenpolitische Ziele erreicht: Erstens band er die Sozialisten ein und machte aus einer Oppositionsbewegung, die angesichts der sozialen Lage in den neunziger Jahren deutlichen Zulauf bekommen hatte und vor allem zum Sammelbecken einer kritischen jungen Intelligenz geworden war, eine loyale Dienerin des Königreichs, die auch den Monarchen und dessen Souveränität akzeptierte. Dass dabei auch die administrative und politische Elite mit Personen aufgefrischt wurde, die ihrer Ausbildung und ihrem Habitus nach Modernität verkörperten und zudem, von Yousoufi selbst einmal abgesehen, eher für die Auseinandersetzung mit Zeitfragen der neunziger Jahre wie Globalisierung, Zivilgesellschaft oder EU-Assoziation, denn für die Konflikte der sechziger und siebziger Jahre standen, welche sowohl der König wie auch der Ministerpräsident repräsentierten, war ein zusätzlicher Vorteil, der nicht zuletzt dem internationalen Ansehen Marokkos nutzte. Möglicherweise gelang es dem König zudem, wie der Journalist Aboubakr Jmaï meint, die Führung der Sozialisten von ihrer Basis zu isolieren und damit mittels Einbindung nachhaltig zu schwächen.[354] Hassans von oben angeordneter Wechsel hatte zweitens aber vor allem eine über seinen Tod hinausreichende Wirkung, ließ sie seinen Sohn doch einen innenpolitisch befriedeten Staat erben, der eine Aussöhnung zwischen Opposition und Regime und das erste Experiment eines konstitutionellen politischen Wechsels bereits erlebt hatte.[355] Das reduzierte nicht nur die Angst vor Veränderungen, die die Nutznießer des alten Systems in den Widerstand hätte treiben können, sondern auch den Druck auf den neuen Monarchen, sich unmittelbar durch große Veränderungen zu beweisen. *Alternance* war schließlich schon unter dem Vater eingeleitet worden und ließ sich als ein Prozess verstehen, den Muhammad VI. nach eigener Wahl justieren und gegebenenfalls beschleunigen würde.

Der junge König erbte eine Verfassung, die ihm weitgehend unbeschränkte legislative und exekutive Vollmachten gab, und ein Parlament, das zu Recht den Ruf einer »Kammer zur Abzeichnung andernorts getroffener Entscheidungen«[356] genoss. Die Hoffnungen der Öffentlichkeit richteten sich deshalb vor allem auf den neuen Throninhaber. Das Parlament repräsentiert, von Ausnahmen, die überwiegend bei der Linken und bei den im Parlament vertretenen Islamisten zu finden sind, in erster Linie eine Schicht von Notabeln, die an den gegebenen Verhältnissen wenig ändern wollen und die politischen Institutionen, mithin auch Parlament und Verfassung, als Gabe des Königs betrachten, jedenfalls nicht als demokratische Errungenschaft. Das Parlament ist so auch nach den Wechseln von 1998 und 1999 vor allem ein Ort geblieben, an dem einflussreiche Lokalrepräsentanten im besseren Fall versuchen, öffentliche Leistungen für ihren Wahlkreis zu sichern und zwischen ihrer Klientel und der Regierung zu vermitteln, im schlechteren Fall die Immunität des Amtes und die Kontakte zur Obrigkeit nutzen, um eigene Geschäfte zu befördern, was in einzelnen bekannten Fällen den von der Regierung großzügig übersehenen Drogenhandel einschließt. Programmatische Auseinandersetzungen spielen eine geringe Rolle; Parteiwechsel bei Parlamentariern sind so häufig, dass man in Marokko vom »politischen Nomadismus« spricht: Gut 15 Prozent der Abgeordneten wechselten allein von 1997 bis Mitte 2001 mindestens ein Mal ihre Parteizugehörigkeit. Und Wahlen, so heißt es in Abgeordnetenkreisen, seien für die Parteien ein Geschäft geworden; lokale Notabeln suchten eben eine Repräsentanz und seien bereit, dafür zu zahlen. Dazu kommt, dass auch die Sozialisten, nachdem sie mit der Regierungsführung beauftragt worden waren, frühere Forderungen nach substanziellen Reformen, nach einer Verfassungsänderung etwa, die eine echte Gewaltenteilung garantieren würde, nicht mehr angesprochen haben.[357]

Fast scheint es, als müsse das Königshaus selbst auch noch eine Ersatzopposition liefern. Als Kandidat präsentiert sich ein Cousin des jungen Königs, Prinz Hicham, der Regierung, Parlament und Parteien vorwirft, Reformen verschlafen und die Hoffnungen, die sich an den Thronwechsel geknüpft hatten, enttäuscht zu haben.[358] Ernster zu nehmen dürfte die islamistische Opposition sein, die mit einer Mischung aus sozialem Engagement, Konservatismus und antiimperialistischen Einsprengseln gerade da Grund gewinnt, wo die regierende Linke sozialpolitische Erwartungen enttäuscht. Das alte Regime hatte gezielt darauf hingearbeitet, die Islamisten zu fragmentieren – eine islamistische Partei ist im Parlament vertreten, andere islamistische Gruppen wurden unterdrückt. Schon im Mai 1999, bei einer Nachwahl in der überwiegend proletarischen, der Hauptstadt Rabat direkt benachbarten Stadt Salé, gewann Abd al-Ilah Benkirane, ein Vertreter der islamistischen Partei für Gerechtigkeit und Entwicklung (PJD), gegen den Kandidaten der Sozialisten, die diesen Wahlkreis für eine ihrer Hochburgen gehalten hatten.

An einem Sonntag im März 2000 demonstrierten die islamistischen Gruppen erstmals ihre vereinte Stärke. Anlass war die politische Auseinandersetzung um einen von der Regierung vorgelegten und von Muhammad VI. selbst unterstützten »Nationalen Aktionsplan zur Integration der Frauen«, in dessen Mittelpunkt eine Familienrechtsreform stand, welche die Polygamie verboten, das Heiratsalter für Frauen von 15 auf 18 Jahre angehoben und Frauen und Männern gleiche Erbrechte verliehen hätte. In Rabat demonstrierten an diesem Tag einige Zehntausend Anhänger der Regierung für die Verbesserung der Lage der Frauen im Land und für den Aktionsplan; in der Wirtschaftsmetropole Casablanca brachten die islamistischen Gruppen wohl einige Hunderttausend Demonstranten und, ordentlich separat auf der anderen Straßenseite, Demonstrantinnen auf die

Beine. Die Regierung knickte ein; die Reform des Familienrechts wurde fallen gelassen; man habe, so der Innenminister im Parlament, Sorge vor einer Spaltung der Gesellschaft.

Durch solche Rückzüge sorgte die Regierung natürlich für weitere Enttäuschung unter denjenigen, die sich vom Regierungs- und Königswechsel einen echten Aufbruch versprochen hatten. Die Regierung Yousoufi zeigte zudem deutlich autoritäre Züge. So ließ der Premierminister Ende 2000 drei Wochenzeitungen verbieten, die ein historisches Dokument, einen Brief, veröffentlicht hatten, der die Sozialisten in Verbindung mit einem knapp dreißig Jahre zuvor gescheiterten Putschversuch gegen Hassan II. brachte. Öffentlicher Druck zwang ihn dazu, das Verbot wieder aufzuheben. Wenig später wurde Aboubakr Jmaï, der zwei dieser Zeitungen herausgibt, zu einer Geld- und Gefängnisstrafe verurteilt, weil er über angebliche oder tatsächliche finanzielle Unregelmäßigkeiten im früheren Tätigkeitsbereich des Außenministers berichtet hatte. Die nämliche Geschichte war schon früher im Jahr von anderen Journalisten aufgegriffen worden und mit einem gerichtlich verhängten Schreibverbot geahndet worden.[359]

Ein Wechsel zurück zu autoritäreren Herrschaftsformen lässt sich nicht ausschließen. Muhammad VI., der junge, sportlich-coole und allseits beliebte König, neigt selbst dazu, die Regierung zu ignorieren, Entscheidungen im engen Kreis seiner Berater zu treffen und, wie die Verfassung ihm durchaus erlaubt, per Dekret zu regieren – und sei dies nur, weil er selbst der Regierung vorauseilen wollte. So setzte er einen neuen Innenminister ein, ohne den Premier auch nur zu befragen.[360] Entscheidungsvorgänge innerhalb des *makhzen* sind undurchsichtig geblieben. Insgesamt scheint aber der Einfluss des Militärs zugenommen zu haben. Muhammads Vater, Hassan II., misstraute den Streitkräften, seitdem er Anfang der siebziger Jahre zwei Putschversuche überlebt hatte, und beschäftigte sie lieber in der Westsahara – fern von den königlichen Palästen und mit einer Aufgabe, die nur begrenztes Prestige einbrachte. Der neue König übertrug der Armee die Kontrolle der Geheimdienste; er könnte sie möglicherweise auch zunehmend als innere Ordnungskraft nutzen, wenn es mittelfristig auf Grundlage des vom ehemaligen US-Außenminister James Baker vorgeschlagenen Autonomieplans zu einem Ende des Westsaharakonflikts kommen sollte, womit zumindest ein Teil der dort stationierten 200 000 Soldaten freigesetzt würde. Ein Zeichen dafür, dass die Position der Streitkräfte sich unter dem neuen König stärkte, war die zivile, höchstrichterliche Bestätigung eines Militärgerichtsurteils, mit dem Anfang 2001 ein Offizier, der noch unter dem alten Regime, zu Beginn des marokkanischen Frühlings, Einzelheiten über Korruptionsfälle in der Armee öffentlich gemacht hatte, zu einer mehrjährigen Haftstrafe verurteilt wurde. Kritisch über die Armee zu berichten, so marokkanische Beobachter, werde zu einem der wenigen, aber wichtigen Tabus – andere sind die Person des Königs, der Islam und die Zugehörigkeit der Westsahara zum Vaterland –, die die Freiheit der Presse begrenzen.

Dies heißt nicht, dass der Generationswechsel auf dem Thron nichts geändert hätte. Muhammad VI. hat im Bereich der Innenpolitik und der Menschenrechte Zeichen gesetzt, mit denen er sich, zumindest symbolisch, von der Politik seines Vaters absetzte.[361] Dazu gehörte zuerst die Entmachtung von Innenminister Basri – der König entzog ihm die Aufsicht über den Geheimdienst und die Kontrolle der Westsahara –, dann dessen Entlassung. Gleichzeitig wurde auf persönliche Anordnung des Monarchen mehreren langjährig exilierten Oppositionellen die Rückkehr erlaubt; der Führer der größten Islamistengruppe, »Gerechtigkeit und Wohltätigkeit«, Abd al-Salam Yasin, den Hassan einige Jahre in eine psychiatrische Anstalt gesteckt, dann über zehn Jahre unter Hausarrest gehalten hatte, wurde befreit; und man begann damit, Opfern von staatlichem Unrecht, ehemaligen politischen Gefangenen also oder den Angehörigen von Verschwundenen, finanzielle Entschädigungen zukommen zu lassen. Zwar scheiterten Bürgerrechtler mit ihrer Forderung nach einer Wahrheitskommission, die nach südafrikanischem Muster Machtmissbrauch und Menschenrechtsverletzungen unter dem alten Regime aufarbeiten und öffentlich machen sollte. Der »geheime Garten« Hassans II. – er selbst hatte diesen Begriff im Gespräch mit einer Delegation von *Amnesty International* geprägt, um Fragen nach politischen Gefangenen und anderen Opfern seiner Herrschaft zumindest indirekt zu beantworten[362] – wurde aber dennoch stückweise geöffnet. Eines der üblen Lager, das so genannte Zuchthaus von Tazmamart, das offiziell nie existiert hatte, war schon von Hassan II. geschlossen worden, wurde aber nach dessen Ableben zu einem Symbol für diejenigen, die Aufklärung über die Geheimnisse dieses und anderer Teile des »Gartens« verlangten, nicht zuletzt über das Schicksal verschwundener Gegner des alten Regimes. Muhammad VI. erlaubte einen Demonstrationszug zum Lager; Filmaufnahmen, die die Existenz der Anlage dokumentiert hätten, wurden aber von den Sicherheitskräften beschlagnahmt. Marokkanische Medien veröffentlichten eine Reihe von Zeugnissen ehemaliger Insassen dieses und anderer Gefängnisse. Der Bericht von Malika Oufkir, in dem die am Hof des Königs aufgewachsene Tochter von Hassans langjährigem Innen- und Verteidigungsminister, General Muhammad Oufkir, der 1972 nach einem Putschversuch gegen seinen Herrn hingerichtet wurde, ihr Leben in den Kerkern schildert, in die dieser Frau und Kinder des Generals bis Mitte der achtziger Jahre hatte verschwinden lassen, erregte internationales Aufsehen.[363] Muhammad Oufkirs eigene Rolle bei einigen der übleren Verbrechen wurde einmal mehr beleuchtet, als im Sommer 2001 ein ehemaliger Geheimdienstagent in einem Interview vermutliche Einzelheiten der Ermordung des Regimegegners Mahdi Ben Barka preisgab, den Oufkir und andere marokkanische Agenten 1965 in Paris entführt und zu Tode gefoltert und dessen Leiche sie, mutmaßlich mit französischer Hilfe, dann in Marokko hatten verschwinden lassen.[364] Dass das Interview nicht nur in der französischen *Le Monde*, sondern gleichzeitig auch im marokkanischen *Journal* erschien, zeigte nicht nur das Engagement marokkanischer Journalisten, sondern unterstrich einmal mehr, dass die politische Kultur des Landes sich zumindest in einem entscheidenden Element verändert hatte, das auch dem oppositionellen Cousin des Königs nicht entging: Das politische Klima sei schon deshalb anders geworden, so Moulay Hicham, weil »das Gefühl der Angst im Lande« verschwunden sei.[365]

Unsicherheit über die Handlungsspielräume, die Regime und Sicherheitskräfte einer zivilen Opposition erlauben würden, verblieben. Marokko befand sich auch zwei Jahre nach dem Wechsel an der Staatsspitze inmitten einer naturgemäß prekären Übergangsphase. Die Kräfte der Bewahrung – in der Administration, im Sicherheitsapparat, zweifellos bei den Notabeln im Parlament, in geringerem Maße auch bei den ihrer Programmatik nach eher reformorientierten Regierungsparteien –, die teilweise mit der Angst vor zunehmendem Einfluss der islamistischen Opposition operierten, um die Aufrechterhaltung autoritärer Methoden zu rechtfertigen und Demokratisierungsforderungen abzuweisen, waren weiterhin einflussreich. Die Frage, ob ein gefestigtes demokratisches System nicht auch die islamistischen Kräfte integrieren könnte, stellten sie lieber nicht. Es gibt aber eben auch eine durch *Alternance* und politische Öffnung motivierte Gesellschaft, die sich in einigen Zehntausend kulturellen, karitativen oder explizit politischen Initiativen organisiert, gut gebildete, weltoffene Nachwuchskräfte in der Administration, die ein Interesse daran haben, die alte Garde abzulösen, und einen für die Herausforderungen seines Landes gut ausgebildeten Herrscher, der einen erheblichen Vertrauenskredit genießt. Muhammad VI. hatte als Kronprinz, unter anderem, ein Praktikum bei der Europäischen Kommission gemacht und dürfte damit der einzige arabische Staatschef sein, der wirklich Einblick in die inneren Zusammenhänge der Europäischen Union gewonnen hat. Angesichts der zentralen Stellung, die die EU in den Außen- und Außenwirtschaftsbeziehungen Marokkos spielt, ist das ein großer Trumpf. Ob Muhammad VI. und seine Umgebung sich auch an den politischen Modellen Europas orientieren würden, blieb fraglich. Die gelegentlich gezogenen Vergleiche zwischen Spanien im Übergang von Franco auf Juan Carlos und Marokko in der Phase nach Hassan II. reflektieren wohl eher demokratisches Wunschdenken. Die Etablierung demokratischer Verhältnisse und einer konstitutionellen Monarchie würde die Abschaffung zahlreicher königlicher Vorrechte verlangen; eine solche Verfassungsrevolution wäre aber ohne das aktive Zutun des Monarchen kaum denkbar. Ein König, der die Rolle des Franco-Nachfolgers zu spielen bereit wäre, brauchte zudem auch einen Felipe Gonzales, sprich eine politische Klasse, die selbst bereit wäre, die Verantwortung für den Aufbau eines neuen Systems zu übernehmen.

Tunesische Widersprüche

Gerade im Vergleich zu Marokko bietet Tunesien das Bild eines Landes, das sich zwar wirtschaftlich geöffnet hat, politisch aber stagniert. 1987 übernahm der damalige Premierminister Zein al-Abidin Ben Ali in einem unblutigen Coup die Macht, indem er den alten und kranken Präsidenten Habib Bourgiba, der seit der Unabhängigkeit des Landes im Jahr 1956 an der Spitze des Staates gestanden hatte, durch ein Ärztekomitee für amtsunfähig erklären ließ. Unter der Präsidentschaft von Ben Ali erlebte Tunesien sichtbare wirtschaftliche Fortschritte: Das Wirtschaftswachstum betrug im Durchschnitt mehr als vier Prozent pro Jahr; das Pro-Kopf-Einkommen verdoppelte sich nahezu vom Ende der achtziger Jahre bis zum Beginn des neuen Jahrhunderts. Sowohl eine steigende Inlandsnachfrage als auch die Zunahme verarbeiteter Exporte dienten als Wachstumsmotoren. Tunesien hat im Gegensatz zu seinen großen Nachbarn nur geringe Ölvorkommen, und dies dürfte sich auf lange Sicht eher als Segen denn als Manko erwiesen haben: Bürger und Staat hatten einfach keine Chance, sich auf sicheren oder als sicher geltenden Ölexportrenten auszuruhen, sondern mussten eine produktive Ökonomie aufbauen. Dank seiner gut ausgebildeten Arbeiterschaft und einem liberalen Investitionsregime ist es Tunesien gelungen, sowohl arabisches als auch europäisches Kapital anzuziehen und auch eine Reihe mittlerer europäischer Unternehmen, vor allem Firmen aus der Textil- und Elektrobranche, dafür zu gewinnen, Teile ihrer Produktion nach Tunesien auszulagern. Der Zustrom in- und ausländischer Investitionen blieb gleichwohl hinter den Erwartungen oder Hoffnungen von Wirtschaftsplanern zurück. Das lag zumindest zum Teil daran, dass potenzielle Investoren gerade aus kleinen und mittleren Unternehmen durch einen deutlichen Mangel an Rechtssicherheit abgeschreckt wurden, der bestimmten korrupten und erpresserischen Praktiken weiten Raum bot.

Tunesien ist auch der erste Staat gewesen, der im Rahmen des Barcelona-Prozesses ein Assoziationsabkommen mit der EU unterzeichnet hat, das mittelfristig einen vollständigen Abbau der Zölle vorsieht, Tunesien also besseren Marktzugang in Europa verspricht, gleichzeitig aber der Konkurrenz europäischer Produzenten voll aussetzt. Während diese Perspektive bei einem Teil der Privatwirtschaft und der gesellschaftlichen Eliten ernsthafte Sorge ausgelöst hat – diverse Studien gehen davon aus, dass etwa ein Drittel der tunesischen Industriebetriebe unter dem Druck europäischer Warenimporte zusammenbrechen wird[366] –, demonstrieren die politische Führung und die Vertreter einer jungen, modernen Unternehmerschaft Zuversicht, dass man es schaffen werde, den eigenen Industriesektor durch Neugründungen, Partnerschaften mit europäischen Firmen, europäische Direktinvestitionen und ein umfangreiches Modernisierungsprogramm konkurrenzfähig zu machen. Konsequenterweise wird in den weiteren Ausbau des Bildungssystems investiert. Und natürlich bleibt Tunesien ein wichtiger Dienstleistungsexporteur, der jährlich bis zu fünf Millionen Touristen empfängt, während weniger als eine Million Touristen jährlich ins größere Marokko kommen. Angesichts seiner wirtschaftlichen Erfolge gilt Tunesien heute in vielen europäischen Hauptstädten schon nicht mehr als Entwicklungsland.[367]

Wenn internationale Beobachter dem Land im Allgemeinen ein kluges makro-ökonomisches Management bescheinigen, dann liegt das auch daran, dass die tunesische Führung sich spürbar um eine ausgeglichene soziale Entwicklung bemüht hat. Die Einkommensverteilung ist in Tunesien sehr viel egalitärer als in anderen arabischen Staaten, ironischerweise gerade auch als in solchen, die, wie Algerien oder Ägypten, über längere Zeit einen sozialistischen Entwicklungsweg verfolgt haben. Die Erklärungen tunesischer Regierungsstellen, die Mittelschichten machten siebzig oder achtzig Prozent der Gesellschaft aus, mögen etwas übertrieben sein – die Kategorien sind ohnehin nicht klar definiert –, der Richtung nach sind sie aber zutreffend. Auch der Straßenverkehr, wo Kleinwagen und nicht die Nobelgefährte aus Stuttgart und München dominieren, die öffentlich geförderten Wohnungsprogramme, oder die Tatsache, dass ein mittlerer Beamter oder Angestellter – anders als in Ägypten oder Syrien – seine Familie von seinem Gehalt ernähren kann, dokumentieren sämtlich die Mittelklassen-Orientierung der tunesischen Wirtschafts- und Sozialpolitik. Wichtiger noch: Der Anteil der »absolut Armen« (die mit weniger als einem Dollar pro Tag auskommen müssen) ist von elf Prozent Mitte der achtziger Jahre auf etwa sechs Prozent zu Beginn des 21. Jahrhunderts gesunken.[368]

Dies alles ist die eine Seite der Medaille. Die andere, beunruhigende Seite betrifft die politischen Verhältnisse Tunesiens, die sich eben nicht parallel zum wirtschaftlichen und sozialen Fortschritt entwickelt haben. Tunesien unter Ben Ali schmückt sich zwar mit einem ausgesprochen modernen, ja liberalen öffentlichen Diskurs. In einer kurzen Rede, die, um nur ein Beispiel zu zitieren, der Präsident zum Jahrestag der Staatsgründung hielt, sprach er nicht weniger als acht Mal von »Demokratie« oder »Freiheit und Demokratie« und erwähnte auch all die anderen Codewörter politischer Modernität, die nicht zuletzt von europäischen Institutionen und anderen internationalen Partnern Tunesiens so geschätzt werden: Bürgerrechte, Menschenrechte, Stärkung der Institutionen, Partizipation, Pluralismus, demokratische Entwicklung, Meinungsfreiheit, Autonomie der Justiz, Zivilgesellschaft und Herrschaft des Rechts.[369] Die Realität aber sieht anders aus. Regime und Präsident scheinen einer wahren Kontroll- und Überwachungsobsession erlegen zu sein, die das politisch-gesellschaftliche und kulturelle Leben Tunesiens weitgehend abgetötet hat. Jede öffentliche Aktivität wird streng überwacht – das gilt für die Schulen und Hochschulen genauso wie für Veranstaltungen ausländischer Stiftungen oder für kulturelle Einrichtungen, die Vortragsmanuskripte und Teilnehmerlisten vorab den zuständigen Behörden einzureichen haben, und es gilt natürlich für einheimische Organisationen und für die Presse. Menschenrechtsaktivisten und kritische Journalisten werden nicht nur gegängelt und schikaniert; es gibt auch weitergehende An- und Übergriffe, körperliche Attacken, willkürliche Verhaftungen, politische Urteile. Die Vorsitzende des »Nationalen Rates für die Freiheiten in Tunesien«, einer unabhängigen, von der Regierung allerdings nicht legalisierten Bürgerrechtsorganisation, die Journalistin und Verlegerin Sihem Bensedrine, wurde nach einer Auslandsreise, bei der sie in einem Interview über Korruptionsfälle in Tunesien gesprochen hatte, unter dem Vorwurf der »Verbreitung falscher Tatsachen«, eines Ende der neunziger Jahre neu geschaffenen Straftatbestands, einen Monat lang inhaftiert. Sie war kein Einzelfall. In Tunesien herrscht kein Terrorregime wie, sagen wir, im Irak, aber auch in tunesischen Gefängnissen wird gefoltert; die Zahl der politischen Gefangenen wurde im Jahr 2001 auf bis zu Tausend geschätzt, zum größten Teil Anhänger islamistischer Gruppen.[370] Ein Interview der französischen *Le Monde* mit dem neuen tunesischen Menschenrechtsminister, in welchem dieser Missstände eingeräumt und Verbesserungen der Menschenrechtslage angekündigt hatte,[371] fiel in Tunesien selbst der Zensur zum Opfer. Und während Präsident Ben Ali erklärt, täglich bis zu drei Stunden im Internet zu surfen, werden der Netzzugang der Bürger und deren elektronische Kommunikation streng kontrolliert. Der Präsident macht übrigens kein Hehl daraus, dass er einen Teil der Zeit, die er vor dem Computer verbringt, darauf verwendet, seine eigene »Personaldatenbank« zu konsultieren – also Informationen über seine Bürger und Mitarbeiter zu sammeln und auszuwerten.[372]

Verfechter der herrschenden Verhältnisse versuchen, die polizeistaatlichen und autoritären Praktiken mit Verweis auf Algerien und eine unbestimmte Gefahr des Islamismus zu rechtfertigen;[373] im privaten Gespräch geben aber auch die meisten Regierungsvertreter zu, dass es eine ernste Bedrohung durch radikale Oppositionsgruppen in Tunesien eigentlich nicht gebe. Die Mehrzahl der islamistischen Aktivisten befindet sich ohnehin im Gefängnis oder im Ausland; und das Wahlpotenzial islamistischer Gruppen, falls diese eines Tages legalisiert werden sollten, wird auf maximal zwanzig Prozent geschätzt.[374] Tunesiens Islamisten unter der Führung des exilierten Rashid al-Ghanoushi und seiner *al-Nahda*-Partei gelten zudem als Vertreter eines aufgeschlossenen und kompromissbereiten, tendenziell liberalen politischen Islam.[375] Das repressive politische Klima im Land dürfte sich weitgehend durch die Person und Persönlichkeit des Präsidenten erklären lassen. Ben Ali, so bedauert unter vier Augen einer seiner hochrangigen Mitarbeiter, sei leider »furchtbar nationalistisch«, verhärte sich unter ausländischer Kritik und stelle abweichende Stimmen unter den Generalverdacht, von außen gesteuert zu sein.[376] Der Präsident ist als Polizist und Geheimdienstexperte ausgebildet und war, bevor er Bourgibas Premierminister wurde, auch schon als Innenminister sowie als Chef des militärischen Sicherheitsdienstes und des Inlandsgeheimdienstes tätig. Die Zahl der Polizeikräfte ist unter seiner Präsidentschaft von etwa 20 000 auf 85 000 Mann gewachsen.[377] Und die regierende Quasi-Staatspartei, das *Ras*-

semblement Constitutionnel Democratique (RCD), wird vom Präsidenten selbst zentralistisch geführt; Ben Ali entscheidet aus eigener Machtvollkommenheit über Neubesetzungen im Zentralkomitee oder Präsidium. Dabei wird eine Gruppe durchaus qualifizierter Technokraten ständig durch verschiedene Partei- und Regierungspositionen rotiert oder zeitweilig auf die Reservebank gesetzt, um nicht durch zu lange Amtszeiten eigene Machtbasen aufbauen zu können.

Der Widerspruch zwischen dem Bemühen um ein liberales Image und dem tatsächlich autoritären Inhalt des Herrschaftssystems nimmt gelegentlich groteske Züge an. Bei den Parlaments- und Präsidentschaftswahlen von 1999 ging es dem Regime darum zu demonstrieren, dass Tunesien tatsächlich eine Mehrparteiendemokratie sei. Ein neues Wahlgesetz garantierte deshalb den zugelassenen kleinen Oppositionsparteien zwanzig Prozent der Sitze im Parlament, die unabhängig vom Wahlausgang ihren relativen Stimmenergebnissen entsprechend zu verteilen seien. Und eine Verfassungsänderung stellte sicher, dass der Präsident erstmals selbst in einer »pluralistischen« Wahl bestätigt werden würde. Zwei Gegenkandidaten wurden ermutigt, oder, wie viele wohl richtiger sagten, vom Präsidenten ernannt; beide machten deutlich, dass ihre Kandidatur auf keinen Fall als Kritik am Präsidenten oder gar als Ausdruck der Opposition verstanden werden solle. Konsequenterweise betrieben beide auch keinen Wahlkampf,[378] und Präsident Ben Ali dürfte als erster Vertreter seiner Zunft in die Geschichte eingehen, der sich ein Ergebnis von über 99 Prozent verschafft hat, ohne der einzige Kandidat zu sein.[379]

Präsident Ben Ali dürfte weder die zerschlagene islamistische Opposition noch die kooptierten und weitgehend delegitimierten anerkannten Oppositionsparteien zu fürchten haben. Auch wiederholte Ausbrüche von Unzufriedenheit bei Schülern und Studenten, die gegen die politische Leere protestierten oder Jobchancen anmahnten, die trotz der wirtschaftlichen Erfolge nicht für alle verfügbar waren, brauchten den Präsidenten nicht zu stören. Was sein Regime nervös machte, war Widerspruch, der gelegentlich von jenen gebildeten Mittelschichtskreisen geäußert wurde, die das Regime mit seiner europa-orientierten Außen- und seiner liberalen, aber vergleichsweise egalitären Wirtschafts- und Sozialpolitik eigentlich zu seinen Verbündeten rechnen sollte. Dazu gehören Journalisten, die im Ausland auf Missstände hinweisen, hohe Staatsbeamte, denen der Autoritarismus zu weit geht, oder jener Richter, der sich in einem offenen Brief an den Präsidenten über die mangelnde Unabhängigkeit der Justiz beschwert und moniert hatte, dass von den Richtern verlangt werde, vorgefertigte Urteile zu sprechen. Eine Kraftprobe zwischen diesen Teilen der zivilen Gesellschaft und dem Regime zeichnet sich über den Versuch des Präsidenten ab, eine geltende Verfassungsbestimmung außer Kraft zu setzen, die ihm verbieten würde, 2004 für eine weitere, vierte Amtszeit zu kandidieren.[380] Dabei steht außer Frage, dass der Präsident sich durchsetzen kann. Sein Risiko liegt vielmehr darin, internationales Ansehen und die aktive Unterstützung der intellektuellen Eliten zu verlieren, ohne die ein moderner Staat letztlich nicht auskommt.

Insofern könnte das autoritäre politische Modell Tunesiens am Erfolg seiner eigenen Wirtschafts-, Sozial- und Bildungspolitik scheitern, die eine zunehmend differenzierte, komplexe Gesellschaft hat entstehen lassen. Eine solche Gesellschaft muss ihre Kreativität entfalten können, wenn sie die wirtschaftlichen Potenziale des Landes weiterentwickeln und im internationalen Rahmen zu gleichberechtigter Kooperation in der Lage sein soll. Und internationale Investoren, die, was ebenfalls ein Erfolg der Wirtschaftspolitik ist, einen Einstieg auf den tunesischen Markt zumindest ernsthaft erwägen, werden dafür die notwendige Rechtssicherheit verlangen – und nicht ein System, das Mitgliedern und Freunden der Präsidentenfamilie erlaubt, mögliche Konkurrenten mit bürokratischen und anderen Mitteln des autoritären Staates aus dem Markt zu werfen: durch willkürliche Zollerhebungen etwa, die kein Richter außer Kraft zu setzen wagen würde.[381] Wahrscheinlich braucht es einen sichtbaren Rückzug solch potenzieller Kapitalgeber, um wiederum weiteren Teilen der politischen und gesellschaftlichen Eliten deutlich zu machen, dass ein Modell, das die politische Entwicklung des Landes von wirtschaftlichen Modernisierungsprozessen abzukoppeln sucht, zumindest für einen Staat, der sich so aktiv um die Integration in den europäischen Wirtschaftsraum bemüht, nicht mehr zeitgemäß ist. Das Kontrollsystem Ben Alis, des Computer- und Überwachungsfanatikers, mag die Lebensdauer des Modells gleichwohl noch um einige Jahre verlängern.

Algerien
Wer mordet?

Warum zerfleischt ein Land sich in einem Bürgerkrieg oder – wenn man, wie die Vertreter der algerischen Führung, diesen Begriff vermeiden will – in einer Serie blutiger »Ereignisse«, die zum Zeitpunkt der Veröffentlichung dieses Buches schon seit einem Jahrzehnt anhält? Die Geschehnisse seit Ende der achtziger Jahre lassen sich natürlich in ihrem historischen Verlauf darstellen; das macht sie aber nicht unbedingt erklärlich. Luis Martinez, ein junger französischer Wissenschaftler algerischer Abstammung, erklärt zumindest einen Teil der Auseinandersetzungen damit, dass in Algerien ein »kriegsorientiertes Weltbild« vorherrsche, ein Glaube an die Wirksamkeit von Gewalt, um Wohlstand, Prestige und sozialen Aufstieg zu erreichen. Militär und Guerilla unterschieden sich in dieser Hinsicht nicht.[382] Andere verwiesen auf die extrem gewaltsame Dekolonialisierung Algeriens, auf die Arroganz der Mächtigen, auf politische Repression, wirtschaftliche Fehlentwicklungen und soziales Elend. Jede monokausale Interpretation greift zu kurz, enthält aber gleichwohl Elemente, die man nicht außer Acht lassen darf.

Politische Ökonomie und politische Akteure

Die sozio-ökonomischen Ursachen der Krise sind unübersehbar. Algerien entwickelte sich nach dem Befreiungskrieg gegen die französische Kolonialmacht und der 1962 erzielten Unabhängigkeit, vor allem aber seit der Ölhausse der siebziger Jahre, zu einem sozialistischen Rentierstaat. Die Ölexporterlöse erlaubten der politischen Führung des Landes, teure, aber keineswegs effektive Industrien schlüsselfertig zu importieren und einen Versorgungsstaat aufzubauen, der nicht nur für ein flächendeckendes Bildungs- und Gesundheitssystem sorgte, sondern auch den Import von Konsumgütern kontrollierte. In Erwartung anhaltend hoher Ölpreise wurde ein großer Teil der Investitionen und der Verbrauchsgüter durch Kredit finanziert; Versorgungslücken wurden von einer privaten Schattenwirtschaft ausgeglichen. Das System öffnete vor allem in den achtziger Jahren der Korruption Tür und Tor, konnte sich dies aber leisten, solange der Ölpreis stimmte. Erst ab 1986, mit dem Einbruch der Ölpreise, wurden strukturelle Mängel und Misswirtschaft, aber auch die enorme Abhängigkeit von den Ölpreisen offensichtlich: Jeder Dollar, um den das Barrel Öl sich verbilligte, bedeutete für Algerien den Verlust von bis zu einem Prozent seines Bruttosozialprodukts. Zunehmender Unmut über den Niedergang öffentlicher Dienstleistungen, über Versorgungslücken, Preisauftrieb und die nun stärker wahrgenommene Korruption im Umkreis der Regime-Elite entlud sich ab Herbst 1988 in Protesten und Unruhen. Präsident Chadli Ben Jedid versuchte, den sozialen Protest durch politische Öffnung abzufangen. Der Staat setzte zudem auf wirtschaftliche Liberalisierung und erweiterte die Möglichkeiten privatwirtschaftlicher Tätigkeit, indem er unter anderem das staatliche Monopol über den Außenhandel aufgab. Tatsächlich leitete Ben Jedid einen rasanten Demokratisierungsprozess ein, den er und seine Regierung selbst nicht mehr kontrollieren oder gar steuern konnten. Im Februar 1989 trat eine neue Verfassung in Kraft, die das bis dahin gültige Einparteiensystem aufhob. Algerien erlebte seinen demokratischen Frühling; einige Tausend »zivilgesellschaftliche« Organisationen etablierten sich, und bis 1991 hatten sich 42 neue Parteien registrieren lassen, darunter die *Front Islamique du Salut* (FIS), die rasch zur dominierenden Oppositionskraft wurde.[383] Die Partei konnte sich auf ein Netzwerk aus Moscheen und islamisch-karitativen Organisationen stützen. Zudem, so die algerischen Sozialwissenschaftler Ali al-Kanz und Abd al-Nasir Jabi, habe sich die Kritik an der zentralistischen, bürokratischen und letztlich korrupten Diktatur zunehmend vom Politischen abgewandt, das vornehmlich von der dahin allein regierenden *Front de Libération National* (FLN) repräsentiert wurde, und die religiös-moralische, populistische Argumentation der Islamisten akzeptiert: Algerien sei »nicht aus übertriebener Religiosität, sondern wegen des Scheiterns der Fortschrittserwartungen« zum »Zentrum des Fundamentalismus« geworden.[384]

Die 1990 abgehaltenen Kommunalwahlen gewann die *Front Islamique* klar. Lokale FIS-Funktionäre bewiesen sich als zuverlässige Manager kommunaler Belange und konnten damit die Basis der Partei weiter ausbauen, nicht zuletzt beim kleinen und mittleren Bürgertum, das durch die wirtschaftliche Öffnungspolitik deutlich angewachsen war.[385] Die radikalen Forderungen der Partei, etwa nach der Errichtung eines islamischen Staates, beunruhigten viele algerische Intellektuelle und nicht zuletzt auch die Frauenbewegung sowie die regionale und internationale Umgebung. Die FIS sah sich – und viele ihrer Gegner sahen sie ebenso – auf dem Weg zum Sieg bei den ursprünglich für Juni 1991 vorgesehenen Parlamentswahlen. Eine Wahlrechtsänderung, die die Chancen der Islamisten schmälern sollte, und die Verschiebung der Wahlen führten zu neuen, blutigen Unruhen. Die Führer der *Front Islamique* und zahlreiche ihrer Anhänger wurden verhaftet. Nichtsdestoweniger gewann die Partei die erste Runde der Parlamentswahlen, die schließlich Ende Dezember stattfand, mit deutlichem Vorsprung; die zweite Runde hätte ihr mit an Sicherheit grenzender Wahrscheinlichkeit eine satte absolute Mehrheit verschafft.[386] Bevor dies geschehen konnte, wurde Präsident Ben Jedid, der sich eine Form von *Cohabitation* mit der FIS vorstellen zu können schien, vom Militär zum Rücktritt gezwungen. Die zweite Runde der Wahlen wurde abgesagt; die militärische Führung richtete einen Hohen Staatsrat ein, der die Funktionen des Staatsoberhaupts übernehmen würde. Der Ausnahmezustand wurde verhängt, die FIS verboten, FIS-dominierte Kommunalverwaltungen wurden aufgelöst, mehr als 10 000 ihrer Mitglieder interniert.

Spätestens dies bringt uns zur Rolle des algerischen Militärs. Um die Krise Algeriens zu verstehen, erklärt Lahouari Addi, ein algerischer Soziologieprofessor, solle man weniger auf die muslimischen Fundamentalisten schauen als auf den Hauptakteur algerischer Politik: die Armee.[387] Die algerische Armeeführung hat die Geschicke des Landes seit der Unabhängigkeit bestimmt und dies mit der historischen Rolle legitimiert, den die Nationale Befreiungsarmee, aus der die regulären Streitkräfte Algeriens hervorgegangen sind, im Unabhängigkeitskrieg gespielt hat. 1965 übernahm Oberst Houari Boumedienne direkt die Macht im Staat. Spätestens seit seinem Tod trafen die führenden Militärs wichtige politische Entscheidungen kollektiv – in einem Kreis, dessen genaue Zusammensetzung nicht bekannt ist. Auf ihren Beschluss hin wurde Oberst Ben Jedid 1978 zum Nachfolger des verstorbenen Boumedienne bestimmt; auf ihren

Beschluss musste auch er 1992 gehen. Die militärischen Führer machten dann Muhammad Boudiaf, einen exilierten Helden des Befreiungskrieges, zum Präsidenten des Hohen Staatsrates. Wenige Monate später wurde er von einem Leibwächter ermordet, offenbar weil er sich angeschickt hatte, die grassierende Korruption nicht zuletzt in den Streitkräften zu bekämpfen. Die nächsten zwei Präsidenten, Ali Kafi und Lamine Zeroual, waren kaum mehr als Marionetten des Militärs, die zurückgezogen wurden, wenn sie nicht mehr gebraucht oder lästig wurden. Die Macht der hohen Offiziere über das politische System offenbart sich auch darin, dass Algerien seit Anfang der neunziger Jahre fünf verschiedene Staatsoberhäupter gehabt hat, aber nur zwei Generalstabschefs, darunter den seit 1993 amtierenden General Muhammad Lamari.

Algeriens Entscheidungsstrukturen bleiben im Einzelnen undurchsichtig; das Land wird von einem militärisch-politischen Führungskomplex regiert, der allgemein nur als *le Pouvoir*, die Staatsmacht, firmiert. Die militärische Führung beansprucht und exerziert dabei eine Art Oberaufsicht über sämtliche Politikfelder. Das Militär stellt indessen keinen homogenen Block dar. Die einzelnen Waffengattungen und Dienste, aber auch einzelne Militärdistrikte genießen eine gewisse Autonomie und haben ihren jeweiligen Führern den Aufbau und die Pflege unabhängiger Netzwerke erlaubt, die weit in den zivilen Sektor hineinreichen – einschließlich der staatlichen und der privaten Industrie oder der Medien.[388] Die Militärs vertreten auch keinesfalls eine einheitliche Meinung über den Kurs, den das Regime in der Auseinandersetzung mit den Islamisten einschlagen sollte, die den Abbruch der Wahlen nicht einfach akzeptierten, sondern auf bewaffneten Widerstand setzten. Man unterscheidet in der algerischen Debatte zwischen den *Eradicateurs*, denjenigen, repräsentiert vor allem von Generalstabschef Lamari, welche die FIS und andere islamistische Gruppen militärisch vernichten wollten, und den *Réconciliateurs*, die Verhandlungen zumindest nicht ausschlossen.

Bürgerkriegsdynamiken

Algerien schlitterte nach den abgebrochenen Wahlen in den Bürgerkrieg. Einzelne islamistische Gruppen waren bereits vor dem Wahltermin in den Untergrund gegangen; die offene Repression, die dann einsetzte, trieb auch die FIS dazu, sich geheim zu reorganisieren. Aus bereits existierenden bewaffneten Gruppen entstand ihr militärischer Arm, die *Armée Islamique du Salut* (AIS). Schon seit Sommer 1992 kam es wiederholt zu Bombenanschlägen, zu Morden an Polizisten und zu bewaffneten Zusammenstößen zwischen islamischen Untergrundgruppen und Polizei oder Armee. AIS und andere bewaffnete Gruppen, vor allem das *Groupement Islamique Armé*, die so genannte GIA, bei der es sich tatsächlich um mehrere, unabhängig operierende Gruppen handelte, hatten keinerlei Rekrutierungsprobleme und kontrollierten bald einen großen Teil der ärmeren Vororte und des weiteren Umlands der Hauptstadt Algier. Die Staatsmacht reagierte mit rücksichtsloser militärischer Repression, gab aber einzelne Dörfer und Vororte zeitweise auf und überließ sie den islamistischen Gruppen. Deren gewalttätige Vorgehensweise, vor allem die der GIA, wurde ihrerseits zunehmend brutaler. Morde an Frauen, Journalisten, Künstlern und Politikern, Überfälle an Straßensperren, Massaker in einzelnen Dörfern und andere Terroraktionen ließen sich allerdings nicht immer bestimmten Gruppen zuordnen. Mitglieder der GIA tarnten sich gelegentlich als Armee-Angehörige, Anti-Terror-Einheiten der Streitkräfte, aber auch als islamistische Gruppen. Die Staatsmacht unterwanderte einzelne terroristische Gruppen und sie bewaffnete Bürgermilizen (die so genannten »Patrioten«), deren Angehörige selbstständig Jagd auf vorgebliche oder tatsächliche Terroristen machten oder private Fehden austrugen. Genauso gab es blutige Auseinandersetzungen zwischen islamistischen Gruppen um die Kontrolle bestimmter Gebiete. Im Übrigen häuften sich Mutmaßungen und Berichte darüber, dass die Streitkräfte oder einzelne ihrer Einheiten selbst gezielt morden würden, an Massakern beteiligt gewesen seien oder diese toleriert hätten.[389] Regierung und Armee wiesen solche Vorwürfe scharf, aber wenig glaubwürdig zurück, da sie unter Verweis auf die Souveränität des Staates jede internationale Untersuchung ablehnten. Auch politischer Terrorismus und Banditentum vermischten sich im Zusammenhang der Auseinandersetzungen, die, nach Ausmaß und Dauer der Gewalt, kaum anders denn als Bürgerkrieg zu qualifizieren waren: Von 1992 bis Ende 1997, als Armee und AIS einen inoffiziellen Waffenstillstand vereinbarten, mit dem die größte der bewaffneten Gruppen aus dem Konflikt ausstieg, kamen bis zu 100 000 Menschen ums Leben; etwa eine halbe Million wurden aus ihren Dörfern vertrieben oder flohen unter dem Einfluss von Terror und Krieg.

Einen ersten, vielversprechenden Versuch, den Bürgerkrieg zu beenden, gab es 1994. Damals ließen die *Front Islamique* und andere politische Parteien, darunter auch die ehemalige Staatspartei FLN, sich auf die Vermittlung der katholischen Gemeinde von St. Egidio in Rom ein, aus der Anfang 1995 ein gemeinsames Papier, die so genannte Plattform von Rom, hervorging. Darin forderte man ein Ende der Gewalt, eine Legalisierung der FIS und neue, freie Wahlen. Die Führer der FIS hatten offenbar erkannt, dass sie militärisch nicht siegen und dass zumindest ihre bürgerliche Basis einen längeren bewaffneten Kampf nicht mittragen würde, fürchteten wohl auch, bei einer Fortsetzung der bewaffneten Auseinandersetzungen von den extremistischeren und gewalttätigeren Gruppen an den Rand gedrängt zu werden.[390] Die »Plattform« scheiterte, weil die Hardliner der Armeeführung sie ablehnten. Diese wehrten sich vor allem gegen eine Wiederzulassung oder gar Machtbeteiligung der FIS.

Auch Militär und Staatsführung setzten nicht ausschließlich auf ihre militärische Überlegenheit. Sie versuchten, Teile der islamistischen Wählerbasis wiederzugewinnen, indem sie »moderate« Alternativen zur FIS ermutigten, sich am politischen Prozess zu beteiligen, und bemühten sich gleichzeitig darum, einen solchen Prozess in kontrollierter Form wieder in Gang zu bringen und das politisch-institutionelle Gefüge Algeriens zu rekonstruieren. Dazu diente eine neue Verfassung, die dem Staatspräsidenten formal eine beherrschende Stellung gab – die faktische Macht der Generäle allerdings nicht einschränkte –, und eine Serie von Wahlen und Abstimmungen, die dem Regime eine gewisse Legitimität verleihen und Normalität demonstrieren sollten. Dies geschah mit einigem Erfolg. Eine vergleichsweise hohe Beteiligung – offizielle Zahlen lagen über 75

Prozent – bei den Präsidentschaftswahlen, dem Verfassungsreferendum und den Parlamentswahlen, die 1995, 1996 und 1997 stattfanden, machte zumindest deutlich, dass die Bevölkerung der Auseinandersetzungen müde war und sich im Zweifelsfall für den Staat entscheiden würde. Sie zeigte auch, dass ein solides islamisch-konservatives und insgesamt ein ernst zu nehmendes oppositionelles Wählerpotenzial existierte: So erhielt General Zeroual als Kandidat der *pouvoir* bei den Präsidentschaftswahlen zwar 61 Prozent der Stimmen, Mahfoud Nahnah, Chef der islamistischen *Hamas* (»Bewegung der Gesellschaft für den Frieden«), erhielt aber immerhin 25 Prozent; der Rest fiel auf kleinere Oppositionsgruppen. Nach den Parlamentswahlen, die vergleichbare Ergebnisse zeitigten, beteiligte *Hamas* sich an der Regierung.

Dass die Legitimität des Regimes prekär blieb, zeigte sich im Zusammenhang mit den Präsidentenwahlen von 1999. Zeroual, der offensichtlich von der Militärführung zum Rücktritt gezwungen worden war, kündigte faire Wahlen an und ermutigte damit ein Spektrum ernsthafter Kandidaten, sich zur Wahl zu stellen. Nicht in Frage stand, dass die Armee Abd al-Aziz Bouteflika, einen Veteranen des Befreiungskriegs, der in den sechziger und siebziger Jahren als Außenminister gedient hatte, als ihren Mann betrachtete. Alle anderen Kandidaten sprachen von offener Manipulation, zogen ihre Kandidatur am Vortag der Wahl zurück und brachten Bouteflika damit um die Legitimität seines Sieges – die Beteiligung an der nun auf einen Kandidaten reduzierten Wahl, die nach Regierungsangaben über sechzig Prozent lag, soll tatsächlich die Dreißig-Prozent-Marke nicht überschritten haben.[391] Bouteflikas wesentliches innenpolitisches Ziel lag darin, den Bürgerkrieg definitiv zu beenden. Er machte deutlich, dass die »islamistische Bewegung« einen Platz im System habe,[392] und er ließ sich per Volksabstimmung ein Mandat für ein »Gesetz über zivile Eintracht« geben, das im Wesentlichen eine Amnestie für »reuige« islamistische Kämpfer und Vorkehrungen für deren Rückkehr ins zivile Leben vorsah. 5000 wegen vermeintlich »subversiver und terroristischer Akte« verurteilte Gefangene wurden freigelassen; etwa 6000 Kämpfer, die aus dem Untergrund zurückkehrten, wurden amnestiert. Es gab erhebliche Kritik an der Maßnahme: Vertreter der Islamisten zeigten sich enttäuscht, dass der

Amnestie kein umfassender politischer Dialog folgte und dass die Regierung eine Wiederzulassung der *Front Islamique* oder einer Nachfolgepartei ablehnte; Terroropfer beschwerten sich über die privilegierte Behandlung ehemaliger Terroristen; liberale Kritiker und Menschenrechtsorganisationen wie *Amnesty International* beklagten, dass bewaffnete Gruppen, die für Folter und Mord verantwortlich zeichneten, straflos davonkommen sollten und dass eine Aufarbeitung der Ereignisse, etwa durch Einrichtung einer Wahrheitskommission, ausbleibe.[393] Gleichwohl dürfte die Amnestierung und soziale Wiedereingliederung eines doch relativ großen Teils der ehemaligen Untergrundkämpfer zur Stabilisierung des Landes beigetragen haben. Man kann seitdem von einem Ende des offenen Bürgerkriegs reden, auch wenn manche Beobachter ein solches Urteil als voreilig ablehnen, da einzelne Gruppen aktiv geblieben sind.[394] In den Jahren 2000 und 2001 hieß es, dass die Auseinandersetzungen zwischen Sicherheitskräften und GIA sowie terroristische Anschläge dieser Gruppen »nur« noch etwa 200 Tote im Monat forderten. Diese Art terroristischer Gewalt scheint kontrollierbar und, so zynisch das ist, auf abgelegene Gegenden eingrenzbar, deren Bewohner der Regierung nicht sonderlich wichtig sind. Die größere AIS hat nach Aussage ihres Kommandanten den bewaffneten Kampf »definitiv aufgegeben«.[395]

Was lässt morden?
Die Frage nach Interessen und politischer Kultur

Es bleibt die Frage, warum der Konflikt nicht früher abgeflaut ist. Auch hier gibt es politisch-kulturelle sowie politisch-ökonomische Erklärungsansätze, die auf die Interessen des Militärs und der bewaffneten Gruppen abzielen. Beginnen wir mit den Interessen der militärischen Führung. Die Armee war durchgängig überzeugt, militärisch gewinnen zu können – auch, um 1995, als ausländische Beobachter sich dessen keineswegs sicher waren. Drei, vier Jahre später hatte das Militär gesiegt. Was blieb, war die Gewalt isolierter Banden. Insofern lässt sich erklären, dass die bestimmenden militärischen Führer kein Interesse an einem politischen Kompromiss mit den Islamisten hatten, der in der einen oder anderen Form eine Teilung der Macht und damit wahrscheinlich auch eine Einschränkung wirtschaftlichen Einflusses, wenn nicht gar einen Verlust von lukrativen Kontrollmöglichkeiten bedeutet haben würde. Der Bürgerkrieg stellte auch kein Hindernis für die Durchführung des wirtschaftlichen Anpassungsprogramms dar, zu dem der Staat sich seit 1994 gezwungen sah. Eher könnte, obwohl es hier keine eindeutigen Kausalitäten gibt, das Gegenteil zutreffen. 1993, parallel zum Anschwellen der Gewalt, war Algerien seinen internationalen Gläubigern gegenüber zahlungsunfähig geworden, musste um Umschuldung nachsuchen und dazu die Auflagen des Internationalen Währungsfonds für ein Strukturanpassungsprogramm akzeptieren. Dazu gehörten unter anderem eine rigorose Sparpolitik, die Freigabe des Devisenkurses und der Abbau des staatlichen Wirtschaftssektors.[396] Tatsächlich gelang es mittels der Umschuldung, den Schuldendienst von über siebzig auf zeitweise unter dreißig Prozent der Exporterlöse zu drücken, damit die Staatsfinanzen zu entlasten und auch wieder kreditfähig zu werden. Westliche Kreditgeber hatten zweifellos ein Interesse, Algerien zu stabilisieren und eine islamistische Machtübernahme zu verhindern. Gleichzeitig bewirkte die Inbetriebnahme der Maghreb-Europa-Gaspipeline, die Algerien direkt mit Spanien und Portugal verbindet, seit 1996 eine deutliche Erhöhung der algerischen Exporterlöse. Außer Frage stand, dass die Exporteinnahmen, damit die staatlichen Finanzen und natürlich auch die Schuldendienstquote wesentlich von der Entwicklung des Ölpreises abhängig blieben. Es ist auffällig, dass der Öl- und Gassektor militärisch gut geschützt wurde und von den Bürgerkriegsauseinandersetzungen so gut wie unberührt blieb. Insgesamt erlaubten die Umschuldungsvereinbarungen, steigende Gasexporte und höhere Ölpreise – mit einem weiteren Einbruch im Jahr 1998 – dem Regime, die militärischen Kapazitäten auszubauen und einige gezielte Sozialprogramme aufzulegen, um bestimmte städtische Gebiete oder Bevölkerungsgruppen, die zu Beginn der neunziger Jahre an die FIS verloren gegangen waren, zumindest teilweise für den Staat zurückzugewinnen.[397] Beides half, den Einfluss der bewaffneten islamistischen Gruppen zurückzudrängen.

Das Strukturanpassungsprogramm verlangte auch eine Reduzierung des staatlichen Wirtschaftssektors. Die Bereitschaft, größere Staatsunternehmen zu privatisieren, blieb allerdings äußerst gering. Die staatliche Kontrolle strategischer Industrien, nicht nur im Öl- und Gasbereich, bedeutet schließlich auch Einfluss, Patronage- und Bereicherungsmöglichkeiten für die politische und militärische Führungsschicht, und galt, was nicht zu unterschätzen ist, gerade den sozialistisch geprägten Eliten als materieller Ausdruck nationaler Souveränität. Einige Hundert kleinerer Betriebe im Dienstleistungssektor und in der verarbeitenden Industrie wurden aber in Privateigentum überführt – dies nicht zuletzt an ehemalige und aktive Militärs und andere Gefolgsleute des Regimes –, andere brachen unter der Konkurrenz neuer privater Betriebe, die im Zuge des liberaleren Wirtschaftsklimas entstanden, durch die Aufhebung protektionistischer Importbeschränkungen und durch Rückführung staatlicher Zuschüsse zusammen. Die Gewalt der bewaffneten Gruppen dürfte zum Teil zur Beschleunigung oder zur Erleichterung dieser Prozesse beigetragen haben. Zahlreiche Staatsbetriebe wurden zerstört, bevor die Frage einer wirtschaftlich begründeten Liquidierung anstand, andere wurden durch Anschläge und Angriffe zu Gunsten privater Unternehmer aus dem Geschäft geworfen, die die entstehenden Versorgungs- und Dienstleistungslücken ausfüllen konnten und sich dank ihrer persönlichen Verbindungen, oder weil sie entsprechende Schutzgelder zu zahlen bereit waren, vor terroristischen Übergriffen sicher wussten. Der Fall eines Transportunternehmers in Algier, der sein Geschäft ausbauen und profitabel machen konnte, weil die islamistische Guerilla in ihrem Kampf gegen »den Staat« den Fuhrpark eines entsprechenden öffentlichen Unternehmers zerstört hatte, ist nur eines in einer Reihe gut dokumentierter Beispiele.[398] Ein Nachweis, dass die islamistischen Gruppen gezielt Gewalt angewandt hätten, *um* ihren Anhängern Geschäftschancen einzuräumen, oder dass die Sicherheitskräfte bestimmte Dörfer nicht geschützt hätten, *um* die Privatisierung von Grund und Boden ehemals kollektivierter Landgüter zu erleichtern,[399] ist damit allerdings nicht erbracht. Eher wird man von Nebeneffekten des Bürgerkriegs, der wie jeder Konflikt dieser Art auch soziale Verschiebungen und wirtschaftliche Gewinner produziert hat, sprechen müssen.

Sicher ist, dass viele der Emire – der lokalen oder regionalen Anführer bewaffneter Gruppen –[400] persönlichen Nutzen aus dem Bürgerkrieg zogen. In den Stadtvierteln, die sie kontrollierten, entwickelten sie sich zu einer Art neuer Notabeln, zu lokalen Patronen, die ihre eigenen klientelistischen Netzwerke aufbauen konnten. Viele von ihnen und eine große Zahl der ehemaligen Bürgerkriegskämpfer haben sich integriert, haben sich im Zuge oder bereits vor der Amnestie selbstständig gemacht, Teile des Geldes, das die bewaffneten Gruppen zu ihrer Finanzierung gesammelt, geraubt oder erpresst hatten, in kleine oder mittlere Unternehmen investiert, nicht zuletzt im Import-Export-Handel.[401] Andere – das gilt auch für einen Teil der bis zu 500 000 von der Armee bewaffneten »Patrioten« – etablierten sich im Schutzgeldgeschäft. Bei den verbliebenen bewaffneten Gruppen, die weiterhin Teile des Landes terrorisieren – darunter vor allem die »Salafitische Gruppe für Verkündigung und Kampf«[402] unter Führung von Hassan Hattab, eine Abspaltung der GIA, die um 2001 noch mehrere Hundert, wenn nicht weit über Tausend Kämpfer gehabt haben dürfte –, handelt es sich mittlerweile eher um kriminelle Banden, die von Raub, Erpressung und Schmuggel leben, als um politisch oder ideologisch motivierte Bürgerkriegsformationen. Dies schließt nicht aus, dass das islamische Label, unter dem sie agieren, zur Aufrechterhaltung des Gruppenzusammenhangs und auch zur Rekrutierung neuer Kämpfer von Nutzen bleibt. Dafür gab und gibt es auch weiterhin ein Potenzial. Algerien verfügt zwar dank der seit 1999 wieder kräftig gestiegenen Ölpreise Anfang des neuen Jahrhunderts über erhebliche Devisenreserven; die Wachstumsaussichten gelten deshalb als gut. Gleichzeitig aber lebt etwa ein Drittel der Algerier unter der Armutsgrenze; die Arbeitslosigkeit unter Jugendlichen wird auf vierzig Prozent geschätzt.

Natürlich verfällt nicht jedes Land, in dem soziale Probleme ungelöst bleiben, in blutige Gewalt und Bürgerkrieg. Es ist deshalb richtig, auch nach der politischen Kultur Algeriens zu fragen, nach den spezifischen historisch geprägten Erfahrungen und Verhaltensweisen, die die algerische Tragödie erklären könnten. Unübersehbar ist, dass die algerische Geschichte von enormer Gewaltausübung geprägt ist: Die französischen Besatzungstruppen vertrieben gewaltsam algerische Bauern, um fruchtbares Land für die Siedler freizumachen; der Befreiungskrieg (1954–1962) wurde von beiden Seiten mit äußerster Brutalität geführt; Zeugnisse über Folter- und Mordaktionen der französischen Armee sind allerdings erst allmählich und sicher noch unvollständig ans Licht gekommen. Algerien feiert sich bis heute als das Land, das seiner Unabhängigkeit »eine Million Märtyrer« geopfert habe – die Zahl mag so hoch nicht sein, ging aber sicherlich in die Hunderttausende; und die Gewalt des algerischen Befreiungskampfes ist von antikolonialen Schriftstellern gelegentlich als Musterbeispiel »reinigender Gewalt« beschrieben worden, die auch zur mentalen Befreiung vom Kolonialismus geführt habe.[403] Sie dürfte aber auch die Mentalität des unabhängigen Algerien geprägt haben; die Verrohung algerischer Politik ist jedenfalls immer wieder beschrieben worden. Eines Tages, so urteilte etwa der syrische Schriftsteller Haidar Haidar in einem bereits 1983 fertig gestellten Roman, würden die Algerier wohl genauso gewalttätig gegeneinander vorgehen, wie sie gegen die Kolonialisten gekämpft hätten. Die von der kolonialistischen Unterdrückung produzierte und verinnerlichte Gewalt habe sich in einen stahlharten Block voller »selbstzerstörerischer Splitter« verwandelt.[404] Lahouari Addi spricht sogar von einer »Todeskultur«, die sich bei Islamisten und Militärs gleichermaßen finde. Während die einen religiöse Legitimation für das Morden fänden, sähen die anderen sich, die Armee, als die eigentliche Verkörperung der Nation mit dem Recht, auch über Leben und Tod der Bevölkerung zu entscheiden.[405] All dies mag gemeinsam mit dem in der algerischen Geschichte oft wiederholten Muster eines durch Gewalt ermöglichten sozialen Aufstiegs erklären, dass die herrschende politisch-militärische Elite den Aufstand der bewaffneten Gruppen zwar mit aller Macht bekämpft, die Transformation ihrer Emire zu bürgerlichen Geschäftsleuten aber akzeptiert hat. Militär und Regierung waren auch bereit, mit den militärischen Führern der AIS zu verhandeln und deren ausgemusterte Kämpfer finanziell zu »kompensieren« beziehungsweise mit Wiedereingliederungshilfen auszustatten, während die FIS verboten und ihre historische, zivile und spirituelle Führung in Haft oder im Exil blieb. Dass Teile der Führungskader aus den bewaffneten Gruppen in die politische Elite des Landes aufsteigen, ist zumindest nicht ausgeschlossen. Ideologische Differenzen dürften dabei keine zu große Rolle spielen. Im Militär und in der alten Staatspartei, der FLN, gibt es selbst einen Flügel, der sich als islamisch-national charakterisieren lässt, in gesellschaftlichen Fragen sehr konservativ ist und die islamische Identität des Landes betont;[406] und *Hamas*, deren gesellschaftspolitische Forderungen sich kaum von denen der verbotenen FIS unterscheiden, ist in der Regierung vertreten. Nicht programmatische Fragen haben Armee und FIS zu erbitterten Gegnern gemacht, sondern die Tatsache, dass Letztere die Vorherrschaft des Militärs in Frage stellte.

Post-islamistische Konflikte

Die militärisch-politische Führung Algeriens hat die Auseinandersetzung mit den bewaffneten islamistischen Gruppen Ende der neunziger Jahre gewonnen, hat das Land aber nicht zum Frieden geführt. Im Frühjahr 2001 begann eine Serie von Anti-Regime-Protesten und Unruhen, die mit den Auseinandersetzungen zwischen Regime und islamistischem Untergrund nichts zu tun hatten, wohl aber an die gewaltsamen Konfrontationen erinnerten, die sich Ende der achtziger Jahre entzündet hatten. Nach dem gewaltsamen Tod eines Schülers, der sich wegen eines minderen Delikts im Gewahrsam der paramilitärischen Gendarmerie befunden hatte, kam es in Tizi-Ouzo, der Provinzhauptstadt der vor allem von Berbern bewohnten Kabylei, zu spontanen Demonstrationen, die sich bald in eine Art *Intifada*, einen unorganisierten Aufstand unbewaffneter Jugendlicher, verwandelten und von den Sicherheitskräften mit äußerster Brutalität beantwortet wurden: In den ersten zehn Tagen starben mehr als sechzig junge Leute. Die Demonstrationen hielten über mehrere Monate an, weiteten sich aus und blieben auch nicht auf die Region der Berber, die etwa ein Viertel der algerischen Bevölkerung ausmachen, beschränkt. Zwei Monate nach den ersten Ereignissen in der Kabylei demonstrierten eine halbe Million Menschen in der Hauptstadt Algier, worauf die Regierung auf weiteres alle Demonstrationen verbot.[407] Die Proteste richteten sich zu Beginn zwar auch gegen die Missachtung der berberischen Kultur und Sprache, des *Tamazight*, und knüpften damit an Auseinandersetzungen der frühen achtziger Jahre an, entwickelten im weiteren Verlauf aber keine ethnopolitische, allein an Berberinteressen orientierte Agenda, sondern wurden zu einem allgemeinen Ausdruck der Empörung über die politischen und sozio-ökonomischen Verhältnisse, zum Protest gegen das, was in Algerien *al-hojra* heißt: den Zynismus der Macht und die offene Verachtung der Mächtigen für das Volk, die sich nicht nur darin äußert, dass die Katastrophe eines fast zehnjährigen Bürgerkriegs keinerlei Veränderung im Führungspersonal der Staatsmacht nach sich gezogen hatte: Präsident und Regierung hatten mehrfach gewechselt, die Generäle aber waren geblieben. Nur einige hatten die Positionen getauscht.

Strukturell ließ sich *al-hojra* daran festmachen, dass die seit Ende der neunziger Jahre erheblich gestiegenen Öleinnahmen keine spürbaren Auswirkungen auf die Lebensverhältnisse der Bevölkerung hatten. Während Militärs und Bürgerkriegsfraktionen sich während des Bürgerkriegs bereicherten, nahmen Armut und Arbeitslosigkeit, nicht zuletzt unter Jugendlichen, zu. Hohe Militärs kontrollierten mafiose Netzwerke, setzten ihre Monopole über bestimmte Importbranchen rigoros gegen private Wettbewerber durch, behielten aber auch die Kontrolle über den staatlichen Sektor. Eine Anti-Korruptionskampagne, die der Präsident Ende 1999 anlaufen ließ, beschränkte sich auf Funktionäre der vierten oder fünften Reihe und ließ die hohen Ränge des Militärs, die eigentlichen Symbole der Korruption, außen vor. Und obwohl es eine Reihe konkurrierender Parteien, eine lebhafte Zivilgesellschaft, eine in Grenzen pluralistische Presse und zahlreiche Wahlen gab, blieb sowohl die Auswahl von Staatsspitze und Regierung als auch deren Politik von der militärischen Führung abhängig. Die Mentalität der Staatsmacht manifestierte sich schließlich in der Weigerung, den sozialen Protest als solchen anzuerkennen, und dem Versuch, ausländische Mächte hierfür verantwortlich zu machen.[408]

Algerien dürfte, wenn die militärische Führungsschicht den Staat, seine Politik und seine Ressourcen auch künftig als ihr Eigentum betrachtet, von weiteren, auch von weiteren gewalttätigen Konflikten geprägt bleiben. Ein Generationswechsel im Militär, die Übernahme der hohen Ränge durch Offiziere, die erst mit oder nach der Unabhängigkeit geboren wurden, könnte auch das Verhältnis von Staat und Armee verändern; sicher vorhersagen lässt sich eine solche Entwicklung aber nicht: Die nachwachsende Offiziersgeneration gilt als weniger korrupt und weniger politisiert; sie kann sich vor allem nicht mehr, wie die herrschende Gruppe von Generälen, auf die »revolutionäre Legitimität« des Unabhängigkeitskriegs berufen, mit der die Kontrolle der Politik durch das Militär so lange gerechtfertigt worden ist.[409]

Die *Intifada* der kabylischen und dann eines weiteren Teils der algerischen Jugend vom Frühjahr und Sommer 2001 machte deutlich, dass zukünftige innere Konflikte nicht notwendig an der Scheidelinie zwischen islamischen und säkularen Projekten verlaufen werden. Auch werden islamistische Gruppen nicht unbedingt in der Lage sein, sich an die Spitze solcher Proteste zu setzen – sie also gewissermaßen zu »hijacken«. Die Rebellion der zornigen Jugend lässt sich deshalb als post-islamistisch definieren. Tatsächlich versuchte zumindest eine der bewaffneten islamistischen Gruppen, die Proteste zu vereinnahmen, scheiterte aber am Widerstand der Beteiligten. Sie rächte sich durch vermehrte Anschläge in der Berberregion.

Andere arabische Staaten verfolgen die Entwicklung in Algerien aufmerksam. Das gilt für die Öffnung von 1988, die manchem als Vorbote regionaler Liberalisierung erschien – oder erscheinen wollte. Das galt umso mehr für den Bürgerkrieg, der sowohl im islamistischen Spektrum als auch bei Anhängern eines säkularen Systems ein ernsthaftes Nachdenken über den Umgang mit politisch Andersdenkenden auslöste. Die Welle sozialen Protests, die Algerien erlebte, als es den Bürgerkrieg hinter sich glaubte, mag andeuten, was auch anderen Staaten des Maghreb oder des Nahen Ostens drohen könnte, wenn autoritäre Regime die eigene, immer jüngere und zunehmend besser informierte Bevölkerung als vernachlässigbare Größe behandeln.

Schluss

Eher pluralistisch als demokratisch? Die politischen Entwicklungsperspektiven arabischer Staaten

»Wir können die Demokratie anderer nicht auf uns übertragen«, erklärte Syriens junger Präsident Bashar al-Asad in seiner Antrittsrede vor dem Parlament in Damaskus. »Wir brauchen eine uns eigene demokratische Erfahrung, die aus unserer Geschichte, Kultur und Zivilisation entspringt ... und den Anforderungen unserer Realität entspricht.« Marokkos König Muhammad VI. hat sich kaum anders geäußert, und man kann sich vorstellen, dass ein neuer ägyptischer, irakischer oder tunesischer und vielleicht auch ein neuer palästinensischer Präsident Ähnliches sagen würde.

Die Aussage, dass »Demokratie« sich nicht einfach importieren, sich den Verhältnissen eines Landes nicht überstülpen lässt, ist sicherlich zutreffend. Demokratische Regierungsformen werden sich, wenn sie funktionieren und gesellschaftliche Verankerung finden sollen, aus den spezifischen politischen Gegebenheiten eines Landes entwickeln – meist werden sie in der einen oder anderen Weise erkämpft – und dabei historische und kulturelle Eigenheiten berücksichtigen müssen. Der Verweis eines Staatschefs auf die »Realitäten« und ihre »Anforderungen«, die es beim Thema Demokratie zu bedenken gelte, will dagegen etwas anderes aussagen: Er signalisiert den Bürgern, dass sie große Demokratisierungserwartungen zurückstellen sollen, und bedeutet ausländischen Partnern, sich mit Forderungen nach politischer Liberalisierung und Demokratisierung zurückzuhalten. Man wolle und werde eben, um ein Zitat des marokkanischen Königs zu wiederholen, dem eigenen Rhythmus folgen.

Zu Beginn des 21. Jahrhunderts entsprach die Mehrzahl der Regime in der arabischen Welt einem Modell, das Wissenschaftler gelegentlich als »arabischen Sicherheitsstaat« bezeichnet haben: vom Sicherheitsapparat gestützte autoritäre Regime, wie wir sie in Ägypten, Syrien oder Tunesien finden, Geheimdienstregime wie im Irak, Militärregime im zivilen Gewand wie in Algerien oder von Militär und Sicherheitsdiensten getragene Monarchien wie in Jordanien. Für all diese Regime gilt, dass sie sich bei politischen Entscheidungen vornehmlich an Kriterien der Sicherheit und Kontrolle orientieren, unabhängige politische Aktivität nicht unbedingt schätzen und demokratische Legitimitätstests, bei denen die politische Führungsmannschaft sich einer echten Wahl stellen müsste, nach Möglichkeit vermeiden.[410]

Die einzelnen arabischen Staaten unterscheiden sich, wie wir in den vergangenen Kapiteln gesehen haben, hinsichtlich des Grades an Freiheit und demokratischen Mitwirkungsmöglichkeiten. Tatsächlich hatte Ende der achtziger Jahre des zwanzigsten Jahrhunderts quer durch die arabische Welt eine im Wesentlichen von Intellektuellen geführte Debatte über die Notwendigkeit von politischer Öffnung und Demokratisierung begonnen. Das lag nicht nur an den Systemveränderungen, die zu jener Zeit in Osteuropa begannen und natürlich auch in den arabischen Staaten zur Kenntnis genommen wurden, sondern auch an Entwicklungen in diesen Staaten selbst. Erstens waren die arabischen Regime ganz offensichtlich an zentralen Problemen gescheitert – an Fragen der wirtschaftlichen und sozialen Entwicklung, am Postulat der arabischen Einheit und am Nahostkonflikt, in dem sie weder einen militärischen Sieg noch eine verhandelte Lösung zu Stande gebracht hatten. Deshalb stellte sich zahlreichen Beobachtern zumindest die Frage, ob sie nicht wie die kommunistisch regierten osteuropäischen Regime demokratisch legitimierten Alternativen Platz machen müssten.

Zweitens wurde politische Liberalisierung als notwendige Begleiterscheinung wirtschaftlicher Liberalisierung betrachtet. Selbst Teile der Regime-Eliten sahen hier Zusammenhänge: Wenn mehr private Initiative in der Wirtschaft gefordert sei, müsse man den Bürgern auch größere Partizipationsrechte einräumen. Zumindest könne man nicht verhindern, dass aufstrebende Unternehmer Mitsprache in der Wirtschaftspolitik suchen würden. Nicht von ungefähr sind Ägyptens neue Business-Eliten in den neunziger Jahren zunehmend in das politische Leben integriert worden; Präsident

Mubarak beförderte prominente Geschäftsleute sogar in die Führungsgremien seiner Partei. In Syrien überließen Regime und Partei seit 1990 ein Drittel der Parlamentssitze der Konkurrenz unabhängiger Kandidaten, die großenteils aus dem Unternehmenssektor kamen. Auch diese noch sehr begrenzte politische Reformmaßnahme stand klar im Zusammenhang mit einer wirtschaftspolitischen Neuorientierung, die privaten Investoren eine größere Rolle einräumen sollte.

Drittens wurden Demokratisierung und politische Liberalisierung als Möglichkeit betrachtet, gesellschaftliche Konflikte gewaltlos auszutragen, oppositionelle Gruppen, nicht zuletzt islamistische, in die offiziellen politischen Strukturen einzubinden und darüber auch die Gefahr zu verringern, dass islamistische Fundamentalopposition an Einfluss gewinnen und Teile des oppositionellen Spektrums zu Gewalt und Terror greifen würden. Vor allem Jordaniens König Husein und Ali Abdallah Salih, der Präsident des 1990 vereinigten Jemen, bemühten sich in diesem Sinne, die inneren Verhältnisse ihrer Länder über die Einführung demokratischer Elemente und eine »Integration der Integristen« (Gudrun Krämer)[411] zu stabilisieren: In beiden Staaten etablierten sich islamistische Gruppen – die Islamische Aktionsfront in Jordanien und die *Islah* (Reform)-Partei im Jemen – über verhältnismäßig faire Parlamentswahlen als wichtigste anerkannte Oppositionskraft. Ihre Mitglieder wurden gelegentlich auch an der Regierung beteiligt, vor allem aber in das politische System integriert; und sie erkannten über ihre Beteiligung dessen Regeln an. So wurde in Jordanien etwa die Auseinandersetzung über den 1994 mit Israel geschlossenen Friedensvertrag, den die Islamisten ablehnten, ins Parlament getragen; die Abgeordneten der Islamischen Aktionsfront verhielten sich den parlamentarischen Regeln entsprechend: Sie stimmten gegen die Ratifizierung des Abkommens, akzeptierten aber die mehrheitliche Zustimmung.[412]

Tatsächlich bemühten die meisten Staaten der Region sich in den neunziger Jahren darum, ein gewisses Maß an politischer Pluralisierung einzuführen; auch die Zahl der Wahlen, bei denen verschiedene Kandidaten sich in einem echten Wettbewerb gegenüberstanden, nahm zu. Begriffe wie Demokratie, Pluralismus und Zivilgesellschaft fanden sich nun auch in der offiziellen Rhetorik fast aller Staaten –

mit der bemerkenswerten Ausnahme Saudi-Arabiens. Viele der Parlamentswahlen, die seither stattfanden, waren auch reale Wahlen in dem Sinne, dass ihre Ergebnisse im Einzelnen nicht vorherbestimmt waren. In Jordanien, Jemen und Kuwait, im Libanon, in den palästinensischen Gebieten, in Algerien, Ägypten und Marokko entwickelte sich ein aktives politisches und parlamentarisches Leben. Saudi-Arabien setzte 1993 erstmals eine *Shura* (Konsultativ)-Versammlung ein; auch in den anderen Golfmonarchien etablierten sich zumeist ernannte, teils aber auch indirekt gewählte Konsultativräte. Während der saudische Konsultativrat sich im Wesentlichen damit beschäftigte, Gesetzesvorhaben, die oft technischer Natur waren, zu diskutieren und nach Bedarf auch zu überarbeiten, kam es in anderen Parlamenten zu teilweise harten politischen Auseinandersetzungen, zur Abmahnung von Ministern und gelegentlich auch zur Diskussion von Grundsatzfragen, die die politische Identität des jeweiligen Landes betrafen. Die von der islamistischen Opposition Kuwaits geforderte und im Parlament durchgefochtene Geschlechtertrennung im Erziehungswesen etwa stellte den vergleichsweise liberalen Charakter des Fürstentums durchaus in Frage. Parlamentswahlen, wo sie denn stattfanden, blieben allgemein dennoch Abstimmungen ohne Option auf Machtwechsel.

Die obersten Entscheidungsträger stellten sich ohnehin nicht zur Wahl, jedenfalls nicht mit ernsthafter Konkurrenz: Ausnahmen waren, der Form nach jedenfalls, Algeriens Präsidentenwahlen von 1995 und 1999 sowie die palästinensischen Wahlen von 1996. Die beherrschende Position Arafats in Palästina und des militärisch-bürokratischen Apparats in Algerien, aus dem die Präsidenten Zeroual und Bouteflika stammten, machten den Sieg eines Gegenkandidaten beziehungsweise, im palästinensischen Fall, einer Gegenkandidatin allerdings so gut wie unmöglich. Die algerischen und die palästinensischen Wahlen erlaubten immerhin ein Votum, bei dem nicht nur Zustimmung, sondern auch politischer Unmut artikuliert werden konnte und wurde: Arafats Gegenkandidatin Samiha Khalil, die Vorsitzende einer lokalen Wohlfahrtsorganisation, erhielt immerhin elf Prozent der Stimmen, auf die Gegenkandidaten Zerouals entfielen fast vierzig, auf die Bouteflikas, die ihre Kandidatur allerdings unmittelbar vor dem Wahltag zurückgezogen hatten, immer noch mehr als 25 Prozent der Stimmen – die Namen der zurückgetretenen Kandidaten standen noch auf den Stimmzetteln. Die Staatschefs der Monarchien und Libyens stehen gar nicht zur Wahl; Präsidentschaftswahlen in Ägypten, Syrien und Irak sind Referenden ohne Gegenkandidaten, die 99-Prozent-Ergebnisse bringen; und die formale Beteiligung von einem beziehungsweise zwei Gegenkandidaten bei den jemenitischen und tunesischen Präsidentschaftswahlen von 1999 war nur eine Farce: Die Amtsinhaber erhielten die gewohnten Resultate von mehr als 96 beziehungsweise 99 Prozent. Im Libanon wird der Präsident zwar vom Parlament gewählt; in der politischen Praxis ist das Urteil der syrischen Führung aber wichtiger als das Votum der Abgeordneten.

Im Übrigen sind die Entscheidungsstrukturen in fast allen Ländern hoch zentralisiert, und wichtige Entscheidungen gehen meist an den Parlamenten oder *Shura*-Versammlungen vorbei: Das Verteidigungsbudget etwa und das des Staatschefs wird ihnen meist nicht einmal vorgelegt; Regierungen werden in der Regel vom Staatschef eingesetzt und sind diesem, nicht den Parlamenten und Ratsversammlungen, verantwortlich. Marokko oder Jordanien mögen sich als »konstitutionelle Monarchien« präsentieren; die Verfassungen beider Länder geben den Königen aber, nicht anders als die Ägyptens oder Syriens ihren Präsidenten, nahezu absolute Vollmachten.

Dessen ungeachtet lässt sich generell in den neunziger Jahren von einer gewissen politischen Auflockerung sprechen – insofern jedenfalls, als viele Regime versuchten, gesellschaftliche Kräfte, deren Beitrag man zur Entwicklung des Landes und seiner Wirtschaft brauchte, in das politische System zu integrieren. Zum Teil kreierten sie dafür auch neue Institutionen wie etwa Saudi-Arabiens *Shura*. Schließlich hatten die Gesellschaften dieser Staaten sich über die vergangenen Jahrzehnte verändert und ausdifferenziert. Man hatte erkannt, dass es sinnvoll sein könnte, den aufstrebenden wirtschaftlichen und intellektuellen Eliten Möglichkeiten zur Artikulation ihrer Interessen zu geben – schon um zu wissen, was sie eigentlich dachten und wollten – und sie gezielt in Entscheidungsprozesse einzubinden, um ihre Fachkenntnis zu nutzen. Wenn ein Land wie Syrien seine Wirtschaft auf Exportorientierung umstellen wollte, war es sinnvoll, Vertreter der Industrie und des Handels in die gesetzgeberische Arbeit zu integrieren; wenn Saudi-Arabien sein Hochschulwesen ausbauen oder sich auf die Mitgliedschaft in der Welthandelsorganisation vorbereiten wollte, brauchte man die Kenntnis und Erfahrung derjenigen, die eine internationale Ausbildung genossen hatten. Es ging also um vorsichtige Veränderungen innerhalb eines autoritären Rahmens, um die Renovierung und Anpassung des politischen Systems an komplexere politische und wirtschaftliche Herausforderungen, nicht um eine grundsätzlich andere Form politischer Herrschaft. Die Demokratisierungswelle Osteuropas war nicht in die arabische Welt übergeschwappt.

Die jungen Führer
Neue Politik mit alten Mitteln?

Spätestens seit 1999, seit dem Tod König Huseins von Jordanien, stellt sich die Frage, wie die neue Führungsriege der arabischen Welt mit den Erwartungen umgehen wird, die an sie gestellt werden – unter anderem in Sachen politischer Öffnung und Demokratie. Wird der absehbare Generationswechsel auch einen tief greifenden Politikwechsel, einen Umbau der politischen Systeme mit sich bringen? Die vier oder fünf Fälle, in denen dieser Wechsel bereits stattgefunden hat – Jordanien, Bahrein, Marokko und Syrien sowie Qatar, dessen derzeitiger Emir 1995 seinen eigenen Vater stürzte –, können nur begrenzt Hinweise geben, was für andere arabische Staaten zu erwarten ist, wenn die derzeitige Führungsgeneration abtritt.

Wo ein Wechsel an der Spitze keinen radikalen Bruch darstellt – wie im Falle einer Revolution oder eines Putsches, der die gesamte Führungsmannschaft eines Staates auswechselt und das politische System umstürzt –, werden die Nachfolger lang gedienter Staatslenker fast immer versuchen, gleichzeitig Kontinuität und Wandel zu versprechen.[413] Gerade formelle oder faktische Thronfolger wie Jordaniens Abdallah, Marokkos Muhammad oder Syriens Bashar al-Asad müssen bei ihrer Machtübernahme beides tun: Sie müssen unterstreichen, dass sie die Errungenschaften ihrer Vorgänger wahren werden, um sich potenziellen Konkurrenten und den Vertretern der »Alten Garde« gegenüber als legitime Nachfolger zu präsentieren, die weder das Erbe verspielen noch die Mitglieder der alten Führungsschicht bedroht werden. Und sie müssen Veränderungen ankündigen, um sich der breiten Öffentlichkeit gegenüber als »ihr eigener Mann« darzustellen, der auch die Erwartungen, die sich mit einem Wechsel verbinden, zumindest erkennt. Das gilt prinzipiell überall, keineswegs nur für die arabischen Staaten. Je zentralisierter und autoritärer ein System jedoch ist, je mehr politische Macht sich beim Staats- oder Regierungschef konzentriert, desto mehr richtet sich auch der Blick auf dessen individuelle Persönlichkeit, Rhetorik und Taten.

Es sind die innenpolitischen Veränderungen, die uns hier interessieren. In den fünf genannten arabischen Staaten konzentrierten die neuen Führer sich tatsächlich zunächst auf innere Angelegenheiten. Sie unternahmen sämtlich mehr oder weniger deutliche – und mehr oder weniger symbolische – Schritte in Richtung größerer Liberalität und politischer Offenheit. Marokkos junger König öffnete eben die geheimen Gärten seines Vaters; er begann auch diejenigen, die dort gelitten hatten, zu entschädigen und hieß prominente politische Exilanten wieder willkommen. Bahreins neuer Emir unternahm ähnliche Schritte; Syriens neuer Präsident ging nicht ganz so weit, ließ aber ebenfalls politische Gefangene aus der Zeit seines Vaters frei. Scheich Hamad bin Isa, der bahreinische Emir, machte deutlich, dass er über solche Versöhnungsschritte hinaus das Verhältnis von Staat und Bürgern auf eine neue konstitutionelle Grundlage stellen wolle. Er setzte dazu ein Komitee ein, das eine Nationalcharta, eine Art Gesellschaftsvertrag, ausarbeitete, die dann zur allgemeinen Abstimmung gestellt wurde; im Übrigen versprach er für das Jahr 2004 Parlamentswahlen. Auch Hamad bin Khalifa, der Emir von Qatar, kündigte einen graduellen Umbau des politischen Systems an, ließ dann tatsächlich erstmals Kommunalwahlen abhalten und setzte ein Verfassungskomitee ein, das Vorschläge zu einer Entwicklung des politischen Lebens im Land machen sollte. Er ermöglichte und förderte zudem den Aufbau des Satellitensenders *al-Jazeera*, der durch seine unabhängige Berichterstattung und seine offenen Debatten die arabische Medienlandschaft insgesamt veränderte. In Jordanien wurden kurz nach der Amtsübernahme des neuen Königs bestimmte, die Pressefreiheit arg limitierende Bestimmungen des Presserechts aufgehoben.

Die neuen Herrscher versuchten auch jeweils, sich eine politische Basis zu schaffen, die breiter war als die des politischen Systems, das sie übernommen hatten: Sie bemühten sich, das Verhältnis zu gesellschaftlichen Gruppen, die das alte Regime ausgegrenzt oder gar verfolgt hatte, in Ordnung zu bringen – zu den Berbern im Norden Marokkos etwa oder Bahreins Schiiten. Und sie pflegten ein Image als populäre, volksnahe Führer, sei dies, wie im syrischen Fall, durch eine harte Rhetorik, die dem Zorn der Massen über Israel Luft gab, oder durch sportlich-jugendliches Auftreten, wie im jordanischen oder marokkanischen Fall. Auch wenn Kritiker anmerkten, dass die jungen Könige sich als Staatsmänner zu beweisen hätten, nicht als Sport- oder Popstars, dürfte es Abdallah II. und Muhammad VI. wohl gefallen haben, gelegentlich als »Elvis« der jungen Generation ihrer Länder beschrieben zu werden.

Nicht zuletzt beförderten die jungen Herrscher durchweg neue Leute, die man generell als liberale Technokraten bezeichnen kann, in wichtige Positionen; zum Teil begannen sie damit auch schon, bevor sie formal die Macht übernommen hatten. Dies waren überwiegend unideologische, reformorientierte Personen, die im Ausland studiert oder professionelle Erfahrungen gesammelt hatten. Beispiele sind die jungen Unternehmer in Abdallahs Wirtschaftsrat oder die Führungsmitglieder aus Bashar al-Asads Computergesellschaft. Ihre Aufgaben bezogen sich dementsprechend auf die wirtschaftliche, technische oder administrative Modernisierung des Landes; in sicherheitsrelevante Machtpositionen kamen sie eher nicht. In diesen Bereichen behielten zumeist erfahrene Kräfte aus dem Militär- und Sicherheitsbereich die Kontrolle.

Es sollte niemanden verwundern, dass der Führungswechsel in den genannten Ländern Reformhoffnungen und -erwartungen erzeugte, die weit über das hinausgingen, was eine neue Regierung oder ein neuer Staatschef tatsächlich leisten konnte. Auch demokratische Systeme sind gegen überhöhte Erwartungen nicht gefeit; nur hilft hier die Erfahrung regelmäßiger Regierungswechsel gegen die Illusion, dass ein Machtwechsel tatsächlich alles zum Besseren wenden würde. Kritik vor allem von Intellektuellen und Oppositionspolitikern, die auf die neuen Herrscher setzten, diese aber zu deutlicheren und rascheren Reformschritten drängen wollten, blieb deshalb nicht aus. Sie kam, und auch das war zu erwarten, nicht gut an. Mitglieder der neuen Führungsmannschaften reagierten empfindlich. Sie entrüsteten sich, dass die Intellektuellen, Journalisten und Oppositionellen die Freiräume, die man ihnen eröffnet hatte, missbrauchten. Die politischen Salons, die nach dem Amtsantritt Bashar al-Asads in zahlreichen syrischen Städten gegründet wurden und zur Plattform all derer wurden, die nach politischen Reformen riefen, seien geschlossen worden, sagte mir ein Berater des Staatschefs, weil ihre Betreiber »dem Präsidenten nicht genug Zeit« hätten lassen wollen. Kritik, so der Tenor der neuen Herrscher und ihrer Berater, müsse konstruktiv sein, sprich: die Agenda des neuen Regimes unterstützen. Pressefreiheit, erklärte Muhammad VI., heiße schließlich nicht, dass »wer auch immer was auch immer über wen auch immer« schreibe.[414] Marokkanischen Journalisten, die diese Grenzen nach Ansicht der Regierung überschritten hatten, wurde der Prozess gemacht. Und in Jordanien, das ebenfalls eine vergleichsweise plurale Medienlandschaft hat, wurde das Presserecht zwei Jahre nach dem Amtsantritt Abdallahs wieder verschärft – durch Regierungserlass, nachdem der Monarch das Parlament aufgelöst hatte.

Die Staatschefs aus der Generation der Erben sehen offensichtlich keinen Anlass, die Herrschaftssysteme, die sie übernommen haben, radikal umzubauen. Warum sollten sie auch die Machtinstrumente und die Prärogative aufgeben, die ihnen nach den Verfassungen ihrer Länder zustehen und über die sie in der Verfassungswirklichkeit verfügen? Für sie ist die Modernisierung von Wirtschaft und Verwaltung vorrangig. Berater des marokkanischen Königs etwa betonen, und diese Logik ist erst einmal nicht von der Hand zu weisen, dass es für eine solche Modernisierung eines starken Zentrums bedarf, das Entscheidungen auch gegen den Widerstand von Interessengruppen durchsetzen kann. Eine allmähliche Modernisierung des politischen Systems mag dann mit der wirtschaftlich-technischen Modernisierung einhergehen. Dazu würde nicht zuletzt eine Stärkung der in den meisten Verfassungen ja vorgesehenen Institutionen – des Parlaments etwa oder der unabhängigen Gerichtsbarkeit – und mehr politischer Wettbewerb gehören. Allerdings ist nicht auszuschließen, dass ein solcher von oben geplanter, gradueller Reformprozess bald ins Stocken gerät oder dem Machtdilemma zum Opfer fällt, in dem reformorientierte Herrscher in autoritären Systemen sich prinzipiell befinden: dass jede Öffnung des Systems auch die Kontrolle schmälert, die es braucht oder zu brauchen glaubt, um den Prozess zu steuern. Tiefgreifende Veränderungen der politischen Strukturen brauchen letztlich eben auch mehr als einen Wechsel an der Spitze.

Prioritäten
Stabilität und Rechtsstaatlichkeit

Es ist unrealistisch zu hoffen, dass eine neue Generation von Machthabern in Syrien oder Ägypten, Marokko oder Jordanien, dem Irak oder Libyen ihre Länder zu präsidentiellen, konstitutionell-monarchischen oder gar parlamentarischen Demokratien westlichen Musters entwickeln würde. Wer dies glaubt, vergisst, dass die neuen oder zukünftigen politischen Führungseliten dieser Länder selbst keine oder allenfalls eine sehr begrenzte Erfahrung mit demokratischer Politik gemacht haben. Hinzu kommt, dass es in den meisten arabischen Ländern keine eigene Tradition demokratischer Regierung gibt, die sich wiederbeleben ließe. Staaten wie Ägypten und Syrien verfügten zwar in der Zeit nach der Unabhängigkeit über formal demokratische Strukturen, als Modell waren diese aber nicht geeignet: Diese Regime hatten sehr engen sozialen Interessen gedient und die soziale Entwicklung vernachlässigt. Es waren schwache und instabile Systeme, die jeglicher ausländischen Einmischung Tür und Tor öffneten und von jedem entschlossenen Putschisten übernommen werden konnten.

Zudem muss man fragen, wieweit eine demokratische Transformation, wieweit die Möglichkeit, politische Führungsmannschaften durch regelmäßige Wahlen auszutauschen oder zu verändern, tatsächlich von der Bevölkerungsmehrheit oder von den wichtigen gesellschaftlichen Gruppen nicht nur gewünscht, sondern auch als vordringliches Ziel betrachtet wird. Die relativ kleinen Gruppen liberaler Intellektueller, vornehmlich Anwälte, Hochschullehrer und Autoren, die sich in Menschen- oder Bürgerrechtsgruppen organisieren und die Frage der Demokratie in den Vordergrund rücken wollen, sind ernst zu nehmende Vertreter ihrer Gesellschaften. Sie haben auch gute und gewissermaßen staatstragende Argumente. Hafiz Abu Saada, der Generalsekretär der von der ägyptischen Regierung nicht anerkannten Ägyptischen Menschenrechtsvereinigung, weist etwa darauf hin, dass fehlende politische Ausdrucksmöglichkeiten und die Abwesenheit demokratischer Spielregeln eine Ursache für politischen Extremismus und religiösen Fanatismus darstellen: Wenn man zur Diskussion politischer Themen keine Versammlungen an angemessenen Orten abhalten könne, in den Räumlichkeiten einer Oppositionspartei etwa, dann träfen die Leute sich eben in der Moschee.[415] Mit anderen Worten, politische Liberalität müsse die Regierungen nicht bedrohen, sondern könne die Verhältnisse stabilisieren. Diese aktiven Demokraten repräsentieren gleichwohl nicht unbedingt eine gesellschaftliche Mehrheit, wahrscheinlich nicht einmal die Mehrheit derer, die sich aktiv am gesellschaftlichen und politischen Leben beteiligen.

In den meisten arabischen Ländern gibt es keine Umfragen zu politischen Themen; Aussagen über politische Stimmungslagen sind deshalb immer mit einiger Vorsicht zu genießen. Wir können aber mit einiger Sicherheit davon ausgehen, dass ein großer Teil der Bevölkerung dieser Staaten sich nicht in erster Linie um Demokratie sorgt, sondern um »Brot-und-Butter«-Themen, also um Arbeit, Wohnen und ein ausreichendes Einkommen, ferner vielleicht um politische Stabilität und um außenpolitische Fragen, insbesondere die Entwicklung des arabisch-israelischen Konflikts. Die Verhaftung oder Verurteilung einiger kritischer Intellektueller in Marokko, Tunesien, Ägypten oder Syrien löste dort jedenfalls weniger Protest aus als israelische Übergriffe gegen die palästinensische Bevölkerung während der *Intifada*. Auch die jungen, aufstrebenden Eliten, deren politischer Einfluss in den einzelnen Ländern zunehmen dürfte, haben Demokratie zwar auf ihrer politischen Tagesordnung, aber nicht an vorderster Stelle. Eine Umfrage, die ich im Frühjahr 2001 bei einem Treffen junger Unternehmer und leitender Angestellter aus acht arabischen Staaten gemacht habe, zeigte sehr deutlich, wo deren politische Prioritäten lagen: Wirtschaftsliberalisierung stand dabei ganz oben, dem folgte eine Reform des Ausbildungs- und Erziehungswesens, an dritter Stelle – bei Teilnehmern aus den Israel benachbarten Staaten sogar erst an vierter, denn hier wurde dem arabisch-israelischen Konflikt eine höhere Bedeutung zugemessen – kam dann das Thema Demokratie und politische Liberalisierung.[416]

Sowohl die Geschäftsleute wie auch jene liberalen Technokraten im Umfeld der jungen Herrscher sind unverzichtbarer Teil einer Reformkoalition. Gerade die Unternehmerschaft – von den Monopolisten, die im Schatten korrupter Regime gedeihen, einmal abgesehen – ist oft regierungs- oder regimekritisch, wird aber häufig eher versuchen, sich mit den Regierenden zu arrangieren, als etwa für demokratische Wahlen zu kämpfen, bei denen sich Kandidaten und Gruppen durchsetzen könnten, die soziale Reformen und nicht die Liberalisierung der Wirtschaft anmahnen.[417] Viele der Technokraten dagegen befürchten, dass »unkontrollierte« Wahlen in Ländern mit hoher Armut und wenig demokratischer Erfahrung gerade den neuen Unternehmereliten erlauben würde, ihr Geld in politischen Einfluss umzusetzen – sei dies durch direkten Stimmenkauf oder durch teure, populistische Wahlkämpfe. Das Beispiel des Libanon, aus dessen vergleichsweise sauberen Wahlen im Jahr 2000 ein Parlament der Reichen und Superreichen hervorging und auch das gute Abschneiden von Geschäftsleuten bei den jeweils letzten marokkanischen oder ägyptischen Parlamentswahlen, scheint eher ihnen Recht zu geben als denjenigen, die linke oder kapitalfeindliche Mehrheiten fürchten. Beide Gruppen können deshalb, soweit sich hier generalisieren lässt, mit einem aufgeklärt autoritären Regime gut leben, das eine Reformagenda verfolgt, ohne sich selbst unbedingt zur Wahl zu stellen.

Sicher ist allerdings, dass bestimmte politische Systemelemente, die auch demokratische Staaten auszeichnen, gerade für jene arabischen Staaten an Bedeutung gewinnen, die sich wirtschaftliche Öffnung und Modernisierung zum Ziel gesetzt haben. So ist ein gewisses Maß an Rechtsstaatlichkeit und Transparenz unverzichtbar, wenn man Investoren dazu bringen will, ihr Kapital im Land zu binden. Das gilt für ausländisches Kapital genauso wie für die Investitionen lokaler Unternehmer. Genehmigungsverfahren, Devisen- und Ausfuhrbestimmungen oder Steuergesetze, die willkürlich umgesetzt werden, schrecken gerade kleinere und mittelständische Firmen ab. Europäische Investoren würden solche Mühen vielleicht für einen großen Markt auf sich nehmen, aber nicht für die relativ begrenzten

Märkte einzelner arabischer Länder. Arabische Unternehmer, die seit Ende der achtziger Jahre regelmäßig von der in Kuwait ansässigen *Inter-Arab Investment Guarantee Corporation*, einer Einrichtung der Arabischen Liga, befragt wurden, was ihrer Ansicht nach notwendig sei, um sie zu Investitionen in anderen arabischen Ländern zu ermutigen, nannten interessanterweise an erster Stelle politische Stabilität und Rechtssicherheit, an zweiter Stelle wirtschaftliche und Währungsstabilität und erst an dritter Stelle direkte wirtschaftliche Anreize wie Zollfreistellungen oder Steuerbefreiungen.[418] Ein anderes Element, das gerade auch für die gut ausgebildeten technischen Eliten, die im Zweifelsfall auch ein Arbeitsvisum nach Deutschland, Frankreich oder in die USA erhalten, von besonderer Bedeutung ist, ist die Informationsfreiheit. Die *Young Urban Professionals* der arabischen Welt sind wie ihre Kollegen in Europa oder in den USA auf unzensierte, schnell zugängliche Informationen angewiesen und wollen sich gerade hier nicht vom Staat bevormunden lassen. Wenn, um nur ein Beispiel zu nennen, ein Land wie Syrien sich entschließt, private Banken zuzulassen, dann wird es den Bankern auch erlauben müssen, ihre morgendliche *Financial Times* und, zumindest per Internet, die Nachrichten der israelischen *Ha'aretz* zu lesen. Und was es den Bankern erlaubt, wird es Schülern und Studenten nicht lange versagen können.

Die Vermutung des emiratischen Informationsministers, dass es im Jahr 2005 in der arabischen Welt keine staatliche Zensur mehr geben werde, dürfte deshalb in Bezug auf das Zieldatum überoptimistisch, der Tendenz nach aber zutreffend sein. Das staatliche Informationsmonopol ist durch *al-Jazeera* und andere Satellitensender ohnehin gebrochen; und gerade weil diese Sender auf Arabisch senden, bleibt der Zugang zu Nachrichten, die staatliche Zeitungen und Fernsehprogramme unterdrücken, nicht mehr auf die überschaubare Gruppe derer begrenzt, die sich ohnehin lieber aus englisch- oder französischsprachigen Medien informieren.

Wir können weiterhin davon ausgehen, dass das politische Leben der arabischen Staaten sich in Richtung eines größeren Pluralismus entwickeln wird. Dies wird in einigen Staaten schneller, in anderen langsamer vonstatten gehen; allgemein aber dürfte das Spektrum derer breiter werden, die in der einen oder anderen Weise an politischen Debatten und Entscheidungen teilhaben – sei dies in den Medien, in *Diwaniyyas* und politischen Salons oder in anderen zivilgesellschaftlichen Vereinigungen, sei dies in Parteien, als Parlamentskandidaten und Abgeordnete. Das heißt dann immer noch nicht, dass ein Regime von Wählervoten abhängig wird, es heißt aber, dass Parlamente repräsentativer werden, dass auch politische Gruppen oder Vertreter gesellschaftlicher Interessen, die nicht an der Regierung beteiligt sind, konsultiert und gehört werden.

Ohnehin mag die Konsultation verschiedener politischer Interessen für den gesellschaftlichen Frieden gelegentlich wichtiger sein als die Möglichkeit eines Macht- oder Politikwechsels durch Wahl und parlamentarische Abstimmungen. In diesem Sinne bemühte die jordanische Führung sich im Herbst 2001 demonstrativ darum, das Prinzip der politischen Konsultation mit oppositionellen Kräften aufrechtzuerhalten, nachdem der König das Parlament frühzeitig aufgelöst hatte, die Öffentlichkeit aber durch die israelisch-palästinensischen Auseinandersetzungen und den Beginn der amerikanischen Bombenkampagne gegen Afghanistan in Unruhe, wenn nicht in Zorn versetzt worden war: Der Ministerpräsident lud etwa die Führer der islamistischen Parteien offiziell ein, um sie über internationale Entwicklungen und die jordanische Position in der amerikanisch geführten Anti-Terror-Allianz zu informieren. Die Islamisten blieben bei ihrer Ablehnung dieser Position, wurden aber durch ihre Einbeziehung selbst auf den Dialog mit den Autoritäten verpflichtet – und darauf, die öffentliche Stimmung nicht anzuheizen. Nicht demokratisches Ethos bestimmt hier die Form politischer Auseinandersetzung und Willensbildung, sondern das in den meisten Staaten überwiegende Interesse aller politisch einflussreichen Kräfte – der Regierungen, der Sicherheitsapparate und der parlamentarisch vertretenen Gruppen und Parteien genauso wie der Beamten und Angestellten und der oft konservativ-islamistisch eingestellten Unternehmerschaft –, die Stabilität des Landes zu wahren.

Das konsultative Prinzip, bei dem es nicht um Mehrheitsentscheidungen geht, sondern in erster Linie darum, dass jeder gehört und dass nach Möglichkeit ein Konsens erreicht wird, ist vor allem in den Golfmonarchien entwickelt; einige haben, wie wir gesehen haben, Elemente der Wahl in die Auswahl der Mitglieder von *Shura*- oder

Konsultativräten eingeführt. Konsens und Beratung haben in der politischen Kultur der arabischen Staaten einen hohen Wert, der sich auch theologisch, mit Bezug auf koranische Gebote und islamische Traditionen, begründen lässt. Die Entscheidungsgewalt der Herrscher über zentrale Fragen, über die Grundlinien der Innen- und Außenpolitik und die Benennung der wichtigsten Minister, wird durch die am Golf praktizierte Form der Konsultation nicht eingeschränkt; es ist auch nicht zu erwarten, dass neue Verfassungen in Bahrein oder Qatar hieran etwas ändern. Bezeichnenderweise werden die politischen Öffnungsschritte in Bahrein, einschließlich der versprochenen Wiedereinsetzung eines gewählten Parlaments, als *makrama*, als Geschenk des Emirs an seine Bevölkerung bezeichnet. Für Republiken wie Tunesien oder Syrien und vielleicht, in der Zeit nach Saddam Husein, auch für den Irak, würde eine Pluralisierung des politischen Lebens vorerst bedeuten, sich ein Stück weit am ägyptischen Modell zu orientieren. Dessen pluralistischer Autoritarismus erlaubt immerhin eine gewisse Parteienvielfalt und offene Debatten auch zu innen- oder außenpolitischen Themen strategischer Bedeutung – dazu gehören nicht zuletzt der Friedensprozess, Ägyptens eigenes Verhältnis zu Israel und Amerika oder der Umgang mit Demokratie und Menschenrechten. Kritik am Staatspräsidenten ist jedenfalls kein Sakrileg; ägyptische Kommentatoren werden auch nicht gleich festgenommen, wenn sie auf einem ausländischen Fernsehsender das heimische Regime kritisiert haben. Islamistische und gelegentlich auch liberale Regimegegner werden allerdings nach wie vor schnell verhaftet und vor Militär- oder Staatssicherheitsgerichte gestellt, wenn das Regime sie tatsächlich für staatsgefährdend hält oder ein Zeichen setzen will. Auch das kann dann – hier herrscht eine Art repressiver Toleranz – in der Öffentlichkeit diskutiert und kritisiert werden. Einige Führungsmitglieder der Muslimbruderschaft, der wichtigsten islamistischen Oppositionsgruppe, sitzen so im Gefängnis, andere im Parlament. Bei Parlaments-, Gewerkschafts- oder Kommunalwahlen gibt es echte Konkurrenzen, bei denen auch Favoriten der Regierungspartei ihre Positionen verlieren können, so dass die politische Elite sich zumindest teilweise nicht durch Ernennung und Kooptierung von oben, sondern durch Wahl erneuert. Nur, ob eine Regierung ausgewechselt wird und was die

Grundlinien ägyptischer Politik sind, das bleiben Entscheidungen eines quasi-souveränen Präsidenten. Und wer dem Präsidenten nachfolgen wird, bleibt Entscheidung des militärisch-bürokratischen Apparats.

Auch Ägypten selbst und in seiner Folge andere Staaten dürften ihre politischen Strukturen allmählich weiterentwickeln. Eine der Fragen, die in Ägypten nach Mubarak, in Tunesien nach Ben Ali, in Syrien wahrscheinlich noch unter Bashar al-Asad und auch in anderen Ländern aufkommen dürfte, ist die einer tatsächlich kompetitiven Wahl des Staatspräsidenten, nicht nur eines Referendums oder einer als Wahl getarnten, tatsächlich aber alternativlosen Volksabstimmung. Auch die monopolistische Stellung im politischen System, welche Regime- oder Staatsparteien wie Mubaraks NDP und Ben Alis RCD faktisch, die syrische und die irakische *Baath*-Partei sogar der Verfassung nach genießen, könnte nach und nach in Frage gestellt werden. Algerien und ein zukünftiger palästinensischer Staat könnten hier Beispiele setzen; in beiden Ländern dürfte die Forderung nach einer parlamentarischen oder durch parlamentarische Mehrheiten mitbestimmten Regierung rasch aufs Tapet kommen. Möglicherweise wird man sich in einigen Ländern am marokkanischen Beispiel orientieren, wo der König die so genannten Minister der Souveränität – also Innen-, Außen- oder Verteidigungsminister – allein und nach eigenem Gutdünken benennt, der Regierung und den politischen Parteien, auf die sie sich stützt, aber die Auswahl oder zumindest eine weitgehende Mitsprache bei der Auswahl der Fachminister überlässt. Im Libanon dürften Mehrheitsverhältnisse, die sich aus Wahlen ergeben, größere Relevanz bekommen, wenn der syrische Einfluss abnimmt – was vermutlich geschehen wird, wenn, aber auch erst wenn Syrien und Israel Frieden geschlossen haben.

Frieden durch Demokratie oder Demokratie durch Frieden?

Zwischen dem Fortgang des Friedensprozesses und der innenpolitischen Entwicklung der arabischen Staaten, insbesondere der arabischen Frontstaaten im Konflikt mit Israel, besteht aber auch sonst in mehrfacher Hinsicht ein Zusammenhang. So wird von israelischer Seite gern angeführt, dass Israel als »einzige Demokratie im Nahen Osten« allein auch friedensfähig sei, die arabischen Regime dagegen, eben weil sie keine Demokratien seien, auch keinen verlässlichen Partner für einen Frieden darstellten. Das Argument stützt sich, in vereinfachter und leicht verfälschter Form, auf die in der amerikanischen Politikwissenschaft entwickelte Theorie des *Democratic Peace*, der zufolge Demokratien keinen Krieg gegeneinander führen. Diese nicht unumstrittene Theorie, das wird oft unterschlagen, behauptet nicht, dass demokratische Staaten sich im Verhältnis zu nicht-demokratischen immer friedfertig verhalten würden; sie schließt nur Aggressionen gegen andere Demokratien aus. Sie geht allerdings von einer »inhärenten Moderation« demokratischer Staaten aus. Das heißt, sie nimmt an, dass diese auf Grund ihrer institutionellen Eigenheiten, namentlich der Wirkung der öffentlichen Meinung und der demokratischen Kontrolle kostenträchtiger Entscheidungen, ferner auf Grund ihrer zivilen, demokratischen Normen und Werte grundsätzlich dazu neigen, auch äußere Konflikte friedlicher zu regeln als autoritäre Systeme.[419] In der politischen Realität eines Staates, der sich zu Recht oder Unrecht von einer als feindlich wahrgenommenen Umwelt bedroht sieht, mag diese in der Theorie vermutete zivile Haltung der Öffentlichkeit aber nicht immer zu finden sein. Dies zeigt nicht nur das israelische Beispiel.

Tatsächlich ist Israel bislang der demokratischste Staat in der Region, eine Demokratie mit ethnischem *Bias*, ganz sicher auch keine Demokratie für alle Menschen, die unter der Kontrolle des israelischen Staates leben, aber der einzige Staat, der seinen Bürgern in regelmäßigen Abständen die Möglichkeit bietet, durch Wahl die politische Führungsmannschaft auszutauschen.[420] Es erscheint paradox, gehört aber zu den Realitäten nahöstlicher Auseinandersetzungen, dass Israel in gewisser Weise auch das Interesse hat, die einzige Demokratie im Nahen Osten zu bleiben: Dies bringt erhebliche Sympathie in der westlichen Öffentlichkeit. Zudem wird es israelischen Politikern dadurch erleichtert, sich zumindest den USA gegenüber nicht als nahöstlicher Staat, sondern als Teil des Westens oder, wie Ministerpräsident Sharon es nannte, als amerikanischer Brückenkopf im Nahen Osten zu präsentieren.[421] Israel ist auch, kurzfristig jedenfalls, nicht so sehr an Demokratie und Rechtsstaatlichkeit bei seinen palästinensischen Nachbarn interessiert, sondern eher an der Etablierung eines autoritären, polizeistaatlichen Systems, das Gegner des Friedensprozesses unterdrückt. Israelische Offizielle lassen daran auch im Gespräch wenig Zweifel. Oft zitiert worden ist in diesem Zusammenhang die Äußerung von Israels ehemaligem Ministerpräsident Rabin, er ziehe es vor, wenn die Palästinenser in Gaza für Ruhe und Ordnung sorgten, weil diese, anders als Israel, keine Klagen beim Obersten Gerichtshof und auch keine israelischen Menschenrechtsorganisationen zulassen würden.[422]

Demokratische Verhältnisse sind offensichtlich auch, wie nicht nur die jüngere nahöstliche Geschichte zeigt, keine Voraussetzung für die Entscheidung zum Frieden. Die arabischen Staaten, die mit Israel Frieden geschlossen oder Friedensverhandlungen aufgenommen haben, waren und sind im westlichen Sinne keine Demokratien. Sie haben sich dennoch als ernsthafte Verhandlungspartner erwiesen und bestehende Verträge eingehalten. Das gilt für den ägyptisch-israelischen und den jordanisch-israelischen Friedensvertrag genauso wie für das israelisch-syrische Truppenentflechtungsabkommen. Zweifellos gibt es auf arabischer wie auf israelischer Seite heftige Gegner des Friedens. Einige – vorwiegend westliche – Beobachter haben daraus sogar den Schluss gezogen, dass es wohl besser wäre, wenn die arabischen Regime auch in Zukunft unter autoritärer Herrschaft verblieben – demokratische Wahlen könnten allenfalls islamistische oder nationalistische Friedensgegner in einflussreiche Positionen befördern. Man könne, heißt es lapidar, im Nahen Osten vielleicht nur das eine oder das andere haben: Frieden oder Demokratie.[423] Manch autoritärer arabischer Herrscher mag dies mit Genugtuung hören.

In Friedensverhandlungen haben Israelis, aber auch Palästinenser oder Syrer gelegentlich darauf verwiesen, dass sie bestimmte Zugeständnisse mit Rücksicht auf die parlamentarischen Mehrheitsverhältnisse oder die öffentliche Stimmung in ihrem Land nicht machen könnten. Das Argument ist teilweise zutreffend. Die arabischen Verhandlungsparteien stehen natürlich unter dem Druck ihrer Öffentlichkeit, keinen Frieden zu »israelischen Konditionen« zu schließen. Und Israels Ministerpräsident Barak hatte, als er die Verhandlungen von Camp David aufnahm, keine parlamentarische Mehrheit für Kompromisse, die er vielleicht einzugehen bereit gewesen wäre. Gerade dies lässt, ironischerweise vielleicht, arabische Beobachter am Wert der Demokratie für den Frieden zweifeln.

Eine Beziehung zwischen Friedensprozess und innenpolitischen Strukturveränderungen gibt es insofern, als die Beilegung des arabisch-israelischen Konflikts die Chancen für eine plurale und letztlich vielleicht demokratische Entwicklung erheblich verbessern würde. Der noch herrschende Unfrieden im Nahen Osten gibt radikalen politisch-religiösen und anderen populistischen Kräften in allen arabischen Staaten – und auch in Israel – Argumente und Auftrieb. Für die Frontstaaten im arabisch-israelischen Konflikt gilt dies in besonderer Weise. Der Libanon kann, wie erwähnt, ein Ende der syrischen Vorherrschaft, die demokratische Entscheidungsprozesse nur in Grenzen zulässt, erst im Zuge eines regionalen Friedens erwarten. Auch für ein Land wie Syrien gilt, dass der Verweis auf die Bedrohung durch Israel dazu genutzt wird, Forderungen nach größerer politischer Öffnung abzuweisen. Den Dissidenten, die sich angemaßt hatten, ungenehmigte politische Salons zu betreiben, wurde unter anderem auch vorgeworfen, die innere Einheit des Landes in einer Situation zu gefährden, in der das Land gegen die israelische Gefahr zusammenstehen müsse. Jordanische Regierungen fürchten angesichts des großen palästinensischen Bevölkerungsteils verständlicherweise, dass fortgesetzte oder neue israelisch-palästinensische Kämpfe die eigenen inneren Verhältnisse destabilisieren könnten. Sie neigen dazu, diese Herausforderungen durch eine Limitierung demokratischer Betätigungsmöglichkeiten zu beantworten – durch generelle Demonstrationsverbote etwa oder, wie im Sommer 2001, durch die Auflösung des Parlaments. Am deutlichsten gilt die Beziehung zwischen Frieden und Demokratie aber zweifellos für den palästinensischen Fall: Solange der palästinensische Quasi-Staat unter fremder Besatzung steht, ist eine Entwicklung funktionierender demokratischer Institutionen undenkbar. Erst in einem Staat, der sein eigenes Territorium kontrolliert, können die Einwohner auch zu Staatsbürgern werden, die innenpolitischen Fragen Priorität einräumen – nicht zuletzt der Frage, wer sie regiert und in welcher Weise. Unabhängigkeit und Frieden sind zwar keine hinreichenden Bedingungen für eine demokratische Entwicklung des palästinensischen Gemeinwesens, wohl aber notwendige.

»Selbst wenn alle Konflikte der Region gelöst oder geregelt wären«, schreibt der Historiker und Orientexperte Wolfgang Günter Lerch, »änderte dies nichts an der Tatsache, dass die islamischen Länder der ökonomischen und kulturellen Dynamik des Westens wenig entgegenzusetzen hätten.«[424] Sicher, eine Beilegung der verbliebenen Territorialkonflikte im Nahen Osten und auch eine friedliche Einigung über Fragen der Vorherrschaft am Golf, im Maghreb oder in der gesamten Region würde nicht automatisch die wirtschaftlichen und gesellschaftlichen Entwicklungskräfte freisetzen, die in den meisten arabischen Staaten so lange behindert oder blockiert worden sind. Nur sollte man nicht unterschätzen, wie sehr diese Konflikte die wirtschaftlichen, sozialen und politischen Entwicklungen in den Staaten des Nahen Ostens und der weiteren arabischen Welt beeinflusst und beeinträchtigt haben. Das gilt, wie ausgeführt, für die Stabilisierung autoritärer Verhältnisse, es betrifft aber auch das äußerst geringe Niveau regionaler wirtschaftlicher Zusammenarbeit: Der Handel zwischen den arabischen Staaten etwa, der einen Motor wirtschaftlicher Entwicklung darstellen könnte, macht nur acht bis neun Prozent des gesamten Außenhandels der arabischen Staaten aus. Das Potenzial ist wesentlich größer; dass es nicht wahrgenommen wird, liegt zumindest teilweise an politischen Konflikten und Rivalitäten zwischen einigen dieser Staaten.

Der Nahostkonflikt, das hat die historische Darstellung im ersten Teil dieses Buches gezeigt, hat die arabische Staatengemeinschaft keineswegs geeint, sondern ist selbst zum Konfliktgegenstand geworden, hat politische Konkurrenzverhältnisse oft akzentuiert und Kooperation behindert. Die langjährige Isolation Ägyptens in seiner arabischen Umgebung war letztlich, um nur zwei Beispiele in Erinnerung zu rufen, genauso das Ergebnis einer Auseinandersetzung um den richtigen Umgang mit Israel wie die wiederholten Spannungen zwischen Syrien und Jordanien, die sich immer zuerst auf die Wirtschaftsbeziehungen auswirkten. Auch die Europäische Union hat lernen müssen, dass der ungelöste Nahostkonflikt sich negativ auf ihre Bemühungen ausgewirkt hat, regionale Kooperationsprojekte im Nahen Osten und im Mittelmeerraum zu initiieren.

Es ist schon deshalb im Interesse Europas, sich für eine für alle Seiten akzeptable Regelung des arabisch-israelischen Konflikts einzusetzen. Dabei sollten europäische und auch deutsche Akteure sich nicht scheuen, klare Aussagen über die Prinzipien und über notwendige Elemente eines haltbaren Friedens zu machen.[425] Frieden schließen können letztlich nur die regionalen Parteien; sie brauchen dafür aber möglicherweise noch energischere Unterstützung der internationalen Gemeinschaft. Ernsthafte europäische Bemühungen um Frieden im Nahen Osten würden einer berechtigten Kritik an den politischen Verhältnissen in einzelnen Staaten der Region mehr Glaubwürdigkeit verleihen. Eine Beilegung des Konflikts würde zudem die Bedingungen all derjenigen Menschen verbessern, die sich in der arabischen Welt und im Nahen Osten für die Wahrung der Menschenrechte, für Rechtsstaatlichkeit, gute Regierungsführung und demokratische Beteiligung einsetzen. Vielleicht wird die nächste Herrschergeneration dann auch ohne die geheimen Gärten ihrer Väter auskommen.

Anhang

Anmerkungen

1 Interview, *Le Figaro*, 4. September 2001.
2 Zuletzt etwa in der so genannten »Amman Declaration« des Arabischen Gipfels von Amman, 28. März 2001.
3 Vgl. hierzu und insgesamt ausführlicher Volker Perthes, *Vom Krieg zur Konkurrenz. Regionale Politik und die Suche nach einer neuen arabisch-nahöstlichen Ordnung*, Baden-Baden 2000.
4 Professor Shmuel Sandler, zitiert nach *BESA-Bulletin*, Bar-Ilan University, Oktober 2001, S. 1.
5 Nadir Farjani, »al-imkanat al-bashariyya wa-l-taqaniyya al-'arabiyya« [Die arabischen humanen und technischen Ressourcen], in: *al-Mustaqbal al-'arabi*, 22 (Februar 2000) 252, S. 59–92.
6 »How Tunesia won the war against terrorism«, in: *The Middle East*, November 2001.
7 Interview, *Le Monde*, 25. September 2001.
8 Vgl. etwa den Beitrag von Seymour M. Hersch, »King's Ransom. How Vulnerable are the Saudi Royals?«, in: *The New Yorker*, 22. Oktober 2001.
9 So etwa in *al-Watan*, Algier, 24. Oktober 2001.
10 Zitiert nach *al-Hayat*, 24. Oktober 2001.
11 Zum europäischen Mächtespiel um die Aufteilung der nahöstlichen Gebiete vgl. David Fromkin, *A Peace to End all Peace, The Fall of the Ottoman Empire and the Creation of the Modern Middle East*, New York 1990.
12 Zur Entstehung und zum geistig-ideologischen Hintergrund des arabischen Nationalismus vgl. Bassam Tibi, *Nationalismus in der Dritten Welt am arabischen Beispiel*, Frankfurt a. M. 1971.
13 Zur Gründung der Liga und den damit verbundenen Interessen vgl. unter anderem Robert W. MacDonald, *The League of Arab States. A Study in the Dynamics of Regional Organization*, Princeton 1965, S. 33–50;

Husein A. Hassouna, *The League of Arab States and Regional Disputes. A Study of Middle East Conflicts*, Dobbs Ferry 1975, S. 3–11.

14 Vgl. vor allem Avi Shlaim, *The Politics of Partition. King Abdullah, the Zionists and Palestine 1921–1951*, Oxford 1990. Shlaim berichtet auch (ebenda, S. 69, 228–231) über entsprechende ägyptische Kontakte mit der *Jewish Agency* und dem jungen israelischen Staat.

15 Die beste historische Gesamtdarstellung israelischer Politik im Nahen Osten findet sich bei Avi Shlaim, *The Iron Wall. Israel and the Arab World*, New York 1999. Vgl. zur Geschichte des arabisch-israelischen Konflikts sonst vor allem Mark Tessler, *A History of the Iraeli-Palestinian Conflict*, Bloomington 1994.

16 Wenn von den Palästinensern oder dem palästinensischen Volk gesprochen wird, ist damit allgemein die arabischsprachige Bevölkerung Palästinas gemeint. Dazu gehört die muslimische Mehrheit, die christliche Minderheit und die kleine Minderheit orientalischer Juden, die bereits vor dem Beginn der zionistischen Einwanderung nach Palästina (seit Ende des neunzehnten Jahrhunderts) dort ansässig war, nicht aber die jüdischen Einwanderer. Zur Entstehung von palästinensischer Identität und palästinensischem Nationalbewusstsein vgl. vor allem Rashid Khalidi, *Palestinian Identity. The Construction of Modern National Consciousness*, New York 1998.

17 Vgl. neben Shlaim, *The Iron Wall*; und ders., *The Politics of Partition*; vor allem Itamar Rabinovich, *The Road not Taken. Early Arab-Israeli Negotiations*, New York 1991; und Mohamed Heikal, *Secret Channels. The Inside Story of the Arab-Israeli Peace Negotiations*, London 1996. Rabinovich ist ein israelischer Historiker, der unter Rabin und Peres als Botschafter Israels in Washington diente; Haikal ist ein ägyptischer Journalist, der unter Abd al-Nasser zeitweise Informationsminister war.

18 Zur Außenpolitik Ägyptens unter Abd al-Nasser vgl. Peter Pawelka, *Herrschaft und Entwicklung im Nahen Osten: Ägypten*, Heidelberg 1985, S. 242–254.

19 Vgl. David W. Lesch, *Syria and the United States: Eisenhower's Cold War in the Middle East*, Boulder 1992; und den Klassiker von Patrick Seale, *The Struggle for Syria. A study of post war Arab Politics 1945–1958*, London 1965.

20 Vgl. Hanna Batatu, *The Syrian, Egyptian, and Iraqi Revolutions. Some Observations on Their Underlying Causes and Social Character*, Washington, D.C., 1983 (Antrittsvorlesung Georgetown University, Center for Contemporary Arab Studies). Mit einer frühen und positiven Würdigung dieser Militärs als Avantgarde sozialen Wandels vgl. Manfred Halpern,

The Politics of Social Change in the Middle East and North Africa, Princeton 1963, S. 253–274; zur Genese und zu den Ausformungen arabischer Sozialismen Bassam Tibi (Hrsg.), *Die arabische Linke*, Frankfurt a. M. 1969; Tareq Y. Ismael, *The Arab Left*, Syracuse 1976.

21 Malcolm H. Kerr, *The Arab Cold War. Gamal Abd al-Nasir and his Rivals, 1958–1970*, London 1971.

22 Vgl. Kerr, *The Arab Cold War*, S. 22–25.

23 Vgl. F. Gregory Gause III, *Saudi-Yemeni Relations. Domestic Structures and Foreign Influence*, New York 1990, S. 57–72; ferner aus ägyptischer Perspektive Ahmad Yusuf Ahmad, *al-dawr al-misri fi al-yaman* [Die ägyptische Rolle im Jemen], Kairo 1981; aus saudischer Perspektive Sa'id Muhammad Badib, *al-sira'al-sa'udi al-misri hawl al-yaman al-shimali (1962–1970)* [Der saudisch-ägyptische Konflikt um den Nord-Jemen (1962–1970)], London 1990.

24 Vgl. die überaus saloppe, aber im Wesentlichen korrekte Darstellung von Klaus Polkehn, *Krieg um Wasser? Der Jahrhundertkonflikt im Nahen Osten*, Berlin 1992, S. 178–184.

25 Vgl. Saad Eddin Ibrahim, *The New Arab Social Order: A Study of the Social Impact of Oil Wealth*, Boulder 1982; ferner Malcolm H. Kerr/El Sayed Yassin (Hrsg.), *Rich and Poor States in the Middle East: Egypt and the New Arab Order*, Boulder 1982.

26 1948/49 wurden etwa 730 000 Palästinenser und Palästinenserinnen aus dem Gebiet des neuen Staates Israel vertrieben oder flohen; sie verteilten sich auf die Westbank und den Gazastreifen und auf die arabischen Nachbarländer. 1967 flohen etwa 350 000 Personen aus der Westbank, vor allem nach Jordanien.

27 Wichtigster Ausdruck der intellektuellen Kritik jener Jahre an den arabischen Verhältnissen ist die mehrfach aufgelegte Schrift des syrischen Philosophen Sadiq Jalal al-'Azm, *al-naqd al-dhati ba'd al-hazima* [Selbstkritik nach der Niederlage], Beirut 1968.

28 Zur israelischen Politik jener Periode vgl. weiterhin vor allem Shlaim, *The Iron Wall*; aus informierter arabischer Perspektive Heikal, *Secret Channels*, S. 150–213.

29 Während der Kämpfe drang ein Panzerverband, der zum syrisch kontrollierten Teil der Palästinensischen Befreiungsarmee (PNA) gehörte, in Jordanien ein, offenbar, um den Palästinensern einen *safe haven* im Norden des Landes zu verschaffen. Syriens Verteidigungsminister Asad, der sich wenige Wochen später an die Spitze des Staates putschte, verzichtete allerdings auf eine Eskalation und den Einsatz der Luftwaffe,

er zog die syrischen Panzer vielmehr zurück, als sie auf ernsthaften jordanischen Widerstand stießen. Asad selbst hatte in Syrien die Handlungsfreiheit palästinensischer Kommandos aufs Äußerste begrenzt, während der Teil der politischen Führung, den er mit seinem Coup um die Macht brachte, eine deutliche Unterstützung des palästinensischen Widerstands forderte. Vgl. die Darstellung bei Patrick Seale, *Asad of Syria: The Struggle for the Middle East*, London 1988, S. 157–160.

30 Vgl. unter anderem die Darstellung bei Adnan Abu-Odeh, *Jordanians, Palestinians & The Hashemite Kingdom in the Middle East Peace Process*, Washington, D.C., 1999, S. 169–192.

31 Vgl. William B. Quandt, *Decade of Decisions. American Policy toward the Arab-Israeli Conflict, 1967–1976*, Berkeley 1977, S. 122, 131.

32 »Oktober« wurde zu einem der politischen Positivbegriffe, die beide Regime fortan legitimatorisch benutzten. Unzählige öffentliche Gebäude, aber auch Medien in Ägypten und Syrien wurden nach dem Krieg von 1973 »Oktober« oder »*Tishreen*« (der arabische Name der Monate Oktober und November) genannt.

33 Vgl. hierzu und insgesamt zur Entwicklung der palästinensischen Nationalbewegung vor allem: Helga Baumgarten, *Palästina: Befreiung in den Staat. Die palästinensische Nationalbewegung seit 1948*, Frankfurt a. M. 1991.

34 Vor allem Saudi-Arabien, aber auch Libyen und andere erdölexportierende Staaten gaben nach 1973 erhebliche Zuschüsse, um die ägyptischen und syrischen Streitkräfte wieder aufzubauen. Schätzungen zufolge könnten die saudischen Zuschüsse für militärische Zwecke sogar höher gewesen sein als die zivilen Finanzhilfen an diese Länder. Zu den offiziellen Finanzflüssen vgl. Pierre van den Boogaerde, *Financial Assistance for Arab Countries and Arab Regional Institutions*, Washington, D.C., 1991 (International Monetary Fund, Occasional Paper 87).

35 Zu den Schätzungen vgl. van den Boogaerde, *Financial Assistance*, Tabelle 35.

36 So gründeten sich allein 1975, um nur eines der in dieser Hinsicht reichen Jahre zwischen 1973 und 1978/79 zu nehmen, die Arabische Schach-, Volleyball- und die Karateunion, die Arabische Jugendherbergsunion, die Arabische Union der Textil-, der Düngemittel- und der mechanischen Industrie, der Verband der Arabischen Gewerkschaften der mechanischen und metallurgischen Industrie, die Arabische Juristenunion sowie die Union der arabischen Geologen und die der Cinematografen.

37 Daten (Bruttosozialprodukt pro Kopf) nach *United Nations*, Statistical Yearbook, 1981; und *World Bank*, World Development Report, 1982. Angesichts des großen informellen Sektors gerade in Ägypten können wir davon ausgehen, dass die ägyptischen Daten zu niedrig angesetzt sind. Allgemein gilt, dass Weltbankdaten wie auch die Daten nationaler statistischer Ämter nur als Tendenzaussagen in Betracht gezogen werden sollten. Selbst wenn wir davon ausgehen, dass die ägyptischen Pro-Kopf-Einkommen doppelt so hoch sind wie in den offiziellen Schätzungen, bleibt die wachsende Einkommensdifferenz zwischen Ägypten und den Golfstaaten enorm.

38 Ibrahim, *The New Arab Social Order*.

39 Vgl. etwa Elizabeth Picard, »Arab Military in Politics: From Revolutionary Plot to Authoritarian State«, in: Giacomo Luciani (Hrsg.), *The Arab State*, Berkeley 1990, S. 189–221; Khaldun Hasan al-Naqib, *al-dawla al-tasallutiyya fi al-mashriq al-'arabi al-mu'asir. dirasa buna'iyya muqarina* [Der autoritäre Staat im gegenwärtigen arabischen Mashrek. Eine vergleichende Strukturuntersuchung], Beirut 1991.

40 Zum »Rentierstaat« in der arabischen Welt vgl. vor allem Hazem Beblawi/Giacomo Luciani (Hrsg.), *The Rentier State*, London 1987; sowie Andreas Boeckh/Peter Pawelka (Hrsg.), *Staat, Markt und Rente in der internationalen Politik*, Opladen 1996.

41 Vgl. vor allem Reinhard Schulze, *Islamischer Internationalismus im 20. Jahrhundert. Untersuchungen zur Geschichte der Islamischen Weltliga*, Leiden 1990.

42 Für einige Zeit wurden den syrischen Truppen auch Kontingente aus anderen arabischen Staaten zur Seite gestellt, letztlich blieb die so genannte »Arabische Abschreckungsmacht« im Libanon aber eine syrische Truppe.

43 Vgl. Kenneth W. Stein, *Heroic Diplomacy. Sadat, Kissinger, Carter, Begin and the Quest for Arab-Israeli Peace*, New York 1999.

44 Vgl. die Zeugnisse der ehemaligen Außenminister Isma'il Fahmy (zurückgetreten 1977) und Muhammad Ibrahim Kamil (zurückgetreten 1978) und des damaligen Generalsekretärs der Arabischen Liga Mahmud Riadh (zurückgetreten 1979) in: Mahmud Fawzi, *kamb david fi'aql wuzara' kharijiyyat misr* [Camp David im Denken ägyptischer Außenminister], Kairo 1990.

45 Dies jedenfalls ist die Auffassung von Mahmud Riadh, *mudhakkirat 1948–1978* [Erinnerungen 1948–1978], Beirut 1987.

46 Vgl. William B. Quandt, *Saudi Arabia in the 1980s. Foreign Policy, Security, and Oil*, Washington, D.C., 1981, S. 113–115. Quandt, seinerzeit Mitglied von Präsident Carters Nationalem Sicherheitsrat, konstatiert dementsprechend im Rückblick: »The simple lesson of Baghdad seemed to be that the Saudis, when forced to choose between their Arab commitments and a controversial U.S. policy ... would not hesitate to side with the Arab position.« (Ebenda, S. 115.) Diese Lehre wurde von den Nachfolgern Quandts wieder vergessen. Sonst wären sie, zwei Jahrzehnte später, wahrscheinlich nicht erstaunt gewesen, dass Riad sich weigerte, Luftwaffenbasen für amerikanische Angriffe auf Afghanistan oder gar auf ein arabisches Land zur Verfügung zu stellen.

47 Vgl. Ze'ev Schiff/Ehud Ya'ari, *Israel's Lebanon War*, New York 1984; Yair Evron, *War and Intervention in Lebanon. The Israeli-Syrian Deterrence Dialogue*, London 1987.

48 So zitiert in Ahmad Yousef Ahmad, »The Dialectics of Domestic Environment and Role Performance. The Foreign Policy of Iraq«, in: Baghat Korany/Ali E. Hillal Dessouki (Hrsg.), *The Foreign Policies of Arab States. The Challenges of Change*, Boulder 1991, S. 199.

49 Vgl. vor allem Shahram Chubin/Charles Tripp, *Iran and Iraq at War*, London 1988, hier S. 25–30. Zum Kriegsverlauf im Übrigen Henner Fürtig, *Der irakisch-iranische Krieg 1980–1988. Ursachen, Verlauf, Folgen*, Berlin 1992, S. 55–97.

50 So Laurie Mylroie, »The Superpowers and the Iran-Iraq War«, in: *American-Arab Affairs* (Sommer 1987) 21, S. 15–26; im gleichen Sinne Shireen T. Hunter/Frederick W. Axelgard, »Starting form Square Two. Rethinking Long-Range U.S. Policy in the Persian Gulf«, in: Robert G. Neumann/ Shireen T. Hunter/Frederick W. Axelgard, *Revitalizing U.S. Leadership in the Middle East*, Washington, D.C., 1988 (Center for Strategic and International Studies Significant Issues Series, Vol. 10, No. 8), S. 23–38.

51 Zur Entwicklung der amerikanisch-irakischen Beziehungen und zur Involvierung der USA vgl. Chubin/Tripp, *Iran and Iraq*, S. 190–194, 217–219; Fürtig, *Der irakisch-iranische Krieg*, S. 93–97; informativ und apologetisch auch Mylroie, »The Superpowers and the Iran-Iraq War«; kritisch zur europäischen und amerikanischen Hilfe bei der Aufrüstung des Irak vor allem Kenneth R. Timmerman, *The Death Lobby. How the West Armed Iraq*, London 1992.

52 Zum iranisch-syrischen Verhältnis vgl. vor allem Anoushiravan Ehteshami/Raymond A. Hinnebusch, *Syria and Iran, Middle Powers in a Penetrated Regional System*, London 1997.

53 Vgl. den Beitrag des damaligen ägyptischen Staatsministers für Auswärtige Angelegenheiten Boutros Boutros-Ghali, »The Foreign Policy of Egypt in the Post-Sadat Era«, in: *Foreign Affairs*, 60 (Frühjahr 1982) 4, S. 769–788; ferner Ali E. Hillal Dessouki, »Egyptian Foreign Policy since Camp David«, in: William B. Quandt (Hrsg.), *The Middle East. Ten Years After Camp David*, Washington, D.C., 1988, S. 94–110.

54 Vgl. Rashid Khalidi, »The Palestine Liberation Organization«, in: Quandt, *The Middle East*, S. 261–278; Aaron David Miller, »Jordanian Policy: The Politics of Limitation and Constraint«, in: Robert O. Freedman, *The Middle East after the Israeli Invasion of Lebanon*, Syrakus 1986, S. 205–232; Adam M. Garfinkle, »The Importance of Being Husein. Jordanian Foreign Policy and Peace in the Middle East«, in: Robert O. Freedman, *The Middle East from the Iran-Contra Affair to the Intifada*, Syrakus 1991, S. 268–302 (276–284).

55 Vgl. Alexander Flores, *Intifada. Aufstand der Palästinenser*, 2. überarbeitete Auflage, Berlin 1989; Baumgarten, *Palästina*, S. 270–305.

56 Vgl. Theodor Hanf, *Koexistenz im Krieg. Staatszerfall und Entstehen einer Nation im Libanon*, Baden-Baden 1990, S. 719–734; Volker Perthes, *Der Libanon nach dem Bürgerkrieg: Von Ta'if zum gesellschaftlichen Konsens?*, Baden-Baden 1994, S. 16–24.

57 Vgl. unter anderem Kamran Mofid, »Economic Reconstruction of Iraq: Financing the Peace«, in: *Third World Quarterly*, 12 (Januar 1990) 1, S. 48–61.

58 So die Einschätzung des *al-Ahram*-Zentrums für Politische und Strategische Studien in Kairo in seinem jährlichen Bericht: *al-taqrir al-istratiji al-'arabi 1990* [Arabischer Strategischer Bericht], Kairo 1991, S. 263.

59 Deutlichste Provokation dieser Art war die Hinrichtung des britischen Journalisten Farhad Barzoft im Frühjahr 1990.

60 Vgl. unter anderem Efraim Karsh/Inari Rautsi, »Warum Saddam Husein in Kuwait einmarschierte«, in: Gert Krell/Bernd W. Kubbig (Hrsg.), *Krieg und Frieden am Golf. Ursachen und Perspektiven*, Frankfurt a. M. 1991.

61 Zur Haltung der arabischen Öffentlichkeit vgl. George Joffé, »Middle Eastern Views of the Gulf Conflict and Its Aftermath«, in: *Review of International Studies*, 19 (April 1993) 2, S. 177–199; Ann Mosely Lesch, »Contrasting Reactions to the Persian Gulf Crisis: Egypt, Syria, Jordan, and the Palestinians«, in: *Middle East Journal*, 45 (1991) 1, S. 30–50; Volker Perthes, »Die andere Perspektive. Zur Reaktion der arabischen Welt

auf das Vorgehen der Alliierten«, in: *Blätter für deutsche und internationale Politik*, 36 (1991) 3, S. 327–334.

62 Vgl. Bernd W. Kubbig, »Des Widerspenstigen Zähmung: Die Strategie der USA am Golf«, in: Krell/Kubbig, *Krieg und Frieden*, S. 86–97.

63 Vgl. Olivier Roy, *L'echec de l'Islam politique*, Paris 1992.

64 Shamir machte in späteren Erklärungen kein Hehl daraus, dass er in seiner Regierungszeit bemüht gewesen sei, einen Fortschritt der Verhandlungen zu verhindern. Vgl. dazu und insgesamt zur israelischen Politik in dieser Etappe vor allem Shlaim, *The Iron Wall*, sowie Uri Savir, *The Process: 1100 Days That Changed the Middle East*, New York 1998. Aus palästinensischer Sicht vgl. Mahmoud Abbas, *tariq uslu* [Der Weg nach Oslo], Beirut 1994; zum israelisch-syrischen Friedensprozess vgl. Helena Cobban, *The Israeli-Syrian Peace Talks: 1991–1996 and Beyond*, Washington, D.C., 1999.

65 Siehe ausführlich unten, Kapitel »Israel und Palästina oder: Von den Schwierigkeiten, das Realistische zu tun«.

66 Aus Kreisen seiner innenpolitischen Gegner, insbesondere der islamistischen *Hamas*, wurde Arafat gelegentlich sogar als israelischer Kollaborateur denunziert. Dagegen steht die intellektuelle Kritik anderer, die im Wesentlichen darauf hinweisen, dass »Oslo« in seiner Logik allenfalls auf ein ungleiches, unfaires Abkommen hinauslaufen werde, das den Palästinensern weder einen lebensfähigen Staat noch demokratische Verhältnisse und beiden Völkern, Palästinensern und Israelis, keinen Frieden bringen werde.

67 Vgl. Shlaim, *The Iron Wall*, S. 607.

68 Das Allokationsstaatsmodell ist grundlegend von Giacomo Luciani beschrieben worden: »Allocation vs. Production States«, in: Beblawi/Luciani, *The Rentier State*, London 1987, S. 63–83.

69 Bruttosozialprodukt pro Kopf 1980: Schweiz 16 440 Dollar; Frankreich 11 730 Dollar, USA 11 360 Dollar. Quelle: Weltentwicklungsbericht der Weltbank 1982.

70 Human Development Index 2000, Zahlen für Irak und Libyen aus dem *World Factbook 2000* der amerikanischen CIA (www.odci.gov/cia/publications/factbook). Diese Schätzungen beziehen sich allerdings auf das Pro-Kopf-Bruttoinlandsprodukt von 1999, nicht auf das Bruttosozialprodukt.

71 Das Bruttosozialprodukt lag laut der *World Development Index Database* (www.worldbank.org) im Jahr 2000 in Saudi-Arabien bei 143 Milliarden Dollar, in der gesamten MENA (Middle East and North Africa) –

Region bei 599 Milliarden Dollar, in Deutschland bei 2079 Dollar und in der Welt bei 29 232 Milliarden Dollar.
72 *Human Development Report 2000.*
73 Darauf weist der tunesische Soziologe al-Taher Labib hin: »al-tanmiya al-ijtimaiyya wa-itijahatiha fi al-buldan al-'arabiyya« [Die soziale Entwicklung und ihre Tendenzen in den arabischen Ländern], in: *al-Mustaqbal al-'arabi*, 22 (März 2000), S. 23–50.
74 Vgl. The World Bank, *Claiming the Future. Choosing Prosperity in the Middle East and North Africa*, Washington, D.C., 1995, S. 38 f.
75 UNICEF-Daten, nach *al-Mustaqbal al-'arabi*, 22 (März 2000), S. 216. Aktualisiert nach UNICEF, *The State of the World's Children 2000* (www.unicef.org). Dabei handelt es sich um Brutto-, nicht um Nettowerte, das heißt, die Zahl der Schüler der Primarstufe wird ins Verhältnis zur Zahl der Kinder in der entsprechenden Alterskohorte gesetzt, unabhängig davon, ob die Schüler selbst alle dieser Alterskohorte angehören. Nettowerte, die nicht für alle Länder vorhanden sind, würden nur messen, welcher Anteil einer bestimmten Alterskohorte tatsächlich in den Klassen der Primarstufe eingeschrieben ist.
76 Vgl. Farjani, »al-imkanat al-bashariyya wa-l-taqaniyya al-'arabiyya«.
77 Vgl. World Education Report 2000 (www.unesco.org).
78 UNICEF-Daten, nach *al-Mustaqbal al-'arabi*, 22 (März 2000), S. 216.
79 Vgl. die *World Development Indicators 2000* der Weltbank, S. 304–306. Durchschnittlich wenden die Länder der untersten Einkommenskategorie immerhin 0,57, die der mittleren Einkommenskategorie, zu der auch die meisten arabischen Staaten gehören, 0,92 ihres Bruttosozialprodukts für Forschung und Entwicklung auf.
80 Zahlen nach: *Internet in the Middle East* (www.ditnet.co.ae/itnews/me_internet/users.html).
81 Ebenda.
82 *World Development Indicators 2000.*
83 Vgl. Sally Ethelston, »Water and Women. The Middle East in Demographic Transition«, in: *Middle East Report*, 29 (Winter 1999) 4/313, S. 8–12.
84 Quelle: *Population Reference Bureau (Government View of Birth Rate).*
85 His Majesty King Abdullah II, »Prospects for Moving Forward«, *The Washington Quarterly*, 23 (2000) 4, S. 73–76.
86 Der YIPPI *(years in power per incumbent)*-Index, der das durchschnittliche Dienstalter der jeweils obersten Entscheidungsträger in einer bestimmten regionalen Gruppe von Staaten misst, lag 1998, also vor dem

Ableben der drei Monarchen und des syrischen Präsidenten, für die arabische Welt (zu der hier alle Mitgliedsländer der Arabischen Liga mit Ausnahme Djiboutis, Somalias und der Komoren gerechnet werden) noch bei 21 Jahren und damit höher als in jeder anderen regionalen Staatengruppe.

87 Die konstitutionellen Regelungen für die Nachfolge an der Spitze arabischer Staaten behandelt Sigrid Faath (Hrsg.), *Konfliktpotenzial politischer Nachfolge in den arabischen Staaten*, Hamburg 2000.

88 Martin S. Indyk, damals U.S. Assistant Secretary for Near Eastern Affairs, hat dieser Wertschätzung langjährig amtierender arabischer Regime und seiner Sorge vor einer Veränderung Ausdruck gegeben: »(W)e must remain cognizant of the fact that over the next decade, leaders who have built up credibility and legitimacy over many years will be replaced by a younger generation that will take some time to establish themselves.« (»U.S. Policy for the Middle East. Remarks at the Council on Foreign Relations«, April 22, 1999.) Vgl. auch Michael Collins Dunn, »The Coming Era of Leadership Change in the Arab World«, in: *Middle East Policy*, 5 (Januar 1998) 4, S. 180–187.

89 *al-Hayat*, 15. November 1999.

90 Vgl. *al-Hayat*, 3. April 2001.

91 Der Begriff der politischen oder politisch relevanten Elite umfasst naturgemäß ein Spektrum, das nicht messerscharf abzugrenzen ist. Grundsätzlich ist die Definition von Harold Lasswell, der unter der Elite schlicht die in einem bestimmten Feld »Einflussreichen« versteht, nach wie vor gültig: »The influential are those who get most of what there is to get ... Those who get the most are *elite*, the rest are *mass*.« Harold Lasswell, *Politics: Who Gets What, When, How*, Cleveland 1958, S. 13, zitiert nach George Lenczowski, »Some Reflections on the Study of Elites«, in: ders. (Hrsg.), *Political Elites in the Middle East*, Washington, D.C., 1975, S. 4.

92 Vgl. Saïd K. Aburish, *Saddam Hussein. The Politics of Revenge*, New York/London 2000, S. 139.

93 Der irakische Sozialwissenschaftler Isam al-Khafaji hat die politische Weltsicht dieser Generation treffend charakterisiert: »The belief that imperialism would try to forestall any attempt to overcome underdevelopment, whether through direct intervention or through local agents ... reinforced the perception that a strong state with a strong army was an essential prerequisite for genuine development. Hence the easiness with which liberal and even reformist ideas were dismissed or

discredited among the populace.« Isam al-Khafaji, »War as a Vehicle for the Rise and Demise of a State-Controlled Society. The Case of Ba'thist Iraq«, in Steven Heydeman (Hrsg.), *War, Institutions, and Social Change in the Middle East*, Berkeley 2000, S. 258–291 (264).

94 Aus der ersten Reihe arabischer Entscheidungsträger gehört, während dieses Buch entsteht, nur der 1950 geborene Sheikh Hamad, der Emir von Bahrein, zu dieser Generation.

95 Das gilt sicherlich für die Vereinigten Arabischen Emirate unter Sheikh Zayid, für Jordanien unter Husein, Syrien unter Asad, Oman unter Sultan Qabus und den Jemen unter Präsident Salih. Es könnte letztlich auch für Libyen unter Qadhafi, vielleicht sogar für den Irak unter Saddam Husein gelten.

96 Vgl. Gamal Soltan, »The Military and Foreign Policy«, in: May Chartouni-Dubarry (Hrsg.), *Armée et nation en Égypte: pouvoir civil, pouvoir militaire*, Paris 2001, S. 107–121.

97 Halpern, *The Politics of Social Change in the Middle East and North Africa*, S. 52.

98 Die Bedeutung familiärer und anderer primordialer Bindungen in arabischen Gesellschaften beschreibt etwa Halim Isber Barakat, *The Arab World. Society, Culture and State*, Berkeley 1993.

99 *Financial Times*, 24. Juli 2001.

100 Roy, *L'échec de l'islam politique*.

101 Dieser Exkurs folgt teilweise meinem Beitrag »Bürgerkrieg oder Integration? Islamismus im arabischen Raum«, in: Peter Pawelka/Hans-Georg Wehling (Hrsg.), *Der Vordere Orient an der Schwelle zum 21. Jahrhundert*, Opladen/Wiesbaden 1999, S. 143–155.

102 Vgl. etwa die Studie von Martin Riesebrodt, *Fundamentalismus als patriarchalische Protestbewegung. Amerikanische Protestanten (1910–1928) und iranische Schiiten (1961–1979) im Vergleich*, Tübingen 1990.

103 Stefan Wild, »Der Prophet und sein Bart. Der Islam und die Moderne«, in: *Wirtschaft & Wissenschaft*, 5 (November 1997) 4, S. 12–18 (14).

104 Vgl. Sadik J. al-Azm, *Unbehagen in der Moderne. Aufklärung im Islam*, Frankfurt a. M. 1993.

105 Fred Halliday, *Islam and the Myth of Confrontation. Religion and Politics in the Middle East*, London/New York 1996, S. 6.

106 Das hat vor allem Reinhard Schulze in seinem Standardwerk zur Kultur- und Ideologiegeschichte der islamischen Moderne überzeugend nachgewiesen: *Geschichte der islamischen Welt im 20. Jahrhundert*, München 1994.

107 Dia' Rashwan, »qadiat qawm lut al-judud fi misr: numudhaj li-ma'arik al-'awlama« [Der Fall des ›Neuen Stammes von Lot‹ in Ägypten: Ein Beispiel für die Schlachten der Globalisierung], in: *al-Hayat*, 22. August 2001. Mit dem »Stamm Lots« ist eine Gruppe von Homosexuellen gemeint, die im Jahr 2001 in Ägypten vor Gericht gestellt wurde.

108 So auch Eberhard Kienle in seiner Analyse Ägyptens: *A Grand Delusion. Democracy and Economic Reform in Egypt*, London 2001, S. 133.

109 Vgl. Detlef Müller-Hahn, »Vertreibung der Pächter – Rückkehr der Paschas«, *Inamo*, 7 (Sommer 2001) 26, S. 19–20.

110 Das ägyptische und das algerische Beispiel werden weiter unten, in Kapitel sechs und zwölf, ausführlicher behandelt. Zu den militanten islamistischen Bewegungen vgl. unter anderem Gilles Kepel, *Jihad: expansion et déclin de l'islamisme*, Paris 2000. Einen guten Überblick über die Strategien arabischer Staaten im Umgang mit islamistischer Opposition bieten Bassma Kodmani-Darwish/May Chartouni-Dubarry (Hrsg.), *Les états arabes face à la contestation islamiste*, Paris 1997.

111 Zur Organisation Bin Ladens vgl. unter anderem Peter Bergen, *Heiliger Krieg Inc. Osama bin Ladens Terrornetz*, Berlin 2001.

112 Vgl. Petra Steinberger, »Im Namen des Terrors. Die gewalttätige Schattenseite von Glauben und Moderne«, in: *Süddeutsche Zeitung*, 18. September 2001.

113 Zitiert nach *al-Sharq al-Awsat*, 14. September 2001. Zu den Unterzeichnern dieser Erklärung der Führer von 46 islamistischen Gruppen gehörten unter anderem die Chefs der Muslimbrüder Ägyptens, Syriens und Jordaniens, der Führer der algerischen *Hamas*, Mahfoud Nahnah, der Führer der tunesischen *Nahda*, Rashid Ghanoushi, sowie Sheikh Ahmad Yasin und Khalid Mish'al, der Gründer und der Führer des Politbüros der palästinensischen *Hamas*.

114 Das Dokument ist vollständig in der kuwaitischen Tageszeitung *al-Anba'* vom 14. April 2001 veröffentlicht.

115 Das Dokument ist veröffentlicht in *al-Hayat*, 4. Mai 2001.

116 Gespräche des Autors in Kairo, Februar 1997.

117 Vgl. Hazim Saghiya, »misr: muhawala fi tafsir al-mulghaz« [Ägypten: Ein Versuch, das Rätsel zu verstehen], in: *al-Hayat*, 29. Juli 2001.

118 Israel müsse zu einer Politik finden, die seiner »Größe und seiner Position auf der politischen Landkarte der Region« entspreche. Zitat nach *al-Hayat*, 6. Oktober 1998. Vgl. insgesamt auch Fawaz A. Gerges, »Egyptian-Israeli Relations Turn Sour«, in: *Foreign Affairs*, 74 (Mai bis Juni

1995) 3, S. 60–78; Kenneth W. Stein, »Continuity and Change in Egyptian-Israeli Relations, 1973–97«, in: *Israel Affairs* (Frühjahr/Sommer 1997) 3/4, S. 296–320.

119 Mohamed El Sayed Said, »Egypt: The Dialectics of State Security and Social Decay«, in: *Internationale Politik und Gesellschaft* (2000) 1, S. 5–18.

120 Zur Wirtschaftsentwicklung und zu den Reformprogrammen vgl. insgesamt Holger Albrecht/Peter Pawelka/Oliver Schlumberger, »Wirtschaftliche Liberalisierung und Regimewandel in Ägypten«, in: *Welt-Trends* (Herbst 1997) 16, S. 43–63; Dieter Weiss/Ulrich Wurzel, *The Economics and Politics of Transition to an Open Market Economy. Egypt*, Paris (OECD Development Centre Studies) 1998; Christophe Ayad, »Égypte: De la stabilité à l'immobilisme«, in: *politique internationale* (Herbst 2000) 89, S. 337–368.

121 So vor allem der Wirtschaftswissenschaftler (und Ägypten-Experte) Ulrich G. Wurzel, *Ägyptische Privatisierungspolitik 1990 bis 1998*, Hamburg/Münster 2000.

122 Laut der *Neuen Züricher Zeitung* (25. November 2000) von 0,2 Prozent des weltweiten Exports im Jahr 1980 auf 0,07 Prozent im Jahr 1998.

123 Ayad, »Égypte: De la stabilité à l'immobilisme«.

124 Vgl. Timothy Mitchell, »No Factories, No Problems: The Logic of Neo-Liberalism in Egypt«, in: *Review of African Political Economy* (1999) 82, S. 455–468.

125 Ebenda, S. 343.

126 Vgl. Robert Springborg/John Sfakianakis, »The Military's Role in Presidential Succession«, in: May Chartoubi-Dubarry (Hrsg.), *Armée et nation en Égypte: pouvoir civil, pouvoir militaire*, Paris (les notes de L'ifri, No. 31) 2001, S. 57–72; Philippe Droz-Vincent, »Armée et pouvoir politique en Égypte: la dimension économique du pouvoir de l'armée«, ebenda, S. 73–105.

127 Vgl. etwa Noha El-Mikawy, *The Building of Consensus in Egypt's Transition Process*, Kairo 1999; Gamal Abdelnasser, »Political Change in Egypt. The Parliamentary Elections of 2000 and Horizons of Reform«, Berlin (Stiftung Wissenschaft und Politik), Juli 2001.

128 Vgl. vor allem Kienle, *A Grand Delusion*.

129 Technisch müssen Parteineugründungen von einem so genannten Parteienkomitee genehmigt werden, bevor sie ihre Arbeit aufnehmen können; das Komitee verweigerte in allen Fällen bis auf einen die Genehmigung mit der Feststellung, die Partei unterscheide sich ihrem

Programm nach nicht hinlänglich von anderen. Das Oberste Gericht widersprach Anfang der neunziger Jahre in einigen Fällen dem Komitee und legalisierte sieben Neugründungen, die bis auf eine aber völlig unbedeutend blieben. Vgl. Kienle, *A Grand Delusion*, S. 68f.

130 Vgl. Schulze, *Geschichte der islamischen Welt*, S. 124–128.

131 Vgl. unter anderem Gilles Kepel, *Der Prophet und der Pharao*, München 1995; Lutz Rogler, »Ägyptens Islamisten«, in: *Inamo*, 5 (Winter 1999) 20, S. 35–39; Saad Eddin Ibrahim, »The Changing Face of Egypt's Islamic Activism«, in: Phebe Marr (Hrsg.), *Egypt at the Crossroads: Domestic Stability and Regional Role,* Washington, D.C., 1999, S. 29–45; Gudrun Krämer, »Die Attraktion des politischen Islam: Fallbeispiel Ägypten«, in: *Comparativ* (1994) 6.

132 *Jihad* wird oft falsch mit »Heiliger Krieg« übersetzt. Richtiger ist es, von »Anstrengung« oder »Kampf auf dem Wege Gottes« zu sprechen.

133 Vgl. Ibrahim, »The Changing Face of Egypt's Islamic Activism«.

134 Vgl. Cassandra, »The Impending Crisis in Egypt«, in: *Middle East Journal*, 49 (Winter 1995) 1, S. 9–27; und rückblickend: Jon B. Alterman, »Egypt: Stable but for How Long«, in: *The Washington Quarterly*, 23 (2000) 4, S. 107–118.

135 Von 1992 bis 1998 wurden 85 Todesurteile verhängt, 1999 allein 108; in der ganzen Nasser-Ära (1952–1970) waren es 27. Vgl. Kienle, *A Grand Delusion*, S. 95; und Ibrahim, »The Changing Face of Egypt's Islamic Activism«, S. 35; *Amnesty International* »Jahresbericht 2000 Ägypten« (www.amnesty.de).

136 Exilierte Mitglieder des *Jihad* stellten die Gewaltabsage später wieder in Frage. Die so genannten historischen Führer, von denen einige bereits seit der Ermordung Sadats einsaßen, erneuerten daraufhin aus dem Gefängnis ihr Bekenntnis zum »friedlichen Weg« und verbanden dies mit dem Aufruf »an alle, dem gleichen Weg zu folgen«, und zwar »aus der Perspektive des islamischen Rechts und auf der Basis der langen Erfahrung [mit der Gewalt]« (zitiert nach *al-Hayat*, 24. Januar 2001).

137 Haidar Haidar, *walima li-a'shab al-bahr. nashid al-maut* [Ein Festmahl für die Meereskräuter. Hymne des Todes], Beirut 1998.

138 Deutsch: Maxime Rodinson, *Mohammed*, Luzern 1975.

139 Vgl. Kienle, *A Grand Delusion*, S. 165.

140 Deutsch: Mohammad Choukri, *Das nackte Brot*, München 1993.

141 Vgl. Kienle, *A Grand Delusion*, S. 108–113.

142 Vgl. Hasan Abu Talib, »tasyis huquq al-insan ... yuhawwiluha ila mahzala kubra« [Die Politisierung der Menschenrechte ... verwandelt sie in eine große Komödie], in: *al-Hayat*, 14. August 2001.
143 Vgl. Kienle, *A Grand Delusion*, S. 137–140.
144 Er hatte sich zudem den Unmut von Regierungskreisen zugezogen, weil er mehrfach auf Friktionen zwischen Ägyptens koptischen Christen und Muslimen aufmerksam gemacht hatte. Vgl. insgesamt Kienle, *A Grand Delusion*; und Ayad, »Égypte: De la stabilité à l'immobilisme«.
145 Gudrun Krämer, »Attraktion des politischen Islam«, S. 58–77.
146 Vgl. ausführlich Abdelnasser, »Political Change in Egypt«.
147 Vgl. Saghiya, »misr: muhawala fi tafsir al-mulghaz«; Steve Negus, »Egypt: a come-back for the Wafd?«, in: *Middle East International*, 15. September 2000.
148 Vgl. die ausführliche Analyse von Ivesa Lübben/Issam Fawzi, »Ein neuer islamischer Parteienpluralismus in Ägypten? Hizb al-Wasat, Hizb al-Shari'a und Hizb al-Islah als Fallbeispiele«, in: *Orient*, 41 (2000) 2, S. 229–281.
149 Etwa vierzig Prozent der Ägypter sind jünger als 15.
150 Lübben/Fawzi, »Ein neuer islamischer Parteienpluralismus«, S. 281. Die Partei hatte sich nach der ersten Ablehnung durch das Parteienkomitee unter dem Namen *hizb al-wasat al-misri* (Ägyptische Partei der Mitte) neu konstituiert, war allerdings auch in dieser Form nicht zugelassen worden.
151 Vgl. Springborg/Sfakinakis, »The Military's Role in Presidential Succession«.
152 Vgl. Roula Khalaf/James Drummond, »Mubarak's son rules out succession«, in: *Financial Times*, 24. April 2001; vgl. auch *al-Hayat*, 3. April 2001.
153 So der Titel und die Leitthese eines Buches von Peter Scholl-Latour, *Lügen im Heiligen Land. Machtproben zwischen Euphrat und Nil*, Berlin 1998.
154 »Declaration of Principles on Interim Self-Government Arrangements«, 13. September 1993. Wenn im Folgenden von den Oslo-Abkommen gesprochen wird, ist damit sowohl die Prinzipienerklärung als auch das Interimsabkommen von 1995 gemeint.
155 Ron Pundak, »From Oslo to Taba: What Went Wrong?«, unveröffentlichtes Manuskript, Juni 2001, S. 9.
156 Vgl. vor allem Edward W. Said, *The End of the Peace Process: Oslo and After*, New York 2000.

157 Vgl. Ofer Grosbard, *Israel auf der Couch. Zur Psychologie des Nahostkonflikts*, Düsseldorf 2001.

158 Der erste Teil des Zitats heißt im englischen Original: »In the course of the centuries when I was in forced exile from my land, the Arab tribes of the area squatted here, and evenutally became the Palestinian people ...«. Emina Alon, »The Bottom Line: It's My Soil«, in: *The Jerusalem Report*, 13. August 2001.

159 In Ost-Jerusalem, das Israel 1967 annektierte, einschließlich der Teile der Westbank, die Israel dem Stadtgebiet von Jerusalem zufügte, lebten noch einmal etwa 180 000 Siedler. Vgl. etwa Avishai Margalit, »Settling Scores«, in: *The New York Review of Books*, September 2001, S. 20–24; eine übersichtliche Darstellung findet sich auch in der Broschüre »Settlements and the Final Status Talks«, Palestinian Academic Society for the Study of International Affairs, Jerusalem 2001 (www.passia.org).

160 Artikel 49 der 4. Genfer Konvention von 1949 erklärt deutlich, dass es einer Besatzungsmacht nicht erlaubt ist, Teile ihrer Zivilbevölkerung in das besetzte Gebiet zu »transferieren«. Aus diesem Grund wird der israelische Siedlungsbau in der Westbank, im Gazastreifen und in Ost-Jerusalem von allen Staaten innerhalb der Vereinten Nationen (ausgenommen Israel selbst) als illegal betrachtet.

161 Vgl. *Washington Post*, 20. Juli 1999.

162 Vgl. vor allem Robert Malley/Hussein Agha, »Camp David: The Tragedy of Errors«, in: *The New York Review of Books*, 9. August 2001, S. 59–65; sowie den Kommentar des ehemaligen Leiters des »Friedensteams« im US-Außenministerium Dennis Ross, *ebenda*, September 2001, S. 90; ferner René Backmann, »Comment la paix a été perdue«, in: *Le Nouvel Observateur*, 16.–22. August 2001; Pundak, »From Oslo to Taba: What Went Wrong?«. Eine frühe Darstellung aus palästinensischer Sicht lieferte der Journalist Akram Hanieh, *The Camp David Papers*, Ramallah, August 2000.

163 Malley/Agha, »Camp David«, S. 63.

164 Shlomo Ben Ami, »Arafat vu par son adversaire«, in: *Le Monde*, 15. September 2001.

165 Malley/Agha, »Camp David«, S. 64.

166 Tatsächlich erklärten die israelische und die palästinensische Delegation in ihrer gemeinsamen Abschlusserklärung, sie seien überzeugt, dass die verbliebenen Differenzen sich »in kurzer Zeit, bei intensiver Anstrengung und unter Anerkennung der Dringlichkeit« eines Ab-

kommens überbrücken ließen. Vgl. den schon wegen der gemeinsamen Autorenschaft interessanten Beitrag von Yossi Beilin und Yasser Abed Rabbo, »Israelis and Palestinians Really Can Achieve Permanent Peace«, in: *International Herald Tribune*, 2. August 2001. Vgl. insgesamt zu den Taba-Verhandlungen Backmann, »Comment la paix a été perdue«, sowie Alain Gresh, »Proche-Orient, la paix manquée«, in: *Le Monde Diplomatique*, September 2001.

167 Interview, *al-Hayat*, 29. September 2001.
168 Vgl. Yezid Sayigh, »Arafat and the Anatomy of a Revolt«, in: *Survival*, 43 (Herbst 2001) 3, S. 47–60.
169 Zitiert nach Gresh, »Proche-Orient, la paix manquée«.
170 Vgl. den »Report of the Sharm el-Sheikh Fact-Finding Committee« unter dem Vorsitz von George J. Mitchell, 30. April 2001.
171 Ma'ariv, 16. September 2001.
172 Die Zahl von 600 Toten auf der palästinensischen Seite innerhalb eines ganzen Jahres mag im Vergleich zu anderen Revolten oder Befreiungskämpfen niedrig erscheinen. Die Zahl der Opfer muss aber in Relation zur Bevölkerungszahl gesetzt werden. 600 Todesopfer in Palästina würden etwa 16 000 Opfern in Deutschland entsprechen.
173 *Frankfurter Allgemeine Zeitung*, 16. August 2001; The Palestinian Economic Council for Development and Reconstruction, »People under Siege: Palestinian Economic Losses, September 2000–September 2001«, September 2001.
174 United Nations Office of the Special Coordinator for the Occupied Territories (UNSCO), »Impact on the Palestinian Economy of Confrontation, Border Closures and Mobility Restrictions« (www.unsco.org).
175 Vgl. Muriel Asseburg, *Blockierte Selbstbestimmung: Palästinensische Staats- und Nationenbildung in der Interimsperiode*, Baden-Baden 2002 (im Erscheinen).
176 Alle statistischen Angaben nach UNSCO, »Impact on the Palestinian Economy«, und PECDAR, »People under Siege«.
177 Jerusalem Media and Communication Centre (JMCC), »JMCC Public Opinion Poll No. 42, On Palestinian Attitudes Towards Politics including the Current Intifada«, September 2001.
178 Asher Arian, *Israeli Public Opinion on National Security 2001*, Tel Aviv (Jaffee Center for Strategic Studies, Memorandum No. 60), August 2001.

179 IDF steht für *Israeli Defense Forces*, der offizielle englische Name der israelischen Streitkräfte. Zu denen, die wiederholt offen eine militärische Lösung forderten, gehörten vor allem Infrastrukturminister Avigdor Liberman und Sicherheitsminister Uzi Landau. Letzterer erklärte etwa in einem Interview mit dem israelischen Rundfunk am 10. Oktober 2001 einen »Krieg« gegen die Palästinensische Autorität zur einzigen möglichen Lösung.

180 Aiva Eldar, »Let them crawl back to the negotiation table«, *Ha'aretz English Edition*, 30. August 2001.

181 Yasir al-Zaàtira, »'amaliat mat'am Sparro fi al-quds mahatta muhimma wa-dalalat tastahiq al-tawaqquf« [Der Anschlag auf das Sparro-Restaurant in Jerusalem: eine wichtige Station und Indizien, die eine Analyse rechtfertigen], in: *al-Hayat*, 17. August 2001.

182 Vgl. Ehud Barak, »It Seems Israel Has to Wait for a New Palestinian Leadership«, in: *International Herald Tribune*, 31. Juli 2001.

183 Gideon Levy, »Under the volacano«, in: *Ha'aretz English Edition*, 10. Juni 2001. Vgl. auch Mosche Zimmermann, »Schweigen erwünscht: Kritische jüdische Stimmen werden in Israel nicht gehört«, in: *Frankfurter Rundschau*, 15. August 2001.

184 »Joint Israeli Palestinian Declaration: No To Bloodshed, No To Occupation, Yes To Negotiations, Yes To Peace«, in: *The Jerusalem Times*, 27. Juli 2001.

185 Bassam Abu Sharif, »A call to Israel to understand what the Palestinians want«, elektronisch verbreitetes Manuskript, 2001.

186 Interview, *Le Monde*, 26. Oktober 2000.

187 Interview, *Süddeutsche Zeitung*, 24. August 2001.

188 *al-Hayat*, 17. August 2001.

189 Vgl. *al-Hayat*, 13. Oktober 2001.

190 Zitiert nach *Le Nouvel Observateur*, 9. August 2001.

191 Statistiken auf konfessionell-ethnischer Grundlage sind naturgemäß nie sehr präzise. Nach einer israelischen Berechnung machten die Juden schon im Jahr 2000 nur noch 51 Prozent aller Einwohner Israels und der besetzten Gebiete aus; der Rest verteilte sich auf Araber (42 Prozent) und israelische Drusen (Israel zählt die Mitglieder der drusischen Konfession, die ihren historischen Wurzeln nach eine Abspaltung vom schiitischen Islam darstellt, offiziell nicht zu den Arabern, obwohl sie arabophon sind), nicht-jüdische israelische Einwanderer und Ausländer. Vgl. Gisela Dachs, »Eine Mauer durch Palästina«, in: *Die Zeit*, 13. September 2001.

192 Vgl. etwa das Interview mit Ehud Barak, in: *Süddeutsche Zeitung*, 28. September 2001.
193 Interview, *Le Monde*, 1. September 2001.
194 Vgl. Arian, *Israeli Public Opinion on National Security 2001*, S. 22.
195 »It is of the utmost importance that the pace of the peace process be slowed down.« (*Ha'aretz English Edition*, 20. Februar 2001.)
196 Vgl. Glenn Robinson, »Palestine after Arafat«, in: *The Washington Quarterly*, 23 (2000) 4, S. 77–90.
197 Die Herrschaftspraxis und die Bemühungen um den Aufbau demokratischer Institutionen im Quasi-Staat Palästina werden ausführlich von Asseburg, *Blockierte Selbstbestimmung*, analysiert.
198 Vgl. etwa Rema Hammami/Jamil Hilal, »An Uprising at the Crossroads«, in: *Middle East Report*, 31 (Sommer 2001) 219, S. 2–7/41; Charmaine Seitz, »The Search for Good Governance in Palestine«, in: *Middle East Report*, 31 (Herbst 2001) 220, S. 2–6.
199 Die Ablösung des äußeren Konflikts durch innere, vor allem religiössäkulare Konflikte wird in Israel spätestens seit Beginn des Oslo-Prozesses diskutiert. Vgl. unter anderem Amnon Neustadt, »Israel und die Normalität des Friedens. Ein schwieriger Anpassungsprozess«, in: *Europa-Archiv*, 49 (10. August 1994) 15, S. 423–430; Mosche Zimmermann, »Die historische Dimension der israelischen Wende«, in: *Blätter für deutsche und internationale Politik*, 41 (August 1996) 8, S. 953–963; Winfried Veit, »50 Jahre Israel. Ein Staat auf der Suche nach einer neuen Identität«, in: *Internationale Politik und Gesellschaft* (1998) 3, S. 275–287.
200 Interessanterweise sind sich Vertreter unterschiedlicher Strömungen innerhalb Israels weitgehend einig darüber, dass die Frage, welche Form der Koexistenz die verschiedenen ethnischen und religiösen oder säkularen Gruppen letztlich finden, die Zukunftsoptionen des Staates ganz wesentlich bestimmen werden. Vgl. Dirk Sadowski (Hrsg.), *Israel 2025. Szenarien der zukünftigen Entwicklung*, Herzliya (Friedrich-Ebert-Stiftung, Israel) 2001.
201 Vgl. Yossi Beilin, »Living by the Sword Isn't the Solution for Israel«, in: *International Herald Tribune*, 20. April 2001.
202 Der regional- und außenpolitische Ansatz der Politik von Hafiz al-Asad wird am besten von Patrick Seale reflektiert. Vgl. dessen *Asad of Syria*, sowie Patrick Seale/Linda Butler, »Asad's Regional Strategy and the Challenge from Netanyahu«, in: *Journal of Palestine Studies*, 26 (Herbst 1996) 1, S. 27–41.

203 Zur Herrschaftsstruktur in Syrien und dessen Entwicklung vgl. insgesamt Volker Perthes, *The Political Economy of Syria under Asad*, London 1995. Die Formen, in denen die Dominanz Asads in Syrien sich äußerte – nicht zuletzt den intensiven Personenkult –, beschreibt Lisa Wedeen, *Ambiguities of Domination. Politics, Rhetoric, and Symbols in Contemporary Syria*, Chicago/London 1999.

204 Der israelische Verhandlungsführer unter Rabin (1993–95) und heutige Präsident der Universität Tel Aviv, Itamar Rabinovich, hat dazu ein ganzes Buch geschrieben; Israels Verhandlungsführer unter Peres (1995/96) und heutige Direktor des Peres-Friedenszentrums, Uri Savir, hat die Verhandlungen mit Syrien in einem weiter greifenden Buch über den Friedensprozess beschrieben; der syrische Verhandlungsführer und heutige stellvertretende Außenminister Syriens, Walid al-Moualem, hat sich in einem langen Interview geäußert. Vgl. Itamar Rabinovich, *The Brink of Peace. The Israeli-Syrian Negotiations*, New York 1998; Savir, *The Process*; Walid al-Moualem, »Fresh Light on the Syrian-Israeli Peace Negotiations« (Interview), *Journal of Palestine Studies*, 26 (Winter 1997) 2, S. 81–94. Einen nützlichen Überblick bietet das Buch von Helena Cobban, *The Israeli-Syrian Peace Talks*, 1999.

205 Mahmud Salama, »al-matlub ijad aliat tad'am al-mufawid al-suri ma' isra'il« [Es ist gefordert, Mechanismen zu finden, um die syrischen Unterhändler mit Israel zu unterstützen], in: *al-Hayat*, 1. März 2000.

206 *al-Hayat*, 23. Juni 1999.

207 *Ha'aretz English Edition*, 13. Januar 2000.

208 Vgl. die gut informierte Analyse von Frederic C. Hof, »The Line of June 4, 1967«, in: *Middle East Insight* (September/Oktober 1999), S. 17–23.

209 Vgl. etwa *al-Safir*, 28. Februar 2000, *Washington Post*, 29. Februar 2000.

210 Der Vortrag von Riad al-Turk, »masar al-dimuqratiyya wa-afaqiha fi suriya« [Der Weg der Demokratie und ihre Perspektiven in Syrien] ist dokumentiert in *al-Hayat*, 9. und 10. August 2001.

211 Vgl. die Antrittsrede von Präsident Bashar al-Asad, dokumentiert in: *Syria Times*, 18. Juli 2000, sowie auf http://www.basharAsad.org/english.htm.

212 Vgl. Syrian Arab Republic, Central Bureau of Statistics, *Statistical Abstract* 1999, S. 65ff.

213 Es gibt zu diesem Bereich, außer zur Arbeitslosigkeit im Regierungssektor, keine verlässlichen Statistiken. Die Arbeitslosigkeit unter jüngeren Menschen im Alter von 15 bis 30 Jahren wird allgemein auf mindestens 25 Prozent geschätzt. Es gibt aber auch so etwas wie informelle

Arbeitslosigkeit – eine nicht registrierte Arbeitslosigkeit, die von ebenfalls nicht registrierten, informellen Gelegenheitsjobs unterbrochen wird.

214 Vgl. ausführlicher Volker Perthes, »The Political Economy of the Syrian Succession«, in: *Survival*, 43 (Frühjahr 2001) 1, S. 143–154.

215 Mit Ausnahme der in zwei Flügel gespaltenen kommunistischen Partei sind dies Überreste früherer Abspaltungen der *Baath*-Partei und der nasseristischen Arabisch-Sozialistischen Union; allein die beiden kommunistischen Parteien haben eine lebendige Parteistruktur.

216 »Grundsatzdokument der Komitees zur Belebung der Zivilgesellschaft in Syrien«, dokumentiert in *al-Hayat*, 12. Januar 2001. Das »Manifest der 99« findet sich in *al-Hayat*, 27. September 2000.

217 *al-Hayat*, 7. Januar 2001.

218 Vgl. die Äußerung des Abgeordneten Riad Seif, *mudakhala hawl mahsru' muwazanat 2001* (Redebeitrag zum Haushaltsentwurf 2001), hektographiertes Typoskript, 7. November 2000.

219 Das wird in einem Aufsatz sehr deutlich, den Seif 1996 geschrieben hat: »Private Sector Development: Scenarios for the Future«, in: Volker Perthes (Hrsg.), *Scenarios for Syria: Socio-Economic and Political Choices*, Baden-Baden 1998, S. 59–70.

220 Riad Seif, *tajribat Riyad Seif. humum fi al-sina'a wa-l-siyasa* [Die Erfahrungen von Riad Seif. Bekümmernisse in Industrie und Politik], Damaskus 1999. Vgl. zu Seif auch Reinhard Hesse, »Wirtschaft auf Syrisch«, *Econy* (1998) 1.

221 *Tishreen*, 8. September 2001.

222 Vgl. *L'Orient Le Jour*, 8. September 2001; *al-Hayat*, 13. September und 27. September 2001.

223 Mustafa Tlass, Interview in *al-Majalla*, 12. Mai 2001.

224 »Nous devons travailler à la paix«, erklärte Bashar al-Asad etwa in einem Interview mit *Le Figaro* (23. Juni 2001), »pour faire avancer le processus de modernisation.«

225 Zitiert nach *Financial Times*, 15. Mai 2001.

226 Bashar al-Asad, Interview in *al-Sharq al-Awsat*, 8. Februar 2001.

227 Der Text Khaddams »lan nasmah bi-jaz'arat suriya wa-l-'auda ila 'ahd al-inqilabat« [Wir werden die Algerisierung Syriens und die Rückkehr zur Ära der Putsche nicht erlauben], ist dokumentiert in *al-Hayat*, 10. Juli 2001.

228 Vgl. *al-Thaura* und *Tishreen*, 5. September 2001.

229 Vgl. *al-Hayat*, 3. September 2001.

230 Dies hat niemand besser dargestellt als der libanesische Autor Kamal Salibi, *A House of Many Mansions. The History of Lebanon Reconsidered*, Berkeley 1988.

231 Präzise Daten über die konfessionelle Zusammensetzung der libanesischen Bevölkerung gibt es nicht. Geschätzt wird, dass 55 bis sechzig Prozent der Bevölkerung Muslime sind (nicht der Glauben zählt hier, sondern die formelle, durch die Geburt erworbene Zugehörigkeit zu einer Konfessionsgruppe). Die restlichen vierzig bis 45 Prozent sind Christen. Zum muslimischen Teil der Bevölkerung gehören Schiiten (etwa 25 bis dreißig Prozent der Gesamtbevölkerung), Sunniten (zwanzig bis 25 Prozent der Gesamtbevölkerung), Drusen (eine im elften Jahrhundert entstandene Abspaltung von der Schia) sowie die heterodox-schiitische Gruppe der Alawiten. Die wichtigste christliche Konfessionsgruppe sind die (katholischen) Maroniten, die zwanzig bis 25 Prozent der Gesamtbevölkerung stellen dürften. Dazu kommen griechisch-orthodoxe und griechisch-katholische Christen, Protestanten und armenische Christen verschiedener Konfession.

232 Vgl. Marie-Janine Calic/Volker Perthes, »Krieg und Konfliktlösung in Bosnien und Libanon: ein Strukturvergleich«, in: *Internationale Politik und Gesellschaft* (1995) 2, S. 141–156.

233 Toufic Gaspard, »Decline and Fall of Laissez-faire: Lebanon's Economic Performance Since Independence«, Beitrag zur Konferenz: The Lebanese System: A Critical Reassessment, Beirut, 18. bis 19. Mai 2001.

234 Die beste und umfassendste Darstellung des libanesischen Kriegs in deutscher Sprache findet sich bei Hanf, *Koexistenz im Krieg*. Zwar älter, aber immer noch informativ und lesenswert ist die epische Reportage von Robert Fisk, *Pity the Nation. The Abduction of Lebanon*, New York 1990.

235 Zu den Nachkriegsentwicklungen vgl. ausführlicher Perthes, *Der Libanon nach dem Bürgerkrieg*.

236 So Gesundheitsminister Marwan Hamadé in einer Diskussion mit dem Verfasser.

237 Die Verfassung bestimmt, dass der Ministerpräsident vom Präsidenten ernannt wird, allerdings erst nach verbindlichen Konsultationen mit den Abgeordneten; der Ministerpräsident stellt sich dann mit seiner Regierung dem Parlament zur Vertrauensabstimmung. Bei den Konsultationen kommt dem Parlamentspräsidenten eine entscheidende Rolle zu. Die wichtigste Stimme bei der Ernennung eines neuen Ministerpräsidenten oder bei der Wahl (durch das Parlament) eines neuen

Staatspräsidenten, mindestens aber ein Vetorecht gegen bestimmte Kandidaten, hat faktisch jedoch die syrische Führung.

238 Vgl. Rafiq al-Hariri, »1992–1998: al-hukm wa-l-mas'uliyya« [Regieren und Verantwortlichkeit], in: *al-Hayat*, 23. und 24. Juli 1999 (auch als »Governance and Responsibility« unter www.rafikhariri.net/v1/index.php).

239 Vgl. Reinoud Leenders, »Auf der Suche nach dem Staat: Korruption im Libanon«, in: *Inamo*, 5 (Winter 1999) 20, S. 18–22. Die staatlichen Gesamtausgaben für den Wiederaufbau beliefen sich in den Haushaltsjahren 1993 bis 1998 auf insgesamt zirka 6,5 Milliarden US-Dollar.

240 Vgl. ausführlicher Volker Perthes, »Vom Harirismus zur Ära Lahoud: A Tale of Two Regimes«, in: *Inamo*, 5 (Winter 1999) 20, S. 29–34.

241 Das libanesische Wahlsystem ist ausgesprochen kompliziert. Es gibt keine nationalen Listen, sondern ein Wahlkreissystem mit jeweils mehreren, nach konfessionellem Proporz zugeordneten Sitzen. Alle Wähler, unabhängig von ihrer eigenen Konfessionszugehörigkeit, haben so viele Stimmen, wie Sitze zur Verfügung stehen. Vgl. im Einzelnen Perthes, *Der Libanon nach dem Bürgerkrieg*.

242 Vgl. *The Middle East*, September 2001, S. 12.

243 Vgl. Gary C. Gambill, »Harassment of Journalist Highlights Regime Divisions«, in: *Middle East Intelligence Bulletin*, 3 (April 2001) 4 (www.meib.org); der armeekritische Kommentar des Journalisten Samir Qassir erschien in der libanesischen Tageszeitung *al-Nahar* am 16. März 2001.

244 Zitiert und frei übersetzt nach *al-Hayat* und *L'Orient Le Jour*, 31. August 2001.

245 Vgl. zur Geschichte und Ideologie der *Hizbullah*: Stephan Rosiny, *Islamismus bei den Schiiten im Libanon*, Berlin 1996, sowie die ausgesprochen kritische Abhandlung des libanesischen Journalisten Waddah Sharara, *dawlat hizbullah. lubnan mujtama'an islamiyyan* [Der Staat der *Hizbullah*. Libanon als islamische Gesellschaft], Beirut 1996. Sharara wirft der *Hizbullah* vor, das Ziel des islamischen Staates nicht aufgegeben zu haben und im Grunde keine libanesische Partei, sondern Agentin Syriens und Irans zu sein.

246 Jibran Tueini, »risala maftuha ila al-duktur Bashar al-Asad« [Offener Brief an Dr. Bashar al-Asad], in: *al-Nahar*, 23. März 2000.

247 So in der Erklärung der »Demokratischen Plattform«, Beirut, 25. April 2001.

248 So im »Dokument von Qarnet Shahwan«, Bkerki, 20. April 2001.
249 Vgl. *Le Monde*, 19. April 2001.
250 Vgl. in diesem Sinne Daniel Nassif, »Dossier: Jamil al-Sayyid«, in: *Middle East Intelligence Bulletin*, 2 (März 2000) 3 (www.meib.org).
251 *al-Hayat*, 22. Juli 2001.
252 Angaben der libanesischen Bankenvereinigung; vgl. auch *Financial Times*, 30. Juli 2001.
253 Die grundsätzliche Differenz mit der *Hizbullah*, so Hariri in einem Interview (*al-Hayat*, 27. Juli 2001), liege darin, »dass wir für den Frieden sind, während sie eine andere Vorstellung haben, weil sie glauben, dass Israel den Frieden unter keinen Umständen wolle, dass die Lösung im Widerstand liege und es keine andere Lösung gebe. Dies ist ihre Meinung, nicht unsere. Wir denken, dass der Widerstand notwendig und sehr wichtig ist, dass es am Ende aber eine politische Lösung gibt.«
254 *Tele-Liban*, Beirut, 3. September 2001.
255 Dies nimmt bisweilen groteske und politisch peinliche Züge an. So suchten im Sommer 1999 zwei libanesische High-Society-Damen, May Arida und Noura Junblatt, die Vermittlung des syrischen Geheimdienstkoordinators im Libanon, Ghazi Kanaan, über die Streitfrage nämlich, bei welchem der Sommerfestivals, in Baalbek oder Beit al-Din, die die beiden in Konkurrenz organisierten, Placido Domingo auftreten werde. Und als eine Gruppe von Angestellten der staatlichen Libanesischen Universität sich im Sommer 2001 in einem arbeitsrechtlichen Konflikt ungerecht behandelt fühlte, schrieben sie einen Brief an den syrischen Präsidenten. Bashar al-Asad, so hieß es, möge doch bitte intervenieren und die libanesische Regierung dazu bewegen, ihnen ihre Rechte zukommen zu lassen (www.thisiscyberia.com, 9. Juni 2001).
256 Im Jahr 2000 beliefen sich die entsprechenden Summen auf jordanische Warenexporte im Buchwert von 300 Millionen Dollar gegen irakische Erdöllieferungen in Höhe von 4,8 Millionen Tonnen – was bei einem Durchschnittspreis von 18 Dollar pro Fass einem Wert von etwa 660 Millionen Dollar entspricht.
257 Die mehr oder weniger geheimen Kontakte des jordanischen Königs mit den verschiedenen Regierungen Israels sind vor allem von Avi Shlaim, *The Politics of Partition* und *The Iron Wall* beleuchtet worden.
258 Dazu ist zu sagen, dass der Verweis auf die tribalen Bindungen der transjordanischen Bevölkerung und die beduinische Tradition eines Teils der Stämme keine negative Konnotation hat: Stammeszugehörig-

keiten werden vielmehr bewusst und offen gepflegt. Ghazi bin Muhammad, ein Cousin König Abdallahs II. und dessen Berater für *Tribal Affairs,* spricht in diesem Sinne davon, dass die Beduinen, als *Natural Warriors,* ihren Platz am besten in den Streitkräften fänden – dies verhindere auch, dass sie stattdessen zu Schmugglern, Kriminellen oder verarmten Vorstadtbewohnern würden. Vgl. sein Büchlein *The Tribes of Jordan at the Beginning of the Twenty-First Century,* Amman 1999.

259 Vgl. so Adnan Abu-Odeh, *Jordanians, Palestinians and the Hashemite Kingdom,* S. 277.

260 In diesem Sinne etwa Tariq al-Tall, einer der prominenten Vertreter des transjordanischen Nationalismus, »al-ustura wa su' al-fahm fi al-'alaqat al-urdunniyya al-filastiniyya« [Legende und Missverständnis der jordanisch-palästinensischen Beziehungen], in: *al-Siyasa al-filastiniyya,* 3 (Herbst 1996) 12, S. 152–163.

261 Vgl. Center for Strategic Studies, University of Jordan, *The Jordanian-Palestinian Relationship. The Domestic Dimension,* Amman 1996.

262 Zahlen über Wirtschafts- und Finanzhilfe sind selten akkurat; gerade bei Finanzhilfen, die etwa zur Deckung von Rüstungsausgaben geleistet und verwendet werden, gibt es (und keineswegs nur in Jordanien oder den arabischen Staaten) eine erhebliche Grauzone. Die hier genannten groben Prozentsätze basieren im Wesentlichen auf den Daten des Gemeinsamen Arabischen Wirtschaftsberichts, *a-taqrir al-iqtisadi al-'arabi al-muwahhad,* der jährlich in Abu Dhabi von einer Gruppe arabischer Finanzinstitutionen unter Leitung des *Arab Fund for Social and Economic Development* herausgegeben wird, und auf Boogaerde, *Financial Assistance.*

263 Vgl. The World Bank, *World Development Report 2000,* S. 270f. Auch in der deutschen Entwicklungshilfe gehört Jordanien mit über zwanzig DM pro Kopf zu den weltweit am besten bedienten Staaten.

264 Interview mit dem Verfasser, Januar 1997.

265 Samir Habashnah, Beitrag in der Tageszeitung *al-Ra'i* (Amman), 29. Dezember 1996.

266 Vgl. etwa Tayseer Abd el-Jaber, »Jordan's Position toward Economic Co-operation in the Region and with the European Union«, in: Olaf Köndgen (Hrsg.), *Regional Economic Cooperation in the Mediterranean,* Amman 1996, S. 43–50.

267 Vgl. Renate Dieterich, »Die ausbleibende Friedensdividende. Jordaniens Legitimitätskrise verschärft sich«, in: *Internationale Politik und Gesellschaft* (1998) 3, S. 288–298.

268 Vgl. etwa den Beitrag des ehemaligen Außenministers Jawad Anani, »Peace and Economic Prospects«, in: Köndgen, *Regional Economic Cooperation*, S. 79–82. Anani beklagt, dass allein Israel eine substanzielle Friedensdividende erzielt habe, wodurch der relative Abstand zwischen Israel und den arabischen Staaten sogar noch größer geworden sei als zuvor.

269 So Olaf Köndgen, *Jordanien*, München 1999, S. 87–89.

270 Vgl. Amir Taheri, »Jordanie: les atouts d'Abdallah«, in: *Politique Internationale*, 83 (Frühjahr 1999), S. 209–224.

271 Vgl. Brigitte Curmi, »Jordanie: les médecins militaires, précurseurs de la modernité scientifique«, in: *Monde arabe Maghreb Machrek*, 146 (Oktober bis Dezember 1994), S. 48–58.

272 Vgl. etwa Glenn Robinson, »Defensive Democratization in Jordan«, in: *International Journal of Middle East Studies*, 30 (1998) 3, S. 387–410.

273 Renate Dieterich, »Die ausbleibende Friedensdividende. Jordaniens Legitimitätskrise verschärft sich«, in: *Internationale Politik und Gesellschaft*, (1998) 3, S. 288–298 (298). Zum Zusammenhang ansonsten auch Robinson, »Defense Democratization« und noch kritischer: Ali Muhafaza, »al-Urdunn – ila ayn?« [Jordanien, wohin?], in: *al-Mustaqbal al-'arabi*, 23 (Juni 2000) 256, S. 22–34.

274 Vgl. etwa Michael Lüders, »Abdallah Ohneplan II.«, in: *Die Zeit*, 13. Juli 2000.

275 Quelle sind hier eine Reihe von Interviews und schriftlichen Beiträgen des jungen Königs sowie eigene Gesprächsaufzeichnungen. Vgl. etwa: King Abdallah II, »Prospects for Moving Forward«, S. 73–76; Interview with King Abdallah II, in: *Middle East Insight*, November 2000 (Internetversion).

276 Vgl. Olaf Köndgen, »König Abdallah II. regiert Jordanien seit einem Jahr: Eine Bestandsaufnahme«, in: *Länderberichte der Konrad-Adenauer-Stiftung* (www.kas.de).

277 Alle Zitate aus: *Jordan Vision 2020* (Amman 2000).

278 Besondere Prominenz erlangte dabei die spätere US-Außenministerin Madeleine Albright. Als damalige UN-Botschafterin ihres Landes gefragt, ob die Sanktionen gegen den Irak den Tod »einer halben Million Kinder« im Irak wert seien, antwortete sie: »I think this is a very hard choice, but the price – we think the price is worth it« (in der *CBS*-Sendung »60 minutes«, 12. Mai 1996).

279 So wiederholt und deutlich der ehemalige UN-Koordinator für die humanitäre Hilfe im Irak, Hans von Sponeck. Siehe etwa dessen Interview in *Freitag*, 24. März 2000.

280 Vgl. »Bericht einer UNO-Mission über die Situation im Irak vom 20. März 1991« (Leitung: Martti Ahtissari), in: *Blätter für deutsche und internationale Politik,* 36 (Mai 1991), S. 627–636.
281 Vgl. Abbas Alnasrawi, »Iraq: Economic Sanctions and Consequences, 1990–2000«, in: *Third World Quarterly,* 22 (2001), S. 205–218. Zur irakischen Wirtschaftsentwicklung vor dem zweiten Golfkrieg vgl. insgesamt Robert Scott, »The Economy«, in: Helen Chapin Metz (Hrsg.), *Iraq: A Country Study,* Washington, D.C., 1990, S. 121–172 (145–153).
282 Die Werte beziehen sich auf die ersten viereinhalb Jahre des Programms. Quelle: Office of the Iraq Programme (www.un.org/Depts/oip/), *Oil-for-Food, Basic Figures, Status as at 30 June 2001.*
283 Vor dem Beginn des *Oil-for-Food*-Programms lag der Nahrungswert der verteilten Lebensmittel bei nur 1300 Kalorien pro Tag und Person. Quelle hier und im Folgenden: UNDP, Iraq Country Office, *1999–2000 Report,* Juni 2000; W. Kreisel (Executive Director WHO Office of the European Union), »Health Situation in Iraq«, presented at the hearing »Iraq and the International Community« of the Committee on Foreign Affairs, Human Rights, Common Security and Defense Policy, Brüssel, 26. Februar 2001.
284 Vgl. Kashani al-Rukabi, »al-iqtisad al-'iraqi ma ba'ad al-hisar wa-l-khayarat al-mutaha« [Die irakische Wirtschaft nach dem Embargo und die Optionen], in: *Shu'un al-Awsat* (Oktober/November 2000) 100, S. 91–103.
285 Einzelheiten finden sich in den regelmäßigen Berichten des Exekutivdirektors des »Office of Iraq«-Programms der Vereinten Nationen (www.un.org/Depts/oip/latest/EDstatements.htm).
286 Die wichtigsten Modifikationen der Waffenstillstandsbedingungen, die in Resolution 687/1991 festgelegt sind, brachten die Resolutionen 986/1995 (*Oil for Food*) und 1284/1999 (Schaffung der Verifikations- und Überwachungskommission UNMOVIC und Möglichkeit der befristeten Suspendierung der Handelssanktionen bei nachgewiesener irakischer Kooperation).
287 Vgl. die ausführliche Bestandsaufnahme der UNSCOM über die Abrüstung des Irak: United Nations, »Report on status of disarmament and monitoring« vom 29. Januar 1999 (Dokument S/1999/94).
288 Vgl. Daniel Byman, »After the Storm: U.S. Policy Toward Iraq Since 1991«, in: *Political Science Quarterly,* 115 (Winter 2000–2001) 4, S. 493–516.

289 Vgl. etwa Maghan L. O'Sullivan, »Iraq: Time for a Modified Approach«, in: *The Brookings Institution, Policy Brief No. 71*, Februar 2001.

290 Vgl. hierzu vor allem die eindrucksvolle Darstellung von Samir al-Khalil (Kanaan Makiya), *Republic of Fear. Saddam's Iraq*, Berkeley/London 1989.

291 Zur Person und Verwandtschaft Hadithis vgl. *al-Hayat*, 6. August 2001.

292 Zu den Dynamiken innerhalb des Regimes nach dem Golfkrieg vgl. vor allem Andrew Cockburn/Patrick Cockburn, *Out of the Ashes. The Resurrection of Saddam Hussein*, New York 1999; zur Persönlichkeit Saddam Huseins Saïd K. Aburish, *Saddam Hussein. The Politics of Revenge*, New York/London 2000; zu Familienverhältnissen und familiärer Klientelpolitik Amatzia Baram, *Building Toward Crisis. Saddam Husayn's Strategy for Survival*, Washington, D.C., 1998 (The Washington Institute for Near East Policy, *Policy Paper No. 47*).

293 So Salah al-Mukhtar, »tada'iyat al-'adwan al-amriki al-jadid'ala al-'iraq« [Die Auswirkungen der letzten amerikanischen Aggression gegen den Irak], in: *shu'un siyasiyya* (1996) 6–7, S. 4–8.

294 *al-Iraq*, Internetausgabe, 7. August 2001.

295 Vgl. Khafaji, »War as a Vehicle for the Rise and Demise of a State-Controlled Society«.

296 *al-Iraq*, Internetausgabe, 7. August 2001.

297 So die irakische Parteizeitung *al-Thaura* am 2. August 2001, zitiert nach *al-Hayat*, 3. August 2001.

298 Vgl. May Chartouni-Dubarry, »La ›question irakienne‹ ou l'histoire d'une puissance contrariée«, in: Bassma Kodmani-Darwish/May Chartouni-Dubarry (Hrsg.), *Perceptions de sécurité et stratégies nationales au Moyen-Orient*, Paris 1994, S. 53–81.

299 *Summary of World Broadcasts*, 1. August 2001.

300 Vgl. etwa Roland Watson, »Saddam Sells Medicines and Aid for Life's Little Luxuries«, in: *The Times*, 4. Oktober 2000. Aus dem Export nach Syrien, der auf 150 000 bis 200 000 Barrel pro Tag geschätzt wurde, dürfte im ersten Jahr ein weiterer Nettoerlös von nicht weniger als 600 bis 700 Millionen Dollar entstanden sein. Hauptkunden waren ansonsten die Türkei, die Vereinigten Arabischen Emirate und Iran. Der von Bagdad angebotene Deal war auch für andere ölexportierende Staaten interessant, konnten sie doch das Öl, das sie grau einführten, auf dem eigenen Markt verbrauchen und dafür größere Mengen ihrer eigenen Produktion exportieren. Grob geschätzt – genaue Daten gibt es hier naturgemäß nicht – dürften die Gesamteinnahmen, die der Irak aus

diesen Geschäften und Aufschlägen erzielte, bei etwa zehn Prozent der ordnungsgemäß über die UN abgewickelten Exporte und bis zu zwanzig Prozent des Anteils, der davon für Importe der Zentralregierung zur Verfügung stand, gelegen haben.

301 Vgl. *Handelsblatt*, 29. September 1997.
302 Vgl. Françoise Rigaud, »Irak: le temps suspendu de l'embargo«, in: *Critique internationale*, 11 (April 2001), S. 15–24. Udai Husein beherrschte offenbar das Whisky- und Alkoholgeschäft.
303 Der einzige ausländische Staatschef, der dem Irak seit Ende des Golfkriegs und bis zum Abschluss dieses Buches einen Besuch abstattete, war der venezolanische Präsident Hugo Chavez, der im Sommer 2000 alle Staaten der Organisation erdölexportierender Staaten (OPEC) besuchte.
304 Mustafa Alani, »The Iraqi Opposition Movement and the West: The Armed Rebellion Option«, in: *Newsbrief*, 1. September 1999.
305 Vgl. Habib Ishow, »Les rapports entre l'Etat irakien et les Kurdes depuis 1991«, in: *Defense nationale*, 55 (Oktober 1999) 10, S. 113–127.
306 Vgl. Faleh 'Abd al-Jabbar, »Why the Intifada Failed«, in: Fran Hazelton (Hrsg.), *Iraq since the Gulf War. Prospects for Democracy*, London 1994, S. 97–117.
307 Rigaud, »Irak: le temps suspendu de l'embargo«.
308 Jamal Mulhim, »al-shabab al-'iraqi: Saddam numudhajan wahidan fi al-malbas wa-l-mizaj« [Die irakische Jugend: Saddam als einziges Beispiel für Kleidung und Mentalität], in: *al-Hayat*, 29. Mai 2001.
309 Vgl. Isam al-Khafaji, »State Terror and the Degradation of Politics«, in: Hazelton, *Iraq since the Gulf War*, S. 20–31.
310 Rigaud, »Irak: le temps suspendu de l'embargo«, S. 22. Vgl. insgesamt Amatzia Baram, »Neo-Tribalism in Iraq: Saddam Hussein's Tribal Policies 1991–96«, in: *International Journal of Middle East Studies*, 29 (1997) 1, S. 1–31; Faleh A. Jabbar, »Shaykhs and Ideologues. Detribalization and Retribalization in Iraq, 1968–1998«, in: *Middle East Report*, 30 (Sommer 2000) 2/215, S. 28–31.
311 Entsprechende Berichte finden sich etwa in *al-Hayat*, 7. August 1999 und 7. Juli 2000.
312 Vgl. Rigaud, »Irak: le temps suspendu de l'embargo«.
313 Vgl. Mariam Shahin, »When will Iraq take its place in the 21st Century?«, in: *The Middle East* (Februar 2001), S. 16–18; Mulhim, »al-shabab al-'iraqi«.

314 Zitiert nach *al-Hayat*, 15. Juni 2000. Vgl. im Übrigen Suha Omar, »Women: Honour, Shame and Dictatorship«, in: Hazelton, *Iraq since the Gulf War*, S. 60–71; Rigaud, »Irak: le temps suspendu de l'embargo«.

315 Vgl. etwa Christine M. Helms, *Iraq: Eastern Flank of the Arab World*, Washington, D. C., 1984.

316 Helen Lackner, *A House Built on Sand. A Political Economy of Saudi Arabia*, London 1978.

317 So der syrische Publizist Riyad al-Rayyis in seinem Essayband über die Nachkriegszeit am Golf: *riah al-samun: al-sa'udiyah wa-duwal al-jazira ba'd harb al-khalij 1991–1994*, London 1994. Rayyis schlug unter anderem auch vor, dass die Golfstaaten sich bewusst zum »Amerika der Araber« entwickeln sollten, zu einer neuen Heimat also, die sich der Immigration (für andere Araber) öffnet und über die Einwanderer zur Nation wird (S. 88f.). Für die meisten Golfstaatenbürger hörten sich solche Vorschläge allerdings immer noch mehr nach einer Invasionsdrohung an.

318 Vgl. al-Taher Labib, »al-tanmiya al-ijtimaiyya«, S. 48.

319 Von *khalij* = Golf.

320 Zur Geschichte des Öls im Mittleren Osten vgl. Helmut Mejcher, *Die Politik und das Öl im Nahen Osten*, 2 Bde., Stuttgart 1980/90; zur politisch-ökonomischen Entwicklung der Gemeinwesen am Golf und der Bedeutung der Öleinkommen für die Herrschaftsstrukturen die Länderstudien von Jill Crystal, *Oil and Politics in the Gulf: Rulers and Merchants in Kuwait and Qatar*, Cambridge 1991, und Kiren Aziz Chaudhry, *The Price of Wealth: Economies and Institutions in the Middle East*, Ithaca 1997.

321 Quelle: Energy Information Administration. Im Oman und vor allem in Bahrein sind die Anteile geringer; die Ölvorkommen Bahreins sind weitgehend erschöpft, die Omans dürften bis 2020 aufgebraucht sein. Der wichtigste Wirtschaftssektor Bahreins ist heute der Dienstleistungssektor, insbesondere das Bankwesen; im Oman nehmen die Anteile des Tourismus und anderer Dienstleistungen zu.

322 Vgl. etwa Ali Khalifa al-Kawari, *tanmiya li-l-diya'! am diya'li-furas al-tanmiya. muhassilat al-taghayyurat al-musahiba li-l-naft fi buldan majlis al-ta'awun* [Entwicklung zum Verlust! Oder Verlust von Entwicklungschancen? Das Ergebnis der das Öl begleitenden Veränderungen in den Staaten des GCC], Beirut 1996.

323 Das wird gerade auch von kritischen lokalen Beobachtern so beschrieben. Ein gutes Beispiel ist der Beitrag des kuwaitischen Soziologen

Khaldun Hassan al-Naqib, »al-khalij ... ila ayn? [Der Golf – wohin?], in: *al-Mustaqbal al-'arabi*, 22 (März 2000), S. 4–22.

324 Der Crash am so genannten *Souq al-Manakh* [Wettermarkt] und die Rettungsaktion der Regierung für die daran beteiligten Spekulanten führte zu einer heftigen Auseinandersetzung zwischen Regierung und Parlament und letztlich zu dessen Auflösung – hatten doch einige Parlamentarier Aufklärung darüber verlangt, ob hier nicht Staatsgelder unberechtigterweise in die Taschen ohnehin reicher Freunde und Mitglieder der herrschenden Familie geflossen seien. Vgl. dazu das Kuwait-Kapitel in Abdo Baaklini/Guilain Denoeux/Robert Springborg, *Legislative Politics in the Arab World. The Resurgence of Democratic Institutions*, Boulder 1999, S. 183f.; Paul Aarts, »Parliamentary politics in postwar Kuwait. Withered euphoria«, in: *Jime Review* (Winter 1996) 35, S. 39–56.

325 Im Jahresdurchschnitt lag der Preis 1998 bei gerade mal zwölf Dollar; das entsprach dem nominellen Preis von 1977. Quelle: *BP Amoco Statistical Review of World Energy 2000*.

326 Quelle: Weltbank.

327 Vgl. etwa Clive Jones, »Saudi Arabia after the Gulf War: The Internal-External Security Dilemma«, in: *International Relations*, 12 (1995), S. 31–51.

328 In der Debatte der *Ulama'* wurde unter anderem angeführt, dass sich ein Muslim ja auch von einem Hund verteidigen lassen könne. Vgl. Deutsches Orient Institut, *Nahost Jahrbuch 1990*, Opladen 1991, S. 136.

329 Vgl. Eleanor Doumato, »Women and the Stability of Saudi Arabia«, in: *Middle East Report*, 21 (Juli/August 1991) 171, S. 34–37.

330 Vgl. Victor Kocher, »Schwachstellen im Internet in der arabischen Welt«, in: *Neue Züricher Zeitung*, 20. Juli 2000.

331 »Islamische« Banken, die es nicht nur in Saudi-Arabien und anderen Golfmonarchien gibt (mittlerweile haben auch europäische und amerikanische Großbanken »islamische« Abteilungen oder Fonds, um Anleger aus muslimischen Staaten anzuziehen), respektieren das Zinsverbot im Koran, nehmen und geben also keine Zinsen, sondern arbeiten vorwiegend mit Investitionsbeteiligungen. Die meisten islamischen Banken meiden auch Investitionen in »unislamischen« Geschäftsbereichen – würden sich also nicht an einer Brauerei oder an einem Spielkasino beteiligen.

332 Daud al-Sharian in *al-Hayat*, 16. April 2001.

333 Vgl. *al-Hayat*, 10. Januar 2001.

334 Vgl. die Beiträge von Victor Kocher, »Omans Sultan und seine ›erweiterte Familie‹« und »Direkte Wahl des Schura-Rats in Oman«, in: *Neue Züricher Zeitung*, 9. April 1998 beziehungsweise 15. September 2000.

335 Vgl. Abdulhadi Khalaf, »Bahrain: Democratisation by Decree«, unveröffentlichtes Konferenzpapier, Jahresversammlung der British Society for Middle Eastern Studies, 15. bis 18. Juli 2001.

336 Von den etwa 793 000 Bürgern Kuwaits (bei einer Gesamtbevölkerung von 1,9 Millionen) waren 1999 nur etwa 113 000 wahlberechtigt. Dies sind männliche Bürger ab 21, die zu alteingesessenen Familien gehören. So genannte Bürger zweiter Klasse, deren Familien erst nach der Staatsgründung eingebürgert wurden, dürfen nur wählen, wenn seit ihrer Einbürgerung dreißig Jahre vergangen sind.

337 Vollständig in *al-Anba'* (Kuwait), 14. April 2001.

338 »Nur wenige Bürger der Golfstaaten«, schreibt der kuwaitische Soziologe Khaldun Hassan al-Naqib, »widmen dem Slogan ihrer Regierungen: ›Das Öl ist eine abnehmende Ressource‹ viel Aufmerksamkeit« (»al-khalij ... ila ayn?«, S. 19).

339 Vgl. zu diesen Entwicklungen unter anderem Alain Gresh, »The Desert Kingdom: Balancing Oil, Religion and Reform«; und Alan Munro, »Saudi Arabia's changing economy«, in: *Middle East International*, 23. März 2001.

340 Vgl. *al-Hayat*, 25. Januar 2001.

341 Nourah Abdul Aziz Al-Khereiji, »Religion, vision behind Abdullah's support for women's role«, in: *Arab News*, 7. Mai 1999.

342 Vgl. etwa Ferhad Ibrahim, »Die neue ›saudische‹ Verfassung: Eine kontrollierte ›Öffnung‹ des saudischen Systems«, in: *Verfassung und Recht in Übersee*, 25 (4. Quartal 1992) 4, S. 446–454.

343 Khalid al-Dakhil in *al-Hayat*, 3. Juni 2001.

344 Gespräch mit dem Autor, Riad, Mai 1999.

345 Khalid al-Dakhil in *al-Hayat*, 3. Juni 2001.

346 *al-Hayat*, 5. März 2001.

347 Daten zur königlichen Familie finden sich unter anderem in Simon Henderson, *After King Fahd. Succession in Saudi Arabia*, Washington, D.C., 1994; und Douglas F. Graham, *Saudi Arabia Unveiled*, Dubuque 1991 (Letzteres ein Buch, das eher die Skandale der Familie herauszustreichen sucht).

348 So etwa in einem ausführlichen Interview in *Riaydh Daily*, 2. Mai 1999.

349 Beide Staaten streben nach einer Vormachtstellung im Maghreb, der nicht zuletzt über die Westsahara ausgetragen wird. Algerien beher-

bergt und unterstützt die sahrauische Befreiungsbewegung *Polisario*, die gegen die marokkanische Besetzung des Gebiets kämpft. Algerien hat umgekehrt Marokko vorgeworfen, dem algerischen islamistischen Untergrund Unterstützung geleistet zu haben.

350 Schätzungen für die Einnahmen aus Marokkos Cannabis-Exporten bewegen sich zwischen zwei und drei Milliarden US-Dollar pro Jahr (vgl. etwa: Nick Pelham, »Morocco's King Shows Tolerance as Late Rains Bring Record Hashish Crop«, *The Independent*, 15. August 2000).

351 Quellen: UNDP, Vertretung in Marokko, Rapport national sur le développement humain 1998–99 (www.pnud.org.ma), UNESCO, *World Education Report 2000* (www.unesco.org/education/information/wer).

352 Vgl. Francis Ghiles, »Le pays entre dans la mondialisation par effraction«, in: *Le Monde Diplomatique*, Juni 2001; *Le Monde*, 10. Juli 2001.

353 Zur Person Hassans und seiner Regierungszeit vgl. Ignace Dalle, *Le Règne de Hassan II., 1961–1999: Une Espérance Brisée*, Paris 2001.

354 Aboubkar Jmaï, »Dérive autoritaire du gouvernment marocain«, in: *Le Monde Diplomatique*, Januar 2001.

355 Vgl. José Garçon, »Maroc: Mohammed VI seul en scène«, in: *Politique Internationale*, 89 (Herbst 2000), S. 421–436.

356 Jmaï, »Dérive autoritaire du gouvernment marocain«.

357 Vgl. ebenda. Informationen und Eindrücke über das parlamentarische Leben Marokkos verdanke ich meiner Kollegin Saloua Zerhouni und dem Präsidenten des marokkanischen Repräsentantenhauses, Abdelwahid Radi.

358 Moulay Hicham el Alaoui, »Mortel attentisme au Maroc«, in: *Le Monde*, 27. Juni 2001.

359 Vgl. Nick Pelham, »Morocco: Press clamp-down«, in: *Middle East International*, 5. Mai 2000.

360 Auch in der Frage des Familienrechts agierte Muhammad VI., an den diverse Frauenorganisationen sich nach der Aufgabe des Reformprojekts durch die Regierung gewandt hatten, schließlich ohne sein Kabinett. Etwa ein Jahr nach der öffentlichen Kraftprobe mit den Islamisten setzte der König eine Kommission ein, die sich erneut mit der Neugestaltung des Familienrechts beschäftigen und gleichzeitig dessen Vereinbarkeit mit dem islamischen Recht sicherstellen sollte.

361 Zu den hier und oben geschilderten innenpolitischen Entwicklungen unter Muhammad VI. vgl. insgesamt: Marvine Howe, »Morocco's Democratic Experience«, in: *World Policy Journal*, Frühjahr 2001, S. 65–70; Jon Marks, »Morocco: Between Autocracy and Modernisation«, in:

RUSI Newsbrief, 1. Juli 2000; Ignace Dalle, »Le Maroc attend le grand changement«, in: *Le Monde Diplomatique*, Juni 2001.

362 Vgl. Gilles Perrault, *Unser Freund der König von Marokko. Abgründe einer modernen Despotie*, Leipzig/Weimar 1992, S. 415f.

363 Der Erfolg des zum internationalen Bestseller avancierten Buches (dt.: Malika Oufkir/Michèle Fotoussi, *Die Gefangene. Ein Leben in Marokko*, München 1999) beförderte dann offenbar auch die anschließende Publikation der Autobiografie von Fatema Oufkir, der Frau des Generals (*Gefangen in den Gärten des Königs. Der Kampf um meine Familie*, München 2000). In Marokko selbst wurde Malika Oufkirs Buch auch mit Aufmerksamkeit, aber eher kühl aufgenommen, weil sie die Rolle ihres Vaters in keiner Weise problematisierte. Vgl. dazu Kyra Wolff, »Die Gefangene«, in: *Inamo,* 5 (Herbst 1999) 19, S. 37f.

364 *Le Monde*, 1./2. Juli 2001.

365 el Aloui, »Mortel attentisme au Maroc«.

366 Hafedh Zaafrane/Azzem Mahjoub, »The Euro-Mediterranean Free Trade Zone: Economic Challenges and Social Impact on the Countries of South and East Mediterranean«, in: Álvaro Vasconcelos/George Joffe (Hrsg.), *The Barcelona Process. Building a Euro-Mediterranean Regional Community*, London 2000.

367 Vgl. zur wirtschaftlichen Entwicklung unter anderem Jean-Pierre Cassarino, »The EU-Tunisian Association Agreement and Tunisia's Structural Reform Program«, in: *The Middle East Journal*, 53 (Winter 1999) 1, S. 59–74; Abdeljélil B'doui, »Tunesiens Ökonomie am Scheideweg«, in: *Inamo*, 6 (Sommer 2000) 22, S. 11–15; Guilain Denoeux, »La face cachée du miracle tunesien«, in: *Politique Internationale* (Herbst 2000) 89, S. 395–420.

368 Vgl. Denoeux, »La face cachée du miracle tunesien«, S. 397.

369 Rede vom 25. Juli 2001, *Republic of Tunisia Radio*, Tunis, dokumentiert in *Summary of World Broadcasts*.

370 Vgl. *Amnesty International*, »Jahresbericht 2001 Tunesien« (www.amnesty.de).

371 Slaheddine Maâoui, »On ne se taira plus sur quoi ce soit. Nous parlerons ouvertement de nos problèmes« (Interview), in: *Le Monde*, 6. April 2001.

372 »La Tunisie à l'heure d'internet. Entretien avec Zine el-Abidine Ben Ali«, in: *Politique Internationale* (Herbst 2000) 89, S. 385–393.

373 Vgl. etwa Mezri Haddad, »La Tunisie ne vit pa un cauchemar«, in: *Le Monde*, 6. Februar 2001.

374 Bei den Parlamentswahlen von 1989 erhielten formal unabhängige Kandidaten, die eine islamistische Richtung repräsentierten, nach unterschiedlichen Angaben landesweit etwa 13 bis 15 Prozent der Stimmen (allerdings keinen Sitz). Die danach einsetzende Verfolgung der Islamisten hat weitere Popularitätstests dieser Art nicht mehr erlaubt.

375 So auch das Urteil des tunesischen Hochschullehrers und heutigen Kulturministers 'abd al-Latif al-Hirmasi, »al-harakat al-islamiyya fi al-maghrib al-'arabi. 'anasir awaliyya li-tahlil muqarin« [Die islamistischen Bewegungen im Maghreb. Erste Elemente einer vergleichenden Analyse], in: *al-mustaqbal al-'arabi*, 14 (Februar 1992) 156, S. 15–31.

376 Persönliches Interview des Autors, Tunis. Vgl. auch die zitierte Rede Ben Alis vom 25. Juli 2001. Darin erklärt der Präsident Kritiker für »undankbar«, zu einer Minderheit, die »das Blut, das in ihren Adern läuft, betrügt« und ihren Lebensunterhalt zu verdienen sucht, indem sie ihr eigenes Land diffamiert.

377 Vgl. Denoeux, »La face cachée du miracle tunesien«.

378 Vgl. ebenda. Mir war es während der Wahlkampfperiode nicht möglich, ein Interview mit einem der beiden Gegenkandidaten zu erhalten. Man wisse nicht, hieß es in einem Fall, was man dem ausländischen Wissenschaftler sagen solle.

379 Das offizielle Ergebnis gab dem amtierenden Präsidenten 99,44 Prozent der Stimmen.

380 Die von Ben Ali selbst 1987 eingeführte Verfassungsbestimmung besagt, dass der Präsident nur zwei Mal für eine je fünfjährige Wahlperiode wiederwählbar ist. Man kann fragen, ob Ben Ali sich nicht schon bei den Wahlen von 1999 einmal mehr als »zum zweiten Mal« bestätigen ließ, hatte er doch 1987 das Präsidentenamt übernommen, und sich 1989 und 1994 (wieder)wählen lassen.

381 Vgl. zur Korruption und den Klagen von Unternehmern etwa Catherine Simon, »La Tunisie sous Ben Ali: Les appétits d'un clan«, in: *Le Monde*, 22. Oktober 1999.

382 Vgl. Luis Martinez, *The Algerian Civil War 1990–1998*, London 2000, S. 251 und passim.

383 Einen ausführlich dokumentierten Überblick über das Spektrum zivilgesellschaftlicher Vereinigungen und die neue Parteienlandschaft bietet Sigrid Faath, *Algerien*.

384 Ali al-Kanz/Abd al-Nasir Jabi, »al-jaza'ir fi al-bahth 'an kutla ijtima'iyya jadida« [Algerien auf der Suche nach einem neuen sozialen Block], in: *al-Mustaqbal al-'arabi*, 17 (Mai 1994) 183, S. 19–38.

385 Vgl. Martinez, *The Algerian Civil War 1990–1998*, S. 23–47.
386 Die FIS erreichte 188 der im ersten Wahlgang verteilten 228 Sitzen, die ebenfalls oppositionelle FFS (die ihre Basis vor allem im berberischen Bevölkerungsteil hat) bekam weitere 25 Sitze. Die alte Einheitspartei FLN konnte lediglich 15 Sitze erzielen. Quelle: *algeria-watch* (www.algeria-watch.de).
387 Lahouari Addi, »Algeria's Army, Algeria's Agony«, in: *Foreign Affairs*, Juli/August 1998, S. 44–53.
388 Vgl. ebenda.
389 Vgl. vor allem die beiden in Frankreich erschienenen Bücher: Nesroulah Yous, *Qui a tué à Bentalha. Algerie: chronique d'un massacre annoncé*, Paris 2000; und das Zeugnis des ehemaligen algerischen Offiziers Habib Souaïdia, *La Salle Guerre*, Paris 2001. Zum Bürgerkrieg allgemein vor allem Martinez, *The Algerian Civil War*.
390 Vgl. Arun Kapil, »Algeria's Crisis Intensifies. The Search for a ›Civic Pact‹«, in: *Middle East Report*, 25 (Januar/Februar 1995) 192, S. 2–7.
391 Vgl. David Butter, »Not All Lost After ›Bogus‹ Poll«, in: *MEED*, 30. April 1999.
392 Vgl. etwa Bouteflikas Interview in *Le Monde*, 14. September 1999.
393 Vgl. Luiz Martinez, »La concorde civile: une initiative de paix manquée«, unveröffentlichtes Manuskript, 2001; *Amnesty International*, »Jahresbericht 2001 Algerien« (www.amnesty.de).
394 Vgl. Ignacio Ramonet, »Paix en Algérie«, in: *Le Monde Diplomatique*, Juli 1999, und Lahouari Addi, »La guerre continue en Algérie«, in: *Le Monde Diplomatique*, April 2001.
395 Zitiert nach Ramonet, »Paix en Algérie«.
396 Zur Schuldenfrage sowie zum Strukturanpassungsprogramm und dessen Folgen vgl. Y. Benabdallah, »La réforme économique en Algérie: entre rente et production«, in: *Monde Arabe Maghreb Machrek* (Oktober bis Dezember 1999) 166, S. 16–31; sowie Werner Ruf, »Ökonomie und Politik – wie ein Regime den Zusammenbruch des Staates überlebt«, in: *Inamo*, 4 (Sommer/Herbst 1998) 14/15, S. 24–29.
397 Vgl. Martinez, *The Algerian Civil War*, S. 171–190.
398 Vor allem Martinez, *The Algerian Civil War*, S. 119–146.
399 Diese Möglichkeit wird von Werner Ruf (»Ökonomie und Politik«) angedeutet.
400 Von Emir (*Amir*) = Befehlshaber.
401 Laut Benabdallah (»La réforme économique en Algérie«) entstanden von 1994 bis 1998 allein 22 000 neue Import-Export-Firmen. Martinez

(*The Algerian Civil War*, S. 137–146) beschreibt die Transformation ehemaliger islamistischer Kämpfer in Importunternehmer sehr anschaulich.

402 *al-jama'iyya al-salafiyya li-l-da'wa wa-l-qital*. »Salafitisch« bezieht sich auf die vom rechten Glauben geleiteten Vorfahren im Islam.

403 Vor allem bei Frantz Fanon, *Die Verdammten dieser Erde*, Frankfurt a. M. 1981.

404 Haidar Haidar, *walima li-a'shab al-bahr. nashid al-maut*, S. 57.

405 Addi, »La guerre continue en Algérie«.

406 In der von Präsident Bouteflika im August 2000 gebildeten Regierung wird dieser Flügel vor allem von Außenminister Abd al-Aziz Belkhadem repräsentiert.

407 Vgl. etwa Blanca Madani, »Algeria: Stronghold of the Pouvoir«, in: *Middle East Intelligence Bulletin*, 3 (Mai 2001) 5 (www.meib.org); Ignacio Ramonet, »Kabylie«, in: *Le Monde Diplomatique*, Juli 2001.

408 Vgl. Rudolph Chimelli, »Aufstand aus Ruinen«, in: *Süddeutsche Zeitung*, 23./24. Juni 2001.

409 Riaydh al-Saidawi, »tafakkuk al-nukhab al-hakima fi al-jaza'ir« [Die Zersplitterung der herrschenden Eliten in Algerien], in: *Shu'un al-Awsat* (August 2000) 98, S. 41–70.

410 Zu den politischen Strukturen in der arabischen Welt vgl. allgemein: Nazih Ayubi, *Over-stating the Arab State: Politics and Society in the Middle East*, London 1995; zum »Sicherheitsstaat« etwa Elizabeth Picard, »State and Society in the Arab World. Towards a New Role for the Security Services?«, in: Bahgat Korany/Paul Noble/Rex Brynen (Hrsg.), *The Many Faces of National Security in the Arab World*, Basingstoke 1993, S. 258–274.

411 Vor allem in der französischsprachigen Wissenschaft werden Islamisten auch »Integristen« genannt; inhaltlicher Bezug ist die Integration von Religion und Politik im Denken und in der Propaganda politisch-islamischer Kräfte. Vgl. Gudrun Krämer, »The Integration of the Integrists: a comparative study of Egypt, Jordan and Tunisia«, in: Ghassan Salamé (Hrsg.), *Democracy without Democrats. The Renewal of Politics in the Muslim World*, London 1994, S. 200–226.

412 Die meisten Kandidaten der Islamischen Aktionsfront boykottierten zwar die Wahlen von 1997, weil ein neues Wahlgesetz ihre Wahlchancen schmälerte; die Partei stieg aber nicht aus dem System aus, sondern blieb eine von der Regierung anerkannte Vertretung politisch-islamischer Opposition. Zum jordanischen Demokratie-Experiment vgl.

etwa Glenn Robinson, »Defensive Democratization in Jordan«, *International Journal of Middle East Studies*, 30 (August 1998) 3, S. 387–410; zum Jemen Iris Glosemeyer, *Politische Akteure in der Republik Jemen. Wahlen, Parteien und Parlamente*, Hamburg 2001; einen insgesamt guten Überblick über die Debatte zu Demokratie und politischer Öffnung in der arabischen Welt vermittelt das von Ghassan Salamé herausgegebene Buch *Democracy without Democrats*.

413 Vgl. Sigrid Faath, »Aspekte politischer Nachfolge«, in: dies., *Konfliktpotential politischer Nachfolge in den arabischen Staaten*, S. 7–44.

414 Interview, *Le Figaro*, 4. September 2001.

415 Zitiert nach *International Herald Tribune*, 29. Oktober 2001.

416 Vgl. Volker Perthes/Stefania Spapperi, »The Young Entrepreneurs of the Arab World – New attitudes to politics and business? Some Remarks on the Regional Forum for Young Entrepreneurs, Jordan, 10–12 May 2001«, unveröffentlichtes Manuskript, 2001.

417 Am ägyptischen Beispiel dokumentiert dies Moheb Zaki, *Egyptian Business Elites: their visions and investment behavior*, Kairo (Konrad-Adenauer-Stiftung) 1999.

418 Quelle: Gespräche des Autors bei der *Inter-Arab Investment Guarantee Corporation*, Februar 1998. Zur mangelnden Rechtssicherheit rechneten arabische Investoren dabei vor allem ständige Visaprobleme und Schwierigkeiten bei der Ein- und Ausreise in andere arabische Länder.

419 Vgl. vor allem Bruce Russett, *Grasping the Democratic Peace: Principles for a Cold-War World*, Princeton 1993. Kritisch dazu Michael E. Brown/Sean M. Lynn-Jones/Steven E. Miller (Hrsg.), *Debating the Democratic Peace*, Cambridge 1996.

420 Eine kritische Analyse des politischen Systems Israels bietet etwa Oren Yiftachel, »Democracy or Ethnocracy? Territory and Settler Politics in Israel/Palestine«, in: *Middle East Report*, 28 (Sommer 1998) 207, S. 8–13.

421 So in einer Rede am 18. Oktober 2001: »We are the US' bridgehead in the Middle East, we represent the same values of freedom, liberty and democracy ...« (zitiert nach der Website des israelischen Ministerpräsidenten: www.pmo.gov.il).

422 Vgl. Naseer H. Aruri/John J. Carroll, »A New Palestinian Charter«, *Journal of Palestine Studies*, 23 (Sommer 1994), S. 5–17.

423 So ausdrücklich Jane Perlez, »A Middle East Choice: Peace or Democracy«, in: *The New York Times*, 28. November 1999.

424 »Was tun gegen den Terror?«, in: *Frankfurter Allgemeine Zeitung*, 16. Oktober 2001.
425 Vorschläge für die deutsche und die europäische Politik im Nahen Osten finden sich in Volker Perthes (Hrsg.), *Deutsche Nahostpolitik. Interessen und Optionen*, Schwalbach 2001.

Sozio-ökonomische Indikatoren
arabischer Staaten und Israels

	Bevölkerung in Millionen	Bruttoinlandsprodukt in Mrd. US-Dollar		
	(1999)	(1980)	(1990)	(1999)
Maghreb				
Algerien	30,5	39,9	62,1	47,0
Libyen	5,4	32,1	32,8	39,6
Marokko	28,2	17,9	25,8	35,2
Tunesien	9,5	7,3	12,3	21,2
Mashrek				
Ägypten	62,4	22,9	35,5	92,4
Israel	6,1	15,3	52,5	99,1
Jordanien	4,7	2,2	4,0	7,6
Libanon	4,3	a	2,9	17,2
Palästinensische Gebiete	2,8	-	-	4,3
Syrien	15,7	12,9	13,9	19,4
Golf				
Irak	22,8	35,8	74,9	31,8
Jemen (ARJ) [b]	7,0	2,6	-	-
Jemen (DVRJ) [b]	1,9	0,5	-	-
Jemen (RJ) [b]	17,0	-	8,9	6,8
Kuwait	1,9	27,3	18,3	29,6
Qatar	0,8	7,8	6,8	10,6
Saudi-Arabien	21,4	115,4	104,7	128,9
VAE	2,8	30,2	33,7	63,2

Pro-Kopf-Einkommen			Waren-exporte	Waren-importe	Auslands-schulden
in US-Dollar			in Mrd. US-Dollar	in Mrd. US-Dollar	in Mrd. US-Dollar
(1980)	(1990)	(1999)	(1998)	(1998)	(1998)
1870	2060	1500	10,300	9,320	30,665
8640	7905 d	7071 d	7,700	4,600	3,000
900	950	1200	7,266	10,276	20,687
1310	1440	2100	5,750	8,338	11,078
580	600	1310	3,130	16,166	31,964
4500	10920	16245 d	22,993	29,342	37,200
1420	1240	1500	1,800	3,836	8,485
a	1124 d	3700	0,662	7,070	6,725
-	-	1610	0,591	2,837	0,391
1340	1000	970	2,890	3,895	22,435
3020	4145 d	2500 c	20,600	11,200	60,000
430	-	-	-	-	-
420	-	-	-	-	-
-	692 d	350	1,496	2,167	4,138
19830	8610 d	15578 d	9,554	8,619	Keine
26080	15860	14133 d	10,000	5,800	7,800
11260	7050	6023 d	39,775	30,013	Keine
26850	19860	22571 d	56,600	43,000	Keine

Quelle: Weltbank, Arab Monetary Fund, Energy Information Administration (EIA) des U.S. Department of Energy.

a. Auf Grund des Bürgerkriegs im Libanon fehlen zuverlässige Daten.

b. 1990 schlossen sich die Arabische Republik Jemen (ARJ) und die Demokratische Volksrepublik Jemen (DVRJ) zur Republik Jemen (RJ) zusammen.

c. Schätzung: CIA World Factbook für das Jahr 2000.

d. Bruttoinlandsprodukt (BIP) pro Kopf. In den anderen Fällen: Bruttosozialprodukt (BSP) pro Kopf. Das BIP rechnet die oft bedeutenden Auslandsüberweisungen nicht ein.

Literaturverzeichnis

Aarts, Paul, »Parliamentary politics in post-war Kuwait. Withered euphoria«, in: *Jime Review* (Winter 1996) 35, S. 39–56

Abbas, Mahmoud, *tariq uslu* [Der Weg nach Oslo], Beirut 1994

Abd al-Jabbar, Faleh, »Why the Intifada Failed«, in: Hazelton, Fran (Hrsg.), *Iraq since the Gulf War. Prospects for Democracy*, London 1994, S. 97–117

--- »Shaykhs and Ideologues. Detribalization and Retribalization in Iraq, 1968–1998«, in: *Middle East Report*, 30 (Sommer 2000) 2/215, S. 28–31

Abd el-Jaber, Tayseer, »Jordan's Position toward Economic Co-operation in the Region and with the European Union«, in: Köndgen, Olaf (Hrsg.), *Regional Economic Cooperation in the Mediterranean*, Amman 1996, S. 43–50

Abdelnasser, Gamal, »Political Change in Egypt. The Parliamentary Elections of 2000 and Horizons of Reform«, Berlin (Stiftung Wissenschaft und Politik), Juli 2001

Abu-Odeh, Adnan, *Jordanians, Palestinians & The Hashemite Kingdom in the Middle East Peace Process*, Washington, D.C., 1999

Aburish, Saïd K., *Saddam Hussein. The Politics of Revenge*, New York/London 2000

Addi, Lahouari, »Algeria's Army, Algeria's Agony«, in: *Foreign Affairs* (Juli/August 1998) 4, S. 44–53

--- »La guerre continue en Algérie«, in: *Le Monde Diplomatique*, April 2001

Ahmad, Ahmad Yusuf, *al-dawr al-misri fi al-yaman* [Die ägyptische Rolle im Jemen], Kairo 1981

Ahmad, Ahmad Yousef [= Ahmad, Ahmad Yusuf], »The Dialectics of Domestic Environment and Role Performance. The Foreign Policy of Iraq«, in: Korany, Baghat/Dessouki, Ali E. Hillal, *The Foreign Policies of Arab States. The challenges of change*, 2. Auflage, Boulder 1991

Albrecht, Holger/Pawelka, Peter/Schlumberger Oliver, »Wirtschaftliche Liberalisierung und Regimewandel in Ägypten«, in: *WeltTrends* (Herbst 1997) 16, S. 43–63

Alnasrawi, Abbas, »Iraq: economic sanctions and consequences, 1990–2000«, in: *Third World Quarterly*, 22 (2001), Nr. 2, S. 205–218

Alterman, Jon B., »Egypt: Stable but for How Long«, in: *The Washington Quarterly*, 23 (2000) 4, S. 107–118

Anani, Jawad, »Peace and Economic Prospects«, in: Köndgen, Olaf (Hrsg.), *Regional Economic Cooperation in the Mediterranean*, Amman 1996 (Konrad-Adenauer-Stiftung), S. 79–82

Arian, Asher, *Israeli Public Opinion on National Security 2001*, Tel Aviv (Jaffee Center for Strategic Studies, Memorandum No. 60), August 2001

Aruri, Naseer H./Carroll, John J., »A New Palestinian Charter«, in: *Journal of Palestine Studies*, 23 (Sommer 1994), S. 5–17

Asseburg, Muriel, *Blockierte Selbstbestimmung: Palästinensische Staats- und Nationenbildung während der Interimsperiode*, Baden-Baden 2002 (im Erscheinen)

Avi-Ran, Reuven, *The Syrian Involvement in Lebanon since 1975*, Boulder 1991

Ayad, Christophe, »Égypte: De la stabilité à l'immobilisme«, in: *Politique Internationale* (Herbst 2000) 89, S. 337–368

Ayubi, Nazih, *Over-stating the Arab State: Politics and Society in the Middle East*, London 1995

al-'Azm, Sadiq Jalal, *al-naqd al-dhati ba'd al-hazima* [Selbstkritik nach der Niederlage], Beirut 1968

Al-Azm, Sadik J. [= al-'Azm, Sadiq Jalal], *Unbehagen in der Moderne. Aufklärung im Islam*, Frankfurt a. M. 1993

B'doui, Abdeljélil, »Tunesiens Ökonomie am Scheideweg«, in: *Inamo*, 6 (Sommer 2000) 22, S. 11–15

Baaklini, Abdo/Denoeux, Guilain/Sprinborg, Robert, *Legislative Politics in the Arab World. The Resurgence of Democratic Institutions*, Boulder 1999

Badib, Sa'id Muhammad, *al-sira' al-sa'udi al-misri hawl al-yaman al-shimali (1962–1970)* [Der saudisch-äygptische Konflikt um den Nord-Jemen (1962–1970)], London 1990

Barakat, Halim Isber, *The Arab World. Society Culture and State*, Berkeley 1993

Baram, Amatzia, »Neo-Tribalism in Iraq: Saddam Hussein's Tribal Policies 1991–96«, in: *International Journal of Middle East Studies*, 29 (1997) 1, S. 1–31

––– *Building Toward Crisis. Saddam Husayn's Strategy for Survival*, Washington, D.C., 1998 (The Washington Institute for Near East Policy, Policy Paper No. 47)

Batatu, Hanna, *The Syrian, Egyptian, and Iraqi Revolutions. Some Observations on Their Underlying Causes and Social Character*, Washington, D.C., 1983

(Antrittsvorlesung Georgetown University, Center for Contemporary Arab Studies)

Baumgarten, Helga, *Palästina: Befreiung in den Staat. Die palästinensische Nationalbewegung seit 1948*, Frankfurt a. M. 1991

Beblawi, Hazem/Luciani, Giacomo (Hrsg.), *The Rentier State*, London 1987

Benabdallah, Y., »La réforme économique en Algérie: entre rente et production«, in: *Monde arabe Maghreb Machrek* (Oktober–Dezember 1999) 166, S. 16–31

Boeckh, Andreas/Pawelka, Peter (Hrsg.), *Staat, Markt und Rente in der internationalen Politik*, Opladen 1996

Boogaerde, Pierre van den, *Financial Assistance for Arab Countries and Arab Regional Institutions*, Washington, D.C., 1991 (International Monetary Fund, Occasional Paper 87)

Boutros-Ghali, Boutros, »The Foreign Policy of Egypt in the Post-Sadat Era«, in: *Foreign Affairs*, 60 (Frühjahr 1982) 4, S. 769–788

Brown, Michael E./Lynn-Jones, Sean M./Miller, Steven E. (Hrsg.), *Debating the Democratic Peace*, Cambridge 1996

Byman, Daniel, »After the Storm: U.S. Policy Toward Iraq Since 1991«, in: *Political Science Quarterly*, 115 (Winter 2000–2001) 4, S. 493–516

Calic, Marie-Janine/Perthes, Volker, »Krieg und Konfliktlösung in Bosnien und Libanon: Ein Strukturvergleich«, in: *Internationale Politik und Gesellschaft* (Bonn), 2/95, S. 141–156

Cassandra, »The Impending Crisis in Egypt«, in: *The Middle East Journal*, 49 (Winter 1995) 1, S. 9–27

Cassarino, Jean-Pierre, »The EU-Tunisian Association Agreement and Tunisia's Structural Reform Program«, in: *The Middle East Journal*, 53 (Winter 1999) 1, S. 59–74

Chartouni-Dubarry, May, »La ›question irakienne‹ ou l'histoire d'une puissance contrariée«, in: Kodmani-Darwish, Bassma/Chartouni-Dubarry, May (Hrsg.), *Perceptions de sécurité et stratégies nationales au Moyen-Orient*, Paris 1994, S. 53–81

––– (Hrsg.), *Armée et nation en Égypte: pouvoir civil, pouvoir militaire*, Paris (les notes de L'ifri, No. 31) 2001

Chaudhry, Kiren Aziz, *The Price of Wealth: Economies and Institutions in the Middle East*, Ithaca 1997

Chubin, Shahram/Tripp, Charles, *Iran and Iraq at War*, London 1988

Cobban, Helena, *The Israeli-Syrian Peace Talks: 1991–96 and Beyond*, Washington, D.C., 1999

Cockburn, Andrew/Cockburn, Patrick, *Out of the Ashes. The Resurrection of Saddam Hussein*, New York 1999

Crystal, Jill, *Oil and Politics in the Gulf: Rulers and Merchants in Kuwait and Qatar*, Cambridge 1991

Curmi, Brigitte, »Jordanie: Les médecins militaires, précurseurs de la modernité scientifique«, in: *Monde arabe Maghreb Machrek*, 146 (Oktober–Dezember 1994), S. 48–58

Dalle, Ignace, *Le règne de Hassan II, 1961–1999: Une espérance brisée*, Paris 2001

Denoeux, Guilain, »La face cachée du miracle tunesien«, in: *politique internationale* (Herbst 2000) 89, S. 395–420

Dessouki, Ali E. Hillal, »Egyptian Foreign Policy since Camp David«, in: Quandt, William B. (Hrsg.), *The Middle East. Ten Years after Camp David*, Washington, D.C., 1988, S. 94–110

Dieterich, Renate, »Die ausbleibende Friedensdividende. Jordaniens Legitimitätskrise verschärft sich«, in: *Internationale Politik und Gesellschaft*, (1998) 3, S. 288–298

Doumato, Eleanor, »Women and the Stability of Saudi Arabia«, in: *Middle East Report*, 21 (Juli/August 1991) 171, S. 34–37

Droz-Vincent, Philippe, »Armée et pouvoir politique en Égypte: la dimension économique du pouvoir de l'armée«, Chartouni-Dubarry, May (Hrsg.), *Armée et nation en Égypte: pouvoir civil, pouvoir militaire*, Paris (les notes de L'ifri, No. 31) 2001, S. 73–105

Dunn, Michael Collins, »The Coming Era of Leadership Change in the Arab World«, in: *Middle East Policy*, 5 (Januar 1998) 4, S. 180–187

Ehteshami, Anoushiravan/Hinnebusch, Raymond A., *Syria and Iran. Middle Powers in a Penetrated Regional System*, London 1997

Eldar, Aiva, »Let them crawl back to the negotiation table«, in: *Ha'aretz English Edition*, 30. August 2001

Ethelston, Sally, »Water and Women. The Middle East in Demographic Transition«, in: *Middle East Report*, 29 (Winter 1999) 4/313, S. 8–12

Evron, Yair, *War and Intervention in Lebanon. The Israeli-Syrian Deterrence Dialogue*, London 1987

Faath, Sigrid (Hrsg.), *Algerien. Gesellschaftliche Strukturen und politische Reformen zu Beginn der neunziger Jahre*, Hamburg (Mitteilungen des Deutschen Orient-Instituts, 40) 1990

--- (Hrsg.), *Konfliktpotential politischer Nachfolge in den arabischen Staaten*, Hamburg 2000

Fanon, Frantz, *Die Verdammten dieser Erde*, Frankfurt a. M. 1981

Farjani, Nadir, »al-imkanat al-bashariyya wa-l-taqaniyya al-'arabiyya« [Die arabischen humanen und technischen Kapazitäten], in: *al-Mustaqbal al-'arabi*, 22 (2/2000), S. 59–92

Fawzi, Mahmud, *kamb david fi 'aql wuzara' kharijiyyat misr* [Camp David im Denken ägyptischer Außenminister], Kairo 1990

Fisk, Robert, *Pity the Nation. The Abduction of Lebanon*, New York 1990

Flores, Alexander, *Intifada. Aufstand der Palästinenser*, 2. überarbeitete Auflage, Berlin 1989

Freedman, Robert O. (Hrsg.), *The Middle East after the Israeli Invasion of Lebanon*, Syracuse 1986

——— *The Middle East from the Iran-Contra Affair to the Intifada*, Syracuse 1991

Fromkin, David, *A Peace to End all Peace. The Fall of Ottoman Empire and the Creation of the Modern Middle East*, New York 1990

Fürtig, Henner, *Der irakisch-iranische Krieg 1980–1988. Ursachen, Verlauf, Folgen*, Berlin 1992

Garçon, José, Maroc: »Mohammed VI seul en scène«, in: *Politique Internationale*, 89 (Herbst 2000), S. 421–436

Gause, F. Gregory III, *Saudi-Yemeni Relations. Domestic Structures and Foreign Influence,* New York/N.Y. 1990, S. 57–72

Gerges, Fawaz A., *The Superpowers and the Middle East. Regional and International Politics, 1955–1967*, Boulder 1994

——— »Egyptian-Israeli Relations Turn Sour«, in: *Foreign Affairs*, 74 (Mai/Juni 1995) 3, S. 60–78

Ghazi bin Muhammad, *The Tribes of Jordan at the Beginning of the Twenty-First Century*, Amman 1999

Glenn, Robinson, „Palestine after Arafat", in: *The Washington Quarterly*, 23 (2000) 4, S. 77–90

Glosemeyer, Iris, *Politische Akteure in der Republik Jemen. Wahlen, Parteien und Parlamente*, Hamburg 2001

Graham, Douglas F., *Saudi Arabia Unveiled*, Dubuque 1991

Grosbard, Ofer, *Israel auf der Couch. Zur Psychologie des Nahostkonflikts*, Düsseldorf 2001

Haidar, Haidar, *walima li-a'shab al-bahr. nashid al-maut* [Ein Festmahl für die Meereskräuter. Hymne des Todes], Beirut 1998

Halliday, Fred, *Islam and the Myth of Confrontation. Religion and Politics in the Middle East*, London/New York 1996

Halpern, Manfred, *The Politics of Social Change in the Middle East and North Africa*, Princeton 1963

Hammami, Rema/Hilal, Jamil, »An Uprising at the Crossroads«, in: *Middle East Report*, 31 (Sommer 2001) 219, S. 2–7/41

Hanf, Theoder, *Koexistenz im Krieg. Staatszerfall und Entstehen einer Nation im Libanon*, Baden-Baden 1990

Hanieh, Akram, *The Camp David Papers*, Ramallah, August 2000

Hassouna, Hussein A., *The League of Arab States and Regional Disputes. A Study of Middle East Conflicts*, Dobbs Ferry 1975, S. 3–11

Hazelton, Fran (Hrsg.), *Iraq since the Gulf War. Prospects for Democracy*, London 1994

Heikal, Mohamed H., *Secret Channels. The Inside Story of Arab-Israeli Peace Negotiations*, London 1996

Helms, Christine M., *Iraq: Eastern Flank of the Arab World*, Washington, D.C., 1984

Henderson, Simon, *After King Fahd. Succession in Saudi Arabia*, Washington, D.C., 1994

Heydemann, Steven (Hrsg.), *War, Institutions, and Social Change in the Middle East*, Berkeley 2000

al-Hirmasi, 'Abd al-Latif, »al-harakat al-islamiyya fi al-maghrib al-'arabi. 'anasir awaliyya li-tahlil muqarin« [Die islamistischen Bewegungen im Maghreb. Erste Elemente einer vergleichenden Analyse], in: *al-Mustaqbal al-'arabi*, 14 (Februar 1992) 156, S. 15–31

Hof, Frederic C., »The Line of June 4, 1967«, in: *Middle East Insight* (September/Oktober 1999), S. 17–23

Howe, Marvine, »Morocco's Democratic Experience«, in: *World Policy Journal*, Frühjahr 2001, S. 65–70

Ibrahim, Ferhad, »Die neue saudische ›Verfassung‹: Eine kontrollierte ›Öffnung‹ des saudischen Systems«, in: *Verfassung und Recht in Übersee*, 25 (4. Quartal 1992) 4, S. 446–454

Ibrahim, Saad Eddin, *The New Arab Social Order: A Study of the Social Impact of Oil Wealth*, Boulder 1982

––– »The Changing Face of Egypt's Islamic Activism«, in: Marr, Phebe (Hrsg.), *Egypt at the Crossroads: Domestic Stability and Regional Role*, Washington, D.C., 1999, S. 29–45

Ishow, Habib, »Les rapports entre l'Etat irakien et les Kurdes depuis 1991«, in: *Défense nationale*, 55 (Oktober 1999) 10, S. 113–127

Ismael, Tareq Y., *The Arab Left*, Syracuse 1976

Joffé, George, »Middle Eastern Views of the Gulf Conflict and its Aftermath«, in: *Review of International Studies*, 19 (April 1993) 2, S. 177–199

Jones, Clive, »Saudi Arabia after the Gulf War: The Internal-External Security Dilemma«, in: *International Relations*, 12 (1995), S. 31–51

al-Kanz, Ali/Abd al-Nasir, Jabi, »al-jaza'ir fi al-bahth'an kutla ijtima'iyya jadida« [Algerien auf der Suche nach einem neuen sozialen Block], in: *al-Mustaqbal al-'arabi*, 17 (Mai 1994) 183, S. 19–38

Kapil, Arun, »Algeria's crisis Intensifies. The Search for a ›Civic Pact‹«, in: *Middle East Report*, 25 (Januar/Februar 1995) 192, S. 2–7

Karsh, Efraim/Rautsi, Inari, »Warum Saddam Hussein in Kuwait einmarschierte«, in: Krell, Gert/Kubbig, Bernd W. (Hrsg.), *Krieg und Frieden am Golf. Ursachen und Perspektiven*, Frankfurt a. M. 1991

al-Kawari Khalifa, Ali, *tanmiya li-l-diya'! am diya'li-furas al-tanmiya. muhassilat al-taghayyurat al-musahiba li-l-naft fi buldan majlis al-ta'awun* [Entwicklung zum Verlust! Oder Verlust von Entwicklungschancen? Das Ergebnis der das Öl begleitenden Veränderungen in den Staaten des GCC], Beirut 1996

Kepel, Gilles, *Der Prophet und der Pharao*. München 1995

--- *Jihad: expansion et déclin de l'islamisme*, Paris 2000

Kerr, Malcolm H., *The Arab Cold War. Gamal Abd al-Nasir and his Rivals, 1958–1970*, London 1971

Kerr, Malcolm H./Yassin, al-Sayyid (Hrsg.), *Rich and Poor States in the Middle East: Egypt and the New Arab Order*, Boulder 1982

al-Khafaji, Isam, »State Terror and the Degradation of Politics«, in: Hazelton, Fran (Hrsg.), *Iraq since the Gulf War. Prospects for Democracy*, London 1994, S. 20–31

--- »War as a Vehicle for the Rise and Demise of a State-Controlled Society. The Case of Ba'thist Iraq«, in: Heydemann, Steven (Hrsg.), *War, Institutions, and Social Change in the Middle East*, Berkeley 2000, S. 258–291

Khalidi, Rashid, »The Palestine Liberation Organization«, in: Quandt, William B. (Hrsg.), *The Middle East. Ten Years after Camp David*, Washington, D.C., 1988, S. 261–278

--- *Palestinian Identity. The Construction of Modern Consciousness*, New York 1998

al-Khalil, Samir (Kanaan Makiya), *Republic of Fear. Saddam's Iraq*, Berkeley und London 1989

Kienle, Eberhard, *A Grand Delusion. Democracy and Economic Reform in Egypt*, London 2001

Kodmani-Darwish, Bassma/Chartouni-Dubarry, May (Hrsg.), *Perceptions de sécurité et stratégies nationales au Moyen-Orient*, Paris 1994

--- (Hrsg.), *Les états arabes face à la contestation islamiste*, Paris 1997

Köndgen, Olaf (Hrsg.), *Regional Economic Cooperation in the Mediterranean*, Amman 1996

--- *Jordanien*, München 1999, S. 87–89

Korany, Baghat/Dessouki, Ali E. Hillal, *The Foreign Policies of Arab States. The challenges of change*, 2. Auflage, Boulder 1991

--- /Noble, Paul/Brynen, Rex (Hrsg.), *The Many Faces of National Security in the Arab World*, Basingstoke 1993

Krämer, Gudrun, »The Integration of the Integrists: A Comparative Study of Egypt, Jordan and Tunisia«, in: Salamé, Ghassan (Hrsg.), *Democracy without Democrats. The Renewal of Politics in the Muslim World*, London 1994, S. 200–226

--- »Die Attraktion des politischen Islam: Fallbeispiel Ägypten«, in: *Comparativ* (1994) 6

Krell, Gert/Kubbig, Bernd W. (Hrsg.), *Krieg und Frieden am Golf. Ursachen und Perspektiven*, Frankfurt a. M. 1991

Kubbig, Bernd W., »Des Widerspenstigen Zähmung: Die Strategie der USA am Golf«, in: Krell, Gert/Kubbig, Bernd W. (Hrsg.), *Krieg und Frieden am Golf. Ursachen und Perspektiven*, Frankfurt a. M. 1991, S. 86–97

Lackner, Helen, *A House built on Sand. A Political Economy of Saudi Arabia*, London 1978

Lasswell, Harold, *Politics: Who Gets What, When, How*, Cleveland 1958

Leenders, Reinoud, »Auf der Suche nach dem Staat: Korruption im Libanon«, in: *Inamo*, 5 (Winter 1999) 20, S. 18–22

Lenczowski, George (Hrsg.), *Political Elites in the Middle East*, Washington, D.C., 1975

Lesch, Ann Mosely, »Contrasting Reactions to the Persian Gulf Crisis: Egypt, Syria, Jordan, and the Palestinians«, in: *Middle East Journal*, 45 (1991) 1, S. 30–50

Lesch, David W., *Syria and the United States: Eisenhower's Cold War in the Middle East*, Boulder 1992

Lübben, Ivesa/Fawzi, Issam, »Ein neuer islamischer Parteienpluralismus in Ägypten? Hizb al-Wasat, Hizb al-Shari'a und Hizb al-Islah als Fallbeispiele«, in: *Orient*, 41 (2000) 2, S. 229–281

Luciani, Giacomo, »Allocation vs. Production States«, in: Beblawi, Hazem/Luciani, Giacomo (Hrsg.), *The Rentier State*, London 1987, S. 63–83

--- (Hrsg.), *The Arab State*, Berkeley 1990

MacDonald, Robert W., *The League of Arab States. A Study in the Dynamics of Regional Organization*, Princeton 1965, S. 33–50

Malley, Robert/Agha, Hussein, »Camp David: The Tragedy of Errors«, in: *The New York Review of Books*, 9. August 2001, S. 59–65

Margalit, Avishai, »Settling Scores«, in: *The New York Review of Books*, September 2001, S. 20–24

Marks, Jon, Morocco: »Between Autocracy and Modernisation«, in: *RUSI Newsbrief*, 1. Juli 2000

Marr, Phebe (Hrsg.), *Egypt at the Crossroads: Domestic Stability and Regional Role*, Washington, D.C., 1999

Martinez, Luis, *The Algerian Civil War 1990–1998*, London 2000

Mejcher, Helmut, *Die Politik und das Öl im Nahen Osten,* 2. Bde., Stuttgart 1980/90

Metz, Helen Chapin (Hrsg.), *Iraq: A Country Study*, Washington, D.C., 1990

el-Mikawy, Noha, *The Building of Consensus in Egypt's Transition Process*, Kairo 1999

Miller, Aaron David, »Jordanian Policy: The Politics of Limitation and Constraint«, in: Freedman, Robert O. (Hrsg.), *The Middle East after the Israeli Invasion of Lebanon*, Syracuse 1986, S. 205–232

Mitchell, Timothy, »No Factories, No Problems: The Logic of Neo-Liberalism in Egypt«, in: *Review of African Political Economy* (1999) 82, S. 455–468

Mofid, Kamran, »Economic Reconstruction of Iraq: Financing the Peace«, in: *Third World Quarterly*, 12 (Januar 1990) 1, S. 48–61

al-Moualem, Walid, »Fresh Light on the Syrian-Israeli Peace Negotiations« (Interview), in: *Journal of Palestine Studies*, 26 (Winter 1997) 2, S. 81–94

Muhafaza, Ali, »al-Urdunn – ila' ayn?« [Jordanien, wohin?], in: *al-Mustaqbal al-'arabi*, 23 (Juni 2000) 256, S. 22–34

Müller-Hahn, Detlef, »Vertreibung der Pächter – Rückkehr der Paschas«, in: *Inamo*, 7 (Sommer 2001) 26, S. 19–20

Mylroie, Laurie, »The Superpowers and the Iran-Iraq War«, in: *American-Arab Affairs* (Sommer 1987) 21, S. 15–26

al-Naqib, Khaldun Hassan, *al-dawla al-tasallutiyya fi al-mashriq al-'arabi al-mu'asir. dirasa buna'iyya muqarina* [Der autoritäre Staat im gegenwärtigen arabischen Mashrek. Eine vergleichende Strukturuntersuchung], Beirut 1991

––– »al-khalij ... ila ayn?« [Der Golf – wohin?], in: *al-Mustaqbal al'arabi*, 22 (März 2000), S. 4–22

Neumann, Robert G./Hunter, Shireen T./Axelgard, Frederick W., *Revitalizing U.S. Leadership in the Middle East*, Washington, D.C., 1988

Neustadt, Amnon, »Israel und die Normalität des Friedens. Ein schwieriger Anpassungsprozess«, in: *Europa-Archiv*, 49 (10. August 1994) 15, S. 423–430

O'Sullivan, Maghan L., »Iraq: Time for a Modified Approach«, in: *The Brookings Institution*, Policy Brief No. 71, Februar 2001

Omar, Suha, »Women: Honour, Shame and Dictatorship«, in: Hazelton, Fran (Hrsg.), *Iraq since the Gulf War. Prospects for Democracy*, London 1994, S. 60–71

Pawelka, Peter, *Herrschaft und Entwicklung im Nahen Osten: Ägypten*, Heidelberg 1985

––– /Wehling, Hans-Georg (Hrsg.), *Der Vordere Orient an der Schwelle zum 21. Jahrhundert*, Wiesbaden 1999

Perrault, Gilles, *Unser Freund der König von Marokko. Abgründe einer modernen Despotie*, Leipzig und Weimar 1992

Perthes, Volker, »Die andere Perspektive. Zur Reaktion der arabischen Welt auf das Vorgehen der Alliierten«, in: *Blätter für deutsche und internationale Politik*, 36 (1991) 3, S. 327–334

––– *Der Libanon nach dem Bürgerkrieg. Von Ta'if zum gesellschaftlichen Konsens?*, Baden-Baden 1994

––– /Calic, Marie-Janine, »Krieg und Konfliktlösung in Bosnien und Libanon: ein Strukturvergleich«, in: *Internationale Politik und Gesellschaft*, (1995) 2, S. 141–156

––– *The Political Economy of Syria under Asad*, London 1995

––– (Hrsg.), *Scenarios for Syria: Socio-Economic and Political Choices*, Baden-Baden 1998

––– »Bürgerkrieg oder Integration? Islamismus im arabischen Raum«, in: Pawelka, Peter/Wehling, Hans-Georg (Hrsg.), *Der Vordere Orient an der Schwelle zum 21. Jahrhundert*, Wiesbaden 1999

––– »Vom Harirismus zur Ära Lahoud: A Tale of Two Regimes«, in: *Inamo*, 5 (Winter 1999) 20, S. 29–34

––– *Vom Krieg zur Konkurrenz. Regionale Politik und die Suche nach einer neuen arabisch-nahöstlichen Ordnung*, Baden-Baden 2000

––– »The Political Economy of the Syrian Succession«, in: *Survival*, 43 (Frühjahr 2001) 1, S. 143–154

––– (Hrsg.), *Deutsche Nahostpolitik. Interessen und Optionen*, Schwalbach 2001

Picard, Elizabeth, »Arab Military in Politics: From Revolutionary Plot to Authoritarian State«, in: Luciani, Giacomo (Hrsg.), *The Arab State*, Berkeley 1990, S. 189–221

––– »State and Society in the Arab World. Towards a New Role for the Security Services?«, in: Korany, Bahgat/Noble, Paul/Brynen, Rex (Hrsg.), *The Many Faces of National Security in the Arab World*, Basingstoke 1993, S. 258–274

Polkehn, Klaus, *Krieg um Wasser? Der Jahrhundertkonflikt im Nahen Osten*, Berlin 1992

Quandt, William B., *Decade of Decisions. American Policy toward the Arab-Israeli Conflict 1967–1976*, Berkeley 1977

——— *Saudi Arabia in the 1980s. Foreign Policy, Security, and Oil*, Washington, D.C., 1981

——— (Hrsg.), *The Middle East. Ten Years after Camp David*, Washington, D.C., 1988

Rabinovich, Itamar, *The Road Not Taken. Early Arab-Israeli Negotiations*, New York 1991

——— *The Brink of Peace. The Israeli-Syrian Negotiations*, New York 1998

al-Rayyis, Riyad, *al-Sa'udiyah wa-duwal al-jazira ba'd harb al-khalij 1991–1994*, [Saudi-Arabien und die Staaten der arabischen Halbinsel nach dem Golfkrieg], London 1994

Riesebrodt, Martin, *Fundamentalismus als patriarchalische Protestbewegung. Amerikanische Protestanten (1910–28) und iranische Schiiten (1961–79) im Vergleich*, Tübingen 1990

Rigaud, Françoise, »Irak: le temps suspendu de l'embargo«, in: *Critique Internationale*, 11 (April 2001), S. 15–24

Riyad, Mahmud, *mudhakkirat. Mahmud–Riyad, 1948–1978* [Erinnerungen], Beirut 1987

Robinson, Glenn, »Defensive Democratization in Jordan«, in: *International Journal of Middle East Studies*, 30 (August 1998) 3, S. 387–410

Rodinson, Maxime, *Mohammed*, Luzern 1975

Rogler, Lutz, »Ägyptens Islamisten«, in: *Inamo,* 5 (Winter 1999) 20, S. 35–39

Rosiny, Stephan, *Islamismus bei den Schiiten im Libanon*, Berlin 1996

Roy, Olivier, *L'echec de l'Islam politique*, Paris 1992

Ruf, Werner, »Ökonomie und Politik – Wie ein Regime den Zusammenbruch des Staates überlebt«, in: *Inamo,* 4 (Sommer/Herbst 1998) 14/15, S. 24–29

al-Rukabi, Kashani, »al-iqtisad al-'iraqi ma ba'ad al-hisar wa-l-khayarat al-mutaha« [Die irakische Wirtschaft nach dem Embargo und die Optionen], in: *Shu'un al-Awsat* (Oktober/November 2000) 100, S. 91–103

Russett, Bruce, *Grasping the Democratic Peace: Principles for a Post-Cold War World*, Princeton 1993

Sadoswki, Dirk (Hrsg.), *Israel 2025. Szenarien der zukünftigen Entwicklung*, Herzliya (Friedrich-Ebert-Stiftung, Israel) 2001

Safran, Nadiv, *Saudi Arabia. The Ceaseless Quest for Securtity*, Ithaca 1988

Said, Edward W., *Frieden in Nahost? Essays über Israel und Palästina*, Heidelberg 1997

——— *The End of the Peace Process: Oslo and After*, New York 2000

al-Saidawi, Riaydh, »tafakkuk al-nukhab al-hakima fi al-jaza'ir« [Die Zersplitterung der herrschenden Eliten in Algerien], in: *Shu'un al-awsat* (August 2000) 98, S. 41–70

Salamé, Ghassan (Hrsg.), *Democracy without Democrats. The Renewal of Politics in the Muslim World*, London 1994

Salibi, Kamal, *A House of Many Mansions. The History of Lebanon Reconsidered*, Berkeley 1988

Savir, Uri, *The Process: 1100 Days That Changed the Middle East*, New York 1998

el Sayed Said, Mohamed, Egypt: »The Dialectics of State Security and Social Decay«, in: *Internationale Politik und Gesellschaft* (2000) 1, S. 5–18

Sayigh, Yezid, »Arafat and the Anatomy of a Revolt«, in: *Survival*, 43 (Herbst 2001) 3, S. 47–60

Schiff, Ze'ev Ya'ari Ehud, *Israel's Lebanon War*, New York 1984

Scholl-Latour, Peter, *Lügen im Heiligen Land. Machtproben zwischen Euphrat und Nil*, Berlin 1998

Schulze, Reinhard, *Islamischer Internationalismus im 20. Jahrhundert. Untersuchungen zur Geschichte der Islamischen Weltliga*, Leiden 1990

——— *Geschichte der islamischen Welt im 20. Jahrhundert*, München 1994

Scott, Robert, »The Economy«, in: Metz, Helen Chapin (Hrsg.), *Iraq: A Country Study*, Washington, D.C., 1990, S. 121–172

Seale, Patrick, *The Struggle for Syria. A Study of Post-War Arab Politics, 1945–58*, London 1987

——— *Asad of Syria: The Struggle for the Middle East*, London 1988

——— /Butler, Linda, »Asad's Regional Strategy and the Challenge from Netanyahu«, in: *Journal of Palestine Studies*, 26 (Herbst 1996) 1, S. 27–41

Seif, Riad, »Private Sector Development – Scenarios for the Future«, in: Perthes, Volker (Hrsg.), *Scenarios for Syria: Socio-Economic and Political Choices*, Baden-Baden 1998, S. 59–70

——— *tajribat Riyad Seif. humum fi al-sina'a wa-l-siyasa* [Die Erfahrungen von Riad Seif. Bekümmernisse in Industrie und Politik], Damaskus 1999

Seitz, Charmaine, »The Search for Good Governance in Palestine«, in: *Middle East Report*, 31 (Herbst 2001) 220, S. 2–6

Sharara, Waddah, *dawlat hizbullah. lubnan mujtama'an islamiyyan* [Der Staat der Hizbullah. Libanon als islamische Gesellschaft], Beirut 1996

Shlaim, Avi, *The Politics of Partition. King Abdullah, the Zionists and Palestine 1921–1951*, Oxford 1990

——— *The Iron Wall. Israel and the Arab World*, New York 1999

Soltan, Gamal, »The Military and Foreign Policy«, in: Chartouni-Dubarry, May (Hrsg.), *Armée et nation en Ègypte: pouvoir civil, pouvoir militaire*, Paris (les notes de L'ifri, No. 31) 2001, S. 107–121

Souaïdia, Habib, *La Salle Guerre*, Paris 2001

Springborg, Robert/Sfakianakis, John, »The Military's Role in Presidential Succession«, in: Chartouni-Dubarry, May (Hrsg.), *Armée et nation en Ègypte: pouvoir civil, pouvoir militaire*, Paris (les notes de L'ifri, No. 31) 2001, S. 57–72

Stein, Kenneth W., »Continuity and Change in Egyptian-Israeli Relations, 1973–97«, in: *Israel Affairs* (Frühjahr/Sommer 1997) 3/4, S. 296–320

——— *Heroic Diplomacy. Sadat, Kissinger, Carter, Begin and the Quest Arab-Israeli Peace*, New York 1999

al-Taher, Labib hin, »al-tanmiya al-ijtimaiyya wa-itijahatiha fi al-buldan al-'arabiyya« [Die soziale Entwicklung und ihre Tendenzen in den arabischen Ländern], in: *al-Mustaqbal al-'arabi*, 22 (März 2000), S. 23–50

Taheri, Amir, »Jordanie: les atouts d'Abdallah«, in: *Politique Internationale*, 83 (Frühjahr 1999), S. 209–224

al-Tall, Tariq, »al-ustura wa su' al-fahm fi al-'alaqat al-urdunniyya al-filastiniyya« [Legende und Missverständnis der jordanisch-palästinensischen Beziehungen], in: *al-Siyasa al-filastiniyya*, 3 (Herbst 1996) 12, S. 152–163

Tessler, Mark, *A History of the Israeli-Palestinian Conflict*, Bloomington 1994

Tibi, Bassam (Hrsg.), *Die arabische Linke*, Frankfurt a. M. 1969

——— *Nationalismus in der Dritten Welt am arabischen Beispiel*, Frankfurt a. M. 1971

Timmerman, Kenneth R., *The Death Lobby. How the west armed Iraq*, London 1992

Vasconcelos, Álvaro/Joffé, George (Hrsg.), *The Barcelona Process. Building a Euro-Mediterranean Regional Community*, London 2000

Veit, Winfried, »50 Jahre Israel. Ein Staat auf der Suche nach einer neuen Identität«, in: *Internationale Politik und Gesellschaft* (1998) 3, S. 275–287

Wedeen, Lisa, *Ambiguities of Domination. Politics, Rhetoric, and Symbols in Contemporary Syria*, Chicago/London 1999

Weiss, Dieter/Wurzel, Ulrich, *The Economics and Politics of Transition to an Open Market Economy. Egypt*, Paris (OECD Development Centre Studies) 1998

Wild, Stefan, »Der Prophet und sein Bart. Der Islam und die Moderne«, in: *Wirtschaft & Wissenschaft*, 5 (November 1997) 4, S. 12–18

Wolff, Kyra, Die Gefangene, in: *Inamo,* 5 (Herbst 1999) 19, S. 37 f.

Wurzel, Ulrich G., *Ägyptische Privatisierungspolitik 1990 bis 1998*, Hamburg/Münster 2000

Yiftachel, Oren, »Democracy or Ethnocracy? Territory and Settler Politics in Israel/Palestine«, in: *Middle East Report*, 28 (Sommer 1998) 207, S. 8–13

Yous, Nesroulah, *Qui a tué à Bentalha. Algerie: chronique d'un massacre annoncé*, Paris 2000

Zaafrane, Hafedh/Azzem, Mahjoub, »The Euro-Mediterranean Free Trade Zone: Economic Challenges and Social Impact on the Countries of South and East Mediterranean«, in: Vasconcelos, Álvaro/Joffe, George (Hrsg.), *The Barcelona Process. Building a Euro-Mediterranean Regional Community*, London 2000, S. 9–32

Zaki, Moheb, *Egyptian Business Elites: their visions and investment behavior*, Kairo (Konrad-Adenauer-Stiftung) 1999

Zimmermann, Mosche, »Die historische Dimension der israelischen Wende«, in: *Blätter für deutsche und internationale Politik*, 41 (August 1996) 8, S. 953–963

Zu diesem Buch

Dies ist ein optimistisches Buch. Es analysiert die mittel- und langfristigen Entwicklungen in der arabischen Welt – im Nahen und Mittleren Osten und in Nordafrika –, und es versucht, die aktuellen Auseinandersetzungen, die sich in täglichen Meldungen über Anschläge und blutige Gewalt spiegeln, in diesen übergeordneten Zusammenhang einzuordnen. Eine solche Herangehensweise relativiert die Gewalt nicht; sie ermöglicht aber die Erkenntnis, dass die Staaten und Gesellschaften der Region nicht stagnieren und dass diese Nachbarregion Europas auch keineswegs von ewigen oder unlösbaren Konflikten geprägt ist, sondern sich in vielfacher Hinsicht verändert: politisch, wirtschaftlich, gesellschaftlich und natürlich auch hinsichtlich des Umgangs ihrer Staaten und Völker miteinander.

Das Manuskript dieses Buches wurde im November 2001 abgeschlossen; aktuelle Ereignisse wurden so weit wie möglich berücksichtigt.

Für Leser, die des Arabischen mächtig sind, sei angemerkt, dass bei arabischen Namen und Begriffen so weit wie möglich auf Lesbarkeit und Erkennbarkeit gesetzt wurde. Auch bei Verweisen auf arabische Aufsätze und Bücher wurde eine vereinfachte Umschrift verwendet, die den Spezialisten vielleicht nicht zufrieden stellt, aber das Original erkennen lässt. So wird aus satztechnischen Gründen der arabische Buchstabe *Ayn* nicht vom Buchstaben *Hamza* unterschieden. Alle Zitate aus dem Arabischen, Englischen oder Französischen sind, so nicht anders vermerkt, vom Autor mehr oder weniger frei übersetzt.

Ich habe, um dieses Buch zu schreiben, auf die Hilfe zahlreicher Freunde, Bekannten und Kollegen zurückgegriffen. Besonders bedanken möchte ich mich bei meinen Kollegen und Kolleginnen Imke Ahlf, Muriel Asseburg, Steffen Erdle, Iris Glosemeyer, Jürgen

Rogalski, Isabelle Werenfels und Saloua Zerhouni, die Teile des Manuskripts gelesen, wertvolle Anmerkungen gemacht, Hinweise gegeben oder mich an ihren Erfahrungen und Kenntnissen haben teilhaben lassen. Bettina Huber, Ursula Schröder, Stefania Spapperi und Nancy Vosmerbäumer haben während ihrer Praktika in verschiedenster Form an der Entstehung des Manuskripts mitgewirkt. Thomas Sparr, Cheflektor des Siedler Verlags, hat dankenswerterweise dazu beigetragen, dass das Buch lesbar und in Rekordzeit fertig gestellt wurde. Vor allem aber wäre das Buch ohne die Freundschaft, Geduld und Hilfsbereitschaft vieler Menschen aus der Region nicht denkbar gewesen. Einige sind in den Anmerkungen genannt; viele müssen ungenannt bleiben, weil es ihnen nicht unbedingt nutzt, als Zeugen kritischer Analysen über ihre Länder erwähnt zu werden.

Namenverzeichnis

Abbas, Mahmoud (alias Abu Mazin) 229
Abd al-Aziz bin Saud 350, 367, 376ff.
Abdallah (Emir von Transjordanien, König von Jordanien) 60, 296f.
Abdallah II. (König von Jordanien) 33, 114, 140f., 147, 296, 315f., 320, 424, 426, 432
Abdallah bin Abd al-Aziz (Kronprinz von Saudi-Arabien) 50, 123, 368f., 371, 376f.
Abd al-Nasser, Gamal 55, 62-66, 68-72, 75-79, 162, 172, 183ff.
Abd al-Rahim, Shahin 175
Abdel Aziz Al Sheikh, Sheikh 27
Abed Rabbo, Yasser 19f., 212, 224
Abu Saada, Hafiz 190, 429
Aburish, Saïd 146
Addi, Lahouari 403, 412
Alon, Emuna 202
al-Aloui, Hicham 390, 393
Ammash, Huda Salih 332
Anani, Jawad 302

Annan, Kofi 23, 282
Aoun, Michel 273f.
Arafat, Yasir 20, 42, 71, 73, 78, 100-103, 118, 140f., 152, 173, 205-211, 214f., 217f., 220, 223, 226, 229-232, 304, 422
al-Asad, Bashar 24f., 33, 141, 143, 147, 235ff., 246ff., 251ff., 258, 261-266, 285, 419, 426f., 434
al-Asad, Basil 144
al-Asad, Hafiz 77f., 80, 140, 143f., 152, 235-247, 250, 261ff., 279
al-Asad, Rifaat 143
Avneri, Uri 224
Ayalon, Amy 217
Aziz, Tariq 331

Baker, James 116, 391
Barak, Ehud 42, 118-121, 200, 205-216, 223, 227, 232ff., 244ff., 281, 436
Barghouti, Marwan 215, 225, 231
Barzani, Masoud 14
Barzani, Mustafa 341

Basri, Driss 388, 392
Batikhi, Samir 316
Begin, Menachem 90ff., 95f.
Beilin, Yossi 19f., 211, 224
Ben Ali, Zein al-Abidin 48, 395, 397-400, 434
Ben Ami, Shlomo 211
Ben Barka, Mahdi 393
Ben Jedid, Chadli 402f.
Benkirane, Abd al-Ilah 390
Bensedrine, Sihem 397
Bin Baz, Abd al-Aziz 367
Bin Laden, Osama 48, 50ff., 164ff., 377
Boudiaf, Muhammad 404
Boumedienne, Houari 403f.
Bourgiba, Habib 395
Bouteflika, Abd al-Aziz 141, 146, 407, 414, 422
Bremer, Paul 12, 17
Bush, George W. 8, 105, 333f.

Carter, James 90ff.
Chirac, Jacques 279
Choukri, Muhammad 189
Christopher, Warren 242
Clinton, William Jefferson 173, 208f., 211f., 246, 334

Dahlan, Mohammad 212
Dalila, Arif 253, 259
Damra, Mahmud 226
Dayan, Moshe 75
Dieterich, Renate 312
al-Duri, Muhammad 13

Erekat, Saeb 116, 212

Fadlallah, Muhammad Husein 47
Fahd bin Abd al-Aziz (König von Saudi-Arabien) 99, 140f., 357, 368, 373, 376
Faisal bin Abd al-Aziz (König von Saudi-Arabien) 70, 376
Faisal bin Husein 143
al-Fanek, Fahd 307
Fares, Issam 288
Farjani, Nadir 47
Franco, Francisco 394
Fuda, Faraj 188

Gaspard, Toufic 271
al-Ghanoushi, Rashid 398
Gonzales, Felipe 394
Gromyko, Andrej 92

Hadithi, Muhammad 331
Hadithi, Naji Sabri 331
Hadithi, Shukri 331
Haidar, Haidar 188, 412
Halliday, Fred 157
Halpern, Manfred 148
Hamad bin Isa (Emir von Bahrein) 33, 87, 141, 364, 425
Hamad bin Khalifa (Emir von Qatar) 360, 363, 424f.
Hamdan bin Zayid 143
Hamoudi, Saad Qasim 333
al-Hariri, Rafiq 49, 276-281, 285, 287, 290-294
Harun al-Rashid 315
Hasan II. (König von Marokko) 33, 80, 88, 132, 140, 384-389, 391-394

Hasan bin Talal 314
Hashim, Hashim Abdu 374
Hattab, Hassan 411
Husein bin Talal (König von Jordanien) 66, 77, 100-103, 114, 140, 152, 297, 303, 308-314, 321, 421, 424
Husein, Qusai 144, 332, 347
Husein, Saddam 8, 11-17, 69, 96, 111, 114, 144, 323, 330-334, 337-340, 343, 346f., 361
Husein, Udai 143f., 332f., 340

Ibrahim, Izzat 331
Ibrahim, Saad Eddin 190f.
Isa bin Salman (Emir von Bahrein) 87, 140, 356, 433

Jabir al-Ahmad al-Sabah (Emir von Kuwait) 141, 356, 365
Jabi, Abd al-Nasir 402
Jarring, Gunnar 76
Jawhara bint Fahd bin Muhammad bin Abd al-Aziz 371
Jmaï, Aboubakr 388, 391
Juan Carlos (König von Spanien) 394
Junblatt, Walid 287, 289

Kabariti, Abd al-Karim 314ff.
Kafi, Ali 404
Kamel, Husein 332
Kamel, Saddam 332
Kanaan, Ghazi 285
al-Kanz, Ali 402
Kay, David 7
Kerr, Malcolm 67

Khaddam, Abd al-Halim 236, 261, 263, 292
Khalid bin Sultan 377
Khalil, Samiha 422
al-Khareiji, Nourah 372
Khatami, Muhammad 153
Kienle, Eberhard 188
Kissinger, Henry 80, 237

Lahoud, Emile (Präsident des Libanon) 275, 279f., 284, 290, 293f.
Lahoud, Emile (Sohn des libanesischen Präsidenten) 290
Lahoud, Nasib 288, 293
Lamari, Muhammad 404
Lauder, Ron 243
Lerch, Wolfgang Günter 438
Lesseps, Ferdinand de 64
Lipkin-Shahak, Amnon 211f.

Mahir, Ahmad 175
Mahklouf, Rami 259
al-Majid, Ali Hassan 331, 345
Makiya, Kanaan 12
Malley, Robert 211
Martinez, Luis 401
Mashhur, Mustafa 193
al-Masri, Maher 302
al-Masri, Taher 302f., 314
Meridor, Dan 227
Al-Miyah, Abd al-Latif Ali 13f.
Mitterand, François 387
Mohammad bin Abd al-Wahhab 350, 367
Mubarak, Gamal 145, 194

Mubarak, Husni 99, 140f., 145f., 173, 176, 183f., 187, 190f., 194, 420f., 434
Muhammad VI. (König von Marokko) 33, 141, 147, 161, 386, 389-394, 419, 424-427
Musa, Amru 175

Nahhas, Mustafa 59
Nahnah, Mahfoud 407
Nayif bin Abd al-Aziz 50, 376
Netanjahu, Benjamin 116, 118f., 152, 200, 205, 207, 215, 243f., 279
al-Nuri, Hassan 251

Oufkir, Malika 393
Oufkir, Muhammad 393

Peres, Shimon 101, 117, 119, 152, 207, 213, 218, 226, 243, 276
Powell, Colin 7, 288

al-Qadhafi, Muammar 24, 79, 140, 144, 173
al-Qadhafi, Saadi 144
al-Qadhafi, Saif al-Islam 144
Qanso, Assem 289
al-Qasim, Marwan 302
Qurei, Ahmad 23, 212, 229

Rabin, Yitzhak 117, 151, 207, 234, 242ff., 246, 436
Ramadan, Taha Yasin 331
Rifa'i, Said 314
Rodinson, Maxim 188

Rogers, William 76
Roy, Olivier 154

al-Sadat, Anwar 78–80, 91f., 94, 99, 164, 173, 183, 185f.
al-Sadr, Muhammad Sadiq 340
Salem, Paul 289
Salih, Ahmad Ali 144
Salih, Ali Abdallah 144, 421
Salman bin Abd al-Aziz 376
Salman bin Hamad 143
Sarid, Yosi 212, 226
Sassine, Faris 269
Saud al-Faisal 376
Sawiris, Najib 182
al-Sayyid, Jamil 290
Seale, Patrick 244
Seif, Riad 255-260
Serag al-Din, Fuad 193
Schwartzkopff, Norman 377
Shamir, Jitzhak 116f., 242
al-Sharaa, Farouk 116, 261
Sharif, Bassam Abu 224
Sharon, Ariel 17, 21-24, 42, 95f., 121, 151, 200f., 212-218, 221, 228, 234, 301, 435
Sharon, Omri 42
Sheikh Abdel Aziz Al Sheikh 27
Shlaim, Avim 119
Sistani, Ayatollah Ali 15ff.
Steinberger, Petra 165
Sultan bin Abd al-Aziz 377
al-Suweigh, Abd al-Aziz Husein 375

Talabani, Jalal 14, 349
Tlass, Mustafa 262

Tueini, Jibran 285
al-Turk, Riad 247, 264f.
Turki bin Faisal 376

Vance, Cyrus 92

Walid bin Talal 377
Wild, Stefan 156

Yasin, Abd al-Salam 386, 392
Yasin, Ahmad 47

Yousoufi, Abd al-Rahman 338, 391

al-Za'im, Isam 263
Zayid bin Sultan
    (Emir von Abu Dhabi und
    Präsident der Vereinigten
    Arabischen Emirate)
    87, 140-143
Zeroual, Lamine 404, 407, 422
Zu'bi, Fawaz 319

PETER SCHOLL-LATOUR

Lügen im Heiligen Land   15058

Allahs Schatten über Atatürk   15137

Eine Welt in Auflösung   12760

Das Schlachtfeld der Zukunft   12768

GOLDMANN

UDO ULFKOTTE

Propheten des Terrors   15196

Wirtschaftsspionage   15125

So lügen Journalisten   15187

GOLDMANN

... UND DIE IM DUNKELN SIEHT MAN NICHT

Viktor Ostrovsky,
Der Mossad   15066

James Bamford,
NSA   15151

Guido Knopp,
Top Spione   12725

Udo Ulfkotte,
Wirtschaftsspionage   15125

GOLDMANN

GOLDMANN

*Das Gesamtverzeichnis aller lieferbaren Titel erhalten Sie
im Buchhandel oder direkt beim Verlag.
Nähere Informationen über unser Programm erhalten Sie auch im Internet unter:*
www.goldmann-verlag.de

★

Taschenbuch-Bestseller zu Taschenbuchpreisen
– Monat für Monat interessante und fesselnde Titel –

★

Literatur deutschsprachiger und internationaler Autoren

★

Unterhaltung, Kriminalromane, Thriller
und Historische Romane

★

Aktuelle Sachbücher, Ratgeber, Handbücher und
Nachschlagewerke

★

Bücher zu Politik, Gesellschaft, Naturwissenschaft und Umwelt

★

Das Neueste aus den Bereichen
Esoterik, Persönliches Wachstum und Ganzheitliches Heilen

★

Klassiker mit Anmerkungen, Anthologien und Lesebücher

★

Kalender und Popbiographien

★

Die ganze Welt des Taschenbuchs

★

Goldmann Verlag • Neumarkter Str. 28 • 81673 München

Bitte senden Sie mir das neue kostenlose Gesamtverzeichnis

Name: _____

Straße: _____

PLZ / Ort: _____